纪念李学勤先生90诞辰学术座谈会合影留念　2023.12.9

一些的一切，一切的一些

李学勤先生90诞辰座谈会
纪念文集

清华大学出土文献研究与保护中心 / 编

清华大学出版社
北京

内 容 简 介

2023 年是著名历史学家、考古学家、古文字学家、古文献学家、教育家李学勤先生（1933—2019）90 岁诞辰，12 月 9 日，清华大学出土文献研究与保护中心在京举办了"纪念李学勤先生90 诞辰学术座谈会"，来自全国各地的李学勤先生的学生、学界同人及李先生家属共 130 多人参加了本次会议。与会学者围绕总结和阐释李学勤先生的学术成就与学术思想展开了深入讨论，深切缅怀这位道德文章皆为楷模的一代学术大师。本书所收，即是各位学者所提交的论文。全书共分为 7 个部分：①学界同人对李先生的纪念和学术总结；②李先生弟子对李先生的回忆以及对李先生各领域研究的总结；③有关上古文明的论文；④甲骨学论文；⑤青铜器论文；⑥简帛学论文；⑦古史论文。

图书在版编目（CIP）数据

　一些的一切，一切的一些：李学勤先生 90 诞辰座谈会
纪念文集 / 清华大学出土文献研究与保护中心编. -- 北京：
清华大学出版社，2024.12. -- ISBN 978-7-302-67833-5
　Ⅰ. K825.81-53
　中国国家版本馆 CIP 数据核字第 2024K33H09 号

责任编辑：张维嘉
封面设计：郑州奇文图文设计有限公司
责任校对：王淑云
责任印制：刘海龙

出版发行：清华大学出版社
　　　　　网　　址：https://www.tup.com.cn, https://www.wqxuetang.com
　　　　　地　　址：北京清华大学学研大厦 A 座　　　　邮　　编：100084
　　　　　社 总 机：010-83470000　　　　　　　　　　邮　　购：010-62786544
　　　　　投稿与读者服务：010-62776969, c-service@tup.tsinghua.edu.cn
　　　　　质量反馈：010-62772015, zhiliang@tup.tsinghua.edu.cn
印 装 者：三河市东方印刷有限公司
经　　销：全国新华书店
开　　本：170mm×240mm　　印　张：41　插　页：1　字　数：829 千字
版　　次：2024 年 12 月第 1 版　　　　　　印　次：2024 年 12 月第 1 次印刷
定　　价：198.00 元

产品编号：105967-01

序

2023 年 12 月 9 日，清华大学出土文献研究与保护中心召开纪念李学勤先生90 诞辰座谈会。全国 130 多位学界同人和先生生前友人、弟子出席了本次座谈会，对先生的学术道路、治学特色、学术思想、学术成就和贡献进行回顾和研讨。根据座谈会的发言和部分论文，我们编纂出版这部纪念文集，以表达对先生的深切缅怀和永久纪念。

李学勤先生的学术思想、治学经验和学术成果，是他留下的一份珍贵的学术遗产。开展先生学术思想和成就的研究，是出土文献中心继承发扬先生学术精神所要持续进行的工作。当然，这项工作的意义自然不局限在清华大学，更不局限于出土文献中心。把先生的学术放在中国现代学术历史演进和新中国学术发展的大背景下，客观回顾先生的治学道路，深入理解他的学术追求，将能更加准确地评价他的学术成就，彰显先生之学的重要贡献和历史意义。

先生之学，以其视野宏阔、气象博大为主要特征。1952 年，先生从清华大学哲学系到中国科学院考古所，参加《殷虚文字缀合》工作，由此开启了他的学术人生。数十年来，他的研究涉及先秦秦汉史、考古学、古代思想史、古文字学、简帛学、古文献学、国际汉学等多个人文学科领域。在有限的学术生命中，先生涉及如此众多的学术领域，当代中国学术界少有能与其比肩者。先生常称自己的研究是"杂学"，并解释说："杂学含有许多的意思，就是都想学，什么学问都有，什么也做得不透。"（见《李学勤文集》第三十卷"前言"，江西教育出版社，2024 年）这样的解释自然是先生的谦逊之辞。所谓"杂学"，其实是先生之学的一个主要特征，先生所说"杂学"，换句话说，实质上就是多学科交叉融合之学。先生也曾谈到，自己的研究"其实说起来也很单纯"，那就是"中国古代文明研究"，即研究"中国历史上文明早期的一段，大体与《史记》的上下限差不多"（见李学勤《中国古代文明十讲》"序言"，复旦大学出版社，2003 年）。先生关于"杂"与"纯"的表述看似自我矛盾，实际上是符合学术内在逻辑的辩证统一的，是先生对自己治学特色简单明了的概括总结。先生之学涉及的众多学科领域看似"杂"，其指归则统一于"中国古代文明研究"，从而最终实现其宏大治学目标的"纯"。"中国古代文明研究"领域具有突出的学科交叉的综合性质，开展这个领域的研究需要多学科知识基础，需要综合运用多学科的研究成果和方法。先生总结自己的学术历程时说："由哲学到考古，从逻辑到古文字，对象或虚或实，时代有古有近，但我自觉每一转折，都能从中得益。在这里我个人特别的体会是，学术本是统一的、一体的，总是互相贯通。"（见《在首届汉语人文学术写作终身成就奖颁奖典礼上的致辞》，收入《夏商周文明研究》，第 433 页，商务印书馆，2015 年）先生之学的宏阔视野和博大气象，正是源自这种多学科"统一的、一体的""互相贯通"。

先生之学，以开拓领域、引领风气称誉学界。虽然涉及众多学科领域，但先生之学却不是各学科成果的简单接受和综合，在所涉及的各个学科领域他都做出了创造性贡献，引领了相关学科的发展方向。比如：在甲骨文研究方面，关于殷墟甲骨文字体分类与分期断代、历组卜辞时代、"两系说"以及西周初期甲骨文的揭橥等；在先秦史研究方面，以考古发现、出土文献与历史文献互证，推进夏商周历史文明许多重大问题研究取得新进展；在古文字学研究方面，不仅考释出甲骨、金文、战国秦汉简帛许多疑难字词，而且最早系统整理战国文字资料并进行区系划分，从而奠定了战国文字研究的基础；在简帛文献研究方面，参与战国秦汉多批次简帛材料的整理研究，根据大量新出简帛文献，重新审视疑古思潮，开展古书的第二次反思，提出重写中国古代学术史问题；等等。先生提出"重新估价中国古代文明"（1981 年）、"走出'疑古时代'"（1992 年）等关于中国古代文明研究的重大问题，引起学术界的热烈反响和讨论。回顾先生之学，尽管不同时段他研究的重点或有不同，但利用新材料、提出新见解、开辟新领域、引领新风气则是一以贯之的。

先生之学，以"为往圣继绝学"、传承与创新文化传统为自觉担当。2013 年 9 月 27 日，先生在第六届世界儒学大会上做"为往圣继绝学"的演讲，谈到他对宋儒张载"为天地立心，为生民立命，为往世继绝学，为万世开太平"四句名言的感悟。先生特别指出："'为往世继绝学'，实际讲的是文化传统的传承与创新的问题。'往圣'是历史上极高造诣的学术人物，他们所创立的学统，由于种种原因，在时间的长河间湮没断绝，必须有新兴的学人予以恢复承续，并将之推向新的高度，方能达到张载四句下面的'为万世开太平'的效果。"先生这样的认识，是建立在纵观中国思想学术史上三次"为往圣继绝学"的历史变迁之上而获得的。在先生看来，文化学术的发展历史，优秀传统的传承十分重要，"没有这种传承，就不会有新的文化的基础"；"每次做到传承，都在事实上是真正的创新，不去创新，实际上也做不到真正的传承"（见李学勤《夏商周文明研究》，第 443、444 页，商务印书馆，2015 年）。先生的这篇演讲，可谓"夫子自道"，让我们可以更好地理解先生的学术追求。先生本人堪称当代中国"为往世继绝学"的"新兴的学人"。先生之学，实际上可总括为传承发扬优秀文化传统，推进中华文化的创新发展。这不仅表现在他一生所从事的学术研究、教育事业中，也体现在他所担负的学术组织和社会工作的方方面面。从 20 世纪 80 年代开始，先生长期担任中国社会科学院历史所、中国先秦史学会的领导工作，还先后担任过清华大学国际汉学研究所所长（1992 年）、清华大学思想文化研究所所长（1999 年）、中国社会科学院古代文明研究中心主任（2000 年）、清华大学出土文献研究与保护中心主任（2008 年）等职，2011 年受聘中国文字博物馆馆长。这些学术单位和社会组织职务，是学术界对先生学术成就和组织才能的高度肯定。先生不辞辛劳，组织领导学术界同道为推进当代学术发展和文化传统的传承创新奋发作为，构成了先生学术生涯的重要篇章。1996 年，先生作为"九五"期间国家重点科技攻关项目"夏商周断代工程"首席科学家、专家组组长，领导全国多学科专家开展联合攻关；2012 年，与裘锡圭先生牵头，联合国内 11 家高校和研究机构，共同参与教育部"2011 计划"，组建"出土文献与中国古代文明协同创新中心"，次年获审批通过；从 2008 年 7 月直到 2019 年 2 月病逝，先生带领团队整理研究清华大学所藏战国楚简，焚膏继晷，鞠躬尽瘁，整理研究成果在国内外产生了很大影响。有学者说，清华简入藏清华大学，由李先生领衔研究，可谓适逢其时，适得其所，适遇其人。先生毕其一生，生动诠释和践行了当代"新兴学人""为往世继绝学"的不懈追求。

先生一生在多学科领域创造了丰厚的研究成果，由先生亲自主持编纂的《李学勤文集》皇皇三十卷，其学术精神和成果尽萃于此。《文集》的出版，为学术界研读先生著作提供了全面的材料和便利。我的体会，研读先生的著作不仅在具体学术问题上可直接受到深刻的启迪，而且对自身的为人治学也会产生长远的影响。2018 年 5 月 3 日，先生在为《文集》最后一卷所撰前言中说道："我觉得当前最需要做的是综合工作。有很多事情现在已经研究出来了，或者已经有些线索了，可是没有把这些综合起来考察，提出若干问题，然后加以解决，这样，我们的研究工作才能做得更好。我想这一点，应该在我这部集子'乱七八糟'的东西最后说一下。"（见《李学勤文集》第三十卷"前言"，江西教育出版社，2024 年）先生明确提出"综合"研究是当前"最需要做的"工作。这是先生在人生的最后岁月，反思一生学术，针对学术研究现状，留给学术界的"离别箴言"和路径指引。

先生这位新中国的"新兴学人"，是当之无愧的一代学术大师，为当代学术树立了一座不朽的丰碑。对先生的学术道路、学术思想和学术贡献的研究，应该作为学术界长久进行的一项重要课题。据悉，已有单位启动成立专门的研究机构来开展先生之学的研究。我们相信，随着研究的深入和成果积累的丰厚，研究先生之学将会发展成为一个新的专门学术领域。

先生 90 诞辰座谈会召开之际，我因慈母不幸病逝，未能参会，十分遗憾！谨以此序，表达对先生的缅怀和纪念之情。

黄德宽

2024 年 10 月 16 日

目　录

在纪念李学勤先生 90 诞辰学术座谈会的讲话

谢维和

（清华大学）

尊敬的徐老师，尊敬的各位嘉宾、各位老师、各位同学、各位朋友：

大家上午好。

非常高兴今天能够来参加纪念李学勤先生 90 诞辰学术会，心里很高兴，也很激动。可以这么说，我在参与清华文科建设的这些年中，李先生是我非常尊敬的学者，他为清华文科建设的发展做出了极其重要的贡献，为我国诸多学科的发展进步做出了卓越的贡献，甚至也可以说，他在世界相关学术领域的发展中，也是举足轻重的一位人物。

我们今天在这里举办这样一个纪念会非常必要，这真的是一件非常正确的事情，而且用今天这个方式来纪念李先生，来缅怀他的业绩、他的功绩，来思考他的人生道路及其给我们的启示，相信对大家，对清华，对学术界，对国家在这个领域中的发展，以及下一步的工作和学术的发展与进步，特别是对建设中国自主知识体系这样一项重大工程都非常有意义。本来国忠给我准备了一个稿子，写得非常好，但我觉得还是无法表达我对李先生的感情，所以我就不用了。

关于李先生的生平事迹，他的人品与诸多贡献，包括过去在中国科学院、中国社科院，在清华做的很多学术上的贡献，文章、学术上的成就，等等，李先生的各位学生，在座的各位李先生的朋友与同行，肯定都比我熟悉得多。我只想作为一个在清华与李先生一起工作过的同事，谈一些自己的感受。说心里话，我真的很羡慕和敬佩他。我羡慕他一辈子能够赶上这么多重大的学术事件，从他早期对古文字的研究，参与中国社会科学院相关学科的建设，后来参加夏商周断代工程这样一个重大的国家文化建设工程，到清华来了以后又赶上了清华简这样一个可以说是老天爷赐给他的重大学术礼物……这样的人生真是值得人羡慕的。我敬佩他，是因为他总是能够不辜负历史与时代对他的垂青，能够敏锐地抓住时机，顺势而为，做出独特的贡献。我相信，在座的各位也一定和我一样对李先生抱有这样的羡慕与敬佩之情。因为一位学者，他所追求的不就是能够在一生中和重大的学术事件交汇，能够有这样一种学术的际遇，能够在这个过程中展示自己的学术才华吗？从这个意义上来说，李先生的人生真的是让人羡慕不已，敬佩不止。

在今天这样一个非常隆重，同时又非常有纪念意义的座谈会上，我要再一次表达对李先生的敬重。当刘国忠代表中心邀请我来参加这个座谈会的时候，这几天甚至在晚上睡觉的时候，我都会想起我跟李先生交往的一幕幕，按照清华的文化，李先生就是我的"老板"，他经常给我提供各种学习的机会，参与他的学术工作。是他，让我在湖北随州考古队的仓库里，近距离地见识了刚刚出土的青铜器；是他，给我提供了认识与了解湖南长沙五一广场地下发现的木牍；也是他，使我有机会参与"清华简"的收购、修复与研究工作，包括在达特茅斯大学参加"清华简"的国际学术研讨会，并且在联合国大厦的大堂中举办"清华简"的展览，使我有幸成为"清华简"整个学术历程的参与者与见证人。在与李先生的交往中，我深切地感受到他恢宏的视野、高位的境界与严谨的学风。在清华简项目建设过程中，李先生提出了古史重建的宏伟目标。而在清华简的研究过程中，则是如履薄冰。他曾经跟我说，清华简的研究，不能仅仅只是一个单纯的科研项目，而应该在从学科建设的角度定位，等等，由此也帮助我进一步把握了文科重大学术项目的管理方式。在今天这样一个会上，我相信在座的各位一定能够贡献出更多的故事，更多感人至深的场景和片段，乃至于给我们更多的学术上的启迪，以及分享精神上、人生上的享受。衷心希望这样一个会议能够取得成功，我代表清华大学向各位专家学者能够拨冗来参加这场纪念会，在寒冷的冬天为这场盛会贡献你们的智慧，贡献你们的经验，贡献你们的感受，表示崇高的敬意。谢谢大家！

在"纪念李学勤先生90诞辰学术座谈会"上的致辞

李缙云

（文物出版社）

尊敬的谢维和教授，各位女士、各位先生：

大家上午好！

今天清华大学举办"纪念李学勤先生90诞辰学术座谈会"，有这么多领导、学者和先生生前的同人、好友、弟子与会，我们家人感到非常的亲切和感动，同时，也更加深了我们对他老人家的思念之情。令人欣慰的是，大家都没有忘记他，在他离开我们的这几年里，清华大学出土文献研究与保护中心召开了"李学勤先生学术成就与学术思想国际研讨会"，设立了"李学勤先生纪念室"，出版了载有大量缅怀文章的纪念文集和"李学勤先生清华讲义丛书"两种。他的多种学术著作相继再版，许多书刊刊载他的学术论文，相关的平台以"经典重读"为题不断推送他的学术文章，等等。特别是由出土文献研究与保护中心同人投入大量的精力完成了《李学勤文集》的编纂工作，并在他90诞辰学术座谈会召开之际出版发行，意义深远。

此外，学校及中心领导，先生生前同人、弟子以及其他相关人士，几年来多次探望慰问家母，在此我也代表全家表示衷心的感谢。我们遵照父亲生前的愿望，将其所藏图书全部捐献给清华大学，由于三年疫情，捐献工作有所延迟，现已捐献图书二批次，今后要加快整理速度，尽早完成。

父亲一生在学术研究的道路上探索追求，他的学术思想除体现在已发表的大量学术著作文章上，还体现在他的札记中，是留给我们的又一批宝贵的学术财产。这批完整的学术札记，时间从20世纪50年代到他生病住院前，从未间断，经初步整理，学术札记有160余册，其上标有日期、编号、目录和页码，其内容涉及读书笔记、重大科研项目的学术科研准备与实施、著作论文以及讲演前的提纲摘要、国内外出访所见重要遗迹遗物的记录、鉴定珍奇文物的记录等，其中有很多资料从未著录和发表，是研究他学术思想形成及学术活动极为珍贵的资料，具有极高的学术价值、收藏价值和出版价值。由于学术札记跨度已有70余年，早期的笔记纸张已有损坏，急需保护，我们真诚希望能尽早启动对学术札记的保护、整理、研究和出版工作。

再次感谢大家，祝各位身体健康，家庭幸福美满！

我与李学勤先生的交往

刘家和

（北京师范大学历史学院）

今天清华大学开一个李学勤先生九十岁的纪念会。李先生是我尊敬的朋友，也是我很佩服的朋友。我们年龄差几岁，可是在学术上，他很渊博、很高深，我是不能同他比的，但是我们之间有友谊。

这个友谊，最初是在年轻的时候。我知道他在清华是学哲学的，以后知道他在侯外庐先生《中国思想通史》的那个班子里搞思想史。可是我一看，他还做甲骨缀合，把碎的甲骨缀合起来，当然他不是一个人，另外还有两位先生。我当时非常震动。因为要把碎的甲骨缀合起来，这要求对甲骨文的全面认识和这种缀合意识，特别是作为青年学者。所以那是他第一次震动我的心，在我们这一代人中比我还小的学者里面，竟然能做出这样的成果。这是我讲的第一点。我们这一代人中间出了这样一个优秀学者，而这仅仅是他诸多研究工作的一点。

后来，我们就有一些接触，什么接触呢？这当然是在改革开放之后了。我刚才讲的是在改革开放以前。改革开放以后，我们在一起开一些会，这是接触的一种情况。更多的是什么呢？是他有事情会找我。原先他可能只觉得我是搞世界史的，后来他发现我在传统的中国史里面还是有一点底子的。所以有一些事情他就会找我，就是这样子。

我呢，他也清清楚楚地看到，我对考古学不行。我为什么不行呢？我长期是搞世界史的，到外国去搞考古是不可能的，所以我考古不行。但是我在中国历史方面还可以，我还知道一些中国史上比较专门的知识。这一点被李学勤先生注意到了，所以他很多事情找我和他合作。

一个是他学生的博士学位论文会找我看，找我主持答辩。我给他主持答辩过一位王泽文同志。还有一位他要我做，我答应他了，但最后没有做成，那是杨朝明同志的博士论文答辩。他跟我说好了："刘先生，这个请你来主持答辩。"结果我先去东北，到吉林大学、东北师大参加答辩，回来的时候突发肺炎了，结果杨朝明的答辩我就没有去成。这是我们这方面的往来。

更重要的是和他要做的项目有关，他需要有人能够理解他，主要是"夏商周断代工程"。

我在该工程设计项目的时候就是评审组的成员。在中间审查的时候，我也是评审组的成员。那时候有四个人发言，第一个是俞伟超先生，第二个是石兴邦先生，第三个就是我，第四个就是徐苹芳先生，就四个人发言。结项的时候，评议组的成员，我也是其中之一。我在这个项目里给李先生做了一个工作，我说，中国要做这个事情（夏商周年代学研究），比世界上其他的国家难得多。像埃及、像两河流域，发现了好多的过去的年表，这就好像有个"风筝"还在，只是风筝的线断了，把这个断的线接上，就能够再连起来。而中国没有找到这个"风筝"。我讲这个的意思就是，断代工程能够做到当前的这样子，就已经很不错了。

我是深深知道李先生主持这项研究面临着很大压力的。但是我想让大家知道，我们在现阶段、现有条件下实际上能做到什么程度，不能够说得太高太玄，就是这样子。在这样的情况下，我觉得我当时讲的是科学的，我们之间也是合作的。

清华大学出土文献研究与保护中心成立的时候，他请的来宾也有我。我对你们成立这个中心是全力支持的。我作为那一次唯一的一个嘉宾发言，我来支持你们。这个是我讲的我们两个人的关系的另一个方面。

我们两个人在私底下还有很多谈话，包括共同坐飞机到台湾，有时坐在一起会谈很多话。

我已经讲了不少了，最后我再讲一点，有一次在你们这里开会，他跟我讲："刘先生，我们能不能这样，我们以后开一个这样的会。咱们这样的一些学者凑在一起，我们各人说说自己的不足、短处在哪儿。"我听了以后说："李先生，你真是天才。"如果我们能够这样子做一次的话，实际上会让我们对自己了解更清楚，我们会有更大进步。我自己知道有很多不足，比如我在考古学上不行，我搞外国史的，我看不了中国的考古，对不对？我非常赞成这个提议，可惜一直没有实现，这个事情我今天再谈一下。李先生这个想法有什么意义呢？一个已经有了很高成就的人，他自己还会反省到这样的情况，自己有哪些不够。我觉得，对我们有一点成就的人来说，这一点还是很重要的。

我就讲到这里，我很怀念我的老朋友，我觉得他的话有价值，现在我在这个会上再说一次。谢谢。

写给李学勤先生的一封信

张光裕

（香港中文大学中国语言及文学系）

尊敬的李先生，今年适逢你九十岁的华诞，很荣幸可以借这个难得的机会，跟你说几句话。你应该知道，我们从来没有忘怀过你对后学的提携以及对学术界重大的贡献。你的睿智和魄力，在你留下的学术光环里呈现无遗，永远是我们学习的榜样。

李先生，你还记得吗?我们的相识始于 1978 年年底，当时你是中国国家文物局外访澳大利亚的成员，访问澳大利亚国立大学期间，得知我和巴纳先生只凭两人之力，从事中、日、欧、美、澳等所藏青铜器的编纂，甚为惊讶！你也特别赞赏巴纳先生对"楚帛书"开创性的研究。多年后我们谈起来，大家都特别怀念在堪培拉格里芬湖的游船上，一边欣赏风景，一边讨论学术研究的那份惬意与无私的回馈。

从澳大利亚回国后，你向社会科学院报告，并向我们发来访问邀请。我和巴纳先生在澳大利亚外交部的赞助下，于 1980 年成为第一批正式的澳、中人文学科学术交流访问学者。李先生，你为域外汉学研究开启了崭新的一页，是成就中、澳学术交流的始创者。其后你更放目全球，跟欧美学者的合作研究硕果累累，早为学术界称道。

在往后的日子里，你到台湾、香港作学术交流访问，我们都有机会在香港碰面，而每次都离不开交换新见青铜器讯息的话题，我也曾多次陪伴你拜访不同的藏家。对我来说，对某些藏品，能多摩挲一次，印象就更深入一些，甚至增添一些新看法，而趁着李先生你在身旁，可以实时请教，或事后一起讨论，这又是另外一种不可多得的机缘。

至于因为你对我的信任，让我肩负起为清华简作前期鉴证的神圣任务；并凭着你的卓识和过人的智慧，开拓和成就了清华简研究的伟业，更是功在家国。

在清华简入藏的整个过程中，我固然学到了很多，但是，你和清华领导层所表现出的睿智和干劲，更令我深深感动。在清华简入藏十周年的庆典里，我曾谈过在抢救和整理国宝的过程中，有几点深刻的体会：

一、拥有卓越的识见（把握了千载难逢的契机，这是一种非常人的睿智与远见）；

二、展现磅礴的气魄（如果没有过人的信心和魄力肯定不能成事）；

三、承担时代的重任和无畏的实干精神（多年来的辛劳，就是最好的明证）。

事实上，"卓越的识见""磅礴的气魄"，两者的配合，绝对是缔造了与清华简旷古奇缘的关键。世间上最珍贵的事物，往往都是唯能者能居之。李先生你正是当中承担责任的"能者"，多年来无视艰辛，默默耕耘，却让后学分享甜美、醇厚的成果，充分展现了清华"厚德载物"的精神。

李先生，今天在你的九十岁诞辰纪念会，有那么多的门生故旧，齐集一堂为你庆祝，你一定非常高兴。而你也必定会运用你的"大能"，紧密护佑、扶持和鼓励，让我们能在浩瀚的学海，朝着正确方向，安心奋力前行。

请你放心，我们一定不会辜负你的期望，为发扬中华文化而努力。

李学勤先生与三星堆考古二三事

赵殿增

（四川省文物考古研究院）

　　李学勤先生生前对巴蜀文化的考古和研究工作一直非常关心，从二十世纪八十年代起，曾多次赴川进行考察，并亲自撰文对巴蜀青铜器和新都大墓等重要问题进行专门研究。特别是以三星堆金沙为代表的一批考古新发现出现之后，常在第一时间赶赴现场，多次到成都参加学术会议，亲自指导第一线人员进行整理研究，并写文章进行具体帮助和探讨，做了大量的工作，取得了显著的成果。这里我准备就自己的一些亲身经历，谈一些具体情况和切身感受，以此作为对李先生的感激和纪念。

　　李学勤先生是除北大考古系苏秉琦、俞伟超、李伯谦等先生之外，对我的研究工作具体指导最多、实际帮助最大的一位导师。在最初的几次学术会上，李先生主张的考古与历史研究相互结合，并要注重社会情况宏观研究的思路，很符合我自己的想法和情况，这促使我把主要精力集中在三星堆考古的宏观研究之上，努力回答各方面关于三星堆考古的一些问题。

　　我在准备参加 1991 年的"中国考古学会第六次年会"时，认真撰写了《三星堆考古发现与巴蜀古史研究》一文。我首先将二十世纪八十年代三星堆考古的基本收获归纳为五点：弄清了遗址分布情况，确定这是一处重要的"中心遗址"，包括核心区和周边地区；发现了宏大的"三星堆古城"，包括三面城墙、筑城方法、中轴线遗迹分布、使用年代、都邑性质等；发掘了居住区、窑址、墓葬、灰坑等众多重要遗迹；认识了祭祀坑是三星堆文化中最重要最有代表性的文化遗存；通过科学发掘和地层关系，初步形成了巴蜀文化考古学年代序列。

　　第二，总结了三星堆考古所反映出的巴蜀历史发展进程，把巴蜀考古学文化进一步细化为五期：第一个历史时期，即三星堆一期文化，距今约 4800—4000 年；第二个历史时期，三星堆文化，即三星堆遗扯的第二期与第三期文化，距今约 4000—3600—3200 年；第三个历史时期，三星堆四期文化，包括以成都为中心的十二桥遗址、羊子山土台等，距今约 3200—2600 年；第四个历史时期，春秋战国巴蜀并存时期，公元前 600 年左右至公元前 316 年；第五个时期，从秦并巴蜀到汉武帝以前，公元前 316 年至公元前 100 年左右，古蜀文化成功地融入了汉文化。从而提出"这五个文化历史阶段，共同构成了密切联系又相互区别的 3000 多年历史进程，就是近年四川新发现的考古材料为我们展现出来的巴蜀古史的年代体系"。近年又把新发现的最早进入成都平原距今约 5000—4800 年的"桂圆桥文化"和距今约 4500—3700 年的"宝墩文化"纳入其中，构成七阶段的古蜀文化发展序列。

第三，明确提出"考古新发现印证了典籍传说中蜀史发展的几个过程大体可信"。在 3000 年的古蜀历史中，可能确实存在史籍所述的蚕丛、鱼凫、杜宇、开明等几个文化共同体，"并先后取得统治地位。在距今 4000 年左右、3000 年左右、2600 年左右、2400 年左右，发生过几次大的变化，可能分别代表了蚕丛、鱼凫、杜宇、开明几个主要部族地位交替的起止年代。三星堆文化发生期的主人或许是蚕丛氏、柏灌氏；三星堆文化繁荣期的主人大约是鱼凫氏；成都十二桥、羊子山遗址的主人则可能是杜宇氏；船棺葬新都大墓等晚期巴蜀文化的主人为开明氏"，明确指出："这一序列过程的确立，为将考古材料与史籍文献结合起来研究四川早期历史，开拓了广阔的天地。"

第四，根据苏秉琦等先生的研究意见，我认为古代的巴蜀可能曾存在过一个"古文化古城古国"，对探索我国文明起源具有重要意义。"它有自身形象具体的特殊色彩，丰富了古史研究资料。这里有三点值得注意：（一）以祭祀活动作为象征国家权威、维系国家思想和组织统一的重要形式。（二）多种文化成分的有机汇合，表现出由部落联盟发展而成的'三星堆古国'的社会结构特点。（三）重视人像及动植物造型的文化习俗，创造了巴蜀文化鲜明的艺术特征"，从而概括出了"三星堆古文化古城古国"的三个主要特征：原始宗教立国、多元文化融合、造型艺术发达。

此文在中国考古学会第六次年会上宣读，受到广泛重视，1992 年正式发表在《四川文物·三星堆古蜀文明研究专辑》上，次年获得了"四川省社会科学优秀科研成果奖"。李学勤先生的蜀史研究文章也发表在同一期专辑上。他看到我的这篇文章后，很是赞同，主动吸收我参加了 1993 年由他主持的"九五"国家重点出版图书"早期中国文明丛书"的编写工作，让我撰写了其中《三星堆文化与巴蜀文明》一卷。他要求我们"以新旧考古材料为主，与历史文献密切结合，分地区展开早期中国区域文明的探索，努力写成每个人的学术代表作"。

在撰写丛书过程中，编委会曾在扬州等地召开会议统一指导思想、拟定章节体例、讨论写作方法。李先生每次都是让大家多讲，并鼓励大家写出自己的风格和特色。他主要从宏观思路和展示方式上做些原则上的启发，对每个人的具体观点和写法很少进行修改，使大家能放开去写稿。我在《三星堆文化与巴蜀文明》一书中，不但按统一要求详细介绍了原四川地区从旧石器时代到汉代的考古和历史资料，而且用六个章节详细论述了三星堆文化各方面的社会面貌。已经出版的各卷都有丰富的内容和鲜明的风格，具有较高的学术质量，受到学界的好评，真正成为每个撰稿人的"学术代表作"。

我在写作过程中，也曾带着问题到李学勤先生在北京紫竹院的家中造访请教，李先生都耐心地进行辅导，他不是就事论事，而常常是从认识论和方法论上进行引导。他曾对我说，你们那里的巴蜀文化，不仅时间很长，而且因素复杂，特色突出，变化明显，很值得仔细地进行研究。

我的书稿完成之后，三星堆博物馆又以"探索三星堆丛书"的方式，为我出了一本名为《三星堆考古研究》的论文集，分 7 个章节，收入了 28 篇相关论文。2002 年我又到李学勤家请先生为此书写个序言。李先生没有就文章内容做过多的评论，而是借此机会写出了一篇著名的短文《巴蜀考古新发现及其学术地位》，从他 2001 年春赶赴成都考察最新发现的金沙遗址谈起，精辟地评述了七十多年来巴蜀考古重要发现的意义，并从历史学考古学结合的视角，强调指出"现在看来，传说虽富于神话色彩，仍如王国维、尹达等先生所说，有其史实素地"。

紧接着李先生发表了一段令人振聋发聩的著名论断："近年历史学、考古学进展业已证明，中华文化就是多民族、多地区的，灿烂光辉的中国文明，系各民族、地区人民所共同缔造。文明起源的研究，是现代科学重大问题之一。中国文明的起源及其早期发展历程的探讨，最近已获得多学科学者的普遍重视。可以断言，如果没有对巴蜀文化的深入研究，便不能构成中国文明起源和发展的完整图景。考虑到巴蜀文化本身的特色，以及其与中原、西部、南方各古代文化间具有的种种关系，中国文明研究中的不少问题，恐怕必须由巴蜀文化求得解决。"

在这种强力感召下，我逐步把研究重点转移到探讨三星堆文化形成的原因、意义和价值等问题上来，退休后继续做了一些宏观研究。我先是从经济生活、文化传统、原始宗教、艺术特色、神权社会等方面，对三星堆的文明形态进行了横向研究，认识到"神权国家是整个问题的核心"。又从社会发展过程的纵向视角，概述了"古蜀文明的主要特征与基本进程"；又进一步提出"三星堆神权古国特殊而又滞后的社会形态和历史进程，可能是造成三星堆文化神奇面貌的关键原因"，即使是进入到青铜时代之后，它可能仍然停留在"神权决定一切"的古国阶段，并使用新材料和新技术，制造出大量祭神时使用的精美神圣的造型艺术作品，从而创造出了璀璨夺目的三星堆文明。

2023 年是四川省文物考古研究院建院七十周年，院领导专门为老同志出版了一套《名家学术文集》。我把自己近二十年来的主要新成果再次结集出版，编辑成《赵殿增卷》，作为《三星堆考古研究》的一个续集，全书 44 万字，分为 5 个章节，收入 28 篇论文，加上 7 个附录，包括一组 14 篇个人的考古回忆录。我希望能以自己的这几本小书，作为对李学勤先生多年来谆谆教导的一点感恩和怀念。

杂忆李学勤先生

董 琨

（中国社会科学院语言研究所）

李学勤先生早就是我仰名已久的学者，不过一直到1983年，我在中央广播电视大学设计并制作一门中国古代文化史讲座录像课程时，才得以去中国社会科学院历史研究所结识了他。我给他介绍了这个课程的设想，包括各个专题的名称，并邀请他担任"古代的礼制和宗法"专题的主讲。他很热情，欣然接受邀请，表示我们这个课程很有意义，有助于提高全民的古代文化知识水平和修养，并且说这个专题有一定难度，但是对于了解古代文化是非常重要的，也是非常必要的。2003年这个课程的讲稿汇编，书名叫《中国古代文化史讲座》，由广西师范大学出版社出版重印本，李先生应邀作了序，还充分肯定中央广播电视大学的这门选修课，是向社会公众普及文化史知识的一次创举。他在序中回忆说，"记得那时在电大任教的董琨先生（现为中国社会科学院语言研究所副所长）来约我讲课。他以王力先生所编《古代汉语》中有天文学史部分为例，说明这门课程的性质和意义。我听了之后颇为感动，可是他安排我讲的古代礼制问题非常复杂，我又长期荒疏，费了很大力气才将讲稿写好。"李先生这里所说的是谦虚之言，实际上他的讲稿写得非常认真，也非常精彩。后来，我陪他来电大电教室录课，一路上他讲述了自己的一些经历。他说，他是新中国成立初期院校调整前的清华大学哲学系的学生，不过没有读完，是肄业生，但是一直对清华大学怀有深厚的感情，并且对院校调整后清华取消文科感到非常遗憾和惋惜。我想，这就是他后来卸任中国社会科学院历史研究所所长职务后，又来到恢复了文科的清华大学，随后又担任出土文献研究与保护中心主任的情结所在吧。

李学勤先生的学术成就是多方面的，这一点值得专门写系列大文章加以介绍，我这里也没有能力说。他的工作效率非常高，可以说是具有异禀，他不仅能在周围人聊天、喧闹的环境里悠然撰写文章，而且常常是一个短暂的午休过后，他的一篇文章就宣告撰写杀青了。李先生还有一个极大的特点是乐于奖掖后进，他为年轻学者的著作所写的序言可以说是不计其数，一部《拥篲集》就是这类文章的汇集，"拥篲前驱"就是扫除障碍、清理道路之义，这里是表示他乐于成为后学者的前驱，引导他们在治学的道路上顺利前行。

20世纪80年代，我和其他三位同道友人合作编写了《商周古文字读本》，请李先生写了序，他的序言总是那么贴切深刻，绝非隔靴搔痒的泛泛之谈，这样的序言确实可以给原著添辉增色。我们这个读本先由语文出版社影印手写本，后来又由商务印书馆出版排印本，受到学界和古文字学习者的好评和欢迎。台湾地区也出版了翻印本，应该说李先生的序言之功不可埋没。由于了解我们这几位作者的学术背景是中山大学古文字出身，序言中有一句很有分量的话，说"读者在使用本书时，是大可以放心的"。

我后来还有缘成为李先生在紫竹院宿舍的邻居，他住在 1 号楼，我住在 2 号楼，所以时不时前往拜访请教，包括我组织国家社科基金课题语言学名词的编写子课题之一的文字学，他也给了我不少点拨和参考意见。再后来他应聘到清华大学，主持出土文献研究与保护中心，除了偶尔在一些学术会议上见面，接触就很少了。但每次见面他总是特别热情、客气，丝毫没有大学者的架子。有一次我在潘家园旧货市场，看到一批竹简装在用溶液浸泡着的管子里面，货主说是楚简，允许我拿走找人鉴定真伪，以决定购买与否，我就取了两管，专门跑到清华大学李先生的住处找他鉴定，他认真一看，说是伪造的，说如今这类的伪造品非常之多，有一次在湖北看到一缸子竹简，都是假的，而且造假水平也很高，一般非专业、非经验丰富的人极容易上当受骗。

没想到，2019 年 2 月，传来李先生谢世的噩耗，虽然享年 86 岁不可谓短寿，但是李先生具有睿智的知性眼光和充沛的学术精力，似乎还应更加长寿，继续在诸如清华简的整理研究方面做出更大贡献。遗憾的是这一切已经不可能，我们只有在他的著作中继续领略他的教导了。

往事追忆

李　零

（北京大学中文系）

　　各位上午好！今天，我不打算念稿，只想即兴讲几句话，讲一点历史。李学勤先生已经是历史人物。我想讲一点我身边的历史。

　　首先，我要感谢清华大学。会前，国忠老师把李学勤先生的文集寄给我，30本，沉甸甸，不是一时半会儿能读完的。我一直认为，对前辈最好的纪念，就是读他们的书。西方学者写讣告，经常像小传，往往会评论死者的一生，包括死者的书。我写过几篇文章，都是借这个机会，把前辈的书重新读一遍。但李先生的这套书刚出，我还来不及读。这部文集，我翻了一下，包括古史研究、甲骨学、青铜器、战国文字、简帛学、学术史和序跋杂文，第一部分最重要。刚才发的那个奖，叫"李学勤古史研究奖"，名称最贴切。后面六部分，汇拢到一起，同属他的古史研究。其中铜器研究，与前辈和同辈相比，成绩最突出。他说，他从不为释字而释字。他的古史研究对我启发最大，铜器研究，关系更直接。

　　我讲两件事。

　　第一，我觉得，我很幸运。1977年，我刚进考古所，碰上妇好墓座谈会，中国古文字学界的前辈，很多人都在场。李先生、裘先生、马雍先生最年轻。我跟李先生认识，没有均明老师早，但比很多人都早。我进考古所，最初是参加《殷周金文集成》的准备工作。当时缦云也在考古所，像个白面书生。我想说的是，很多人不知道，李先生曾给我们当顾问。他每周到红楼，都会顺道来所指导。当时，陈公柔还没解放，刘雨、张亚初还没来，真正一起工作，只有我、刘新光和曹淑琴。我还记得，我跟李先生、王世民、史树青、石志廉一起到清华图书馆看铜器，包括清华艺术博物博展出过的那件缂丝挂毯。夏鼐先生特别重视铭刻学的建设，他请张政烺先生当学术委员，带我和陈平读研究生。历史所，李先生是和张先生合带研究生。他们两位的课，我们都要听。所里规定，李先生的课，还要交作业。王世民先生说，夏先生不但请李先生来所指导，还动员他参加考古学会。李先生有一封信给我，也提到当顾问的事。信还在。你们要，我可提供。

　　第二，我很怀旧，经常想起领我走进学术之门的各位先生。我的学术起点是什么？是《孙子兵法》。我最初的文章，有好几位先生帮我看，李先生帮我改文章，信还在。你们要，我可提供。铜器，我们合写过文章，《平山三器与中山国史的若干问题》，1979年发表在《考古学报》上。当时的我，一文不名。他约我合写，很平等，甚至耐心听取我的不同意见，允许我跟他争论。李先生的初稿，我的初稿，都还在。上次开会，我已经把李先生的手稿提供给黄德宽老师。我记得，李先生多次搬家，我也经常搬家。李先生住劲松，我住马路对过不远；李先生住昌运宫，我住人大；最后，他落脚荷清苑，我落脚蓝旗营，都不太远。我还记得，国忠答辩，李先生让我当主席，我问国忠，你说猫是外来，根据是什么，李先生说，这是他给国忠出的点子。后来我才知道，这是个大问题，比如陈星灿就写过论文。李先生很少送书给我。1991 年，他送我一本《新出青铜器研究》，有他的签名，里面夹着一封信，告我收入《平山三器与中山国史的若干问题》，有稿费给我。书被学生借走，信被学生搞丢。1993 年，赛克勒美术馆为辛格医生办展开会，他送我一本《李学勤集》。他的书，我都买，我都读。

这次好了，我们又有书读了。

李学勤先生在国际汉学研究上的贡献

张西平

（北京大学中文系）

　　李学勤先生是中国当代最重要的历史学家、古文字学家、古文献专家，在这方面的贡献和成就以上各位先生都做了介绍，我感到李先生在海外汉学研究方面也做出了重要的贡献，可以说是改革开放以来推动展开海外汉学研究的学术领袖。他身体力行，学术事业始终是在世界范围内展开的，将自己的学术研究与域外汉学家展开合作与交流，例如 1995 年在中华书局出版的，他和当时还在英国的艾兰教授合作的《欧洲所藏中国青铜器遗珠》，1998 年在清华大学出版社出版的《四海寻珍》都表现出了他宽阔的学术视野和他对海外历史文物的关注和追踪。

　　李学勤先生对国际汉学研究的贡献不仅仅在于他自己的身体力行，更表现在他对国内海外汉学研究这个学术领域发展的关心与谋划，为国际汉学研究领域做出了重大的贡献。

　　首先，他是中国国际汉学研究的开拓者和组织者。清华大学 1992 年成立的国际汉学研究所是国内第一所研究域外汉学的研究所，他任所长，葛兆光任副所长，并邀请了傅璇琮先生和钱理群先生共同担任导师。虽然当时只是一个虚体的研究机构，但这是全国第一个。1982 年中华书局率先出版"中外关系史名著译丛"，后来又有江苏人民出版社的"海外中国学丛书"、上海古籍出版社的"海外汉学丛书"先后出版，但国内第一个国际汉学的会议是李先生的历史所所推动的——1995 年 1 月中国社会科学院在海南召开的"中国国际汉学研讨会"和 1997 年 1 月清华大学国际汉学研究所主办的"二十世纪国际汉学及其对中国的影响"国际学术研讨会，这两个会议对于国内的海外汉学研究产生了重要的影响。

　　其次，他是最早从整体上谋划国内海外汉学研究这个领域发展的学者，1994 年他所在的清华国际汉学研究所推动的、葛兆光主编的《清华汉学》是国内继 1991 年四川大学的《国外中国学研究》后最早的研究海外汉学的学术辑刊，因为由任继愈先生主编的《国际汉学》和由阎纯德先生主编的《汉学研究》都是在 1995 年诞生。1996 年由他主编，葛兆光、程纲担任副主编的《国际汉学著作提要》出版，1997 年又出版《国际汉学漫步》，这些书在当时都是具有重要指导意义的著作。2002 年李先生打电话给我，说能否让大象社重新再版莫东寅的《汉学发达史》，我说可以，希望您能写个序言。2007 年大象出版社出版了这本书。2008 年李先生曾专门把我约到他家，希望我起草一份关于把"国际汉学"作为人文社会科学的一个一级学科门类的报告，因为他当时曾参与教育部人文社科学科规划的工作。这件事虽然最后没有成功，但他始终从整体上对国际汉学研究谋划和领导，对推动这个研究领域的发展，产生了重要的影响。

最后，李先生也是最早对展开国际汉学研究的方法提出看法的人。因为海外汉学在西方有四百多年历史，在东亚更长，如何展开研究，当时我们并不清楚。1995 年他在《东方》第一期发表的《汉学漫话》一文中，对汉学的定义、汉学的产生与发展、汉学的影响等一一作了论述，以后他又明确指出："我认为研究国际汉学，应当采取学术史研究的理论与方法，最重要的是将汉学的递嬗放在社会与思想的历史背景下去考察。和其他种种学科一样，汉学也受着各时代思潮的推动、制约，不了解这些思潮的性质及其产生的社会原因，便无法充分认识汉学不同学派的特点和意义。尤其要注意，汉学家的思想观点常与哲学、社会学、文化人类学等学科存在密切的联系。因此，即便是研究一位汉学家，甚至他的一部论著，也需要广博的知识和深入的分析。"①

直到今天，我们从事国际汉学研究都是沿着李学勤先生所留下的这些方法来做的。学术总是一代人接着一代人来做，今天我们怀念他，就要继承他的学术传统，把国际汉学研究继续做好。

---

① 李学勤：《〈国际汉学著作提要〉序》，南昌：江西教育出版社，1996 年。

一封信、一本书、一段史料和一点感想

葛兆光

（复旦大学文史研究院）

一　封　信

　　我不记得第一次见到李学勤先生是什么时候了，大概是在 20 世纪 80 年代末吧。我好几次去过他在昌运宫的住宅。三四十年里，我和李先生的往来应该说不少，不过印象最深切的，还是 1992 年在西郊挂甲屯一个小小的研讨会上，李学勤先生给我们十来个人作讲座。我记得，当时他只是手拿巴掌大的一页提纲，却滔滔不绝讲了一个半小时，从学术史讲到考古发现，从考古发现讲到古书排队，从古书排队讲到今后古史研究趋势。后来，这个讲座由李零和魏赤整理，由我拿到《中国文化》去发表。大家当然都知道，这就是后来引起学界激烈讨论的《走出疑古时代》。当时我是刊物编辑，至今手边还保留了 1992 年 7 月 18 日李先生给我的

一封信（见图 1），里面说，校对稿他修订删改了一遍，"删去枝蔓"，但这封信里也提到，"讨论部分已决定不要，我也没有再看"。现在回想起来，删去的所谓枝蔓部分几达一半篇幅，而删去的讨论部分，其实就是那天围绕李先生的讲座，我、李零、阎步克、王守常、陈来还有好几个朋友提出的很多问题，因为涉及如何看顾颉刚《古史辨》和 20 世纪学术史的问题，李先生现场一一作答，讨论非常热烈，但因为刊物主编决定不收讨论部分，这些或许还有意义的讨论最终烟消云散，现在想来，实在是可惜。

　　这封信还提及另一桩事情。他说"清华事，请代决定时间，我一定来"。这是什么事呢？原来，当时清华大学

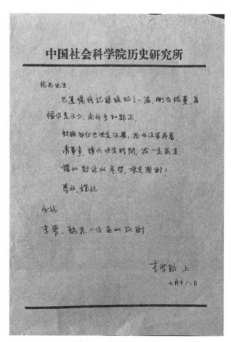

图 1　李先生来信

中文系主任徐葆耕，一直在动员李学勤先生回母校，李先生答应了，先是兼职，和我一道建立清华大学国际汉学研究所，这里说的就是跟学校高层讨论国际汉学研究所的事情。大家知道，李先生很早就提出，国际汉学研究，编纂国际汉学史，应该是一个学科方向，所以他到清华大学来兼职，最先提出的就是推动这一领域的研究。大约暑假里的一天，他来清华大学和我商量了半天，到底国际汉学研究所开张之后，应当做些什么。记得当时我和李学勤先生商量有四条：一是编辑一套海外汉学丛书，二是召开一个国际汉学的讨论会，三是出版"清华汉学研究"辑刊，四是收集各种国际汉学著作。后来，尽管白手起家条件艰难，但这些计划真的陆续实现了。我们和法国远东学院合作出版《法国汉学》，和饶宗颐先生合作编辑《华学》，开始撰写《国际汉学著作提要》《国际汉学漫步》，出版《清华汉学研究》辑刊和"当代国际汉学家论著译丛"，我在文北楼的办公室，也暂时充当了国际汉学研究所的收藏室，一套带箱柜的四部丛刊，一套完整的《远东》（*Oriens Extremus*），以及不少有关书籍，便成了研究所的藏品。在这个研究所的历史中，大概比较重要的是 1997 年年初召开"二十世纪国际汉学及其对中国的影响"学术讨论会，李学勤先生最费心费力，他不仅开列邀请名单（在我保留的另一封李先生来信里，他给我提供了在北京的意大利学者安东尼奥的地址电话，以及在台北的英国学者雷敦和博士的联系方式），甚至亲自给他认识的海内外学者写信邀请，因此，很多他的朋友都来共襄盛举，即使来不了也回信呼应他的倡议（像他的老朋友、日本关西大学的大庭脩尽管不能亲自前来，但三番五次来信谈及此事，这些信至今还保存在我这里）。

一　本　书

清华大学的国际汉学研究所成立之后，李先生常来清华，我和李先生的接触就更多了，差不多一周能有一两次见面。在 20 世纪 90 年代，我们一道讨论制作清华图书馆所藏古物的幻灯片，一道接待来访的法国远东学院院长龙巴尔（Denys Lombard），一道陪同饶宗颐先生游览清华，一道替校方接待台湾法鼓山的圣严法师，甚至一道去了新竹清华大学和香港浸会大学访问。那时候，我正忙着写《中国思想史》第一卷，大家知道，20 世纪 90 年代出土简帛越来越多，逼着我必须通过这些新资料，重新打量古代思想世界，不能仅仅局限在传世文献，以及根据传世文献叙述的传统思想史中。

大概是 1995 年春天，李先生到清华开会，这天见到我便从包里拿出一本书来，说他知道我在写思想史，这书是特意带来让我参考的，而且希望我给书提提意见。这本书就是李先生刚刚在台湾时报出版公司出版的《简帛佚籍与学术史》（见图 2），李先生自己的样书并不多，他特意带给我，说是觉得我对这一话题有兴趣。

记得那天他在文北楼跟我聊了一个多小时，他说到的最多的，就是考古发现的新资料如何写入学术史或思想史，就像他在这本书的《自序》中说的，"出土简帛影响最大的乃是学术史的研究……透过出土简帛的整理研究，竟使被认为最'物质'的考古学同最'精神'的学术史相沟通，这或许是有希望的研究方向"（10页）。他说的"学术史"，是梁启超、钱穆用的概念，其实在我看来就是"思想史"。大家知道，李先生见多识广，早年曾经跟侯外庐先生编写《中国思想通史》，所以对思想史始终敏感。我记得那天我说，自己写思想史的一个取向，就是试图把眼光向下，从日书、遣册、医籍、图像以及不断重复出现的套语文字，甚至没有文字的出土古器物中，提炼出一般知识、思想和信仰。对我的想法，李先生好像非常有兴趣，后来他给我的思想史写评价，就说到"作者用浓彩描绘的是'一般思想史'"，"以崭新的角度和层面展示给人们的，是大家不那么熟悉的思想世界"。

《简帛佚籍与学术史》这本书给我的启发很大，因此我一边阅读一边摘录还一边下我的感想，后来在《读书》1995 年第 11 期上，我发表了一篇书评《古代中国还有多少奥秘？》（见图 3），我特别说到这本书对思想史研究最有意义的一点，是李先生《走出疑古时代》演讲中提到的古籍"排队"，也就是"用今天出土的这些材料设立儿个定点，然后把其他的古书排进去"，这样让思想史的传承系统重新理清先后与联系，一方面有助于思想家们的年代先后排序（这一点能修正和超越钱穆的《先秦诸子系年》），另一方面有助于思想文献的年代先后排序（这一点能修正和超越《古史辨》《伪书通考》以来的认识），有了这两方面的进步，再写古代思想史，脉络就可以重新叙述了。所以我说这本书"在这两个问题上，都为

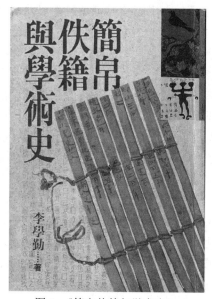

图 2 《简帛佚籍与学术史》

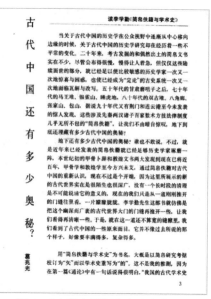

图 3 《古代中国还有多少奥秘？》

我们做出了极为重要的贡献，通过地下简帛与现存典籍的考察，为部分学术史文献重新排了次序，纠正了过去的偏颇与失误，通过各种文献之间的关键词语、思想表述的比较，为学术史寻找了知识背景，使学术史的描述更贴近当时的文化土壤"。

有意思的是，2000 年我去比利时鲁汶大学访问，正在主编《当代中国思想》英文刊的戴卡琳（Carine Defoort）教授就跟我说，她觉得我这篇书评很重要，因为不仅涉及了简帛考古新发现，也涉及了这些新发现与思想学术史，还介绍了最重要的一部著作，所以一定要翻译成英文。这就是后来刊登在 *Contemporary Chinese Thought*（2002 年冬季号）上的 "How Many More Mysteries Are There in Ancient China"，这篇书评的英文版，我从来没有跟李先生提起过，至今不知道李先生当年是否看到过。

一 段 史 料

1995 年 5 月，清华大学组织到雁栖湖春游，李先生也去了，在红螺寺散步的时候，他告诉我近年西汉墓中出土竹简，其中一篇赋，没准儿有佛教的影子，我大吃一惊，便在日记里记了下来。过了些天，李先生来清华大学，拿了复印的尹湾汉简《神乌赋》释文给我（见图 4），那时候释文还没有发表，他之所以先拿来给我，就是想让我查证一下，这篇赋里是不是真的有佛教痕迹。我记得他半开玩笑半认真地说："如果这里面出现了佛教痕迹，事儿就大了。你对佛教有研究，你看看有没有可能？"因为通常认为，佛教是东汉传来中国的，可是尹湾汉简却是西汉时代的。如果真的如此，确实"事儿就大了"。李先生太客气，觉得我懂一点儿佛教，所以让我看这篇释文，其实，我对佛教尤其是早期佛教经典和传说，实在也是二把刀。不过我拿到之后，确实仔仔细细搜寻了一下汉文大藏经，甚至也通过日译本查了南传佛教文献，实在不敢判断这个故事中是不是有佛教痕迹，虽然里面也有万物各有分理、生死殊途不同的思想，但按照所谓"疑罪从无"的原则，空口无凭只好放弃。记得不久后我跟李先生报告这个结果，李先生也笑笑说，"没有证据当然只好作罢，我只是脑子里面念头一闪"。但是，你从他这种"念头一闪"的敏感中，可以想见他心里对历史上的大关节大问题，有多少关切，有多少灵感，又有多少知识。

有趣的是，因为看了太多有关乌鸦的文献，我倒是被逼出一篇副产品，就是后来发表的《慈乌与寒鸦》（《中国典籍与文化》1996 年第三期，见图 5），借了这篇出土的汉赋，我从先秦传世文献，到两汉谶纬资料，再到中古佛教典籍，讲了一通乌鸦在古代中国从吉到凶的意涵转变，或许可以说是"歪打正着"或者"郢书燕说"吧，这一则史料，倒也结下了李先生和我的一段学术缘分。

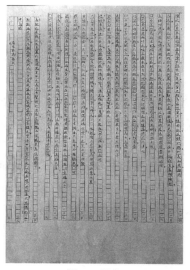

图 4　释文

图 5　《慈乌与寒鸦》

一 点 感 想

从上面的一封信、一本书、一段史料，我感受到的是什么呢？

李先生当然是古文字、古文献和古史也就是所谓"三古"领域公认的领袖型学者，这一点不需要我多说。但我觉得，他最不同寻常的是有大见识。学者的见识高低，并不在知识多少，更在于他眼界多宽，胸怀多大。究竟是谨守一亩三分地，还是能越出专业之外在宏大的世界和历史背景里思考？二者差别很大。他关注《神乌赋》中的佛教痕迹，关注国际汉学，关注学术史，才能提出一些影响学术方向的大问题。就像"走出疑古时代"。很多人对这个说法有疑问，这可以讨论。但学术史最重要的，或者说未来能留在学术史的记忆中的，不只是解决问题，更是提出问题，一个能够引起思考、质疑、论辩的问题。

让我说一点进一步的感想。我觉得，理解李先生"走出疑古时代"的提法，更重要的是要理解他思考的背景。这个背景，从小了说，是让人重新认识古代中国与古代欧洲文献学传统的差异，从大了说，是看清延续性相对较强的古代中国文明和断裂性相对较多的欧洲古代文明的区别。其实，如果我们注意就可以联想到李先生多次说的——直到晚年还在反复说——他想做而没有做成的"一个梦想"，就是东西方文明的比较。

这才是一个大学者的理想。

缅怀李学勤先生对出土文献的思想与视野

沈建华

（清华大学出土文献研究与保护中心）

今天对于清华大学来说是一个特殊的日子，李学勤先生 90 华诞纪念日，时间如梭，一晃李先生已离开我们快五年了，感觉上李先生还活在我们中间，他的学术著作从二十世纪五十年代起至今，一直是今天我们身边最重要的经典著作，尤其是我们整理出土文献遇到困惑时，我常常会想到李先生，应了辛弃疾那句诗词："众里寻他千百度，蓦然回首，那人却在，灯火阑珊处。"我想这就是李先生的学术魅力吧。

无论是甲骨、金文，还是战国简帛，在这些不同的学科中，李先生对传世文献和出土文献的研究也可以说已然达到驾轻就熟的境界，他是一位导夫先路的开拓者。早在 1959 年 26 岁的李先生就出版了《殷代地理简论》，这部地理简论，实在不简，能将一堆断烂朝报式的卜辞中的上百个地名，进行分区归并梳理，展现给读者一个清晰轮廓，并且利用西周铜器题铭考证商代重要地名位置，这些思维方法都显示出早年李先生学术上独辟蹊径的视野和智慧，直到今天仍然对我们的研究有着重要的启发。

1946 年长沙子弹库出土帛书，这幅帛书在新中国成立前被偷运至美国佛利尔美术馆。它是一部有关古代时令的数术书，体现了古代先民对宇宙模式的理解和认知，尤其是对古代天文学史有着特殊的重要意义。从二十世纪六十年代起日本梅原末治、中国香港地区饶宗颐、大洋洲巴纳等学者都有很好的研究，这一时期最有突破的是李先生首先论定帛书边文的十二月名即《尔雅·释天》的十二月名，文字考证（《补论战国题铭的一些问题》，《文物》1960 年第 7 期）最早提出此帛书与阴阳五行之说有关，并且指出四时神的春神名"青阳"与《尔雅》《汉书·礼乐志》所记春为青阳相近，其中对祝融和陆终的考证，指出二者"终本为一神分化之说提供了进一步证据"，来自古代楚地重黎绝地通天的故事等，这些都是十分精彩的论断，至今被学界公认沿用。

二十世纪八十年代后随着大量地下文物出土，科技进步使帛书残字得以更清楚展现，加上李零、陈梦家、饶宗颐、曾宪通教授子弹库帛书研究相继发表，将帛书研究推向一个高潮。帛书《月忌》包含了《尔雅·释天》的十二月名，得到了学界公认。1994 年李先生在台湾地区出版了《简帛佚籍与学术史》，其中《楚帛研究》篇章，也可以说是李先生在原有的帛书研究基础上，通过马王堆帛书以及新的出土文献，进一步省思研究的心得。

他在《再论帛书十二神》一文中对《月忌》十二神名，重新作了审定纠正，其中利用了出土文献秦简《日书》新的资料来完善补充考证。

我们注意到其中《胎产书》中的《禹藏图》和几种五行家的著作的图均以南为上，纠正了过去上东下夏为正的理解，认识到这是楚地人的地图观念。

对于帛书《天象》篇某些内容，李先生敏锐地意识到楚人对天象的观念认识与《五行传》非常接近，如"时则日月乱行，星辰逆行"与帛书"日月星辰，乱逆其行"可以对应，这一说为帛书作了很好的注脚。李先生从思想角度考察，帛书和《五行》无疑有共同的渊源。对于从《洪范五行传》文本上追寻阴阳家的起源，作了进一步的考证，近年清华简的《五行》篇发布的内容无不证明了楚人天人感应"五正"与《五行传》有着共同的渊源。

他的学术特点，抓大放小，以小看大，给学界的印象是总有出其不意的突破，敏锐的触角，缜密的考证，也带出不同于常人的学术境界和风格。李先生不愧学哲学专业出身，文章的逻辑思维就像福尔摩斯探案那样，再复杂的出土文献，都被他一层一层揭开侦破。

比如 1999 年《中国哲学》第 20 期发表的"郭店楚简研究"专题中的那篇《先秦儒家著作的重大发现》，在学界中成为"金声玉振"般不朽的经典名篇。郭店简的时代，除已知考古对楚墓序列排定与包山墓相距不远之外，李先生还通过出土简内容，结合传世儒家文献与人物生卒年代这些纵横上下时限交错的时代背景，层层分析考证，认为郭店典籍竹简书写作时代是在公元前 4 世纪中晚，这为儒家的传承谱系提供了重要的研究线索，这篇三千多字的文章经过深入浅出的分析考证，令无论是专业还是非专业读者都一目了然，短小精悍素来是李先生写作的特点。

21 世纪，受到国际潮流的影响，当下学术越来越画地为牢，专业分得越来越细，学术视野也越来越狭窄，李先生从甲骨、金文、战国简到汉简，先秦历史、古文献并驾齐驱，全面贯通，足以显示他学术视野的宽阔和深度，其精深的博学功底，是现在很多学者难以达到的高度，光出版的著作就已达 30 多本。感谢江西教育出版社出版了李先生全集，今天来自全国各地的李先生的弟子和朋友，共同缅怀思想史视野下的李先生一生光辉的学术史。

李先生的著作

吴振武

（吉林大学考古学院、古籍研究所）

李先生是我的座师。我 1981 年硕士毕业和 1984 年博士毕业，都是李先生做答辩委员会主席。当然，我也很早就接触到李先生的著作。记得最早读到的，是他年轻时写的那本薄薄的名著《殷代地理简论》。因那时我还在自学阶段，尚未真正入门，所谓读，也是读得稀里糊涂。等到 1978 年，我开始读研究生，直到 2019 年李先生谢世，前后四十多年里，我读李先生的著作，就几乎跟他的发表同步。因为李先生的著作，多数是在这四十多年里撰写和发表的。因此也可以说，我是读着李先生的著作成长起来的。

现在《李学勤文集》印出来了，有 30 卷之多，可谓壮观。李先生博学，是大家都知道的。古文字范围内的，举凡甲骨、铜器、简牍、帛书，以及陶文、玺印、货币等，他都有著述，且都有发明，不少观点在业内深具影响。古文字以外的，考古、古器物、古代史、古文献、思想史、文化史、学术史，中外比较，他也都有兴趣有讨论，很多看法也往往被其他行业的人所重视。有一种说法，说李先生不屑一字一词的考释，又称他一生研究古文字，却没有考出一个疑难字。这些都是不对的，甚至是别有用心的。

一个学者有能有不能，这是毋庸讳言的。对一个需要天天阅读和研究古文字资料的学者，哪里会不重视字词的考释呢？跟李先生聊天，常会听他提起某某材料里的某某字应该如何释读等话题。而他自己也曾努力释读过一些疑难古文字，而且还都是比较重要的。比如金文中的"贾"字，战国记容铭刻中的"大半"合文等。只是他入道便非专攻文字考释，而一般非关键性的字，与历史研究关系不大的字，也真不值得他去花费很多精力。所以他会给人如此印象。

说到西周金文中的"贾"字，李先生可能不是第一个提出的人，但他绝对是第一个把它确定下来的人。这缘于他对出土资料和古书的熟悉。1974 年，山西省闻喜县上郭村同出两个形制非常接近的青铜匜，一记"荀侯"，一记"贾（旧释贮）子"。因为在《左传》里，荀、贾二国经常并提，地理位置密迩，故李先生敏锐地指出，过去那个大家多释为"贮"的字，就是"贾"字。这样的案例，在古文字学史上也是不多见的，我称之为"历史学家的手段"。

跟所有古文字学家一样，即使努力考字，也不能回回正确。李先生曾认为楚国玺印中大家释为"大夫"的那个合文，应改释为"夫人"合文，并有专文论述，我也曾一度相信这一新说。后来我从地域书写习惯的角度观察，肯定旧释"大夫"无误，"夫人"说不能成立，并写信告诉了他。尽管那时候，我还只是一个在读研究生，但李先生却从善如流，表示他会考虑放弃自己的新说。多年后我注意到，李先生在他的《东周与秦代文明》第二版中，真就删改了相关表述。

李先生研究古文字，向来重视对载体本身的观察，这也是他的一个治学特点。记得他曾在一本书里专门表彰过杨树达先生的一个例子，杨先生认为齐器国差𦉜上的"四秉"，即指原器上的四个环形捉手。因我曾讨论过齐陶文中有"豆区釜锺"之"锺"，他去瑞典斯德哥尔摩远东古物博物馆参观时，特意观察了一片带有"锺"字的陶文，并告诉我那件陶片特别平，可以想见原器是非常大的。虽然我至今也不知道那陶片上的字形是怎样的，但他这种仔细观察实物的习惯，给我留下了深刻印象。上面提到过的"大半"合文，也是有相关器物的实测容量作依据的，这也是李先生之所以能够正确解读"大半"的一个重要因素。

李先生的写作风格，也很值得称道，有话则长，无话则短，清通简白，从不故作高深或故弄玄虚。晚年还屡次呼吁古文字学人尽量写短文。这跟他年轻时的阅读大有关系。他曾跟我说起，像许地山的《缀网劳蛛》、周作人的《雨天的书》等集子，他在中学时代都已读过，那时他也爱看科普读物。所以我们就能知道，李先生这种文风的形成，是有来由的。

李先生有一次跟我聊天，说你们都会进学术史的，会成为学术史上的人物。那时我还年轻，听了这话，除了有点吃惊外，也没特别感觉，哈哈一笑就过去了。现在回想起来，那正是夫子自道。李先生很早就有这类意识，所以他也成为在很多领域开风气的人物。现在李先生已真正进入学术史了，我希望有人能从学术史和文献学的角度来研究他和他的著作。也因此，希望他所遗留下来的大量笔记和手稿，能有机会得到整理并影印出版，就如同我们看见的《钱锺书手稿集》一般。

李先生和他的著作，都将是不朽的。

2024 年 5 月 10 日，长春

李学勤先生与出土文献研究事业

刘 钊

（复旦大学出土文献与古文字研究中心）

很荣幸受邀参加今天的"纪念李学勤先生 90 诞辰学术座谈会"。李先生离开我们已经快五年了，五年里我们面对百年未遇之大变局，心中充满了迷茫和困惑。新冠疫情摧残了我们的身心，让我们痛苦不堪。好在学术界并没有消沉，我们出土文献与古文字研究学界的研究工作并没有停息，我们依然在李学勤先生和裘锡圭先生指引的学术道路上昂扬奋进，砥砺前行。大家一定已经欣喜地看到，五年来出土文献与古文字研究事业有了长足的进展，随着国家的重视、地下资料井喷式地出土和数字化及人工智能的介入，三方面凝聚成了一个合力，让我们迎来了出土文献与古文字研究最好的发展时期。在此基础上我们还可以预期：在未来几十年内，出土文献与古文字研究都仍将是学术界的研究热点。

五年来，清华大学出土文献研究与保护中心在李先生生前奠定的雄厚基础上，在黄德宽主任的率领下，在中心全体师生的共同努力下，学术研究、学科建设和人才培养都取得了丰硕的成果。队伍不断壮大，办公环境有了极大改善，《清华大学藏战国竹简》已经出到第 13 辑，30 卷本的《李学勤文集》也已经正式出版。我相信如果李先生的在天之灵看到这些，一定会感到高兴和欣慰的。

半部学术史，一位李先生，这是学术界对李先生的学术和成就最简单精到的概括。李先生以他爱好科学，喜欢数学，学过哲学，研究过思想史的学术积累和背景，转而从事三古——古文字、古代史和考古学的研究，以开阔的视野、融通的手段，对中国早期古代文明进行了全方位、立体化的探索，取得的成就为世界所瞩目。李先生一生撰写著作 40 多部，23 岁时就写成了第一部书，26 岁时正式出版；一生撰写论文 2000 余篇。我粗略算了一下，如果从李先生 20 岁开始算起，一直到去世，大概平均每年要写 30 篇左右。以这个数量又能够保持高质量，在当代是很少有人能够企及的。我们现在用电脑写文章，按理速度应该更快，却赶不上李先生用笔写的速度，而且这是在他多年担任行政职务的情况下做到的。比较起来，作为后学的我们应该感到惭愧。我们现在强调要做有组织的科研，号召大兵团作战，组织集体冲锋。这样做的结果是可以集中力量，出大成果，但是每个人单兵作战的能力却很可能会退化，到底人文学科是讲究个性化的。像李先生这样以一当十，甚至一个人相当于一支大部队的具有超强单兵作战能力的人，今后恐怕再也不容易出现了。

从 2018 年 3 月 1 日到 5 月 3 日，在距李先生离开这个世界不到一年的这两个月的时间里，他在北京协和医院的病榻上，为他的文集在每一卷都撰写了一篇前言。这八篇前言为学术界留下了他最后的一些学术思考。其中他提到的一点让我受到深深的触动，那就是他说："我们做一些工作，都要联系到一个大的、有理论性的目标。"如今我们的出土文献与古文字研究，领域越分越细，文章越写越长，论证越来越复杂，有时甚至感觉在"炫技"，但在交叉和融会贯通方面的工作却做得很不够。学术界不缺"专才"，但是却很缺"通人"。我们应该认真思考李先生留给我们的话，争取如他所言，既要做到"一些的一切"，又要追求"一切的一些"，避免如李零先生所比喻的"陷入研究一棵树都研究到叶脉的深度了，却忘记了树本身，更看不到树林了"那样的窘境。

人总是会老的，也总有一天会离去，但是四年多前李先生的离去，却实在让后辈的我们有点难以接受。最近裘锡圭先生也生病了，身体很弱，他在病中还一直惦记着研究工作。看着他不惜身体还拼命工作的样子，我心里很难受。李先生生前跟裘先生关系很好，两人互相欣赏，惺惺相惜；南裘北李，各占擅场，各领风骚。我认为两位是出土文献与古文字研究学界的双子星座，是矗立在出土文献与古文字研究学界高原上的两座高峰。朱德熙先生生前曾评价两人的学术，说李先生博大，裘先生谨严，我觉得评价得非常准确。我们研究出土文献与古文字的人常常提"罗王之学"，我认为李先生和裘先生的学问，也可以并称为"李裘之学"。一个偏重于历史学角度，一个偏重于语言学角度，正好互补。如今一位已经离去，一位在日渐衰老。面对榜样和偶像的离去和衰老，我们这些追随者，总有一种有劲使不上、有忙帮不上的感觉。有点悲凉，很是无奈。我有时想，其实我们能做的，恐怕只有尽量学习并继承他们的学术和学风，见贤思齐，取法乎上，接过他们的衣钵，让学脉一代一代地绵延下去。

李先生生前一贯提携年轻人，奖掖后进，我相信今天在座的，大概很多人都受过李先生的教诲，得过他的恩惠。我当年博士论文答辩时，李先生是答辩委员会主席。记得是 1991 年 1 月，天气最冷的时候，李先生冒着严寒从北京赶到长春主持我的答辩。当时火车票很难买，我还起大早跑到火车站排队为李先生买回程票。答辩过后，李先生主动为我向中华书局写推荐信，推荐出版我的博士论文。我当时只是一个普通的博士生，却受到李先生如此厚爱，至今想来，依然感念不已。

最后，我提议让我们为李先生的在天之灵献上一瓣心香，让我们以更奋发的态度，更刻苦的工作，为中国的出土文献与古文字研究事业贡献更多的智慧和汗水，以实际行动告慰李先生的在天之灵。

李学勤先生与西北简牍

张德芳

（西北师范大学）

李学勤先生是享誉世界的古文字学家、文献学家和历史学家。他终身研究古代文明，在古史研究的多个领域，都做出了超越前人的卓越成就。

近几十年来，李先生长期关注西北简的整理研究，对我们今天简牍学的教学、科研以及人才的培养、队伍的形成产生了深远的影响。下面仅就笔者的亲身经历，回忆李先生对西北简牍研究的支持与关注。

一、二十世纪七十年代最早参与了新出居延汉简的整理

1972 年银雀山汉简的发现、1973 年长沙马王堆汉墓简帛的发现以及 1974 年居延新简的发现，是当时考古学界震惊中外的重大成就。国家有关部门为了集中整理这批出土文献，在文化部成立古文献研究室，调集全国各方面专家，分成几个小组，在北京沙滩的红楼集中整理释读。李先生是其中参与整理的中青年专家之一。甘肃文博部门发掘的居延新简，最初的分工整理是在古文献研究室主任唐长孺先生的主持下，由古文献研究室于豪亮、李均明，中国社会科学院历史研究所谢桂华、朱国炤以及甘肃方面的初世宾、任步云、何双全等同志参加。李学勤先生本来是要参加居延新简的整理，但由于其他原因造成了遗憾。他曾在一篇序言中谈道："我曾同于豪亮先生一起承诺整理新居延简的任务，但由于马王堆帛书的工作繁重，又应邀前往英国剑桥大学，我实际未能做什么实际的事。"①但是，他参加了最后的定稿。《居延新简》（见图 1）的前言中记述："甲渠候官和甲渠塞第四燧出土简牍的释文，经过多年反复对照照影和核对原简，前后数易其稿，于一九八三年九月至翌年元月在北京经过集体讨论定稿。一九八四年九月，

图 1　《居延新简》

---

① 谢桂华：《汉晋简牍论丛》，桂林：广西师范大学出版社，"序言"，2014 年。

在文化部古文献研究室主任唐长孺先生主持下，张政烺、裘锡圭、李学勤、徐苹芳等先生应邀对其中疑难释文提出过宝贵意见。"①可见，李先生对《居延新简》的整理出版，是参与者之一。

二、对创办《简牍学研究》的支持

20 世纪末的 1995 年，为使西北简牍的整理研究形成优势学科，西北师范大学历史系同甘肃省文物考古研究所建立合作关系，招收培养硕士研究生。同时在此基础上，于 1997 年合作创办了《简牍学研究》（不定期连续出版物）。起步伊始，希望发表李先生这样的大家名家的稿子，以扩大刊物的影响。每次约稿，李先生都是有求必应。

1997—2004 年，《简牍学研究》出版了前四辑，除第二辑外，每期都有李先生的文章。2004 年，笔者时为考古研究所副所长而且专门负责简牍整理，同时在前一年还被西北师范大学聘为博士生导师，以双重身份参加了简牍学的教学科研和刊物的编辑。第四辑约稿时，专门给李先生打电话，请他能够写稿给《简牍学研究》以支持。现在手头翻出一封他的回函原稿："张德芳先生：承约为《简牍学研究》（四）写一小文，因公忙，今日始能完稿，寄上请指教，收到如能赐一电话，尤为感谢！"（见图 2）寥寥数语，至今读来，仍然为之动容。《简牍学研究》至今已经出了十四辑，在学界有了一定影响，在同类刊物中也占有一席之地，与当年起步时李先生等人的大力支持是分不开的。

2013 年，甘肃省委省政府经中央批准，建立了第一个国家级的文化发展战略平台"华夏文明传承创新区"，制定了"一带""三区""十三板块"即"1313"的发展战略。为适应形势要求，为社会各界提供甘肃历史文化的智力支持，由西北师范大学刘基教授主编，推出了《华夏文明在甘肃》一书，详细介绍了甘肃的历史文化和资源优势。李先生百忙之中专门为之作序，给予充分肯定：书中的"论述和分析，有助于以更大的力度全面提升甘肃文化的凝聚力、影响力和竞争力，切实做好文化资源的传承保护和创新发展，使华夏文明博大精深的内涵更加丰富璀璨"②，为本书的传播和普及提供了有力支持。

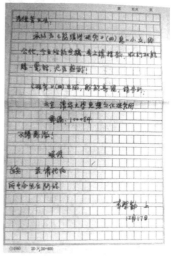

图 2　李先生回信

① 甘肃省文物考古研究所等：《居延新简》，北京：中华书局，"前言"，1994 年。
② 刘基主编：《华夏文明在甘肃》，兰州：甘肃人民出版社，"序"，2013 年。

西北师范大学副校长田澍教授说，为建设"华夏文明传承创新区"提供智力支撑和决策咨询服务，学校专门成立了"华夏文明传承发展协同创新中心"，聘请全国知名学者担任兼职教授，以扩大影响。党委书记刘基教授带领有关方面负责人田澍、张兵等人登门造访，聘请李先生为西北师范大学特聘教授（见图3）。在其后的几年里，由李先生参与的导师组，招收培养了多名"华夏文明"的博士研究生，为西北师范大学壮大了导师队伍，扩大了学科影响，也为甘肃的"华夏文明传承创新区"建设贡献了力量。

图 3　聘请李先生为特聘教授

三、同甘肃简牍博物馆、西北师范大学创建了整理保护和培养人才的合作平台

二十世纪七十年代在金塔、额济纳一线出土的居延新简，只出版了上文所说的"甲渠候官和第四燧"，其余"肩水金关"一万多枚汉简，尚未整理出版。九十年代初期在敦煌悬泉置遗址出土的 2 万多枚"悬泉汉简"，也需要尽快整理。2012年，我作为甘肃简牍保护研究中心（是年年底在此基础上成立甘肃简牍博物馆）主任，希望同清华大学出土文献研究和保护中心优势互补，合作共赢。而李先生作为清华大学出土文献研究与保护中心的主任也有此意向。经过多次电话磋商，于 2012 年 1 月 12 日，由笔者同李先生分别代表双方单位签署了《甘肃简牍保护研究中心与清华大学出土文献研究与保护中心建立合作关系的意向性意见》。大意是，在甘肃省政府和清华大学建立合作关系的大背景下，"本着优势互补，以强带弱和强弱共进的原则，借助清华大学在人才、技术、资料等多方面的优势和李学勤先生在学界的崇高威望，在两地所藏简牍的整理、研究以及人才培养、学术交流等方面展开多领域和深层次的合作"，"双方在整理工作的基础上，对上述出土文献共同参与研究，当前首要工作是以悬泉简的综合研究为突破口，取得高水平的科研成果，帮助甘肃简牍保护研究中心逐步建设成为'开放的、国际化的西

北简牍研究基地'","双方在人才培养方面,在原有甘肃简牍保护研究中心和西北师范大学联合培养硕、博士研究生的基础上,建立三方合作关系。通过三方导师在教学科研等领域的相互参与、兼职以及学生的长、短期交流学习,提高教学质量,培养简牍学领域的高层次人才"(协议原照见图4)。协议签署后,清华大学和甘肃方面也都按照协议精神采取了相应举措。黄德宽教授作为李先生的接班人,亲率清华团队参加了2019年9月中旬(正值中秋佳节之际)在敦煌召开的"《悬泉汉简》第一卷后期整理和审稿定稿会议"。在其后的各卷整理中,中心副主任刘国忠教授和李均明教授、刘绍刚教授、侯旭东教授以及郭伟涛副教授都是整理团队的重要成员,全力参加了前四卷的后期整理。李先生虽然生前没有看到,但他开创的事业,我们一定会圆满完成。还有后四卷的工作,我们还将继续履行当年的协议,认真完成后四卷的整理出版。

图4 协议原照

四、参加"甘肃省第二届简牍学国际学术研讨会",带来了清华简的最新发现

1991年8月,甘肃省举办了第一届简牍学国际学术研讨会,当时名流云集,盛况空前。但是刚刚上任中国社科院历史研究所所长的李学勤先生没有顾得上出席。事过20年后的2011年8月,我们又在同一时间(8月25—26日)、同一地点(兰州饭店)召开了"甘肃省第二届简牍学国际学术研讨会"。会议由甘肃省文物局主办,甘肃简牍保护研究中心、甘肃省文物考古研究所、甘肃省博物馆、西北师范大学文史学院承办(见图5)。笔者作为简牍保护研究中心主任、考古研究所副所长、西北师范大学博士生导师,在各单位领导的支持下,承担了组织、策划、协调等各方面的具体工作。

8月25日上午的开幕式上,除相关领导的讲话外,李先生对简牍学百年来的整体发展作了概括回顾和现状介绍,并作第一个大会报告——《清华简关于秦人始源的重要发现》(见图6)。清华简《系年》的第三章有:

飞厤(廉)东逃于商盍(蓋)氏。成王伐商盍(蓋),杀飞厤(廉),西迁商盍(蓋)之民于邾虘,以御奴虘之戎,是秦先人。

图 5 研讨会照片参考

从左到右：王嘉毅、邵明、张正锋、李学勤、杨惠福

图 6 李先生作报告

简中记载的秦的先人是周成王时从东方迁到"邾虞"的"商奄之民"。而"邾虞"就是"《尚书·禹贡》雍州的'朱圉'，《汉书·地理志》天水郡冀县的'朱圉'，在冀县南梧中聚，可确定在今甘肃甘谷县西南"。①这一重大发现把清华简的研究同早期秦人的起源结合了起来，同甘肃的古史研究和历史地理结合了起来，令人耳目一新。此文在会议上首发，紧接着在 2011 年 9 月 8 日的《光明日报》上全文发表，在学术界引起很大反响。

当时的省委领导十分重视甘肃的简牍学研究和文化发展，也同时关注清华简的研究状况。李先生来甘参加会议，省上领导高度重视，陆浩书记在百忙中于 8 月 25 日早晨专门安排时间，请李先生一行共进早餐，以示对李先生一行的热烈欢迎和隆重接待。当时参加宴请的除李先生外，还有随行的赵平安教授、李均明教授、刘国忠教授、苏竣处长和李师母徐维莹。甘肃方面作陪的有省委秘书长刘立军、

---

① 李学勤：《初识清华简》，上海：中西书局，2013 年，第 143 页。

文化厅厅长邵明、文化厅副厅长兼文物局局长杨惠福。我本人由于会议组织者的身份亦叨陪末座。席间，陆浩书记表示了对李先生一行的真诚欢迎和对简牍研究的关心支持，李先生也表示了感谢之意和对甘肃简牍研究的希望和关注。

会议期间，李先生一行赴甘谷毛家坪遗址进行了考察。具体情况，在当年 9 月 9 日清华大学庆祝教师节大会上的发言中，李先生作了热情洋溢的描述："'清华简'确实是重大发现，而且随着整理研究的进展，简的内涵正像一座'富矿'一样，逐步被发掘和展示出来。可以在这里向大家报告的是，最近我们在'清华简'整理报告第二辑的准备工作中，又有一系列重要发现。例如关于历史上秦人（秦国、秦朝的秦）起源的重要发现，我想是真正做到了'重写我们的古代历史'。通过研究，上个月 23 日，我们在甘肃省领导的帮助支持下，前往甘肃省甘谷县朱圄山和附近遗址（见于《尚书·禹贡》）作了考察，并在兰州的国际会议上作了报告，说明找到西周初年（约公元前 11 世纪）秦人最早居住地的线索。再过几天，这个月的 18 日，我们还要在山东莱芜的学术会议上报告，因为秦人就是从那一带被流放到西方的。有关这件事的报道文章，昨天（9 月 8 日）已经在《光明日报》发表。"①

五、对西北简牍的研究和关注

作为一代宗师，李先生其实对全国出土文献的整理研究有一个整体的规划和布局，在集中力量关注甲骨文、青铜器和战国古简的同时，也随时关注西北秦汉简牍的研究进展。他曾发表过多篇这方面的文章，如《谈张掖都尉启信》（《文物》1978 年第 1 期）、《放马滩简中的志怪故事》（《文物》1990 年第 4 期）、《四支居延汉简的故事》（郭长久主编《博导晚谈录》，天津人民出版社，1998 年）等。

给笔者印象深刻者举其一例，《湖南大学学报》2005 年第 5 期上发表了李先生的《论汉简、钱范所见纪年超长现象》一文，文中对钱范、汉简中的纪年超长现象作了解释，而且大量引用了笔者在《简牍学研究》第四辑上发表的《悬泉汉简中若干纪年问题考证》一文的内容。开宗明义："前几年曾接西安来信，询及西汉五铢钱范有的纪年与史书不合的问题。最近在《收藏》2005 年第 7 期上，读到西安王泰初《汉宣帝五年陶范》一文，发表本始五年、地节五年各一例，都超出了史书所见的年号长度。对于这种现象，我本想提出一些看法，恰好又读到《简牍学研究》第四辑张德芳先生有关悬泉简中同类年号的论文，颇受启迪。现以张文为基础，多少做出引申，与读者商榷。"

---

① 李学勤：《清华简及古代文明》，南昌：江西教育出版社，2017 年，第 357 页。

还有："河平元年（公元前 28 年）前一年是建始四年，这年原为建始五年，至三月诏改为河平元年，史书于是以河平纪年，建始五年便不见于文字了。在这一年书写的简牍，自当直接反映改元前后的实际。张文指出：'悬泉简中有 8 枚建始五年简，而河平元年纪年简有 19 枚，共 27 简。建始五年 8 简中有月朔和干支者 6 枚，有 3 枚记正、二月之事，有 3 枚延至三、四月，而河平元年 19 枚中则绝无正、二月记录。'"

"对于悬泉置来说，即使朝廷的改元是从新年元旦开始，有关通知也每每要拖后两三个月才收到，这便是悬泉简大多数超长年号的产生原因。张文列举的这种年号，从昭帝到新莽，一共有 20 例，除去元帝建昭六年一例没有保存月日，成帝阳朔五年一例原简不清，可推考的 18 例，其间 13 例的月份大多在正、二月，最晚不过四月，都可以用这样的理由来解释。例如张文所说，简云：'元凤七年正月乙亥朔甲子'，昭帝'元凤七年即元平元年，前 74 年。正月乙亥朔，甲子为二十六日……此简乃岁末年初，七年记六年事，沿用六年年号。悬泉简中尚有元平元年纪年简 5 枚，记二月以后事。两个年号 6 条纪年简，前后衔接，记同一年事。'"

"又有一个特例，是哀帝建平五年和六年（公元前 2、1 年），即元寿元年和二年（《汉书·哀帝纪》）。张文说明，悬泉简'有建平五年记事简 27 枚，但无元寿元年简'，有'建平六年的纪年简 3 枚'，'元寿二年简 13 枚'。后者建平六年简都在正月，有十四日、十九日。由此可见，当地实际没有使用元寿元年纪年，只是到所谓建平六年正月以后，才使用了元寿二年纪年。张文非常细致地指出：'有一个值得注意的问题是，建平五、六年纪年简，普遍没有月朔记载，有的只有干支，而且如……十二月辛巳的干支还有错误。'"

先生的文章对纪年超长问题，又有了进一步的提升和推进，读来颇多受益。先生的行文、出注不愧大家风范。不管引用哪里的材料，都注明出处。来源有据，言之成理。同时下以抄袭剽窃为能事的败坏学风，形成天壤之别，这对后辈晚学是难得的垂范和激励。

2024 年 5 月 22 日 于兰州十里店寓所

李学勤先生与清华人文学院

万俊人

（清华大学人文学院）

尊敬的各位前辈，各位女士、先生，同学们：

大家上午好！

刚才主持人说了，我发言的重要理由是有幸从北大来到清华，并跟随李先生一起在清华人文学院工作，最早是人文社会学院，后来是人文学院，前后有 20 多年时间。转眼间先生离开我们都快五年了。我跟先生在清华一起工作的时期接触比较多，我是 1999 年 5 月从北大过来的，很多人不知道，清华大学为了复建文科，组建了清华大学文科复建领导小组，这个组的学术顾问组的组长是张岱年先生，副组长是李学勤先生和张启之先生。我来的时候先生已经在清华了，他那时候任人文社科学院学术委员会的主任，我来以后作他的副手，同时开始组建哲学系。

今天讲三件事，作为对我追随先生在清华工作这段美好时间的回忆，表达我对先生的怀念。

第一件事是先生的哲学缘。大家知道，先生曾经是老清华哲学系学哲学的，我曾经问过他，因为有时候开学术委员会会议在一起吃工作餐，我就问他，学哲学，特别是学逻辑对他后来做考古、古史、古文字学研究有没有作用？他肯定地说，有作用。他说，他领会最深的是两个概念，第一个是理性。所谓理性，是指我们做什么事情都要找理由，要有充足的理由。第二，当你有足够的理性，足够多的理由时，你就能"必然地得出"某个或某些结论，这就是逻辑思维。考古也讲究这个，一旦我们找到了充足的要件就可以断定，所以他说他从金（岳霖）先生那儿学到的逻辑学一直都有用。来清华组建哲学系后，我主编了《清华哲学年鉴》，这是仿效当年胡塞尔做现象学编辑《现象学年鉴》的做法，以书代刊，每年一本。意在为复建的清华哲学系做些学术准备和积累。我们一直都是送先生指导的，但有时比较粗心，没有及时送。有一次他见到我说，你们的哲学年鉴能不能继续送我？我说当然，对不起没有及时送。我怯怯地问他老人家，这个年鉴还可看吗？他给了肯定的回答，并给了我一个小条子，列出了哪几辑还没有，让我赶紧给他补齐。李先生实际上只在清华学了两年多哲学，但是他一直没有忘记哲学，作为哲学学人我感到非常荣幸。

第二件事是先生的母校情和赤子心。因为他是清华文科复建领导小组的领导者之一，其对清华文科的复建起了多少作用大家可以想象，可以说，清华在十多年时间里基本上完成了文科复建的基本布局，一直到 2012 年人文社会科学学院分为社会科学学院和人文学院，这是最后一次分院，过去清华最早的文科复建的孵化器是思想文化研究所，后来有了人文社会科学学院，这个学院里面孵化出了法律学院、公管学院、新闻传播学院等，清华文科多个学院都是从这里走出去的，最后分为人文学院和社会科学学院，标志着它最后的完成。在整个过程中，先生作为学术委员会主任，作为清华文科复建领导小组的主要负责人，其学术贡献是最突出的。可以说，人文学院和社会科学学院的每一位从外校进入清华任教的人最后都是经过李先生签字批准的，他为清华文科的人才队伍建设付出了大量的心血。

第三件事是今天我们开会的这个楼。这个楼从南面看去会发现清华简的设计影子。实际上，这个楼也是李先生为清华做出重要贡献的一个见证，是一座永恒的纪念楼。这个楼共 2 万平方米，花了 2 亿多元，其中有近 1 亿元是当时温家宝总理考察清华时，为了表示对清华文科复建的支持，特别是对李先生所从事的清华简事业的支持特批的，没有李先生的贡献，实际上就没有这个楼。刚才有先生说条件改善了，这个改善首先是李先生创造的条件。我们是在新冠疫情暴发之前搬进来的，很幸运，托李先生的福！可惜，这个楼建成以后不久李先生就离开了我们。

作为曾经的人文学院的负责人之一，我感到特别愧对李先生，最后一次我陪校领导去协和医院看望李先生，那大概是先生走之前半个月时间，那时候先生脸色很好，手有一些发热，握着我的手跟我交代了两件事，当时我是院长，我做成了一件，另外一件没有能够完成，力所不逮，我心里一直感到愧对李先生，虽然我尽力了。每次来到这个楼，我都会想到李先生，前不久做了 11 个雕塑，我们还准备做一批油画，就是老清华培养出来的卓越学人，其中一定会有李先生。说到这里，我想起崔颢最著名的那首吟诵黄鹤楼的诗："昔人已乘黄鹤去，此地空余黄鹤楼。黄鹤一去不复返，白云千载空悠悠。"我想，李先生的名字、他的事业和他对清华的贡献一定会在一代又一代的清华人心中永存。

谢谢大家！

李学勤先生琐忆

陈伟武

（中山大学中文系）

今年是李学勤先生九十诞辰，学术界隆重举行纪念活动，这是理所应当之事。

我初次见到李先生，是在 1985 年。那年秋天，中山大学举行了一次规模小而规格高的古文字学教材研讨会，会议为期两天，开幕第一天在物理系大楼，第二天移师东北区 18 号小红楼的古文字学研究室进行。莅会者有东道主商承祚、曾宪通、陈炜湛、张振林和孙稚雏等先生，外地邀来的嘉宾有夏渌、赵诚、李学勤、裘锡圭、林沄、何崝（代表四川大学伍仕谦先生）等学者。我和谭步云兄其时都是硕士生，旁听了会议。李先生在会议开幕式上有致辞，似乎有事提前一天离会，并未参加第二天的研讨。李先生满腹经纶，写古文字学教材，堪称得心应手，游刃有余，所撰的《古文字学初阶》，原是《文史知识》十二讲连载的普及性文章，结集由中华书局 1985 年出版，一再重印，畅行天下，可说是入门者的最好教材。

1988 年 8 月参加深圳大学中文系主办的国际中国学研修班，主讲的学者有李学勤、安平秋、赵令扬、刘述先等先生，饶宗颐先生虽在名册上出现而未到场。在游览虎门威远炮台时，我曾向李先生请教说："李先生，我硕士阶段是学汉语史的，目前正在研究中国古代称谓，请问应该如何入手？"李先生说："可以读读英国人类学家弗雷泽的《金枝》。"说来惭愧，后来我虽有找此书来读，但也只是泛泛而读，读到其中有关行为禁忌、语言禁忌的内容尤其感兴趣。语言禁忌对讨论汉语称谓有用。后来在撰写《简帛文献中的医药禁忌》一文时，其中就有行为禁忌的讨论，这确实还是可以体会到当年李先生提示我读《金枝》的用处的。

1993 年中山大学成立了中山大学中华文化研究中心，饶宗颐先生任中心主任，副校长张荣芳先生和人文学院院长曾师宪通先生任副主任。1995 年《华学》由饶先生创办，在中山大学出版社出版了创刊号，饶先生还撰写了《发刊词》。创刊号由中山大学、清华大学和泰国华侨崇圣大学三家联合主办。创刊过程中，中大历史系的林悟殊教授在三个单位的沟通方面做出了重要贡献。崇圣大学缺人手，就由中大、清华各办两期，轮流编辑，中大在本校出版社出版，清华编辑的《华学》由紫禁城出版社出版。中大编了第一、第二辑，清华编了第三、第四辑，中大编了第五辑，清华提出每编一辑即轮换着编，曾师爽快地答应，于是第六辑就由清华编，第七辑由中大编（纪念中大八十周年校庆专号）、第八辑由清华编，第九辑本该由中大编，适逢饶先生九十周年华诞庆祝大会在香港大学举行，港大饶宗颐学术馆加入《华学》编辑工作，将大会论文编为第九、第十两辑，由上海古籍出版社出版。2009 年 7 月，武汉大学举行简帛国际论坛，李先生和曾师都赴会。会议期间，曾师在向饶公请示之后，向李先生郑重提出，《华学》没有稳定的编辑队伍和固定的出版单位，总是流动对申报 C 集刊不利，也不利于吸引稿源，清华已有《出土文献》集刊，《华学》可否改由中大单独主办？李先生慨然应允。于是，从第十一辑开始，《华学》就改由中大单独主办，这要归功于李学勤先生的宽广胸襟。2018 年饶先生仙逝之后，从第十三辑开始，由曾师担任主编，并改由中西书局出版。

1994 年 8 月，我和郑刚兄作为曾师第一届博士生完成了学位论文的撰写，我的论文有幸送交李先生评审，李先生很快就将评议书寄回来。当年中大中文系办公室的老师好心将评议书借给我们复印一份留作纪念，今天看来似属违规之举。李先生给我写的评议书全文如下：

《汉书·艺文志》专设有《兵书略》，凡五十三家，可见古代兵学之盛。可惜这些兵书大部分已经佚失，无法研究。近年考古工作中出土简帛，不少属于兵书，对古代学术研究极为重要，陈伟武同志这篇论文，就简帛兵书作了综合的论述，选题是非常好的。

论文网罗了已经发表的各种简帛兵书材料，结合传世文献，作出相当详尽的研究，论文的优点，我认为有如下几点：

一、以充分的材料为依据：占有材料广泛，并对材料作了仔细的考察分析。

二、重视古文字学和文献学的方法：论文中自始至终运用古文字学的知识，也参用文献学方法进行分析讨论。

三、纠正前人误说，提出自己创见：论文中许多地方纠正了前人的看法，指出其不妥所在，同时提出不少很好的见解。

四、提高到学术史、文化史的高度：论文不限于简帛的考释，而是提高到历史学的高度，对学术史、文化史研究颇有裨益。

整个论文所论范围相当广泛，但条理清楚，论证缜密，是一篇较好的学位论文。

从论文可以看出，陈伟武同志在汉语文字学的有关学科方面已经有很深厚的基础，具备了独立进行重要课题研究的能力，我认为这篇论文已达到博士学位论文所要求的水平。

在评议书中几乎看不到一句负面的评语，依我的体会，这是李先生一贯的做法，对后学晚辈总是尽力美言鼓励，并非我才有这种特殊待遇。在李先生看来，这种稚拙的稿子实在是百孔千疮，漏洞百出。只是李先生慈悲为怀，不忍揭短。李先生洞察学术界的生态，奖掖同行晚学多努力从事学术事业，避免因自己的批评而影响别人做学问的积极性。从李先生给许许多多的著作写序题跋就可明白。当然，李先生大手笔，也不想浪费笔墨浪费时间在一些无谓的争执之上。

1997 年到香港中文大学参加第三届国际中国古文字学研讨会，趁着会议间隙，我和刘乐贤兄请李先生同我们在中国文化研究所门前合影留念（见图 1）。

图 1　我们与李先生的合影

2002 年，中山大学古文字研究所为纪念商承祚先生诞辰一百周年，主办了中国古文字研究会学术年会，会前要编辑《古文字研究》第二十四辑，将由中华书局正式出版。我负责组稿工作，李先生那次惠赐的大文是《说"兹"与"才"》。

2013 年 6 月 17—18 日，清华大学出土文献研究与保护中心主办"出土文献与中国古代文明国际学术研讨会"，同时也是李先生八十华诞的庆寿会，我提交了一篇题为《战国简牍所见君王名号浅说》的小文，大会开幕了，我才急急忙忙请王辉（小松）君加紧帮我校对补字。其时王辉已从中大博士毕业，正在北大从杨荣祥先生做博士后研究工作。王辉受小文的启发，申报了国家社科基金项目，后来还出版了专著《简帛人物名号汇考》（中西书局，2021 年）。这多少也算是从李先生得来的福缘善庆吧。

2013 年之后，中山大学古文字研究所参加 2011 工程项目的申报及实施，我时不时须上北京到清华大学开会，每次与李先生见面，李先生都会嘘寒问暖，对南方远来的人表示关切。

2019 年 2 月 24 日，李先生仙逝，我虽未能上京参加吊唁活动，还是赶在李先生告别仪式之前写了两副挽联，托石小力君转达清华大学出土文献研究与保护中心，一副是代中大古文字研究所拟的："无奈春寒星陨学林失巨擘，凄惶月隐岱崩史苑恸宗师。"一副是与曾师联名敬挽的："博学弘通著述功兼文史哲，雄才卓识运筹源溯夏商周。"（见图 2）聊寄缅怀李先生之思。2023 年 12 月 9 日，我上京

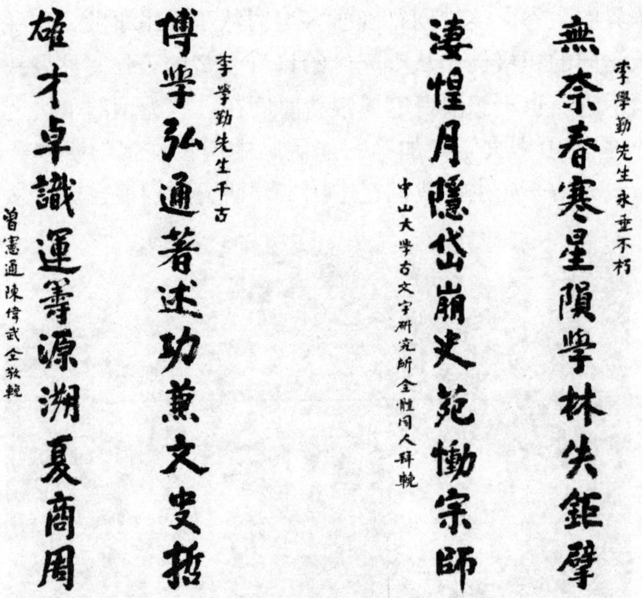

图 2 两副挽联

参加了清华大学举行的"纪念李学勤先生 90 诞辰学术座谈会"。并将李先生当年给我写的博士论文评议书复印件，拜托刘国忠教授转交清华大学出土文献研究与保护中心李先生纪念室惠存。李先生德业辉煌，如丰碑矗立，其不朽的学术贡献永远值得我们学习和怀念。

2024 年清明节

李学勤先生的学术启迪与无私支持

——从我的中原东周列国城邑研究谈起

张新斌

（河南省社会科学院历史与考古研究所）

1982 年年初，我从郑州大学历史系考古专业毕业后，就到新乡地区文管会从事文物保护与考古发掘工作。1986 年地市合并后，我到新乡市文物管理委员会办公室工作，先后担任副主任、主任。就河南而言，新乡的文物并不是特别丰盛，所以做纯考古研究比较困难。新乡保留大量的早期城址，将文献和考古结合就有了优势。所以在繁杂的行政工作之余，读书与研究古代城址就成为我业余时间最常做的事情。当时我手边与历史相关的最重要的两本书，一本是《中国古史的传说时代》，另一本就是李学勤先生的《东周与秦代文明》。

1990 年是辉县发掘 40 周年，辉县发掘是中国科学院考古研究所成立之后，举全所之力进行的重要考古发掘活动，对新中国考古事业的发展具有奠基意义。辉县发掘在学术上也取得了很多的收获，其中就包括固围村大墓的考古发掘。《辉县发掘报告》《新中国的考古发现和研究》《中国大百科全书·考古卷》等权威著作，都认为固围村大墓是魏国王室墓葬。在与苏秉琦、王仲殊、安志敏、石兴邦、马得志、安金槐、徐顺湛等考古学家交流的过程中，深感固围村大墓的国别与年代尚有讨论的必要。尤其是李学勤先生《东周与秦代文明》的相关论述，他在复述固围村大墓有可能是魏惠王或魏襄王陵墓的观点的同时，还提出"此地当时名共，距魏都大梁较远，墓主的问题还需要进一步研究"的疑问，这也坚定了我对其进行深入探索的决心。

为了搞清固围村大墓的年代和国别，我对固围村大墓的形制、出土器物的特点、出土的货币，尤其是结合文献对东周河内地区的列国形势进行了深入分析，提出了固围村大墓有可能是赵国王陵的观点。与此同时，我还对"赵都中牟"进行研究，并对鹤壁市的相关考古材料进行了考察，提出赵都中牟在鹤壁鹿楼的观点。这里距固围村大墓不足百里，均在黄河北岸的古河内地区。我的两篇论文，《河南鹤壁鹿楼古城为赵都中牟说》，发表在《文物春秋》1993 年第 4 期；《辉县固围村战国墓国别问题讨论》，发表在《中原文物》1994 年第 2 期。20 多年后，《中国社会科学报》的两篇综述性文章，专门提到了我这两篇文章，并给予了高度的评价。而且这两篇文章的被引率，也是我的文章中比较高的，反映了这样的研究也能成为学术热点。

虽然在这两篇文章之前，我也于1988年发表了《温史述论》这样的论文，在《考古》《考古与文物》上发表有考古报告与考古论文。但这两篇文章，是我做先秦史研究真正的起点。此后我发表了《先秦时期中原地区的宁氏与宁城》《戚城与卫国孙氏研究》《汉万石君族系探源与祖地研究》《先秦苏国的历史与苏氏之源》《毛姓祖根与毛国史实探研》《周初"三监"与邶鄘卫地望研究》《商代邢都初探》《"宁新中"地名与地望考辨》《武王伐纣与牧野大战的历史地理问题》《中原古长城若干问题的初步研究》等。正是这些研究，使我对中原地区东周城邑和墓葬的关系以及区域内中心城邑的变迁有了规律性的认识，所发表的《先秦都城与中原区域文化的考古学观察》还被人大复印资料全文复印。

可以说，那些年李先生在《文物》《考古》等刊物上发表的有关东周城国的考证性文章，都是我认真学习的对象，李先生的《东周与秦代文明》，常读常新。1997年我到河南省社科院考古研究所工作，1998年我们和鹤壁市文物局对赵都中牟问题进行全面考察，时任鹤壁市委书记的李新民同志对赵都问题给予了高度关注并作出批示。2000年，中国古都学会、河南省社会科学院、鹤壁市人民政府在河南鹤壁举办了"赵都中牟与赵文化学术研讨会"，我们也设法邀请李学勤先生出席研讨会。李先生公务繁忙，未能出席。他特地为会议发来了贺信：

> 张新斌先生，并转鹤壁赵都与赵文化学术研讨会
>
> 各位领导，各位先生：
>
> 谨闻此次学术研讨会在鹤壁召开，深觉欣幸。战国时赵国曾都于中牟，中牟在今鹤壁境内，史有明文，但很少为历史、考古学者注意，此次研讨会将在这一方面探索研究，意义非常重要。我蒙邀请，本应前来向各位请教，奈因国家项目公务，不克如愿。在此尽表感谢并祝研讨会圆满成功！
>
> 李学勤
>
> 二〇〇〇年十一月二日

总之，李学勤先生的《东周与秦代文明》等大作，不但给我以学术启迪，促使我增加学术自信，并开始走出一条属于自己的学术之路。他在关键时刻，给素昧平生的年轻后学以无私的支持，这些都给我的学术人生以深深的影响。

谨以此深深地缅怀铭记远行的李学勤先生。

师者之风山高水长

——李学勤先生与十卷本《战国史》

李学功

（湖州师范学院可持续发展研究院）

感谢清华大学出土文献研究与保护中心的邀请！感谢国忠兄！让我在这个特别的日子能够与会，表达一个先秦史学人、中国先秦史学会的一分子，对天下学人崇仰的中国当代史学之泰山北斗——著名历史学家李学勤先生学问思想和伟大人格的缅怀与景仰之情！

此情此景，此时此刻，会让人很自然地想起诗人臧克家的著名诗篇——《有的人》。李学勤先生可以说就是一位"他活着为了多数人更好地活着的人"，先生以其一生的学术风范，真正做到了，天下学人"把他抬举得很高，很高"的高格境界。李先生是我们这个时代当之无愧的文化昆仑。

我曾有幸在二十世纪八十年代与李先生有过近距离的接触、交往，感受先生的学养、人品。1987 年还在读先秦史方向研究生的我，有幸在先生的安排下，在中国社科院先秦史研究室观瞻、把摩过王献唐先生捐赠的甲骨。走上工作岗位任教以后，由于先秦史学会的缘故，其间多次在学会主办的学术会议上聆听先生的讲话和专场报告。借这次参加李学勤先生九十冥诞纪念座谈会，我带来了我和宫长为老师主编，由先生担任学术总顾问的十卷本《战国史》，以奉赠清华大学出土文献研究与保护中心。值得追记的是，先生当年在《战国史》尚未成型的时候，欣然接受"学术总顾问"之衔，这里面没有金钱的力量，它饱含的是一位学术大师对先秦史年轻后辈始终给予嘉许与鼓励的浓浓情感，这是先生伟大的人格力量！在此，特别要申说和感恩的是，先生在病重住院期间仍关心书稿的进展，并不顾病体，在缙云兄的协助下，慨然命笔为本书作序。适逢先生九十冥诞纪念会，请允许我将先生序文中对战国史研究的看法和对十卷本《战国史》研究团队的指导、期许，诵读一二，借此机会重温和感受先生对学术后辈指导、奖掖与扶持之深情厚谊。

先生在序文中写道：

中国先秦史学会李学功教授、宫长为研究员主编的十卷本《战国史》即将稿成功就，几年前蒙他们的错爱缪承学术总顾问，在李缙云的协助下，我曾翻检了部分书稿。《战国史》概出十卷，包括《制度变革》《七雄图强》《合纵连横》《郡县山川》《百家争鸣》《走向统一》《科学技术》《物质文化》《文化艺术》《社会生活》，应当说这是中国先秦史学会老中青三代学者合作撰著的一套战国史系列。特别令我感慨的是，这套书是在全体研究人员未申领国家课题经费的情况下完成的。古话说，"天道酬勤"，从 2009 年开始，几个年纪有差却志同道合的先秦史学者组成《战国史》学术研究共同体，他们不求名利，不慕虚荣，潜心做好一件事，令人称道。

……

战国到秦代在中国社会发展史上确实发生了很大的转折。如何看待当时的社会变革，学术界仍在讨论中。无论如何春秋战国之际，战国与秦代之际，都是社会发展过程中的转捩点，在研究上不可忽视。

战国时期留下大量的文献，是研究这一段历史的凭藉。只是由于秦代的禁绝，有一部分著作损失了。与春秋不同，战国时期没有像《左传》这样一部系统的史书。虽有《战国策》一书，然系纵横家所用读本，内容凌乱，且多愚拟之辞。《史记》有关战国史的叙述部分，可以看出用了很大功力，却未能臻于完美。前人根据战国秦汉各种子书，以及晋代发现的《竹书纪年》等，补正《史记》所载，有显著成绩。这个工作，因为近些年的新的发现和探索，还应当重新去做。

撰著十卷本《战国史》的各位学者，对于所涉及的学术问题多能抒发积年研究心得，立足学术前沿，视野宏阔。如果说这套书有什么贡献的话，我想就在于老中青三代学者甘坐冷板凳的学术坚守和研究定力，努力为战国史的进展开拓一个新境界。①

诵读先生序文，应当说这是作为中国先秦史学会名誉会长的先生，对《战国史》团队十年研究之旅的最大奖掖和肯定。2021 年 4 月《光明日报》理论版专门刊发先生十卷本《战国史》总序，以为纪念。

诚如先生在序文中所肯定的，十卷本《战国史》确乎是"老中青三代学者板凳甘坐十年冷的学术坚守"所取得的成果。

从十卷本《战国史》内容看，既注意吸收学界研究新成果，又有作者自己独立的学术见解，更有对老一辈史家研究成果的吸收与尊重。作为研究视野多面向的多卷本著作，十卷本《战国史》在视角选择、内容挖掘等方面具有一定的前沿性。

第一，战国时期是人类历史上大发展、大变革、大纷争、大融合、大机会、大觉醒的伟大时代。本研究以此为思考维度，较好地诠释回答了"战国者，古今一大变革之会"。这里所谓大发展，即社会生产力大发展；大变革，即社会政治经

---

① 李学勤：《十卷本〈战国史〉总序》，李学功、宫长为主编：《战国史》，哈尔滨：黑龙江人民出版社，2020 年；并见《光明日报》2021 年 4 月 12 日理论版。

济制度大变革；大纷争，即武力兼并大纷争；大融合，即民族大融合，汉民族主体奠基；大机会，即开放的社会格局使机缘机制释放出前所未有的激励动能，造成人才大流动；大觉醒，即思想文化迎来发扬人性，是思想大觉醒的夹缝期、黄金期。

第二，战国波谲云诡的变迁轨迹凸显历史夹缝期的复杂性和多样性。战国最突出的现象是强国林立，大国角力，合纵与连横，兼并与统一，各国力图通过革新政治，变法自强，以求得在波谲云诡、百舸争流的时代变局中掌握先机和主动。本研究以制度变革为"理一"和总抓手，以七雄图强、合纵连横、郡县山川、百家争鸣、走向统一、物质文化、科学技术、文化艺术和礼俗生活为"分殊"，试图借此将这场多面向的社会转型大戏以全景和分镜头方式予以呈现。

第三，战国时期的文化精神集中体现了中国文明的特质。在中国历史长河中要选出影响并铸就中国风格、中国精神、中国气质的文化奠基期，毫无疑问非"战国"莫属，尤其是在今天"何以中国"的话题下更彰显其意义。战国时期，影响中华文化的主流经典知识开始奠基，地方性知识建构表现出一种凸显、交流与会通的态势。战国时期形成的"战变"精神，铸就了中国文化、中国制度的内在精神与外在风骨，对中华民族文化个性、制度范式的形成与发展产生了十分重要的影响。

分列十卷的《战国史》，试图从大历史的架构视野和小历史的细节建构出发，展现波澜壮阔的战国历史画卷。

第一卷《制度变革》。分列十一章，多层面多角度析论战国制度之变。指出中国古代早期国家体制转型始自战国，其在政治制度架构的探索、创制等方面留下诸多可资借鉴、思考的理论资源和实际可参照的践履模式。

第二卷《七雄图强》。分列十一章，辨析战国变法改制出现原因，分论魏、赵、楚、韩、齐、燕、秦诸国，重点着墨于战国变法历史经验的总结。

第三卷《合纵连横》。分列十三章，集中分析战争、会盟，以及纵横家在时代变局中纵横捭阖的经典案例，凸显个人与家国的关系。

第四卷《郡县山川》。分列七章，分论列国历史地理，从各国郡县名称、山川地貌、关隘交通、宫室田亩等入手，力求从分散而整体，以期获得对战国历史地理的总体认识。

第五卷《百家争鸣》。分列九章，讨论百家争鸣背景、主要流派代表人物及思想要旨、百家争鸣特点及其消亡，并从思想空间、政治空间和经济空间维度分析其出现的原因。

第六卷《走向统一》。分列七章，析论战国大势三阶段，剖析具有转折意义的经典战役，爬梳统一战争进程，提出第二条战线和统一过程中秦文化的多元性理据。

第七卷《物质文化》。分列十三章，在近百年考古文物研究成果的基础上，集中整理反映战国物质文化的各种文物资料，以求最大限度地再现丰富多彩的战国物质文化面貌。

第八卷《科学技术》。分列二十章，体例上采取技术、科学、理论分述讨论的方式，其中农学、医学和军事学成就最为突出，由此论析战国科技发展与社会变革之间的关系。

第九卷《文化艺术》。分列六章，爬梳文献记载和考古资料，分论战国文字、书法、绘画、音乐、文学和史学发展脉络与类型特征，揭示其承前启后的文化价值。

第十卷《礼俗生活》。分列十章，以衣食住行、冠婚丧祭和其他生活礼俗为视角，发掘文物考古资料和礼书内涵，重新认识礼学和礼文化的博大精深。

十卷本《战国史》坚持"论从史出"的逻辑规范和客观分析的方法论规范，试图通过研究视角、研究内容和研究方法的创新，在疏证中获得新的理论认知和分析判断。认为经由本课题之研究：

第一，有助于理解战国政治制度的设计与实践。战国时期制度变革主要表现为国家形态由比较原始的国家（早期国家）向比较成熟的国家形态的嬗递，古典王朝体制向大一统中央集权皇朝体制转变。演进中的列国君权经由"一政"改革，再造为制度的枢纽与核心。礼法制度经历了礼对法的统摄、指导与支配，礼本身的法典化，礼法混一，礼法分野，礼崩法起等的不同阶段，对古代中国政体、法制多所影响和塑造。

第二，有助于理解秦统一过程中过去不为人所关注的第二条战线问题，以及秦文化的多元性问题。战争是政治的继续，但政治（包括外交）并没有让位于战争，始终处于重要地位。其中第二条战线一直发挥重要作用，特别是秦以连横破合纵的策略，是值得特书一笔的华彩篇章。秦能够实现统一，与秦文化的包容性有很大关系，秦除对六国文化充分吸纳之外，也大量吸收西戎、巴蜀等民族地区文化，包括西戎的马匹、巴蜀的兵器，甚至来自中亚、欧洲的文化都通过欧亚草原传到秦国。

第三，有助于理解"直到中国进入近代社会以前，战国之后的科学技术在各个方面虽然有很大发展，但没有出现像战国时期那样全面的质的飞跃"的学术判断。战国二百余年间所创造的生产力，比夏、商、西周、春秋任何一个时代的生产力都要大得多。牛耕和铁农具普遍使用，精耕细作方式形成，大型农田水利工程出现，培肥土壤技术滥觞，冶铁及铁器制造技术实现突破，科技著作雨后春笋般地问世。凡此说明，战国时期传统农业科技不仅已经出现，而且理论体系已初步形成。以《内经》为代表，中国医学发展到较为系统的理论总结阶段，为后世中医学的发展奠定了理论基础。

第四，有助于理解战国是中国古代思想文化大奠基期的学术判断。战国时期最重要的文化转型就是出现了诸子文化，诸子文化的天道观、世俗性和伦理性，奠基了中华文化的基本面、形塑了中华文化的主流形态。本研究一方面深化了战国史的研究，另一方面对于理解先秦时期"大道之行，天下为公"的大同理想、"民惟邦本，本固邦宁"的重民思想、"孝悌忠信，礼义廉耻"的道德操守、"周虽旧邦，其命维新"的改革精神、"经国序民，正其制度"的治国理念等提供了有益的思考维度。

可以告慰李学勤先生的是，十卷本《战国史》先后获得国家出版基金、获评国家出版基金优秀项目、入选浙江省高校哲学社会科学精品文库、获得浙江省哲学社会科学优秀成果奖一等奖及教育部第九届高校科研优秀成果奖（人文社会科学）二等奖。先生虽逝，精神永存。焚稿化祀，祭告先生。风月同天，思念无期。

关于李先生在开学术之风气，引领、推进、拓展学术研究新领域、新方向等方面的卓著贡献，自有学界之赞评、同道之雅论。作为后学，我更想表达的是，李学勤先生的一生犹如一部教人何以为学、何以为人的大书，读来平易、厚重、朴质，思之让人回味无穷。窃以为，李先生的一生忠实践履了"圣人之道，入乎耳，存乎心，蕴之为德行，行之为事业"。在李先生的身上充分体现了中华民族传统的"行道克己"精神。在人生学问中只讲耕耘，不问回报。今天，每每观瞻、学习李先生留下的研究著述，也每每在思考：李先生这种大写的压缩了欲望、伸展了事业的人生之路，对于今天什么都在意、什么都放不下的我们这一辈学人，意味着一种怎样的启示呢？我想，从李先生身上我们得到的思考是：立志，不必立欲！要像李学勤先生那样，要成就人生大我，必先追求小我、无我之境，要成就名山事业，必有一种压缩物欲膨胀的勇气、毅力和恒心。

今天参加李先生的纪念会，读其书、诵其文，聆听各位先生的思考、认识，收获、感慨很多。李先生犹如一盏学术的长明灯，人走了，他的思想仍在照亮学术。这是我今天在这个特别的场合最想表达的感受。

再次感谢清华大学出土文献研究与保护中心！谢谢国忠兄！感谢你们让我有机会代表十卷本《战国史》团队表达对李学勤先生思想、学问、人格的景仰与缅怀！

今天在清华还想表达一个认识：大学是培养师表、学者之所！德不孤，国才有望。今天的纪念会是一个很好的证明。

谢谢大家！

"走出疑古时代"及其争论

——以李学勤的相关学术贡献为中心*

丁四新

（清华大学人文学院哲学系）

出土简帛文献的重大价值之一，是给相关学界带来了观念上的革命和方法论上的巨变，其中李学勤先生提出的"走出疑古时代"说极其突出和重要。回顾历史，李先生之所以能够提出"走出疑古时代"这一学说，是因为1942年以来中国出土了大量先秦秦汉时期的简帛文献。若没有这些古书古籍的大量发现，那么他是不可能提出这一口号的。而"走出疑古时代"这一口号的提出，在近三十年里发挥了正面的引导作用，激励了众多学者走出疑古时代，部分学者甚至反戈一击，积极撰文批评了古史辨派的基本观念、做法和众多论点。可以肯定，"走出疑古时代"已成为近四十年来当代中国学术界、国际汉学界最具价值和影响力的观念和口号之一。

本文将以李学勤先生的相关学说为中心，梳理"走出疑古时代"说及其争论，评论和指明其学术价值和意义所在。

一、李学勤的"走出疑古时代"说

1992—2012年，中国古典学术界和国际汉学界就中国传统古书、古史问题掀起了一股反思和批评古史辨派的思潮，并由此拉开了一场声势较大且持续时间较长的学术争论。这一思潮，据笔者的理解，可分为两个阶段，第一阶段是李学勤先生提出了"走出疑古时代"说，第二阶段是"疑古"捍卫派和"疑古"走出派的相互批评与争论。1992年，《中国文化》第七期发表了李先生的一份发言整理稿——《走出"疑古时代"》一文。这篇发言整理稿的标题很犀利。现在看来，"走出疑古时代"这一口号的正式提出，即应当是此次学术反思运动的起点。1998年5月，《郭店楚墓竹简》一书由文物出版社出版。郭店简的出版是此次学术反思运

* 本文与拙文《新出儒家简牍文献及其研究》（《孔子研究》2023年第4期）相关，部分内容亦着重参考了后者。又后者经过压缩，并由赵乾男作了局部修改，由田凯文（Kelvin J. Turner）英译，以丁四新、赵乾男联署的方式发表于《亚洲研究》2024年第1期。参看 Sixin Ding & Qiannan Zhao: Newly Excavated Confucian Bamboo Manuscripts and Related Research, Asian Studies, Volume XII, Issue 1, 2024, pp. 115-139。

基金项目：国家社会科学基金重大项目"出土简帛四古本《老子》综合研究"（15ZDB006）。

动的关键节点之一，起到了催化作用，许多学者由此获得思想大解放，开始意识到古史辨派提出的许多观点未必是正确的，其基本观念也受到了普遍的怀疑。与此同时，在"走出疑古时代"说的思想扩展和震荡过程中，不可避免地，众多"疑古"的捍卫者即感到相当愤懑和郁闷，他们很快对李学勤先生及其跟随者展开了阻击和反批评。2012 年，杨庆中等编辑的《疑古、出土文献与古史重建》和梁涛等编辑的《出土文献与古书的反思》出版。①笔者认为，这两部书的出版即大体上标志着这次学术反思运动的结束。

《走出"疑古时代"》是一篇划时代的文献，此文后来作为导论收入李学勤的《走出疑古时代》（辽宁大学出版社，1994 年 1 版，1997 年 2 版）一书中，书题即用此篇文章的篇题。由此可见，李先生对于这篇文章是十分看重的。这篇发言整理稿共分六节，分别是：一、话题：考古与思想文化研究；二、两种考古证据；三、古代学术史的再认识；四、古书新证（甲骨金文）；五、古书新证（简牍帛书）；六、结语：走出"疑古"时代。其中最重要的几段文字现摘录如下：

我想大家都知道，把考古学的东西和历史学的东西放在一起来研究，特别是把地下的东西和地上的传世文献放在一起来研究，从方法上讲，是我们大家尊重的王国维先生提出来的。王国维先生提出来二重证据法，即地下的与地上的相互印证，这是很有名的。它为中国现代考古学的建立奠定了基础。

有一点今天我们已经可以说，就是学术史恐怕得重写，还不仅是先秦和秦汉学术史的问题，而是整个学术史的问题。

从晚清以来的疑古思潮基本上是进步的，从思想来说是冲决网罗，有很大的进步意义，是要肯定的。因为它把当时古史上的偶像一脚全都踢翻了，经书也没有权威性了，起了思想解放的作用，当然很好。可是它也有副作用，在今天不能不平心而论，它对古书搞了很多"冤假错案"。

冯友兰先生曾讲到一个"三阶段"说，即"信古—疑古—释古"……我想说的是，咱们今天的学术界，有些地方还没有从"疑古"的阶段脱离出来，不能摆脱一些旧的观点的束缚。在现在的条件下，我看走出"疑古"的时代，不但是必要的，而且也是可能的了。

我们要讲理论，也要讲方法。我们把文献研究和考古研究结合起来，这是"疑古"时代所不能做到的。充分运用这样的方法，将能开拓出古代历史、文化研究的新局面，对整个中国古代文明作出重新估价。②

归纳起来，李先生的观点是：其一，走出疑古时代，同时走进释古时代；

---

① 杨庆中、廖娟编：《疑古、出土文献与古史重建》，桂林：漓江出版社，2012 年；梁涛、白立超编：《出土文献与古书的反思》，桂林：漓江出版社，2012 年。

② 李学勤：《导论：走出疑古时代——在一次学术座谈会上的发言》，李学勤：《走出疑古时代（修订本）》，沈阳：辽宁大学出版社，1997 年，第 3、9、19 页。

其二，重写学术史，不仅要重写先秦、秦汉学术史，而且要重写整个中国学术史；其三，对整个中国古代文明作出重新估价；其四，晚清以来的疑古思潮虽然具有思想进步的意义，但是它对古书搞了很多"冤假错案"；其五，应当继承王国维的二重证据法及其古史新证的精神。这五点构成了一个思想系统，极好地展现了李学勤"走出疑古时代"说的主要内容及其个人的学术雄心。其中前三点是目的，后两点是方法和手段。而在前三点中，第一点无疑又最引人入胜。

在此基础上，李学勤先生后来又提出了"今天我们应该对古书进行第二次大反思"的说法，这一说法其实是对于上述第一点的推演。他说："最近这些年，学术界非常注意新出土的战国秦汉时期的简帛书籍。大量发现的这种真正的'珍本秘籍'，使我们有可能对过去古书辨伪的成果进行客观的检验。事实证明，辨伪工作中造成的一些'冤假错案'，有必要予以平反。更重要的是，通过整理、研究出土佚籍，能够进一步了解古书在历史上是怎样形成的。我们还体会到，汉晋时期的学者整理、传流先秦古书，会碰到怎样复杂的问题，作出多么艰辛的努力，后人所不满意的种种缺点和失误又是如何造成的。我曾经说过，'疑古思潮是对古书的一次大反思，今天我们应该摆脱疑古的若干局限，对古书进行第二次大反思。'①这就是我大胆提出'走出疑古时代'的原因。"②所谓"第二次大反思"，是针对第一次古书大反思，即疑古思潮提出来的；其前提和基础是大量新出土或新发现的战国秦汉时期的简帛书籍。由此可知，李先生正是以出土简帛文献为基础来校准其批判目标的，而这个批判的目标包括疑古思潮本身及其所制造的众多"冤假错案"。其中，批判疑古思潮所制造的众多"冤假错案"既是手段又是目的，但很显然，对于"疑古思潮"本身的批判及倡导"走出疑古时代"才是李学勤所说第二次学术大反思的根本目的。1993 年以来，简牍古书古籍不断出土，如郭店简、上博简、清华简、安大简、王家嘴简、夏家台简、岳麓秦简、北大秦汉简、老官山汉简、海昏汉简等，蔚为壮观。这些出土资料进一步证明了李先生上述观点的正确性，"走出疑古时代"不但完全符合实际，而且极富胆识。

关于李学勤先生"走出疑古时代"说的来龙去脉及其体系，已有多位学者做了梳理，散见于多篇文章，杨春梅的《去向堪忧的中国古典学——"走出疑古时代"述评》一文即梳理得很细致、很系统③，可以参看。与池田知久认为顾颉刚"是一位思想史家"不同④，据笔者陋见，李学勤虽然在学术上同样极富见识，但更多的是一位历史学家和古典学家。毋庸讳言，李先生同时是一位中华传统文明及其

---

① 李学勤：《对古书的反思》，复旦大学历史系编：《中国传统文化的再估计——首届国际中国文化学术研讨会（一九八六年）文集》，上海：上海人民出版社，1987 年。——李学勤原注。

② 李学勤：《谈"信古、疑古、释古"》，李学勤：《走出疑古时代（修订本）》，第 347-348 页。李文原载《原道》第 1 辑，北京：中国社会科学出版社，1994 年，第 303-310 页。

③ 杨春梅：《去向堪忧的中国古典学——"走出疑古时代"述评》，《文史哲》2006 年第 2 期。

④ 池田知久、西山尚志：《出土资料研究同样需要"古史辨"派的科学精神——池田知久教授访谈录》，《文史哲》2006 年第 4 期。

内在精神的信仰者和捍卫者。现在看来，尽管李先生对于顾颉刚等人的批评难免有时犀利，但是从总体上来看，他的批评还是相当客观的，大体上符合出土简帛文献所反映的历史实际。

二、相 关 争 论

1992—1998 年，刘起釪等人批评了李学勤的"走出疑古时代"说。在《关于"走出疑古时代"问题》一文中，刘先生竭力捍卫了顾颉刚及古史辨派的观念、观点和做法。①且在那数年里，李学勤先生似乎遭到了围攻。不过，随着 1998 年郭店竹简的出版，此一情况很快得到改变，支持李先生观点的人相继撰文，参与论战。由此，双方的争论进入激烈化阶段。其中，廖名春、郭沂、梁涛和谢维扬等人即明确表态和撰文，积极支持李学勤先生的观点；池田知久、曹峰、西山尚志、杨春梅和陈淳等人则批评李先生的"走出疑古时代"说，而捍卫顾颉刚及古史辨派的疑古观念和观点。顺便指出，20 世纪 90 年代中后期，李学勤对刘起釪等人的批评有所回应，可以看出其议论和主张的重点已转向了以"证古"说为基础的新释古主义。②

在《试论冯友兰的"释古"》等文中，廖名春除批评顾颉刚、池田知久等人的疑古说及其做法外，同时还高度评价了王国维的古书古史观，并将其"古史新证"说概括为"证古"说。③需要指出，他对于冯友兰"释古"说的评价不高。廖先生所谓"证古"，即是以出土材料证明古书之相关历史旧说的可靠性。④郭沂写作了《从"疑古"走向"正古"——试论中国古典学的发展方向》一文，与廖氏不同，他认为，王国维的"古史新证"或"二重证据法"属于所谓"正古"说，其中"正"是"修正"，包含"补正"和"证明"两义。在郭沂看来，"正古"即是"修正"传统古史学。⑤在《二重证据法：疑古与释古之间——以近年出土文献研究为例》等文中，梁涛认为"二重证据法"不仅具有"证明"，而且具有"证伪"和"补正"的三重作用。他又认为顾颉刚的"层累说"和王国维的"素地说"，实际上"都只是道出真理的一个方面"，因此二者有必要取长补短。在此基础上，梁涛提出了"原型—意义流变说"，冀图以此说来解决历史叙事中的"素地"和"层累"

---

① 刘起釪：《关于"走出疑古时代"问题》，《传统文化与现代化》1995 年第 4 期。

② 李学勤：《对〈走出疑古时代〉的几点说法》，《传统文化与现代化》1995 年第 6 期；《疑古思潮与古史重构》，《中国文化研究》1999 年第 1 期；《简帛书籍的发现及其影响》，《文物》1999 年第 10 期。

③ "古史新证"是王国维于 20 世纪 20 年代针对当时疑古思潮的泛滥而提出来的重要学说，"二重证据法"是其基本方法。参见王国维：《古史新证》，谢维扬、房鑫良主编：《王国维全集》第 11 卷，杭州：浙江教育出版社，2009 年，第 239-282 页。

④ 廖名春：《试论冯友兰的"释古"》，陈明、朱汉民主编：《原道》第 6 辑，贵阳：贵州人民出版社，2000 年，第 287-304 页。此外，他还发表了《试论古史辨运动兴起的思想来源》（陈明主编：《原道》第 4 辑，上海：学林出版社，1998 年，第 110-129 页）和《论六经并称的时代兼及疑古说的方法论问题》（《孔子研究》2000 年第 1 期，第 47-58 页）等文，可以参看。

⑤ 郭沂：《从"疑古"走向"正古"——试论中国古典学的发展方向》，《孔子研究》2002 年第 4 期。

之关系的问题。①谢维扬主要从理论层面对疑古主义的古书古史观作出了深入批评，提出了"建立合理的古史史料学概念"的说法。谢氏认为，传统辨伪学存在三大缺点：一是用"以今比古"的方式来看待先秦古书，这是其"方法论上最致命的缺陷"；二是层累的系统造伪说的古史史料观，这是"对中国早期文献文本生成机理的非常主观的想象"；三是传统辨伪学整体上不成功的事实，导致辨伪的重要性在未来古史史料学中会"大大减弱"。在此基础上，他认为，人们应当"建立合理的古史史料学概念"，并认为"建立合理的古史史料学概念的核心问题不是别的，而是对古书成书情况的再认识"。②此外，陈其泰也批评了古史辨派，指出其存在三项缺点：一是未能注重结合考古发现来考辨古史，致使"古史辨"在一定程度上变成"古书辨"；二是有的地方怀疑过头，如对《左传》和《周礼》的怀疑；三是在研究方法上存在不当之处，如过分使用"默证法"，抹杀不利于自己的证据，以及不愿分辨古史传说和纯粹神话的界限。③

　　与廖名春、郭沂、梁涛、谢维扬、陈其泰等人相对，另外一部分学者却通过申言和论证"疑古"观念的正当性，而试图捍卫古史辨派的学术正当性及所谓学术功绩。在《出土资料研究同样需要"古史辨"派的科学精神——池田知久教授访谈录》一文中，池田知久即作了如此的阐发。他认为，学者要发扬古史辨派的"层累说"，不断扩展其辨伪方法；要扩大怀疑的对象，继承许多古史辨派未竟的事业；要继承"疑古"的科学精神。最后，关于出土资料研究与所谓疑古派科学精神两者间的关系，池田知久说："第一，出土资料研究并不能成为否定疑古思想的理由，考古发现只会修正若干古史辨派的结论，而不能从根本上动摇其科学基础。第二，从根本上讲，'疑古'并不只是某一时代的产物，也不只是一时的思潮，而是一种贯通古今、不分国别的科学精神。出土资料研究也完全需要疑古派学者的研究方法和科学精神。第三，我们现在所做的出土资料研究其实也是疑古派所做工作的一部分，是他们的工作在新时代的延伸。我们必须沿着古史辨派所开辟的道路继续走下去，通过新的研究，对古史辨派的理论、方法和未竟的事业进行新的开拓。既然疑古学派的研究方法是继承乾嘉考据学的、最具批判意识和科学精神的、最值得信赖的方法，那么我们又有什么理由要反对、要舍弃呢？"④可以说，池田知久的上述意见是目前可见捍卫"疑古"、反击"走出疑古"而发出的最强音。曹峰大体上同意池田知久的看法，但有所折中。⑤西山尚志根据卡尔·波普

---

① 梁涛：《二重证据法：疑古与释古之间——以近年出土文献研究为例》，《中国社会科学》2013 年第 2 期。此外，梁涛还发表了《疑古、释古与重写思想史》(《二十一世纪》总第 87 期，2005 年 2 月号) 一文。

② 谢维扬：《古书成书情况与古史史料学问题》，谢维扬、朱渊清主编：《新出土文献与古代文明研究》，上海：上海大学出版社，2004 年，第 284-286 页。这本书的"序"亦为谢维扬所作，表达了相同观点，可以参看。

③ 陈其泰：《"古史辨"派的兴起及其评价问题》，《中国文化研究》1999 年第 1 期。

④ 池田知久、西山尚志：《出土资料研究同样需要"古史辨"派的科学精神——池田知久教授访谈录》，《文史哲》2006 年第 4 期。

⑤ 曹峰：《出土文献可以改写思想史吗？》，《文史哲》2007 年第 5 期；《出土文献与思想史研究方法论刍议》，《社会科学》2012 年第 11 期。

尔（Karl Popper）的批判理性主义理论批评了王国维的"二重证据法"，认为它不具有可证伪性，也因而它不具有科学性。①杨春梅在全面梳理李学勤相关说法的基础上，对"走出疑古时代"说作了一定的批评。②陈淳则在区分考古学和历史学的基础上，批评李氏的"走出疑古时代"说试图将前者作为后者之附庸，并认为"疑古辨伪的意义被人刻意贬低"了。③

顺便指出，裘锡圭先生也在一定程度上介入了这场争论，他的立场依违于两派之间。不过，单纯从古书问题来看，他的观点更接近于李学勤的说法，同样认为疑古派在中国古书问题上搞了许多"冤假错案"。④

在国际汉学界，日本学者深度介入了"疑古"与"走出疑古"的争论。据其态度，他们大体上可分为三类，一类是以池田知久为代表的"疑古"捍卫派或"走出疑古"的批评派，一类是以谷中信一为代表的无可奈何派，一类是以浅野裕一为代表的"疑古"批评派和"走出疑古"的支持派。⑤第一类又可分为积极和消极两种，一种对于"走出疑古时代"说采取积极抵抗的态度，他们属于少数，对于上述李说作了直接批评；另一种对于"走出疑古时代"说采取消极抵抗的态度，他们属于大多数，对于上述李说及简帛资料的不断出土保持故作镇静的缄默，但暗中仍然坚持"顾颉刚—津田左右吉"一系的疑古观点。

与日本汉学界相对的是，欧美汉学界虽然对出土简帛文献保持了颇为浓厚的学术兴趣，但是与中国学界业已形成的"走出疑古"风气保持距离，在很大程度上仍然坚持"顾颉刚—葛瑞汉（A. C. Graham）"一系的疑古观点。应该说，在这一点上，欧美汉学界的认识实际上落后于日本汉学界。而日本汉学界和欧美汉学界的这种差异，大概缘于两者融入"中国古典学术"的程度及其汉学特征不同。

三、结　语

研究出土简帛文献及其相关问题，会给学者带来学术观念和方法上的反省。迄今，最值得注意的是李学勤先生提出的"走出疑古时代"说。从前提看，出土简帛文献无疑是李学勤提出其"走出疑古时代"说的资料基础。如果没有众多简帛资料的出土或发现，那么李先生是不可能提出这一切中时弊和时代精神的学术观

---

① 西山尚志：《我们应该如何运用出土文献——王国维"二重证据法"的不可证伪性》，《文史哲》2016年第4期。

② 杨春梅：《去向堪忧的中国古典学——"走出疑古时代"述评》，《文史哲》2006年第2期。

③ 陈淳：《疑古、考古与古史重建》，《文史哲》2006年第6期。

④ 裘锡圭、曹峰：《"古史辨"派、"二重证据法"及其相关问题——裘锡圭先生访谈录》，《文史哲》2007年第4期；西山尚志：《我们应该如何运用出土文献——王国维"二重证据法"的不可证伪性》，《文史哲》2016年第4期。

⑤ 池田知久、西山尚志：《出土资料研究同样需要"古史辨"派的科学精神——池田知久教授访谈录》，《文史哲》2006年第4期；谷中信一：《新出土资料的发现与疑古主义的走向》，《出土文献研究》第6辑，上海：上海古籍出版社，2004年；浅野裕一：《新出土文献与思想史的改写——兼论日本的先秦思想史研究》，《文史哲》2009年第1期。

点的。不仅如此，"走出疑古时代"说还击中了现当代中国学术的一个关键痛点，引发了疑古派和"走出疑古"派的激烈争论。应当说，"走出疑古时代"的口号体现了当代中国古典学术运动（包括古史古书、古代文明和古代思想等方面）及中国人文化心态的一次重大转向。从实践来看，当代汉语世界的出土简帛文献研究几乎都是在此一观念的指导下展开的。不过，笔者认为，刘起釪、池田知久等学者起而捍卫"疑古主义"和批判"走出疑古时代"说，这不但有其必然性，而且有其必要性，这即是说，相关批评实际上有助于"走出疑古时代"说之内涵的澄清。不仅如此，通过双方的辩论，"走出疑古时代"的口号事实上被传播得愈来愈广，且愈来愈深入人心。与此相对，疑古派的捍卫者面对出土简帛资料的不断质证及其辨伪结论的不断倒塌，而一直处于守势和不断退却的窘境中。

同时，通过辩论，双方的一些误会可以消除。古史辨派所高扬的疑古精神及作为其理论支撑的怀疑理性都是值得肯定和坚持的，这一点也是"疑古派"的捍卫者们一直在不断自我表白和辩护的东西。不过，需要指出，以李学勤先生为代表的新释古派其实没有否定此一理性和此一学术精神，他们所批评的是疑古主义，即所谓绝对的疑古，以及对于怀疑理性的滥用。所谓释古，既非信古，亦非疑古。新释古主义虽然起源于冯友兰先生的相关说法，但却是对于冯先生相关主张的反思，从精神实质上来看，新释古主义是以王国维的证古说为其主脉和正源的。以李先生为代表的新释古派所反思和批评的对象无疑主要是泛滥于二十世纪中国的疑古思潮，但也包括那些打着"释古"旗号的冯友兰式疑古活动。①顺便指出，廖名春所谓"证古"说和郭沂所谓"正古"说对冯友兰、李学勤先生的"释古"说都存在一些误会。诚然，李先生有其自身的学术追求和学术目的，而且他有些推断未必正确，此毋庸讳言，但是在方法论上他力图做到客观平允，如实阐明先秦古书古史之真相，这一点是可以确定的。他有一个愿景，即重新评估中国古代文明的价值，这本无可厚责，但目前看来，这只能期之于未来。

在审查和理解史料问题上，"相信"和"怀疑"其实是一对孪生姊妹，既需要"信古"，也需要"疑古"，即使是疑古派的疑古在其背后也包含着对"疑古"本身的确信。因此真正的问题是，我们应当如何做到适中，使"相信"和"怀疑"两者达到恰如其分的地步。还需要指出，从抽象继承的角度来看，李学勤的新"释古"说与冯友兰的旧"释古"说无疑具有继承关系，二说都试图在相应的历史条件下给"信古"和"疑古"划定边界，但是冯氏的旧"释古"说却与其具体考证存在严重的脱节问题，亟待反思和批评。

---

① 冯友兰：《中国近年研究史学之新趋势》，《三松堂全集》第14卷，郑州：河南人民出版社，第257页；《近年史学界对于中国古史之看法》，《三松堂全集》第14卷，第258-262页；《冯序》，罗根泽编著：《古史辨》第6册，上海：上海古籍出版社，1982年，第303页。前两文发表于1935年5月，后一文则写于1937年1月。

谈谈李学勤先生晚年在先秦学术史研究上的
一个重大发明

宁镇疆

（上海大学古代文明研究中心）

很荣幸能够参加纪念李学勤先生 90 诞辰学术座谈会，今天又恰逢清华简第十三辑的发布，以此来纪念李先生我觉得也更有意义。李先生一生治学领域广博，成就巨大，但就其生命的最后十几年来看，清华简无疑是他投入精力最多，成就也非常大的领域。我今天主要想结合清华简的研究，谈谈李先生在先秦学术史研究上的一个重大发明，也可以说是重大贡献。

李先生一贯重视新材料，尤其重视新材料对于学术史研究的推动。大家都知道，早年李先生有本《简帛佚籍与学术史》[①]，影响非常大，就是根据二十世纪七八十年代以来各地陆续发现的简帛文献所做的学术史探索，显示出李先生敏锐的学术眼光。清华简入藏及陆续公布以来，我印象中李先生在多个场合多次提到，清华简的 2000 多枚竹简，都是"古书"，也就是典籍类文献，那意义就更重要了，尤其是对于推动学术史研究来说。

我这里要特别提到的是李先生这样一篇文章《清华简与先秦思想文化》，这是李先生给部级领导干部做的一场历史文化讲座，后来收在李先生的《清华简及古代文明》一书中，这恐怕也是李先生生平最后一本书了。这个题目乍一听很大，似乎是泛泛而论，没有什么发明，其实不然，其中不但有发明，还是非常重大的发明。李先生在这篇文章中明确说："一直以来都流传着一种错误的观点，即从孔子以来，中国才有学术。这个观点是不对的。……现在从清华简和其他传世文献结合起来研究，可以确知，孔子之前有很多学术思想。所以早在孔子之前，中国就有了学术。"[②]当初清华简的很多内容还没有正式公布，但作为主持清华简收藏、保护并研究的第一人，李先生这个判断显然是有鉴于竹简里面丰富的内容。现在我们知道其中像《诗》《书》《易》《礼》甚至近乎《春秋》《乐》类文献可以说无所不包，更不要说还有不少思想性很强的诸子类文献。而且，其中有些文献明显是西周材料，明在孔子之前，故李先生的这个判断可以说是非常敏锐的。为什么说李先生的这个判断是重大的发明呢？因为我们过去谈先秦学术史，总是从战国

---

① 李学勤：《简帛佚籍与学术史》，南昌：江西教育出版社，2001 年。

② 李学勤：《清华简与先秦思想文化》，《清华简及古代文明》，南昌：江西教育出版社，2017 年，第 212 页。

的诸子百家开始，而认为春秋、西周是王官之学而没有什么学术。比如胡适说王官之学都是"祀典卜筮之文，礼乐射御之末"①，沈文倬先生是研究礼学的大家，他反对胡适此说，而且专门讨论"宗周的王官之学"，他对王官之学的认识是："官学教、学的内容是根据官责首明职掌的原则，确定每个官所担负的事务及履行之法。"②可以看出，沈先生虽然认为官学时代也有学问，但其"王官之学"的学问全然是以"官"为中心，依然是些职业性的、技术性知识，从这个意义上说与胡适的看法并没有本质的差别，其实明里暗里还是受传统看法的影响，即诸子以下才有学术，而西周春秋的王官之学是不算"学术"的。比如吕思勉先生有《先秦学术概论》，其实大家可以读一下，那主要是诸子学概论。杨宽先生的《西周史》专门有一编谈"西周的文化教育和礼制"③，而且论及当时的"大学"，但也是始终不提"学术"一词。正因为此，我认为李先生说孔子之前就有学术，可以说是重大的学术发明，是对传统先秦学术史的拨乱反正。李先生还专门提到孟子都说"孔子之谓集大成"，集什么大成呢？显然是前代的学术、思想、文化。这是从逻辑上推之，而从事实层面看，则是清华简这些古书的重大发现，所以李先生专门提到"现在从清华简和其他传世的文献结合起来研究，可以确知，孔子之前有很多学术思想"，我认为这个看法可以说是非常敏锐的，也是捅破了一层窗户纸。

这些年本人一直关注古书形成问题研究，一直觉得过去罗根泽先生的说法如"战国前无私家著作"是有问题的，私家著作不但出现得很早，连带我也认为过去讲先秦学术史都是从战国的诸子百家讲起，认为西周、春秋的官学好像没什么学术，其实也有问题。④我还以为是自己的发明，没想到李先生早已看破这一点，不禁让人由衷叹服李先生卓越的学术洞察力。关于"私家著作"问题，李先生其实在上述一文中同样有针对性回应，他的看法明显与罗根泽先生不同："传说老子是周守藏室之史，但《老子》一书则是他离职之后的著作，所以可以看作是老子的个人学术活动，与职务无关。"⑤这里李先生不仅径谓《老子》为"著作"，明确与罗根泽先生的看法不同，而且说其书的性质是"离职之后""老子的个人学术活动，与职务无关"，这些意见都非常精辟。尤其说《老子》书为"老子的个人学术活动"，更是对传统"官学"体制认识的一个重大革新。与此相应，李先生还认为"诸子百家时代是从春秋晚期开始的"，这较之学者习惯认为的诸子百家起自战国，特别是战国中期以下，应该说大为提前。而且，李先生指称的春秋时代的"诸子"正包括老子、孔子、孙子等人。不过，李先生所持"春秋晚期"具体时限的界定有

---

① 胡适：《诸子不出于王官论》，《古史辨》第4册，上海：上海古籍出版社，1982年，第1页。
② 沈文倬：《略论宗周王官之学》，《宗周礼乐文明考论》（增补本），杭州：浙江大学出版社，2006年，第111页。
③ 杨宽：《西周史》，上海：上海人民出版社，2003年，第653页。
④ 可参拙文《先秦学术史上的"私家著作"问题》，《光明日报》2021年2月22日，第13版。此文后来又收入拙著《〈老子〉探源与古义新证》（上海：上海古籍出版社，2023年，第5页），多有增补。
⑤ 李学勤：《清华简与先秦思想文化》。

点棘手。比如，如果老、孔等人已是"诸子"，那比他们稍早的子产以及更早的臧文仲等人呢？传世及出土古书多见这些人的言论，背后肯定有"书"作为依托，这些其实都是"个人"性质的，而臧文仲的时代已届春秋中期。这说明问题的本质还不仅仅在于提前"诸子百家"的时代，如前所言，关键还是要打破过去"王官之学"不能有"私家"或"私人"作品的认识窠臼。换句话说，如果我们能认识到如前所述李先生所主张的孔子之前也是有学术的，则很多问题就可以涣然冰释。

李先生上述对先秦学术史这样令人耳目一新的判断，目前还没有引起学术界充分注意。窃以为这一判断对我们准确理解先秦学术史、"王官之学"，甚至西周史、春秋史都是有着重大学术意义的。如果孔子之前就存在学术，我们在做与西周、春秋史相关的学术问题时，就可以放在这样一个大的背景下来考虑，不至于想得过于简单、机械。像《诗经》中多见"德音"一词，什么叫"德音"呢？《诗·定之方中》毛传说一个人："故建邦能命龟，田能施命，作器能铭，使能造命，升高能赋，师旅能誓，山川能说，丧纪能诔，祭祀能语，君子能此九者，可谓有德音，可以为大夫。"①这说明周代官学其实需要多方面的修养，可称贵族的"综合素质"，这里很多已经属学术范畴，绝非纯粹服务于某一"官"、都是些职业性的知识。比如目前的西周史研究，青铜器铭文几乎是第一手材料，但我的看法是，虽然铜器铭文可以服务我们的历史研究，但我们也不能太以写实的眼光来看。因为本质上来说，这些铭文与《诗》《书》类文献一样，也是有文本支撑的，而文本在反映基本的史实之外，都会或多或少地带一点文学性，像虚美和夸饰，属辞章学范畴，就属学术层面的东西。比如我们在铭文及文献中经常读到所谓天"降威""降丧"之类表述，我们就不能索隐式地去问这对应西周什么样的重大灾难事件，这其实只是套话，意在铺垫和渲染气氛。《诗》《书》类文献中这样的表述是很多的，这表明周人这样的辞令修养达到了很高的水平。比如它既有正话反说如"彼君子兮，不素餐兮"，也有很辨证的说法如"靡哲不愚"。与《诗经》有关我们还可举另一个有趣的例子。我们都知道《礼记·经解》篇有段记载评价《诗》《书》《礼》等六经，比如它说《诗经》的优点是"温柔敦厚，诗教也"，这个大家都熟悉。但它还讲《诗经》也有毛病，就是"《诗》之失，愚"，这个讲《诗经》反面的部分后世却很少有人提。为什么很少有人提呢？我认为是没把这里的"愚"讲好。我们可以翻看目前流行的《礼记》注解，要么就字面把"愚"理解为"愚蠢"，要么就讲得很晦涩，其实都是不准确的。那什么叫"愚"呢，我认为这里的"愚"，接近我们今天讲的"天真"或者文雅一点说就是"理想主义"！为什么《诗》会"天真"？因为它是文学作品，而文学就不单纯是写实的要求，它还会寄寓、寄托理想，哪怕理想再虚无缥缈，它也会憧憬。比如，"普天之下，莫非王土"（《小雅·北山》）

---

① 孔祥军点校：《毛诗传笺》，北京：中华书局，2018年，第72页。

就是理想主义的，同样，"至于海邦，淮夷来同"（《鲁颂·閟宫》）也是理想主义的，你可以说这是家国情怀。其实这种理想主义也有个人的，所谓"逝将去女，适彼乐土。乐土乐土，爰得我所"（《魏风·硕鼠》）。我注意到还真有学者就"普天之下，莫非王土"来探讨周代的疆域规模，这就真的是失之于"迂"了，也不了解《诗》的文学性和理想主义。我们经常说"天真"是"赤子之心"，是超脱现实的，我们也都熟知陈寅恪先生的名言："士之读书治学，盖将以脱心志于俗谛之桎梏，真理因得以发扬。思想而不自由，毋宁死耳"，周人既然有这么多超脱现实的"天真"和理想主义，而且可以把理想主义处理得这么好，怎么可能没有"学术"？

李先生关于战国前春秋、西周之时就有学术的看法，还只是点到为止，并没有充分展开，也是但开风气不为师。这与他在很多领域所做的工作一样。当前的清华简研究，学者们都忙于基础的字词疏解或单篇的思想研究，李先生揭示的这一重大学术命题应该说还没有得到很好的回应。我们今天纪念李先生，我一直在想，纪念什么？又怎么纪念？在不同学者那里，可能有不同答案。我本人觉得很重要的一点应该是把李先生揭橥出来的这些重要学术命题，深入推进研究。学术如积薪，都是需要一代代做下去的，一代人也有一代人的使命。我想只有这样，李先生揭示、开创的事业才会不断地发扬光大。

李学勤先生对大小盂鼎的研究

刘 源

（中国社会科学院甲骨学殷商史研究中心
古文字与中华文明传承发展工程协同攻关创新平台）

西周早期的大小盂鼎是研究中国古代青铜器、西周语言文字与西周文明的重要资料，学界一向重视，正如李学勤先生所言已经过许多学者的"千锤百炼"①。虽然如此，学界仍未完全掌握大小盂鼎本身情况及其蕴藏的历史信息，一些相关问题还是晦暗不清。1985 年与 1987 年，李学勤先生曾发表《大盂鼎新论》《小盂鼎与西周制度》（以下简称《大盂鼎》《小盂鼎》）两篇文章，讨论二器有关铭文释读与西周制度的关键问题。②两文均收入《李学勤文集》。③最近，董喆整理的李学勤先生授课讲义，收录了李先生研究这两件西周重器的最新见解④，很有助于学界进一步审视与认知西周金文与西周史，同时也体现出李先生解读与利用金文材料的理念与方法，值得多读与效法。现就阅读李先生上述论著的粗浅体会，谈谈李先生研究大小盂鼎的重要贡献与独到之处，分为出土、命名、形制、纹饰、释读、人物、史事、制度等几部分，如有不当之处，敬请专家批评指正。

关于盂鼎的出土情况，李学勤先生很重视大小盂鼎的发现地点，并结合当地学者的走访调查和地形地貌，做了仔细的分析和判断。吴大澂说盂鼎于道光初年出郿县（今眉县）礼村沟岸中，或说出于相邻的岐山县。⑤李先生认为这两种说法长期难以统一，需要解决。他注意到岐山县学者庞怀靖经实地踏访，发现眉县没有礼村，礼村在岐山京当公社贺家村附近。李先生据此断定盂鼎的具体出土地点应在岐山县礼村，他特别指出礼村周围雨水冲刷而成的大沟，与清代记录鼎出于沟岸相合，而且礼村旁边的贺家村也出了很多重要铜器。关于盂鼎出土的具体单位，《大盂鼎》《小盂鼎》两文未详谈，只是说同有三个鼎，《合证》则据其鼎身巨大推断（大盂鼎高 101.9 厘米，口径 77.8 厘米，重 153.5 公斤），应出于窖藏，朱凤瀚先生也持同样的观点。⑥今按：礼村、贺家村属于周原的中心地区，贺家村

① 李学勤：《金文与西周文献合证》（上册），北京：清华大学出版社，2023 年，第 497 页。以下简称《合证》。
② 李学勤：《大盂鼎新论》，《郑州大学学报（哲学社会科学版）》1985 年第 3 期。李学勤：《小盂鼎与西周制度》，《历史研究》1987 年第 5 期。
③ 李学勤：《李学勤文集》（第 13 卷），南昌：江西教育出版社，2023 年，第 104、244 页。拙文所引李先生《大盂鼎》《小盂鼎》两篇文章，皆据《文集》，以下不一一说明。
④ 李学勤：《金文与西周文献合证》（上册），第 493-546 页。
⑤ 王辉：《商周金文》，北京：文物出版社，2006 年，第 63 页。
⑥ 朱凤瀚先生认为出盂鼎的窖藏，其时间同于西周晚期其他窖藏。朱凤瀚：《商周家族形态研究》（增订本），天津：天津古籍出版社，2004 年，第 376 页。

近年仍有重要器物如昔鸡组器、伯牛父鼎、姬牛母鼎的发现①，也再度印证了李先生上述看法。

关于大小盂鼎的命名，李先生有细致的辨析。《大盂鼎》一文中已提及这个问题，《合证》更有详述。李先生指出学界已意识到小盂鼎铭文字多，可能器形更大，反而不能称小。孙稚雏先生称小盂鼎为小字盂鼎，也不合适。杨树达先生把小盂鼎叫残盂鼎，把大盂鼎称作全盂鼎，也会引起误解，因为小盂鼎器身未必残缺。而称大小盂鼎为二十三祀盂鼎、二十五祀盂鼎，李先生觉得又很别扭。因此，他主张随俗，还是按照通行的命名来称呼，不做变动。李先生认为小盂鼎的形体很大，因为据拓本来看，铭文没有做成两个范，还是铸在内壁上，小盂鼎又非方鼎，可以推想其器特别大，且制范技术高超。②

关于大小盂鼎及铭文的著录，李先生非常留意。《大盂鼎》一文即推荐上海博物馆1959年出的《盂鼎、克鼎》一书，《合证》更指出此书记载有盂鼎的重量、尺寸、纹饰等各种信息，拓本也特别好。他还顺带推荐上博1964年出的《上海博物馆藏青铜器》一书，介绍此书是珂罗版印的，由陈毅同志题签。《小盂鼎》一文依据拓本有郭老《两周金文辞大系》原大印本、陈梦家《西周铜器断代》缩小印本和《三代》剪贴印本，以及《攈古录金文》摹本。《合证》提到陈梦家先生小盂鼎拓本天下只有一本的说法，李先生说陈先生所用拓本来自省吾先生提供的一张拓本照片，李先生自己还亲眼见过史语所傅斯年图书馆的拓本，字迹也不清楚，说明小盂鼎上的铭文本身是坏了，当时不会只拓一本，但文字完整程度应该差不多。对于小盂鼎铭文拓本、摹本的现状，李先生觉得也只能接受，如陈梦家先生释文很好，他只改了其中的"商"为"咸"，但铭文第一行陈先生释"辰在甲申"，实际从拓本上看并无甲申二字。

关于大小盂鼎的形制纹饰，李先生在《合证》中有较多讲述。他强调大盂鼎形制庞大，铸造精美，铭文字数又多，非常难得，是真正的重器，其体积、工艺超越了周初的天亡簋与西周晚期的毛公鼎。从形制和纹饰来看，大盂鼎不会晚于康王。王世民、张长寿、陈公柔等先生曾研究过这类仅在口沿下有一圈兽面纹的圆鼎，认为基本在成康时期。③据岳洪彬先生研究，这种形制的三足大圆鼎已见于殷墟青铜器第三期晚段和第四期④，约相当于武乙、文丁、帝乙、帝辛时代即有之。小盂鼎因其器亡佚，李学勤先生据铭文推测是形制特别巨大的圆鼎。

在文字释读方面，李先生对大小盂鼎铭文有一些重要意见，需要我们注意。在发表《大盂鼎》《小盂鼎》时为了排印方便，李先生书写释文尽量使用通行字体，如将雩写作粤，将醺写作酣，等等；在《合证》中就使用了严式，以下论述以《合

---

① 周原考古队：《陕西宝鸡市周原遗址2014—2015年的勘探与发掘》，《考古》2016年第7期。
② 李学勤：《金文与西周文献合证》（上册），第526页。
③ 王世民、陈公柔、张长寿：《西周青铜器分期断代研究》，北京：文物出版社，1999年，第26-27页。
④ 岳洪彬：《殷墟青铜礼器研究》，北京：中国社会科学出版社，2006年，第35页。

证》为准。先看大盂鼎的释读。李先生在释字时，将■释为从兔从匕的魷字，将■读为於，将■释为从宀从一正一反两个或字的寁。在破读、训诂时，李先生引用董作宾《王若曰古义》认为王若曰就是王如此说，指出："在武王嗣文王作邦"中的"在"义为昔日，"匍有四方"的"有"义为"佑"，"畯正厥民"的畯训为治，"在雩御事"的雩相当于惟，"有髭烝祀"的髭读为紫，"率肆于酒"的肆训为习，魷读为逸训为放纵，"廼召夹死司戎"的死读为尸训为主事之主，戎指戎车或戎兵，"敏諫罚讼"的諫读为促训为快捷，从兽从乇的字读为守职之守，寁读为毕训为全部。经过李先生这样详尽的释读训诂，大盂鼎铭文的意思就贯通了，特别是"亟寁迁自厥土"一句，李先生解释为"快将这些人都迁到你的土地上"，较以往诸说为优。李先生很重视清华国学研究院毕业的裴学海先生所著《古书虚字集释》一书，从其说把"汝妹辰有大服"的"妹"理解为加强语气的虚词，而之前则多读为蒙昧之昧，或昧爽之昧。

大盂鼎铭文的句读，李先生与通行说法有三点不同，一是把"故丧师"之后的"巳"下读，认为是叹词；二是在"古天异临"后面断开，将"子"与其后的"法保先王"四字连读，与诸家不同，认为子即指盂，这一想法与他对铭文的整体理解有关；三是将"敏朝夕入谏"的敏字上读，即与"敬雍德经"连读。此外，还有一些字词训诂，李先生的讲述涉及文物制度，容下文再谈。

小盂鼎铭文的释文，李先生认为陈梦家先生做得最好，他自己只改了一个"咸"字。但在训诂方面，李先生提出一些较好的意见，如将"服酉"训为事酒、进酒，将"瓒王"读为"赞王"训为进献于王，将"盂以多旂佩鬼方"之佩训为背负，将"王裸裸"读为"王果裸"训为完成裸礼。这些观点对于理解残缺的小盂鼎长铭，都是很有启发作用的。

关于大小盂鼎铭文记载的名物，李先生也多有阐释。他指出，大盂鼎铭文中的鬯是很珍贵的东西，在这次盛大赏赐中也只有一卣；卣从字形看本是瓠瓜之形，是像葫芦这种植物果实做成的，故金文记载之卣称为提梁卣较为妥当；冂衣可从清人之说释为绚衣，即锦衣，冂衣、巿、舄、车、马合为舆服，用来标榜贵族的等级身份。小盂鼎铭记录名物较大盂鼎稍多，李先生梳理得颇为清晰，如认为"盂以多旂佩鬼方"是指背负悬挂鬼方首级（耳朵）之旗，画虢（甲）是画有彩绘的皮甲，贝胄是镶贝壳的帽子，金干是镶铜饰的盾牌，等等。这些意见均显示出，李先生对于古文字、考古、文献资料都非常熟悉，能够融会贯通。

大小盂鼎铭文还涉及较多人物和职官，也是正确理解文义之关键所在，李先生结合《周礼》《左传》等文献与同时代相互关联的金文材料，进行了深入研究，提出了重要意见。大盂鼎铭中康王与盂的关系，是研究此周初重器与周初历史之主要环节。上文提及，李先生对鼎铭的句读训诂，实际上就涉及对此重大问题的整体认识，他将"余惟即朕小学，汝勿魷余乃辟一人"解释为康王年幼时，盂担任康王小学老师，故说"你不要放纵我"，而此时册命盂之际康王已在位二十三年，盂也是老成之重臣了。正是出于这一认识，李先生在"古天异临"与"子法保先王"之间断读，主张"子"是指盂，这是很具创新性的提法。大盂鼎中还有一个重要人物是"荣"，李先生认为这是一个人名，而非荣伯之荣那种氏名或族名。他结合《周礼》及鼎铭盂"司戎"的记录，认为荣是大司马，盂是少司马，这个意见也贯穿于对小盂鼎铭的理解之中。邦司四伯、尸（夷）司王臣、人鬲、驭、庶人，这些不同身份的群体，历来是解读大盂鼎铭文的重点。李先生认为邦司是周人有司，夷司是夷人有司臣服于王朝者；人鬲则应结合《逸周书·世俘》按孙诒让读"馘歷"之歷为"歷"训为"数"的思路，理解为人数，即邦司的人数，从驭一直到庶人，其中驭是驾车的人地位不低。这比将人鬲解释为奴隶，从文句和逻辑上看，都更为顺畅。至于盂的先祖"南公"，也是非常重要的人物，学者多认为即南宫氏，但李先生认为西周早期南宫氏是否可省略为南，还可以研究。他特别指出金文有南宫姬与姬姓虞氏通婚的材料，提醒大家探讨。今按：此材料或指陕西西安博物院所藏的吴王姬鼎，其铭云："吴王姬作南宫史叔飤鼎，其万年子子孙孙永宝用。"

小盂鼎铭记载了献俘、饮至之礼，参与的人物较多。其中三左三右，李先生认为即"六卿"，见于《顾命》，其身份与恭王时代金文中出场的六卿类似。他指出多君即《顾命》所见的百尹。铭中的邦宾，李先生结合《周礼》《礼记》读为国宾，并据郑众注理解为老臣，是身份尊贵的人物。铭中"执兽"之兽，李先生读为敌酋之酋。王令荣审讯敌酋，可知荣就是大盂鼎铭记载的盂的上级官员，李先生推测是担任最高军事长官的大司马。审讯时提及的**越**伯，李先生认为是侵犯鬼方的周人贵族，因此鬼方之君为闻者率其亲属与之交战。以下盂告费伯即位，及明伯、继伯等诸伯，李先生均理解为盂之将佐。鼎铭随后记载，盂以诸侯侯甸男，这是类似于作册夨令方彝铭文中"诸侯=（侯）甸男"的重要史料，李先生已指出鼎铭中的侯未用重文符号。通过这些梳理，小盂鼎铭中的人物关系基本就理顺了。

李先生研究金文，还是着重于治史，一般认为大小盂鼎铭文涉及征伐鬼方，但他对此结论较为谨慎。因为甲骨卜辞中鬼方的材料较少，如"鬼方易"还不足以证明就是文献所载的鬼方。李先生强调：小盂鼎铭中的鬼方之鬼，从甶从戈，也和一般鬼字写法不同；而且文献中的鬼方，从《毛传》等古训来看，很有可能是指远方，而非某个具体的敌国。不过，系联大小盂鼎的记载来看，盂征伐鬼方确实是康王时期的大事。李先生认为，盂在康王二十三年受封，就很可能是为了对外征伐鬼方，这是见于西周金文的最大一次战争。此役俘获大量牛羊车马，可见鬼方是居于草原的游牧民族。

大小盂鼎铭反映的周初制度，也是李先生论述的重点。上面已提到，李先生认为大盂鼎记载一次册命仪式，即康王册封盂为小司马，来辅佐大司马荣。他还谈到盂曾在康王年幼时担任盂的小学老师，强调盂的身份是老将兼康王的小学老师，说明当时教育是兼及文武的。此次册命盂，康王赏赐给盂絅衣、币、舃、车、马，李先生认为可反映西周舆服制度，这对于研究西周册命制度的渊源也是很有启发的。李先生说盂是王朝大臣，而非外服诸侯，故赏赐主要是邦司四伯、夷司王臣、驭、庶人等人，但这些人是和土地结合在一起的，只是重点在人而不在地，这个看法应是与宜侯夨簋铭文进行对比以后提出的，有充分依据。李先生对小盂鼎铭的研究，更是以制度为主，其中他讲得较多而且清楚的是献俘、振旅仪式次第开展的各个重要地点，这也是阅读、解读铭文的疑难之处。为此，李先生专门引用了清人任启运《朝庙宫室考》中的《天子五门三朝庙社图》来说明问题。他指出在昧爽之际，天明之前，即天蒙蒙亮的时候，三左三右"六卿"及多君已事先进酒预备典礼；待天明康王进入祖庙，给康王与邦宾敬酒；盂背负悬挂敌人首领的旗帜，从宫殿区大门（南门）而入，执敌酋进入外朝大廷（在祖庙与社之间）；盂的长官荣审讯敌酋之后，献俘于西侧的社；随后在周庙举行燎祭；盂前趋进入第三道门（雉门），面北向王而立，告其将佐与诸侯就位；给众宾献酒，康王命给盂献酒；随后祭祀告捷于文王、武王、成王；次日乙酉，康王来到祖庙，赏赐盂弓矢干戈甲胄。据这样的复原，我们可知李先生同意周王宫殿有三朝五门与左祖右社的设置。李先生的上述研究，是结合古文字与传世文献史料探讨古代礼制的一次成功尝试，反映出他稔熟《逸周书》《周礼》等古书内容与清人相关学术成果，为二重证据法提供了良好示范。此外，李先生还提到小盂鼎所载饮至之礼进行得有条不紊，重视君臣名分，非常严肃，他推测这可能与康王未前往亲征有关。这一想法，是联想到《左传》晋文公亲征而归举行饮至大赏的文献记载，遂加以对比而得出的。

以上择要陈述李先生研究大小盂鼎的方法、思路及主要看法，尚未完全获得相关论著的精义。李先生对大小盂鼎的认识，是和探讨邢侯簋、宜侯夨簋等周初金文材料的工作相互贯通的，也与他研究清华简及《尚书》《诗经》《左传》《周礼》《逸周书》等古书的工作相互联系，甚至和他对殷墟卜辞理解有所牵涉，仍需要反复研读和领会。仅从李先生所写大小盂鼎的文章与讲义来看，他研究金文与西周史有着科学方法与鲜明特色，值得效仿：

其一是重视前人研究，择善而从，如采用孙诒让"馘磿"之说解释人鬲，采用裴学海训"妹"为虚词的意见理解"汝妹辰有大服"，等等。做到这一点实际上很不容易，需要博闻强记，取其精华。

其二是注意结合古书与金文进行综合研究，如论盂为小司马，论周王有三朝五门之制，论三左三右为六卿等诸多观点，均援引《周礼》《尚书》《逸周书》等古书为依据，相互发明，融会贯通。

其三是熟悉相关考古资料，如引用江苏铜山丘湾社祭遗址，来说明当时用人牲是衅其鼻；又如指出岐山贺家村出土铜器很多，来佐证相邻礼村是盂地出土地，等等。当然，考察铜器形制与纹饰本身就是考古学研究的主要工作，这也是李先生非常重视与擅长的。

其四是将殷墟甲骨卜辞与西周金文相互联系，如论及鬼方时引用"鬼方易"等卜辞材料，如论南门为宫殿区大门时引用"南门""宗门"等甲骨文，如解释"大采"这一时刻时引用卜辞"大采""小采"等资料。这是李先生较为强调的一种研究方法，很值得研究西周金文的专家学习。

其五是注重历史学研究，细致探讨人物、事件与制度。李先生研究大小盂鼎，虽有精细的释读与训诂，同时更重视对铭文内容的整体把握与历史分析。如他解读大盂鼎铭文，抓住了盂为康王小学老师这一重点，从而突破传统的句读与认识；他将人鬲讲解为人数，也基于康王赏赐王朝大臣重在人这一点。他解读小盂鼎也同样是结合献俘礼的研究而展开，而非孤立地讨论某一字词。

李先生研究青铜器与金文材料的工作，实则一直结合古书和古史来进行探讨。如他说传世文献《尚书大传》"周公摄政，一年救乱，二年克殷，三年践奄，四年建侯卫，五年营成周，六年制礼作乐，七年致政"，即有不少青铜器铭文可以用为佐政和补充。[1]再如他研究柞伯鼎铭文时，也联想到"命""至""执讯获馘"等格式，在《世俘》中反复出现。这些研究实践均指示了二重证据的具体做法，是由文入史的经典教材。

2024 年 3 月 31 日

附图：小盂鼎铭文摹本

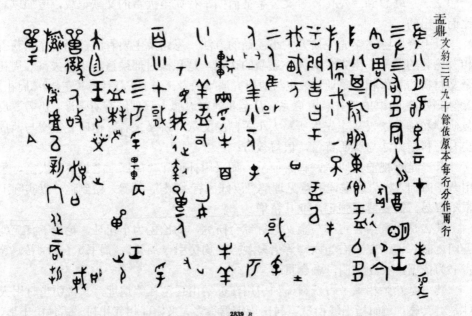

孟鼎文約三百九十餘依原本每行分作兩行

2839 B

---

① 李学勤：《青铜器入门》，北京：商务印书馆，2013 年，第 40 页。

2839 *B*

李学勤先生与《邯郸学院学报》"赵文化研究"栏目

康香阁

(《邯郸学院学报》编辑部)

今年是李学勤先生 90 诞辰,回忆李先生对《邯郸学院学报》的扶持和关怀,永志难忘,感激不尽。

李学勤先生是学界一位高山仰止的学术大师,著作等身,嘉惠学林,也是一位平易近人、关爱后学的良师益友。我第一次拜访李学勤先生是在 2003 年 10 月 13 日下午,至今已整整 20 年了。

怀念李先生对《邯郸学院学报》的关爱和扶持是多方面的,由于时间限制,我只从三个方面简述。

一、李先生对《邯郸学院学报》"赵文化研究"专栏扶持甚多

1. 题词"邯郸师专与赵文化研究"在新华社主办的《新华每日电讯》发表

2003 年,正是我校由专科升本科的关键时刻,学校要求每一个部门都要努力为学校做贡献。《邯郸师专学报》"赵文化研究"专栏作为区域文化特色专栏,按《光明日报》记者的建议,我们将 1999—2003 年"赵文化研究"专栏发表的文章经过筛选后编辑成《赵文化研究》一书,由河北大学出版社出版,作为升本评审材料中的一本特色材料,《光明日报》为此做了一个 300 字左右的报道。校领导觉得分量还不够,又让我撰写了《邯郸师专与赵文化研究》一文,约 2500 字,该文中提到 2004 年邯郸学院将和中国先秦史学会联合在邯郸举办第二届全国赵文化学术研讨会,李先生当时是中国先秦史学会会长,需要经过他同意才能发布。经宫长为兄和梁涛博士后引荐,于 10 月 13 日下午,第一次到李学勤先生家中拜访了李先生。李先生平易近人、和蔼可亲,审阅了稿件,同意举办会议,并应我的要求题写"邯郸师专与赵文化研究"和该文一起发表在新华社主办的《新华每日电讯》2004 年 10 月 14 日第 11 版,扩大了学校的影响,为学校专升本顺利通过做出了贡献。

2. 将赵文化研究名篇《赵文化的兴起及其历史意义》一文交由《邯郸学院学报》发表

2005 年 1 月《邯郸师专学报》更名为《邯郸学院学报》。当年的 4 月 23—25 日，李先生来邯郸参加"全国第二届赵文化研讨会"，会议期间，李先生接受聘请，担任《邯郸学院学报》学术顾问。并将大会的发言论文《赵文化的兴起及其历史意义》交给本刊发表。这是李先生研究赵文化的名篇，该文发表后，先后被《新华文摘》《北京大学学报》和人大复印报刊资料《先秦、秦汉史》等转载转摘，提升了赵文化研究的学术影响力和学报的知名度。李先生在文中提出了赵文化的精神特点是：改革、开放、包容（融合）。后来邯郸市就提炼邯郸精神广泛征求意见，最终就是在李先生提出的"改革、开放和包容"的基础上，又加了一个担当，即开放、进取、担当、包容。

3. 为"赵文化研究"专栏论文集《赵文化与华夏文明》题词

2009 年我们将 2004—2008 年"赵文化研究"专栏发表的论文，经过筛选编辑成了第 2 本论文集即《赵文化与华夏文明》，交由人民出版社出版，在出版之前，我们请李先生题词。李先生的题词是：

> 果可以利其国，不一其用；果可以便其事，不同其礼
>
> 赵世家语　借题
>
> 赵文化与华夏文明

李学勤　2009 年 5 月 13 日

4. 为"赵文化研究"专栏论文集《多视角的赵文化研究》撰写序言

2014 年，我们又编辑了第 3 本赵文化研究论文集，仍由人民出版社出版，我请李先生写序。那个时候，李先生为别人的著作撰写序言已经大大减少了。师母说："香阁，先生太累了，已不太为别人撰写序言了，你要理解。"当时我说，"理解理解，就请先生和上次一样，题个词吧。"但李先生说，"你给我点儿时间，我还是要给你写个序。"过了不久，李先生就给我寄来序言复印件。看到这本序言后，非常感动：一是李先生写这个序是看了 5 年前即 2009 年出版的那本《赵文化与华夏文明》后写的，序里面有对那本书的回顾；二是李先生对这本书给出了比《赵文化与华夏文明》更高的评价。

序言中写道：

> 杨、康两先生再接再厉，在不到四年之后，又编成这部《多视角的赵文化研究》，我有幸得见书稿，对邯郸学院推进赵文化研究的不遗余力，更是深觉钦敬。
>
> ……
>
> 通过《多视角的赵文化研究》，大家不难看到，赵文化研究这几年又有不小进

展，取得了若干新的成果，接触了一些新的问题。相对于《赵文化与华夏文明》，这部书所收各篇主题更加集中，论析更加深入，涉及的学科范围也更加广泛，这都是赵文化研究进一步发展的明显体现。

……

相信《多视角的赵文化研究》这部书的出版，会将赵文化研究推向一个新的高度和广度。[①]

2013 年 5 月 19 日

5. 为 2014 年"赵文化研究"专栏成功入选教育部哲学社会科学学报名栏建设第三批提供了学术支撑

2013 年 11 月，《邯郸学院学报》"赵文化研究"参加教育部哲学社会科学学报名栏建设第三批评比，根据要求，需要提供 4 篇代表作，李先生的《赵文化的兴起及其历史意义》排在第一篇。2014 年 2 月 26 日教育部公布评比结果，《邯郸学院学报》"赵文化研究"专栏成功入选，在当年入选的 25 家名栏中位列第 4 位，是当年河北省高校唯一一家入选学报。

6. 为 2023 年"赵文化研究"成功入选中宣部首批哲学社会科学期刊重点专栏提供了学术支撑

2022 年 6 月，中宣部办公厅发出通知，要在全国哲学社会科学期刊中评选出 100 家重点专栏，经过一年多时间的评审，近日获悉，本着宁缺毋滥的原则，全国最终共有 82 家期刊入选重点专栏，"赵文化研究"成功入选，排序第 52 号，是唯一一家古代地域文化研究专栏入选，也是河北省高校期刊唯一一家专栏入选。全国普通高校学报仅有 22 家专栏入选。

在这次申报的参评材料中，同样要求需要提供 4 篇代表作，李先生的《赵文化的兴起及其历史意义》仍然是排在第一篇，对赵文化研究的发展功莫大焉。

7. 除赵文化研究的论文外，李先生还有两篇特别论文提供给《邯郸学院学报》发表

第一篇是李学勤先生将 2008 年 6 月他参加在韩国首尔举行的"第十五次国际历史教科书学术会议"上的宣读论文《古史研究的当前趋向》交由本刊发表，这是一篇综合论述学术前沿的论文。

第二篇是他将 2011 年 12 月 19 日上午，在清华大学举办的《清华大学藏战国竹简（贰）》成果发布暨学术座谈会上的发言稿（下午我们就拿到李先生的大会发言手稿照片）即《〈系年〉出版的重要意义》交给我刊发表。李先生在这个发言稿中讲到了《清华简》第 2 册第 22 章中记载了战国时期，楚声王时，韩、赵、魏与

---

① 李学勤：《多视角的赵文化研究》，《邯郸学院学报》2010 年第 2 期。

越王联合伐齐……后来晋国魏文侯大败齐师，韩赵魏与齐盟誓等赵文化内容，对赵文化研究非常珍贵。我们拿到稿件后，立刻打印、调整版面，加急排印，顺利于12月20日出版，成为最快发表该学术信息的学术期刊。

二、对《邯郸学院学报》"学术名家研究"专栏精心指导

从2005年第1期开始，《邯郸学院学报》创办了一个新的栏目，名称为"学术名家研究"。这个栏目由名家访谈、名家简介和名家研究三位一体组成，是一个面向当代全国学术界的高端学术访谈研究栏目。前面的"赵文化研究"专栏是面向古代、面向地域（邯郸），"学术名家研究：是面向现代、面向全国，可以说是一古一今，遥相呼应。在访谈的学术名家中，既有哲学名家、历史学名家、文学名家、语言学家、红学名家、社会学名家、新闻学家，也有中国科学院的院士和中国工程院院士"。

对这个高端栏目，李先生给予了很大的扶持，曾先后两次接受访谈。第一次访谈时间是在2005年8月10日，访谈的内容时间段是从李先生的少年时代到1954年。第二次访谈的时间是2009年2月3日（农历初九），访谈的内容时间范围为1975—1976年，长达13000字，从多个方面进行了深刻的阐述。

在这篇访谈里我提到一个问题，李先生的回答至今记忆犹新。我问李先生，材料和理论的关系问题，我作为一名编辑，平时会收到不少历史方面的稿件，都是材料很多，自己的解读不足，有堆砌之感。可是按照历史研究者常说的一句话"一分材料说一分话，十分材料说十分话，没有材料不说话"的观点，好像也有一定道理。

李先生这样回答我的提问：

学术研究是各种知识的综合作用，要注重理论学习。比如说要认真学习马克思主义理论。

研究文章要有一个理论观点，这个非常具体。比如说，你研究一件铜器，铜器上有花纹，有文字，你可以写一篇很大的文章。你研究落脚点是这个花纹、文字，但你整个的观点依靠不是这个，观点的依靠需要你有广阔的眼界，这就是理论的眼界。现在有些人研究了多少年甲骨文，可是他的水平就是提不高，因为他的工作没有一个归结点。只有把学术研究提高到一个理论水平上，才能达到这个归结点。就是这么一个想法，我们努力做，不一定能够做到。[①]

李先生的回答使我茅塞顿开，从2005年作访谈开始后，我每年都会拜访李先生伉俪，尤其是春节前一定会专门去家里看望，平时只要来北京，电话联系，时

---

① 康香阁：《再访李学勤先生——治学经历（1955—1976）》，《邯郸学院学报》2010年第1期。

间方便就去家里坐坐，从未间断。每次离开李先生家时，李先生和夫人都坚持要送到门口，挥手相送，关爱后学的大师形象，至今回忆，潸然泪下。

李先生不仅认真接受我的访谈，而且也阅读我给其他学者做的访谈，其中对我给汤一介先生所做访谈的肯定，至今我才知道他肯定的价值。事情是这样：2010年第 1 期《邯郸学院学报》刊登了我给李先生做的第二篇访谈，2010 年第 2 期《邯郸学院学报》刊登了我给汤一介先生做的学术访谈。学报出版后我就打电话问李先生学报收到了没有，我问的是给李先生做访谈的《邯郸学院学报》第 1 期，而李先生回答，学报收到了，说给汤先生的访谈做得很好，我立刻追问一句，哪一段写得好？李先生说："我跟汤先生交往几十年，还从来没有看到汤先生这样谈问题，不知是汤先生如何考虑的？"李先生的声音带有深思的感觉，我就不敢追问了。

在这篇访谈里，汤先生就谈到了为什么编纂《儒藏》，谈到了儒学与马克思主义的关系问题，谈到了马克思主义和中国固有文化源和流的问题等。通过论证，汤先生提出：我们是否可设想，马克思主义在中国，把它变成中国的马克思主义，不是西方的马克思主义，更不是列宁斯大林的马克思主义。[①] 2014 年 5 月 4 日，习近平总书记到北京大学人文学苑看望 87 岁高龄的汤一介先生，"在汤教授研究室里，总书记同他促膝交谈，了解《儒藏》编纂情况，赞扬他为中华优秀传统文化继承、发展、创新做出了很大贡献"。[②]2019 年，在庆祝中国共产党成立 100 周年大会上的讲话中，习近平总书记首次提出"坚持把马克思主义基本原理同中国具体实际相结合、同中华优秀传统文化相结合"[③]，首次提出了"第二个结合"，树立起了中国文化的主体性。2023 年 6 月 2 日，习近平总书记在中国历史研究院座谈会上进一步强调："更重要的是，'第二个结合'是又一次的思想解放，让我们能够在更广阔的文化空间中，充分运用中华优秀传统文化的宝贵资源，探索面向未来的理论和制度创新。"[④]

十多年前李先生对汤先生这篇访谈的评价一直萦绕在我的脑海里，至今我才看到他评价的意义。

三、2013 年为李学勤先生 80 华诞出版《邯郸学院学报》专刊

2013 年是李先生 80 华诞。我们获悉清华大学要举办出土文献与中国古代文明国际学术研讨会暨李学勤先生、徐维莹女士伉俪 80 华诞庆典的消息后，为感谢

---

① 康香阁：《国学大师汤一介先生访谈录》，《邯郸学院学报》2010 年第 2 期。

② 《习近平总书记同北大老教授汤一介促膝谈心》，http://cpc.people.com.cn/n/2014/0504/c64094-24972725.html，2014-05-04。

③ 习近平：《在庆祝中国共产党成立 100 周年大会上的讲话》，《人民日报》2021 年 7 月 2 日，第 2 版。

④ 《习近平在文化传承发展座谈会上强调：担负起新的文化使命，努力建设中华民族现代文明》，《人民日报》2023 年 6 月 3 日，第 1 版。

李先生对《邯郸学院学报》多年的扶持和关怀，我们在宫长为兄的帮助下，编辑出版了《邯郸学院学报》李学勤先生、徐维莹女士伉俪专刊。具体就是将李学勤先生在《邯郸学院学报》发表的文章、接受的访谈的文章及其弟子等学者在本刊发表的研究李先生的文章等汇集成专刊出版，并在专刊正文前面刊登了 2013 年之前所能够搜集到的李先生在不同时期的代表性彩色照片。我们学报主编，同时也是清华校友的马计斌校长和我一起带着专刊参会，作为庆典中的一个环节，呈献给李先生和每一位与会者，以示庆贺，略表感激之情。

转眼间，李先生离开我们已经四年多了（2019 年 2 月 24 日），他对我们《邯郸学院学报》的扶持和关爱，至今难忘，对我个人的关爱至今难忘，李先生永远活在我们心里。

深切怀念李学勤先生

陈丽新

（湖北省文物考古研究院）

李学勤先生是我从业生涯中最敬重、最爱戴的两位李先生之一。

由于工作领域相同，我和"两位李先生"中的李伯谦先生联系、向他请教的机会稍多。但是，也因工作缘由我更早熟悉李学勤先生，并在随后的业务中和先生有不断的交流，甚至有十分难得的当面聆听先生教诲的好时光。作为后学的我，经常感叹，先生的学识、先生的品德是当今中国学界高山仰止的存在，我一个芸芸学子，在平庸的从业路上，却能近距离接触先生，得到先生学术光辉的照耀，何其幸也！

一

我最早和先生有联系，是因为湘鄂豫皖楚文化研究会。李学勤先生是湘鄂豫皖楚文化研究会第二任理事长。俞伟超先生去世后，2005 年 10 月在湖南长沙举办的楚文化研究会第五次代表大会暨第九次年会上，众望所归，李学勤先生被推选为研究会新一任理事长。2013 年 11 月，年届八十的先生因年龄原因卸任理事长，但仍担任研究会名誉理事长直至去世。楚文化研究会秘书处设于湖北省文物考古研究所《江汉考古》编辑部，我于 2003 年 5 月到编辑部工作，并于 2005 年开始担任楚文化研究会秘书一职。先生的尊名和大学问，在我读书时就如雷贯耳，那时先生于我们这些年轻学子是很遥远的、高不企及的大学者，没想到工作后我却能成为先生领导下的楚文化研究会中的一员，我万分激动，对先生也有了更多的了解。

李学勤先生在历史大学科各研究领域里几乎都做出了卓越的贡献，被誉为"百科全书式学者"。作为先秦时期最璀璨绚丽的地方文化，并以出土文献最为丰富的楚文化是先生一生致力的研究领域之一，这不仅包括先生对楚地出土大量简帛的研究，也包括先生对精美楚国青铜器的研究。先生在楚文化研究领域的丰硕成果和突出贡献是先生杰出学术生涯中浓墨重彩的一笔，对此，武汉大学罗运环教授曾作过全面精确的概括和总结。①而我因工作之便，对先生为楚文化研究会的发展、

---

① 罗运环：《李学勤先生与楚文化研究》，清华大学出土文献研究与保护中心编：《半部学术史，一位李先生——李学勤先生学术成就与学术思想国际研讨会论文集》，北京：清华大学出版社，2021 年，第 241-253 页。

楚文化研究深入开展所做的努力和期许也知晓一二。

李学勤先生在担任楚文化研究会理事长之前，因其在楚文化研究方面突出的建树，已为楚文化研究领域所尊崇。楚文化研究会许多学术会议和活动都邀请先生参加，我查阅资料可以看到，先生只要有时间一般都会欣然参会，并发表许多重要的讲话和研究成果。1985 年 6 月楚文化研究会第三次年会在安徽合肥召开，来自湖北、湖南、河南、安徽、江苏、山东、北京、上海等省、市代表荟萃一堂，顾铁符先生说："在这次会上，与会的同志提出了五十八篇论文。在宣读论文和讨论中，与第一、第二次年会相比，大家亦很有'士别三日，刮目相看'之感。因此渴望会后能把年会上的论文选编出版。"①会后，楚文化研究会根据研究会理事会确定的编选原则，正式编辑出版了《楚文化研究论集》第一集。在第一集目录上，赫然可见排在第一、第二的是俞伟超先生和李学勤先生的文章。1988 年 6 月，楚文化研究会第四次年会在湖北江陵召开，会后出版了《楚文化研究论集》第二集。第二集俞伟超先生专门作序，李学勤先生再次为年会撰文。可以说，彼时两位先生已是中国考古和历史学界的领军人物，在他们百忙的事业事务和宽广的研究视域中，却仍对一个刚刚成立的地方文化研究会十分重视并给予了极大的支持。两位先生的文章熠熠生辉，为《楚文化研究论集》增光添彩，使得论集一、二集成为《楚文化研究论集》中的经典；他们的学术思想交相辉映，也大大影响和推动了楚文化研究。自此，湘鄂豫皖楚文化研究会每次年会均编辑出版《楚文化研究论集》，至今已出版十四集。

李学勤先生担任楚文化研究会理事长和名誉理事长后，对研究会和楚文化研究关心和关注更多。先生对研究会每两年一次的年会都非常重视，如果因公务繁忙或身体不允许无法参会，先生都会派他的学生参加，而且一定会让他们带来先生亲笔所写的贺信。先生的贺信绝不是程式化的应景之作，而是每封贺信除了祝贺外，都会针对年会召开所在的地区、时间，或回顾这些地区已有或者最新的楚文化考古发现及相关重要研究成果，或就现时期楚文化研究需关注乃至要注意的问题等提出建议和期许。让我特别佩服的是，先生往往是寥寥数语即能点到关键和重点。2015 年 11 月楚文化研究会第十五次年会在河南信阳召开，先生在贺信中强调了信阳地区在楚国历史文化研究上的特殊地位和重要性。他深情回顾："1956 年，信阳长台关一号楚墓发掘出土了楚简，当时我在《光明日报》写了一篇短文，说明是现代首次发现的战国时期的竹简书籍，心中对信阳地区的重要有了初步认识。及至'文革'时下五七干校，到了信阳、息县、明港，才对这一地区有进一步了解，学习到许多知识，更是深深怀念。"接着先生说道："最近一些年，楚文化及与楚文化相关的考古工作有不少重要发现，有关传世与出土文献的

---

① 顾铁符：《楚文化研究论集·序》，楚文化研究会编：《楚文化研究论集（第一集）》，武汉：荆楚书社，1987年，第 3 页。

研究更是迅速进展，提出了一系列新观点、新问题。我个人通过'清华简'的整理任务，也有了一点新体会，就是今天我们对楚文化的历史地位和意义，还是估计不足，有重新考虑的必要。这恐怕还是受到传统学术'内华夏而外夷狄'的观念束缚吧？相信在这次会议上，各位会有许多精辟见解，对楚文化作出恰当的分析和评价，把楚文化研究大为推进。"①

在先生精彩纷呈的学术生涯中，楚文化应该是他永远在关注、在思考的研究领域，特别是自他 2008 年开始负责"清华简"的整理和研究工作后，更是把对楚文化研究的思考和这项举世瞩目的工作结合在一起，对楚文化历史地位和价值、对楚文化考古研究的发展给予了更高的评估和期待。2015 年"纪南城考古大会战 40 年学术研讨会"召开，李学勤先生亦发来诚挚贺信，他再次提出："我们目前对楚文化的历史意义所作的估价可能还是不够，希望大家能有所考虑。我这样讲，是从楚文化研究的学术意义和学术史意义两方面来说的。楚文化兴起于长江中游，在楚国历史的八百年间，影响极为广泛，于秦统一以后，楚文化的影响并未泯灭，而是继续传流于世。楚文化的探讨研究，关系到中华文明的主流和根本，是非常重要的。这是学术意义。同时，自'改革开放'以来，学术界进一步认识到中国从来是多地区、多民族的，其中长江地带也是中华文明的'摇篮'。楚文化研究在区域文化研究中起步早，成绩大，带动了其他区域文化研究的进展。这是学术史上的意义。"进而，先生认为："不管是从哪一个方面说，1975 年的纪南城考古'大会战'都是起了关键作用的，值得我们深入探讨，隆重纪念，这必将对楚文化研究大有裨益。"②

二

我能和李学勤先生有交流，得到先生的教诲，另一个重要的原因和渠道是《江汉考古》杂志。

先生学问渊博，才思敏捷，一生著作十分丰富。而且，让我们后学特别敬佩的是，先生发文从不看重所发之处的地位与影响，许多有真知灼见的好文章就发表在一些论文集或影响不太大的杂志上。翻阅当今中国文物考古行业主要的期刊，几乎没有哪一种杂志没有发表过先生的文章，国家级期刊、地方杂志，先生发文没有厚此薄彼，看重的是文章所论对象和内容更适合哪一个杂志、哪一个杂志更注重的是学术而非其他。

《江汉考古》于 1980 年创刊，主要立足于江汉地区，以报道长江流域及南方地区文物考古新发现和研究成果为办刊宗旨。杂志自创办以来在楚文化及简牍研

① 摘自李学勤先生为楚文化研究会第十五次年会所写的亲笔贺信。
② 摘自李学勤先生为"纪南城考古大会战 40 年学术研讨会"所写的亲笔贺信。

究等方面形成了一定的特色。李学勤先生于 1983 年第 2 期发表了他给予《江汉考古》支持的第一篇文章《马王堆帛书与鹖冠子》。文章研究对象虽然是马王堆汉墓出土的帛书，但讨论的内容是帛书代表了战国到汉初楚文化的传流，所得结论指出汉初风行一时的黄老道家渊源实在楚地。这篇文章在学界影响深远，至今仍是《江汉考古》下载及被引次数较多的文章之一。经统计，1983—2015 年先生在《江汉考古》上发文共计 13 篇，内容主要为与楚文化相关的简帛、青铜器研究等。可以看到，先生的每一篇文章下载量、被引率都是很高的，这是先生对我们杂志的莫大支持。

我是从 2007 年开始负责《江汉考古》编辑部的，在做杂志期间，与李学勤先生有几次印象很深刻的交道，让我终生难忘。2010 年大概是在 4 月或是 5 月的一天下午我在回家的路上，突然接到一个显示来电是北京座机的电话，我接通后电话那边一个有点尖但是舒缓的声音，很亲和地称我"丽新老师"，然后说"我是李学勤"，我正纳闷谁称我"老师"啊，再一听是李先生，正匆忙赶路的我一下子钉在原地了，连忙说："先生是您啊，您好您好！"先生还是不急不慢地说道："我写了篇小文投给《江汉考古》了，有两个多月，没有收到回复，不知贵刊能不能刊用？"听到这里我很是惶恐，忙不迭向先生道歉，先生却还是很谦和地说他知道我们有审稿程序，理解理解，因为文章写的是楚国青铜器，所以想投给《江汉考古》，如果不能用也没关系的。先生一番话说得我很是惭愧，那时我刚接手杂志没多久，加之自己专业水平很有限，很多工作只会按部就班，做杂志也没有什么想法，什么材料重要，什么学术问题是热点，等等，我基本不知道。先生这么了不起的一位大学者给我们投稿，我们却无感，甚至是怠慢了，而先生却没有半点生气，更没有一点点高高在上的姿态，让我很是自责，今天想起来，仍是深深的愧疚和感动。接下来，因为文章我和先生又有几次电话交流，特别是在编辑中不懂的要请教先生，先生每次都特别细心又耐心地给我讲解。在编辑先生的文章时，我非常钦服先生对资料、文献及其他人研究成果的熟悉，行文特别简洁而又严谨。先生给我们的文章都不长，但就是这一二千字的文章，却蕴含了非常多的知识，结论也让人觉得是水到渠成，绝无突兀之感。多少年后，我和年青一代编辑说起先生的文章，无不感叹，读先生的文章是一种享受，但我们自己一定要有足够的知识储备；编辑先生的文章就是一个非常好的学习过程，而且这个学习一定会让你觉得是心甘情愿的。

2014 年曾侯與编钟材料面世，先生听闻十分激动，为此他不顾 81 岁的高龄，在百忙中专程来随州。之前，由于叶家山西周早期曾国墓地的发现，先生已和湖北省文物考古研究所有过深度合作，在先生的大力支持下，叶家山墓地第一次发掘资料的整理、研究成果得到及时发布，先生亲自参与的专家笔谈一并在《文物》杂志同期发表，引起学界、社会的高度关注和重视。叶家山墓地考古发掘领队黄凤春研究员也得到了先生的悉心指导，但因为身体原因和繁忙的工作，先生一直无法到现场观摩和指导。而这一次，先生熟悉的随州不光刚刚发现了西周早期曾国的墓地——叶家山，而且又发现了春秋晚期的曾侯與编钟，关键是这些新发现是先生36年前在随州提出的著名"曾国之谜"——曾即是随——最强有力的证据。我至今仍清楚地记得，那是5月中下旬的一天，先生和清华大学副校长谢维和教授、美国达特茅斯学院艾兰教授一起，由武汉大学简帛研究中心的李天虹教授陪同来到了随州。我有幸作为湖北省文物考古研究所代表全程陪同了先生一行。从武汉到随州行程达两个多小时，先生一到随州完全不顾旅途劳顿，直奔随州博物馆。对于先生的这次到来，先生观摩叶家山、文峰塔出土文物以及与大家亲切交流和讨论，黄凤春老师在他纪念先生的文章里已有深情的回忆①，让我感同身受。而我作为学界一个小字辈，不仅感叹先生的博闻强记、学术高深，而且也深深感受到了先生的亲和和对后学的指导提携。

随州之行，是我平生第一次能这么近距离地跟随先生，聆听先生的教诲。先生高度评价了叶家山墓地的价值和意义。对于曾侯與编钟，先生激动之情溢于言表，他再次强调了"曾即随"的可靠性。在聆听了先生对曾侯與编钟铭文的解读及对其重要性的充分肯定后，我之前有过的想法——推动2009年发掘的曾侯與墓葬（包含曾侯與编钟）材料的整理并及时在《江汉考古》上予以发表——越来越强烈了。在先生和大家交流的间隙，我乘机向先生说出了我的想法，先生当即十分赞同。当我表示准备做一期专号时，先生连声说值得值得。他还建议我们尽快就这个重要发现召开一次专家座谈会，听听专家们的意见。2014年7月"随州文峰塔曾侯與墓专家座谈会"在随州召开，李伯谦、刘绪等十多位先生参加了座谈会，大家再次对这批材料的内涵、重要性进行了阐释和肯定。因为刚刚来过，加之身体原因，先生没有参加这次座谈会，但先生对会议极为关注，并在会后听取了我们关于专家意见的汇报。2014年第4期《江汉考古》发表了曾侯與墓葬发掘简报及曾侯與编钟详细资料，同期还组织了基于专家座谈会的专家笔谈和一批关于曾侯與编钟研究的论文。先生欣然同意同期发表他答应支持黄凤春老师观点而撰写的文章。这一期杂志可以说是那些年《江汉考古》做的为数不多的专号，杂志一经出版，反响强烈，取得了很好的社会效应，大大推动了曾国考古发现与研究。而专号的形成和出版，离不开先生的大力支持和鼓励。

在先生的倡导和积极推动下，清华大学出土文献研究与保护中心和湖北省文物研究所、湖北省博物馆签署了学术共建协议，建立了长期的学术合作关系。2014年12月，湖北省博物馆、湖北省文物考古研究所和清华大学出土文献研究与保护中心、北京大学震旦古代文明研究中心在北京共同召开了"曾国考古发现与研究

---

① 黄凤春：《我与李学勤先生的曾国考古之缘》，《江汉考古》2019年第6期。

学术研讨会"。会议由《江汉考古》编辑部具体承办，共有来自全国各地高等院校、科研院所的专家学者近 60 人参加。可以说，这次会议聚集了当时国内商周考古和先秦历史研究的许多顶级专家学者，更让人感叹的是，这次会议两位李先生亲自坐镇！当今中国社会科学界的两位巨匠、二十世纪国家重大科技攻关项目——"夏商周断代工程"的专家组组长和首席专家的两位李先生，再次坐在了一起！这一次他们是为曾国考古而来，为湖北的考古事业而来！两位先生、两位老友相见甚欢，他们带领与会代表就曾国的考古发现与研究进行了深入的交流和探讨。这场景对我们来说是多么难得一见，至今想起来仍让我们激动不已。李学勤先生基于深厚历史文献的考古学研究，李伯谦先生基于扎实田野发掘的考古学研究，相得益彰，交相辉映。两位李先生为曾国考古发现与研究提出了许多高屋建瓴的认识和指导性意见，对湖北考古事业的发展做出了突出贡献。

三

纵观中国现代人文历史学界，可以说，李学勤先生是数一数二的大学者，其研究领域之宽广，其文章论著之丰硕，无人能出其右。刘钊教授曾总结过："李学勤涉猎面广，学问渊博，在甲骨学、青铜器研究、战国文字、秦汉简制、文化史、先秦史诸多方面都深有造诣。"①先生是著名的历史学家、古文字学家、古文献学家，同时，先生也是著名的考古学家。先生对考古材料十分重视，特别是先秦时期考古材料，每每有重要发现，先生往往第一时间赶赴考古现场，对新材料进行仔细考察和观摩。先生才思敏捷，知识积累极其丰富，且许多研究领域能融会贯通，因此，先生经常是看过这些材料，研究文章很快就完成发表出来了。先生的这些文章当年就常常是学界的典范之作，不断引领学术热点，如今再读，仍让人惊叹不已，受益良多。

然而，当年先生和先生的有些文章曾被一些人微辞，比如李学勤急于要成果，考古材料研究常不成熟就发表，后面又不断修正；考古材料没有公布就写文章做研究，不符合学术规范；云云。年轻时我不经事，孰是孰非，懵懂不知，随着年龄的增长，如今先生亦已驾鹤西去了，回想起当年耳闻的这些说三道四，我心中渐渐清晰，是非明辨，对先生的无比敬意油然而生。先生年少即成名，一生研究成果完全是无法用"著作等身"类词语来形容的，先生何须靠考古新材料来抢成果？我从业已有三十多年，做考古期刊编辑也有二十余载，业界材料先发研究后行，确为约定俗成。然容我不讳，业内有多少考古项目，田野工作早已完成，资料却旷日不见整理报道！眼见重要的考古新发现，先生及时做研究，及时发表成

① 姚孝道主编：《中国文字学史》，长春：吉林教育出版社，1995 年，第 376-377 页。

果，其实更多的是引导了业界、学界对这些材料的关注和重视；更多的是希望哪怕树了靶子却能让大家多来研究和探讨，这才是先生的初衷和心愿。关于"曾国之谜"，先生就曾多次说过，希望大家多讨论多交流，尽管他对自己的认识坚信不疑，但自始至终将"曾、随一国二名"观点谦称为"假说"，欢迎持不同意见者共同探讨。对于早已成名成家、历史大学科各研究领域均造诣深厚的先生，他对学术的理解和领悟，或是敬畏之情，恐无人能与之比肩，何来"不知学术规范"之说？先生的做法，又何尝不是对吾辈的醍醐灌顶和鼓励鞭策，让我们对自己的不作为而汗颜？先生非为不看重自己的"羽毛"，而是更在意学术的推进和事业的发展。更何况，亦如刘钊教授所言，先生"思想敏捷，方法新颖，每每从大处着眼，小处着手，有极强的预见性。论证问题严谨周密，常有惊人的发明和发现"，"其中有许多非常精彩的说法""堪称是伟大的发明"。[①]王子今教授也高度评价先生："他的学术关注，往往对学界有所引导。他的考察方法，往往对学界有所启示。"在论及先生对秦文化研究贡献时，他指出："他的创新识见，往往对这一研究方向的总体水准大大提升，不仅在若干研究专题占据着学术制高点，有些认识，将长期对秦史秦文化研究的推进发挥引领和指导的作用。"[②]其实，先生在他研究的每一个领域都做到了这样。

先生的大智慧、大学问当今几无人能及，而先生一生为人做事也堪称"大先生"，让人敬仰。先生生于二十世纪三十年代初期，小我先父一岁，他们是经历了中国苦难的战争年代、艰苦的新中国成立初期、动荡的十年"文革"、蓬勃的改革开放，一直到现在社会繁荣、人民安居乐业的一代。他们对祖国充满感情、深切热爱，对美好生活无比向往。我的父亲新中国成立初参加工作，经历了新中国的各个建设、发展时期，晚年他常向我们感叹如今的生活多么幸福，哪怕是在疫情中的那几年，父亲都是时刻关心时事，对国家充满信心，期待着等一切过去了要去看看祖国的大好河山。先生是国之栋梁，一生都奉献给了国家，早年潜心甲骨文研究，中年大胆提出"走出疑古时代"——让中国人重拾自信，晚年又勇挑国家"夏商周断代工程"研究重担和国宝级文物"清华简"的整理和研究，先生所做的这一切从不是一帆风顺，曾面对了无数质疑甚至是不公正对待，但我们看到的是先生一生不改初心，特别是晚年那种"时不待我"拼命工作的精神，常让我们感动不已。这就是先生和我父亲那一代人的家国情怀！

先生待人真诚宽厚，乐于助人，对后学极为支持和提携，这在学界是有口皆碑的。先生所在的各个研究领域，得到他帮助的人可以说是数不胜数，认识的或不认识的，只要是你一心向学，先生都尽力支持。吴振武教授曾在纪念先生的追

---

① 姚孝道主编：《中国文字学史》，第 376—377 页。
② 王子今：《"与华无极"：李学勤先生对秦史秦文化研究的贡献》，清华大学出土文献研究与保护中心编：《半部学术史，一位李先生——李学勤先生学术成就与学术思想国际研讨会论文集》，第 265 页。

思会上讲过，后又专文记述先生一生对他人的帮扶，十分全面和感人。吴老师还善意笑谈到先生当年评吉大学生博士论文，有同学论文在先生这关过了而学校关过不了；许多人找先生为其著作作序，先生几乎有求必应。在我看来，这就是先生的高尚品德之一。在学术界先生是地位多高、学问多深的大学者，平日里先生有多忙、有多少事要做，但他知道一个年轻学子寒窗苦读多年的不易，且来日方长，不要轻易在他人生和学术路，特别是刚起步的阶段给他太大的打击，因此，我想先生对他们更多的是希望，更多的是"扶一把"；业内有人有心向学，能写出著述且敢于请先生作序，先生再忙也会为他们写序，我想先生看重的是他们的这种追求，勿论其水平如何但精神可嘉，所以愿意给予支持鼓励。这一切的一切，说明了先生为人做事是多么为别人考虑着想，先生内心是多么善良宽厚。"善良是一个人最大的美德"，先生的善良就像一道光，照耀过许多人。

为纪念先生，清华大学出土文献研究与保护中心举办了"李学勤先生学术成就与学术思想国际研讨会"（2019 年 12 月）、"纪念李学勤先生 90 诞辰学术座谈会"（2023 年 12 月）。两次会议我均有幸参加。在出土文献、先秦史研究等领域的大学者云集的这两次会议上，我完全是门外汉，但会议仍让我获益匪浅，感佩多多，让我更全面、更深刻地了解了李先生。大家饱含深情追思先生在各个学术领域所做的伟大贡献，回忆先生高尚的人格品德，怀念曾与先生在一起的日子。讲到情深处，台上的演讲者、台下的听讲者无不动容。我常常是情不自禁眼含热泪，先生的音容笑貌历历在目。

先生是极具人格魅力的先生，他高尚的品格让大家对他十分尊重和热爱，同时也深深影响了他周围的人。在"纪念李学勤先生 90 诞辰学术座谈会"上，清华大学校务委员会副主任谢维和教授代表学校致辞。上台时他手上拿了讲稿，但是在讲话的全过程，谢维和教授却是完全脱稿侃侃而谈。他充分肯定了先生对清华大学文科的建设、我国诸多学科的发展进步乃至在世界相关学术领域所做的伟大贡献。让我印象最为深刻的是，谢教授情真意切地说到先生让他最为钦佩和羡慕的是：先生一生最看重的是他学者的身份。作为一位学者，最大追求是能够在一生中和重大的学术事件交汇，并能在这个过程中尽情施展自己的学术才华。先生正是这方面的杰出代表，他总能够不辜负历史与时代对他的垂青，敏锐抓住时机，顺势而为，做出独特的贡献。[①]当年陪同先生去随州观摩曾国出土文物的正是谢维和教授，那时他是清华大学分管文科的副校长，给我印象至深的是，整个活动中谢校长对先生极为尊重，先生每次讲话及与大家交流，他都是认真聆听，时时点头致意。谢校长对我们也是十分谦逊亲和，让我们大为感慨，他贵为清华大学副校长，却没有半点架子，完全是一位谦谦学者。我一直在想是先生的学术造诣和

---

① 清华大学出土文献研究与保护中心、"古文字与中华文明传承发展工程"协同攻关创新平台：《纪念李学勤先生 90 诞辰学术座谈会综述》，《江汉考古》2023 年第 6 期。

人格魅力让谢校长发自内心对先生敬重和爱戴，也正是先生的学术和人格深深影响了谢校长，让他更希望自己是一个能随心而动的学者吧。

李学勤先生离开我们已经五年了，先生的离去并没有让我们忘记他，反而是更深的回忆和怀念。先生一生的光辉是我等后辈无法形容的，且允许我摘录卜宪群教授对先生的总结，表达我对先生深切的缅怀：李学勤不仅是光耀后世的一代学术大家，同时也是将做人、做事、做学问相统一的楷模。他一生不仅在治学上勤奋努力，在做人上也高风亮节、淡泊名利、与人无争。他的一生并非一帆风顺，也遇到不少的坎坷和风雨，但他始终能够泰然处之，不做无谓的争论，把整个身心放到学术研究、人才培养上，放到历史学学科建设上，放到党和国家托付的事业上，这种精神值得我们学习。①

---

① 卜宪群：《李学勤：一生与历史所结缘》，清华大学出土文献研究与保护中心编：《半部学术史，一位李先生——李学勤先生学术成就与学术思想国际研讨会论文集》，第 5-7 页。

高山仰止，景行行止

——忆我和李学勤先生学术交往点滴

吕庙军

（伊犁师范大学旅游与历史文化学院）

四年前，李学勤先生于 2019 年 2 月 24 日永远地离开了我们，也永远地离开了他所热衷的清华简整理和研究工作。在李先生离开我们的这四年里，他的音容笑貌和人格魅力犹历历在目，一直在激励、鼓舞着我这个后学在学术的道路上奋力前行，不被一切困难、挫折所打倒！

回忆与李先生的认识，其实时间非常晚，也很曲折。李先生的大名在我攻读硕士研究生期间，就经常被导师康学伟、梁伟弦等老师不断提及。康学伟、梁伟弦两位老师都是吉林大学金景芳先生的博士高足，据说他们的博士毕业论文答辩多邀请李先生前去参加，并担任答辩委员会主席。由此可见，在学术交往上，金老和李先生的关系非同一般。因此，我最初对李先生的了解和敬仰之意也有赖于在吉林师范大学思想文化所读书的那几年。2003 年 7 月我硕士毕业，回到自己的家乡邯郸，分配到邯郸学院（原邯郸高等师范专科学校）工作。

两年后，记得是在 2005 年 4 月 23—24 日，由邯郸市委、市政府和中国先秦史学会联合主办，邯郸市社科院联合河北省历史学会承办的"全国第二届赵文化研讨会"在河北省邯郸市隆重召开。这次研讨会相距 1987 年 9 月 27—30 日邯郸市举办"全国第一届赵文化学术研讨会"，已经有 18 个年头了。这次赵文化学术研讨会确实来得有点儿晚！然而我满怀信心认为在这次赵文化学术会议开幕式上就能见到久以仰慕的李先生了，但事不凑巧，由于清华大学举办 94 周年校庆活动，李先生当时因公务繁忙并未在那天会议开幕式上出现，我委实感到十分失望。又因单位其他事务，我并未全程参加以后的会议。然而，时间给我开了个玩笑，李先生是当天晚上忙中抽身赶到邯郸，24 日上午专门做了精彩的报告——《赵文化的兴起及其意义》，在学界产生热烈反响。这次会议我无缘与李先生谋面相识，现场聆听他的精彩发言，多年以来一直引为抱憾之事。

2007 年 9 月，我到南开大学进一步深造，攻读博士学位。亲炙于南开大学陈省身讲席教授陈启云①先生门下，多次聆听陈先生教诲，介绍和赞许李先生在汉学界的学术贡献和独特造诣。从此，心中涌起一种想拜见李先生、能受其耳提面命的冲动。

读博期间，2008 年 11 月 20 日，李先生受邀南开大学做客南开名人讲座，他主要讲解甲骨文、金文、战国文字研究，简帛学发展学术史以及清华简当前研究动态。可惜，当时我在单位一边工作，一边写作博士论文。因此，这一次机会又无缘错过，失去了聆听李先生的精彩演讲，并当面向他请教一些困惑的学术问题的机会。

以上经历的两件有关我欲结识李先生的往事，机会都与我擦肩而过，未能及早受到李先生的教诲，至今想起，都是一种心痛的回忆、懊悔的情结。此后，李先生对我来说，愈显高大，仿佛是神一样的存在。我几次失去和李先生认识的机会，难道我真的就没有结识先生的缘分吗？是命运给我开这样的玩笑吗？我经常深深地责问自己："李先生果真难以得见吗？"

2010 年 6 月我在南开大学博士毕业，博士论文是对西周初年大政治家、思想家周公的研究，此前我就已经关注到清华简的发现，并且在我的论文中专门介绍了清华简《保训》的内容和研究价值。毕业后我重新回到邯郸学院，对清华简的整理和研究动态一直紧密跟踪，加以关注。这个学术兴趣也跟我的业师陈启云先生对我的谆谆教诲分不开。毕业后，他时常给我发电子邮件让我关注清华简新材料的公布，鼓励我进一步深造（如读博士后），将博士论文《周公研究》充实、完善，还给我联系多名先秦史学界大家，提供给我联系方式并向先秦专家推荐，让我向专家虚心求教。在推荐的大家名单中，赫然就有李学勤先生的大名。在此，我也愿借此机会向启云师对弟子的关爱和提携，表示由衷的感谢和追念！

我和李学勤先生的首次认识，是 2005 年全国第二届赵文化学术研讨会召开 8 年以后的事。记得 2013 年 5 月的一天，我正在家里阅读清华简第三辑整理报告②，写作一篇有关《傅说之命》的文章，题目为《清华简〈说命上〉篇失仲探微》③（主要是对清华简《说命上》篇中失仲有关问题进行考辨，指出失仲当为殷商时期一重要方国首领，简文中所载的失仲氏生"二戊豕"疑为"三戊豕"之讹，这条史料为中国古代妇女的生育史研究增添新证）。即将完稿之际，收到《邯郸学院学报》编辑部康香阁主任来电，大意是说他和邯郸学院马计斌校长应邀将参加 6 月中旬

---

① 陈启云先生（1933—2020）是美国加州大学（圣塔芭芭拉校区）终身荣勋教授，1933 年出生，与李学勤先生同年；早年在香港新亚书院师从钱穆先生，后到哈佛大学师从杨联陞先生，启云师于 2020 年 12 月 1 日仙逝，终年 87 岁。请参阅陈启云、吕庙军：《跨越文明 寻道求真——访陈启云教授》，《历史教学问题》2009 年第 3 期；吕庙军：《在中西比较视野下对中国思想文化史的艰辛探索》，《史学集刊》2009 年第 2 期；张荣明：《人文关怀与学术理念的统一——陈启云教授〈治史体悟〉的学术特色》，《社会科学战线》2008 年第 8 期。

② 清华大学出土文献研究与保护中心，李学勤主编：《清华大学藏战国竹简（叁）》，上海：中西书局，2012 年。

③ 清华大学出土文献研究与保护中心编：《出土文献与中国古代文明：李学勤先生八十寿诞纪念论文集》，上海：中西书局，2016 年，第 311-314 页。

由清华大学出土文献研究与保护中心和出土文献与中国古代文明研究协同创新中心主办，先秦史学会、秦汉史学会、中国文字学会、中国古文字研究会协办的"出土文献与中国古代文明"国际学术研讨会，并以此庆祝我国著名历史学家和古文字学家李学勤先生、徐维莹女士伉俪八十华诞，问我能否参加。听到康老师的这个消息，我真是欣喜若狂，立刻答复康老师说："感谢领导关心我的学术成长，我正好写了一篇有关清华简的小文章，借此向李先生和其他专家们请教！"随后，康老师几经周折，反复联系清华大学会议方安排住宿和印刷论文，因为这个时候，距离会议召开已经时日不多了，凭空给清华大学会议方增添了不少麻烦，我是深以为内疚和忐忑不安的。当时非常感激清华大学会议组织者不弃，赐给了我这个"空降兵"参加会议的机会，最兴奋的是我在这次会议上第一次有幸见到多年仰慕的李学勤先生，并与先生寒暄、合影留念，这也许是我这些年来最高兴、最值得自豪的一件事，并使我学术道路发生了重要转折。

从 2005 年到 2013 年这八年中，我几次与和李先生会面的时机擦肩而过，到终于有一天能够和李先生在清华大学为他举办的八十寿诞庆祝会上认识，并聆听先生如何走上治学道路，使我不但深刻地认识了李先生，也极大地影响了我今后的学术之路。此次拜见李先生是何其幸也！记得会议开幕式休息环节，我曾对李先生说："我愿成为您的私淑弟子！"先生听后，面带微笑，慈祥地看着我，并没有说话。我以为这也许就是先生默许了吧。先生和蔼可亲、谦虚如谷的态度和平易近人的风格给我留下了深刻的印象，至今如昨！

这次会议是我初次与李先生的会面。

2014 年 8 月的一天，远在杭州的范江涛师兄来电，说是澳门大学的《南国学术》刊物主编田卫平老师要我们师兄弟对恩师陈启云先生做个学术访谈，或者更准确地说进行学术对话，以备刊用。因江涛师兄教学任务繁重，将此事委托于我。我以学力有限，无法完成该项艰巨任务，几经推辞。这其中原因，一方面是我在南开大学读博期间，给陈先生做过两次访谈，自知对西方汉学了解甚少；另一方面是我的学术兴趣点目前正聚焦在清华简与西周史研究上，尚有大量的出土文献、古文字资料需要整理。后者可能是我不能承担该任务的主要原因。

几天后，《南国学术》田卫平主编亲自来电，建议我同李学勤先生展开一次访谈，进行学术对话，我说李学勤先生学问广博，以我粗浅学识，更无法承担如此重任！但田卫平主编鼓励我不妨一试，我这才暂时应允。我之所以答应这件事，初衷是抱着一种学习的态度，正好借此机会走近李学勤先生，聆听其治学经验、方法以及诸多学术观点。当然搜罗、研读李学勤先生的论文、著作是做好访谈的重要前提。经过几个月的广泛搜集，有关李先生的期刊、报刊、论文书籍等多种资料，甚至他在各种场合的讲话、访谈记录都已具备。随后我认真研读这些资料，力争理解、吃透李先生在简帛出土文献方面的研究理论、方法、视角和主要观点，最终形成了《重写中国学术史何以可能？——关于"出土文献与古史重建"问题的对话》初稿。经过反复修改后，不久寄送给李先生进行审阅。李先生了解到这篇稿子已经被《历史教学问题》杂志作为特邀稿件后，很快与康香阁主任进行沟通，非常爽快地答应了我的采访请求。

其实，在《重写中国学术史何以可能？——关于"出土文献与古史重建"问题的对话》稿件寄送给李先生之时，《历史教学问题》主编王斯德①先生已经透露对这篇稿子具有浓厚的兴趣。其间，因李先生清华简整理工作特别繁重，这篇初稿放置了好长时间。

2014 年 12 月 5—7 日在烟台大学举办了"泰山学者论坛——《清华大学藏战国竹简》与儒家经典专题国际学术研讨会"，本次论坛由山东省教育厅主办，烟台大学和清华大学承办，中国先秦史学会、山东大学、山东省大舜文化研究会协办。我有幸参加了这次会议，与李先生再次谋面。会后，我短暂拜访了李学勤先生，并且谈了那篇稿子的事，先生连说抱歉，因为出土文献研究与保护中心工作以及各种会议实在太忙，一直未得机会审阅批改稿件。这使我感到非常内疚，甚至自责。因为我知道，李先生已经八十岁高龄，每天都要承担对清华简进行整理、讨论，主编完成每年一辑清华简整理报告的沉重任务，加上各种各样的学术会议，以及个别重要接待工作。先生的精力和时间实在有限，也委实宝贵。想到这里，我总认为自己给李先生凭空增添了麻烦。然而，先生看出了我的心意，说道："吕先生，放心，回到北京后我一定审阅！"一时我诚惶诚恐，受宠若惊。大家知道，李先生对每一个认识但还是不太熟悉的学者都特别尊重，往往直呼对方"某先生"。一开始，我对李先生的称呼非常不习惯，还经常误以为先生对人太客气，对任何人都没有一点儿架子。李先生不仅年岁已高，而且德高望重，学问可称翘楚，学术著作等身，从哪个一方面而论，我都觉得李先生似乎不应该这样称呼远远不如他的人为"先生"！

现在想来，我的这种想法是多么的肤浅，多么的功利，多么的虚伪！李先生这种尊重学者的态度，就是对人格平等的基本尊重。他从不会因为自己的学术地位、职位、贡献、成就等高高居人之上，就看不起不如他的人，更不会表里不一。先生的这种尊重人、学者人格平等的思想，总使我非常感动和佩服！在他面前，我觉得自己非常渺小，要向李先生学习的地方太多了，学问且不论，单就这种做人的道德境界，不知道超过我们某些所谓专家、权威和学阀有多远。

在烟台会议上，有幸认识了缙云兄，当时他在《文物》编辑部工作。作为李先生的公子，他身材高挑，翩翩儒者风度，平易近人，谦谦君子，也给我留下了难忘的印象。

---

① 王斯德先生（1936—2021）是华东师范大学历史系终身教授、博士生导师，历史学系原主任，人文学院院长，长期担任《历史教学问题》主编。王先生于 2021 年 2 月 4 日在上海逝世，享年 84 岁。写作此文亦同时纪念王斯德先生，以表奖掖后学之恩。

2015 年 4 月，经过缙云兄从中牵线联系，我第一次从邯郸奔赴李学勤先生荷清苑住所进行访谈。徐师母十分热情，她的记性很好，一眼就认出了我。虽然在先生家中会谈不到一小时，我从家居方面了解先生是一个非常朴素的人，也是一个特别勤奋的人，这正如他的名字一样。谈话期间，李先生得知我是邯郸永年县（现改作永年区）人，他非常兴奋地说："我去过永年，考察参观朱山石刻！"先生记忆力超好，几十年前的事，他仍然记忆犹新。此次谈话，李先生对我了解了更多，诸如我的学术经历、学术兴趣、学术传承等。最后，他说我的稿子写得很好，过几天他会将批阅稿件寄给我，并让我放心，等待就好！

我返回家没过几天，就收到了从北京寄来的邮政特快专递，打开一看，便是李先生密密麻麻批改的稿件，上面各种批注、圈点、修改语句映入眼帘，我知道李先生对稿件进行了非常细致认真的校对、修改，这尤能感受到李先生的严谨治学精神！遵照李先生的修改意见，我又对稿件进行加工润色，并在电脑上完成电子稿。稿件编辑工作一切就绪后，我将此稿件发给了《历史教学问题》编辑部。这篇文章经过前后近八个月时间的修改，终于作为特邀稿件刊发了。[①]

这篇文章的刊发及李先生批阅手稿，既是我和李先生曾经学术交往的见证，也是我向李先生请教治学、学习做人的一段宝贵经历。李先生道德文章，完全可以借用太史公《孔子世家赞》所说的那样："'高山仰止，景行行止。'虽不能至，然心向往之。"[②]李先生可谓大师矣！

我有时候这样想，李先生的学术学问固然博大精深，无人望其项背；然而，我觉得李先生的做人态度，尊重人、为人谦和的学养，更为吾辈后学难以企及，也最值得我们学习！

小文最后，我援引荀子治学名言"学莫便乎近其人""学之径莫速乎好其人"[③]来表达我此时之心境和感受。窃以为荀子此话甚得吾心，不知博雅君子以为然否？愿与君共勉焉。

①吕庙军：《重新中国学术史何以可能？——关于"出土文献与古史重建"问题的对话》，《历史教学问题》2015 年第 3 期。

②（西汉）司马迁：《史记·孔子世家第十七》，北京：中华书局，1959 年，第 1947 页。

③（清）王先谦：《荀子集解·劝学篇》，北京：中华书局，1988 年，第 14 页。

李学勤先生中国古代文明研究中的"家国情怀"*

杨 博

（中国社会科学院古代史研究所
古文字与中华文明传承发展工程协同攻关创新平台
中国地方志工作办公室科研处）

李学勤先生是新中国成立以来中国古代文明研究领域最为杰出的代表，是中国古代文明各相关学科的学术引领者。李学勤先生的道德文章，各位老师此前已经有很好的总结，比如刘国忠老师《李学勤先生的中国古代文明研究》、王泽文老师《李学勤先生与中国古代文明研究》。[①]很多具体的研究领域，比如青铜器与金文研究，有张懋镕老师《李学勤先生在青铜器研究领域的地位与贡献》[②]、李修平《李学勤西周金文研究成果的整理研究》；[③]殷代地理，陈絜老师《李学勤先生殷代地理研究成就浅述》也有精当的总结。[④]其实李先生的学术成就、贡献，各位老师在《半部学术史，一位李先生——李学勤先生学术成就与学术思想国际研讨会论文集》中都有各自的体味。[⑤]但正像朱凤瀚先生在《永远的学术导师——纪念李学勤先生》中讲的那样，李先生的学术贡献最重要的是"引领学术之先"：

我这里讲的引领学术之先，是指在他所从事研究的相当广阔的学术领域里，几乎在所关注的每一个学科上，他都能站在前端，用其学术实践，提出新的课题，指出新的、对于发展这个学科非常有益的研究方向。所谓用学术实践来引领，则是指李先生主要不是靠讲学术理论，用较抽象的言语呼吁，而是用非常精彩的学术论文来启发同行学者，调动大家对富有前瞻性专题的研究兴趣。[⑥]

---

* 本文系国家社科基金冷门绝学研究专项学术团队项目"近出两周封国青铜器与铭文的综合研究"（20VJXT019）、国家社科基金冷门绝学研究专项学者个人项目"出土文物与文献视野下的六博传统游戏研究"（22VJXG006）的成果，得到教育部哲学社会科学研究重大专项项目"中国上古基因谱系、族群谱系和文化谱系的对证研究"（2022JZDZ023）的资助。

① 参见刘国忠：《李学勤先生的中国古代文明研究》，《邯郸学院学报》2013 年增刊；王泽文：《李学勤先生与中国古代文明研究》，《邯郸学院学报》2013 年增刊。
② 参见张懋镕：《李学勤先生在青铜器研究领域的地位与贡献》，《民族艺术》2014 年第 5 期。
③ 参见李修平：《李学勤西周金文研究成果的整理研究》，硕士学位论文，吉林大学考古学院，2023 年。
④ 参见陈絜：《李学勤先生殷代地理研究成就浅述》，《出土文献》2020 年第 1 期。
⑤ 参见清华大学出土文献研究与保护中心编：《半部学术史，一位李先生——李学勤先生学术成就与学术思想国际研讨会论文集》，北京：清华大学出版社，2021 年。
⑥ 参见朱凤瀚：《永远的学术导师——纪念李学勤先生》，《中国史研究动态》2019 年第 5 期。

后学虽然有幸听过李先生的最后一次授课①，但毕竟时间不长，对李先生学术的了解，也主要是通过学术论文，特别是学术访谈。

根据服务单位中国社科院的制度规定与安排，我在 2023 年 9 月被派出到中国地方志工作办公室挂职工作。地方志，古称地志、地记、图经、方志等，是指全面、系统地记述本行政区域自然、政治、经济、文化、社会的历史与现状的资料性文献。我国修志已有数千年历史，官方修志传统流传至今。梁启超曾说，"最古之史，实为方志"。②地方志最早可追溯至先秦时期，如春秋战国时期的列国史、地理书、舆图，到秦汉魏晋南北朝时期的地记、地志等。方志的起源，或可追溯至《尚书·禹贡》《周礼·职方》。东汉吴平、袁康《越绝书》，东晋常璩的《华阳国志》都是最早的地方志之一。③编修地方志是中华民族独特的优秀文化传统，历史悠久、源远流长。2017 年 1 月，中共中央办公厅、国务院办公厅印发《关于实施中华优秀传统文化传承发展工程的意见》，在重点任务中明确要求"做好地方史志编纂工作，巩固中华文明探源成果，正确反映中华民族文明史"。④地方志既是中华文明薪火相传、源远流长的基因密码，也是中华文化"没有断流，始终传承下来"的重要载体。⑤这次纪念座谈会，我的本意是想以"李学勤先生与中国地方志研究"为主题汇报下个人的粗浅认识。但是在学习过程中，我却逐渐领会到李先生学术研究中蕴含着深厚的"家国情怀"，所以想主要就这方面再谈点学习的体会。

如果还是从地方志开始说起，那么区域文化是地方志重点关注的领域。章学诚曾说："志乘为一县之书，即古者一国之史也。"⑥章学诚对方志的基本理论与基本认识，近代以来多有扬弃，但"方志乃一方之全史"得到了诸家的承认。⑦李先生在名著《东周与秦代文明》中重点强调的东周时期的七个文化圈，即以周和三晋为主体的中原文化圈，包括赵国北部、中山国、燕国以及更北的方国部族在内的北方文化圈，由齐国、鲁国和若干小诸侯国构成的齐鲁文化圈，以楚国为中心的楚文化圈，包括吴国、越国以及东南的方国部族在内的吴越文化圈，以及巴蜀文化圈、秦文化圈等，相信大家是都很熟悉的。⑧比如罗运环老师的《李学勤先生与楚文化研究》，就是在楚文化研究层面对李先生相关研究的精当总结。⑨

---

① 这次授课的讲义已由清华大学出版社正式出版，也正是纪念会当天发给各位老师的。参见董喆整理，刘忠审校：《金文与西周文献合证》，北京：清华大学出版社，2023 年。

② 梁启超：《中国近三百年学术史》，北京：东方出版社，1996 年，第 324 页。

③ 刘光禄编著：《中国方志学概要》，北京：中国展望出版社，1983 年，第 19-21 页。

④ 中共中央办公厅、国务院办公厅：《关于实施中华优秀传统文化传承发展工程的意见》，《中华优秀传统文化研究》2019 年第 1 期。

⑤ 高京斋：《中国地方志与中华优秀传统文化》，《中国地方志》2022 年第 2 期。

⑥ 章学诚：《文史通义》，吕思勉评，李永圻、张耕华整理，上海：上海古籍出版社，2008 年，第 260 页。

⑦ 参见邱新立：《近代对章学诚方志基本理论的扬弃》，《广西地方志》2003 年第 5 期。

⑧ 参见李学勤：《东周与秦代文明》，上海：上海人民出版社，2014 年。

⑨ 参见罗运环：《李学勤先生与楚文化研究》，《出土文献》2020 年第 2 期。

如果从宏观上看，李先生对区域文化的关注是包罗万象的。宏观的如大河流域，刘国忠老师谈到李先生文集出版源起时，就提到李先生早年曾在江西教育出版社有《长江文化史》《黄河文化史》出版；①对辽河流域也曾接受过多次访谈。②中观的除了前述七个文化圈，李先生还注意到汉淮之间③、安徽南部等多地。④具体的城市，也有武汉⑤、咸阳⑥等。

对区域研究中，特别是大河流域的研究与其他中观、微观地区研究的关系，他在《辽河文化与中华文明起源》中指出：

> 把大河流域作为一种特定的区域来进行研究为我们认识这个流域的整体文化特色提供了新的思路，也使我们能够在新的更高的层面上研究不同文化间的相互关系。但必须强调的是，区域研究还有各种其他的划分方法。比如草原文化研究，这几年内蒙古方面就做出了很好的成绩。类似的研究还会有，如地方民族，或者是古国这方面的研究，比如说楚文化、巴蜀文化……这些分区域的研究也都取得了很好的成绩。把一个大河流域作为一种特定的文化史的区域来研究，会反映出人们在这个大河流域里互相的交流、结合、共同发展的关系，也有益于深入探讨某一考古学文化在整个文明进程中的地位作用，是一项很有意义的学术研究，有利于学术的发展。⑦

这些工作的目的或者说努力的方向，正是李先生倡导并长期坚持的"重新估价中国古代文明"。⑧这里我想提请各位先生注意的，正是前面说的李先生在中国古代文明研究中的"家国情怀"。李先生晚年倾注极大心力的清华简的研究，就是这一理念的鲜明体现：

> 清华简的存在就告诉我们，在公元前 300 年前，我们的文明所达到的高度、广度和深度，这一点是它最突出的意义。清华简、郭店简都给了我们共同的知识，即楚国不是当时文明的中心，可是即使在这样的地方，还存有这样的古书经典，它涉及的知识又是这样高深，并且看起来它的存在还相当普遍，能够达到这样的程度，已充分说明我们古代文明是多么的发达。这一点不止对于我们专业人员，对于公众，都有很好的教育意义。

---

① 参见刘国忠：《〈李学勤文集〉的编辑及其学术意义》，《中国文化研究》2021 年第 2 期。另见李学勤、徐吉军主编：《黄河文化史》，南昌：江西教育出版社，2003 年；李学勤、徐吉军主编：《黄河文化史》，南昌：江西教育出版社，2011 年。

② 南珊：《辽河文化与中华文明起源——访著名历史学家李学勤先生》，《东北史地》2008 年第 5 期。

③ 参见李学勤：《论汉淮间的春秋青铜器》，《文物》1980 年第 1 期。

④ 参见李学勤：《安徽南部存在着颇具特色的青铜文化》，《学术界》1991 年第 1 期。

⑤ 参见李学勤：《盘龙城与武汉市的历史》，《学习与实践》2002 年第 4 期。

⑥ 参见李学勤：《西汉金文中的咸阳》，《内蒙古师范大学学报（哲学社会科学版）》2007 年第 1 期。

⑦ 参见南珊：《辽河文化与中华文明起源——访著名历史学家李学勤先生》，《东北史地》2008 年第 5 期。

⑧ 参见李学勤：《重新估价中国古代文明》，《人文杂志》增刊《先秦史论文集》，1982 年，第 1-8 页。

在《重估中国古代文明的高度》这一访谈中，李先生旗帜鲜明地宣告："我们民族的伟大复兴，包括学术的伟大复兴。历史考古这个学科是历史文化的组成部分。中国的文物考古传统是中国五千年文化的组成部分，也是引以为豪的一个方面。"

为什么我们对古代的历史有兴趣？因为古代历史见证着我们文明历史的根源。

一个国家，一个民族，不能没有他的历史，实际上，也没有一个有出息的民族会抛弃他的历史！只要一个国家想真正的崛起，想站起来，就必须要正视他的历史，所以历史是非常重要的。①

在此意义上，古代文明的研究价值，我们所从事的工作的意义才能够很好地凸显。

最后我觉得值得浪费大家的时间，跟各位汇报的是，早在 2011 年、2012 年，李先生有篇《考古学与中国古代文明》的谈话，里面通过考古学的新发现总结出"中国古代文明的特色"：

第一点，中国古代文明是绵延不绝的。

第二点，中国古代文明是包容性的，它能够综合各种文化。

第三个特点，就是我们重视礼乐。礼乐本身体现和谐的观念。

最后，很重要的一点就是我们强调以民为本，强调中道。②

相信各位和我一样，都会联想到 2023 年 6 月文化传承发展座谈会上提出的中华文明所具有的"五个突出特性"，即连续性、创新性、统一性、包容性、和平性。因此，李先生古代文明研究所达到的高度和深厚的"家国情怀"，为我们青年后辈坚定文化自信、秉持开放包容的胸怀，以守正创新的正气和锐气，赓续历史文脉、谱写当代华章，提供了源源不断的精神动力！

---

① 参见杨雪：《重估中国古代文明的高度——李学勤先生谈清华简的学术意义及对于历史文化再认识的作用》，《人民政协报》2013 年 5 月 20 日，第 C01 版。

② 李学勤：《考古学与中国古代文明》，《紫光阁》2011 年第 12 期、2012 年第 1 期。

考古学和历史学整合的典范

张懋镕

（陕西师范大学历史文化学院）

中国考古学研究古代遗留在地面上和地下的实物资料，中国历史学研究古代遗留下来的文献资料，两者通过不同的途径和方法来研究中国的历史，殊途而同归。从广义来说，中国考古学是中国历史学的重要组成部分，从狭义来说，研究中国考古，必须对中国历史熟悉，研究中国历史，也必须关注中国考古，这是中国学术研究的一个显著特点。

中国百年来的学术研究史，就是一部考古学与历史学不断碰撞和整合的历史。中国的学术界，从来就有将考古学和历史学整合在一起研究的传统。最早也是最有名的是王国维的"二重证据法"，用地下考古资料与地上历史资料相结合的方法。他的《古史新证》，就是两者相结合的范例。李济是驰名中外的考古学家，主持过殷墟考古发掘。这一声名显赫的发掘被称为中国考古学诞生的摇篮，正是由古书记载的殷都位置所诱发，可以说中国的考古学从发生开始，就和中国的古史牢牢地捆绑在一起。徐中舒是王国维的学生，深受其影响，擅长用甲骨金文来研究殷商历史。他的《先秦史论稿》也是考古学和历史学整合的例证。胡厚宣早先在北京大学等高校开设考古学、甲骨学、商周史等课程，目的就是将考古学、甲骨学结合商周史来研究。[1]以上诸位学者，从小熟读四书五经，对古典文献非常了解，用起"二重证据法"，自然也是轻车熟路。

到了二十世纪八九十年代，情况有了变化。现代化的浪潮席卷全球，中国也不能例外。一方面随着科学技术水平的提高，田野考古发掘成果斐然，中国考古学在向纵深发展的同时，也难免出现轻视历史学的倾向。另一方面，从事历史研究的学者，也并不容易踏进笼罩在理工色彩下的考古学天地。在 1986 年出版的《中国大百科全书·考古学》卷中，当时中国考古学的掌门人夏鼐、王仲殊先生就明确指出："考古学属于人文科学的领域，是历史科学的重要组成部分。""考古学和历史学，是历史科学（广义历史学）的两个主要的组成部分，犹如车的两轮，不可偏废。"[2]1994 年，两岸学者在台北举办了一场旗帜鲜明的学术研讨会，会后出

---

① 胡厚宣：《追怀史语所前辈师友考古学与历史学整合的先进经验》，《中国考古学与历史学之整合研究》，"中央研究院"历史语言研究所会议论文集之四，台北："中央研究院"历史语言研究所，1997 年，第 1123 页。

② 中国大百科全书总编辑委员会《考古学》编辑委员会：《中国大百科全书·考古学》，北京：中国大百科全书出版社，1986 年，第 1-2 页。

版的论文集以《中国考古学与历史学之整合研究》为题目，其意图真是再明显不过了。①参会的是两岸具有代表性的考古学家和历史学家，如石璋如、张光直、许倬云、石兴邦、宿白、苏秉琦、严文明、胡厚宣、徐苹芳、张忠培、林甘泉、李学勤、裘锡圭等先生。这么多重要人物讨论一个主题，也是难得一见的现象，说明将考古学与历史学整合的必要性和急迫性。

从二十世纪九十年代到如今，又过去了三十年，情况怎么样呢？一方面，由于全国各地大量考古遗存的发现，促使中国的考古学事业进入黄金时期，同时也使得相关的历史研究日新月异。考古学和历史学的整合也更加紧密，取得了空前辉煌的成果。但另一方面，我们也不能忽视，考古学和历史学的整合也存在不和谐的声音。不要说学考古的，就是文献专业出身的学生，读的古书也很有限。在校内，古典文献的课时在不断减少，课外接触传统文化（听古戏和写旧体诗）的机会在不断消失。

100 年来，尤其是近 50 年来，考古学是"发展最迅速、成绩最昭著的学科之一"。②由于学科的空前发展，内容越来越丰富，各种资料堆积如山，学科分支也越来越多，越分越细，学术界习惯把历史学和考古学分开。正如李学勤先生所言："我们学术界的习惯，是把历史学和考古学截然分开。……学历史的专搞文献，学考古的专做田野，井水不犯河水，大可不相往来。我看这对历史学、考古学双方都没有好处。"③针对当下学科越分越细的特点，李先生尤其强调："学科的发展越分越细，也越需要博通的综合研究。试看研究古代文化社会的名宿，无不于专精之后继以扩充，后人评论也无法以这一科那一科为限，这才是大家风范。"④李先生就是这样一位有大家风范的人。

作为中国历史学界最懂考古学的人，李先生的最大贡献就是将两者近乎完美地整合在一起，将中国古史（主要是先秦两汉）研究的水平推高到时代的巅峰。看看最近出版的《李学勤文集》，煌煌 30 卷，分为：古史研究（第 1—6 卷，附文明起源研究）、甲骨学研究（第 7—10 卷，附文字起源研究）、青铜器研究（第 11—16 卷，附铜镜研究）、战国文字研究（第 17 卷，附古文字学通论）、简帛学研究（第 18—20 卷）、学术史研究（第 21—23 卷，附国际汉学研究）、序跋杂文（第 24—29 卷）、篇目索引·学术编年（第 30 卷）。文集处处体现出他熟练运用"二重证据法"研究中国历史和考古的智慧和经验。⑤正因为如此，《李学勤文集》的

---

① 臧振华：《中国考古学与历史学之整合研究》，"中央研究院"历史语言研究所会议论文集之四，台北："中央研究院"历史语言研究所，1997 年。
② 李学勤：《五十年来的中国考古学与古代文明研究》，《中国史研究》1999 年第 4 期；《重写学术史》，石家庄：河北教育出版社，2002 年，第 400 页。
③ 李学勤：《夏商周离我们有多远》，《走出疑古时代》，沈阳：辽宁大学出版社，1994 年，第 62 页。
④ 李学勤：《夏商周离我们有多远》，《走出疑古时代》，沈阳：辽宁大学出版社，1994 年，第 63 页。
⑤ 李学勤：《李学勤文集》，南昌：江西教育出版社，2023 年。

分类非常困难，编辑先生也坦言："目前编次仍有权宜之处，可将不同类别的文章对照阅读。"①

读过李先生《比较考古学随笔》的人，都知道李先生在考古学方面的熟悉程度。正如饶宗颐先生在序中所言："本书的出版，无异古史学与考古学二大流结合诞生的一个新果实，是一项重要成就。"②

李先生的成就，表现在如下几点。

第一，早在李先生年轻的时候，就显示出他在考古学方面有独到见解。1958年，李先生在《新建设》第8期发表《近年考古发现与中国早期奴隶制社会》就指出洛达庙类型文化（今称二里头文化）为夏文化。其依据是："在郑州商族文化层与龙山文化层重叠时，其间每每夹有无文化遗物的土层，表明两者不相衔接。在洛达庙、南关外、旮旯王等地果然发现了介于两者之间的文化层，我们称之为'南关外期'或'洛达庙期'。它们更接近龙山文化，而有其特异点，如南关外期的棕色陶器，洛达庙期无鬲类空足器等。这两期都早于二里岗下期，最可能是夏代的。"③这个观点受到考古界的关注，考古学家郑杰祥给予很高的评价，认为李先生的论文开启了后来由二里头文化探索夏文化的先声。④那年李先生才25岁，已经展示出过人的才学。他在学术研究刚刚起步的时候，就已经将考古学和历史学整合为一体了。

第二，他不是一般的了解，而是有深刻的认识，他不是考古学家，却有考古学家的职业敏感性。在《从传出商丘地区的二里头文化铜爵谈起》一文中，李学勤先生敏锐地注意到这件铜爵虽然不起眼，但它的传出地点是在豫西（商丘），而不是豫东（偃师），并联系新郑望京楼出土的铜器，意识到"已把我们讨论的这种铜爵的出土地大大向东延展了"，"在考古学和历史学上都会有重要价值"。⑤夏朝的活动范围究竟有多大，是一个有关早期中国文明起源与形成的重要问题。从考古发现来看，其中心地区在豫西晋南。李学勤先生则结合文献记载的后羿、寒浞等人的活动范围，认为夏朝的统治区域相当宽广，包括山东部分地区。并指出："王朝的范围大于典型的考古文化"。⑥其论说深刻而极富启发性。

第三，谈论考古遗存，彰显出堪比考古内行的才智。譬如谈到河北平山县发掘的中山王陵，李先生就提出要"首先从考古学的角度讨论平山墓葬群的文化性

① 李学勤：《李学勤文集·编辑例言》，南昌：江西教育出版社，2023年。
② 饶宗颐：《比较考古学随笔·序》，《比较考古学随笔》，桂林：广西师范大学出版社，1997年，第5页。
③ 李学勤：《近年考古发现与中国古代社会（摘要）》，《夏文化论文选集》，郑州：中州古籍出版社，1985年，第130页；《近年考古发现与中国早期奴隶制社会》，《李学勤文集》第四卷，南昌：江西教育出版社，2023年，第6页。
④ 郑杰祥：《夏文化论文选集·前言》，郑州：中州古籍出版社，1985年。
⑤ 李学勤：《从传出商丘地区的二里头文化铜爵谈起》，《商丘师专学报》1987年第2期；《李学勤集——追溯·考据·古文明》，哈尔滨：黑龙江教育出版社，1989年，第96-97页。
⑥ 李学勤：《夏商周与山东》，原载《烟台大学学报（哲学社会科学版）》2002年第3期，收入《中国古代文明研究》，上海：华东师范大学出版社，2005年，第374-382页。

质问题"。将平山墓葬与具有代表性的中原墓葬——河南辉县固围村魏国墓葬作比较研究,从墓葬形制(中字形)、墓上建筑、墓地平面实测图说明两处墓葬的相似之处。这是极有眼光的比较。只有熟悉考古学的研究者,才懂得墓葬制度往往比出土器物更能反映考古遗存的文化性质。[①]接着李学勤先生又谈到平山墓葬出土的乌黑光泽的暗纹陶器,而"固围村恰出有同类器物,风格相仿"。李先生特别强调陶器,也因为陶器比青铜器更能体现本地文化的面貌。

第四,文化圈的划分,是中国考古学和历史学研究进入新阶段的标志。李学勤先生在《东周与秦代文明》一书中,将东周时代列国划分为 7 个文化圈:中原文化圈、北方文化圈、齐鲁文化圈、楚文化圈、吴越文化圈、巴蜀滇文化圈、秦文化圈,可谓高屋建瓴,无论对考古学的研究还是历史学的研究都具有重要的指导意义。李先生特别说明,这是他"把文献和考古成果综合起来"的结果。[②]

说到这里,还是觉得要讲一下李先生研究生涯中最精彩的一幕,就是两周时期曾国的研究。这是一场规模宏大的学术研究和讨论,也是中国考古学与历史学近乎完美的一次整合。

首先是时间长,如果从 1978 年李先生提出曾国之谜算起,我们花了 40 年时间来揭秘,如果从北宋发现编钟算起,我们花了 1000 年时间来揭秘。估计今后很难再有像"曾国之谜"这样的难题需要我们花费这么长的时间来揭秘,所以在某种意义上来说,总结我们揭秘曾国之谜的经验和教训,对于我们今后整合考古资料和文献资料具有重要的参考价值。

其次,参加人数多,历史学界有郭沫若、刘节、杨宽、李学勤、杨升南、杨宝成、李零、朱凤瀚、陈昭容、黄铭崇等学者,考古学界有石泉、李伯谦、刘彬徽、高崇文、王巍、冯时、陈振裕、曹锦炎、孙华、刘绪、张天恩、王占奎、方勤、黄凤春、徐少华、罗运环、方辉、张昌平、谢尧亭、苏荣誉等学者。

尤其值得注意的是,2011—2016 年,围绕曾国考古发现与研究召开了多次座谈与学术讨论会。2011 年上半年,湖北省文物考古研究所与随州市博物馆对叶家山曾国墓地进行了考古发掘,下半年《文物》编辑部就举办了"湖北随州叶家山西周墓地笔谈"。2013 年 7 月,湖北省博物馆和文物考古研究所召开了"随州叶家山西周墓地考古研讨会",紧接着《江汉考古》编辑部举办了"随州叶家山西周墓地第二次笔谈"。2013 年 12 月底,湖北省博物馆和文物考古研究所组织了"叶家山西周墓地国际学术研讨会"。2014 年 12 月,湖北省博物馆和文物考古研究所联合清华大学出土文献研究与保护中心、北京大学震旦古代文明研究中心在北京共同举办了"曾国考古发现与研究学术研讨会"。2016 年 12 月,中国考古学会两周考古专业委员会等单位举办"曾国考古发现与研究暨纪念苏家垄出土曾国青铜

---

① 李学勤:《平山墓葬群与中山国的文化》,《文物》1979 年第 1 期;《新出青铜器研究》,北京:文物出版社,1990 年,第 199-205 页。

② 李学勤:《李学勤文集》第一卷《东周与秦代文明》,南昌:江西教育出版社,2023 年,第 11-12 页。

器五十周年国际学术研讨会"。①开会次数之多，参加会议学者之多，级别之高，在中国考古学史上也是罕见的。李学勤先生参加了 2011—2014 年的会议，并做了长篇演讲，起到了重要的指导作用。

两周时期曾国的研究具有罕见的特殊性。曾国既不同于秦国、晋国、楚国，也不同于鄎国，前者见于史书记载，可直接与文献资料对照，后者不见于史书，干脆不用文献资料，倒也省事。表面上，曾国不见于文献记载，但云雾弥漫中，又和文献记载的随国有千丝万缕的纠葛，令人困惑，又令人神往，这就是曾国之谜的魅力所在，也是研究面临的最大困难。曾国是否为随国，曾随之谜能否解读，可以说对历史学界和考古学界下了战书，对考古资料和文献资料结合的能力和研究水平提出了非常高的要求。作为"曾国之谜"的提出者和重要推手，李学勤先生无疑是考古资料和文献资料综合研究的典范。

关于李先生如何解释曾、随为一国，我已有过文章介绍②，这里摘要谈两点。

第一，曾、随两国的地望基本重合。李先生首先注意到田野考古发掘的资料，显示曾国青铜器的分布范围，是以随州为中心（随州出土的青铜器数量最多、质量最高），北到新野，南抵京山，包括安陆、枣阳等地，"主要是在湖北北部的汉水以东"。可见曾国疆域宽阔，是汉水以东较大的诸侯国。同时李先生引用重要的文献《左传》的记载："汉东之国随为大。"显然考古资料与文献记载合拍，汉水之东不可能同时存在两个地望重合的大国。

第二，曾、随两国的历史史实重合。

关于随国的历史，主要靠文献资料。春秋前期，楚武王曾三次入侵随国，但由于随国的抵抗，楚国未能消灭随国。经过春秋，"周之子孙在汉川者，楚实尽之。"唯独随国还存在。随国与楚国的关系很微妙，一方面屡次与楚国抗衡，另一方面，又有恩于楚国。公元前 506 年，孙武、伍子胥率领吴国大军伐楚入郢，楚昭王逃亡到随国。吴人要求随君交出楚王，答应将汉水以东土地划归随国。随君不顾吴人的威胁利诱，拒绝交出楚王，并在秦军的支持下，帮助楚王复国。正是由于这段特殊的经历与关系，随国得以存续下来。

再看曾国，主要依据考古资料。曾国历史与随国一样悠久，西周早期就存在。北宋末年，在今湖北孝感出土过中方鼎等一组青铜器，铭文记载周昭王南征经过唐、厉、曾三国。如今，曾国国君曾侯乙的墓葬在随州发现，说明随县是曾国的都城。前述曾侯乙的墓葬出土一件楚王酓章即楚惠王钟，楚惠王为何要作器祭祀曾侯呢？如果说这个曾国就是文献记载的随国，问题就能解释了。正如上文所说，那个保护了楚昭王的随侯正是曾侯乙的祖先，所以楚惠王要铸钟来祭祀他，是感恩报德的举措。

① 湖北省文物考古研究所：《曾国考古发现与研究》，北京：科学出版社，2018 年。
② 张懋镕：《李学勤与"曾国之谜"》，《江汉考古》2020 年第 2 期。

　　在讨论中，李先生十分注意文献方面的证据。譬如他提到一部重要的古书《国语·郑语》，其中有周幽王的史官——史伯对郑桓公论说当时周朝形势的一段话："当成周者，南有荆蛮（楚）申、吕、应、邓、陈、蔡、随、唐"，里面有"随"却没有"曾"这个国名。李先生反问："史伯身为王朝大史，连小小的唐国都没忽略，怎么会遗漏偌大的一个曾国？"李先生还提到清人高士奇作的《左传纪事本末》，专设"楚伐灭小国"一题，当时"南捍荆蛮而北为中原之蔽省"者，最大的是陈、蔡，其次是申、息，再次是江、黄、唐、邓诸国。自邓先亡，而后依次是申、息、江、黄、陈、蔡，随国是最后灭亡者。在这个过程中，从未见曾国的名号，岂不怪哉！①

　　综上所述，百年来的学术研究史已经告诉我们，凡是善于将中国考古学与历史学结合在一起的学者都取得了超前的成果，学术界也因此而繁荣昌盛。一代宗师李学勤先生虽然逝去多年，但他在考古学与历史学结合上的卓越理论和实践经验，在不断指引我们前行。

　　本文涉及的问题很大，不是本人力所能及，在这里只是谈一点感想，敬请大家批评指教。

---

　　① 李学勤：《新见楚王鼎与"曾国之谜"》，《青铜器入门》，北京：商务印书馆，2013 年，第 140-144 页。

先生指导我做学术史的一点体会

田旭东

（西北大学历史学院）

1998 年，在我硕士毕业、已经在西北大学任教 12 年之后，容先生不弃，我又开始随先生攻读博士学位。先生为我指定的研究方向是二十世纪古代史研究的学术史。众所周知，先生在他的专著《重写学术史》（河北教育出版社，2002 年版）之"后记"中讲道："熟悉我的朋友们都知道，我为深入研究学术史呼吁奔走，已经有一些年了。特别是沿着王国维先生在二十年代提出的以'二重证据法'为标志的道路，将考古学的成果与学术思想研究结合起来，一直为我所向往。""'重写学术史'，就意味着就中国各历史阶段学术思想的演变新加解释和总结。这与我过去说的'重新估价中国古代文明'和'走出疑古时代'其实是相承的。晚清以来的疑古之风，很大程度上是对学术史的怀疑否定，而这种学风本身又是学术史上的现象。只有摆脱疑古的局限，才能对古代文明作出更好的估价。"

在先生的指导下，我的博士论文以《二十世纪中国古史研究主要思潮概论》为题，先生提纲挈领地要我从"疑古"和"新证"这两条线入手，以这两大思潮为主来写。我对二十世纪初年形成的学术流派"古史辨"学派的兴起与发展以及主要代表人物的主要学术观点做了详细梳理，按先生要求，追根溯源对起自宋代延续到晚清的疑古代表人物，从康有为开始，接着梁启超、日本疑古学派、中国疑古学派，还甚至要对日本的以白鸟库吉和林泰辅为首的疑古学派和反对学派做专门讨论，对《古史辨》七大册都要做仔细研读，尤其是对顾颉刚、胡适、钱玄同为首的疑古学派代表人物，对他们的学术渊源及主要学术论述都必须做重点介绍和分析。论文更重要的是要对号称"罗王之学"的罗振玉和王国维以及李济等先贤的生平事迹做介绍，认真阅读王国维在清华国学研究院的讲义《古史新证》，对运用王国维"二重证据法"为主要研究方法以及中国考古学的兴起和发展，考古学对古史重建所起的作用等都做回顾与论述。

在先生指导下，我的博士论文完成并顺利通过答辩，之后这篇博士论文作为专著《二十世纪中国古史研究主要思潮概论》出版①，先生又作了序言，他讲道：

> 许多人已经注意到，二十世纪学术史在世纪交替之际形成了学术界的热门。诸

---

① 中华书局，2003 年版。

如资料的辑集，传记的编纂，个案的研究，问题的讨论，均蔚为一时风气。我在一篇小文中曾说，"二十世纪是中国学术可以大书特书的一百年。在总结汉学、宋学优长的同时，由于封建专制的被推翻，经学独尊的局面被打破，西方人文学科的传入，以田野发掘为基础的现代考古学的兴起，这一百年确实有很多突破性发展，呈现出欣欣向荣的景象。二十世纪有太多的内容值得我们去总结和研究"，研究二十世纪学术史大有可为。古史研究是二十世纪学术中一项重要的关目，就此进行系统的回顾和探讨，对未来学术的进展很有好处，甚至应该说是必要的。……如田旭东博士在本书中所说明，以怀疑、辨伪为特点的传统，在宋代至清代的一些学术流派中早已存在，但晚清开始出现的疑古思潮则有其特定的时代背景和特点。康有为的《新学伪经考》《孔子改制考》，尽管基本观点同于廖平，并且仍然揭示着今文经学的表帜，却是其整个维新改革学说的有机组成部分。……田旭东博士的《二十世纪中国古史研究主要思潮概论》集中于上世纪前半的有关论争，广泛吸收前人研究成果，进行了系统的梳理和总结。书的后部，还通过论述郭沫若先生在发展马克思主义在中国古史研究方面的贡献，引导读者进一步考察近几十年来古史研究的丰硕成果，认为重新构建古史的条件业已成熟。

先生在序言最后说："中国古史研究是一个非常辽阔的学科领域，其在二十世纪的进步历程，以及有关人物，还有待学者深入探究。希望田旭东博士继续她的工作，逐步扩大成果，有更多的有关这个问题的论著问世。"

在博士论文答辩完成，取得博士学位以后，遵照先生的教导，我对学术史的讨论与研究继续做了一些工作。首先，回到西北大学之后，我给研究生开了一门课，叫作"出土文献与学术史"，就以先生的《简帛佚籍与学术史》[①]与李零先生的《简帛古书与学术源流》[②]两本书为基本教材。这门课坚持开了十几年，中国古代史及考古专业的研究生都来上这门课，随着出土文献的不断公布，我的教材也随着不断更新，还领着学生研读了"郭店楚简""清华简"的部分篇章，直到我退休后还又多上了几年。

《汉书·艺文志》作为西汉乃至汉以前的目录书，它的分类以及它的大小序本身就起着"辨章学术，考镜源流"的作用，这是大家所熟知的。所以，我从《汉志》入手，又结合近年来不断发现和公布的简牍帛书，写了一些文章，比如《从〈汉志〉著录及出土文献看战国秦汉间的黄帝之学》《学术史上"道""术"之分——以〈汉志〉为例》《尹挚与伊尹学派——以出土文献为中心》《浅议〈论语〉在西汉的流传及其地位——从海昏侯墓出土〈齐论〉说开去》《从学术史角度看秦文化的务实风格》等。

---

① 江西教育出版社，2001年版。
② 三联书店，2004年版。

在军事史方面，对先秦兵学发展脉络做了梳理，收入张岂之先生主编的《中国思想学术史（先秦卷）》①，又对先秦齐国的兵学成就从学术史角度做了分析与论述，写了论文《先秦齐国兵学成就略论》，又以二重证据的方法，对照文献记载和考古发现，特别是新出简牍中有关兵书的内容，写了《秦火未殃及兵书考》等论文。

以上写作虽都已得到发表，但都很肤浅，学生不才，未能做出更多的努力，实在惭愧。

先生指导我们做学术史的回顾和研究，实际上先生把自己也写入了学术史中，为此我写了《从"重新估价"到"走出疑古"再到"重写学术史"——李学勤先生治史的责任感和使命感》一文，为他老人家的深厚功力和他在一生的学术生涯中所倾注的令人瞩目的智慧和精力，为一直践行着艰苦的"重写学术史"工作，而折服而感动！

在纪念先生诞辰九十周年之际，我们深深地怀念他老人家，他永远活在我们心里。

---

① 广西师范大学出版社，2007 年版。

李学勤先生与三星堆菱形眼形器

高大伦

（山西大学考古文博学院）

李学勤先生是一位著作等身，成就非凡，跨 20、21 两个世纪的国学大师，其学术成就也表现在其研究的领域内：时间跨度大，从传说时代到明清；地域范围广，我国西北到东南、东北到西南。仅就巴蜀历史考古而言，先生在 20 世纪 50 年代出版的《殷代地理简论》就涉及对甲骨中"蜀"地望的讨论[①]，20 世纪 80 年代出版的《东周与秦代文明》中，设有巴蜀的章节[②]。从 20 世纪 80 年代初期中国先秦史学会成立以来的 30 多年间，先生多次来四川，从 80 年代起到 2000 年前后，接连撰写了 10 多篇巴蜀历史考古的论文[③]，这些论文被四川学者视为具有思想上的启迪性、工作上的指导性以及观点上的结论性。

回顾过去几十年受先生的教导，作为从四川考出去，毕业后又回到四川文博界工作的先生的学生，先生到四川开会或考察时，我能陪先生的机会自然会多一些。以我所知，其实，李先生关于巴蜀历史和考古还有不少深邃的思想和精辟的见解并未写成文章。这里仅谈首次陪同先生参观举世闻名的三星堆祭祀坑出土文物库房时的一个例子为证。

那是 1990 年秋天，我的记忆中是先生首次在四川察看三星堆祭祀坑出土文物。先生到成都是参加四川大学承办的中国社会史年会，他为了看三星堆文物，特意提前一天到达，我参加了会务组接待，先生刚住下，我就问先生有啥安排，先生说如果方便，就想看看三星堆。我回复说，立即联系。于是很快电话跟四川省文物考古研究院的三星堆发掘负责人陈德安先生联系。德安先生听说李先生要去参观，非常高兴，说早就盼望李先生来指导了，请李先生一定要来，我们随时恭候。我转告了陈德安的盛情邀请后，第二天上午到了省文物考古研究院的整理库房，陪同李先生在那里整整看了一个上午。那时，三星堆祭祀坑出土文物已基本都拉回了成都，摆放在位于成都市人民南路四段的四川省文物考古研究院大楼的第一层几间房子里。从摆放的状况看，修复工作还在初期，大量器物还在辨识

---

① 参见李学勤著《殷代地理简论》，科学出版社 1959 年出版。

② 参见李学勤著《东周与秦代文明》，文物出版社 1984 年出版。全书第一章导论就把东周划分为七个文化圈，周和三晋为主体的中原文化圈、北方文化圈、齐鲁文化圈、楚文化圈、吴越文化圈、巴蜀文化圈、秦文化圈。第十三章专论西南巴蜀和滇文化。

③ 参见李学勤著《走出疑古时代》，辽宁大学出版社 1997 年出版，书中收录了一组著者专论巴蜀的论文。

定名阶段。最大也最著名的青铜神树放在裙楼天井里，都还只修复了树干和少量树枝。

陈德安先生几乎是一件一件地挨着为李先生讲解，详细倾听李先生的意见，先生从器形、花纹、质地、定名、用途、分期等方面，和他深入交流，不时也回答德安和我们提出的问题。

当参观走到一列柜子前时，看到架子上平放着好些扁平状的四菱形青铜器，我也凑近一看，器物正中有一微凸形圆圈（见图1）。德安先生双手拿出来给先生近看，并先对李先生说，这个柜子里摆放了不少这样的器物，祭祀坑里也出土了不少，来参观过的专家们不少，各陈己见，可就不知该咋定名，想听李先生高见。这时我也在极力回忆 1987 年《文物》上发的一号坑简报和 1989 年在同刊发的 2 号坑简报上有无公布这种器物，个人记忆是没提到这种器物。①李先生用双手小心地接过来，正反两面都认真察看，若有所思片刻后告诉德安和在场的大家说："这大概是一件眼形器吧。"德安回答说："我和很多来库房考察的专家一开始看到这件器物时也这样认为，但是看到还有一些类似的器物：或者是将这件器物分成上下两半，成为两件器物（如图2左下角所示），或者将这件器物横切后，又对切，最后似乎分成为四瓣（如图2右下角所示），每件器物上还有四个孔，大家觉得好生奇怪，于是都不敢肯定自己眼形器的判断了。"综合起来看这到底又该如何解释呢？李先生整体浏览了柜子里的这些器物，又将半眼形和四分之一眼形器分别拿起来端详了一阵，每察看完一件后，都将目光转向房内的墙壁看一看，最后又扫了一眼柜子里的眼形器后，对德安和大家说："将这件器物考虑为眼形器是没问题的，至于同时有半眼形器和四分之一眼形器，该如何解释呢？从这个柜子里有多件这几种眼形器，而且都每件器物四边都有穿孔，我们不妨可以设想当时的人是把这类器物成组成列有规律地钉挂在一大面墙上，当排列到墙体上边框时，可能只能排放眼形器下一半，而当排列到下边框时，可能只能排放眼形器上一半。当排放到左边框时，可能只能排放眼形器右侧一半，当排列到右边框附近，就只能排眼形器

图 1　三星堆 2 号祭祀坑出土眼形器（长约 58 厘米，宽约 23 厘米）

① 参见四川省文物管理文员会等：《广汉三星堆遗址一号祭祀坑发掘简报》，《文物》1987 年第 10 期。又，同前《广汉三星堆遗址二号坑发掘简报》，《文物》1989 年第 5 期。从后来公布的《三星堆祭祀坑》发掘报告来看，菱形眼形器一号坑未见，二号坑倒是有数十件之多。

图2 眼形器的三种表现形式
上：全眼形；左下：上下半眼形；右下：上下左右，四分之一眼形

左侧一半，当正好排到边框四角时，只能排下四分之一。这样来理解，就可以把眼睛何以做成这三种形制以及用途都解释通。大家意下如何？"陈德安带头鼓掌，鼓掌结束后，深情地说，这几件看似不起眼的器物的名称和用途，困扰了我们几年，百思不得其解，经李先生点拨，茅塞顿开，非常感谢李先生的现场指导。

后来，在1997年三星堆新馆开馆的陈列中，展出了这种器物，器物标签上的定名采用了先生的眼形器说，1999年出版的《三星堆祭祀坑》发掘报告一书中，不但发布了这三种器物，而且正式公布的名称也是眼形器。①

眼形器是挂钉在墙上，按一定的布局组合等距离排列的。李先生的以上看法，以图形来表示应该是如图3所示。

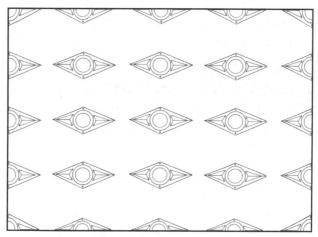

图3 眼形器墙面挂钉组合排列示意图

① 参见四川省文物考古研究所编《三星堆祭祀坑》一书。据该书第207页描述："眼形器71件。又菱形、钝三角形、直角三角形等形制。为神像眼部的镶嵌饰件。整器似为菱形，钝三角形器须由两件拼合成菱形，直角三角形器须由四件拼合成菱形，可分三型。"按：以我对李先生解释的理解，钝三角形器不必由两件拼合成，直角三角形器也不必由四件拼合成（见图4、图5）。

三星堆博物馆旧馆新馆陈列，虽然采纳了眼形器名称，但展陈设计人员知其然不知其所以然，将两个半眼形器绑在一起，四个四分之一眼形绑在一起，硬要凑成一个完整的眼形器（见图4、图5），反倒令人不知表达何意了。①

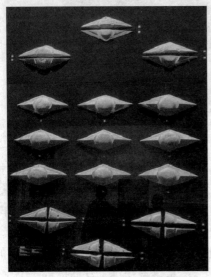

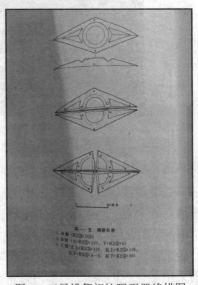

图 4　三星堆新馆陈列大厅眼形器　　　　　图 5　三星堆祭祀坑眼形器线描图
　　　　组合排列图　　　　　　　　　　　　　　（引自《三星堆祭祀坑》第 208 页）

那次陪李先生考察，我个人也很有收获，李先生的三星堆青铜眼形器定名及使用方式的高见给我很大启发，以此为契机，我也开始并一直关注三星堆和后来金沙遗址出的眼形器和各种器物的眼形，还专门写过两篇文章②，从那以后直到现在，我都强烈地认为，眼形器和眼形是解开古蜀文明之谜的一把重要而关键的钥匙。

今天，在大家都更倾向于三星堆八个坑所出文物都为祭祀遗存的学术背景下，已有不止一人开始尝试从三星堆祭祀坑出土文物的组合分类着手，研究性复原当时盛大的祭祀场景③，我认为，李先生关于眼形器的定名和其排列挂钉方式的看法，给人以醍醐灌顶般的启迪，是进一步做三星堆古蜀人祭祀场景复原研究必须倚重的重要参考。

---

① 这是摆放在三星堆新馆陈列大厅展墙上的几组眼形器。这样的摆法和老馆陈列相比也没啥变化，如此摆放显然反映的是大纲编写者对这类器物的理解。此照为本人于今年 2 月初参观新馆新展时在展厅所拍摄。
② 参见高大伦：《成都金沙商周遗址出土"玉眼形器"的初步研究》，《四川文物》2002 年第 2 期。同前《早蜀文化遗物中的眼形及眼形器初探》，《考古与文物》2003 年第 4 期。
③ 例如，南方科技大学社科中心唐际根教授的团队，从 2021 年起，就开始做三星堆祭祀场景的研究性复原，按他们的理解所做出的场景复原研究成果，曾于 2022 年夏季起在深圳等地博物馆展出。

从"无序"到"有序"

——《李学勤文集》读后记

宫长为

（中国社会科学院古代史研究所）

参加《李学勤文集》编纂出版座谈会回来，总想有话要说出来，也总想有文字要写出来。

记得将近二十年前，应《邯郸学院学报》之邀，写过一篇《追寻中国古代文明的踪迹——师从李学勤先生读书记》这样的小文，发表在 2005 年第 4 期上，着重回顾师从李学勤先生读书的经历，其中说过这样的话，吾辈作为李学勤老师的学生，特别是我本身来讲，既感到十分荣幸，又感到十分惭愧，荣幸的是能够当上李老师的学生，感到无比的骄傲和自豪；惭愧的是虽然当上李老师的学生，感到李老师学问博大精深，但仅仅学到了一点点，时时内心自责。往年我们尝编辑两部纪念李学勤先生文集，汇集海内外先生门下弟子论文，包括历史、考古、文献、古文字、简帛、语言，以及哲学、文学、艺术、法学、民族、宗教等，几乎涵盖了人文社会科学的方方面面，甚至还包括自然科学，诸如天文、地理、自然科技史等，所以，我们也常说，把李老师的学生放在一起，才能彰显李老师的学术全貌，如果要用一句话来概括，以"中国古代文明研究"来表述，再合适不过了。

如果说，当年书写师从李学勤先生读书记这样的小文，诠释了自己前十年学习的感悟，那么，今天再写《李学勤文集》读后记这样的小文，作为师从李学勤先生读书记续篇，将阐释自己后二十年学习的领悟。这里，顺便说到"小文"一词用语，本来是受李学勤先生的教诲，李学勤先生有一个很好的习惯，总常常称自己写的论文为"小文"，那实在是李学勤先生的自谦，本来就是顶级的学术大作，可谓彼"小文"非此"小文"也。

也许，大家注意到这样的细节，《李学勤文集》全三十卷，按照李老师的意见，划分为七部分内容，包括最后《篇目索引·学术编年》在内部分，在每一个部分的前面，如同《古史研究》卷前言所说："我想利用这个机会，写出我目前的一些想法。这些想法可能没有什么用处，也可能有一点儿参考价值，并借此机会回答朋友们对我的一些问讯。"

诚然，我们依出版卷次排列，从《古史研究》卷前言伊始，次之《甲骨学研究》卷前言、《青铜器研究》卷前言、《战国文字研究》卷前言、《简帛学研究》卷前言、《学术史研究》卷前言、《序跋杂文》卷前言，最后《篇目索引·学术编年》卷前言，前后共八个部分。其中后两卷出版卷次排列，包括前言写定时间排列，分别为 2018 年 4 月 5 日和 2018 年 5 月 3 日，都可以作为《李学勤文集》附卷，相当于所谓的附录；《古史研究》卷以下，五卷出版卷次排列，包括前言写定时间排列，分别为 2018 年 3 月 1 日、2018 年 3 月 13 日、2018 年 3 月 17 日、2018 年 3 月 22 日和 2018 年 3 月 24 日，都可以作为《李学勤文集》主卷，相当于所谓的正文；而《古史研究》卷出版卷次排列，包括前言写定时间排列，为 2018 年 3 月 26 日，则可以作为《李学勤文集》引卷，相当于所谓的导论。也就是说，从出版卷次排列，到前言写定时间排列，有着内在逻辑和整体思考。

由是，我们从中不难看出，《李学勤文集》全三十卷，可以划分为引卷、主卷、附卷三大部分，或者说导论、正文、附录三大部分。

《古史研究》卷（第一卷至第六卷）作为引卷或导论，《甲骨学研究》卷（第七卷至第十卷）、《青铜器研究》卷（第十一卷至第十六卷）、《战国文字研究》卷（第十七卷）、《简帛学研究》卷（第十八卷至第二十卷）、《学术史研究》卷（第二十一卷至第二十三卷）作为主卷或正文，《序跋杂文》卷（第二十四卷至第二十九卷）、《篇目索引·学术编年》卷（第三十卷）作为附卷或附录，从"无序"到"有序"，充分地展现作者的独具匠心和编者的非凡用心。

我们接续前言，在多个讨论问题的场合，李老师曾反复强调，其所致力的领域，常常给人以杂多的印象，甚至还常常说自己是"杂学"或者说"杂家"，2003 年 8 月出版的《中国古代文明十讲》序言中，李老师就说道："其实说起来也很单纯，就是中国历史上文明早期的一段，大体与《史记》的上下限差不多。问题是对这一段的研究不太好定位，有的算历史学，有的算考古学，还有文献学、古文字学、科技史、艺术史、思想史，等等，充分表明这个领域学科交叉的综合性质。这一领域，我想最好称为'中国古代文明研究'。"

将中国古代文明研究作为一个特殊的学科来看待，是李老师的一贯思想，早在二十世纪八十年代初，李老师就提出了重新估价中国古代文明，我们读到《古史研究》卷前言，李老师就这样地写，侯外庐先生曾经特别跟我讲过"你不要老想做那些很具体的事儿"，尤其是侯外庐先生强调"要做有理论的历史学家"，而这个要求，就意味着分支学科的研究要关注历史方面的、理论性的问题，在这样的认识之下，慢慢我就想到了要写那篇《重新估价中国古代文明》的文章。《古史研究》卷所包括的部分，诸如《东周与秦代文明》《走出疑古时代》《〈史记·五帝本纪〉讲稿》《比较考古学随笔》《夏商周年代学札记》等篇章，正是沿着这样的基本理路，着眼于中国古代文明研究带有整体性、全局性的大的目标思考，用李老师的话说，要与理论性的大背景相结合，这当是主旨所在。

以下各卷，包括《甲骨学研究》卷、《青铜器研究》卷、《战国文字研究》卷、

《简帛学研究》卷和《学术史研究》卷在内，则从中国古代文明研究的分支学科角度，探讨不同分支学科的相关学术问题。

《甲骨学研究》卷，无疑是我们讨论问题的原点和出发点，如同李老师前言所说，"这是一个小男孩自己闯进甲骨文殿堂的故事"，并在《战国文字研究》卷前言进一步解释道："关注我的工作的读者可能会发现，大家都说我的工作是从甲骨文开始的。确实，我最早的时候是做甲骨文的。"尽管"我在历史研究所内部刊物上发表的第一篇文章，或者后来在学术刊物上发表的第一篇文章，都不是关于甲骨文"。其实，我们据《李学勤先生学术编年》记载，早在1952—1953年，李先生调到中国科学院考古研究所参加《殷虚文字缀合》的编著工作，次年，已经完成《殷代地理简论》一书的初稿，再次年《殷虚文字缀合》一书，已经由科学出版社出版。《甲骨学研究》卷，首收《殷代地理简论》一书，再由科学出版社出版，已经是1959年1月的事情了。以下《古文字学初阶》《甲骨百年话沧桑》《殷墟甲骨分期研究》等诸篇章，都是我们大家所熟知的了。

次之《青铜器研究》卷，在其卷前言中，同样，李老师给我们讲述了"我学青铜器有什么样的故事"，并在开始接触和学习甲骨文这门艰难的学科基础之上，通过"我这个人还有一个自己检讨的习惯"的反思，"就如同我学甲骨文一样，一种一种地看，各依次序，从宋朝看起，一本本看下去"，包括"研究也是尽可能按照青铜器的时代和发表的次序"，强调"我觉得读青铜器的书，应该更能看出青铜器的研究是和考古学分不开的"。我们从《中国青铜器概说》到《青铜器入门》，包括早前汇集出版的《新出青铜器研究》以及后来出版的《青铜器与古代史》诸篇章，都可以寻觅这样的研究轨迹。

次之《战国文字研究》卷，如上所引，李老师最早发表的学术论文，都不是关于甲骨文，而是关于战国文字的，"这是怎么一回事呢？"在其前言中，李老师告诉我们"这要回忆到我在北京图书馆读书的时代"。当时要查一些青铜器、金文或者其他方面的材料，一定要看这样几部书，其中《周金文存》《小校经阁金文拓本》两部书里战国时代的资料很多，而且所做释文错误太多，从那时起，我对战国文字就有点注意了，这就是我走进战国文字的一个原因。著名的《战国器物标年》《战国题铭概述》两篇新颖大作，论述战国文字五系说，从而导致了古文字学的一个新分支，即战国文字研究的出现，包括稍早的《谈近年新发现的几种战国文字资料》，以及《战国时代的秦国铜器》等篇章，都是这一时期战国文字研究的重要学术成果。

次之《简帛学研究》卷，在其前言中，李老师说过："我想在这里借机会提个要求，凡是看我这套书的读者，能不能帮我宣传一下。"不仅要进一步宣传普及简帛学基础知识，更要为简帛学研究的大发展做好准备。自二十世纪七十年代以来，伴随着银雀山汉简、马王堆帛书、八角廊汉简、云梦睡虎地秦简、阜阳双堆汉简、大通上孙家寨汉简的陆续发现，包括后来的郭店简、上博简、清华简在内，李老师有机会参加简帛整理并主持相关工作，用李老师的话说，这些简帛佚籍太吸引我了，当时就写了若干篇小论文，结集出版《简帛佚籍与学术史》一书，后来全身投入主持清华简的整理工作，主编《清华大学藏战国竹简》等。

次之《学术史研究》卷，李老师特别注重学术史研究，在其前言中，再次告诫我们，一方面，"有学术就必须有学术史，这个道理我在书里已经多次讲过"；另一方面，"我们读一部重要的书，应该考虑到它在学术史上的位置"。事实上，我们每每讨论问题的时候，往往也都绕不开学术史的观照，同时，在我们讨论问题的过程中，也要时时把握讨论问题的学术史上的意义。在一次接受《人民日报》记者采访时，李老师引用了一句英文俗语——"一些的一切，一切的一些"来说明自己的治学体会，我想可以作为最好的注脚。1992年初版的《周易经传溯源》一书，后来2006年再版为《周易溯源》，包括前此出版的《重写学术史》一书，李老师说，我觉得学术史研究的一个重点是20世纪的学术史。20世纪中国学术丰富多彩，流派众多，思潮壮阔，生动活泼，大家记忆犹新，研究工作大有可为，所以，"重写学术史"应包括"续写""新写"这个世纪的学术史。

最后《序跋杂文》卷，包括《篇目索引·学术编年》卷在内，作为附卷或附录部分，如果再作一点细致划分，我们不妨把《序跋杂文》卷拿出来，列入《李学勤文集》导论、正文之后结论部分，而《篇目索引·学术编年》卷，成为真正意义上的附录，这样《李学勤文集》由三大部分改为四大部分，即导论、正文、结论、附录。

我们注意到，在《序跋杂文》卷前言中，李老师曾经笑说，"我可能是近年写序跋写得最多的人"，虽然我们没有资料统计，李老师可能是有史以来写序跋最多的人，诚如李老师所说，"写序跋对我有很大的益处。因为序跋使我读了更多的书，看了更多的文章"，两个"更多"，折射出李老师的学识渊博，也折射出李老师的学养深厚，我们从中不仅获益匪浅，而且也从中醒悟中国古代文明研究的要旨。难怪李老师说，"以致今天我常常说我是'杂学'"，之所以杂，其实这也是一个方面，而这一个方面，在我们看来，恰恰也是李老师中国古代文明研究的概括和总结。

我们从中也不难看出，从甲骨学研究到青铜器研究；从战国文字研究到简帛学研究，回顾学术史，鸟瞰中国古代文明研究，既是李老师的治学之经历，又是李老师治学之路径，在构建中国古代文明研究三大体系的过程中，中国古代文明研究学科体系与中国古代文明研究学术体系，相辅相成，相得益彰，从而形成中国古代文明研究学派体系，也就是我们中国古代文明研究话语体系。

因此，我们可以毫不夸张地说，《李学勤文集》的出版发行，代表着二十世纪后半中国史学发展的一座丰碑，代表着二十一世纪中国古代文明研究最新成果，代表着新时代中华优秀传统文化的世界贡献！

在《篇目索引·学术编年》卷前言中，李老师最后说，写到这里，已经到了这部文集的最后了。"我觉得当前最需要做的是综合工作。有很多事情现在已经研究出来了，或者已经有些线索了，可是没有把这些综合起来考察，提出若干问题，然后加以解决，这样，我们的研究工作才能做得更好。我想这一点，应该在我这部集子'乱七八糟'的东西最后说一下"，可谓"没有一个终了"，"也有一个终了"。

这里，我们还要附带说明一下，李老师常常说，任何一项科研工作的最后，都要表现成报告或者成果，编辑工作是不可缺少的一环。所以，要感谢编委的工作。"我希望学者同事们认识到这一点，一定要和编辑朋友们更好地合作，更好地联合，把工作做好。"这既是对学者同事们的殷切期望，更是对编辑朋友们的鼓励鞭策，我们借用曾子的话说，"士不可以不弘毅，任重而道远"，我们大家共勉！

2024 年 2 月 18 日晚
于京东北运河畔

从学术史上认识《李学勤文集》
出版的深远意义

江林昌

（山东大学历史文化学院）

李学勤先生在《李学勤文集》学术史卷总序中指出："有学术就必须有学术史，……读一部重要的书，应该考虑到它在学术史上的位置"。《李学勤文集》出版的意义是多方面的。从学者的个体而言，这自然是对先生诞辰九十周年的最好纪念；而就整个中国学术史而言，《李学勤文集》在中国现代考古百年实践之后为中国新史学发展矗立了一座高峰。这座高峰对于我们后学如何在文史考古领域建设"三大体系"、如何落实"两个结合"，树立了榜样。在当今中国努力建设文化强国、建设中华民族现代文明、全面实现中华民族伟大复兴的征程中，《李学勤文集》必将越来越展现出它那深远的学术价值与文化意义。

一、《李学勤文集》与中国学术的继往开来

近代以来，随着东西方文化的交流互鉴，中国传统史学开始向现代史学转型。五四运动的兴起标志着中国现代史学的建立。而随着十月革命一声炮响，马克思主义传入中国，又使中国现代史学有了更加正确的方向，推动了现代史学向马克思主义史学的再转型。新中国成立后，马克思主义史学成为占主导地位的学术发展取向，大批史学工作者学习马克思、恩格斯经典著作，以马克思主义唯物史观为指导，将马克思主义基本原理与中国历史文化相结合，推出了一系列成果，出现了一大批马克思主义学术大师。如史学方面，有郭沫若、侯外庐、范文澜、翦伯赞、吕振羽、顾颉刚、徐中舒、金景芳、唐长孺、翁独健等；考古学方面有李济、夏鼐、徐旭生、苏秉琦、贾兰坡等；古文字学方面有于省吾、唐兰、陈梦家、张政烺、容庚、商承祚、朱德熙等；语言学方面有杨树达、王力、吕叔湘、姜亮夫、饶宗颐等；哲学方面有金岳霖、冯友兰、任继愈、张岱年、李达、艾思奇等；文学方面有游国恩、余冠英、何其芳、俞平伯、夏承焘、钱钟书等人。

李学勤先生青年时期正是这批前辈大师们学术活动的旺盛期。李先生有机会接触他们当中的大多数，向他们学习，深受他们的影响。如李学勤先生曾协助曾毅公老先生合编《甲骨缀合编》、参与郭沫若先生主编的《中国史稿》、参与侯外

庐先生主编的《中国思想通史》，20 世纪 70 年代又与唐兰、朱德熙、张政烺等前辈先生在老北大红楼共同整理简牍帛书等。这些特殊的学术经历为李先生成就学术大业奠定了得天独厚的基础。李学勤先生学无常师、博采众长，全面继承了中华人民共和国成立后第一批学术大师的学术精神、治学方法、理论体系，最终卓然自成大家。我们从《李学勤文集》看到，李学勤先生治学的领域涉及考古学、古史学、甲骨学、青铜学、简牍帛书、文献学、学术史等方面，可谓博大精深、多有建树，具有二十世纪中国学术的集大成意义。

1978 年改革开放以后，李学勤先生正值中年，学术进入了成熟期。全国高校与科研院所恢复招收硕士、博士研究生。李学勤先生因其名望之高，除在中国社会科学院历史研究所培养硕博研究生外，又兼任清华大学、西北大学等多所高校的导师，还常常应邀到北美、西欧、澳大利亚、新加坡以及中国港澳台等国家和地区的许多高校做客座教授，讲学授徒。李学勤先生不仅学问好，而且还擅长演讲。《李学勤文集》里的许多内容如《五帝本纪讲稿》《古文字学初阶》《青铜器入门》等，都是其课堂讲义基础上的整理本。而他为许多中青年学者出版新书所作的序、跋，更是其培养学生的一种特殊方式。李学勤先生的弟子不仅遍及全中国，而且遍及全世界。活跃在如今学术界的 50 年代、60 年代、70 年代的学人有许多深受李学勤先生的学术影响。在 20 世纪后 20 年、21 世纪前 20 年，李学勤先生在学术上继承前辈优长，又根据他的时代条件而转化创新，培养并影响数代后人。在中国学术史上，李学勤先生承担起了继往开来的宏伟事业，是真正的"继往圣之国学、育数代之新人"。

二、《李学勤文集》与"三大体系"的自觉建构

改革开放前，中国由于特殊的发展历程，社会经济一度落后于世界上其他先进发达国家，以致出现文化上不自信、学术上深受西方中心论影响。这严重妨碍了中国特色社会主义现代化的发展。

改革开放以来，中国的经济、社会、文化、学术等方面取得了长足发展。到 2010 年，中国经济总量由几十年前落后世界几十位而跃升为世界排名第二，成为世界经济体大国。党的十八大以来，中国经济由高速度发展提升为高质量发展。中国经济对世界的贡献率逐年提升。中国人民由站起来，到富起来，到强起来了。中国越来越走近世界舞台的中央，越来越接近中华民族伟大复兴的宏伟目标。中国人民有更多的理由坚定文化自信，增强历史主动。考古学上一个又一个重大发现正不断刷新学术界对中华文明史、中华传统历史文化的片面认识，填补了一系列关键空白。而相关人文学科也正逐步走向成熟，为建立中国自己的学术体系创造了条件。正是在这样的背景下，2016 年 5 月 17 日，习近平总书记主持召开全

国哲学社会科学工作座谈会，提出了破除西方中心论，建构中国三大体系的重要指示：

> 要按照立足中国、借鉴国外，挖掘历史、把握当代，关怀人类、面向未来的思路，着力构建中国特色哲学社会科学，在指导思想、学科体系、学术体系、话语体系等方面，充分体现中国特色、中国风格、中国气派。

总书记的重要讲话为当代中国的学术发展指明了正确方向，代表了广大哲学社会科学工作者的心声，激发了一大批学者的科研热情。

翻阅《李学勤文集》，我们可以获得一个强烈的印象：李学勤先生是最早自觉践行"三大体系"建设的学者之一，并取得了一系列重要成就。李学勤先生早年曾对哲学产生兴趣，还跟随著名哲学家金岳霖先生学习过逻辑学。李先生晚年接受记者采访时常常自豪地回忆这段经历。有记者问："你是研究历史、古文字的，与哲学没有关系呀。"李学勤先生总是认真地回答说："学哲学可以帮助我梳理材料、总结规律。"《李学勤文集》中有一系列学术创造，有许多学科开拓，应该与此有关。例如，首创"甲骨分期两系说"，"揭穿文武丁之谜"，独立战国文字学科分支，"重写中国学术史"，专论"东周与秦代文明"，推出《新出青铜器研究》，主持夏商周断代工程，搜集英国所藏甲骨。在以上一系列创新基础上，到二十世纪九十年代，李学勤先生根据考古发现及相关学科发展等新形势，倡导"走出疑古时代"。这具有学科引领意义，在学术界产生了重要影响。

总之，李学勤先生在历史学、考古学、甲骨学、青铜学、简帛学、古文字、学术史、文献学等方面建立了一系列"三大体系"，为中国现代史学、中国古典学的现代重建做出了巨大贡献。《李学勤文集》是李先生七十多年学术研究始终"立时代之潮头、通古今之变化、发思想之先声"的全面、系统、具体的展现。

三、《李学勤文集》与"两个结合"的成功实践

2021 年 7 月 1 日，在中国共产党建党百年庆祝大会上，习近平总书记提出了"马克思主义基本原理与中国实际相结合、与中华优秀传统文化相结合"的重要原则。2022 年 10 月 16 日，党的二十大报告又对"两个结合"作了进一步阐发。2023 年 6 月 2 日，在全国文化传承发展座谈会上，习近平总书记又从五个方面就如何落实"两个结合"作出了具体指导。我们曾经根据百年考古新成就与中央关于"三大体系""两个结合"重要思想的提出，而预测中国古典学的现代重建步入了黄金时代。

早在 20 世纪 90 年代李学勤先生已经敏锐地感觉到中国考古大发现的时代已经到来，并对大发现的重大意义多次作了深刻阐发。虽然李先生已经看不到中国

古典学现代重建的黄金时代了，然而，《李学勤文集》却早已为这个黄金时代的到来作了大量先期实践工作，取得了一系列成功经验。这是值得我们全面总结，并发扬光大的。

李学勤先生对马克思、恩格斯的经典著作有很深的研究，尤其是对马克思主义的亚细亚理论，在青年时候就做过系统钻研。李先生虽然没有出版过这方面的理论专著，但"两个结合"的原则始终体现在《李学勤文集》里。例如，早在1982年李学勤先生已经发表了他著名的论文《重新估价中国古代文明》。论文首先指出："建国迄今三十年来，考古工作的收获不是以往所能比拟的。考古新取得的一系列成果已经提出了很多有深远意义的课题。这必将对人们关于古代的认识产生根本性的影响。全新估价中国古代文明的时机，现在业已成熟了。"接着李学勤先生用大量考古资料先证明"中国古代文明的形成"早在夏代之前，甚至可以追溯到五千多年前。接着又证明夏商周三代中国"古代文明的发展"所达到的高度远远超过了以往的估价。文章的第三部分李学勤先生从学术史的角度指出，过去学术界之所以"把中国的古代文明估计得比较迟、比较低"，一个根本原因是"不恰当地套用了外国历史的观点"。李先生在当时已经明确认识到以西方学术中心论来讨论中国古代文明显然是不合适的，必须将马克思主义的基本原理与中国的古代历史实际紧密结合起来，因为"中国的古代和外国的古代一样，是受历史的普遍法则支配的。但中国又有自己所固有的具体的特殊性。忽视这种特殊性，生硬地搬用关于外国具体历史的一些观点，便会歪曲中国历史的真相"。如今我们重读李先生这篇宏文，会深刻地认识到李先生不仅有卓越的学术识见，更有将马克思主义基本原理与中国实际、与中华优秀传统文化具体结合的自觉性。类似的例证《李学勤文集》里有很多，值得我们召开专题学术研讨会，作全面总结。

我们感谢江西教育出版社，以高度的政治自觉性、崇高的学术使命感、强烈的社会责任心，克服重重困难、花费数年时间，专设编辑团队，隆重推出洋洋一千多万字、煌煌三十巨册的《李学勤文集》。正如王国维的《观堂集林》影响了整个二十世纪的学术，乃至永久。《李学勤文集》必将影响整个21世纪，乃至永久。李学勤先生虽然已经离开我们五年了，但先生的学术精神、学术成就、学术方法、学术理论，必将随《李学勤文集》的出版发行，"与天地而同久，与日月而永光"。

李先生与我的早期文明研究

徐凤先

（中国科学院自然科学史研究所）

我是在 1997 年 10 月开始跟随李先生进行博士后研究的，到 1999 年 9 月底完成了博士后工作，顺利出站。同时我也参加了夏商周断代工程中的其他研究，博士后出站之后也一直有幸得到先生指导。

1996 年夏商周断代工程开始时我在中国科学院自然科学史研究所做中国天文学史研究，在席泽宗院士的带领下中科院自然科学史研究所天文学史的全体研究人员都参加了夏商周断代工程中的天文学课题。我当时作为晚学并没有自己负责专题，而是跟随陈美东老师和课题组做一些工作，这样就开始有机会认识夏商周断代工程中各个学科的学者。很快夏商周断代工程中彭林教授组织课题组对已有的武王克商年代研究的重要文献进行编辑出版，其中的外文文献需要翻译，这包括了美国汉学家班大为教授的一篇，但是因为那篇文章含有太多的天文学内容，彭林教授课题组成员无法翻译，因此找到了我。之前我对西方汉学家的工作并不熟悉，读了班大为的文章感到非常有趣，第一次知道有人会从这样的角度研究早期中国，于是兴致勃勃地翻译完了，这就是《武王克商之年研究》这本书中的《天命的宇宙——政治背景》一文。不久李先生的学生邢文师兄说，他正在找人翻译一位美国学者的中国古代史研究论文集，因为其中涉及大量的古天文问题所以找了几个学历史的人都不能翻译，问我能不能翻译。我当时觉得翻译工作很占时间，并不想接手这样的工作，但同时也想如果是班大为的我可以翻译，于是问是谁的文章，回答是班大为的。我心里非常惊奇，谁有这样的眼力希望我翻译的这位作者居然是我唯一愿意接受的，所以就回答我可以翻译几篇。之后邢文没有再提此事。后来我才知道是李先生在组织一套西方汉学家重要论文的翻译出版工作。之后我到社科院历史所跟随李先生做博士后。又过了一段时间，刘国忠师弟到历史所来，和我一起找李先生说起此事，这是李先生第一次直接和我谈到翻译班大为论文集之事，先生以非常犹豫的口气征求我的意见，问我是否愿意翻译，我如果回答不愿意翻译也是可以的，但是我已经决定翻译了。这项翻译工作实际上拖了很久，最终我翻译了班大为的一系列文章，该文集于 2008 年出版。[①]在班大为的邀请下，我于 2006 年秋天到 2007 年秋天在美国里海大学做了一个学年的博士后访问学者。

---

① 班大为：《中国上古史实揭秘：天文考古学研究》，徐凤先译，上海：上海古籍出版社，2008 年。

　　我初到李先生这里做博士后时，本来是计划研究中国古代的天文学与数术之学，同时作为夏商周断代工程的学术秘书。但是很快我就深入地参与到断代工程之中。在夏商周断代工程立项的时候，"殷墟甲骨文和商代金文年祀的研究"并不属于天文课题，因此在 1996 年 4 月下旬天文课题立项和分配会议上并没有讨论这个课题。这个课题是由社科院历史所常玉芝先生独自承担的。常先生对于周祭问题已进行多年深入研究，对于周祭材料十分熟悉，利用周祭材料重新排定了周祭祀谱表，但是这个表并没有放在具体年代中，周祭祀谱如何与年代联系起来成为夏商周断代工程中一个突出的问题。张培瑜先生首先建议我研究周祭祀谱与年代的关系，李学勤先生非常赞同，于是我转而研究周祭祀谱与年代的关系问题。认真读了常先生的著作之后，我很快认识到常先生的周祭祀谱表有违反历法基本原则之处，所以不可能放入具体年代中。李先生建议我从材料密集的帝辛元祀至十一祀这一段入手。李先生当时根据断代工程遇到的问题，不断地进行具体的研究并撰写一系列文章，每一篇文章都先交给断代办公室，提供给相关研究者。李先生将他刚刚完成的《帝辛元至十一祀祀谱的补充与检验》[1]一文的手稿复印件亲自提供给我，并给我进行了详细讲解。由此我正式开始做周祭祀谱研究。很快按照李先生文章中的材料确定了帝辛元至十一祀祀谱的历法特征，并进一步确定其可能的年代，这项研究构成了我博士后出站报告的第一部分，后来以《帝辛周祭系统的可能年代》为题发表。[2]常玉芝先生也很支持我的工作，将她掌握的全部周祭材料都手抄下来交给我。我根据常玉芝先生的著作和她给我的材料对帝乙祀谱的可能年代和商末岁首移动的问题进行研究，得出了帝乙在位的可能年代，这是我博士后出站报告的第三部分，后来也单独发表。[3]高王年的周祭材料对于商末三王在位年的研究起到关键作用。之前有一批被认为是"廿祀"的甲骨文和金文材料，共 8 条，其中 3 版甲骨文记载的事件相连，因此可以认为是有 6 条独立的材料，其中两条是金文，分别是寝孪方鼎和肄簋（戊辰彝）。按照以前文丁、帝乙、帝辛的材料分类，排出三个周祭祀谱，但是这 6 条材料无法全部容纳进来。我曾尝试以将"廿祀"材料全部纳入三个周祭系统为目标，重新对周祭材料进行分组，结果认为可以将"廿祀"材料都排入新分组下的三个系统中，但是三个系统中闰月分配等存在明显问题，这是我博士后出站报告的第二部分。随后，裘锡圭先生首先提出，"廿"字系"曰"字之误，"曰祀"指元祀。[4]李学勤先生对寝孪方鼎原件进行了新的观察，证实其为"曰祀"，并且"曰"字与肄簋上的"曰"字十分相似，由此否定了这两件铜器是二十祀材料。[5]李先生将手稿复印件交给我，委托我尝试

---

① 李学勤：《帝辛元至十一祀祀谱的补充与检验》，《夏商周年代学札记》，沈阳：辽宁大学出版社，1990 年，第 230-239 页。

② 徐凤先：《帝辛周祭祀谱的可能年代》，《自然科学史研究》20 卷 2001 年第 3 期。

③ 徐凤先：《帝乙祀谱、帝乙在位年的与商末岁首》，《自然科学史研究》23 卷 2004 年第 3 期。

④ 裘锡圭：《关于殷墟卜辞中的所谓"廿祀"和"廿司"》，《文物》1999 年第 12 期。

⑤ 李学勤：《谈所谓寝孪方鼎的所谓"惟王廿祀"》，《中国历史文物》2003 年第 6 期。

将寝孪方鼎和肄簋按照元祀排入帝辛祀谱。我完成了这一工作，证明二器都可以排入帝辛元年。[①]

2005 年新发现的版方鼎明确记载二十二祀五月乙未彡帝乙，因而确定是帝辛二十二年器，这件铜器对周祭研究具有重要意义。李先生撰写了《试论新发现的版方鼎和荣仲方鼎》一文，将手稿复印交给我，委托我研究其与帝辛周祭系统的关系。我的研究确定了版方鼎的周祭内容可以排入帝辛周祭系统二十二年之下，同时也确认了版方鼎的历日和周祭能够支持帝辛时代将武乙、文丁、帝乙三王纳入周祭系统的观点。我的小文与李先生文章同时发表。[②]这些关于帝辛和帝乙在位年代的研究结果都被夏商周断代工程所采用，我最终完成了《商末周祭祀谱合历研究》一书。[③]

在夏商周断代工程中，我还有幸在李先生的指导下参加了金文历谱的工作。金文历谱和周祭祀谱有一定的相似性。西周金文历谱是将西周金文中年、月、月相、干支四要素俱全的铜器按照既符合青铜器分期又符合历法规则的原则排到具体历谱中，从而建立起西周王年表；商末周祭祀谱是将年、月、周祭、干支俱全的金文和甲骨文排入合理的历谱中，得到商末两个王的在位年代。由于西周金文历谱包含西周武王至宣王 11 个王的几十件铜器铭文和若干文献材料，而商末周祭祀谱只包含商末三王的材料，因此西周金文历谱工作远较商末周祭祀谱复杂。

金文历谱课题由陈久金先生负责，我并不是金文历谱课题组的成员，我参加金文历谱的具体工作始于李学勤先生的一个托付。《夏商周断代工程报告·简本》于 1999 年发表之后，李先生在做繁本的统稿工作。有一天李先生给我打电话，说二十七年伊簋与二十八年寰盘不相容，之前所有人排的历谱都无法调和，希望我能想办法调和此二器。因为此二器都是高王年器，当时排的历谱中在位年超过二十七年的王只有穆王、厉王、宣王，所以高王年铜器成为排金文历谱的重要限制。接李先生电话之后，我仔细观察此二器历日，初步结果是我也无法找到合适的年代将二者调和起来。这促使我进一步思考，如果此二器的历日真的无法调和，那么从理论上说应该能够找到证明它们不可调和的方法。沿着这个基本思路思考，伊簋是二十七年正月既望丁亥，寰盘是二十八年五月既望庚寅，二者的月相都是既望。只要某一年符合正月既望丁亥，那么其后一年一定不符合五月既望庚寅，因而它们必不属于同一王，这一点很容易证明。如果分别属于厉王和宣王，看起来似乎应该能找到合适的结果，但是实际上厉王在位 37 年，这样无论是厉王二十七年到宣王二十八年还是厉王二十八年到宣王二十七年，两个年代之间相差的年数都是确定的，这期间的历法可能容纳的闰月数有限，也就是说，尽管二者之间可

① 徐凤先：《以寝孪方鼎、肄簋为元祀的帝辛祀谱》，《中国历史文物》2003 年第 6 期。
② 李学勤：《试论新发现的版方鼎和荣仲方鼎》；徐凤先：《版方鼎与商末周祭系统》，均发表于《文物》2005 年第 9 期。
③ 徐凤先：《商末周祭祀谱合历研究》，北京：世界图书出版公司，2006 年。

能相距数十年，但其历日之间相距的日数是基本固定的，通过计算可以发现，其中一件器的既望在望后几日，另一件的既望必定不在望后几日。实际上这就找到了证明此二器不可调和的思路。李先生十分赞同这一思路。过了一段时间，李先生又建议我按照这个思路对其他高王年的金文历日之间的相容关系进行更多的研究，后来我写成了《西周晚期四要素俱全的高王年金文历日的相容性研究》①一文，论定了西周晚期12件高王年铜器历日之间的相容和限制关系。

排金文历谱最困难的一个点是对金文月相词语的解释。自汉代刘歆就开始对文献中的月相词语进行解释。近代以来学者研究金文对月相词语的含义形成了各种各样的认识，大体上有四分说、定点说、二分一段说、二分二点说、二分一点说等。②其中对于既望的认识分歧最小，一致认为既望应该在望之后几天，有的认为时间跨度可以有7、8天（如四分说），有的认为时间跨度应该限制得更小（如二分一点说）。月相词语的基本含义不清楚，就无法将金文中的月相历日与实际天象历日进行对比来推定某一条金文可能的时间，并进而对全部金文历日进行统理排出西周金文历谱，建立西周王年表。夏商周断代工程开始后，陈久金先生指导博士生景冰通过对几组铜器历日的排比对金文月相词语的含义进行研究，完成了博士论文，并发表了《西周金义中纪时术语——初吉、既望、既生霸、既死霸的研究》一文，对金文月相词语的含义做了比较全面的论述。③

李先生在撰写断代工程报告繁本时，认为对金文月相词语含义的论证还应该加强。他提出了7组至少包含两条四要素的重要铜器，建议我据此对金文月相词语的范围进行系统研究。这7组材料中有4组只包含一件铜器，分别是作册魆卣、召鼎、晋侯苏钟、静方鼎，另外3组包含多件铜器，分别是三组卫器加趞曹鼎、司马共组四件铜器、两件佐鼎（逨鼎）。每一组都包含两个或两个以上的月相和历日。如果同一件铜器上记载两条或两条以上的历日和月相，或者能够确定属于同一王的几件铜器上都记载了历日和月相，通过对这样相距年代确定的几条历日和月相进行对比研究，比较其历日的限制关系，则可以确定相应月相词语可能的范围。如作册魆卣记载了两条月相和历日：二月既望乙亥，四月既生霸庚午，因为既望乙亥应该在望日之后几天，从二月乙亥到四月庚午之间总共有55天，由此可以推知如果二月既望乙亥在二月的十六到十八日，则四月既生霸庚午在四月的十一到十三之间。按照这种思路我对李先生提出的7组材料进行了仔细研究。对同一组材料中多个历日的相互限制关系的研究确定了每一组中月相词语的可能范围，7组材料的研究结果互相恰合：既生霸和既死霸的范围当分别包含一个月的

---

① 徐凤先：《西周晚期四要素俱全的高王年金文历日的相容性研究》，《华学》第八辑，北京：紫禁城出版社，2006年8月，第47-52页。

② 夏商周断代工程专家组编著：《夏商周断代工程报告》，北京：科学出版社，2022年，第43页。

③ 景冰：《西周金文中纪时术语——初吉、既望、既生霸、既死霸的研究》，《自然科学史研究》18卷1999年第1期。

上半月和下半月，初吉是一个月前面的若干日，大约是指初干吉日。由此我完成了《以相对历日关系探讨金文月相词语的范围》①一文。这一结果也被《夏商周断代工程报告》繁本采纳。

夏商周断代工程之后，我继续致力于中国早期文明与天文学的研究。2011 年与何驽合作发表了《"日影千里差一寸"观念起源新解》②一文，提出中国古代日影千里差一寸的观念当产生于国家建立之际黄河中游两个重要的考古学文化——尧都陶寺和禹都王城岗——的日影观测实践；这两个地点观测到的夏至日影分别为 1.6 尺和 1.5 尺，也就是《周髀算经》和《周礼》所记载的两个夏至日影长度；通过对早期长度和距离的分析证明两地之间的直线距离接近当时的 1000 里。论文对早期的一里的长度作了假设，即 1 里等于 1 千尺，这与后世规定明显不同。后来我感觉此处论证不够坚实，经过反复思考，到 2015 年初形成了新的认识，终于成文。基本思路如下：

先秦到汉代多种文献记载大地东西二万八千里、南北二万六千里，《尚书·禹贡》记载"五服"的范围"东渐于海，西被于流沙"；如果采用当时的一里等于250 米，则大地东西 28000 里、南北 26000 里的范围正好符合以中原为中心的欧亚大陆东—西、南—北的距离，"五服"的范围也正好符合东至海、西至流沙的范围。《山海经·海外东经》记载竖亥测量大地的结果"五亿十选（万）九千八百步"，这个数字符合步行测量欧亚大陆实际需要走的步数。因此，中国文明早期在夏代建立的前后，也就是从帝尧到大禹的时代，曾经对大地进行过由东到西、由南到北的测量，向东到达中国的东海沿岸，向西到达叙利亚地中海沿岸，向南到达中国的南海，向北到达北冰洋沿岸。当时测量的方法是步测，一步相当于 125 厘米，一里相当于 250 米。中国早期文献中反复提及"四海"的概念，正是这样的大地测量的反映。

我认为，至此这个问题完全可以论定。但是因为这样的文章跨越了天文学史、历史学、考古学等几个学科，而结论又与之前学者的基本观念不一致，因而不容易得到认同。我尝试在某些场合讲解我的新观点，结果马上有人以"大禹时代不可能进行大范围的地理测量"加以否定。在这之前不久我的另一篇文章先后投给两个期刊均遭退稿，看了那篇文章的两家退稿意见，我断定此文投出去也会遭遇同样的命运。这两篇文章的主题都关乎中国文明早期比较大的问题，而且涉及不同学科，结论又都与当下普遍接受的观念完全不同，这样的文章注定不会通过头脑中接受了公认观念的审稿人的审稿，所以我不准备把此文投到期刊。

2015 年春夏之交我去李先生家，顺便向先生汇报了此文，先生给予高度关注。直到 2016 年 11 月 25 日我与一众师兄弟去看望刚刚出院的先生，先生又关切地询

---

① 徐凤先：《以相对历日关系探讨金文月相词语的范围》，《中国科技史杂志》30 卷 2009 年第 1 期。
② 徐凤先、何驽：《"日影千里差一寸"观念起源新解》，《自然科学史研究》30 卷 2011 年第 2 期。

问这篇文章，我告以尚无发表计划，先生立即向我提出几种期刊，最后确定了《中原文化研究》。第二天上午先生又专门打来电话，告诉我已经向《中原文化研究》副主编齐航福博士推荐了我的文章。与齐航福博士取得联系后，齐博士督促我马上把文章发给他，齐博士以及《中原文化研究》编辑部以高效率又极认真的工作，让我的这篇文章在投稿之后两个月余就得以见诸该刊。①文章发表之后引起很大反响，并很快被《新华文摘》摘录。我何其幸运有李先生这样一位老师！

跟随李先生进行研究的经历丰富，想起来历历在目。最遗憾的是李先生的一个计划无法实现了。夏商周断代工程排出的金文历谱中还是有个别铜器排得不合理，其实之前所有排金文历谱的都有更多的铜器排不进去。李先生修改夏商周断代工程报告繁本的时候曾经对我说，金文历谱总有铜器排不进去，说明其中一定存在什么问题现在大家的理解都是错误的，等断代工程繁本完成之后，要请我和他一起对所有材料再进行研究，看看能不能找到更好的答案。我一直期待这项工作，但是这只能是一个遗憾了。

---

① 徐凤先：《中国文明早期对于大范围地理距离的认知》，《中原文化研究》2017 年第 1 期。

李学勤先生与我的第一部学术专著

——深切缅怀恩师李学勤先生

侯仰军

（中国民间文艺家协会）

《考古发现与夏商起源研究》（侯仰军著，黑龙江人民出版社 2009 年 10 月出版）一书，是由我的博士学位论文扩充而成的我的第一部学术专著。该博士学位论文是在李学勤先生、方辉老师联合指导下写成的，转眼之间，该书已经出版 15 年，而李学勤先生也已离开我们 5 年了。

（一）

李学勤先生是我国著名历史学家、考古学家、古文字学家、古文献学家和教育家，被学术界誉为百科全书式学者。2019 年 2 月 24 日，先生驾鹤西去，永远离开了我们。五年多来，我时时想起先生，他的音容笑貌，他对我的谆谆教诲，常常浮现在我的眼前。

我能成为先生的学生，实属偶然。2003 年 3 月，我还在济南工作，参加了山东大学历史文化学院中国古代史专业的博士研究生入学考试，报考的是马新教授的秦汉史。有一天，院领导通知我，学校想聘请李学勤先生到山东大学做兼职教授，和方辉教授联合带一个博士，专业为考古学及博物馆学，我是高级职称，又两次荣获国家图书奖，是比较合适的人选。听到这个消息后，我倍感荣幸，又不免担心：我虽然在齐鲁书社工作已经十年，也编辑过考古学方面的图书，周围的同事、朋友像贺伟、郑岩等都是考古学科班出身，他们也经常给我说些考古的事情，但我毕竟是历史学专业出身，没有从事过考古发掘，将来能不能写出考古学博士论文来都是个问题。

当时，方辉老师正在济南东郊的大辛庄从事考古发掘工作，取得了惊人的成果，贺伟提议带我去现场看一看，以便对考古学有点直观感觉。五一节刚过，贺伟就开车带我去大辛庄考古工地。这是我第一次到考古发掘现场。方老师带着我们看了几个探方和挖掘出来的几件青铜器，介绍了挖掘进展情况，让我对考古学有了实实在在的感觉。参观期间，方老师针对我的担心，提出我不一定参加考古挖掘，可以发挥历史学的特长，做考古与历史相结合的论文，并说，李学勤先生就是这么做的。

博士生入学后，我除了上专业课，又主动要求和考古学的硕士生一起上考古学理论课。用多年学习历史的思维，来学习考古学，果然受益良多。我原以为，李先生工作十分繁忙，又远在北京，在山东大学做兼职教授也许只是挂名，但先生对我学业上的关心、关注超出了我的预期。读博的第一个学期，我上了两门基础课，一门是"考古学理论"，一门是"中国古代史专题"。"中国古代史专题"由几位老师轮流上，一周上一次，一次上一个上午，王晓毅老师先讲。当时王老师已经调到清华大学任教，每次给我们上课就回济南。第二周上课时，王老师对我说，他和李先生住一个小区，经常遇见，先生告诉他，自己在山大带了一个博士，11月份来济南时要见个面。闻讯我很惊喜。过了不久，方辉老师和我通电话，说李学勤先生给他打电话，准备11月26日来济南，同我见个面，并参加一个学术会议。我很感动，心想自己何德何能，竟然让先生如此关心？！

2003年11月26日晚上8点半，方老师带我到山大学人大厦，拜见李学勤先生。寒暄之后，我把自己点校的一套《绎史》（4册）送给先生。先生很高兴，说与我的母校南开大学、曲阜师范大学的老师很熟，并提到了我的老师王连升、杨朝明和同学潘守永。那个时候，我和山东社科院社会学研究所所长彭立荣、菏泽市人大副主任潘建荣正在酝酿搞尧舜文化研究，并联合起草了一份《关于请求国家探源工程前往山东省菏泽市（古陶）考古探源致李学勤先生的函》，就把信函交给了先生。先生看了信之后，就开始谈菏泽、曹县、尧舜文化，表示支持我们成立尧舜文化研究会。先生博闻强记，贯通古今，给我留下了难忘的印象。

第二天晚上，我再次到学人大厦拜见先生，并带上了潘建荣、彭立荣，希望先生能有时间去菏泽"探源"。先生说，据他掌握的历史文献与上古遗址材料，尧、舜、禹与菏泽关系密切是毋庸置疑的，现在的问题是菏泽至今没有发现一座龙山时代的城址，希望我们加强这方面的工作。

由于工作过于繁忙，先生一直没能去菏泽看一看，但他从此以后，始终关注着菏泽，关注着菏泽的考古工作，当然，更关注着我们的菏泽历史文化研究。在先生的指导下，十几年的时间里，我们做了大量工作，在菏泽广袤的大地上，栉风沐雨，重拾了菏泽的文化记忆，重构了菏泽的文化根基，擦亮了菏泽的文化品牌，提升了菏泽的文化自信。

恍若隔世，近如昨日。二十多年过去了，回首我们在菏泽的学术之路，衷心感谢李学勤先生的热情指导和大力帮助！

（二）

读博三年，最重要也是最困难的事情就是写博士学位论文。在这方面，李学勤先生和方辉、马新老师为我花费了大量精力，提了很多建议。至今想来，我仍很感激，也很惭愧。

做博士论文，首先是选题问题，就是写什么。我入学不久，就和马新、方辉两位老师谈了自己的想法。11月中旬，方辉老师告诉我，他和齐涛、马新老师专门商量了我的博士论文题目，三人都认为我做有关尧舜故里的考证文章太渺茫；方老师提议写齐国、齐地盐业史的论文，认为写海岱地区的盐业史很有意义；齐涛、马新两位老师认为我对经济史不熟，主张写文化史的论文。李先生对我的博士论文选题很重视，11月28日上午，他让我陪着参观山东大学考古系博物馆，随后和我谈博士论文的选题，建议我做"大辛庄在三代时期的地理环境"。我有点为难，怕做不好。王育济院长则建议我写考古史方面的论文，说结合考古学和历史学，比较适合我，但我担心这方面写不出新意来。

第一个学期结束的时候，也就是2004年1月，方辉老师按照我熟悉文化史的特点，给我新拟了一个博士论文题目：《龟卜文化研究》。我对这个题目很感兴趣，决定写龟卜文化，年代从商周到唐代，以考古学作依托。自然，这个题目难度也不小。待到春节过后新学期上课时，方老师又提议从齐国货币入手，研究齐国经济发展状况，马新老师说这个角度的论文恐怕写不出新意，遂不了了之。后来，我还是决定写"中国古代的龟灵信仰研究"。

我那个时候还在齐鲁书社做编辑室主任，工作十分繁忙，博士生一年级的课很多，根本没有时间写博士论文，只是搜集了一些资料。2004年4月下旬，我应邀到河北省井陉县参加石头文化研讨会，并在会上发言，讲"龟灵信仰与灵石信仰比较"，得到了与会专家特别是刘魁立先生的赞扬。可通过发言，也让我意识到，讲了十几分钟，整理成文字也不过三千多字，凭我的学识，这个题目写不出一篇10万字的博士论文，必须改弦更张。

那时，我和潘建荣正在策划成立"菏泽中华尧舜文化研究会"，新组建的菏泽学院也邀请我前去任职、任教，我动了写菏泽历史文化的念头。有一段时间，我想把汉魏之际的高平王氏家族研究作为博士论文题目，王晓毅老师不同意，说不好做。

2004年10月16日，"考古发现与中国古文明研究国际论坛"在烟台大学召开，李学勤先生出席并作学术报告，我赶去参会。第二天吃早饭时，有人告诉我李先生找我，我赶忙去先生房间。先生问我博士论文动手写了吗，我说，"大辛庄在三代时期的地理环境"我做不了，我没有发掘经历，以后也不可能到工地实地挖掘，没时间。先生听后，说："我以前没考虑到这一层，那就写考古史，怎么样？"然后，他建议我写鲁西商周考古史，定位在1926—1949年，便于写，便于找材料。

我也认为很好。半个多月来，我一直为论文事担忧，先生这么一说，我就放心了。

因为工作忙，我那天即从烟台坐车回济南。四天后的大清早，杨朝明老师给我打电话，说李先生和师母下午要从济南机场坐飞机回北京。我赶到机场，送先生和师母登机。先生对我说，博士论文可以定为《20世纪前半期的山东先秦考古史》。不能涉及现代，现代人物不好评，不能评，只能到 1949 年；范围为山东全省；时间段为秦统一之前。李先生让我看几本书，写下读书笔记给他看。

不久，我写了 4000 字的开题报告，向方辉老师、马新老师汇报后，他们都说可以。后来略作修改，增加到 5000 多字，在考古系举行的 2003 级博士生开题报告会上顺利过关。

（三）

开了题，只是万里长征的第一步，能不能写出博士学位论文来，依然很难说。那几年，正是我人生的爬坡阶段，十分忙碌，里里外外都得操心。孩子小，刚刚入小学读书；父母年纪大，几次生病，母亲还做了一次手术，虽有哥嫂姐妹照顾，我也难以安心；老家亲戚、邻居的孩子上学、找工作，动不动打电话来，寻求帮助，让我疲于应付。这些还都是次要的，主要是工作繁忙。我担任齐鲁书社四、五两个编辑室的主任，策划选题、编发书稿工作量巨大，还要带新入职的几个青年编辑。考博士的时候，齐鲁书社正在组织编写教材，我负责起草编写方案和一、二、三册的编写，周六、周日几乎没有休息时间。由于压力太大，时常头晕、心慌、胸闷，根本没有时间复习。考试那两天，是周六、周日，我向总编辑请了假，可刚出考场回到家，总编室主任就打来电话，要我去新华印刷厂加班，调版式，改文字，换插图，一直干到半夜。读博士阶段，齐鲁书社给我的政策是，上一次课，请一次假，按照比例扣发工资，工作任务和盈利指标还都要完成。我就这样疲惫不堪地上了一年多。不知道什么时候，我有了退学的想法。博士生开题报告会召开前 10 天，我去方辉老师家商量论文的事，恰巧头天晚上家里打来电话，商量安排母亲住院做胆结石手术，我的心理压力更大，感觉博士上不下去了，便向方老师提出退学的申请。方老师要我慎重考虑，毕竟考进来不容易，更何况怎么向李先生交代？！

当然，后来"涛声依旧"，我没有退学，也顺利通过了开题报告。

可是，哪有时间写博士论文呢？

2005 年 5 月 22 日，我因事去河南安阳，恰巧遇到了方辉老师，便向他提出写《鲁西南考古与菏泽历史文化研究》作为博士论文，理由是，菏泽历史文化很有值得研讨之处，我在这方面也比较熟悉，方老师同意了。十多天后，方老师告诉我，他几天前在国外出差，见到了李学勤先生，先生很关心我的博士论文写作事，要我抓紧写，并说过几天就要回国，要同我见面聊一聊。6 月中旬，我到北京拜见李学勤先生。先生建议：论文名字叫《鲁西南考古与先秦史研究》，时间跨度为夏到春秋，地域范围为泰沂山脉以西；不要涉及史前，可以不涉及战国，不要出山东，古国以《左传》上出现的为原则。先生还强调，论文要经得起检验。

有了先生的认可和督促，我开始利用一切机会搜集资料，撰写论文，真正做到了见缝插针。由于对菏泽的历史文化比较熟悉，到 9 月初，大的框架和素材基本具备。又经过两个月的修改，11 月 7 日，终于写出了草稿。

（四）

草稿写成后，我心里轻松了很多。第二天，我即赶到北京，同中国出版科学研究所（今中国新闻出版研究院）商定了调动事宜，"孤身进京"，担任中国书籍出版社副总编辑。一年来，为了调动事，我一直在犹豫，现在终于下了决心。

"孤身进京"后，暂时没有了很多杂事，白天上班依然很忙，但晚上和周六、周日可以修改论文。那时，我和同事合租一套房子，房东住一间，我住一间，同事和其朋友住一间。我每天早早地就到办公室，晚上 11 点多甚至 12 点多才悄悄地回去休息，周六、周日也是这样，房东一星期难得见到我一次，最长的一次是三个星期。有时房东就会问我同事："侯老师是不是回山东了？怎么这么长时间不见了？"现在想来，如果不是到北京工作，我的博士论文是不可能如期完成的。

在修改过程中，我多次调整思路，又忍痛割爱，把西周、东周即"两周"的内容去掉了，专写商代以前，题目也改为《考古发现与夏商起源研究——以鲁西南考古为中心》。由于去掉了"两周"部分，内容删掉很多，到 2006 年 1 月中旬，才写好 6 万字。又过了一个月，再次大刀阔斧地增删，删除了第五章"鲁西南古国考"，增加了其他内容。3 月下旬，我把论文修改好，计 12 万字，发给方辉老师看。三天后，方老师给我发来电子邮件，说我的论文他改过了，可以送给李学勤先生看了。我即打印出来一份，送到先生家里。

先生看论文十分认真。本来，我把论文交给先生时，先生让我过上一周或者两周给他打电话，十多天后，我给先生打电话，他说还剩下一章没有看完，让我下周再给他打电话。又过了半个月，先生让我去清华大学见他。我的博士学位论文先生已经看完，标出了需要修改的地方，并讲了原因。我数了一下，有 14 处。按照先生的意见改好后，我把论文发到山东大学考古系，后来顺利通过了校外专家评审。

让我至今激动难安的是，李先生一直想参加我的博士论文答辩。2006 年 3 月底，先生拿到我的博士学位论文时，他就说争取 6 月初到山东大学参加我的论文答辩。5 月中旬，先生给我打电话，说 5 月底、6 月初要参加国家"211 工程"验收，问我的论文答辩时间确定了没有，如果实在参加不了，他就写一篇长长的有关我的论文的鉴定意见。过了几天，先生在电话里说，如果他不能参加我的论文答辩，感到太对不起我了。可他实在太忙，到底难以成行。5 月 26 日，王晓毅老师在电话里告诉我，他前天在圆明园散步时，遇上李学勤先生，李先生说由于

"211 工程"验收，不能参加我的论文答辩，总觉不安。王晓毅老师再三感慨："李先生对你太好了！对学生太关心了！李先生人太好了！"

5 月 29 日，我应约到先生家，先生把他写好的致答辩委员会的一封信交给我。信上写道：

侯仰军博士学位论文答辩委员会

各位老师：

我在山东大学兼职，承校方要我同方辉教授一起指导研究生侯仰军同学攻读博士学位，深感荣幸。现侯仰军同学博士学位论文已提交答辩，但我由于公务，不能前来聆听您们指教，深为歉憾，敬祈鉴谅。好在论文指导工作主要是方辉教授的成绩，我没有多少贡献。

我已两次细读侯仰军同学的论文，并提出具体修改意见。我认为这是一篇成功的学位论文，其特点是将考古学研究与文献材料，包括古史传说尽可能密相结合，在前人学说的基础上，提出自己的见解，在鲁西南这一重要历史地区的探讨上，有所创获。论文引用各家学说，态度谨慎，论证层次清楚，语言流畅，可以看出侯仰军同学在学科方面已具备较好基础，能承担科研及写作任务，达到了博士学位论文要求的水平。

论文虽屡经修改，但仍有不足之处，切盼各位老师给予批评指点。

专此　敬祝

身体健康　并再次恳求原谅。

李学勤

二○○六年五月廿八日

于北京

（五）

让先生欣慰的是，5 月 31 日，我在山东大学考古系参加了博士论文答辩并以全票通过。

泰山其颓，哲人其萎。一代宗师走了，一个学术时代结束了。作为先生的弟子，今天深切缅怀先生，就要继承先生的遗志，发扬先生的优秀品质和敬业精神，以高度的历史责任感传承弘扬优秀民族民间文化，为建设中华民族现代文明尽绵薄之力。

《国际汉学漫步》编纂中的一些往事

王志平

（中国社会科学院语言研究所）

李学勤先生离我们而去已经有四年多了，常有师友鞭策，作为先生弟子，你们是否应该写些东西，撰文纪念一下？可是每当想起与先生在一起的点点滴滴，就思绪万千，心情难以平复。回忆起李先生的言谈举止，可记的事情很多，一时难以捋清，我这里只想说说跟先生一起编纂《国际汉学漫步》中的一些往事。

1995—1996 年，李先生已经在清华大学国际汉学研究所兼任所长多年。李先生为发展国际汉学研究殚精竭虑，身体力行，做了很多实际工作，具体情况可以参看刘国忠教授写的文章。①其中主编《国际汉学漫步》②就是在此期间取得的阶段性成果之一。"该书计划把一些目前活跃在各国汉学界的著名汉学家介绍给国内读者。经过数十位学者的共同努力，《国际汉学漫步》一书得以顺利完成，全书分上、下两册，62 万多字，分别介绍了美、英、法、俄、德、日、加等国些著名汉学家的生平、师承、研究方法和主要成果。"③

李先生担任此书的主编，绝非挂名主编、空头主编，而是兢兢业业，实负其责，从筹备到出版都倾注了先生的很多心血。当年编纂《国际汉学漫步》，主要是先生与我们在读的几位学生邢文、韩健平、张国华、刘国忠、刘学顺、彭迎喜和我一起谋划的。李先生编纂此书的目的，就是认为汉学的范围十分广阔，现代名家林林总总，如果全面介绍，实非诸人力所能及。李先生原先提议编写一部小规模的国际汉学介绍，不求面面俱到，只要学术性、趣味性俱佳即可。书名都起好了，就叫《国际汉学漫步》，"不过是导引大家在汉学茂盛的园林中作一番漫步而已"。④

记得最早先生还与时在美国的邢文师兄通信，商讨有关编辑选题。当然，最后实际上并未完全按照当初的选题设想，还是像家庭承包责任制似的，每人各自负责自己熟悉的那一块。具体来说，就是邢文撰写韩禄伯，健平撰写山田庆儿，

---

① 刘国忠：《李学勤先生与清华大学国际汉学研究所的建设》，《追寻中华古代文明的踪迹——李学勤先生学术活动五十年纪念文集》，上海：复旦大学出版社，2002 年；刘国忠：《李学勤和清华大学国际汉学研究所》，朱政惠主编：《海外中国学评论》第 3 辑，上海：上海辞书出版社，2008 年。

② 李学勤主编：《国际汉学漫步》，石家庄：河北教育出版社，1997 年。

③ 刘国忠：《李学勤先生与清华大学国际汉学研究所的建设》，《追寻中华古代文明的踪迹——李学勤先生学术活动五十年纪念文集》，上海：复旦大学出版社，2002 年。

④ 李学勤：《〈国际汉学漫步〉序》，石家庄：河北教育出版社，1997 年，第 3 页。

国华撰写白光华，国忠撰写中村璋八，学顺撰写吉德炜，迎喜撰写瓦西里耶夫，我撰写谢和耐和侯思孟。另外，再加上李先生及我们邀请的一些强有力的外援友情加盟，如侯且岸撰写费正清，萧立撰写韩南，张海燕撰写艾兰，程英姿撰写查瓦茨卡娅，王震中撰写伊藤道治，徐世虹撰写大庭脩，王士花撰写沟口雄三，张国刚撰写福兰阁，都是一时之选。

《国际汉学漫步》一书的出版也是一波三折，诚如国忠介绍的那样，"当时（国际汉学研究）所里已经确定编辑此书，但是出版单位一直没有能落实，于是李学勤先生亲自赶赴石家庄市，与河北教育出版社商量出书事宜，使得本书得以顺利面世。"但是由于先生事务繁忙，书稿后来的组织和协调工作实际上就交给了健平负责。健平和我还为统稿工作又专程跑了一趟石家庄，与出版社的杨惠龙编辑一起落实出版合同等相关事宜。

即使在繁忙工作的间隙，李先生也做了大量的统稿工作，纠正了很多各家译名不规范、不统一的问题，使书稿少了很多硬伤。为了说明李先生认真通读和修改过全部稿件，这里举李先生为我写的那部分改稿的几个例子。

我印象最深刻的修改有两件：第一件比较简单，我原稿都是按照二十世纪八九十年代的措辞习惯写"解放前""解放后"，李先生一律改成了"建国前""建国后"。仔细想想很有道理，即使不论意识形态因素，各地解放时间不一，"解放前""解放后"并非一个可以确定的时间坐标，含糊其词，容易有歧义。此后我在行文中也改用了"建国前""建国后"这样更为准确的习惯用语。当然，按照现在的出版体例又需要改为"新中国成立前""新中国成立后"了，虽然更加科学，但是语言也更啰唆了。

第二件修改说来就复杂了，李先生远不是简单的字句和措辞修改，而是大刀阔斧的修改，把我原稿的整个一节文字都删去了。这具体又是怎么一回事呢？我在《谢和耐与中国社会思想史研究》一文第十部分谈到了谢和耐与中国科技史研究，其中原稿在论述中国科技史研究时涉及一件学林掌故，牵涉到了中国考古学史上一项有争议的发现。

1952 年，南京博物院在江苏宜兴周墓墩①发现两座西晋墓，其中一号墓（即周处墓）在清理过程中发现了 17 件金属带饰，其中带饰碎片经南京大学化学系分析，里层含有 85% 的铝。发掘者敏锐地指出了这一发现的重大意义："像这样含有大量铝的合金，在我们工作中还是初次发现，为我们研究晋代冶金术提出了新的资料。"②夏鼐先生则在跋语中将信将疑：

说镂花带饰的成分是 85% 铝。按铝在自然界分布虽广，但提炼很不容易。据大

---

① 宜兴当地传为周处墓，故名周墓墩。
② 罗宗真：《江苏宜兴晋墓发掘报告——兼论出土的青瓷器》，《考古学报》1957 年第 4 期。

家所知道的，炼铝法是19世纪才发明的。1808—9年初次用电解提炼铝。最初我疑这是"铅"字之误。去函查询，承作者寄来标本碎片，又承由中国科学院应用物理研究所陆学善副所长代为交所中作光谱分析，结果这标本的主要成分确为铝。这是化学史和冶金史中的新发现，我们要问在当时是用什么方法提炼出这不易炼冶的金属达到85%的纯度？[①]

夏鼐先生如此慎重不是没有道理的。夏鼐先生后来解释说：

实际上，这不仅是我们考古工作中初次发现，也是全世界初次听说有这样古老的以铝为主要成分的合金。1957年这篇报告原稿寄到《考古学报》编辑部时，编辑部很加重视，为了对读者负责，在刊登以前便向南京博物院索来样品，请中国科学院物理研究所代为分析。[②]

东北工学院的沈时英先生也对南京博物院的带饰残片作了重新鉴定，经检测为银基合金。他指出，"关于晋代是否有铝带饰（纯铝的）问题，还应该作深入研究，下肯定性结论，似嫌为时过早"，"对于已确定为铝的一小片金属，应该从多方面（考古的、冶金史的与冶金的）进行鉴定，以便对于它是否为晋代所有作出判断"。并首次提到一号墓曾被盗掘，铝片或为后世混入物的可能性。[③]

罗宗真先生则回应有关质疑道：

这项金属带饰发现于一号墓（即周处墓）后室人骨架的中部，它们的位置和形状在清理过程中，是没有被动过的。它们在人骨架的中部，正是死者腰带的饰件所在，大部分又压在淤土下面，说明层次没有被扰乱。因此从埋葬位置和层次关系看，这项带饰肯定是该墓的遗物，和其他各项出土物一样，都是西晋时代的。同时与广州西郊大刀山东晋明帝太宁二年墓出土带饰的形式、位置完全相同；不仅如此，解放后在六朝墓葬中也有同类形式的带饰发现。因此，它是该墓的遗物，是晋代的遗物，而不是后来盗掘时带进去的。这是必需说明的第一点情况。

……

在这里，想附带提一下铝带饰的数字及残缺情况。发掘报告中提到的共17件，是指较为完整的，另外还有少许很小的残片，没有统计在内。这些带饰在出土的时候，由于在地下埋藏过久，有些已经完全腐蚀，无法辨认，与淤土混杂在一起，很难分开，所取出的一些小块残片，是从淤土中尽可能拣出来的。所以出土的17件及少许残片并不是全部的带饰，送给各单位分析的带饰又是其中的一小部分，在这一小部分带饰当中分析是铝的，仅仅是其中的三或四片，分析是银的也只是

---

① 夏鼐：《跋江苏宜兴晋墓发掘报告》，《考古学报》1957年第4期，第106页。
② 夏鼐：《晋周处墓出土的金属带饰的重新鉴定》，《考古》1972年第4期，第34页。
③ 沈时英：《关于江苏宜兴西晋周处墓出土带饰成分问题》，《考古》1962年第9期，第503-508页。

四片，整个带饰绝大部分都未经过鉴定。因此，我认为，这些金属带饰的成分准确地说，它们仅一小部分经过鉴定，证明其中含铝的有三或四片，含银的有四片，因此，把它们说成大部分是银、小部分是铝，是不够恰当的。①

尽管如此，该消息仍然不胫而走，引起了国内外化学史家和冶金学家的高度重视，科普作家还将此广为传播。其中叶永烈先生即为此在《化学元素漫话》②一书以及《少年文艺》《河北日报》《安徽日报》《新民晚报》等上发表了近 10 篇科普作品。化学史家张子高和杨根先生甚至还尝试用"土法炼铝"的方法来还原古代的铝铜合金冶炼技术。③

晋周处墓出土的金属带饰经过中国科学院物理研究所重新鉴定分析，认为："这批金属带饰较完整的十六件都是银的。另有少数小块金属片，有银的也有铝的；前者是银带饰的残片，后者细小而不成形，无法知道原形。"④"至于小块铝片的年代，这是一个难以解决的问题，经过分析可以确定为铝的，都是小块碎片。"⑤1962年沈时英首次提出，"这与其从推断古人'可能无意中得到'⑥，还不如从一号墓被盗过几次这一事实出发更现实一些。"⑦夏鼐先生进一步指出，由于该墓元至正庚寅年（1350）、清咸丰庚申年（1860）曾先后两次被盗掘，1952 年打开时，墓内有明显的扰乱痕迹。"尤其是清理时'所取出的一些小块残片，是从淤土中尽可能拣出来的。'这样一来，便不能保证小块铝片一定不是后世的混入物。我们知道在考古发掘工作中有时发掘者将后世混入物误认为古墓中原来随葬品，尤其是被扰乱过的古墓中，例如埃及大金字塔石缝中发现的铁器和埃及前王朝时期墓中发现的玻璃串珠。也许，我们这'晋代金属铝'是这种情况的又一个例子。"⑧因此夏鼐先生最后判定：

据说是晋墓中发现的小块铝片，它是有后世混入物的重大嫌疑，决不能作为晋代已有金属铝的物证。今后我们最好不要再引用它作为晋代已知冶炼金属铝的证据。⑨

---

① 罗宗真：《我对西晋铝带饰问题的看法》，《考古》1963 年第 3 期。

② 叶永烈：《化学元素漫话》，北京：科学出版社，1974 年，第 93-95 页。

③ 杨根：《晋代铝铜合金的鉴定及其冶炼技术的初步探讨》，《考古学报》1959 年第 4 期。

④ 夏鼐：《晋周处墓出土的金属带饰的重新鉴定》，《考古》1972 年第 4 期。

⑤ 夏鼐：《晋周处墓出土的金属带饰的重新鉴定》，《考古》1972 年第 4 期。

⑥ 杨根：《晋代铝铜合金的鉴定及其冶炼技术的初步探讨》，《考古学报》1959 年第 4 期。《夏鼐日记》1958 年 7 月 14 日也曾谈道："看见今天《人民日报》所登载的土法提铝方法，使我想起宜兴晋墓所出的那一套铝制饰物来，如果不用氧化铝而用硫化铝（将氧化铝与硫化铁加温 1000 度左右），然后将硫化铝与氯化锌一起熔烧，在 1100 度左右即可提炼出铝来。如以氧化铝提铝须 2050 度，土炉子达不到该温度，仅能达 1240 度（铝页岩加苏打及石灰加热 1290 度）。"参见《夏鼐日记》卷 5 第 385-386 页，上海：华东师范大学出版社，2011 年。

⑦ 沈时英：《关于江苏宜兴西晋周处墓出土带饰成分问题》，《考古》1962 年第 9 期。

⑧ 夏鼐：《晋周处墓出土的金属带饰的重新鉴定》，《考古》1972 年第 4 期。

⑨ 夏鼐：《晋周处墓出土的金属带饰的重新鉴定》，《考古》1972 年第 4 期。

该文在收入《考古学和科技史》一书时，又增加了以下一段文字：

周处墓相邻的二号晋墓，古代曾被盗掘，淤土下遗物凌乱，而近代再被盗掘，在淤土上面有现代人所用的化学钮扣，玻璃碎片和铁锈很新的铁齿。而文献上并没有关于二号墓被盗的记载，所以我们不能排斥周处墓曾在 1952 年以前不久被盗掘的可能，不过文献上失载而已。1952 年以前不久的可被盗掘和 1952 年初打开时闲人进去，都提供了混进近代物的机会。①

叶永烈对夏鼐的文章提出存疑，还特别撰写了《论西晋铝片问题——与夏鼐同志商榷》一文，寄给了《考古》杂志，但是未予发表，后收入《叶永烈文集》。②他认为，周处墓先前两次被盗和 1953 年打开时曾有人进去，均不足为残片系混入物的凭据。尽管 1953 年提供了铝片混入的可能性，但所出残片锈迹斑斑，不像是新混入的。而块小、量少、不成形，却正符合铝易被侵蚀的特性。③

夏鼐回复叶永烈说：

这铝片我怀疑是混进的。至于如何混进，我无法知道。也许我们永远不会知道清楚。周墓三经盗掘，不过是表示这墓已非原封不动。确是来函所说的，只有第三次嫌疑最大，前两次不可能混进铝制物（这些我原文有不清楚处，易引起误会）。要考虑到墓中取出后整理时、提出送交化验这段时间内，也有可能混进的。当时不是"有人故意制造假象"，但是无意中混入的可能，并不能排除（我们在道路上或垃圾中时常发现无意遗失的小块废物，而考古工作中，不小心混入后世的小件碎块，也是有的）。④

……

鉴于"盗墓"的结论，罗宗真同志认为全部都在未经盗掘部分发现，我只好相信。后来知道可肯定为未经盗掘部分出土的全部 17 件带饰都是银制的，只有未能肯定出土的地点，很可能是拢土中出来的残片是铝制的，自然结论可以不同。我看不出有什么自相矛盾的地方。⑤

夏鼐还指出："发掘工作中的小疏忽是常发生的事。这只有引起我们今后在发掘工作中提高警惕，避免疏失。"⑥

由于夏鼐先生一言九鼎的考古学权威地位，以致国内外多数学者对于晋代周

---

① 夏鼐：《考古学和科技史》，北京：科学出版社，1979 年，第 128 页。
② 叶永烈：《"七国院士"夏鼐的大师风范》，《历史的绝笔——名人书信背后的历史侧影》，成都：四川人民出版社，2016 年，第 458 页。
③ 叶永烈：《否定之否定》，《科学爱好者》1983 年第 2 期。
④ 叶永烈：《"七国院士"夏鼐的大师风范》，《历史的绝笔——名人书信背后的历史侧影》，第 457 页。
⑤ 叶永烈：《"七国院士"夏鼐的大师风范》，《历史的绝笔——名人书信背后的历史侧影》，第 461 页。
⑥ 叶永烈：《论晋代铝片问题——与夏鼐同志商榷》；《晋周处墓出土的金属带饰的重新鉴定质疑》，《叶永烈文集》，北京：人民日报出版社，1999 年。

处墓的铝制带饰品持慎重态度，也因此对发掘者的工作能力变相地加以了否定，其声誉也受到了影响。

我在《谢和耐与中国社会思想史研究》一文的原稿中谈到了这段学林故事，提及日本科技史家薮内清《中国·科学·文明》一书对于周处墓铝制带饰的质疑，并引用了薮内先生的话："我之所以谈到这一情况，是感到记住中国的考古调查中也有这样的失误是必要的。但主要的是，我很佩服夏鼐先生作为学者的良心，他对这种失误进行了充分的调查研究，并拿出了详细的调查报告。"①

李先生在审读过我的初稿后，察觉到我的一些倾向性意见有些不妥，把有关文字用红笔整节删去了。可能是怕直接否定伤了我的面子，李先生特意委托时在夏商周断代工程办公室担任秘书的邢文师兄转告我删改的理由：首先，发掘者一直矢口否认考古发掘过程中存在混入问题。其次，1993 年 5 月，宜兴溪隐村下龙潭发现有孔圆片一件，可惜由于是用推土机推土时发现的，地层已经扰乱了，因此无法作为考古报告发表。但是，圆片经中国科学院自然科学史研究所的华觉明先生鉴定为金属铝。因此，周处墓铝制带饰并非孤证。最后，由于炼丹术盛行，早期金属铝的炼制是完全有可能的。

获悉了这一内幕消息后，我就一直留心着有关事件的最新进展。果然，1999年，《自然科学史研究》发表了华觉明先生的《悬案于今四十年——宜兴晋周处墓铝质残片的来历分说》一文②，特意谈到了现为中国农业银行宜兴支行的潘荣祥先生所收藏的宜兴溪隐村所出铝片，并附录了《宜兴溪隐村下龙潭铝质有孔圆片的出现和初步检测》以及李先生的《关于传为宜兴溪隐村出土的三面铜镜》二文。经检测，该有孔圆片外径为 61.63 毫米，圆孔直径为 11.76 毫米，厚度为 5.97 毫米，重量为 45.75 克，比重为 2.669。由中国科学院硅酸盐研究所马利泰先生用扫描电镜检测试样，认为其主要成分为铝。1997 年 1—4 月王海舟、吴伯群和朱衍勇三位先生采用等离子质谱、等离子光谱、扫描电镜、X 光能谱和金相检测等手段检测，认为含铝 94%以上。颇似现代所用为防止锈蚀于表层包覆纯铝的铝铜合金板材。③

潘荣祥先生收藏的与有孔圆片伴出的三面"铜镜"，据李先生鉴定，"传出宜兴溪隐村的三面铜镜的铸作年代基本一致，都属于新莽至东汉前期"。④李文原为华文的附录 B，因此本来无须交代文物来历及写作背景；但在李文收入《重写学术史》一书时，由于文章改为独立成篇，删去了华文部分，因此很多人读后会有无头无尾的突兀之感。

① [日]薮内清著，梁策、赵炜宏译：《中国·科学·文明》，北京：中国社会科学出版社，1988 年，第 158 页。
② 华觉明：《悬案于今四十年——宜兴晋周处墓铝质残片的来历分说》，《自然科学史研究》1999 年第 2 期。
③ 华觉明：《悬案于今四十年——宜兴晋周处墓铝质残片的来历分说》附录 A《宜兴溪隐村下龙潭铝质有孔圆片的出现和初步检测》，《自然科学史研究》1999 年第 2 期。
④ 李学勤：《关于传为宜兴溪隐村出土的三面铜镜》，《自然科学史研究》1999 年第 2 期；又李学勤：《重写学术史》，石家庄：河北教育出版社，2002 年，第 164 页。

作为发掘人之一的罗宗真先生，多年来只发表过两篇文章[①]，他曾与叶永烈复信说：

关于铝带饰问题之争议，确实已经拖得很长时间了。我从 1963 年写了那篇东西以后，一直没有再写。主要原因有二：一是中央文物局已委托北钢作全面鉴定后，要发正式报告，作为定论性意见，以正各方面视听，免得无休无止地讨论下去。但柯俊先生很为难，鉴定结果好写，下结论难写，他想召开一个有关专家、人员的会议来谈一次再写。但时间、出席者定不下来，而他又不愿以北钢名义召开。文物局几年来变动太大，现在似乎对此又不感兴趣了。柯和我谈希望以南博名义召开，我院领导也不同意，所以一直搁到现在。二是我们对夏先生是很尊重的，但院领导觉得他在此事上有点简单化和草率处理。这件事如不是他写了那篇"跋"，不会引起那么轰动，而他后来又全盘否定，事前完全没有和我们打招呼，弄得我们很被动。此起彼伏，以他个人意见为转移，似乎太快了。所以我们一直表示沉默，不好表示意见。

我说这些情况，希望不致影响你的文章发表。我也是希望能够通过不同意见，把问题弄得更清楚。目前，不仅是考古界，在冶金史研究方面，对此事也还存在着分歧。据我知道，他们也想通过什么方式，能对此问题得到一个正确的答案。我倒盼望，能否借助一点外力（我们这些直接有关的人除外），促成上述会议的召开，也许有利于问题的解决。因为这件事，在国外也引起颇大的注意，甚至在前两年日本杂志上还引用此材料，尽管他们也可能见到夏的文章。正因为如此，我觉得此问题并未解决。[②]

诚如罗先生学术自述所说：

这四十年中，我接待过许多人，探讨过多次有关铝带饰残片的问题，如沈时英、杨根、刘智跃、柯俊、华觉明等许多直接进行或参与带饰残片化学分析和讨论的先生们以及中国历史博物馆、中国科学院有关研究所、北京钢铁学院等有关单位。1975 年国家文物局委托北京钢铁学院将全部带饰（含残片）再次进行全面测定，要求写出测定报告，并希望组织一次学术讨论会，来作出最后的结论。测定结果是出来了，开会却是一个难题，会议组织者不想以北钢名义召开，希望以南博名义召开。但我院不同意，认为夏鼐先生对待铝带饰问题最早发表文章认为是重要发现；不久又发表文章认为周处墓经过盗掘，测定为铝的带饰碎片可能有后世混入的重大嫌疑，不必以此作为晋代有铝的物证；最后再发表文章说该墓经过元代和清代两次盗掘，这种铝合金就可能存在或正处在试制阶段，修正了他以

---

① 罗宗真：《我对西晋铝带饰问题的看法》，《考古》1963 年第 3 期；罗宗真：《再谈我对西晋铝带饰问题的一些看法》，《探索历史的真相》，南京：江苏古籍出版社，2002 年。
② 叶永烈：《"七国院士"夏鼐的大师风范》，《历史的绝笔——名人书信背后的历史侧影》，第 459 页。

前的说法。夏先生前后几次发表不同甚至相反的意见，事先又不和我院打招呼，所以不同意主持召开这个会议。此事就此搁下，成为不了了之的结果。①

1996 年我写作文稿时还不知道李先生已经参与了宜兴溪隐村下龙潭有孔铝片鉴定的内情，假如贸然按照我的文稿原样发表，不啻是对罗先生的再次伤害。而且李先生作为参与鉴定的当事人之一，倘若自己的学生发表一些冒失言论也会有失察之嫌。因此李先生未雨绸缪，果断地遏制了事态的发生和萌芽。

从李先生对文稿修改的处理，我们不难体会出李先生为人温柔敦厚的恕道一面。对于学界同道，他宽以待人；对于自己的学生，则宽严相济。每当想起李先生的这次修改，无论是学风还是为人，对我来说都是一个很好的教育。

1978 年以后，国内外陆续发现天然铝。1983 年 4 月 11 日新华社报道，广西贺县花岗岩中发现天然铝。叶永烈②、顾骏③分别提出了周处墓铝质残片有可能来自天然铝的新说。宜兴周处墓带饰铝片以及宜兴溪隐村下龙潭有孔铝片究竟是天然铝还是人工冶炼铝迄今尚无定论，加上考古发掘上的若干疑点，其年代亦不无疑问。可以说"悬案有待勘破，学界仍须努力"。④华觉明先生曾经援引欧阳修"事固有难明于一时而有待于后世者"（《〈濮议〉序》），其总结可以代表我们的心声：

对存在争议的学术悬案，须努力避免认识上的片面性和主观随意性，切忌浮躁和轻率；对不同意见要认真考虑和给予尊重；要寻求新的思路和破解办法，下功夫作细致的调查研究；瓜熟蒂落，水到渠成，不必过早下结论。

科学来不得半点疏失，认真把住关口是极其重要的。就出土实物的真伪鉴别来说，既要把住以假乱真的关口，也要把住误真为假的关口。这两种疏失在以往都曾多次发生过，都应引以为戒，未可偏废。⑤

2021 年初稿，2023 年修改

---

① 罗宗真：《考古生涯五十年》，南京：凤凰出版社，2007 年，第 86 页。
② 叶永烈：《自然铝和"西晋有铝"说》，《科学王国漫步》，北京：知识出版社，1985 年，第 133-136 页。
③ 顾骏：《古墓残铝有新解》，《人民日报（海外版）》，1991 年 7 月 23 日。
④ 华觉明：《悬案于今四十年——宜兴晋周处墓铝质残片的来历分说》，《自然科学史研究》1999 年第 2 期。
⑤ 华觉明：《悬案于今四十年——宜兴晋周处墓铝质残片的来历分说》，《自然科学史研究》1999 年第 2 期。

李学勤先生与清华简[*]

刘国忠

（清华大学出土文献研究与保护中心
古文字与中华文明传承发展工程协同攻关创新平台）

【摘　要】李学勤先生是当代的学术大师，也是清华简整理、保护、研究工作的核心人物。清华简的入藏，本身就是李先生慧眼识宝的结果；李先生还组建了一只高效的团队，科学规划清华简的保护与整理事宜，并身先士卒，取得了大量前沿的研究成果。在李学勤先生的带领下，出土文献中心的各方面工作取得了长足发展，出土文献的学科建设也取得了显著的成效。本文对于李学勤先生的相关贡献进行了梳理和总结。

【关键词】李学勤；清华简；出土文献；古文字学

2019 年 2 月 24 日，李学勤先生因病永远地离开了我们，学术界从此痛失了一代宗师。2023 年是李先生辞世 4 周年，也是李先生 90 周年诞辰，我们更加怀念这位道德文章皆为楷模的学术大师。李先生生命中的最后十年，是与清华简及清华大学出土文献研究与保护中心紧紧地联系在一起的，李先生慧眼识宝，促成了清华简的入藏，也因此有了清华大学出土文献研究与保护中心的建立。这十多年来，中心的快速发展，当然与清华大学和社会各界的大力支持密切相关，也与中心同人们的共同努力紧密相连，但是其中起关键作用的还是李学勤先生，可以说，中心的每一步成长，都离不开先生所付出的心血；先生后来在医院与病魔搏斗期间，每天魂牵梦萦的事情，就是清华简的整理、保护与研究工作，以及出土文献中心的进一步发展规划。以下我们根据自己所了解的情况，略述李学勤先生对清华简的整理研究和对清华大学出土文献中心的建设发展所做的贡献。

一、慧眼识宝，积极促成清华简的顺利入藏①

清华简之所以能入藏清华，与李学勤先生的慧眼识宝密不可分。

清华简是由于盗掘而重见天日的，并且很快被走私到了中国香港，其时间大约是在 2006 年。当时流散至香港的竹简共有两批，一批是秦简，一批是战国楚简，

* 本文是清华大学自主科研计划文科专项项目（批准号：2024THZWWH03）的阶段性成果。
① 相关的内容可参见笔者的《李学勤先生与清华简的入藏》一文，《书与画》2019 年第 4 期。

也就是后来的清华简。据张光裕先生介绍，2006 年夏天，他在北京师范大学访问期间，李学勤先生曾邀他至清华大学熙春园餐叙，张光裕先生当时曾向先生面告，继上博简之后，香港又再发现秦、楚竹书①，但具体情况当时尚不清楚。2006 年年底，内地不少学者去香港参加饶宗颐先生 90 华诞国际学术研讨会，一些学者在香港的文物市场看到了这两批简的一些实物，中国文物研究所和湖南大学岳麓书院两家单位曾分别计划收购这两批简，但是由于中国文物研究所的收购计划未能实现，最后仅由岳麓书院购回了秦简，这就是后来蜚声海内外的岳麓秦简。至于那批战国简则一直处于流散状态，处境十分危险。

岳麓秦简入藏后，湖南大学曾在 2007 年年底召开了一个专家鉴定会，李学勤先生就是专家鉴定组的组长。不过，由于当时南方地区发生雪灾，交通阻断，李先生并未能成行。到了 2008 年 4 月，李学勤先生赶赴长沙，目验了秦简原物，甚为欣悦，并在专家鉴定意见书上补签了名字。

在长沙时，李学勤先生听岳麓书院的学者们说，在香港的古董商手中还有另外一批战国简，联系到当年张光裕先生的介绍，这一信息马上引起了李学勤先生的密切关注。

2008 年，清华大学聘请原中华书局总编傅璇琮先生来校工作。6 月 4 日，学校有关领导宴请傅璇琮夫妇，并邀请杨振宁、李学勤等先生作陪。大家共话清华文科发展之大计，气氛十分热烈。借此机会，李学勤先生向校领导汇报说，曾有人在香港见到一批流散的竹简，尽管内容和年代尚不详，但可能有重要价值。一旦能够确定是真的话，那就是连司马迁也没有看过的材料。校领导们听说这一消息后，非常震惊，深觉此事重大，不可忽视，要尽快查清情况，并有所行动。于是校领导即请李学勤先生与香港方面进行联系，摸清情况。

李学勤先生接受学校领导的任务后，马上积极开展工作。

由于这批战国竹简在流散期间，曾有 8 支简的资料在一些学者手头流传，清华大学历史系的廖名春教授也有这些资料。李学勤先生所做的第一件事情，就是立即与廖名春教授联系，请他提供相关材料。

6 月 5 日，李先生获得了这 8 支简的资料后，立即开始研究。这 8 支简全部都是用战国时期的楚文字书写而成，极难识读，但对于古文字造诣深厚的李先生来说，释读这些楚文字还是轻车熟路的。这 8 支简中，有关于易卦的内容，有关于历史的记载，特别是其中有一支简的内容一下子就吸引了李先生的目光。

这一支简的内容首尾并不完整，里面是关于两周之际的历史记载，其中提到"晋文侯仇乃杀惠王于携"②，涉及两周之际发生的"二王并立"的历史，这一事

---

① 张光裕：《金石情谊四十年——追思李学勤先生》，收入《半部学术史，一位李先生：李学勤先生学术成就与学术思想国际研讨会论文集》，北京：清华大学出版社，2021 年，第 75 页。
② 这支简即后来整理出版的清华简《系年》篇的第 8 支简。该简因为长期被古董商对外展示，运抵清华时已经变黑，而且竹简也收缩变短。后来是通过红外拍照，才使简上的文字得以重现。

件只在已经失传的《古本竹书纪年》一书中有过记载，其他古籍根本没有记录。光凭这一简，李先生立即判断，这批简中一定有后人绝不可能伪造出来的内容，具有极高的史料价值。事不宜迟，需要马上与香港方面联系。

当时在香港中文大学任教的张光裕教授不仅学术精湛，而且与香港古董界有很多友好往来。6月6日，深感这批竹简重要性的李学勤先生紧急联系张先生，请他帮忙。可是不巧的是，张先生当时正准备到日本出差，要到6月16日才能从日本返回。于是，这一工作只能暂缓进行。不过，即便是张先生在日本期间，李先生也与张先生保持着密切的电话联系，不断获得这批竹简的有关信息。

6月16日，李学勤先生又给张光裕先生写了一封信，信中说：

光裕先生道席：

前央就竹简事襄助，幸蒙俞允，现初有头绪，惟须急办。先生何时返港，盼即赐告为感，以便请教。……

在接受了李先生的委托之后，张先生回到香港，立即与古董商联系，冒着酷暑往返周旋，对古董商提供的一些竹简实物进行前期的观察鉴定，并开始摹写一些竹简的样本。

2008年6月24日，在清华大学甲所多功能厅，学校核心领导小组召开紧急会议，讨论战国竹简的相关问题。在会上，李学勤先生向校领导们介绍了所了解的8支竹简的重要内容，以及张光裕先生在香港的联络沟通情况，提议学校尽快决策购买。李学勤先生还对竹简到来之后的保护、整理和工作安排提出了设想。校领导们立即决定，要尽快行动，进一步了解竹简情况，做好购买准备。

为确保万无一失，学校领导决定请李学勤先生亲自去一趟香港，目验竹简实物。为稳妥起见，李学勤先生建议请中国文物研究所经验丰富的资深简牍专家李均明研究员一同前往。学校各部门开始了紧急而有条不紊的工作安排。

6月30日下午，张光裕先生临摹完成了第一批共53枚竹简的写本，通过传真发给了李学勤先生。李先生仔仔细细地阅读了全部材料，为其中内容的丰富和珍秘而震惊。李先生还把其中有关战国初年历史的3枚简编连在一起[1]，勾勒出了一段早已湮没不闻的越、齐、鲁三国历史，再次确认这批竹简中有丰富的历史著作。另外，李先生还惊奇地发现，这批简中竟然有一支是属于《尚书·金縢》篇的内容。[2]竹简中竟然有重要的《尚书》文献，这可是两千多年来学者们苦苦追寻不已的重要典籍，内容太重要了！李学勤先生立即把有关情况向校领导做了汇报。

7月9日，李学勤先生、李均明先生和清华大学的两位部门领导一起抵达香港，和张光裕教授一起去观摩了竹简实物，对竹简为真形成了共同意见。随行的

---

① 即后来整理出版的清华简《系年》第121、第122、第123三支简。

② 即后来整理出版的清华简《金縢》第12支简，原简中的"余冲人"写作"余沓人"，极难辨识。李先生准确地释出了"冲"字，进而判断该简属于《尚书》中的《金縢》篇。

两位清华大学部门领导也与古董商进行了友好沟通,古董商同意了清华大学的方案,即先把竹简交给清华大学,等确认内容为真之后,再由清华大学付款购买。①

于是,这批竹简在历经重重劫难后,终于在 2008 年 7 月 15 日由香港出发,空运抵达清华大学并妥善入藏。从李学勤先生向清华校领导报告这批竹简的消息,到它们正式入藏清华,前后只用了 40 多天的时间。②

二、组建团队,有效开展清华简的各项工作

竹简入藏之后,相关的保护、整理与研究工作也随即摆在了学校和李学勤先生的面前。

李学勤先生从 20 世纪 70 年代起,就参加了马王堆帛书、定县八角廊汉简、云梦睡虎地秦简、江陵张家山汉简等多批出土简帛的整理和研究工作,积累了丰富的经验。但数量这么大的一批竹简,需要有一个团队来进行,怎样建立起一个高水平的整理研究团队,就摆在了李学勤先生的面前。

根据李学勤先生的建议,为了更好地协调和组织校内外的科研力量来从事清华简的保护、整理和研究工作,在清华简入藏后不久,清华大学就专门成立了出土文献研究与保护中心。按照当时学校的规划,中心是一个跨院、系的校级虚体科研机构,由历史系、化学系和图书馆共建,李学勤先生亲自担任中心主任,具体负责清华简各项工作的开展。

一个机构要正常运转,首先需要有人,否则就是一个空壳。为了尽快让中心步入正轨,李学勤先生迅速开始组建科研团队。

李均明研究员和赵桂芳研究员是最早加盟清华大学出土文献中心的学者。两位先生自 20 世纪 70 年代开始即从事简帛学的整理研究和保护工作,李均明先生是享誉海内外的简帛学专家,著作等身;赵桂芳先生则长期从事简帛文物的保护工作,具有丰富的竹简保护经验。两位先生正好都刚刚从中国文物研究所(现改名为中国文化遗产研究院)退休,于是,在李学勤先生的邀请下,他们立即加盟清华简团队,投入到清华简的保护、整理与研究工作。由于清华简在流散期间已经出现了菌害霉变的现象,保护工作迫在眉睫。赵桂芳先生和李均明先生制定了竹简的保护方案,开展了卓有成效的竹简保护工作。经过三个多月艰苦努力的抢救性保护,清华简终于摆脱了菌害霉变的困扰,成功得以保存下来。

---

① 后来经过对清华简的紧急抢救性清理,科研人员确认了所有清华简均为真简,没有任何假简。在获知清华简具有重大学术价值之后,清华的一位校友自己个人出资买下了这批竹简,并无偿捐献给清华大学。

② 2008 年 9 月 9 日,李学勤先生收到了张光裕先生寄来的第二批临摹竹简,一共有 86 枚,并附有他写的《又见荆楚遗珍》一文和一首他临摹竹简感受的七言诗。当时清华大学正在紧张地开展对竹简的抢救性保护工作。张先生的此文和诗歌,后来在《清华大学学报》2009 年第 5 期上正式发表。据张先生该文的后记,清华简入藏之日,正是张先生的生日那一天,极为巧合。

原先在香港中文大学任职的沈建华副研究员对甲骨学等出土文献也有深入的研究，曾任饶宗颐先生的学术助手。巧合的是，沈先生当时也刚刚结束了在香港中文大学的工作，回到内地。于是，在李先生的邀约下，沈先生也从上海来到北京，参与了清华简的保护、整理和研究团队。清华简的初步编联工作，就是在2009年由沈先生带领两位博士生一起完成的。

这样，李学勤先生与李均明、赵桂芳、沈建华三位先生，以及当时在历史系任职的刘国忠副教授等人，组成了最早的一个科研团队。大家在李学勤先生的带领下，在学校文科处等有关部门的大力支持和积极配合下，完成了清华简的抢救性保护、拍照、初步的释读和编联等工作，为此后清华简整理研究工作的顺利开展奠定了基础。

当然，仅仅依靠这几位学者无法完成清华简的繁重工作，李学勤先生仍在继续不遗余力地建设清华简的科研团队。

任教于北京师范大学的赵平安教授是李学勤先生的学生，也是学术界著名的古文字学专家。当时赵平安教授正准备办理调动手续，去北京大学工作。为了让赵平安教授加盟清华简的科研团队，李先生亲自到赵平安教授家，动员他来清华大学。在自己老师求贤若渴的目光下，赵平安教授义无反顾地答应了下来。2009年3月，赵平安教授正式调入清华大学出土文献中心，加盟到了清华简的科研团队之中。

吉林大学的李守奎教授是著名的楚文字专家，他所编的《楚文字编》一书，是研究楚文字的学者们案头必备的工具书。李学勤先生经过与吉林大学校方协商后，也热忱邀请李守奎教授加盟。然而由于涉及京外人员的调动工作以及家属的安置等问题，调动工作异常困难。李学勤先生却毫不气馁，他不仅多次到学校汇报相关情况，而且每逢有校领导陪同客人参观清华简或来中心调研时，他就向校领导反映有关情况，推动李守奎教授的调动事宜。在李学勤先生的不懈坚持下，李守奎教授终于顺利从吉林大学调到了清华大学，参加到清华简的整理研究团队之中。

除积极引进这些学术带头人之外，李学勤先生也一直希望通过清华简的保护、整理与研究培养一批人才，做好学术队伍的梯队建设。

2009年5月，温家宝总理来到清华大学出土文献中心视察清华简，这是中心发展工作中的一件盛事。温总理对于清华简的各项工作予以了充分的肯定，表示国家将支持清华大学建成一座清华简的保护大楼，并语重心长地提出建议，希望李先生等老专家们能够带领和培养年轻学者，做好竹简的阐释和研究工作，做好学术梯队的建设。于是，李学勤先生利用这一重要的契机，专门给学校打报告，希望能招收出土文献方面的博士和博士后，参与到清华简的研究工作，培养出土文献研究的后备力量。此后，出土文献中心的科研工作发生了一个重要变化，开始从一个单纯的科研团队变成了科研和培养人才相结合的机构。在学校的支持下，中心开始有目标地招收博士和博士后，并让他们参与到清华简的整理和研究工作之中，事实证明，这种吸收青年学子参与重大课题研究的做法卓有成效。在一批经验丰富的专家学者们的带领之下，这些青年学子迅速成长，已经在出土文献整理研究工作中崭露头角。

人才队伍的建设过程充满了艰辛和坎坷，在很长的时间里，出土文献中心一直是一个虚体的科研机构，没有任何编制，没有常规的经费支持，在这种情况下，要想留用刚刚毕业的学生，更是难上加难。李学勤先生一直强调，中心好不容易建立起来了这样一个学术团队，决不能再次分散。为此，李先生不断与校领导沟通，希望将一些优秀的青年学子留在中心工作。比如在 2014 年，中心培养的博士后马楠面临出站，但当时整个人文学院因为要进行人事制度改革，已经冻结了人才引进工作，为了将她留下来，李先生不仅多次与有关部门联系，还专门给校领导写信，在信中李先生介绍了马楠博士的出色表现，并指出：

> 出土文献研究与保护中心当前一大问题，是人员年龄偏高，包括外聘的三位研究员也是如此。清华简的整理出版，估计尚需十年左右，而对它们的研究工作，则将长期持续进行；此外，中心还有许多意义重大的工作有待开展。我个人认为，像马楠这样的难得人才，我们不应错过。相信校领导不会令我们失望。

正是在李学勤先生的不懈努力之下，马楠博士最终得以留校，这是当年人文学院引进的唯一一位青年学者。通过李先生的持续努力和学校的有力支持，中心虽然当时还是一个虚体，但却留用了多位优秀的青年才俊，成功建设起一个老、中、青相结合的学术梯队，成为国内外一支重要的学术力量。

2017 年上半年，李学勤先生渐渐感到身体不适，为了中心的发展需要，拟延请安徽大学的黄德宽先生来协助处理中心的工作。后来，李先生于 2017 年 6 月 6 日住院治疗，在住院期间，他多次与前来探视的校领导交流，希望加快黄先生的引进工作。这一安排不仅使清华引进了学术带头人，也保证了出土文献中心得以平稳地过渡和发展。

三、确定原则，科学规划清华简的保护与整理事宜

早在清华简入藏之初，李学勤先生就已经开始规划清华简的整理研究工作。2008 年 11 月 14 日，李先生写了一篇题为《初识清华简》的文章，后来在《光明日报》当年 12 月 1 日发表，这篇文章除介绍清华简的相关情况外，还从学术史的角度，把清华简的发现与汉代的孔壁中经、西晋的汲冢竹书的发现并列比较，指出，"在清华简中又看到了真正原本的古文《尚书》和近似《纪年》的史籍，给我们研究古代历史和文化带来了新的希望，也一定会在学术界造成深远长久的影

响。有关《尚书》《纪年》的一些悬疑不决的问题，很可能由于新的发现获得解决"。李先生认为清华简的重要性可以与历史上的孔壁中经和汲冢竹书相当，很贴切地反映了清华简的特色和重要意义。在文章的最后部分，李先生则重点讨论了清华简的保护和整理工作。对于清华简的保护，李先生强调说"如何保护得更好，本身就是一项科研课题，应该以多学科结合的方式来探索和实施"，并要求"适应文物收藏入库的要求，每枚简，包括整支和残片，都必须登录编号。简上的各种现象，都必须记录下来，至于形制、尺寸、字数等要素更不必说"；照相工作方面，李先生也提出了很高的要求，以便获得高质量的图版，辨清竹简上的字迹；要做好简的缀合、编排、隶写和释读等一系列工作，为读者提供进一步深入研究的基础。

李先生的这些认识对于此后的清华简保护与整理工作起到了指导性的作用，随着时间的推移和认识的深入，我们越来越深刻地体会到李先生在竹简保护与整理等方面见解的高明之处。由于篇幅的关系，这里我们仅就竹简文物特性的认识和清华简的整理模式做一些说明。

出土文献中心的科研人员在做清华简整理保护工作时，李学勤先生一再告诫，竹简本身是考古学的遗物，做竹简整理时，一定要重视它们的物质属性，简上的各种现象，都必须记录下来，这对今后的竹简复原和研究会有重要的作用；过去出版的竹简整理报告往往只重视文字内容，我们今后推出清华简的整理报告时，一定要加以避免。基于李学勤先生这样的认识和要求，科研人员在清洗保护清华简时，对于竹简上的各种信息都做了认真的记录并尽量予以保留；在拍摄清华简照片时，既拍摄了竹简的有字的正面照片，同时也拍摄了所有清华简没有字的简背那一面照片，并决定将它们与竹简正面照片一起公布出版。

2010 年年底，清华简的第一辑整理报告正式出版，这也是国内首部第一次把竹简的正面与背面照片同时公布的竹简整理报告，从而使学术界有机会第一次看到了竹简背面的状况。以往的简牍整理报告不提供竹简的背面信息，主要是因为简背没有文字，觉得没有价值，但是自从清华简公布了简背照片后，学者们才发现竹简的背面竟然包含了大量的信息，对于竹简的编排、缀合可以起到重要的作用。比如竹简在最初加工时，同一个竹筒加工出来的竹片一般都会放在一起，因此抄写竹简时，同一篇简文所用的竹片往往有可能是同一个竹筒所制，由于竹简的背面正好是竹子的篾青那一面，可以很好地体现竹子的本来面目，因此，科研人员可以通过观察竹简的背面特征来更好地看出各支竹简之间的相互关联；另外，学者们后来还发现清华简的背面往往有一些刻划的斜线，推测是竹简制作加工时工匠们有意做的一些记号，竹简背面的划痕问题才第一次为学者们所获知，并已成为竹简编排时最重要的依据之一；有时候竹简背面的粘附物也会对竹简编联有很好的作用，比如在清华简《算表》编连过程中，科研人员发现在简背粘有很多已朽烂的丝带，并在多枚简上留下了痕迹，由于清洗过程中科研人员非常细心，这些朽烂的丝线都得以完好保存，科研人员根据这些丝带残留物在各枚竹简中的相互位置，重新将其编联，取得了圆满成功；再比如，竹简上的墨迹有时会反印在竹简的不同位置上，这些信息也非常有利于竹简的编连和复原；另外，有时候竹简背面的水渍形状等现象，也有助于我们判断竹简在墓葬中的相互关系。这些成功案例，更使中心的科研人员深刻认识了竹简作为物质的考古遗物，其本身所蕴含的各种信息具有重大的价值，也进一步体会到李先生相关要求的深刻含义。

由于对竹简物质属性的重视，清华简在竹简信息的提取方面，兼顾了竹简背面信息的提取，并注重将竹简背面信息的分析与竹简的整理、缀合和研究工作结合起来；在竹简的拍照、扫描和整理工作中逐步形成了一套行之有效的规范和方法，从而使竹简的整理与研究方法取得了许多突破，极大地推动了简帛学的理论与方法的建设。

清华简的整理工作则借鉴了20世纪70年代国家文物局在北大红楼所组织的简牍帛书等出土文献的整理模式，在出土文献中心的科研人员中，李学勤先生和李均明先生都参加了当时的出土文献整理工作，对于当时的那套整理模式非常认可。因此，清华简的整理模式，也效法当年的红楼整理经验，每一辑整理报告的编写，都是以团队的形式进行，各篇简的整理委托专人负责，并在出土文献研究与保护中心内部进行充分讨论，每一次讨论之后各篇的负责人根据整理小组的集体意见加以修改，再把修改稿提交给整理小组进行第二轮讨论，每篇简的整理都要经过这样多次的集体讨论和修改，最后由全书的主编李学勤教授审定。由于整理团队的科研人员不少是第一次参与竹简的整理工作，水平参差不齐，这种工作模式可以最大限度地发挥集体的作用，大家群策群力，从不同的角度对于清华简各篇的整理提出各自的意见，保证了每一辑整理报告的高质量。李先生在整理篇目的选择上，还有意采取了先易后难的方针，先选择那些学术价值重大而且有传世文献对照的篇目，优先加以整理，这样方便整理团队的成员尽快熟悉和入门。另外，李学勤先生还要求，整理报告除兼备清华简的正面和背面彩色照片外，还要提供竹简的原大照片和放大照片，以方便读者对清华简有一个全面客观的认识和利用。这种整理和出版的模式在以往出土文献的整理和出版工作基础上做了很大的创新，受到了读者的普遍欢迎。

四、身先士卒，高效从事清华简的科学研究

在清华大学出土文献研究与保护中心的团队里，李学勤先生不仅是当之无愧的核心人物，而且在各方面都起着表率的作用。李先生在2019年去世之前，一共主编了8辑清华简整理报告，基本上是每年出版一辑，这些整理报告代表了当代中

国学者整理战国竹简的最高水平，也创造了战国竹简整理出版的新速度，被学者们誉为是"清华简速度"。①这一整理水平和整理速度的取得，与李先生的全力付出密切相关。每一次分配给团队成员分头负责整理的清华简篇目，他都是毫无悬念地承担其中内容最为艰难的篇目的整理，而他每一次都身先士卒，不仅第一个完成和提交相关篇目的整理稿，而且是又快又好，同事们很难对他的整理稿提出太多的意见；而对于同事们所负责整理的各篇，他都要全部认真研读，并在审读后毫无保留地贡献自己的见解，供大家参考；而每一辑整理报告在提交出版社之前，李先生作为全书的主编，都一定要细心研读和修改，最后定稿，以保证整理报告的质量和水准。可以说每一辑清华简整理报告的顺利面世，李先生所付出的心血都是别人难以想象的，他的主编一职可谓是名副其实。

不仅如此，李学勤对于出版公布的每一辑清华简篇目都做了认真的研究，2013年，他率先在中西书局出版了《初识清华简》一书，收录了他有关清华简研究的36篇论文，这是学术界有关清华简研究的第一部论文集，代表了当时清华简研究的最前沿水平。此后，他每年都坚持发表清华简的研究论文，甚至在生病住院之后，他还在病床阐述了自己对清华简《摄命》篇的意见，委托学术助手将之整理成文，并顺利发表。②据统计，李先生一生中所写的与清华简研究相关的论文一共有60多篇，现已经全部收录在江西教育出版社出版的《李学勤文集》的各卷之中。这些论文从各个不同的角度对清华简进行研究，解决了许多长期困扰学术界的重要问题，极大地推进了清华简与中国古代文明的研究，具有极高的学术价值。曾经有研究生以"李学勤先生的清华简研究"为题，撰写硕士论文，对其研究成果和研究方法做了认真的总结。③以下我们以"釲"字的释读和秦人始源的研究，管窥李先生的研究成果。

"釲"字见于清华简《算表》，李先生根据《算表》的规律，指出该字义为"四分之一"，这是一个极为重大的发现，此前学者们只知道先秦时期已经有了"二分之一"（当时称为"半"）、"三分之一"（当时称为"小半"）和"三分之二"（当时称为"大半"），先秦时期的人们有没有"四分之一"的概念，在传世文献中找不到任何线索，李先生在《算表》中解读出了"釲"字，肯定了先秦时期已经有了"四分之一"的概念和表示"四分之一"的专有名词"釲"，对于中国科技史、数学史的研究意义十分重大。

但是"釲"何以是"四分之一"呢？李先生指出，"釲"即是"锱"字，在上博简《缁衣》中，"缁"字写为"紂"，这和"锱"字写为"釲"，道理是一样的，

---

① 虽然李学勤先生已于2019年去世，但是出土文献中心的各位同人仍一直延续了这一目标，以每年一辑的速度整理公布剩余的清华简。2023年，清华简第十三辑整理报告刚刚如期公布。

② 即《谈清华简〈摄命〉篇体例》（《清华大学学报》2018年第5期）和《清华简〈摄命〉篇"粦"字质疑》（《文物》2018年第9期）二文。

③ 张然然：《李学勤先生的清华简研究》，烟台大学，2016年硕士学位论文。

古书中对于"锱"字有不同的解释，但是在出土的战国时代秦国所行圜钱中，虽然大部分都写有"半两"，但是也有少数"两甾"钱，是同"半两"形制重量都一致的方孔圜钱，"半两"是二分之一两，与此完全相当的"两甾"的"甾"自然是四分之一两了。在湖北荆州黄山墓地出土的"才（锱）两"环权等文物，都证明"鈠（锱）"可以理解为数字意义的四分之一，至此，"鈠"字的释读问题得以完全解决。

秦人始源的问题也是同样重要且长期困扰学术界的历史之谜。周王室东迁以后，秦人雄起于西方，先是称霸西戎，随后逐步东进，最终兼并列国，建立秦朝，成就统一大业。秦朝存在的时间虽然短促，对后世的影响却相当深远。但是秦人是从哪里来的，其文化有怎样的历史背景，历来有不同的看法，有的学者认为秦人原本为戎族，来源于西方，但是也有不少学者主张秦人起源于东方。这两种观点都有很多的拥护者，谁也无法说服谁。2011年9月8日，李学勤先生在《光明日报》发表了《清华简关于秦人始源的重要发现》一文，该文根据清华简《系年》的记载，分析了秦人原为商奄之民，后来因为参与三监之乱，被周成王和周公强制迁往西方的邾虚也就是朱圉山一带，以抵御奴虚之戎的经过。全文内容非常翔实，秦人始源的问题也因此得到了合理的解决。赵逵夫先生曾评价说，正是由于李先生的这一研究，"秦本东夷而迁于西北的结论得以被学界普遍接受"。[1]李先生还进一步指出："既然秦人本来是自东方迁来的商奄之民，最早的秦文化应该具有一定的东方色彩，并与商文化有较密切的关系。希望这一点今后会得到考古研究的验证。"这一论述也为我们今后的工作重点提供了思路和方向。

李先生不仅自己勤奋地从事清华简的研究，他也不断督促出土文献中心的同人在从事清华简整理工作的同时，撰写相关的研究著作。他常常说，我们有这么好的这批材料，如果不撰写研究成果，实在是太可惜了。他经常在报刊上组织专栏，给同人们出研究的课题，并帮助修改论文，一言一行，犹如春风化雨，润物无声，不仅让同事和学生感受到了贴心的温暖，而且催人奋进，给人启迪。

五、拓展领域，全面推动中心的快速发展

清华大学出土文献研究与保护中心是由于清华简的入藏而专门设立的一个科研机构，建立的时间是在2008年9月，2009年4月举行了揭牌仪式。当时由于条件所限，中心只能是一个跨院、系的虚体研究机构，尽管如此，中心还是制定了长远的发展目标，按照当时的设计，"中心将通过开展自然科学与人文科学的交叉性和合作性研究，深入探讨出土文献整理、研究与保护工作的前沿课题，把本中

---

① 赵逵夫：《论秦史研究与秦人西迁问题》，《天水师范学院学报》2013年第1期。

心建设成为具有世界领先水平的出土文献研究和保护中心。当前中心的主要研究内容是对清华大学抢救入藏的战国竹简进行保护、整理与研究，同时开展其他出土文献（如甲骨文、金文）的研究和保护工作"。中心后来的发展，就是按照这个设计一步步开展起来的。

2011 年，清华大学以出土文献中心为核心，申请建立一个名为"清华大学出土文献与中国古代文明研究中心"的教育部人文社会科学重点研究基地，该基地随后顺利获得了教育部的批准，这也是教育部所建设的唯一一个以出土文献为研究对象的重点研究基地，李学勤先生担任主任一职。教育部人文社会科学重点研究基地的顺利建设，为出土文献中心的发展提供了更好的平台，但是，当时出土文献中心作为虚体研究机构的性质并没有任何改变。

随着清华简的整理工作进入了常规的轨道之后，中心开始按照原来的设计，逐步扩大了研究的范围。比如，出土文献中心与清华大学图书馆合作，开始整理清华大学收藏的 1800 多片甲骨，以及清华艺术博物馆收藏的铜镜；2011 年 5 月 24 日，中心又与长沙市文物考古研究所、中国文化遗产研究院、湖南大学三家单位正式签约，合作整理五一广场出土的近一万枚东汉简牍；此后，中心又与甘肃省简牍博物馆签署了战略合作协议，后来又合作整理悬泉简；与湖北省博物馆、湖北省文物考古研究所、武汉大学简帛研究中心签署合作协议，利用开发湖北省优势考古资源，合作开展基础研究和前沿研究；等等。随着时间的推移，出土文献中心在甲骨、金文及其他简帛资料的整理研究工作方面都得到了有效开展。

不过，由于出土文献中心是一个虚体单位，没有常规经费投入，也没有人员编制，中心的各位老师当时都是历史系或中文系的老师，必须在完成各自教学科研任务的同时，以业余的身份来从事清华简等出土文献的研究。随着时间的推移和中心的快速发展，出土文献中心这种虚体科研机构的性质严重影响了它的进一步发展，迫切需要根据形势发展及时加以改变。因此，在李学勤先生生命的最后几年，他一直在为中心的实体化而呼吁奔走。虽然他后来身患重病，但他表示，一旦学校有相关会议，哪怕是把他抬着，他也要向校领导汇报，希望学校支持将出土文献中心变为实体。

在李学勤先生及各方面的共同努力下，2018 年 4 月 24 日，清华大学发文，正式决定把出土文献研究与保护中心实体化，中心终于成为学校的实体教学科研机构，学校"希望出土文献中心按照建成世界一流文科研究中心的目标，充分发挥清华大学多学科优势，带动和促进出土文献与语言学、历史学、文学、哲学、艺术学等学科的交叉，为我国出土文献研究与人才培养做出新的更大的贡献。"这对中心的定位给予了更高的要求和期望。

2018 年 11 月 17 日，"纪念清华简入藏暨清华大学出土文献研究与保护中心成立十周年国际学术研讨会"在清华大学主楼隆重举行，来自海内外的 130 多位专家学者汇聚一堂，见证并庆祝这一特殊的历史时刻。可惜的是，作为中心创始者的李学勤先生却因病住院，无法能够亲临现场。在致辞时，清华大学校长邱勇院士除对中心取得的成绩表示热烈祝贺之外，还动情地说："在这里，我本人和我们大家，还要向李学勤先生表达特别的敬意、特别的感激和特别的祝福！大家都知道，学勤先生今天不在现场，他是最应该在现场的人！……我相信学勤先生一定能听到我们今天的欢声笑语，和我们对他的祝福。"

李先生虽然因为生病，无法到现场参加有关的活动，但通过视频看到了会议的盛况，他十分欣悦，说："今天是我的生日！"

正是由于李先生和中心同人的努力，出土文献研究中心终于从无到有，由虚变实，而且在短短的十几年间不断地发展壮大，成为出土文献研究领域的一个重镇。

六、高瞻远瞩，大力推动出土文献的学科建设

随着清华简等出土文献整理工作的顺利开展，李学勤先生和中心的科研人员一起，又为进一步推动出土文献这一学科的建设工作而努力。在这一过程中，2011 协同创新中心的建设，为出土文献的学科发展提供了重要的契机。

出土文献是指通过考古发掘等发现的古代文字材料，包括甲骨文、金文、简帛等，其内容有关中国古代历史文化众多方面，具有十分珍贵重要的价值。但是以往的出土文献整理与研究工作，存在着碎片化、重复化等弊端，各单位单打独斗，不利于整个出土文献学科的发展。于是，在李学勤先生等知名学者的倡议下，清华大学和北京大学、复旦大学、吉林大学、中国人民大学、中山大学、湖南大学、首都师范大学、安徽大学以及中国文化遗产研究院、中国社会科学院历史研究所等 11 家高校和科研机构，联合建立了"出土文献与中国古代文明研究协同创新中心"，李学勤先生和裘锡圭先生共同任中心主任。2014 年，这一协同中心顺利通过教育部的验收认定，成为唯一一个被国家认定的人文学科协同创新中心。协同中心开展了众多协同研究的工作，比如对马王堆帛书、银雀山汉简的重新整理，对于长沙五一广场东汉简牍的合作整理研究，等等。这一协同创新中心的建立，极大地改变了包括简帛资料在内的出土文献研究工作的面貌和格局，对于这一学科的建设和人才培养发挥了重大的作用。在这一新平台下，全国的出土文献保护、整理和研究工作取得了长足的发展。

出土文献主要是用古文字书写而成，中国古文字是数千年来世界上唯一延绵不绝的古典文字系统，也是博大精深的中华文明的载体。李学勤生前一直希望把出土文献作为一个学科建设起来，为此他奔走呼吁，大力倡导，但可惜的是，在李学勤先生生前，这一目标并未能够付诸实践。

2011 协同创新中心的任务结束后，在清华大学等单位的建议下，2020 年，国

家八部委又联合组织实施"古文字与中华文明传承发展工程"，再次委托清华作为牵头单位负责统筹组织工程实施，联合北京大学、社会科学院和国家博物馆等 16 家重点高校、科研院所和文博单位，组建了古文字重大文化工程联合攻关协同平台，黄德宽先生任主任，并在出土文献中心设立古文字工程秘书处，负责工程日常运转工作。这个工程在一定意义上可以看作是 2011 协同创新中心在新时代的进一步发展。

为了更好地加强出土文献的学科建设，实现李学勤先生的夙愿，近年来，清华大学出土文献中心在黄德宽主任的领导下，大力推进相关工作。考虑到"出土文献"是以地下新发现的文字资料和文献形态而划分出的文献类型和研究领域，并非是一个学科概念，出土文献的整理研究，涉及语言学、历史学、古文献学、考古学等多个学科。在现代学科体系中，这些学科各有其特定的研究对象、知识体系和学科定位，且其中任何单一学科都无法适应出土文献研究对多学科参与的需求。如何确立建设"世界一流文科研究中心"的支撑学科，是需要解决的首要问题。经过出土文献中心与学校相关部门的往复讨论，清华大学最终确立了建设古文字学一级学科的设想。

古文字研究源远流长，两汉时期即已发端，经过传统语文学、金石学等不同发展阶段的积累，尤其是殷墟甲骨文的重大发现以及中国现代学术的兴起和大量古文字资料的不断出土，古文字研究逐步成长为一门具有中国特色的新兴学科，其研究领域包括商周甲骨文、金文以及战国秦汉简帛等。近几十年，古文字学的发展呈现出与语言文字学、历史学、古文献学和考古学等多学科交叉融合的鲜明特征，古文字学与现代信息技术、人工智能的结合近来也成为一个新的发展趋势。因此，以古文字学作为建设"世界一流文科研究中心"的支撑学科，与出土文献中心的发展目标契合度最高；以古文字学学科作为建设重点，符合中央弘扬和传承中华优秀传统文化，提升文化自信，建设文化强国的战略部署，符合清华大学建设世界一流文科的发展规划；而且清华大学在古文字学研究方面的深厚传统、学术积淀，特别是清华简的收藏与整理研究成果，也为古文字学学科建设奠定了良好的基础。①

基于这样的认识，清华大学于 2022 年率先在国内设立古文字学一级学科，引领相关领域的学科建设。这一方案已经获得清华大学的批准，后上报教育部备案通过并开始实施。出土文献的学科建设终于有了一个飞跃式的发展。清华大学设立古文字学一级学科，其长期目标是建成支撑我国古代文明研究达到世界先进水平的古文字学人才培养体系，构建完善且动态优化的古文字学科课程体系，培养大批从事重大原创性研究和在文化传承传播事业中能担当大任的高层次人才，为

---

① 黄德宽：《古文字学交叉学科建设的思考与实践》，"清华大学出土文献研究与保护中心"网站，2023 年 11 月 16 日。

中华优秀传统文化传承发展和推进世界文明交流互鉴做出重要贡献。这一学科建设目标正是李学勤先生长期倡导的学科建设目标，倘若李先生在地下有知，也一定会为出土文献和古文字学的学科建设和发展而感到欣慰的。

回顾这十几年来清华简整理研究工作的快速发展和出土文献、古文字学的学科发展历程，不禁让人感慨万千，李先生以清华简的保护、整理和研究工作为依托，通过自己和同人们不懈的努力，为清华简和出土文献、古文字学的学科建设做出了巨大的贡献。现在回过头来看，也许是冥冥之中自有天意，这批简最后能够由清华大学收藏，并由李学勤先生来主持保护、整理和研究工作，确实是找到了它最好的归宿。

如今，李学勤先生虽然已经永远离开了我们，但是由他一手开创的清华简整理、保护与研究事业一定能够不断发展，再创辉煌。而相关工作的深入发展，必将对中国出土文献、古文字学的学科建设和古代文明的研究产生深远而广泛的影响。

（原载《邯郸学院学报》2024 年第 1 期）

回忆李学勤先生二三事

刘风华

（国家语委科研机构汉字文明传承传播与教育研究中心
古文字与中华文明传承发展工程协同攻关创新平台
郑州大学汉字文明研究中心）

转眼敬爱的李先生离开我们已经五年了，回忆起与老先生交往的点点滴滴，心中充满了感激。这里谨记下与李先生的学术交往二三事，作为一瓣心香，祭奠李先生。

李先生把我召唤到了清华

我 2007 年从郑州大学历史学院考古学及博物馆学专业博士毕业，导师是王蕴智先生，毕业之后到郑州大学文学院语言学教研室任教。有一天，忽然接到了王老师的电话，说李学勤先生通过历史学院院长韩国河老师找我，也没有说找我具体是什么问题，只是说让我给老先生回一个电话。我当时吓坏了，我想，是不是我论文中言辞不当，得罪了德高望重的老先生？因为我论文中有好几处说要与老先生"商榷"。那些需要"商榷"的问题，今天看来，实在不怪老先生，是我自己看问题视野狭窄，钻牛角尖所致。比如殷墟甲骨文中的历组卜辞，从字形、称谓、事类等可分为一类和二类，一类时代早，多见"父乙"，二类时代晚，多见"父丁"，二者有共同的占卜内容，如伐召方。李先生曾提出，可将两类卜辞中相关的内容做一个排谱。我因为拘泥于分组分类的限制，则提出，二者类别不同，不能放到一起来考虑。现在来看，真是我错了，攻打召方是同一个时代的大事，必须通盘整理。现在，再也没有机会向老先生表达歉意了。

接到李先生间接打来的电话之后，我心中充满了忐忑。我给老先生回了电话，记得老先生让我寄一本博士学位论文给他，常与他联系。听了这番话，我才放下心来。不过，总是感觉自己学识短浅，怎敢总是去打扰名满天下的老先生呢？所以，总是在有了一点学习心得之后，如获至宝一样，向老先生汇报。汇报的内容不外乎近来缀合了哪一组甲骨、整理了哪一类的甲骨卜辞等，与先生的研究成果相比，实在是微不足道。不过，先生总是很和气地鼓励我。电话的末尾我记得很清楚，总是一句声音很洪亮的——"回见"！

2008 年，我申请奔赴清华大学，从事博士后研究，当时，从我们院到学校，都不肯放行，可能怕我有去无回吧。于是反复找领导，托人找领导，跑人事处……快要跑断腿的时候，总算人事处点头同意了。2009 年初秋，我像刚考上大学的小年青儿一样，满怀憧憬地来到了美丽的清华园。而且，后来我才从一个偶然的机会知道，自己也属于自费博士后，但我很清楚自己一分钱的自费费用都没有交。后来，沈建华先生赐示，当年我的博士后资金，是李先生替我向杨振宁基金会申请的。李先生却从来没有提过他帮助我的这件事。

李先生组织清华甲骨的整理工作

2009—2011 年，作为李先生指导的博士后，我主要从事清华大学所藏甲骨的整理与研究工作。清华甲骨共 1700 多片，主要有两部分，其中一部分是于省吾先生旧藏，另一部分是胡厚宣先生旧藏。后者独具特色，是非科学发掘甲骨中不可多得的同坑甲骨。这批同坑甲骨出自殷墟小屯村南，主要属于历组和无名组卜辞。我的博士论文主要着眼于村南系列甲骨，这方面相对熟悉一些。

为清华甲骨拍照的工作一波三折，不过，李先生很有号召力，富有效率，2010 年元月，终于进入了拍照片的环节。这是清华甲骨整理工作中，最难的两项工作之一（另一个是到现在还无法开工的椎拓工作）。那年冬天特别寒冷，连连下了几场雪，记得直到来年开学还有没融化完的。给清华甲骨拍照也是"兴师动众"的大事，图书馆专门派出了五位老师：高瑄馆长、冯立升老师、孟新民老师、姜小红老师、何玉老师。孟老师是摄影师，两位女老师负责甲骨的提取；出土文献研究与保护中心则委托沈建华老师带队，队员是贾连翔老师、任会斌老师和我。拍照片时，甲骨是不允许直接用手拿的，要戴着手套，而且，不是任何参加者都可以拿。通常是图书馆的老师负责取出来匣子，沈建华老师负责将其安放到摄影台上。让我来总结的话，我认为，沈老师对整理甲骨富有经验，工作非常富有条理性。沈老师要记工作日志，将工作安排写下来，而不是仅仅在脑子里想一想。这一点很值得学习。

我出站报告的主要内容是将清华甲骨的来源、入藏经过、保存现状、整理与研究历史、甲骨性状和内容等陈述出来。感谢老先生，给了我一个珍贵的近距离接触甲骨的机会。如果将来有这样的机会，我还会积极争取。

李先生的课

博士后两年中，我跟着老先生的其他学生一起听课，文北楼，每周三。每次上课听课的人都很多（听说真正选了该课程的人其实很少），除了本校的，还有北京其他高校的辗转而来，印象最深的是一位山东的书法家，每周三坐火车从山东到清华，准时来听课。我们则拜刘丽博士之赐，每次她都为我们占好了位置。那两年李先生讲金文，每次上课都为大家准备教材，是一页一页复印好了的青铜器铭文拓本，一学期下来，竟然积攒了厚厚一摞子。李先生总连上两节课，中间也不休息，而且声音洪大，旁征博引，语言幽默，引人入胜。上课时，偶尔也点名让学生谈谈自己的观点。有时候也会换成专门的讨论课，老先生提出问题，让大家谈谈自己的见解，师兄、师弟们多能侃侃而谈，我也被老先生点过名，让说说自己的意见。老先生的课含金量很高，很多人是带着录音机、录像机去上课，我每次都争取坐在第一排，好把录音机放到讲台上。这些珍贵的录音，现在还保存在我的电脑里。

后来听说考虑到老先生有年纪了，不让开这样的课程了。老先生再上课，是请学生到自己家里上。其实李先生有时候还是一个不服输的"老顽童"，有一次，他非要给我们表演从右边骑上自行车——他内心肯定是不服老的。

若说与老先生的私下的单独接触，实在是太少，若是有问题，基本都是在老先生下课之后，在陪伴老人回家的路上请教。这样的机会，算起来总量也不算多。老先生大多数时间，是宅在家里作自己的研究。

即使是这样，我也很庆幸，自己能得到这样的学习机会。当年郑州大学文学院的老院长徐正英老师得知我可以到老先生门下读博士后时，曾这样表达自己的心情："如果能给我这样的机会，即使让我磕三个头我都愿意。"我又何尝不是如此？

李先生有股子不服输的精神，有一次在办公室里，不知谁提到了甲骨中的牛肩胛骨如何区别左右的问题，黄天树先生从牛自身的结构出发，提倡改掉过去的称呼，李先生鼓动我写文章反驳。还有一次，不知怎么提到了历组二类甲骨中一种比较早的类型，李先生也鼓动我写一篇文章来深入分析一下，甚至还"开出了优厚条件"——愿意与我合署作者名。唉，怪我太懒散，竟然至今未定稿。

病中的李先生

师弟任会斌博士曾经说过，先生的一生，是最为完美的一生，先生的家庭，是最完美的家庭。我赞同会斌的说法。

师母徐维莹女士曾说，先生年轻的时候，工作条件也很差，家里地方小，经济也不富裕，周末师母很忙，要清洗衣物，还要蒸上两锅馍，给先生和孩子们平时吃。师母在还很年轻的时候，主动回到家庭，全力操持家务，支持先生的研究工作。所以，我们今天能从李先生的研究成果中受益多多，跟师母在背后的默默付出是分不开的。

回来之后，先是听说先生摔了一跤，腿部受伤，我想，以先生的精神头，应该很快就能恢复如初吧？可是不久，听说竟然住院了！我推想，以先生的精神头，这可能也不过是偶尔的休息吧？谁知道竟然是住进了有名的难进的大医院，我心里仍旧没有料到，这并不是什么好兆头。有时候我打电话问师母，老先生咋样了？师母总是说，比前一段好了，能坐起来了，能坐一会儿了，等等。我心中则很吃惊，身体那么好的李先生，怎么就坐不起来了？难道坐一小会儿也成了问题？后来又渐渐从电话里面听到，先生已经很久不让吃东西了！

先生住院了，师母要求多多去探望他，却只允许每周看望两次，而且每次仅仅个把小时！太短暂了！电话中，师母告诉我，她和先生，从来不曾分别过。所以，每天晚上，电话，就成了两位老人沟通的热线。为了安慰病床上的李先生，师母有时候会在电话里给先生唱歌。

为了避免身体虚弱的先生被外界的病菌感染，师母很小心自己的健康，坚持每天走路锻炼，且从不到人多的地方去。

2018年冬，出差路过北京，专程去探望师母，并留出时间，希望能去看一眼先生，但终未能如愿。回家之后，只能是常常打电话，探听老先生的康复情况。我心里想，来年春天，万物回春，或许先生能够出院？谁知道，春天带来的，并不是好消息。

2019年2月24日的大清早，我一眼看到微信群里缙云师兄发出一条消息，李先生仙逝了。真不敢相信这是真的……

现在，先生已经永远离开了我们，先生的去世，是学术圈多么大的损失，先生的博学，世间几人能相比拟？2019年是甲骨文发现120周年，为甲骨学做出了重大贡献的李先生，却没有能坚持到举世欢庆的这一天！或许，这时，老先生正在天上，像往日一样，正满眼含笑地注视着这个甲骨学研究的盛世吧！

在夏商周断代工程从先生学习杂记

苏 辉

（中国社会科学院古代史研究所）

　　1996 年，我在北京师范大学校园内一个报栏前阅读宋健先生的《超越疑古走出迷茫》这篇名文时，从未想到在本科毕业后能有幸追随夏商周断代工程专家组组长李学勤先生学习，从而与"断代工程"产生交集，并且这种学术关联一直持续到今天。

一

　　"断代工程"在开展学术研究的同时，十分重视后备力量的培养，为了达到既要出成果，也要出人才的要求，在教育部的支持下，利用中国社会科学院、中国科学院，北京大学、南开大学等单位已有的学位培养体系，在当时承担课题的科研机构和高校中专门分列招收名额，定向培养相关专业方向的研究生，导师都是"断代工程"的专家。在人事部的支持下，"断代工程"还培养了数量不少的合作博士后，如赵春青、陈琪、江林昌、李勇、徐凤先、张雪莲等。按照时间排序，1999 年从中国社会科学院研究生院入学的王泽文、陶磊和我应该是夏商周断代工程招收的最后一批学生（见图1）。我很庆幸把握住了机会，跨进学术之门，由此受惠一生。

图 1　2002 年陶磊（后左一）、王泽文（后左三）博士答辩结束后与
导师李学勤先生（前右）和席泽宗先生（前左）合影，苏辉（后中）为答辩秘书

入学期间，每周二我们都会去历史所面见李学勤先生，随即也在项目办公室待一会儿，只见几位老师都忙于各种事务，我们那时并没有参与项目当中。2001 年 8 月的一天，项目办公室通知王泽文和我去面谈，到了之后见朱学文主任、专家组秘书长周年昌先生和王肃端老师三位都在场，才知道是借调的前任学术秘书回归原单位，或已经博士后出站，朱先生询问我俩是否愿意作为专家组学术秘书加入项目办公室，主要工作是编《“夏商周断代工程”简报》，并协助项目办公室操办各项学术活动，处理相关事宜。我俩当时并没有什么思想准备，但想到这是很难得的一次学习机会，且得知项目办公室已经征求了四位首席科学家的意见，自然是得到了导师李学勤先生的首肯，于是就应承了下来。

《“夏商周断代工程”简报》是供项目成员内部交流的平台（见图 2、图 3），一般每期 4 页，正反双面印，内容包括三代年代学最新的学术信息、课题成员的相关研究初稿、研讨会的综述，并转载学界的研究成果和讨论函件，等等。其中我们从第 113 期开始接手，因为都是新人，当期就由我俩共同合编，之后轮流做责任编辑。如有项目的研讨会，我们还得撰写会议综述发在《简报》上，以供未参会的学者及所有课题成员参考。我和王泽文就约定，一人写综述，另一人就编发有综述的当期简报，王泽文写的会议综述较多，我编的简报期数也就比他多一些。到 2010 年 1 月 12 日，第 174 期印行之后，《简报》就此停刊。

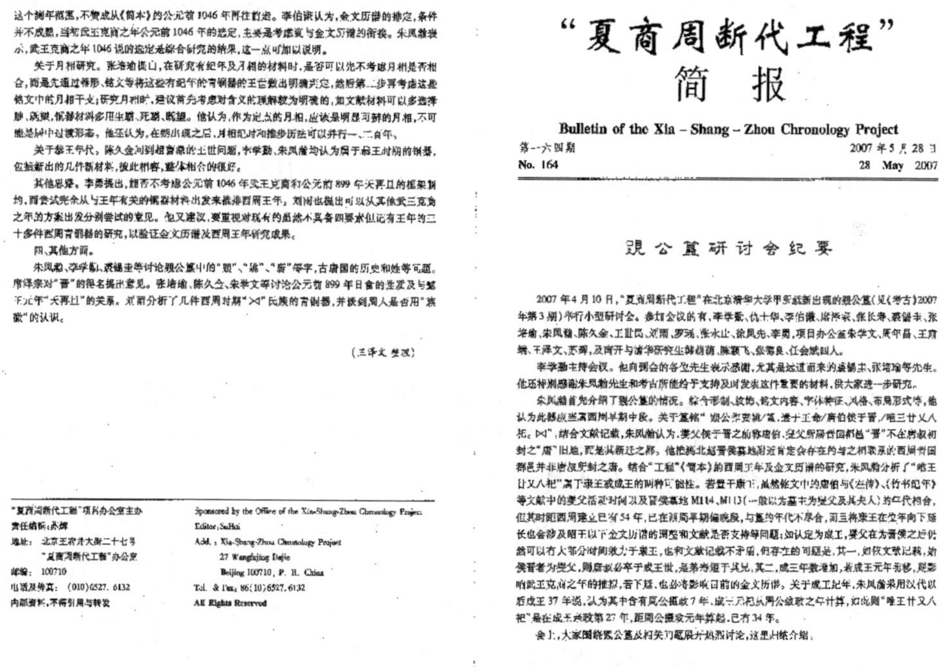

这个测年范围，不赞成从《简本》的公元前 1046 年再往前走。李伯谦认为，金文历谱的排定，条件并不成熟，当初武王克商之年公元前 1046 年的选定，主要是考虑到与金文历谱的衔接。朱凤瀚表示，武王克商之年 1046 说的选定是综合研究的结果，这一点可加以说明。

关于月相研究。张培瑜提出，在研究有纪年及月相的材料时，是否可以先不考虑月相是否相合，而是先通过器形、铭文等将这些有纪年的青铜器的王世做出明确界定，然后第二步再考虑这些铭文中的月相干支；研究月相时，建议首先考虑对含义的理解较为明确的，如文献材料可以多选择朏、既望，铜器材料多用生霸、死霸、既望。他认为，作为定点的月相，应该是明显可辨的月相，不可能是月中过渡形态。他还认为，在朔出现之后，月相纪时和推步历法可以并行一、二百年。

关于懿王年代。陈久金问到趞曹鼎的王世问题，李学勤、朱凤瀚均认为属于懿王时期的铜器，包括新出的几件新材料，彼此相容，整体相合的很好。

其他思路。李勇提出，能否不考虑公元前 1046 年武王克商和公元前 899 年天再旦的框架制约，而尝试完全从与王年有关的铜器材料出发来推排西周王年。刘雨也提出可以从其他武王克商之年的方案出发分别尝试的意见。他又建议，要重视对现有的虽然不具备四要素但记有王年的三十多件西周青铜器的研究，以验证金文历谱及西周王年研究成果。

四、其他方面。

朱凤瀚、李学勤、裘锡圭等讨论䚄公簋中的“䚄”、“姚”、“唐”等字，古唐国的历史和姓等问题。席泽宗对“晋”的假名提出意见。张培瑜、陈久金、朱学文等讨论公元前 899 年日食的性质及与懿王元年“天再旦”的关系。刘雨分析了几件西周时期“⋈”氏族的青铜器，并谈到周人是否用“族徽”的认识。

（王泽文 整理）

“夏商周断代工程”项目办公室主办
责任编辑：苏辉
地址：北京王府井大街二十七号
“夏商周断代工程”办公室
邮编：100710
电话及传真：(010)6527.6132
内部资料，不得引用与转发

Sponsored by the Office of the Xia-Shang-Zhou Chronology Project
Editor: SuHui
Add.: Xia-Shang-Zhou Chronology Project
27 Wangfujing Dajie
Beijing 100710, P. R. China
Tel. & Fax: 86(10)6527.6132
All Rights Reserved

“夏商周断代工程”
简 报
Bulletin of the Xia – Shang – Zhou Chronology Project

第一六四期 2007 年 5 月 28 日
No. 164 28 May 2007

䚄公簋研讨会纪要

2007 年 4 月 10 日，“夏商周断代工程”在北京清华大学甲所就新出现的䚄公簋（见《考古》2007 年第 3 期）举行小型研讨会。参加会议的有，李学勤、仇士华、李伯谦、席泽宗、张长寿、裘锡圭、张培瑜、朱凤瀚、陈久金、王世民、刘雨、罗琨、张永山、徐凤先、李勇，项目办公室朱学文、周年昌、王肃端、王泽文、苏辉，及南开与清华研究生韩雎萌、滕颖飞、张鸿良、任会斌四人。

李学勤主持会议。他向到会的各位先生表示感谢，尤其是远道而来的裘锡圭、张培瑜等先生。他还特别感谢朱凤瀚先生和考古所能给予支持及时发表这件重要的材料，供大家进一步研究。

朱凤瀚首先介绍了䚄公簋的情况。综合形制、纹饰、铭文内容、字体特征、风格、布局形式等，他认为此器应当属西周早期中段。关于簋铭“䚄公作妻姚/簋，遘于王命/唐伯侯于晋，/唯王廿又八祀。⋈”，结合文献记载，朱凤瀚认为，燮父侯于晋之前称唐伯，燮父所居晋国都邑“晋”不在唐叔初封之“唐”旧地，而是其新迁之都。他推测北赵晋侯墓地附近肯定会存在约与之相联系的西周晋国都邑并非唐叔所封之唐。结合“工程”《简本》的西周王年及金文历谱的研究，朱凤瀚分析了“唯王廿又八祀”属于康王或成王的两种可能性。若置于康王，虽然铭文中的唐伯与《左传》、《竹书纪年》等文献中的燮父活动时间以及晋侯墓地 M114、M113（一般以为墓主为燮父及其夫人）的年代相合，但其时距西周建立已有 54 年，已在西周早期偏晚段，与簋的年代不尽合，而且将康王在位年向下延长也会涉及昭王以下金文历谱的调整和文献是否支持等问题；如认定为成王，燮父在为晋侯之后仍然可以有大部分时间效力于康王，也和文献记载不矛盾，但存在的问题是，其一，如依文献记载，始侯晋者为燮父，则唐叔必卒于成王世，是弟寿短于其兄，其二，成王年数增加，若成王元年前移，则影响武王克商之年的推拟，若下延，也必将影响目前的金文历谱。关于成王纪年，朱凤瀚采用汉代以后成王 37 年说，认为其中含有周公摄政 7 年，成王元祀从周公致政之年计算，如此则“唯王廿又八祀”是在成王亲政第 27 年，距周公摄政元年算起，已有 34 年。

会上，大家围绕䚄公簋及相关问题展开热烈讨论，这里从略介绍。

图 2 《简报》外封

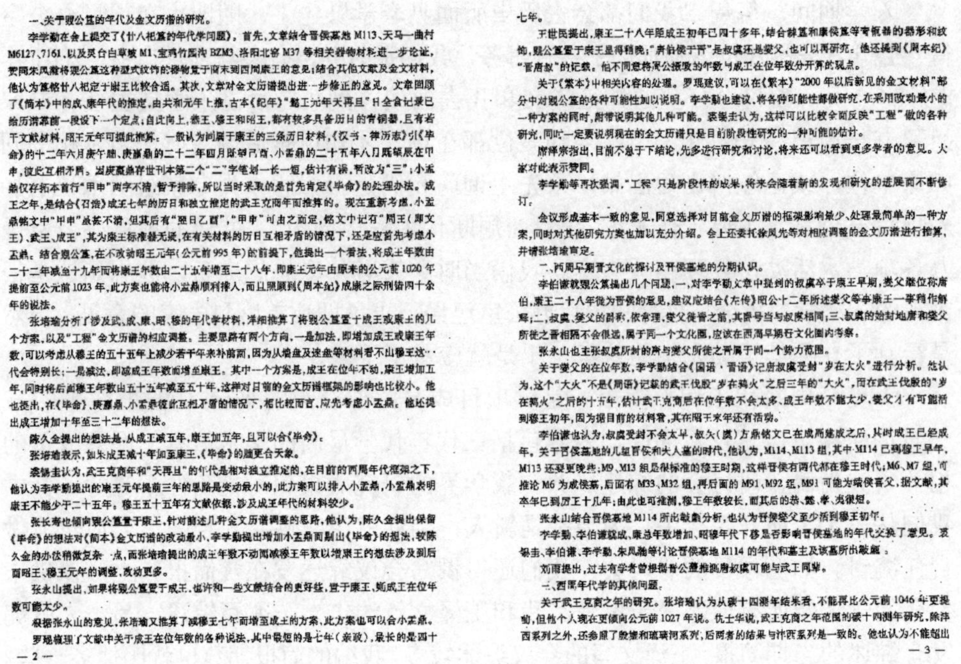

一、关于覭公簋的年代及金文历谱的研究。

李学勤在会上提交了《廿八祀簋的年代学问题》。首先，文章结合晋侯墓地M113、天马—曲村M6127、7161，以及灵台白草坡M1、宝鸡竹园沟BZM3、洛阳北窑M37等相关器物材料进一步论证，赞同朱凤瀚将覭公簋这种器式纹饰的器物置于商末到西周康王的意见；结合其他文献及金文材料，他认为簋铭廿八祀定于康王比较合适。其次，文章对金文历谱提出进一步修正的意见。文章回顾了《简本》中的成、康年代的推定，由共和元年上推，古本《纪年》"懿王元年天再旦"日全食记录已给历谱靠前一段设下一个定点；自此向上，恭王、穆王和昭王，都有较多具备历日的青铜器，且有若干文献材料，昭王元年可据此推算。一般认为属于康王的三条历日材料，《汉书·律历志》引《毕命》的十二年六月庚午朏、庚嬴鼎的二十二年四月既望己酉、小盂鼎的二十五年八月既望辰在甲申，彼此互相矛盾。因庚嬴鼎存世刊本第二个"二"字笔划一长一短，估计有误，暂改为"三"；小盂鼎仅存拓本首行"甲申"两字不清，暂予排除，所以当时采取的是首先肯定《毕命》的处理办法。成王之年，是结合《召诰》成王七年的历日和独立推定的武王克商年而推算的。现在重新考虑，小盂鼎铭文中"甲申"虽甚不清，但其后有"翌日乙酉"，"甲申"可由之而定，铭文中记有"周王（即文王）、武王、成王"，其为康王标准器无疑，在有关材料的历日互相矛盾的情况下，还是应首先考虑小盂鼎。结合覭公簋，在不改动昭王元年（公元前995年）的前提下，他提出一个看法，将成王年数由二十二年减至十九年而将康王年数由二十五年增至二十八年，即康王元年由原来的公元前1020年提前至公元前1023年，此方案也能将小盂鼎顺利排入，而且照顾到《周本纪》成康之际刑错四十余年的说法。

张培瑜分析了涉及武、成、康、昭、穆的年代学材料，详细推算了将覭公簋置于成王或康王的几个方案，以及"工程"金文历谱的相应调整。主要思路有两个方向，一是加法，即增加成王或康王年数，可以考虑从穆王的五十五年上减少若干年来补前面，因为从墙盘及逨盘等材料看不出穆王这一代会特别长；一是减法，即减成王年数而增至康王。其中一个方案是，成王在位年不动，康王增加五年，同时将后面穆王年数由五十五年减至五十年，这样对目前的金文历谱框架的影响也比较小。他也提出，在《毕命》、庚嬴鼎、小盂鼎彼此互相矛盾的情况下，相比较而言，应先考虑小盂鼎。他还提出成王增加十年至三十二年的想法。

陈久金提出的想法是，从成王减五年，康王加五年，且可以合《毕命》。

张培瑜表示，如果成王减十年加至康王，《毕命》的融更合天象。

裘锡圭认为，武王克商年和"天再旦"的年代是相对独立推定的，在目前的西周年代框架之下，他认为李学勤提出的康王元年提前三年的思路是变动最小的，此方案可以排入小盂鼎，小盂鼎表明康王不能少于二十五年。穆王五十五年有文献依据，涉及成王年代的材料较少。

张长寿也倾向覭公簋置于康王，针对前述几种金文历谱调整的思路，他认为，陈久金提出保留《毕命》的想法对《简本》金文历谱的改动最小，李学勤提出增加小盂鼎而剔出《毕命》的想法，较陈久金的办法稍微复杂一点，而张培瑜提出的成王年数不动而减穆王年数以增康王的想法涉及到后面昭王、穆王元年的调整，改动更多。

张永山提出，如果将覭公簋置于成王，也许和一些文献结合的更好些，置于康王，则成王在位年数可能太少。

根据张永山的意见，张培瑜又推算了减穆王七年而增至成王的方案，此方案也可以合小盂鼎。

罗琨梳理了文献中关于成王在位年数的各种说法，其中最短的是七年（亲政），最长的是四十

— 2 —

七年。

王世民提出，康王二十八年距成王初年已四十多年，结合献簋和康侯簋等有铭器的器形和纹饰，覭公簋置于康王显得稍晚；"唐伯侯于晋"是叔虞还是燮父，也可以再研究。他还提到《周本纪》"晋唐叔"的记载。他不同意将周公摄政的年数与成王在位年数分开算的观点。

关于《繁本》中相关内容的处理。罗琨建议，可以在《繁本》"2000年以后新见的金文材料"部分中对覭公簋的各种可能性加以说明。李学勤也建议，将各种可能性都做研究，在采用改动最小的一种方案的同时，附带说明其他几种可能。裘锡圭认为，这样可以比较全面反映"工程"做的各种研究，同时一定要说明现在的金文历谱只是目前阶段性研究的一种可能的估计。

席泽宗指出，目前不急于下结论，先多进行研究和讨论，将来还可以看到更多学者的意见。大家对此表示赞同。

李学勤等再次强调，"工程"只是阶段性的成果，将来会随着新的发现和研究的进展而不断修订。

会议形成基本一致的意见，同意选择对目前金文历谱的框架影响最少、处理最简单的一种方案，同时对其他研究方案也加以充分介绍。会上还委托徐凤先等对相应调整的金文历谱进行推算，并请张培瑜审定。

二、西周早期晋文化的探讨及晋侯墓地的分期认识。

李伯谦就覭公簋提出几个问题，一，对李学勤文章中提到的叔虞卒于康王早期，燮父继位称唐伯，康王二十八年徙为晋侯的意见，建议应结合《左传》昭公十二年所述燮父等事康王一事稍作解释；二，叔虞、燮父的爵称，依常理，燮父徙晋之前，其爵号当与叔虞相同；三、叔虞的始封地唐和燮父所徙之晋相隔不会很远，属于同一个文化圈，应该在西周早期晋文化圈内考察。

张永山也主张叔虞所封的唐与燮父所徙之晋属于同一个势力范围。

关于燮父的在位年数，李学勤结合《国语·晋语》记唐叔虞受封"岁在大火"进行分析。他认为，这个"大火"不是《周语》记载的武王伐殷"岁在鹑火"之后三年的"大火"，而在武王伐殷的"岁在鹑火"之后的十五年，估计武王克商后在位年数不会太多、成王年数不能太少，燮父才有可能活到穆王初年，因为据目前的材料看，其在昭王末年还有活动。

李伯谦也认为，叔虞受封不会太早，叔矢（虞）方鼎铭文已在成周建成之后，其时成王已经成年。关于晋侯墓地的几组晋侯和夫人墓的时代，他认为，M114、M113组，其中M114已到穆王早年，M113还要更晚些；M9、M13组是很标准的穆王时期，这样晋侯有两代都在穆王时代；M6、M7组，可推论M6为成侯墓，后面有M33、M32组，再后面的M91、M92组，M91可能为靖侯喜父，据文献，其卒年已到厉王十几年；由此也可推测，穆王年数较长，而其后的恭、懿、孝、夷很短。

张永山结合晋侯墓地M114所出叔矢鼎分析，也认为晋侯燮父至少活到穆王初年。

李学勤、李伯谦就成、康总年数增加、昭穆年代下移是否影响晋侯墓地的年代交换了意见。裘锡圭、李伯谦、李学勤、朱凤瀚等讨论晋侯墓地M114的年代和墓主及该墓所出叔矢鼎。

刘雨提出，过去有学者曾根据晋公盦推测唐叔虞可能与武王同辈。

三、西周年代学的其他问题。

关于武王克商之年的研究。张培瑜认为从碳十四测年结果看，不能再比公元前1046年更提前，但他个人现在更倾向公元前1027年说。仇士华说，武王克商之年范围的碳十四测年研究，除沣西系列之外，还参照了殷墟和琉璃河系列，后两者的结果与沣西系列是一致的。他也认为不能超出

— 3 —

图3 《简报》内面

2002年我毕业入历史所工作，分配到《中国史研究动态》编辑部，正式成为一名历史专业编辑，可谓冥冥之中的天意，不知道编《简报》是否就是一种命运的预示。在"断代工程"后期，首席科学家工作会议上曾有决议，《简报》资料丰富，是整个项目的工作记录，也没有涉密的内容，作为学术史研究的档案可以汇编结集出版。可惜由于出版经费的问题没有解决，这个计划最终无法落实，成为一件遗憾的事。

二

"断代工程"项目进行期间新出的青铜器不断涌现，其中不少铭文的历日有助于验证西周金文历谱的精确程度，并为调整历谱提供契机，项目办公室举行了相应的研讨会，我借着会务工作人员的身份，不仅在会场长了不少见识，也得到了在现场上手并全方位观摩青铜器的机会。如2003年2月27日"陕西眉县新出土青铜器与西周金文历谱研讨会"，适逢眉县杨家村窖藏青铜器在北京中国世纪坛展览，与会专家得以在库房近距离观察。2005年5月18日"新出金文专题研讨会"，专门探讨保利博物馆新入藏的版方鼎，会前与会专家均前往保利博物馆参观，馆方特地将青铜器调出，以便学者仔细目验。2005年8月3日"国博新入藏青铜器

参观座谈会"就在国博举行，会间学者均得以尽情鉴赏作册般铜鼋、亲簋等著名青铜器，非常难得。

"断代工程"举办的会议都是围绕专题有针对性地进行，有的会议就在考古遗址现场召开，可以对着考古发掘实地和出土器物即时观察研讨，这样就会有一些出差的机会，其中令我难忘的是 2002 年第一次因为项目办公室的派遣出差。起因是中国社会科学院考古研究所安阳工作站在殷墟小屯村南通过考古发掘又获得了有字甲骨，其中部分属历组卜辞。安阳殷墟小屯村南甲骨坑共出土甲骨 600 余片，其中刻辞甲骨 200 多片，发掘整理工作于 2002 年下半年结束。[①]李学勤先生一向关注考古的最新进展，及时提出组织项目组专家到安阳考察殷墟遗址及新发现的文物资料。于是，由"断代工程"项目办公室来具体策划，再邀请席泽宗先生、裘锡圭先生、彭林先生和罗琨先生一起参加，朱学文主任陪同前往。11 月 9 日到安阳，在站台上李先生笑着说，他最初到安阳一下车就可以直接远眺小屯村，现在已经被高楼都挡住了。

由于考古所殷墟工作站是工程的项目参加单位，朱学文主任与殷墟工作站的徐广德先生又是大学同学，各种联系事宜非常顺利。行程主要是参观洹水两岸遗址、安阳工作站、殷墟博物苑、安阳市文物工作队库房（见图4）。我作为学术秘书，受项目办公室的指派，随行为各位先生服务，由于是第一次陪同各位专家远行，没有什么经验，心中忐忑，唯恐照顾不周。

图 4　参观结束时"断代工程"各位专家与安阳工作站的学者合影

① 中国社会科学院考古研究所：《殷墟小屯村中村南甲骨》，昆明：云南人民出版社，2012 年，第 1-3 页。

在安阳工作站通过刘一曼、杨锡璋、岳洪彬、徐广德、何毓灵、岳占伟等学者的介绍，再加上可以直接无阻隔地观察甲骨，"断代工程"各位先生的兴致都很高，印象最深的是裘先生高度近视，因为室内的光线不好，他只能在户外低头用放大镜审视掌中的甲骨片，双眼与文物的距离近乎咫尺。李先生、裘先生还就一些关注的字形和甲骨形制等问题和考古所的各位先生做了交流。工作站的文物种类非常丰富，除甲骨以外，还有青铜器、玉器、陶器，都是直接陈列，戴着手套可以捧在手心里仔细观察。李先生因为专门写过文章讨论民国著录的商代印文，特别提出要看看新出的商代兽面纹玺印，当时他捏着玺印的神态非常兴奋，这一刻正好被我用相机捕捉定格。

翌日到安阳市文物工作队参观考古发掘工地和库房（见图 5），孟宪武队长向我们介绍了工作队的考古收获，印象中李先生当时特意提了一个问题：殷墟文物发现区域的范围有多大？孟队长颇有些得意，说这个问题只有他们知道，因为安阳市文物工作队和考古所工作站在殷墟是分片发掘，考古所负责核心区，他们负责边缘外围区。李先生能注意到各种问题的细节，观察角度的全面于此可见一斑，对我而言也是一个启发。

图 5 "断代工程"专家在安阳市工作队发掘工地现场考察

由于项目办公室一向严格控制经费使用，为节约支出，安阳考察期间我和彭林老师同屋，他的睡眠不好，更被我的呼噜干扰得彻夜不能休息，我对此非常内疚。访问各个遗址和单位都需步行，年纪最长的席先生坚持走完全程，没有出现什么问题。顺利回到北京后，我久悬的心终于放了下来。

当时我对于殷墟的文物还没有下过功夫，不免走马观花，后来翻阅殷墟的各种考古报告，才后悔错过了一个难得的学习机会。这次殷墟之行让我对于自身在学术和事务性工作两方面的欠缺有了清醒的认识，促使我从多方面补课学习，裨补阙漏。

三

2000 年 11 月 9 日举办的 "夏商周断代工程" 阶段成果发布会上，我们作为学生在会场签到处帮忙，见证了 "断代工程" 一个值得铭记的时刻，这是我未成为学术秘书之前参与的第一次大型活动。夏商周断代工程坚持多学科交叉印证的方法和路线，为古史年代学的理论与实践提供重要参考，推进历史学、古文字学、考古学、天文学和科技测年等相关学科的深入联系与互补。《简本》及 "夏商周年表" 公布后，不出所料，在学界和公众中都产生了不小的影响，并陆续被各种辞典和教科书、历史文化展馆采用，"断代工程" 的工作重心之一却已经转到了撰写繁本（即完整论证《简本》结论的总报告）上来。关于繁本的具体成稿过程可以参看王泽文的《"夏商周断代工程" 2000 年结题后的工作进展和〈夏商周断代工程报告〉的编写》①。

先生不仅要对繁稿负总责，还在从写作小组接手繁稿之后直接承担了商后期、武王克商、西周年代学这几部分的改写，因为各个章节改动比较大，项目办公室安排王泽文和我协助先生统稿，主要是将先生的手写改稿录入电脑，并核实出处、校对文字（见图 6、图 7）。协助先生改稿也是一个难得的学习过程，因为我拿到的是画了各种改动标记的修正稿，从中可以探寻到李先生校订文章的正误判别，综论前人成果的精练与取舍，引用史料文献的严谨态度，对某些表述分寸的把握和斟酌，以及统合文稿的通盘考虑。这些都是难以从正式出版的文字上看出来的。

李先生执笔修改的部分是西周年代学研究、武王克商研究和商后期年代学研究三章，我和王泽文分工约定，他跟进西周年代学部分，我跟进后两章。后来王泽文还跟进李伯谦先生负责的夏与商前期年代学研究部分，以及仇士华先生负责的碳十四年代学研究部分。全稿最后终于完璧，李学勤先生通读了全书文稿，并提出进一步修改的具体意见。后来，李先生身体欠佳，就委托李伯谦先生负责后续总报告的出版事宜。交付出版社之前，王泽文还做了通读统校工作。

在协助总报告出版事宜的同时，项目办公室的档案整理也在紧锣密鼓地进行。我因为常年出差，无法分身，这些工作只能由王泽文来揽下，他为此付出了极大的辛劳，也因此成为将所有档案逐一过手的人。

2019 年 1 月 16 日，在首席科学家李伯谦、仇士华，以及项目办公室王肃端、王泽文和我的见证下，夏商周断代工程档案正式移交考古所，陈星灿所长和考古资料信息中心主任巩文代表考古所接收档案。项目办公室也同时完成了使命，成为一个历史名词。在 "断代工程" 的 20 年中，我深深被以先生为首的这一批顶级专家

---

① 王泽文：《"夏商周断代工程" 2000 年结题后的工作进展和〈夏商周断代工程报告〉的编写》，《黄河 黄土 黄种人》2021 年第 14 期，第 3-7 页。

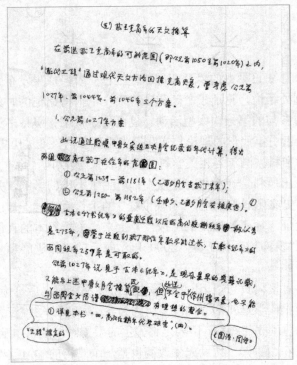

图 6　李学勤先生改写总报告中武王克商部分手稿

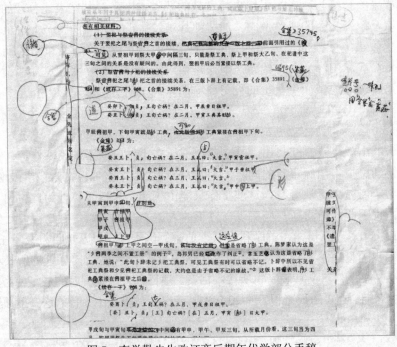

图 7　李学勤先生改订商后期年代学部分手稿

的学识风范所折服，也感佩于项目办公室各位老师多年始终如一的坚守，所有参与者共同的努力才促成了整个项目的葳事，怀念致敬那些学养深厚的大家学者。如今，《夏商周断代工程报告》已经在科学出版社出版，一切都圆满画上了句号。

年代既是探索历史的钥匙之一，也是不可忽视的出发点。科学史已经用无数事实阐明：所有的研究结论都只是阶段性成果，基础问题也可能是最复杂麻烦的难题。学术承转，日久乃见兴替，我相信，夏商周断代工程必将在中国学术史上留下不可磨灭的地位和贡献，今后相关的研究工作还值得继续开展，希望学者能继续推进先秦年代学各个专题的深入探讨，引发学界对于历史年代基本问题的重视，并在"断代工程"已有研究的基础之上，得到一份与新出史料符合度更高、兼容性更好的夏商周年表。

先生一向提倡学术史的视野和理念，先生的功业也成为中国学术史上不可或缺的一页，因此，将夏商周断代工程纳入学术史的研究范围已经是水到渠成的事了。2020 年李伯谦先生提议组织一批回忆文章，以纪念夏商周断代工程的实施与意义，也为庆祝总报告的最终出版，于是我才有了写作这篇回忆小文的念头。为了呼应此事，《中国史研究动态》2020 年第 4 期还特别策划一组笔谈，邀请工程参与者畅谈亲身感受及心路历程，分享学术探索道路上不为人知的甘苦。我起草的编者按把阐述重点落在学术史上，其实也是在"断代工程"期间追随先生学习的一个体悟，谨移录于此，以表达对先生的感恩与怀念：

2000 年夏商周断代工程通过验收结项，公布的三代年表已广为各种工具书和教科书采用，但这点并非"断代工程"最重要的成果。其首要的价值在于研究过程中理念的更新、视野的开拓、思想的碰撞与灵感的激发，令不同专业背景的学者深刻体会到冲击和震撼。在折冲里求进步，于交锋中见真知，不仅学者个人受益，而且惠及历史学、考古学、天文学与 ^{14}C 测年技术等学科，使运用多学科方法文理交叉互证成为自然而然的思维模式，深深影响并推动了学术界整体研究的提升。

作为一个科研项目的"断代工程"早已结束，而相关的学术史研究却才刚刚开始，后续仍值得进行深入的总结与反省，以期为将来史学研究继续完善人文社会科学与自然科学相结合的方式提供借鉴。

本文初稿承王泽文指正并提供部分图版，谨致谢忱！

2020 年初稿
2024 年二稿

李学勤先生对于《穆天子传》研究的贡献与展望：
兼忆我与先生的长谈*

雷晋豪

（香港教育大学文学及文化学系）

摘要： 本文探讨李学勤先生对于《穆天子传》研究的贡献及其展望。文中指出，李先生虽未对《穆天子传》提出总结性的意见，但对该书的历史地理、疑难字释读与文献性质均有关键性的见解，成为科学研究的基础。本文还记录了2016年作者与李先生就《穆天子传》文献性质的一次谈话，指出该书是战国时期由史学脱胎而出的新文体，故包含真实与想象的双重成分。

关键词：《穆天子传》；李学勤；历史地理；小说

一

在李学勤先生丰硕的学术成果之中，《穆天子传》（以下简称《穆传》）似乎不是个显著的焦点。至少，李先生从未对《穆传》进行专题研究，也没有正式发表对于该书的总结性意见。其有关《穆传》的见解散见于论文、发言以及研究指导之中，虽如吉光片羽，却能直指《穆传》争议之核心，为后续研究作出关键性的推动。

统计起来，李先生涉及《穆传》的论文只有三篇：

（1）1984年，《穆公簋盖在青铜器分期上的意义》①（以下简称《穆公簋盖》）《穆公簋盖》铭文有"宰利"一人，李先生指出即《穆传》"井利"，并指出井利在《穆传》卷六盛姬之丧里掌管有关丧祭典礼的器物材用，符合《周礼》"宰夫"的职责。井利与宰利的关系亦说明"《穆传》虽有神话色彩，并不是纯属子虚"。

同文之末，李先生提及《穆公簋盖》记录的旅程符合文献中穆王好游的记载。值得注意的是，关于穆王好游，李先生只引用《左传》的"昔穆王欲肆其心，周行天下，将皆必有车辙马迹焉"典故，而没有引用《穆传》的西行之旅。推测李

---

* 本文为香港"大学教育资助委员会"青年学者计划资助之"史实与想象之间：《穆天子传》与中国早期小说的兴起"研究计划的成果之一，项目编号 ECS 28601717，2018年5月1日至2022年4月30日。特此志谢。

① 李学勤：《穆公簋盖在青铜器分期上的意义》，《新出青铜器研究（增订版）》，北京：人民美术出版社，2016年，第59-62页。

先生并不认为周穆王真有《穆传》中的西行。其所谓《穆传》非"纯属子虚"，当指其人物有历史依据。

（2）2005，《绛县横北村大墓与倗国》①

2005 年山西绛县横水镇横北村倗国墓地，出土西周中期的倗伯及其夫人毕姬墓。李先生由其为国君规模大墓，且青铜器铭文显示倗伯为媿姓，与周王朝关系较深，指出其符合《穆传》中河宗之后的"倗人"，并再次强调其有关《穆传》性质的看法：

《穆传》不少地方是虚构的，但其中人物多有根据。

故《穆传》中的"倗伯絮也应实有其人"。这一发现为《穆传》的人物国族找到考古证据，并为历史地理重构提供支点。

（3）《戎生编钟论释》②

保利博物馆收藏的《戎生编钟》铭文中有"穆天子"一语，李先生指出：

由钟铭知道，称穆王为"穆天子"，其开始要比我们想象的早得多。

所谓"其开始要比我们想象的早得多"，应是指过去多认为《穆天子传》的书名是荀勖所订。戎生钟铭证实至少在春秋早期就有"穆天子"一词，荀勖是沿袭传统称名而已。李先生虽未进一步明言此一发现的意义，但再度暗示了《穆传》内容必有历史依据。

李先生有关《穆传》的发言如下：

（1）2003 年，"中国儒学年鉴 2003 年'新出土文献与古代文明'国际学术研讨会"闭幕式发言③

李先生在发言中论及《穆传》卷二的"春山之虿"。他说：

《穆天子传》中有"春山之虿"，这是什么东西，怎么会有个地名叫这个名字？我忽然想到，"虿"这个字应该就是"阴"，"春山之阴"，"阴"古文字有时不写"阜"字旁，上边一个"今"字，底下与"虫"完全一样。这个"虿"字应该就是"阴"。

这是李先生唯一亲自释读的《穆传》奇字，不只使原典文通字顺，亦有方法论的价值。

（2）清华大学 2008—2011 年出土文献课程的授课内容④

李先生在西周中期青铜器略论以及《班簋》的部分，用了较长的时间讨论《穆传》。首先，李先生回顾了清末民初东西交通史背景中的《穆传》研究，又指出了

---

① 李学勤：《绛县横北村大墓与倗国》，《文物中的古文明》，北京：商务印书馆，2008 年，第 272-274 页。
② 李学勤：《戎生编钟论释》，《保利藏金》，广州：岭南美术出版社，第 375-378 页。此文承王泽文、李锐两位教授赐知，特此志谢。
③ 徐诚：《"新出土文献与古代文明"国际学术研讨会》，《中国儒学年鉴（2003）》。
④ 李学勤：《金文与西周文献合证》（中册），北京：清华大学出版社，2023 年，第 632-633、363-642 页。

《穆传》能与金文对读的特殊现象，据此指出：

> 《穆天子传》中也有古史的成分，但不能认为《穆天子传》中所讲的都是真的。

至于书中何处为"古史"，何处为虚构，李先生说：

> 我们不相信《穆天子传》中所记的一些事，特别是周穆王见了西王母之后的那一段，那一段不可能是历史事实，但周穆王见西王母之前的部分，是可以用战国以前的历史地理知识来核对的。因此后来的东西不可能完全没有历史的影子，即使是小说也是如此。

由此可见，李先生关注的仍是《穆传》的真实与虚构及其文本性质。李先生最后指示应对《穆传》进行"总体研究"，亦即从考古学的视角检视汲冢以及《穆传》的发现和整理。

在李先生指导之下所进行的《穆传》研究成果有二：

（1）王贻樑、陈建敏校释：《穆天子传汇校集释》[①]

此书为《穆传》研究的集大成，主要由王贻樑先生完成。王先生自述其工作多得李先生指导（《汇释》前言，页 33），然全书只有一处明言系李先生的观点。在讨论盛姬之丧礼的研究方向时，《汇释》云：

> 从盛姬遇寒得疾而不幸夭亡起，到立丧主、行殇祀、诸侯吊祭、行丧、再祭、由哀思而作诗、命地等等，可谓是比较详细的。以《穆传》所载与三礼（《周礼》、《仪礼》、《礼记》）相勘，基本程序有近同的地方，但具体则又多有不同之处。（《汇释》前言，页 18、34）

这为《穆传》礼制的研究指明方法，指出了《穆传》礼仪与儒家礼书同中有异的现象，对理解《穆传》的文献性质也有重要意义。

（2）杨蒙生：《〈穆天子传〉隶定古文辑证》[②]

近年杨蒙生先生对《穆传》疑难字句作了通盘研究，提出辑证九十九条。其中关于"春山之虱"与"茴"的释读曾引述李先生的见解，并加入战国文字资料为佐证。

二

李先生对《穆传》的见解分别涉及历史地理、文字考释以及文本性质，以下

---

① 王贻樑、陈建敏：《穆天子传汇校集释》，北京：中华书局，2019 年。本文征引该书（以下简称《汇释》）均于正文标注：《汇释》页码。
② 杨蒙生：《〈穆天子传〉隶定古文辑证》，《中国文字》新三十七期，2012 年。

即在《穆传》的研究史中评析其学术意义。

（一）《穆传》历史地理研究

《穆传》包含丰富的历史地理讯息，然关于周穆王西行的历史地理却长期未有定论。第一位注解《穆传》地理的是郭璞，其地名定位对于后世有深远影响。但郭璞注解的地名限于中原地区，对于《穆传》西域则强调其与《山海经》的关系，并未指出确切位置。佛教典籍与河源研究亦曾援引《穆传》有关昆仑山的内容，但总体而言《穆传》地理在古代并未形成系统性的研究传统，是一部较受冷落的典籍。直到清末民初在中国文化与人种西来说的影响之下，《穆传》地理突然成为显学。丁谦、刘师培、小川琢治等引用《穆传》作为上古时期东西交通的证据，将穆王西行的范围扩张至中亚、西亚。反对西来说的顾实则反客为主，将穆王西行扩张至东欧华沙[①]，比起前述诸说更显过犹不及。西来说影响下的《穆传》西域地理是时代产物，有其局限性。

《穆传》历史地理的科学研究应以顾颉刚的学说为起点。[②]顾先生将《穆传》地名分为实据与想象两个部分，大致以卷一为界。前者有战国时期的地理实据，后者则系采择神话传说加上想象而成。这个二元论的思路为《穆传》历史地理研究奠定了理论基础。关于实据之部的地理，顾先生认为其是由洛阳沿着太行山东麓的交通线北上，经井陉进入晋中，再由晋北雁关门出塞至河套地区，循河以至于甘、青的黄河上游地带。这个可以概括称为西北出塞的旅程是当今的主流学说。

然而，流行的学说多是依据晚出文献进行地名定位，在方法论上有商榷余地。在研究晚商地理时，李先生在方法论的层面指出：

> 商代过于古远，后世地名相同或相似的又多，单纯互相比附，即使找到一串共同地名，终究是有些危险的……要真正确定甲骨文地名的方位，还有赖于寻找考古学的证据。[③]

此说虽系针对晚商而发，亦应适用于先秦时期的历史地理研究。故《穆传》实据之部的地理也应有考古学的证据。

李先生对于《穆传》地理研究的贡献，是为其地名找到了关键的支点。《绛县横北村大墓与倗国》虽然只是一篇短文，却突破了近百年来《穆传》地理研究的盲点，证实"倗国"不是远至甘、青，而应近在晋南。以此为支点足以重组一系列相关地名的定位，将西北出塞的旧说修正为晋南盘游，稍涉陕东南地带。这个地理范围亦显示《穆传》以战国早期的魏国为主体，成书于公元前350—公元

---

① 西来说影响下的诸说以及顾实的观点，见顾实：《穆天子传西征讲疏自序》《读穆传十论》《附录穆天子传知见书目提要》，顾实：《穆天子传西征讲疏》，上海：上海科学技术文献出版社，2015年。

② 顾颉刚：《穆天子传及其著作时代》，《文史哲》1951年第1卷第2期。

③ 李学勤：《重论夷方》，《李学勤卷》，合肥：安徽教育出版社，1999年，第90-96页。

前 330 年。①《穆传》作者系运用了战国时期公牍中的"道里书"为创作依据，故其晋南地理具有相当的科学性。②

在《穆传》的研究史上，顾先生将地名区别为真实与想象二部，是《穆传》历史地理研究的第一次突破。李先生建立了地名的考古学支点，是研究史上的第二次突破。第一次突破建立了理论框架，第二次突破则为实证研究建立基础。

（二）《穆传》疑难字研究

《穆传》奇字众多，郭璞曾加以解读，至清代黄以周、孙诒让援引古文字资料加以释读。③随着古文字学的发展，于省吾④、陈炜湛⑤，以及杨蒙生⑥，更结合近出古文字材料，对《穆传》疑难字进行系统性的研究。尽管如此，至今尚有约三十个字无法释读。

严格说来，李先生亲自释读的《穆传》疑难字只有一字，但其方法却有启发意义。按《穆传》"春山之虱"的"虱"字不可解，过去均以讹字、坏字视之（《汇释》，页 112—113）。李先生却改从西晋整理者的视角来思考"虱"字，他说：

> 我们今天来看战国甚至汉初的简牍帛书，实际上我们做的工作就是过去汉代孔安国，西晋束晳、荀勖的工作。他们的工作就是我们的工作。

有了"他们的工作就是我们的工作"这层认识，李先生推断"虱"字源自西晋学者的知识局限：

> 西晋的学者认不了这个字，就把它准确地摹写下来。

换句话说，"虱"不是个讹字，而是隶古定。

李先生对"虱"的释读具有知识论的意义。不同于过去将"虱"作为客观的现象来加以解谜，李先生由整理者的角度，思考该知识的形成过程与原因。从研究者与其研究对象的关系而言，李先生对于传钞奇字已不单纯是一个外在的观察者（observer），而类似对于古代的出土文献整理工作进行参与观察（participant observation）。尽管古今时空悬隔，今人不可能亲身参与荀勖、束晳等人的工作过程，但李先生基于自身的简牍整理经验，将心比心，体会到古人整理竹简的情境，由之体会到"虱"字是整理者无法理解，故以隶笔保存的"隶古定"。古人所见之古文字当似"🔲"貌，解读为"阴"。

---

① 雷晋豪：《〈穆天子传〉"晋南"段的交通地理重建及其相关问题》，《出土文献》2021 年第 2 期。
② 雷晋豪：《古籍中的交通里程数据是否"精确"？——以〈穆天子传〉晋南段旅途所进行的检验和反思》，《开物：科技与文化》第二期，香港：香港理工大学，2024 年 1 月。
③ 黄以周：《儆季杂著》史说略，孙诒让：《札迻》卷十一，济南：齐鲁书社，1989 年，第 359-362 页。
④ 于省吾：《〈穆天子传〉新证》，《考古学社社刊》第 6 期（1937 年）。
⑤ 陈炜湛：《〈穆天子传〉疑难字句研究》，《中山大学学报（社会科学版）》第三期，1996 年。
⑥ 杨蒙生：《〈穆天子传〉隶定古文辑证》，《中国文字》新三十七期，2012 年。

这个方法不只成功解读了"虫"字由来及其本义，对于《穆传》奇字的研究亦有方法论的意义，由之延伸出从文物视角对《穆传》奇字"阖阖"的重探。二字之争议实源于简牍损坏，"文物修复"之后应释读为"逢固"，且其在《穆传》中人设与考古所见西周中期济阳刘台子逢国墓地的现象相符合，暗示了《穆传》具有历史性的成分。①

（三）《穆传》的性质

关于《穆传》的文献性质，大抵有由信史变为小说的趋势。②《隋书·经籍志》与《旧唐书》《新唐书》将《穆传》列入"起居注"类，自明代胡应麟提出《穆传》"颇为小说滥觞矣"，开启了由信史过渡为小说的看法。③清代《四库全书总目》以为该书"恍惚无征"，改列入子部小说家类。④

二十世纪以来的金文研究使学者认识到《穆传》虽非史实，亦非纯属虚构。杨树达对照《班簋》与《穆传》指出"其书固亦有所据依，不尽为子虚乌有虚构之说也"⑤，唐兰也据《班簋》认为：

> 毛班见《穆天子传》，此书虽多夸张之语，写成时代较晚，但除盛姬一卷外，大体是有历史根据的，得此簋正可互证。⑥

平心而论，杨树达与唐兰只是就《班簋》与毛班的人名立论，证据力稍失单薄。李先生对于《穆传》人物的研究虽系延续前贤思路，却也有深化之功。其关注了"穆天子"一词的渊源，指出其有较早来源，为《穆传》书名找到了历史依据。又其关于井利与宰利的辨析亦不只从人名立论，而是综合较少受注目的《穆传》卷六为证，指出井利符合金文中宰利的职责，较前贤仅以人名立论更加细致。近来陈颖飞复结合《清华简·祭公之顾命》中的井利与西周中期有关井氏的金文，进一步论证了宰利为穆王后期的井氏宗子，《穆传》的井公、井利符合《祭公》以及金文中的记载⑦，再度证实且深化了李先生以《穆传》井利为金文宰利的见解。

三

李先生对于《穆传》历史地理、疑难字与文本性质的见解，及其对《穆传》进

---

① 雷晋豪作，角道亮介译：《释「阖阖」：『穆天子伝』における難読字の釋読方法から》，《中國考古學》第二十一號，東京：日本中國考古學會，2021 年 12 月。中文原文：《释「阖阖」：兼论《穆天子传》疑难字的释读方法》。相关著作有：雷晋豪：《〈穆天子传〉疑难字释读数则》，陈嘉礼、林稚晖编：《论道稷下：新材料、新方向下的中国文化》，济南：山东大学出版社，2023 年。
② 方艳：《〈穆天子传〉的文化阐释》，北京：中国文联出版社，2015 年，第 8-19 页。
③ 胡应麟：《少室山房笔丛》，上海：上海书店出版社，2001 年，第 347 页。
④ 《四库全书总目》卷一四二，台北：艺文印书馆，1969 年，第 2786 页。
⑤ 杨树达：《积微居金文说》，北京：科学出版社，1959 年，第 123 页。
⑥ 唐兰：《西周青铜器铭文分代史征》，北京：中华书局，1986 年，第 355 页。
⑦ 陈颖飞：《清华简井利与西周井氏之井公、井侯、井伯》，《出土文献》第二辑。

行总体研究的提议等，均反映了李先生一贯的博通特色，亦显示李先生对《穆传》有很深刻的掌握。但李先生为何从未对《穆传》提出整体性的看法呢？我以为从李先生对《穆传》性质的阙疑，可以一窥李先生面对《穆传》这部奇书时的内心世界，而这需由李先生的简帛研究经历来理解。

李先生学术工作的重心之一是简帛学。自 20 世纪 70 年代起，李先生参与长沙马王堆汉墓帛书、定县八角廊汉简、睡虎地秦简以及张家山汉墓竹简等出土简帛文献的整理，晚年更主持清华简的保护与研究。简帛在李先生一生志业之中具有重要分量。简帛研究更促成李先生提出一系列理论性的主张，如重新估价中国古代文明（1982）、对古书的反思（1987）、走出疑古时代（1992）以及重写学术史（2002）等，在学术界产生重大影响。①

长期参与简帛文献整理使李先生对于古代的出土佚籍整理工作，特别是孔壁中书以及汲冢竹书的整理工作有了深刻的体会。李先生指出：

我们应该用我们的感受去体会孔安国或者束皙、荀勖这些人的重大成果。②

又说：

我们还体会到，汉晋时期的学者整理、流传先秦古书，会碰到怎样复杂的问题，作出多么艰辛的努力，后人所不满意的种种缺点和失误又是如何造成的。③

正是基于自身的简帛整理经验，李先生提出了对《穆传》进行"总体研究"的建议，又能将心比心，化身为《穆传》整理工作的参与观察者，指出"虡"是隶古定的看法。

简帛研究对于李先生学术的一个重要影响，是提出了古书形成的动态过程。在《对古书的反思》一文中，李先生总结了古书产生和流传过程中的十种现象，并在理论层面指出：

大多数我国古代典籍是很难用"真""伪"二字来判断的。在"辨伪"方面清代学者作出了很大贡献，但是也有不足之处，其一些局限性延续到现在还有影响。今天要进一步探究中国古代文化，应当从这些局限中超脱出来。④

简单来说，古籍不是一人一时一地之产物，故不能简单评判真、伪，而必须就其文本内容作具体判断。

---

① 刘乐贤：《李学勤先生与简帛学》，清华大学出土文献研究与保护中心编：《半部学术史，一位李先生——李学勤先生学术成就与学术思想国际研讨会论文集》，北京：清华大学出版社，2021 年，第 279-291 页。
② 李学勤：《走出疑古时代——在一次学术座谈会上的发言》，《走出疑古时代》，沈阳：辽宁大学出版社，1994 年，第 1-19 页。
③ 李学勤：《谈"信古、疑古、释古"》，《走出疑古时代》，第 341-348 页。
④ 李学勤：《对古书的反思》，《当代学者自选文库：李学勤卷》，合肥：安徽教育出版社，1999 年，第 15-20 页。

但是《穆传》却与李先生讨论的古书有别。其卷一至卷四文风一致，并表现出公式化的叙事形式。卷一至卷四的西征、卷五的东行以及卷六盛姬之丧事三段旅程，均以天子入于南郑结尾，采用相同的叙事单元。其对神话地理的写作展现出一贯的"理性化"原则[①]，而其所用介词如"于"，或如其双位数不用"又"的文法特征也贯穿全书[②]，加以其篇幅不长，说明《穆传》至少前四卷更可能是一人著作。

《穆传》的文献性质自然是李先生长期思考的问题，其虚实相间的特质同样使之不能截然以真、伪划分，但其较似成书于一人的现象又与多数古籍有别，故不能以古书的动态过程来解释。职是之故，李先生对《穆传》虽提出个别见解，却从未表达对其总体性质的看法。李先生对《穆传》性质的阙疑一则表现出其为学之严谨，却也暗示了其内心的纠结。在清华授课讨论《穆传》的结语中，李先生说：

《穆天子传》还是有一定的历史背景的，可《穆天子传》中也有一些无法解释的地方，比如把"洛阳"叫"宗周"，这显然是不对的……但其中的某些人物确有其真实性。

其再三指出《穆传》具有真实性，但若单循史实的思路，却又有"无法解释的地方"。李先生心中纠结的依然是《穆传》虚实相间的特质。这就涉及我与先生的一次谈话。

四

2016 年 6 月我利用赴北京公差的机会，抽空赴李先生家中拜访。我自离开清华之后，辗转海外求学与就业，几年才能来一趟北京。该年春季先生手术，正在家里休养，明显比上一次见面衰老许多。我们在没有打扰之下，从我博士毕业、在台服兵役以及求职过程一路聊起。话语稍歇，先生语气一转，还是问了我："最近在作什么研究呢？"

我说我正打算向香港特区政府提出一个研究计划，对《穆天子传》作一次综合研究，于是向先生请教了我的思路（时间久远，以下回忆未必是当日逐字）：

关于《穆天子传》的看法，一个说法是信史，另一个看法是小说。这种真、伪二分的看法，其实是清代考据家辨伪书的思路，有它的局限性。杨树达先生、唐兰先生都已经证实了《穆传》里面有史实成分，但是却未能解释为什么这部书会杂糅虚实。

---

① 雷晋豪：《神话地理的理性化：〈穆天子传〉周穆王西行之旅的历史脉络与相关问题》，《中山大学学报（社会科学版）》第 6 期，第 63 卷，2023 年。

② 卫聚贤：《〈穆天子传〉研究》，《古史研究》第一集第一册，1934 年。

倾听中的先生，点头表示同意。我接着说：

我自己的看法是，《穆传》是一部小说，成书于战国时期，这从书中的晚期资料可以证实。这是首先要确立的前提。但关键问题是，为什么战国时期的小说中，又会保留了西周的历史呢？我的解释是，小说是在战国时期由史学衍生而出的新文体，由于这是小说脱胎于史学的最初阶段，自然保留了过去史学的特质，但又加入了想象虚构的成分。这就解释了《穆传》何以有虚有实的现象。

我的话才说完，原本靠在沙发上的先生眼睛一亮，缓缓坐起，看着我连说："很有意思！很有意思！"那一刻先生深刻的眼神，如在眼前。我们又具体讨论了《穆传》的不少课题，最后先生总结：

《穆传》反映了战国时期中原人士对于西方的想象。

时近中午，先生又谈到自己的身体状况，颇多忧虑。他说"这次没办法招待你吃饭了。希望你下一次来北京时，我能够带你出去吃饭"，语气中颇多无奈。

时光匆匆，自 2016 年夏季之会后，又经疫情之隔，至今已有七年。我对《穆天子传》的研究项目终获香港特区政府支持，从 2018 年开始至 2022 年结项，其中有关晋南地区历史交通地理的重构、《穆传》与"道里书"的关系，以及《穆传》的疑难字释读等，莫不是在先生的思路之上再作延伸。

也许我对《穆传》研究能够取得些微小的成果，也许我对《穆传》的看法足以引起学界讨论，只遗憾当我下一次来到北京时，已无法和先生吃饭，而是来跟先生道别。

谨以此文表达对先生的纪念与怀念。

学术史中的学术史

——读李学勤先生《重写学术史》有感

杨蒙生

（北京语言大学文献语言学研究所/北京文献语言与文化传承研究基地
古文字与中华文明传承发展工程清华大学协同攻关创新平台）

一、叙记

> 鹤去道山已碁年，亲挚往念愿可知。
> 音声兹犹在耳畔，山阿同休待来时。
>
> ——庚子二月初四念先师

公元二〇一九年二月二十四日，我们敬爱的李学勤先生与世长辞，这是学术界的巨大损失。先生一生著述宏富，留给国家和社会的文化财富远非常人可比。有人说，"半部学术史，一位李先生"，可见先生在中国学术史上的突出地位。

先生一生热爱学问，探索未知，希冀通过研究和探寻中国古代文明的印记建立起"中国古代文明研究"这一与世界其他古代文明专门之学相对应的一级学科。然而，直到最后，先生也未能看到这一心愿的达成，这不能不说是老人家的一个遗憾。我们也清楚地看到，先生将生命的最后十余年时间毫无保留地奉献给了清华大学藏战国竹简的研究、保护和整理工作，对于自身长期从事的各项科研工作却没能来得及去系统回顾和总结，这对学术界而言也决然是一件无以言说的憾事。好在先生的各项研究基本上都是他在相关学术史背景下自觉进行学术观照，分阶段、按专题开展的，因此，我们依然可以通过先生各个时期的作品来循着先生的足迹，缅怀先生，并继续前行。

我们认为，在先生的作品当中，二〇〇一年出版、专门收录先生在一九九八年至一九九九年所写文章的《重写学术史》一书[①]是世纪之交最能体现先生时代思想，兼具专题性，并能全面体现先生日常研究工作面貌的一部作品，故而可以将之视为先生研究生活的一个缩影和真实写照，这也是本文的出发点所在。

---

① 李学勤：《重写学术史》，石家庄：河北教育出版社，2002 年。

二、学术史中的学术史

《重写学术史》一书是先生与河北教育出版社商定出版的文集中之一卷①，书中收录先生所写各类文章九十八篇，若加上《后记》则为九十九篇。这些文章的绝大部分涵盖了先生所做中国古代文明研究的各个方面，少部分涉及我们不曾想到或很少会想到的其他领域。品读这些文章不仅会让人感受到一股浓郁的时代气息，更能让人全方位领略先生独特的学术魅力、自觉的学术担当、持久的学术热情、开阔的学术视野、缜密的研究思路，尤其是他那高远的学术眼光。

根据研究主题的不同，我们将书中所收先生文章分为如下四类：

1. 简帛佚籍与学术史，这也是先生另外一部专著的名字；

2. 夏商周断代工程（夏商周年代学）；

3. 甲骨学研究；

4. 青铜器与金文研究。

依照常理，还应将先生的古文字研究和考古学研究各自单列，但考虑到二者在先生各类文章中的贯通性，故而从整体性和系统性两方面考虑未做如此处理。

第一类"简帛佚籍与学术史"中的作品主要包括两大块：专门论述简帛佚籍，即新出郭店楚墓竹简学术史价值及相关问题的论文；细致讨论学术史问题的系列专题论文。

郭店楚墓竹简的研究方面，先生在旁及道家作品的同时②，更多地将关注点放在了儒家著作上，并尝试还原了《子思子》原貌。先生认为，郭店简中的儒家作品，如《缁衣》《五行》《六德》《成之闻之》《性自命出》《尊德义》《鲁穆公问子思》等篇多半出自《子思子》③，这为人们从学术史角度重新探讨儒家"思孟学派"提供了新思路。

至于学术史，需要重点论及的是四篇文章，即《关于学术史》《疑古思潮与古史重构》《寄语烟大同学》和《世纪之交与中国学术史研究》。④这些文章从宏观与微观、中国与世界等不同角度出发，系统阐释了一系列学术史问题，如何为学术史？为何要去写学术史？如何去写学术史？写怎样的学术史？等等。它们在揭示先生所做学术史研究具体思路的同时，也为后学进入此领域指示了门径。

先生始终认为，"学术史的考察研究，是探讨中国文化本质的核心课题"⑤，任

---

① 李学勤：《后记》，《重写学术史》，第 440-441 页。按，另一卷可能是该社在六年后出版的《李学勤早期文集》（石家庄：河北教育出版社，2008 年）。

② 李学勤：《荆门郭店楚简所见关尹遗说》《太一生水的数术解释》，《重写学术史》，第 28-32、234-237 页。

③ 李学勤：《荆门郭店楚简中的〈子思子〉》《从简帛佚籍〈五行〉谈到〈大学〉》《郭店简与儒家经籍》《郭店楚简儒家典籍的性质与年代》，《重写学术史》，第 7-11、108-115、116-119、316-320 页。

④ 李学勤：《关于学术史》《疑古思潮与古史重构》《寄语烟大同学》《世纪之交与中国学术史研究》，《重写学术史》，第 200-202、214-218、274-275、422-434 页。

⑤ 李学勤：《简帛佚籍与学术史·自序》，南昌：江西教育出版社，2001 年，第 2 页。

何从事学术研究的人都要对其给予足够多的关注，而且，在重视之余，人们还要明确学术史研究的总体思路。按照先生的话说，就是在规模上要能"站在今天的高度，接续梁启超的学术史研究事业"，在操作层面则宜"学习以往刘汝霖先生的《汉晋学术编年》《东晋南北朝学术编年》的体例，编一部《二十世纪中国学术编年》，先编纂二十世纪前半，俟其有成，再去编后一半"。[①]学者若能依此行事，必当有所成就。

二十世纪的最末两年处于"夏商周断代工程"的收尾阶段，同期完成的相关系列文章自然而然地构成了本书的第二大类内容。此类作品虽然总量不大，却是先生此间所承担社会工作的一个直接体现。该工程是先生对学术界的巨大贡献之一，也是中国文科发展史上的名篇。由于它直接关系到夏商周三代年代学标尺之确立，关乎中华文明五千年信史之科学体认，故而受到社会各界的极大关注。

为了让人们及时了解夏商周断代工程的基本情况与研究进展，先生撰写了《夏商周断代工程的性质、内容和目的》《一九九七年"夏商周断代工程"研究》《〈西周诸王年代研究〉序》《〈殷商历法研究〉序》《夏商周断代工程的新进展》《"断代工程"会有圆满结局》《甲骨文与"夏商周断代工程"》等论文。[②]学习此类作品时，可依照先生的指引，将其与《夏商周年代学札记》[③]一书合而观之。

第三类"甲骨学研究"基本与甲骨文发现一百年的学术史背景相呼应。当时，社会各界推出了一系列纪念活动，如出版专题论文集、整理和推介甲骨资料、举办书法展览、召开纪念会议等。自二十世纪五十年代起就开始从事甲骨缀合工作[④]，并且长期关注甲骨学研究动态的先生也积极参与其中，甲骨学研究的文章在此书中的大量存在[⑤]也因之成为一种必然。

在先生的这些甲骨学研究论文当中，有两篇尤其需要注意，一为《我和殷墟甲骨分期》，一为《甲骨学的七个课题——纪念甲骨发现一百周年》。前者可视为《〈当代学者自选文库·李学勤卷〉自序》的姊妹篇[⑥]，是微观个人视角下的研究范例；后者是《甲骨学一百年的回顾与前瞻》一文的接续之作[⑦]，为宏观时代角度下学术研究的接引明灯。

在《我和殷墟甲骨分期》这篇文章当中，先生不仅详细回顾了自己学习甲骨，特别是他被吸引到殷墟甲骨分期这一学术热点问题当中的具体过程，还细致介绍

① 李学勤：《关于学术史》，《重写学术史》，第 200-202 页。

② 李学勤：《夏商周断代工程的性质、内容和目的》《一九九七年"夏商周断代工程"研究》《〈西周诸王年代研究〉序》《夏商周断代工程的新进展》《"断代工程"会有圆满结局》《甲骨文与"夏商周断代工程"》，《重写学术史》，第 80-100、36-40、66-68、126-128、129-131、272-273、414-418 页。

③ 李学勤：《夏商周年代学札记》，沈阳：辽宁大学出版社，1999 年。

④ 李学勤：《〈当代学者自选文库·李学勤卷〉自序》，《重写学术史》，第 203-204 页。

⑤ 按，此类论文的数量在全书占比超过十分之一。

⑥ 李学勤：《〈当代学者自选文库·李学勤卷〉自序》，《重写学术史》，第 203-207 页。

⑦ 李学勤：《甲骨学一百年的回顾与前瞻》，《文物》1998 年第 1 期。

了他在此前所写相关论文的大致经过，其间不仅检讨了自己所做前期工作的不足，还进一步廓清了若干专业历史问题。在这些问题当中，最重要的莫过于殷墟甲骨卜辞的分期断代问题。先生认为，"卜辞的分期与断代是两个不同的步骤，我们应先根据字体、字形等特征分卜辞为若干类，然后分别判定各类所属时代，同一王世不见得只有一类卜辞，同一类卜辞也不见得（只）属于一个王世"，从材料判断，殷墟卜辞需要划分为王卜辞和非王卜辞两系。[①]先生的这一创见在极大修正现有卜辞五期分类法[②]的同时，也对新时期甲骨学的继续发展产生了深远影响。

在《甲骨学的七个课题——纪念甲骨发现一百周年》一文当中，先生简要回顾了甲骨研究的历程并强调指出：今后甲骨研究需要注意的地方应该在"文字的研究""卜法、文例的研究""缀合、排谱的研究""礼制的研究""地理的研究""非王卜辞的研究"和"西周甲骨的研究"七个方面。先生的这一判断全面涵盖了甲骨研究的诸多核心领域[③]，为此后的甲骨学研究指明了方向。

进入六十年代，先生开始将更多的精力投放到青铜器研究上，"青铜器与金文研究"自此成为先生最为着力的研究领域之一。为了纠正古文字研究只关注铜器铭文即金文的单一倾向，先生开创性地提出了青铜器研究的五要素之说，即研究青铜器要同时关注铜器的形制、纹饰、文字、功能与组合、工艺五个方面，尤其要对作为青铜器"语言"的纹饰给予足够重视。[④]先生还认为，研究青铜器不能不对青铜器的修复工作有所了解，因为作为中国现代考古学基础的传统金石古物之学并不仅仅包含收藏、著录和考释等内容，它还涉及器物的修复和复制等工艺技术。[⑤]在实际的研究和鉴定过程中，先生也的确做到了这一点。

在这里，我们需要重点提及两篇文章，分别是《戎生编钟论释》和《赵王迁时期的两件铜铍及有关问题》。[⑥]前者将新见戎生编钟同北宋时期出土并著录的晋姜鼎铭文系联合并研究，不仅串联、疏通了文义，还系统厘清了相关人物、历日和史地问题，其论证之周翔，思路之清晰，让人叹为观止；后者以小见大，是将标准器系联法由大宗青铜器发散到小件青铜器的典范之作，给人清新之感。

三、创建新学科的设想与努力

透过《重写学术史》一书，我们不仅可以聆听先生的教诲，学习中国古代文

---

① 李学勤：《我和殷墟甲骨分期》，《重写学术史》，第 222-228 页。

② 董作宾：《甲骨文断代研究例》，《庆祝蔡元培先生六十五岁论文集》上册，《"中研院"史语所集刊外编》第一种，台北："中研院"史语所，1933 年；后收入《董作宾先生全集·甲编》，台北：艺文印书馆，1977 年，第363-364 页。

③ 李学勤：《我和殷墟甲骨分期》《甲骨学的七个课题——纪念甲骨发现一百周年》，《重写学术史》，第 222-228、361-369 页。

④ 李学勤：《〈当代学者自选文库·李学勤卷〉自序》，《重写学术史》，第 205 页。

⑤ 李学勤：《〈贾氏文物修复之家〉序》，《重写学术史》，第 20-22 页。

⑥ 李学勤：《戎生编钟论释》《赵王迁时期的两件铜铍及有关问题》，《重写学术史》，第 323-332、333-349 页。

明研究的成果，领略先生的学术风采，更能体会到先生浓厚的家国情怀与慨然的学术担当。

用先生自己的话说，他所作的工作"尽管头绪紊杂，但始终没有离开（对）中国古代的研究探索"。①先生之所以如此孜孜不倦地进行中国古代文明方面的研究，除了个人兴趣之外，很大程度上也与他对中国古代文明在整个人类文明历程中应有之历史地位的认识有关。②

在四大文明及其他早期文明当中，和古代中国相对应的古埃及、古巴比伦、古希腊—罗马文明已经建立起举世公认的、独立的专门之学：埃及学、亚述学、古典学，尤其是古埃及、古印度文明是迟至十七、十八世纪才随着现代考古学的产生和发展被逐步发掘出来的，然而，由于建立了相对完整的年代学系统，它们早已获得了世界认可。反观我国的古代文明，虽然有着详细的史料记载，却因为没有权威的、连贯的古史年表而长期得不到外部世界的承认。"这对探讨我们的古代传统文化是不能令人满意的……如果没有这个（世界承认的年代学系统），很多事情我们很难谈清。"③

在这份情怀和担当的驱动下，先生勇敢承担起古代中国研究的历史使命。在对中国古代文明诸多方面进行深入探讨的过程中，先生明确提出了建立"中国古代研究"、后来发展为"中国古代文明研究"这一可与埃及学、亚述学、古典学、赫梯学等世界古文明学科相对应的独立学科之主张。在先生眼中，《史记》所涵盖的中国古史阶段，"综合历史学、考古学、古文字学、科技史、学术史等"诸多方面，它"本身就是一个学科"④。

"中国古代文明研究"这个以二重证据法为重要方法论的一级学科之建立，已然成为一个事关中华文明传承发展的战略问题⑤，它深刻关系到国人的文化自信，而绝不单单是一个古文字或历史类的单纯性专门之学。这就好比先生的古文字研究从来不会只是单纯的释字工作，先生的关注点更多是在关键文字背后所隐藏的、更深层次的历史文化内涵——换而言之，释字固然重要，但它只是更多研究的基础和起点，绝非终点。

四、自觉学术关照下的历史定位

诚如德国前总统赫尔佐克所说："没有主观推测或思辨就没有科学。"⑥先生也

① 李学勤：《〈缀古集〉补记》，《重写学术史》，第124-125页。
② 李学勤：《世纪之交与中国学术史研究》，《重写学术史》，第422-434页。
③ 李学勤：《夏商周断代工程的性质、目的和内容》，《重写学术史》，第81-85页。
④ 李学勤：《〈当代学者自选文库·李学勤卷〉自序》，《重写学术史》，第203-207页。
⑤ 李学勤：《关于中国古代文明与文化发展的战略关系》，《重写学术史》，第49-52页。
⑥ 转引自李学勤：《国家起源问题的新探索——介绍德总统赫尔佐克的著作》，《重写学术史》，第278-281页。

同样坚信，作为学者，"要有广阔的视野"，唯其如此，才可以"于古今中外""求得其贯通"，学术也才可以有其"思想性"；"学术与思想本来是不好分的，没有缺乏思想的学术，也没有不学无术的思想"。①先生早年随金岳霖先生学习现代逻辑与哲学，后来从侯外庐先生接受理论和思想史方面的训练，其作品中包含的丰富思想内涵是可以看见或推知的。

了解先生或熟悉先生作品的人们大都知道，先生为人宽厚，治学谨严，他不仅拥有极富感染力的学术温情和超乎常人的学术自信②，更具有他人难以企及的广阔学术视野和世界文化格局下的自我学术体认。③先生也曾不止一次地对众弟子说过：作为一位学者，要能够清醒地认识到自己在学术史上的地位，只有这样，才能够在不断发展的学术进程当中取得更大更好的成绩。据此推想，这多半也是在文化使命和学术担当之外，先生能够保持长久的学术定力，笔耕不辍数十载，取得普通人难以企及之巨大成就的原因吧。

我们感念先生的谆谆教诲，也感谢先生用这部书，为我们提供了一个从他老人家自身的研究出发，由学术史视角去近距离感受学术史研究、及时把握学术史发展脉络的机会。在小文的最后，我们想化用先生在《〈王懿荣集〉序》中的一段文字④来表达自身对先生的敬意：

> 作为重写学术史和建立中国古代文明研究独立学科的倡议者和领跑者，对于李学勤先生而言，绝不是偶然的。他从青年时代起，即对中国古代文明抱有浓厚兴趣，且著述颇多，具有深厚的学术积累。这使他一见到新发现的各类出土文献即能敏锐地把握到其中蕴含的巨大学术史价值。

后记：小稿初成，曾蒙彭明哲师兄鼓励，亦承任会斌师兄提出宝贵意见，谨向各位师兄致以深深谢意。

2020 年 7 月 12 日初稿

2020 年 8 月 16 日二稿

2024 年 2 月 1 日改定

---

① 李学勤：《中国学术史的最新篇章》，《重写学术史》，第 340-341 页。

② 前者如《〈中国当代中青年学者学术精华书系〉序言》，后者如《四十年前的一点推测》、殷墟甲骨分期两系说和对曾国即随国观点的坚持。参李学勤：《〈中国当代中青年学者学术精华书系〉序言》《四十年前的一点推测》，《重写学术史》，第 62-65、288-290 页；卜卜：《告别的日子》，https://www.meipian6.cn/1xzqz6h1?share_depth=3&user_id=ohbsluNadz2uTPseai_-tAyqZlTM&sharer_id=ojq1tt_wKwdAhKt-0xs8NES_4pCk&first_share_to=s&s_uid=265886908&first_share_uid=6542736&share_user_mpuuid=de609c515d3590fe66b6c8e26e351723&v=4.9.0&share_source=timeline&from=singlemessage，2019 年 2 月 28 日；张懋镕：《李学勤与"曾国之谜"》，《江汉考古》2020 年第 2 期。

③ 按，这体现在先生对国际汉学、汉学研究的认识和对中国古代文明研究的世界学术背景之体认等方面。

④ 李学勤：《〈王懿荣集〉序》，《重写学术史》，第 249-250 页。

李学勤先生与巴蜀文化研究

陈民镇　　宋亚飞

（北京语言大学文学院）

【摘要】 在李学勤先生众多的研究领域之中，巴蜀文化研究具有重要地位。他很早便介入三星堆文化的研究，对三星堆青铜器与商文化及长江中下游文化的关系、三星堆牙璋的来源等问题有持续探索。他注意结合考古发现，发掘古史传说中的合理因素。对于两周时期巴蜀地区的青铜器与符号，李先生也有深入的思考。在研究方法上，李先生主张传世文献、出土文献、考古实物等材料并重，综合多种学科手段加以研究。在研究内容上，李先生主要围绕巴蜀地区与中原等地区的互动交流展开，注重阐释巴蜀文化在中华文明起源、发展进程中所扮演的角色。

【关键词】 李学勤；巴蜀文化；三星堆；中华文明

近年三星堆遗址的新一轮发掘，引发学界与公众对古蜀文化的高度关注。包括三星堆文化在内的古蜀文化，属于李学勤先生所主张的"巴蜀滇文化圈"或"西南文化圈"。[①]在李先生众多的研究领域之中，巴蜀文化研究具有重要地位。李先生长期身处学术前沿，对巴蜀文化有持续的追踪与探索。回顾总结李先生的巴蜀文化研究，对于今天深入理解中华文明的"多元一体"格局以及巴蜀文化研究的继续深化开展，均有极其重要的启示意义。

一、三星堆文化研究

三星堆遗址虽然自 20 世纪二三十年代以来陆续有新的发现，但它真正"一醒惊天下"，是在 1986 年发掘一号、二号器物坑之后。三星堆器物坑的发现，向世人展现了商代晚期成都平原的极高文化成就，自然也引发李学勤先生的高度关注。

1987 年，李先生便在《商周青铜器对西土的影响》一文中指出三星堆的发现可证明商周时期的成都地区"已有较高文化"。[②]虽然该文并不专门讨论三星堆文化，但已经初步指出三星堆文化的重要价值。

---

① 李学勤：《东周与秦代文明》，北京：文物出版社，1984 年，第 12、194 页。
② 李学勤：《商青铜器对西土的影响》，《殷都学刊》1987 年第 3 期。

三星堆器物坑的发掘简报，发布于 1987 年和 1989 年。①在二号器物坑的简报公布不久，李先生便在《中国文物报》发表《商文化怎样传入四川》一文，对三星堆器物坑的年代、商文化进入成都平原的路线等问题作了探讨。②关于三星堆一号、二号器物坑的年代，李先生指出二者均相当于商代晚期，其中一号坑属殷墟早期，二号坑属殷墟晚期。最近三星堆四号器物坑的测年数据表明，三星堆器物坑的时代确是在商代晚期。③不过各器物坑的器物应是大致同时掩埋的，李先生对一号、二号器物坑具体年代的判断尚需修正。在该文中，李先生重点讨论了中原地区商文化与三星堆文化之间的互动关系及传播路线。李先生指出，三星堆一号坑的龙虎尊与安徽阜南所出龙虎尊近似，二号坑的青铜尊、罍近于湖南、湖北、陕西的同类器物，因此三星堆的青铜文化最接近于湖南、湖北，而且与淮河流域的安徽一隅也有联系。李先生推测，中原文化入蜀的路线应是"以中原为中心的商文化先向南推进，经淮至江，越过洞庭湖，同时溯江穿入蜀地"。④《商文化怎样传入四川》是较早探讨商文化与三星堆文化交流路线以及三星堆文化与长江中下游文化互动的论文，随着商代南方地区青铜器研究的深化⑤，李先生的一些论断得到了进一步的验证。李先生还讨论过一件广汉所出有铭铜尊，将其与殷墟四期的同类型器物相比较，推定其年代为商代末年。⑥

李先生还研究了三星堆所出青铜器上的饕餮纹。他对三星堆两个器物坑的 5 件有饕餮纹的青铜器进行分析，最终得出三条结论：其一，纹饰表明青铜器年代与器物坑碳 14 测年数据相符，说明当地蜀文化发展与商文化的发展为平行关系，互有影响；其二，器物坑中出土的与中原近似的青铜礼器，是受中原文化影响的证据，但是以荆楚文化为媒介；其三，三星堆饕餮纹是中原文化和当地特色融合的结果。⑦这三条结论是李先生对三星堆饕餮纹的基本认识，也是对三星堆文化与中原等地区文化关系的概括总结。

在《商文化怎样传入四川》一文的文末，李先生指出："在三星堆的陶器、玉器上，还可以看到二里岗期商文化以至更早的二里头文化的影响。这些文化影响

① 四川省文物管理委员会、四川省文物考古研究所、四川省广汉县文化局：《广汉三星堆遗址一号祭祀坑发掘简报》，《文物》1987 年第 10 期；四川省文物管理委员会，四川省文物考古研究所，广汉市文化局、文管所：《广汉三星堆遗址二号祭祀坑发掘简报》，《文物》1989 年第 5 期。

② 李学勤：《商文化怎样传入四川》，《中国文物报》1989 年 7 月 21 日。

③ 四川省文物考古研究院、国家文物局考古研究中心与北京大学考古文博学院考古年代学联合实验室：《四川广汉三星堆遗址四号祭祀坑的碳十四年代研究》，《四川文物》2021 年第 2 期。

④ 李学勤：《商文化怎样传入四川》，《中国文物报》1989 年 7 月 21 日。在《三星堆与大洋洲（上、下）》一文中，李先生有进一步的讨论，见李学勤：《比较考古学随笔》，香港：中华书局（香港）有限公司，1991 年，第 42-62 页。

⑤ 施劲松：《论我国南方出土的商代青铜大口尊》，《文物》1998 年第 10 期。

⑥ 李学勤：《论广汉西门外出土的商代青铜尊》，中国社会科学院考古研究所编：《中国商文化国际学术讨论会论文集》，北京：中国大百科全书出版社，1998 年，第 307-309 页。

⑦ 李学勤：《三星堆饕餮纹的分析》，李绍明、林向、赵殿增编：《三星堆与巴蜀文化》，成都：巴蜀书社，1993 年，第 76-80 页。

怎样传来，需要进一步研究。"[1]三星堆器物坑的时代虽然是在商代晚期，但器物坑中有些器物却可以上溯至二里头文化时期，属于早期文化遗物在成都平原的"滞留"。二里头文化对三星堆文化的影响，具体体现在牙璋、铜牌饰、盉等器物。关于牙璋问题，李先生有持续的思考。如他将牙璋区分为有阑、无阑、两处阑等类型的观点[2]，便被学者广为征引和接受。李先生在《比较考古学随笔》的《蜀国的璋、罍》一文中梳理了陕北、河南偃师以及成都平原三个区域的牙璋，指出牙璋在夏代自北方传入中原，到了商代，牙璋在中原地区已经不再流行，却仍在成都平原扮演重要角色。[3]在《论香港大湾新出牙璋及有关问题》一文中，李先生还论及山东所出牙璋，将其与陕北的牙璋归为一类。[4]近年随着研究的深入，李先生的论断被证明基本可信，所可细化的是，山东的牙璋应最早，早于陕北石峁的牙璋，石峁的牙璋对二里头的牙璋产生影响，但二者之间仍有缺环。[5]李先生指出"璋很可能在夏代传入蜀境，到商代流行"，是"中原文化因素在当地流传的证据"。[6]这一认识，得到了后来学者研究的支持。[7]在《论洋县范坝铜牙璋等问题》一文中，李先生指出陕西洋县范坝出土的铜牙璋与三星堆一号坑的玉牙璋型式相近，有助于三星堆器物坑年代的判定，一些学者认为三星堆的器物晚至西周甚至东周，是不能成立的。[8]李先生对牙璋的讨论，是在中华文明的全局中展开的，尤其关注中原地区文化与周边文化的互动。同时，李先生还从牙璋入手，探讨中原地区文化、巴蜀文化与东南亚的关联，可参见其《越南北部出土牙璋》《商代通向东南亚的道路》等文。[9]

李先生关于三星堆文化的一系列研究，有力驳斥了"早期蜀地与中原隔绝""商文化不过长江"等说法，证明三星堆文化既是一支具有地域性的考古学文化，同时也与中原等地区的文化存在密切互动，是中华文明"多元一体"发展进程中的重要一环。

二、巴蜀古史传说研究

在近代疑古思潮中，传世文献所记载的古史传说成为批判的对象，蜀地古史

---

① 李学勤：《商文化怎样传入四川》，《中国文物报》1989 年 7 月 21 日。

② 李学勤：《论香港大湾新出牙璋及有关问题》，《南方文物》1992 年第 1 期；《试论牙璋及其文化背景》，邓聪编：《南中国及邻近地区古文化研究（庆祝郑德坤教授从事学术活动六十周年论文集）》，香港：中文大学出版社，1994 年，第 5-8 页。

③ 李学勤：《比较考古学随笔》，香港：中华书局（香港）有限公司，1991 年，第 73-76 页。

④ 李学勤：《论香港大湾新出牙璋及有关问题》，《南方文物》1992 年第 1 期。

⑤ 邓聪、王方：《二里头牙璋（VM3：4）在南中国的波及——中国早期国家政治制度起源和扩散》，《中国国家博物馆馆刊》2015 年第 5 期。

⑥ 李学勤：《比较考古学随笔》，香港：中华书局（香港）有限公司，1991 年，第 81 页。

⑦ 邓聪、王方：《二里头牙璋（VM3：4）在南中国的波及——中国早期国家政治制度起源和扩散》，《中国国家博物馆馆刊》2015 年第 5 期；朱乃诚：《论牙璋的年代及反映的夏史痕迹》，《考古与文物》2020 年第 6 期；朱乃诚：《从牙璋看夏文化向南方地区的扩散》，《江汉考古》2021 年第 6 期。

⑧ 李学勤：《论洋县范坝铜牙璋等问题》，《文博》1997 年第 2 期。

⑨ 李学勤：《越南北部出土的牙璋》，《文物天地》1994 年第 3 期；《商代通向东南亚的道路》，王元化主编：《学术集林》卷 1，上海：上海远东出版社，1994 年，第 132-141 页。

在疑古派看来："古时蜀国本来和中原没有关系，要到春秋、战国之间，才同秦国有所交涉。《蜀王本纪》等的说法，是在秦汉大一统思想的影响下制造出来的，必须加以抛弃，方能认识古蜀国的真相。"①但考古发现说明春秋之前的巴蜀地区并非与中原地区没有往来。1934 年，华西大学博物馆在广汉三星堆以北的月亮湾作了试掘。随后，郭沫若在致葛维汉（David Crockett Graham）的信中指出这些出土文物"与华北和中原地区的出土器物极相似。这就证明，西蜀（四川）文化很早就与华北、中原有文化接触"。②而 1986 年三星堆一号、二号器物坑的发掘，进一步证明了早在夏商时期，巴蜀地区与中原地区便已有密切的联系。如李先生所总结的："以四川成都平原为中心的古代蜀国，其史迹在古书中本有不少记载，但近代学人多抱怀疑态度，或将其地域缩小，或将其年代移后，甚至斥为荒诞无稽，必将之廓清破除。考古新发现的研究不仅复活了蜀人的古史，而且提供了研究当时广大西南的关键性线索，使我们对殷代历史文化的理解大为改观。"③

李先生认同王国维"史实之中，固不免有所缘饰，与传说无异；而传说之中，亦往往有史实为之素地"④和尹达"神话的传说自有真正的史实素地，切不可一概抹煞"⑤的看法，认为古史传说可能蕴含历史的影子，需要结合考古学等学科进行更为综合的考察。李先生对巴蜀古史传说的探讨，便体现了其古史研究的基本倾向。

早在 1987 年，李先生在《商周青铜器对西土的影响》中就断言："广汉三星堆的发现是很好的证明，与古书所说的蜀史相结合。"⑥之后在《商文化怎样传入四川》中，李先生更为详细地论述了这一想法：

近代不少学者怀疑蜀国的古史，认为传说不足凭信，中原的影响当时很难达到这样遥远的地方。由于有关的文献太少虽然有些著作对传说倾向肯定，也无从举出佐证。令人欣幸的是，近年的考古工作为研究夏、商、周时期中原文化与蜀地的关系提供了相当多的线索。……大家注意到，器物坑中出土的好多种青铜器、玉器，显然是中原文化影响的产物。看来《华阳国志》的记载实有根据，并非荒诞子虚之谈。⑦

之后在《三星堆与蜀国古史传说》一文中，李先生将传世文献中的蜀王世系分为三个时期，分别是蚕丛等王时期、望帝时期以及开明时期。李先生提出三点

① 李学勤：《蜀文化神秘面纱的揭开》，《寻根》1997 年第 4 期。
② [美]葛维汉：《汉州（广汉）发掘简报》，《葛维汉民族学考古学论著》，成都：巴蜀书社，2004 年，第 197 页。
③ 李学勤：《论三重证据法与三星堆的意义——饶宗颐先生三文"读后记"》，《中国文化研究》2021 年夏之卷。
④ 王国维：《古史新证——王国维最后的讲义》，北京：清华大学出版社，1994 年，第 1 页。
⑤ 尹达：《尹达史学论著选集》，北京：人民出版社，1989 年，第 450 页。
⑥ 李学勤：《商青铜器对西土的影响》，《殷都学刊》1987 年第 3 期。
⑦ 李学勤：《商文化怎样传入四川》，《中国文物报》1989 年 7 月 21 日。

推论：其一，传说中"黄帝子昌意与蜀山氏联姻"的说法与"三星堆文化的某些器物与中原二里头文化相近"的现象相合、年代相近，说明传说时期的巴蜀文化与中原文化存在联系；其二，传说中蜀王为颛顼之后，与夏关系亲密；其三，"蜀王为颛顼之后"的传说也说明与同为颛顼之后的"祝融八姓"之一的楚人关系较近。①以上是李先生将巴蜀地区考古发现与古史传说对证的尝试。在李先生看来，巴蜀古史传说并非完全出自后人捏造，"中国古代的传说是有史实背景的"。之后为补足《三星堆与蜀国古史传说》"未以《帝系》全篇作为蜀史的背景"的缺憾，又作《〈帝系〉传说与蜀文化》，着重于对传世文献记载中黄帝后裔和蜀王世系的考证排列，进一步论证了蜀地传说与楚地及中原地区的联系。②

在《禹生石纽说的历史背景》一文中，李先生着重讨论"禹生石纽"传说的历史背景，分析了"禹生石纽"传说三个可能性：其一，禹生石纽是羌人到来以前蜀人的传说；其二，禹生石纽是羌人带来的传说；其三，禹生石纽是夏人自己的传说。③

总结而言，李先生结合三星堆遗址等考古发现，通过对巴蜀古史传说的梳理与研究，论证了古史传说背后可能的史实因素，并进一步说明巴蜀文化的地域性及其与中原等地区文化的密切关系："蜀有其悠久而独立的始源，而在上古时候就与中所联系，经夏商、周三代，都是有一定地位的诸侯国。不少更早的古书中的片断记述，可与此说相印证，但同样赋有神话传说的性质。"④

针对通过考古发现重审古史传说，李先生还提出了两个有"普遍意义的问题"：

第一个问题，是怎样正确对待富有神话色彩的古史传说。如果由于传说与神话混杂便予以抹杀否认，就很难重建古史了。这个问题，蒙文通先生、徐炳昶先生都有深入的分析，近来讨论的也比较多。

第二个问题，是怎样适当使用时代较晚的文献材料。《华阳国志》成书晚至东晋，然而内中保存的传说，却是远有所本。这一点应该对我们于方法的层面上有其启示，但仍较少为人注意到。⑤

这两个"普遍意义的"问题涉及古史辨派所涉及的"疑古史""疑古书"两个方面，同时也是李先生长期关注的问题。在李先生看来，对于晚出文献中的古史传说，自然不能轻易相信，但也不能一味排斥。只有综合考察各方面的材料，如传世文献、出土文献、考古实物等，才能进一步接近历史的真相。

---

① 李学勤：《三星堆与蜀国古史传说》，《华夏文明》第 3 辑，北京：北京大学出版社，1992 年，第 233-242 页。
② 李学勤：《〈帝系〉传说与蜀文化》，《四川文物》1992 年第 1 期。
③ 李学勤：《禹生石纽说的历史背景》，冯骥才主编，中国民间文艺家协会编：《羌去何处——紧急保护羌族文化遗产专家建言录》，北京：中国文联出版社，2008 年，第 152-156 页。
④ 李学勤：《蜀文化神秘面纱的揭开》，《寻根》1997 年第 4 期。
⑤ 李学勤：《总序》，朱家可、阙显凤编：《三星堆研究》第 1 辑，成都：巴蜀书社，2006 年，第 3 页。

三、两周时期巴蜀文化研究

三星堆文化结束于商末周初，进入两周时期，巴蜀文化的面貌愈益清晰。李先生在《西周甲骨的几点研究》一文中根据《尚书·牧誓》《逸周书》及《尚书序》等传世文献的记载，以及甲骨卜辞的"伐巢""伐蜀"的记录、班簋内底铭文"秉繁蜀巢"，指出繁、蜀、巢三国均是商代时期边远方国；[1] 在《论繁蜀巢与西周早期的南方经营》一文中，李先生又依据山西曲沃赵晋侯墓地 M114 出土的戟甗的铭文中"繁"的记录，认为可由《汉书·地理志》所记蜀郡繁县来推断，繁应在今四川彭县西北、原新繁县北 20 里处。[2] 是为通过古文字材料验证古蜀与周王朝关联的尝试。

李先生更多关注的是巴蜀地区的青铜器。巴蜀青铜器既有与中原等地区青铜器一致的一面，也有自身的地域特色。李先生敏锐意识到"非中原地区青铜器"的一些特殊性，并总结了研究中所需要注意的问题：其一，"序列与标尺"，即非中原地区的青铜器不能完全用中原青铜器作为标尺；其二，"传播与保存"，即对中原地区的青铜器在其他地区长期流传，甚至有些在中原业已消失现象的重视；其三，"同时性问题"，即对根据中原地区"同一墓葬的随葬品属于同一时代"的一般经验在非中原地区应用的重新考虑，并建议研究中参考当地陶器的发展序列；其四，"两种传统与双向影响"，即强调中原文化与边远地区文化之间双向互动的关系。[3]

如在《蜀国的璋、甗》中，李先生将广汉南部晒坝蜀国大墓与彭县竹瓦街出土的甗进行纹饰及器形方面的对比，认为彭县出土的甗制作年代应属商末周初，然而晒坝出土的甗从器形上来看同样属于西周早期，但与其一同出土的铜玺和带钩却属战国时期。李先生认为，甗"在巴蜀文化中有特殊的意义"，它在从中原传入巴蜀地区后，呈现出"融合特色、持续保留"直至此器具在中原地区趋近不流行乃至消失的现象，李先生总结分析认为，这是个别"巴蜀文化中滞留的中原早期文化因素"。甗的流传如李先生所言：

> 甗则来自周人，当地做了模仿和发展。在中原地带早已没有这种形制器物以后，他们继续在蜀人的记忆里存在，而且表现于图像。这种有趣的现象，不是同上节所论与百越的尊、卣如出一辙吗？[4]

这一现象，有如二里头文化牙璋在成都平原的"滞留"与流传。再如李先生

---

① 李学勤：《西周甲骨的几点研究》，《文物》1981 年第 9 期。

② 李学勤：《论繁蜀巢与西周早期的南方经营》，段渝主编：《南方丝绸之路研究论集》，成都：巴蜀书社，2008 年，第 3-5 页。

③ 李学勤：《非中原地区青铜器研究的几个问题》，《东南文化》1988 年第 5 期。

④ 李学勤：《比较考古学随笔》，香港：中华书局（香港）有限公司，1991 年，第 81 页。

对巴蜀戈矛的研究。①在《论新都出土的蜀国青铜器》一文中，李先生将成都一带出土的蜀矛分为五式。②在《东周与秦代文明》的《巴、蜀与滇》一节中，李先生强调"戈是巴蜀地区，特别是成都一带发现频繁的器物，变化次第又较明显，适宜作为断代的一种标尺"。③李先生注意到，"蜀戈虽有某些型式能在中原找到相仿的例证，但其年代有时相差较远"。④战国时代的晒坝大墓，出土的戈却有一些可以上溯至西周的因素，可见"巴蜀青铜器中存在中原地区早期器物仿制品，说明中原文化的若干因素会在巴蜀或其他边远地区保留下来"。⑤

如果说巴蜀青铜器体现了中原文化对巴蜀文化的强烈影响，那么在巴蜀地区流行于战国初期至西汉早期的巴蜀符号，则是巴蜀文化地域性的突出体现。早在《论新都出土的蜀国青铜器》一文中，李先生便注意到巴蜀符号，指出"印文和器铭普遍出现这样的符号，和商代到西周青铜器上的族氏铭文颇相近似"。⑥李先生认为巴蜀文字拥有自身发展脉络，并不一定与汉字相关："我们还必须承认，中国境内存在的古代文字，绝非都是汉字，或与汉字直接有关。比如巴蜀文字不少论作以之当作汉字来释读，就是不成功的。"⑦巴蜀符号究竟是文字抑或符号，以及其表达的具体内涵，尚未有确解。李先生认为它应属于文字："足以构成语句这是有利于文字说的。符号总是有一定的顺序，也像是文字这些现象，不作为文字，很难有合理的解释。"⑧李先生对巴蜀符号的破解前景持乐观态度："由于有关材料大量出现，巴蜀文字性质的判明已具备条件，距离解读不远。"⑨出于对巴蜀符号的长期关注，严志斌、洪梅《巴蜀符号集成》⑩一书出版之际，李先生欣然作序，这已然是李先生生前最后一次为他人著作撰写序言了。

四、李学勤先生巴蜀文化研究的特点

李先生的巴蜀文化研究具有突出特点。首先是研究方法上，李先生主张传世文献、出土文献、考古实物等材料并重，综合多种学科手段加以研究，这与饶宗颐先生所主张的"三重证据法"不谋而合。李先生是较早向学界介绍"三重证据

---

① 李学勤关于巴蜀戈矛的研究，另可参见《"兵避太岁"戈新证》，《江汉考古》1991 年第 2 期；《古越阁所藏青铜兵器选粹》，《文物》1993 年第 4 期；《符号最多的巴蜀矛》，《文物》1995 年第 8 期。

② 李学勤：《论新都出土的蜀国青铜器》，《文物》1982 年第 1 期。

③ 李学勤：《东周与秦代文明》，北京：文物出版社，1984 年，第 162 页。

④ 李学勤：《论新都出土的蜀国青铜器》，《文物》1982 年第 1 期。

⑤ 李学勤：《彭县竹瓦街青铜器的再考察》，四川省文物考古研究所编：《四川考古论文集》，北京：文物出版社，1996 年，第 119 页。

⑥ 李学勤：《论新都出土的蜀国青铜器》，《文物》1982 年第 1 期。

⑦ 李学勤：《试论余杭南湖良渚文化黑陶罐的刻划符号》，《浙江学刊》1992 年第 4 期。另可参见李学勤：《青铜器分期研究的十个课题》，《中国史研究》2005 年增刊。

⑧ 李学勤：《符号最多的巴蜀矛》，《文物》1995 年第 8 期。

⑨ 李学勤：《巴蜀文化研究的期待——〈三星堆与长江文明〉前言》，《中华文化论坛》2004 年第 4 期。

⑩ 严志斌、洪梅：《巴蜀符号集成》，北京：科学出版社，2019 年。

法"的学者①，在《论三重证据法与三星堆的意义——饶宗颐先生三文"读后记"》一文中，李先生对"三重证据法"有进一步的讨论。②李先生的巴蜀文化研究，既有甲骨卜辞、铜器铭文的考证，有青铜器、玉器等考古实物的系统研究，也有对传世文献的爬梳，真正做到传世文献、出土文献以及考古实物的结合。

在研究内容上，李先生主要围绕巴蜀地区与中原等地区的互动交流展开，注重阐释巴蜀文化在中华文明起源、发展进程中所扮演的角色：

其一，巴蜀文化是中华文明起源进程中的重要源头。李先生指出："中国古代文明并非单源。三星堆的重大发现，以客观的事实指示我们，当时非中原地区的文化也会相当发达。"③正是多源并起、满天星斗的史前文化，汇聚为奔腾不息的中华文明。

其二，巴蜀文化是中华文明"多元一体"发展进程中的重要一环。无论是对三星堆文化的研究，对巴蜀古史传说的研究，还是对两周时期巴蜀文化的研究，李先生始终关注巴蜀文化与中原等地区文化的互动与交流，既强调巴蜀文化的地域性，构成中华文明的重要一"元"，同时也强调至少在商代晚期，巴蜀文化已经与中原地区、长江中下游文化互动密切，逐步融为"一体"。李先生指出："远古以来的巴蜀地区，除接受北方中原文化的影响外，还与长江中下游的文化交流，而且后者也许关系还更密切些。"④由此可见巴蜀文化不是孤立的，从受黄河流域马家窑文化影响下产生的桂圆桥文化算起，巴蜀文化从始至终都受到其他地区的影响，并发展出自身的独特面貌。

其三，巴蜀文化是"西南丝绸之路"的重要节点。李先生指出："成都平原以其地理位置，实为西南交通的重要枢纽，且与近时许多学者艳称的'西南丝绸之路'极有关系。越南北部前些时出土的玉'牙璋'，便和广汉月亮湾、三星堆所出最为相近。我曾设想，中原商文化的影响从长江中游的'荆楚'进入四川，由之与'西南丝绸之路'连接。"⑤在《三星堆文化与西南丝绸之路》一文中，李先生依据小屯 YH127 出土的"武丁大龟"、香港南丫岛大湾出土的牙璋以及同为小屯 YH127 出土的甲骨表层的印度木棉织物，认为"这证明商代后期西南对外的通道不仅是存在的，并且是畅通的"。⑥

通过李先生的论述，可以看出巴蜀文化在中华文明"多元一体"格局中所扮演的重要角色。巴蜀文化在吸收中原文化、沟通其他地区文化且保持自身特色的同时，与各地区的文化一道构成了中华文明的基本面貌。如李先生所言：

---

① 参见李学勤：《走出"疑古时代"》，《中国文化》1992 年第 7 期。
② 李学勤：《论三重证据法与三星堆的意义——饶宗颐先生三文"读后记"》，《中国文化研究》2021 年夏之卷。
③ 李学勤：《蜀文化神秘面纱的揭开》，《寻根》1997 年第 4 期。
④ 李学勤：《巴蜀文化研究的期待——〈三星堆与长江文明〉前言》，《中华文化论坛》2004 年第 4 期。
⑤ 李学勤：《蜀文化神秘面纱的揭开》，《寻根》1997 年第 4 期。
⑥ 李学勤：《三星堆文化与西南丝绸之路》，《文明》2007 年第 1 期。

巴蜀文化研究已成为考古学、历史学领域最热门的课题之一，在其间起了关键性的突破作用的，是广汉三星堆的重大发现。对巴蜀古代历史文化的认识，由此全面改观。中国文明系由各民族、地区人民共同缔造。可以断言，如果没有对巴蜀文化的深入研究，便不能构成中国文明起源和发展的完整图景。中国文明研究中的不少问题，恐怕必须由巴蜀文化求得解决。①

纵观李先生的巴蜀文化研究，他注重传世文献、出土文献、考古实物等材料的综合研究，并以全局性的眼光深刻把握巴蜀文化对于中华文明的特殊意义。李先生的一些重要成果至今仍有旺盛的生命力，可为今后深化巴蜀文化及中华文明的研究提供借鉴与启示。

（原载《邯郸学院学报》2024 年第 1 期）

---

① 李学勤：《巴蜀文化研究的期待——〈三星堆与长江文明〉前言》，《中华文化论坛》2004 年第 4 期。

李学勤先生与郭店简研究

刘子珍

（贵州师范大学历史与政治学院）

2023 年是李学勤先生诞辰 90 周年，又恰逢郭店简出土 30 周年。李先生对郭店简的研究是在"重写学术史"的学术理想下进行的，其有关郭店简的研究成果以及研究视角与方法，对学术界有着深远影响。作为后学，笔者自知尚不能充分领会先生学术思想，冒昧撰此小文，尝试作粗浅的初步总结，希望借此怀念李先生在"重写学术史"的研究道路上所做出的开创性贡献。

一、"重写学术史"视野中的郭店简研究

1993 年冬天，湖北省荆门市郭店村战国楚墓发现大量竹简，这在当时海内外学术界引起很大的轰动。1998 年 5 月，郭店简整理报告由文物出版社印行出版，不少学者集会或撰文讨论。李学勤先生自 1998—2008 年先后撰写《荆门郭店楚简中的〈子思子〉》《荆门郭店楚简所见关尹遗说》《释郭店简祭公之顾命》《先秦儒家著作的重大发现》《从简帛佚籍〈五行〉谈到〈大学〉》《郭店简与儒家经籍》《说郭店简"道"字》《天人之分》《郭店简与〈礼记〉》《太一生水的数术解释》《郭店简与〈乐记〉》《郭店楚简儒家经典的性质与年代》《试说郭店简〈成之闻之〉两章》《郭店楚简〈六德〉的文献学意义》《圣人与中人——谈〈成之闻之〉中的一段文字》《关于"东宫之师"的讨论》《试解郭店简读"文"之字》《〈语丛〉与〈论语〉》《郭店简"君子贵诚之"试解》《论郭店简〈老子〉非〈老子〉本貌》《孔孟之间与老庄之间》《从郭店简〈语丛四〉看〈庄子·胠箧〉》《郭店竹简研究的新进展》等论文。

此外，李先生还积极参加、推动、组织相关学术研讨。1998 年 5 月，参加美国达特茅斯学院（Dartmouth College）举办的"郭店《老子》国际研讨会"；1999 年秋，李先生向清华大学申请启动"出土简帛与中国思想史研究"项目，开办"简帛讲读班"，这也是最早的楚简研读班；2000 年 8 月，北京大学、美国达特茅斯学院、中国社会科学院联合举办"新出简帛国际学术研讨会"；2002 年，李先生时任清华大学思想文化研究所所长，在清华大学组织举办"新出楚简与儒家思想国际学术研讨会"。[①]

---

① 参见陈颖飞：《李学勤先生与湖北文物考古》，《江汉考古》2019 年第 6 期。后收入清华大学出土文献研究与保护中心编：《半部学术史，一位李先生：李学勤先生学术成就与学术思想国际研讨会论文集》，北京：清华大学出版社，2021 年，第 261 页。

李先生之所以对郭店简有浓厚的研究兴趣，原因在于这批竹简大部分是先秦佚书，且主要以道、儒两家学说为主，为探讨道家老子后学关尹学派与孔孟之间的儒家传流演变等问题提供了新的材料与线索。而这又对李先生推动"重写学术史"研究计划有重要的影响。李先生在《重写学术史》的《后记》中提到，"最近我强调'重写学术史'，却是有特殊的缘由，其具体契机，乃是湖北荆门郭店楚简这项重大发现"。①郭店楚简"对先秦学术史的不少传统看法不得不有所改变，连带着以关于先秦学术的观点为基础的汉、唐、宋、明、清以至近代的学术思想，也需要重做考虑了"。②

从学术史视角看，李先生"重写学术史"的主张，既是顺应学术发展潮流，也是引领学术发展方向。2001 年，李先生在为其主编的十卷本《中国学术史》撰写的"总序"中提到，"研究中国学术史，写出一部《中国学术史》的想法，在我的心中酝酿，可说已经有二十年了"。③不难发现，李先生"重写学术史"想法可追溯到 20 世纪 80 年代。20 世纪 80 年代，不少学者不满足当时的学术著作写作范式，提出重写文学史、思想史、文化史等问题。他们就重写学术史著作的必要性、迫切性和如何写等方面，发表系列有影响的专题论文，出版一批尝试性成果，给沉寂数十年的学界带来了生机。④如当时中青年学者陈思和、王晓明主持《上海文论》的"重写文学史"专栏，以及黄子平、陈平原、钱理群有关"二十世纪中国文学"的讨论也隐含了"重写"的意愿。⑤

对于李先生而言，"重写学术史"是他多年从事先秦历史、考古研究的学术思考。1981 年，第二次"先秦史学术讨论会"在陕西西安举行。李先生作了题为《重新估价中国古代文明》的发言，该发言最后一部分围绕"学术史与古代文明"，阐述当时学术界将中国古代文明估计得比较迟、比较低的传统观点，其背后有深刻的学术史上的原因。⑥1986 年 1 月，复旦大学主办"首届国际中国文化学术讨论会"，这是中华人民共和国成立以来第一次讨论中国文化的国际会议。李先生提交《对古书的反思》一文，提到"特别是近年，从地下发掘出大量战国秦汉的简帛书籍，使人们亲眼见到未经后世改动的古书原貌，是前人所未曾见的。在这种条件下，我们将能进一步了解古籍信息本身，知道如何去看待和解释它们。这可说是对古书的新的、第二次的反思，必将对古代文化的再认识产生重要的影响。同时，也能对上一次反思的成果，重加考察"。⑦

---

① 李学勤：《重写学术史》，石家庄：河北教育出版社，2001 年，第 440 页。
② 李学勤：《重写学术史》，第 440 页。
③ 李学勤：《中国学术史》，南昌：江西教育出版社，2001 年，"总序"，第 1 页。
④ 佚名：《怎样重写学术史》，《文汇读书周报》1998 年 10 月 3 日，第 5 版。
⑤ 周伯军、汪东梅：《重写学术史：需要保持独立思考的时间与空间》，《文汇读书周报》1998 年 10 月 10 日，第 1 版。
⑥ 李学勤：《重新估价中国古代文明》，《人文杂志》1982 年增刊。
⑦ 李学勤：《对古书的反思》，复旦大学历史系编：《中国传统文化的再估计——首届国际中国文化学术讨论会（一九八六年）文集》，上海：上海人民出版社，1987 年，第 549 页。

到 20 世纪 90 年代，学界关于重写学术史著作的呼吁还一直在延续。1992 年，在北京大学举办的一次学术研讨会上，李学勤先生在"走出'疑古时代'"主题发言中明确提出"重写学术史"：

学术史恐怕得重写，还不仅是先秦和秦汉学术史的问题，而是整个学术史的问题。在这一点上它是特别重要。今天已经可以认识到，过去我们的一些结论，受过去出现的思潮影响而认识到的学术史的面貌，现在看起来与事实有相当大的距离。①

1993 年，李学勤先生在《传统文化与现代化》创刊号发表的《论新出简帛与学术研究》中提到，"新出土简帛书籍与学术史研究的关系尤为密切。学术史的研究在最近几年趋于兴盛，已逐渐成为文史领域内的热门学科，而简帛书籍的大量涌现，正在改变着古代学术史的面貌，影响甚为深远"。②1994 年 1 月，中国考古学与历史学整合研究国际研讨会在台北召开。李先生提交《出土简帛佚籍与古代学术文化的演变》一文，认为"近年简帛书籍的连续发现会给学术史研究带来多大的影响，今天还难于充分估量""然而我们现在已经可以看出，在一系列新发现的影响之下，学术史在很大程度上恐怕是需要重写了"。③1994 年 12 月，李先生的《简帛佚籍与学术史》由台湾时报出版公司以繁体字印行。④李先生在该书"自序"再次提到"简帛佚籍的发现，对考古学、古文字学、古代史等学科都有很大的影响，但我以为其影响最大的乃是学术史的研究"⑤。后来李先生也一直强调简帛佚籍对改写中国学术史的重要性。⑥

李学勤先生"重写学术史"的主张在当时学界引起广泛关注。1998 年 9 月 12 日，《文汇读书周报》与复旦大学出版社举办"重写学术史研讨会"。在此次研讨会上，李先生提供书面发言。该发言部分内容发表于 1998 年 10 月 3 日的《文汇读书周报》。后来李先生以《关于学术史》为题，将此次书面发言收入《重写学术史》。该发言较为详细地阐述了其"重写学术史"的主张：

学术史是需要重写。不管是关于古代，还是关于近现代的学术史，现在都有

①李学勤：《走出"疑古时代"》，《中国文化》第 7 期。当时李先生不仅仅是提出"重写学术史"的主张，而是已有重写中国学术史的构想与具体安排。自 1992 年社科院研究生院恢复招生以来，李先生的招生方向就是"先秦、秦、汉学术文献""唐、宋学术文献""宋、明理学"与"明、清学术文献"等。参见邢文：《万法本具足，一部学术史——纪念李学勤先生》，《南方周末》2019 年 6 月 6 日，第 C34 版。后收入清华大学出土文献研究与保护中心：《半部学术史，一位李先生：李学勤先生学术成就与学术思想国际研讨会论文集》，第 127 页。

② 李学勤：《论新出简帛与学术研究》，《传统文化与现代化》1993 年第 1 期。

③ 李学勤：《出土简帛佚籍与古代学术文化的演变》，臧振华：《中国考古学与历史学之整合研究》，台北：历史语言研究所，1997 年，第 1089 页。

④该书于 1996 年由韩国学研文化社出版韩文版，2001 年江西教育出版社印行中文简体版。

⑤李学勤：《简帛佚籍与学术史》，南昌：江西教育出版社，2001 年，第 2 页。

⑥李学勤：《简帛书籍的发现及其影响》，《文物》1999 年第 10 期；李学勤、江林昌：《世纪之交与中国学术史研究》，《烟台大学学报（哲学社会科学版）》1999 年第 4 期；李学勤：《出土佚书的三点贡献》，《文艺研究》2000 年第 3 期；李学勤：《简帛佚籍的发现与重写中国古代学术史》，《河北学刊》2013 年第 1 期。

了好多新的材料，新的论点，新的角度和方法，过去流行的若干"定论"，正在被动摇，被突破，于是重写学术史就提上了日程。①

1998 年 9 月 13 日，洛阳大学东方文化研究院、北京语言文化大学《中国文化研究》编辑部、北京国林风图书中心联合主办"20 世纪疑古思潮回顾学术研讨会"。李学勤、谢桂华、郭齐家、李零、姜广辉、彭林、孙华、王巍、许宏等来自中国社会科学院历史所、考古所，北京大学、清华大学和北京师范大学等单位的 40 余位学者参加研讨。与会学者对于当年 5 月公布的湖北江陵郭店战国楚墓竹简，以及上海博物馆正在整理中的战国楚墓竹简，极表关切。他们一致认为，"近年来大量重要的考古发现，特别是一大批简帛文献的直接出土，对于重建古史、重写学术史有着举足轻重的意义"。②李先生在其发言最后呼吁：

最后一点，我要说的就很简单了。现在大家都说已经看到 21 世纪的曙光，我们这些年纪稍微大一点的人听了就觉得可怕。可是时间是不能阻挡的，那么，在现在这个时候，有一个非常重要的工作，就是对于 20 世纪学术史进行总结和评价。我觉得这是非常重要的。从新的材料、新的观点、新的方法、新的高度，在新的历史背景之下，整个学术史确实有重写的必要。重写学术史应该特别包括续写和新写 20 世纪的学术史。③

当时学界"重写学术史"的呼声高涨，但也有学者针对重写学术史研究的思路、途径与方法持审慎态度。有学者指出，"重写"就是要保持独立思考，把僵化的、一种观点统一整个学术研究的局面打破。提出"重写文学史"已十多年，虽然原先的一统局面已经打破，但现在尚没有人写出一部非常像样的二十世纪中国文学史来。④如何"重写学术史"已成为学界普遍关心的问题。⑤李先生也深刻认识到这是一项长期性、艰巨性的工作。因为，"新出简帛佚籍的数量很大，内容古奥，即使在现代的学术条件下，也不是短时间所能理解消化的"⑥，"必须深入研究到一定程度，才能看到其成果"。⑦

---

① 李学勤：《重写学术史》，第 200 页。

② 张京华：《20 世纪疑古思潮回顾学术研讨会综述》，《中国文化研究》1999 年春之卷。

③ 李学勤：《重写学术史》，第 217-218 页。

④ 周伯军、汪东梅：《重写学术史：需要保持独立思考的时间与空间》，《文汇读书周报》1998 年 10 月 10 日，第 1 版。

⑤ 比如曹峰：《出土文献可以改写思想史吗？》，《文史哲》2007 年第 5 期；蔡德贵：《出土文献的贡献和学术史改写的困难》，《中州学刊》2010 年第 1 期。1998 年，葛兆光先生《中国思想史》之《导论》与第一卷出版，其独特的研究视角、方法以及对考古新发现材料的运用，被视为重写思想史的力作。李先生对此书高度评价道："《中国思想史》第一卷不是仅仅重复前人的工作，它以崭新的角度和层面展示给人们的，是大家不那么熟悉的思想世界，更广泛、更深入地体现出研究的新意。"

⑥ 李学勤：《出土简帛佚籍与古代学术文化的演变》，臧振华编：《中国考古学与历史学之整合研究》，第 1089 页。

⑦ 李学勤：《走出"疑古时代"》，《中国文化》1992 年第 7 期。

在李先生看来，"重写学术史"意味着就中国各历史阶段学术思想的演变新加解释和总结，这与"重新估价中国古代文明"和"走出疑古时代"是相承的。①尤其是要正确认识近代疑古思潮的历史功绩及其局限。李先生指出，"今天已经可以认识到，过去我们的一些结论，受过去出现的思潮影响而认识到的学术史面貌，现在看起来与事实有相当大的距离。我说的思潮是什么呢？就是大家都深受影响的疑古思潮"。②

在研究理路上，李先生所呼吁的"重写学术史"的主张可接续王国维先生。正如李先生所说，"沿着王国维先生在 20 年代提出的以'二重证据法'为标志的道路，将考古学的成果与学术思想研究结合起来，一直为我所向往"。③此外，李先生还以清儒为例特别强调重写学术史要避免门户之见，认为"清儒的学术是做出巨大成绩的，可是，它有一个极不好的地方，在今天还有影响，就是它很讲门户"，"这个讲门户实在要不得。我觉得我们写学术史，一定不要这样"。④

以上所述均可视为李先生关于"重写学术史"的必要性与可能性的理论阐述。除深入的理论探讨，李先生还将"重写学术史"命题的内涵及研究方法落到实处。1998 年 12 月，李学勤先生与江林昌先生在烟台大学成立中国学术研究所，其定位即以简帛佚籍等考古新发现重写中国学术史为主，兼以考古新发现重新估价中国古代文明。该研究所的成立是李先生宏观规划中国学术史研究发展方向，为学术史研究而做出的具体安排。⑤

与此同时，李先生不断深入研究郭店简，其研究方法与学术观点引起学界普遍关注。李先生关于郭店简的论文绝大部分收录在 2001 年出版的论文集《重写学术史》中。该文集主要收录李先生 1998 年、1999 年两年的论文。李先生把涉及重写学术史相关问题的 20 余篇论文（包括专论郭店简的论文）结集出版，围绕"重写学术史""把一些想法大致都谈了出来"。⑥由此不难发现，李先生对郭店简的研究在很大程度上可视为"重写学术史"的具体实践，其中蕴含着先生高远的学术理想与深沉的学术关怀。

二、基于考古学物质形态的研究特色

李学勤先生注重考古学物质形态的文化信息，"在研究'形而下'的器物时具备了'形而上'的眼光，能够把宏观和微观紧密结合，看到和发现别人没有注意

---

① 李学勤：《重写学术史》，第 440 页。
② 李学勤：《走出"疑古时代"》，《中国文化》1992 年第 7 期。
③ 李学勤：《重写学术史》，第 440 页。
④ 李学勤：《走出"疑古时代"》，《中国文化》1992 年第 7 期。
⑤ 孙进：《李学勤先生与烟台大学中国学术研究所》，江林昌编：《中国古代文明研究与学术史：李学勤教授优俪七十寿庆纪念文集》，保定：河北大学出版社，2006 年，第 536 页。
⑥ 李学勤：《重写学术史》，第 441 页。

到的细节，并上升到理论的高度加以认识，发人所未发"。① 1984 年，李先生在其著作《东周与秦代文明》中已提到："考古学的收获仅仅代表历史上的物质文化，这个观点恐怕是失之片面的。被称为锄头考古学的田野工作所得（除出土的古代书籍外），固然都是物质的东西，可是这些物质的东西又是和古代的精神文化分不开的。"②后来李先生在《简帛佚籍与学术史》的"自序"中又有类似的表述：

> 传统的观点以为考古学发现的仅是物质的文化，这个看法我是不赞成的，因为考古发现的物质遗存总是要体现精神的文化。至于出土佚籍，更显然属于精神的内涵。如今通过出土简帛的整理研究，竟使被认为最"物质"的考古学同最"精神"的学术史相沟通，这或许是有希望的研究方向。③

李先生在包括郭店简在内的简帛研究领域能够引领学术潮流，自然与其在考古学、古文字学和古文献学上的深厚学养有着密切的关联。早在 20 世纪五六十年代，李先生就对楚地出土简帛文献有深入的研究。1957 年 11 月 27 日，李先生在《光明日报》发表《信阳楚墓中发现最早的战国竹书》，已开始将墓葬所见两组竹简分成遣策和书籍两类，并充分肯定竹书的思想史研究价值，以及作为当时已发现的最早的原本书籍的重要意义。④1960 年，李先生在《文物》发表《补论战国题铭的一些问题》，将楚帛书十二月名与《尔雅》中的十二月名相联系⑤，这被视为"突破性的发现"。⑥20 世纪 70 年代，李先生参加国家文物局成立的简帛文献整理小组，先后参加或主持马王堆汉墓帛书、睡虎地秦墓竹简、定县八角廊汉墓竹简、大通上孙家寨汉简等简帛文献的整理。正是因为有丰富的一线简帛整理经验，李先生往往能提出并解决非常前沿而重要的学术问题。下面即以郭店简研究为例，总结李先生基于考古学物质形态的简帛佚籍研究特色。

第一，综合利用考古学文化序列研究成果，把握郭店简的成书年代。李先生曾指出，"简帛佚籍的发现，整理研究的学者必须探索其年代。一个是简帛抄写的年代，这可以出土简帛的墓葬、遗址的年代作为下限，同时参照共出器物加以估定"。⑦李先生在判断郭店简成书年代时即采用此种研究思路。郭店一号墓具有战国中期偏晚的特点，其下葬年代当在公元前 4 世纪中期至公元前 3 世纪初⑧。李先生进一步指出，"墓葬位置在楚国郢都外墓地范围之内，这一带楚墓的序列已经排定，

① 刘国忠：《潜心探研中国古代文明的奥秘——李学勤先生的学术研究之路》，程薇编：《接续绝续的历程——李学勤先生访谈录》，南昌：江西教育出版社，2018 年，第 95 页。
② 李学勤：《东周与秦代文明》，上海：上海人民出版社，2014 年，第 291 页。
③ 李学勤：《简帛佚籍与学术史》，第 2 页。
④ 李学勤：《信阳楚墓中发现最早的战国竹书》，《光明日报》1957 年 11 月 27 日，第 3 版。
⑤ 李学勤：《补论战国题铭的一些问题》，《文物》1960 年第 7 期。
⑥ 李零：《子弹库帛书》，北京：文物出版社，2017 年，第 2 页。
⑦ 李学勤：《新发现简帛佚籍对学术史的影响》，陈鼓应编：《道家文化研究》（第 18 辑），北京：生活·读书·新知三联书店，2000 年，第 2-3 页。.
⑧ 湖北省荆门市博物馆：《荆门郭店一号楚墓》，《文物》1997 年第 7 期。

足以说明郭店一号墓属于战国中期后段。具体来说，这座墓最接近离它不远的荆门包山一、二号墓，包山二号墓所出竹简有一个纪年可确定为公元前 323 年。比包山二号墓晚的包山四、五号墓也是地道的楚墓，应早于公元前 278 年郢都被秦人占领的时间。因此，包山一、二号墓及郭店一号墓估计都不晚于公元前 300 年。说郭店一号墓是公元前 4 世纪末的墓葬，是合适的。至于墓中竹简典籍的书写时间，可能还更早一些"。①

与此同时，李先生还特别注重墓葬中随葬器物的时代特征。他在《孔孟之间与老庄之间》一文中将郭店一号楚墓所出器物与江陵雨台山墓葬群所出同型器物分期相比较，有力证明了郭店一号墓整体说来相当于雨台山五期，即战国中期后段。从绝对年代上看，雨台山中期后段之后还有属于战国晚期前段的六期。郢都楚墓的下限，公认在秦白起拔郢的公元前 278 年。作为考古器物的分期，能明显成为一个期总要占二三十年甚至多一些，而公元前 278 年上距公元前 300 年不过 22 年，所以说郭店一号墓不晚于公元前 300 年，应该是合适的。②

后来，李先生在判断上博简的时代时也充分参考与这批竹简一同流散的丝织品的时代特征。李先生认为，这批丝织品的刺绣技法、纹饰都和江陵马山一号墓的出土品相若，很可能属于同时。据发掘报告，马山一号墓的时代为战国中期偏晚或战国晚期偏早，约公元前 340—公元前 278 年。上博简所出的墓葬时代为战国中期偏晚到晚期偏早，简的书写时代也不出此限。③

总的看来，李学勤先生上述年代判断是非常可信的，而这为其判断郭店简的成书年代提供了可靠的锚点。需要注意的是，李先生还考虑到，书籍和文书不一样，内容的形成每每比抄写早得多，简帛的书写年代又是成书年代的下限。④因此，李先生认为"郭店一号墓的年代，与孟子活动的后期相当，墓中书籍都为孟子所能见。《孟子》七篇是孟子晚年撰作的，故而郭店竹简典籍均早于《孟子》的成书"。⑤这为李先生所持郭店简儒家经典应属子思学派以及道家典籍《太一生水》当属关尹学派的判断提供了年代学上的支持，进而推动了学界对孔孟、老庄之间思想演变的探讨。

第二，注重墓主人身份与郭店竹书性质之间的联系。李先生据发掘简报提到随葬品中有两根鸠杖，推断墓主人是年事已高的男子。此外，李先生又改释漆耳杯底部四字刻铭，将发掘简报释读的"东宫之杯"改为"东宫之师"，认为墓主人曾任楚太子的老师。参考墓的年代，这位太子当即怀王太子横，后来的顷襄王，墓主的死在顷襄王即位以前。⑥由此李先生进一步推断，"墓主人曾任楚太子的师

---

① 李学勤：《先秦儒家著作的重大发现》，《人民政协报》1998 年 6 月 8 日，第 3 版。
② 李学勤：《当代名家学术思想文库·李学勤卷》，沈阳：万卷出版公司，2010 年，第 272 页。
③ 李学勤：《当代名家学术思想文库·李学勤卷》，第 273 页。
④ 李学勤：《新发现简帛佚籍对学术史的影响》，陈鼓应编：《道家文化研究》（第 18 辑），第 3 页。
⑤ 李学勤：《先秦儒家著作的重大发现》，《人民政协报》1998 年 6 月 8 日，第 3 版。
⑥ 李学勤：《先秦儒家著作的重大发现》，《人民政协报》1998 年 6 月 8 日，第 3 版。

傅。他兼习儒、道，是一位博通的学者，故藏有《老子》《子思子》等书抄本，或即用为太子诵读的教材"。①此种观点也影响了李先生对郭店简《语丛》性质的判断。李先生认为，"《语丛》的内容都是断章零句，大部分类似格言，体裁接近睡虎地秦简的《吏道》。这些文字多系当时各家著作的摘录，排列杂乱无章，思想倾向也不统一。从这些特点看，《语丛》很难说是一种著作，可能是教学所用的一种选编"②，"和汉初贾谊《新书》的《连语》《修政语》《礼容语》等有些相像"。③

刘宗汉先生亦持相近看法，墓主人当是年龄在 70 岁以上的太子之师，"郭店一号楚墓出土的各种书册，不论是多种儒家著作，还是道家的《老子》，也都应是墓主人生前诵习之书。考虑到墓主人的东宫之师的身份，这些书既是他生平诵习的典册，同时也是他教育太子的教材"。④依据李先生"东宫之师"的释读思路，裘锡圭、姜广辉、廖名春等先生提出进一步的看法。廖名春先生认为，"东宫之师"可能也是七十子后学，尤其是子思之徒的可能性最大。⑤姜广辉先生推测墓主人为陈良。⑥此外，范毓周、高正、黄崇浩、李裕民等先生也参与了讨论。⑦

学界对李先生改释"东宫之师"亦有不同意见。如裘锡圭先生认为，"师"当解释为工师，说明这杯子是某人所作。⑧李零先生则认为，发掘者原来考释的"东宫之杯"要比"东宫之师"更合理，实与"太子的老师"或"东宫的工师"并没有关系，而且它们对判定墓主本人的身份或墓中出土书籍与墓主的关系都没有太大帮助。⑨王葆玹、饶宗颐、周建忠等先生也倾向于整理报告"东宫之杯"释读更为合理。⑩

李先生之说或有可商榷之处，但先生注重墓主人身份与随葬书籍之间联系的研究思路则应当引起足够的重视。事实上，李先生也一直将此贯穿于简帛研究之

---

① 李学勤：《荆门郭店楚简中的〈子思子〉》，《文物天地》1998 年第 2 期。

② 李学勤：《〈语丛〉与〈论语〉》，廖名春编：《清华大学思想文化研究所集刊》（第 2 辑），北京：清华大学出版社，2002 年，第 3-4 页。

③ 李学勤：《先秦儒家著作的重大发现》，《人民政协报》1998 年 6 月 8 日，第 3 版。

④ 刘宗汉：《有关荆门郭店一号楚墓的两个问题——墓主人的身份与儒道兼习》，姜广辉编：《中国哲学》（第 20 辑），沈阳：辽宁教育出版社，1999 年，第 391 页。

⑤ 廖名春：《荆门郭店楚简与先秦儒学》，姜广辉编：《中国哲学》（第 20 辑），第 71 页。

⑥ 姜广辉：《郭店一号墓墓主是谁？》，姜广辉编：《中国哲学》（第 20 辑），第 396-398 页。

⑦ 范毓周：《荆门郭店楚简墓主当为环渊说》，《人民政协报》1998 年 12 月 26 日，第 3 版；高正：《论屈原与郭店楚墓竹书的关系》，《光明日报》1999 年 7 月 2 日，第 7 版；黄崇浩：《郭店一号楚墓墓主不是屈原而是慎到》，《光明日报》2000 年 1 月 21 日，第 11 版；李裕民：《郭店楚墓的年代与墓主新探》，《陕西师范大学学报（哲学社会科学版）》2000 年第 3 期。

⑧ 王博：《美国达慕斯大学郭店〈老子〉国际学术研讨会纪要》，陈鼓应编：《道家文化研究》（第 17 辑），北京：生活·读书·新知三联书店，1999 年，第 3 页。

⑨ 李零：《郭店楚简研究中的两个问题》，武汉大学中国文化研究院编：《郭店楚简国际学术研讨会论文集》，武汉：湖北人民出版社，2000 年，第 47-49 页。

⑩ 王葆玹：《郭店楚简的时代及其与子思学派的关系》，武汉大学中国文化研究院编：《郭店楚简国际学术研讨会论文集》，第 644-646 页；饶宗颐：《涓子〈琴心〉考——由郭店琴琴谈老子门人的琴学》，《饶宗颐新出土文献论证》，上海：上海古籍出版社，2005 年，第 162 页；周建忠：《荆门郭店一号楚墓墓主考论——兼论屈原生平研究》，《历史研究》2000 年第 5 期。

中。如针对云梦睡虎地 11 号墓和江陵张家山 247 号墓随葬大量法律竹简，李先生认为"可能与当时学习法令以吏为师有关。睡虎地简中的《律说》《封诊式》，张家山简的《奏谳书》，都可以用作这方面的教材。张家山墓的墓主在晚年业已退休，却仍有着众多法律材料，由此也可得到解释"。①再如 2008 年清华简入藏，李先生根据这批简中的书籍大多与历史有关，提到"作为随葬的书籍，总是和墓主的身份与爱好有一定关系的，比如说 1972 年出土的银雀山汉简主要是兵书，墓主显然是位军事家，所以我曾戏言'这次是挖到了一个历史学家'"。②

第三，强调竹简字迹、形制、编联与文本之间的内在关系。李先生在《〈语丛〉与〈论语〉》一文中注意到《语丛三》字体风格差异，通过对比第 53 号简"也"与第 54 号简"也"字运笔的差异，推断这篇简前后至少有两个人抄写。由此李先生提出，"这些简是不是还可以进一步划分，也可以考虑"。③李先生还根据《语丛》形制特点指出，"《语丛》共有 4 种，所用的简形制较短，最长的《语丛三》尚不到 18 厘米，近于战国尺的 8 寸。尽管当时简长没有汉代那样规范，这种情形仍表明《语丛》的重要性不如同出的其他儒家典籍"。④

此外，李先生特别注重竹简形制与编联的关系。郭店简《老子》原有三组，其简的形制、长度互有不同。整理者指出，"太一生水"14 支简，简端平齐，长26.5 厘米，编线间距 10.8 厘米，"形制及书体均与《老子》丙相同，原来可能与《老子》丙合编一册"。⑤李先生认为，"从文物工作角度看，没有理由把这十四支简分立出来。简本《老子》丙应原有二十八支简，包括今见于传世《老子》各章和'太一生水'等内容"。⑥后来，李先生在《论郭店简〈老子〉非〈老子〉本貌》一文中又申论该说，"《太一生水》是《老子》丙组的组成部分，其简的形制、尺寸、字体，都与丙组其他部分完全一致"。⑦

李学勤先生注重考古物质形态的研究特色推动了简帛学研究范畴与方法的拓展。如今学界广泛使用红外线拍照技术，获得高清图版，将珍贵的历史文献数字化，全面、系统记录简帛文献的原始状态的相关信息。此外学界还充分利用考古信息进行断代，并结合简背划痕、形制、手书字迹等信息研究编联以及篇卷分合等问题。这无疑为深化简帛文献的研究提供了更为全面的视角。

---

① 李学勤：《从出土简帛谈到〈挟书律〉》，黄留珠编：《周秦汉唐研究》（第 1 册），西安：三秦出版社，1998年，第 7 页。

② 李学勤：《初识清华简》，《光明日报》2008 年 12 月 1 日，第 12 版。

③ 李学勤：《〈语丛〉与〈论语〉》，廖名春编：《清华大学思想文化研究所集刊》（第 2 辑），第 4 页。

④ 李学勤：《〈语丛〉与〈论语〉》，廖名春编：《清华大学思想文化研究所集刊》（第 2 辑），第 3 页。

⑤ 荆门市博物馆：《郭店楚墓竹简》，北京：文物出版社，1998 年，第 125 页。

⑥ 李学勤：《太一生水的数术解释》，陈鼓应编：《道家文化研究》（第 17 辑），北京：生活·读书·新知三联书店，1999 年，第 297 页。

⑦ 李学勤：《论郭店简〈老子〉非〈老子〉本貌》，王子今、白建钢、彭卫编：《纪念林剑鸣教授史学论文集》，北京：中国社会科学出版社，2002 年，第 2 页。

三、注重宏观考察的文献综合研究

李学勤先生经常说，一个人不见得要做理论的工作，但必须有理论的高度，在研究过程中可能考证的只是一个字，但心里得想着一个大的事儿。[①]李先生研究简帛文献在注重字词考释的基础上，"更注重分析某一篇或某一类简帛文献的内容及意义，以揭示简帛文献的独特价值"。[②]这在李先生有关郭店简的研究中有非常鲜明的体现。

第一，避免孤立研究个别语句，而是从整体上把握文献的内容与性质。李学勤先生针对"《唐虞之道》《忠信之道》两篇，虽有近于儒学的语句，但过分强调禅让，疑与苏代、厝毛寿之流游说燕王哙禅位其相子之（前316）一事有关，或许应划归纵横家，容当别论"。[③]后来刊布的上博简《容成氏》《子羔》亦主张禅让，李先生将其与郭店简《唐虞之道》相联系，修正前说，从先秦儒家发展脉络上，推断这《唐虞之道》与《礼运》之间的关系，指出"禅让之说本于《尚书·尧典》，起源应该很早，但在儒家学说中形成高潮，可能即始于子游或其弟子撰作的《礼运》，《唐虞之道》等是在其影响下引申发挥的产物"。[④]

李先生此种研究方法亦可从其早期学术论述寻得端绪。1956年，李学勤与杨超二位先生在《历史研究》上发表《从学术源流方面评杨荣国著〈中国古代思想史〉》。该文提出：

大凡我们要说明两种思想的渊源关系时，必须对两者的内容取得基本的了解。如果我们只发现两种学说有共同的术语，我们还不能确定两者的主旨是否相同；即使主旨相同，我们也还不能率尔确定那个是源，那个是流，以至两者是否有源流的关系。[⑤]

与此同时，李学勤与杨超二位先生又认识到战国诸子思想的复杂特征，"在战国百家争鸣的时代，各家是相互激荡，相互影响的，其间关系极端错综复杂"，因此再次强调"不可因片言只字的可以比附，即判断其间存在渊源相承的关系"。[⑥]对于文献记载较少的诸子，李学勤与杨超二位先生着眼于与之相关的学派，注重获得整体认识，从而避免从各家学说中摘取若干文句进行机械联系。[⑦]

---

① 刘国忠：《潜心探研中国古代文明的奥秘——李学勤先生的学术研究之路》，程薇编：《接续绝续的历程——李学勤先生访谈录》，南昌：江西教育出版社，2018年，第95页。
② 刘乐贤：《李学勤先生与简帛学》，清华大学出土文献与保护中心编：《半部学术史，一位李先生：李学勤先生学术成就与学术思想国际研讨会论文集》，北京：清华大学出版社，2021年，第288页。
③ 李学勤：《先秦儒家著作的重大发现》，《人民政协报》1998年6月8日，第3版。
④ 李学勤：《当代名家学术思想文库·李学勤卷》，沈阳：万卷出版公司，2010年，第275页。
⑤ 李学勤、杨超：《从学术源流方面评杨荣国著〈中国古代思想史〉》，《历史研究》1956年第9期。
⑥ 李学勤、杨超：《从学术源流方面评杨荣国著〈中国古代思想史〉》，《历史研究》1956年第9期。
⑦ 李学勤、杨超：《从学术源流方面评杨荣国著〈中国古代思想史〉》，《历史研究》1956年第9期。

第二，将简帛佚籍新线索与重要的学术史问题相联系。李学勤先生对传世文献非常熟悉，往往通过新发现简帛佚籍与传世文献的比较研究，解决学术史上的疑难问题。郭店简刊布之初，学界对《老子》关注度最高，研究重心也主要集中在《老子》文本性质、内容与流传的探讨。1998 年 4 月，李先生发表《荆门郭店楚简中的〈子思子〉》。该篇文章梳理了《汉书·艺文志》《隋书·音乐志》引梁人沈约说以及马王堆帛书本《五行》经传等内容线索后，提出郭店简中《缁衣》《五行》等都应属《子思子》，并强调这些儒家典籍的重要性绝不低于道家的《老子》。

在当时，李先生较早关注郭店简儒家经典的重要性。1998 年 5 月 2 日，国际儒学联合会就郭店楚简中的早期儒家思想进行讨论与研究，庞朴、姜广辉、周桂钿、陈来、李存山、王中江等学者参与讨论。与会学者就《缁衣》《鲁穆公问子思》《穷达以时》《五行》《唐虞之道》《忠信之道》《成之闻之》《尊德义》《性自命出》《六德》《语丛》诸篇做介绍。通过讨论，与会学者认为"这批竹简的儒家部分，大体相当于思孟学派，其成书年代早于《孟子》，简中所论述的心性学说和伦理思想，属于孔子以后孟子以前的时期，因而大大有助于理解孔子思想向孟子思想过渡的具体情景"。①

1998 年 5 月 22—26 日，郭店《老子》国际研讨会在美国达特茅斯学院召开。在此次会议上，李学勤先生应邀做大会发言《对其他原文及其历史年代考证重要性的研究》，引起强烈反响。李先生的演讲围绕郭店儒家典籍，可分为三个部分：（1）应从哪些方面去看儒家的书；（2）战国中期后段的时代特征与中国哲学思想发展的关系；（3）郭店楚墓竹简所见《大学》《中庸》的重要。②

后来，李先生此次演讲内容以《郭店楚简儒家典籍的性质与年代》为题公开发表③。李先生认为郭店简《缁衣》《五行》《成之闻之》《尊德义》《性自命出》和《六德》六篇当属子思一派，指出这批儒家典籍"不但让我们了解孔孟之间早期儒家的真相，而且也显示出在早期儒者记述中，孔子的形象、思想是怎样的"。④该文篇幅不长，但内涵丰富，较为全面地反映了李先生对郭店简儒家典籍的认识。后来相关系列文章观点多可从中找到源头⑤，并在此基础上进一步深化了对经学史相关问题的认识。⑥

除此之外，李先生在有关郭店简《太一生水》与《穷达以时》研究中同样关

① 佚名：《国际儒联首次楚简研讨会》，姜广辉：《中国哲学》（第 20 辑），第 399-400 页。
② 佚名：《美国"郭店〈老子〉国际研讨会"综述》，姜广辉：《中国哲学》（第 20 辑），第 404 页。
③ 艾兰、魏克彬：《郭店〈老子〉：东西方学者的对话》，邢文编译，北京：学苑出版社，2002 年，第 7-11 页。
④ 艾兰、魏克彬：《郭店〈老子〉：东西方学者的对话》，邢文编译，第 10 页。
⑤ 李学勤：《先秦儒家著作的重大发现》，《人民政协报》1998 年 6 月 8 日，第 3 版；李学勤：《郭店简与儒家经籍》，《人民政协报》1998 年 8 月 3 日，第 3 版；李学勤：《天人之分》，郑万耕主编：《中国传统哲学新论：朱伯崑教授七十五寿辰纪念文集》，北京：九州图书出版社，1999 年，第 239-244 页。
⑥ 李学勤：《从简帛佚籍〈五行〉谈到〈大学〉》，《孔子研究》1998 年第 3 期；李学勤：《郭店简与〈礼记〉》，《中国哲学史》1998 年第 4 期；李学勤：《郭店简与〈乐记〉》，北京大学哲学系：《中国哲学的诠释与发展：张岱年先生九十寿庆纪念论文集》，北京：北京大学出版社，1999 年，第 23-28 页。

注学术史的重大问题。李先生在《荆门郭店楚简所见关尹遗说》中指出，"太一生水章不可能和《老子》各章是同时的著作，应该是道家后学为解释《老子》所增入"，并推测"太一生水章当为关尹的学说"①，这丰富了对先秦道家思想发展脉络的认识。李先生的《天人之分》一文针对荀子首先提出了"明于天人之分"的著名命题，结合《穷达以时》抄写年代，推断天人之分观念要早于荀子。②

第三，注重文献的地理分布，探讨不同地区之间的学术交流。李学勤先生在谈到战国之世的儒学的传布时，指出"前不久公布的郭店楚简和上海博物馆藏战国楚简，为我们展示了战国时代更广泛的学术文化面貌。特别是这两批竹简的主要内容是儒家的东西，具有更加重要的意义。儒学的源头在齐鲁，儒学的创始人孔子是鲁国人，儒学的主要承传者孟子的主要活动地点在齐国，而他们相关的著作内容在楚国的墓葬中发现了，从中正可了解齐鲁学术文化的传播与影响"。③李先生在《孔孟之间与老庄之间》一文中还进一步指出，郭店简与上博简"内容固然很多很杂，但主要的，有学术思想意义的部分，是属于儒家和道家"，"这说明，当时在楚国的诸子百家学说，这两家实居优势。进一步设想，由于楚国并非学术的中心，这样的优势状况可能也同样存在于全国其他多数地区。今后有条件的话，试以公元前 300 年为轴线，对学术思想史作一考察描述，一定是很有兴趣的"。④

以上从"重写学术史"视野中的郭店简研究、基于考古学物质形态的研究特色以及注重宏观考察的文献综合研究三方面初步探讨了李先生在郭店简研究领域的重要贡献，从中我们可领会李先生宏大的学术理想与通达的治学方法。近来，武汉大学简帛研究中心与荆门市博物馆主编了《金声玉振：郭店楚墓竹简出土三十周年研究文选》，从业已刊布的 300 余部郭店楚简研究专著、论文集以及 3000 多篇论文中，精选出有影响力的 46 篇论文。其中，李先生的《先秦儒家著作的重大发现》《荆门郭店楚简所见关尹遗说》两篇入选。在这部纪念文集中，我们可以看到一代代学人薪火相传，研究持续深入，正不断刷新我们对中国古代学术史的认识。

（原载《邯郸学院学报》2024 年第 1 期）

---

① 李学勤：《荆门郭店楚简所见关尹遗说》，《中国文物报》1998 年 4 月 8 日。
② 李学勤：《天人之分》，郑万耕主编：《中国传统哲学新论：朱伯崑教授七十五寿辰纪念文集》，第 242-243 页。
③ 李学勤：《从新出楚简看齐鲁文化的影响》，《齐鲁文化研究》2003 年总第 2 辑。
④ 李学勤：《当代名家学术思想文库·李学勤卷》，第 273 页。

黄帝文化与中华民族共同体意识

杨朝明

（山东大学儒学高等研究院）

中华民族自称"炎黄子孙"，不言而喻，炎帝、黄帝在中华民族共同体意识的形成中具有极其特殊的重要地位。作为一个文化的共同体，中华民族历史悠久，在漫长历史中逐渐形成、成长、壮大。在这个过程中，以黄河流域为主的文化始终处于主导与领先位置，引领了中华文化的发展，奠定了中华文化的基调，铺染了中华文化的底色。中华民族是多源起源的，在很早的时候就不断发现、发明、创造，并且相互交流融合，形成了中华民族共同体意识。在漫长的历史时期里，黄帝所代表的那个时代应该是一个极具关键意义的时期，在此基础上，中华民族共同体越来越牢固，中华民族文化特色越来越鲜明，在世界多姿多彩的文明中独树一帜。

一、"黄帝多世说"与古代文明新认识

任何一个民族共同体都首先是一个文化共同体，文化共同体的形成是民族共同体形成的基础。探讨中华民族共同体的早期形成，就不能不从儒学的渊源说起。儒学是中国传统文化的主干，它的根扎得很深很牢。如果不了解儒学形成的广阔背景，就无法理解中国文化的深度与高度，无法了解中华民族共同体的根基有多么牢固深厚。

黄河文化最丰硕的文明成果就是孔子所创立的儒学。孔子自称"述而不作，信而好古"（《论语·述而》)，《中庸》说他"祖述尧舜，宪章文武"，阐明了孔子思想的直接来源。正如梁漱溟先生在《东西文化及其哲学》里所说，孔子以前的中国文化差不多都收在孔子手里。孔子对此前中国文化的继承与总结，使儒学区别于其他很多思想学说，也使中国文化区别于其他很多文化体系。中华民族共同体意识早已经处在形成和发展过程之中，中华文化一万年历史的说法绝非向壁虚造。我们觉得黄帝时代已经距离遥远，而在实际上，黄帝文化之所以具有巨大影响，是因为它以前的伏羲时代已经奠定了黄帝文化的基础。中国易学有"人更三圣，世历三古"的说法，就很容易让人建立起从伏羲到孔子的文化联想。

这样的联想，让我们在思索上古时期黄河流域丰富的历史传说时，想到前辈学者们所说其中存在的史实"素地"（笔者曾听到李学勤先生在一次学术演讲中

谈到这一说法，李学勤先生也曾在自己的著述中提到尹达先生有这样的看法）。伏羲文化可以视为中国文化的源头，我们应该在这样的基础上去认真思考中国文化的长度，这也是思考黄帝文化的前提和基础。说起来，从伏羲时代到今天，是一个极其漫长的过程。在整个黄河流域，到处都有伏羲、黄帝的传说，留下了不少古迹。

伏羲文化具有明显的传说成分，然而它同样具有历史的"素地"。关于伏羲的传说有很多，据说他不仅创立了八卦，还教民渔猎、驯养野兽，变革婚姻习俗，创造文字用于记事，创造歌谣，发明乐器，设官分治等。在后人心目中，伏羲具有了创世神的形象。伏羲时代自然条件恶劣，生产力水平低下，交通极为不便，即使一项发明出现，推广开来也需要一个漫长过程，所以如此众多的发明创造都归于伏羲，说明伏羲一定是一个不寻常的存在。

那么，伏羲到底特殊在哪里？为什么在那么广大的地区都留下了伏羲的印记？我们知道，文明的发展是加速度的，中华文明的漫长发展史，让我们大胆地想到"伏羲多世说"：伏羲也许不是一个人的名字，可能是一个部落联盟首领的名称，而且在很长的时期里，这个名称一直被沿用。这样的看法也许只能是猜测，只能暂时解决我们当下史料解释中的很多疑惑。

实际上，学术界很多学者提出过，伏羲未必是一个具体的人的名字，他所代表的或许就是一个时代。"伏羲时代"的创造与发明实在太重大，而且数量很多。先天八卦的创立，开启了中华民族的文化之源，或者说它就是中华文化的原点，其中蕴含着天人一体、天人和谐的思维与观念。婚姻变革是社会组织形式的重大变化，是人类社会的重大进步。驯养野兽是家畜的由来，意味着生产与生活方式的进步和改变。发明乐器，创作歌谣，使音乐走进了人们的生活，人们的精神世界开始得以丰富。文字的产生代替了结绳记事，更意味着人类文明的巨大进步。

在那样遥远的年代，这一个个重大改变，难道是在一个人主政时期完成的？在关于伏羲的传说中，有的说伏羲称王 111 年以后去世。《帝王世纪》《遁甲开山图》《通鉴外纪》等书提到，在太昊伏羲之后，天下的 15 个部落联盟承继了伏羲的称号，他们分别是女娲氏、大庭氏、柏皇氏、中央氏、栗陆氏、骊连氏、赫胥氏、尊卢氏、混沌氏、昊英氏、有巢氏、朱襄氏、葛天氏、阴康氏、无怀氏。《易纬·稽览图》则认为，从甲寅伏羲氏到无怀氏，一共是 57882 年。这些记载当然不能作为信据，但相比于将伏羲仅仅看作一个具体部落联盟首领，"伏羲多世说"很有可能更接近历史事实。

与之相关，我们一开始接触到"黄帝多世说"主张时也半信半疑。与伏羲被视为中华民族的"人文始祖"一样，黄帝也被看作"人文初祖"。与伏羲相比，与黄帝有关的发明发现更多。那么，黄帝又是一个什么样的存在？我们可否这样思考，正如"活佛"不只是指具体的某一个人，"黄帝"也很像一个"帝"的称谓而不像人名。也许，我们心目中的那个"轩辕黄帝"只是这个伟大时代的开创者，就像后世那些朝代的建立者；或是这个时代最具功勋的人，就像后世那些朝代鼎盛时期的人。由于年代久远，人们只是朦胧记住了那个漫长时代的代表性符号。由于缺乏记载，博学如孔子也只是"略闻其说"。

孔子以前，有"黄帝三百年"的说法。据《孔子家语·五帝德》记载，孔子的弟子宰我向孔子请教："昔者吾闻诸荣伊曰：'黄帝三百年。'请问黄帝者人也，抑非人也？何以能至三百年乎？"宰我存在疑问是正常的，因为一个正常人不可能在世上生存 300 年。孔子当然也不相信黄帝在世上生存 300 年的说法，只能解释说："民赖其利，百年而死；民畏其神，百年而亡；民用其教，百年而移。故曰'黄帝三百年'。"这当然只是孔子的理解。但这样的解释也许隐含着一个问题的答案，就是人们为什么把一些相关的发明发现和文化创造附会到黄帝的身上。如果我们按照"黄帝多世说"的思路来思考，第一任的黄帝必有极为重要的地位与影响，有很大的功绩与贡献，也奠定了帝位传承的模式与规则。他去世后，影响继续存在，他的形象、精神、教导不断地鼓舞和激励着后来的人们。然而在那时，一个人的影响力能持续数百年，必有其特定的形式与手段，这样的手段可能就包括帝号的延续。

其实，我们之所以对"黄帝多世说"存在兴趣，或者说带有某种程度上的认同，是因为曾思考过类似问题。笔者曾提出"后稷多世说"，认为周先祖"后稷"作为一个官职曾经存在过很长时间。《史记·周本纪》记载的"世后稷"中的"世"很重要，所谓"世后稷"就是世袭农官。周族始祖被帝尧推举为农师，帝舜则"封弃于邰，号曰后稷"，从此历代都负责管理华夏族的农事活动，直到夏朝之衰。[①]文明发展是加速度的，我们认可"黄帝多世说"，认为中国古代历史发展是一个极其漫长的过程，不宜把上古文明的形成看成一蹴而就的事情，也不可简单解释上古时代的文化现象。最早的人文文化经过了一代又一代漫长积累，不理解这一点就解释不了尧、舜、禹时代中华文明何以达到了那么高的水准，也很难理解夏、商、周作为统一王朝何以有那样高的文化水平。更为重要的是，中国古史传说的"素地"让我们思考一个十分重要的问题，即中国各个区域文明所共同形成的"早期中华文化圈"时代的时间绝不会太晚。

二、黄帝传说的历史"素地"与黄帝时代

中国古代文明探源研究必须重视考古资料，要以考古材料为基础，但这绝不意味可以轻视文献的记载，研究黄河文化、黄帝文化尤其如此。中国古史记载可

---

① 请参考杨朝明：《周先王继承制度研究》，《文史哲》1999 年第 5 期；杨朝明：《周公事迹研究》，郑州：中州古籍出版社，2002 年，第 68-69 页。

理解为"层累"地形成的,但"层累"地形成绝不等同于"层累"地伪造。例如,在孔子时代,晏婴与孔子分别出自齐国与鲁国,晏婴是非常了不起的人物,但他对孔子的了解就很有限,甚至不如我们对孔子的了解程度。这其实是一个并不复杂的常识。研究中国古代文明,要像李学勤先生一再指出的那样,走出疑古时代,正确估价中国上古文明的发展程度。

中国古代文明研究中,多学科综合研究法非常重要。在研究的方法论方面,王国维先生曾提出二重证据法。王国维先生的这个提法,源于他看到了古史研究中的一些问题。他说:"吾辈生于今日,幸于纸上之材料外,更得地下之新材料。由此种材料,我辈固得据以补正纸上之材料,亦得证明古书之某部分全为实录,即百家不雅驯之言亦不无表示一面之事实。此二重证据法惟在今日始得为之。"(《古史新证》)运用"地下之新材料"与古文献记载相互印证,以考量古代历史文化,被认为是学术正流。这一方法的精髓在于引导人们在历史研究中合观参验,提高"史识",一定不要轻易否认任何历史材料,这其中便包括文献的、传说的各种材料。

王国维先生研究甲骨学与殷商史有独特的创获,他特别提出对于文献甚至传说资料给予足够重视,因为"百家不雅驯之言亦不无表示一面之事实"。他用甲骨文考证《史记》中《殷本纪》的殷人世系,获得了很多新的认识,使人们深入思考司马迁关于《夏本纪》等更早期历史的记述。文献记载不是无中生有,其形成是一个复杂的过程。现在发现的大量考古遗存,使得以前许多模糊的认识变得形象、具体、生动起来。

从伏羲时代开始到孔子以前的漫长时期,中国文化已萌生、形成并逐渐走向成熟。庄子说:"六合之外,圣人存而不论。"(《齐物论》)所谓"六合",就是上、下、东、西、南、北。这句话是说,像孔子这样的圣人,不会去论说这个世界之外的那些玄乎的事物。庄子的说法是有道理的,《论语》就说孔子"不语怪力乱神"。《孔子家语·五帝德》中也记载,当宰我向孔子请教何以言"黄帝三百年"的问题时,孔子曰:"禹、汤、文、武、周公,不可胜以观也,而上世黄帝之问,将谓先生难言之故乎?"宰我曰:"上世之传,隐微之说,卒采之辩,暗忽之意,非君子之道者,则予之问也固矣。"在宰我这样说之后,孔子才说:"可也,吾略闻其说。"当宰我继续询问关于颛顼的问题时,孔子又说:"五帝用说,三王有度,汝欲一日遍闻远古之说,躁哉!予也。"从孔子的语气中也能看出他对于幽远事情的态度。

《孔子家语》中还有一篇《五帝》,记载了鲁国的季康子向孔子请教关于五帝的问题。在孔子的回答中,他一开始就说"昔丘也闻诸老聃",随后谈到了五帝即太皞、炎帝、黄帝、少皞、颛顼五位古代帝王。这个五帝系统是不同于《孔子家语·五帝德》的又一五帝系统。孔子所言,是从老聃那里听说而来,这一系统应当来源于楚地。楚地神话色彩浓厚,"绝地天通"的传说就源于楚地。这说明孔子时代人们了解不少古代传说，只是由于地域文化等诸多因素而产生了不同的五帝系统。以孔子之博闻，听到不同的五帝系统说法不足为奇。

《孔子家语·五帝德》中，孔子叙述黄帝说："黄帝者，少昊之子，曰轩辕。生而神灵，弱而能言，幼齐睿庄，敦敏诚信，长聪明。治五气，设五量，抚万民，度四方。服牛乘马，扰驯猛兽，以与炎帝战于阪泉之野，三战而后克之。始垂衣裳，作为黼黻。治民以顺天地之纪，知幽明之故，达生死存亡之说。播时百谷，时是尝味草木，仁厚及于鸟兽昆虫。考日月星辰，劳耳目，勤心力，用水火财物以生民。"这样的叙述字数不多，内容却十分丰富，黄帝生而神奇灵异，长而明辨一切。治理五行之气，设置计量标准，安抚天下人民，考察四方情况。驯服猛兽，制作礼服；顺应天地法则，了解昼夜更替，明白生死存亡。尤其是他的"仁厚"，以至于孔子很用心去解释何以有"黄帝三百年"之说。

孔子的解释可以说意味深长。黄帝观察日月星辰的变化规律，勤勉尽心，用水、火和财物来养育人民。黄帝生前，人民受其恩惠一百年；黄帝死后，人民敬畏他的神灵一百年；之后，人民沿用黄帝之教化又一百年才改变。从"黄帝三百年"之说，可以看出黄帝的巨大影响。现在看来，"黄帝"的影响何止三百年，从"赖其利""畏其神""用其教"的意义上，他的影响也不止三千年。"黄帝三百年"之说也许正是一个实存时代的折射。

黄帝以其巨大影响和历史地位，被后人尊奉为"人文初祖"，先秦时期的经史诸子著作对其多有记载，今人称他是中国历史上的"第一位上古帝王"，西汉初年重视黄老之学，一时间出现了众多的"黄帝书"，考古发现中以黄帝为题材和背景的出土文献也有不少。最引人瞩目的是 2021 年 12 月清华大学出土文献研究与保护中心发布的长篇战国竹书清华简《五纪》，据介绍，全篇构建了宏大而复杂的天人体系，是对天人关系认识的综合与总结，对于古代天文历数、国家治理研究也具有重要意义。

该篇研究者程浩先生专门探讨了"清华简《五纪》中的黄帝故事"，他指出该篇部分内容涉及战国时期对黄帝传说的记述，具有极高的史料价值。他说，为了论证作为"天神"的后帝所设计的"五纪"体系切实有效，简文以最初的"人王"黄帝为例，集中描述了人世间对这套理论体系的具体实践。这一部分的简文，从黄帝建邦立国说起，云黄帝树邦，四荒、四尤、四柱、四唯等天神降地作为他的辅佐，犹如《史记·五帝本纪》载舜有"四岳"。文献中有"黄帝四面"的说法，即在四方都有佐治之臣。这种认识可以得到清华简《治政之道》的印证，简文载"夫昔之曰：'昔黄帝方四面'，夫岂面是谓，四佐是谓"。正如李零先生所说，这是"把黄帝摆在一个四方十二位的方位图当中"，这四方十二位对应的佐臣应该就是本篇的"四荒、四尤、四柱、四唯"。程浩指出，清华简《五纪》中的黄帝故事，除具有时代早且明确的价值外，内容的丰富性与系统性也远胜我们以前所见的相关文献，有助于推进黄帝形象以及古史传说的研究。

在对清华简《五纪》中黄帝故事的研究中，程浩先生所说有几点值得特别重视。首先是证明了汉代广泛流传的黄帝故事多有较早的材料来源，以往，受疑古思潮的影响，对于汉代的黄帝故事，学术界长期以来都抱以深刻怀疑。如顾颉刚曾评价《史记·封禅书》中方士所述的黄帝故事全是为了逢迎汉武帝而编造的"楼台倒影"，"汉代有一事，古代即多一事"。现在看来，早在战国时期关于黄帝的记载就已然非常丰富多元，汉代流行的黄帝故事大概不宜轻易判定为当时人的向壁虚造。其次，我们必须客观地认识到战国时的黄帝故事不会全部都是史实。王国维《古史新证》指出："上古之事，传说与史实混而不分，史实之中固不免有所缘饰，与传说无异；而传说中亦往往有史实为之素地。"其中的记载虽然如司马迁《五帝本纪》所说"百家言黄帝，其文不雅驯，荐绅先生难言之"的情况，但也必须透过黄帝故事生成过程的复杂性，看到黄帝故事何以受到这般的青睐，这其中固然有"多尊古而贱今""托古以自重"的因素，但透过这些"神话传说"而看清"史实素地"似乎更具意义。

三、黄帝文化对中华民族共同体意识的影响

近些年的发现与研究揭开了三星堆遗址的神秘面纱，展示了那个时候蜀地人的信仰世界。2022 年 6 月 13 日，中国社会科学院历史文化研究院王巍先生和中央电视台主持人连线谈论三星堆遗址。王巍教授的讲述中传递了一个重要信息：三星堆文化的年代相当于殷墟时期。这使人产生很多思考。因为《左传》的流传，我们现在对周代以后的情况了解相对较多，但是对于商代的了解则相对较少。三星堆遗址出土了大批的文物，那些青铜面饰、铜人给人留下的印象尤其深刻。这里可能是当时的一个大型祭祀遗址，而祭祀的中心可能是作为中华文化初祖的黄帝。

遗址中的大型铜人格外引人瞩目，他手里的东西可以通过其他出土器物证明是一条龙，再加上背后、身上印的五条龙，总共是六条龙。我们可以联想到《周易》中天子"时乘六龙以御天"，想到后人所说"天子所乘曰龙""马八尺以上曰龙"，想到洛阳遗址发现的"天子驾六"，想到《周礼》中所设置的"六官"以及孔子所说："古之御天下者，以六官总治焉：冢宰之官以成道，司徒之官以成德，宗伯之官以成仁，司马之官以成圣，司寇之官以成义，司空之官以成礼。六官在手以为辔，司会均仁以为纳。"（《孔子家语·执辔》）而且，三星堆铜人底座很像古籍所说的"轩辕之丘"，我们大胆推测，三星堆遗址可能就是当年蜀地人建立的一个以黄帝崇拜为主的大型礼制中心。《史记索隐》引皇甫谧"黄帝生于寿丘"[①]，即今山东曲阜，北宋时期曲阜曾建立有纪念黄帝的大型景灵宫，据记载有建筑 1320

---

①司马迁：《史记》，北京：中华书局，2013 年，第 3 页。

间。现在遗址上还有叠石而成的"寿丘"，俗称为"万石山"。这里是全国重点文物保护单位，"寿丘"其实正是史书明确记载的"轩辕之丘"，与三星堆铜人底座意义一样。

我们重视考古遗址勘探与研究，同时也要重视文献和传说。清华大学出版社2022 年 4 月出版了李学勤先生的《〈五帝本纪〉〈夏本纪〉讲义》，其中记述李学勤先生讲授《夏本纪》时的最后一课，在结束语中先生说："大家常说现在是中国考古学的黄金时代，我说最好别这么说，中国太大了，历史太长了，欧洲的考古进行了二百多年，还有很多可以做的工作，中国的考古工作，能做的事情还多得很。真正的黄金时代还在以后，关于夏代文化可能还会有很多惊人的发现，这是完全可能的，只不过很可能就不是我所能看到的了。"李学勤先生 12 年前的这番话，今天仍然有重要意义。

文献传说一定要有历史事实的说明。比如关于古文字，仓颉造字的传说表示黄帝时期中国已经有了古文字。大汶口文化最早的年代距今六千多年，其刻画符号发现以后，唐兰先生认为是当时发现最早的中国古文字。从考古成果看，我们还没有发现太多古文字，但很显然，"没有发现"和"没有"是两码事。就像关于《周礼》的成书问题，《周礼》涉及 360 多个官职，是否只有发现全部官职以后才能承认周公作《周礼》呢？周公继承他以前的中国文化而"制礼作乐"，是中华礼乐文明的奠基人。殷礼因于夏礼，周礼因于殷礼，是一种"损益"的关系。实际上，龙山文化时代中国就有了礼制。

在中国思想文化演进中，儒家"大一统"思想影响很大，这一思想有着深远的历史渊源。《春秋》"大一统"虽由《春秋公羊传》最早提出，但其产生很早。儒、墨、道、法等各派思想中都有"大一统"的内容，这不仅是由于《公羊传》阐发的是孔子的思想学说，更重要的是"大一统"思想深深扎根于黄帝以来以至三代文明发展的历史。

《春秋》"大一统"思想的精髓在于尊文化，尊崇发展水平更高的文明。大，尊也，重也。其所尊、所重者，就是"王"，就是"道"，"大一统"即尊王、尊王道。《春秋》"大一统"之义，其精髓是讲述中国、诸夏、四夷都一统在一个高度文明之下，此之谓"大一统"。人类向高度文明的靠拢，是对文明与进步的追求。"大一统"之"一"，一体也，整体也。它可以是政治共同体，也可以是文化共同体，它强调天子受命的合理性，要做到"天禄永终"，就必须重视国家政统和法统这个根本。因此，"大一统"观念既有夏、商、周早期中国国家建立的理念，也有伏羲、黄帝文化源头，不然《史记》《今本竹书纪年》等就不会都追溯到黄帝时期，后来的"大一统"思想是中华民族文化圈形成、民族共同体意识的强化。

上山文化神秘图符与人类文明曙光

蔡运章

（洛阳市考古研究院）

浙江省金华市浦江县上山文化遗址发现目前世界所见年代最早的稻作农业、彩陶器物和"神秘图符"等文化遗存[①]，折射出中华文明的第一缕曙光，具有划时代的重要意义。本文谨就这些"神秘图符"中"太阳纹"图像和"数卦"符号的相关问题，略作考述。

一、上山文化的重要发现和研究

上山文化因最早发现于浙江浦江县的上山遗址而得名。自 2000 年以来，在长江下游钱塘江流域的浙江省浦江、嵊州、龙游、金华、永康、义乌、兰溪等地区，相继发现新石器时代早期的原始聚落、稻作农业、彩陶器皿以及"太阳纹"图像和"数卦"符号等文化遗存，年代距今 11000～9000 年。2006 年，这些重要发现被考古学界命名为"上山文化"。

（一）上山文化的原始聚落

早在距今 1.2 万年前后，随着第四纪冰川结束和气候回暖，人类从洞穴走向平原，开始步入定居的农耕文明时代。

上山遗址中房屋和埋藏完整陶器的灰坑，均发现于聚落南区。而聚落北区发现的灰坑，则多属垃圾填埋坑。在嵊州小黄山遗址、永康湖西遗址和义乌桥头遗址的周围，还发现有人工环壕遗迹。桥头遗址的东、南、北三面是人工环壕，西面是自然河道，环壕所包围的中心台地上，发现有房屋基址、墓葬、陶器烧制遗迹和陶器堆、陶器坑等文化遗存。

上山文化初具规模的原始聚落中，还发现较多带柱洞结构和沟漕的房屋遗址，说明当时可能已出现干栏式的房屋建筑。这些发现充分说明，当时的上山文化先民，已开始过着定居的农耕生活。

（二）上山文化的原始稻作农业

上山文化遗址里，发现数量众多、具有人工驯化栽培特征的稻谷遗存。特别

---

① 浙江省文物考古研究所：《上山与中华一万年文化史》，《中国文物报》2022 年 9 月 16 日第 5 版。

是在上山遗址中出土的石磨盘、石球上，也存在水稻植物的硅酸体。说明这两种石器具有碾磨脱粒的功能，应是当时加工水稻的特制工具（见图 1）。由此可见，上山文化的考古发现说明，上山先民已进入以稻作农业为主体的原始农耕时代。

图 1　上山遗址出土的石磨盘、石球

（三）上山文化彩陶器和"太阳纹"图像

彩陶本是黄河流域仰韶文化的重要特征。值得注意的是，长江下游的上山文化遗址里，在距今 9000 年左右，却发现世界上最早的彩色陶器。

上山文化的彩陶器以红衣彩陶为特征，内容独特，自成体系。从制陶工艺上看，上山文化彩陶可分为红彩和乳白彩两大类型。红彩类陶器外壁施红衣，内壁施乳白彩衣，口沿部施一周颜色深红的红彩带，器形表面光滑，规整精致（见图 2）。乳白彩陶器的纹饰更为丰富，主要见于壶、壶形罐、圆足盘和碗形器上，多见于前两类器物的肩部和后两类器物的腹部。从内容上看，彩陶纹饰常见有"太阳纹""短线组合纹"和"点彩"等纹饰（见图 3）。

图 2　上山文化彩陶壶和彩陶钵

图 3　彩陶片上的"太阳纹"与彩绘"符号"

考古发现表明，距今约 9000 年前的上山文化先民，过着定居的农耕生活。当时已掌握水稻的人工栽培、彩陶制作和原始酿酒技术。①同时，在农业经济发展的基础上，还出现"神秘图符"和自然崇拜的原始宗教观念。②

二、上山文化彩陶"太阳纹"图像的解读

诚如从事上山文化发掘和研究的学者所说，上山文化的"太阳纹是指代最为明确的具象符号，体现了对自然界宇宙、天体的关注甚至崇拜"。③兹将这些"太阳纹"图像蕴含的深刻意义，略作说明。

（一）上山文化"太阳纹"陶片

上山文化的一件彩陶残片上，有用粉彩绘制的"太阳纹"图案（见图 3）。这幅"太阳纹"图画，犹如初升的太阳，形象逼真，光芒四射，当是上山先民精美别致的美术画作。从这件彩陶片的形状看，可能是彩陶壶腹部的残片。

值得注意的是，这种"太阳纹"图案，在年代稍晚的河南舞阳贾湖裴李岗文化遗址出土被编为 B H190：2 号的陶缸壁上（见图 4）和浙江萧山跨湖桥遗址出土被编为 T202②：9 号的陶器残片上均有发现（见图 5）。④贾湖裴李岗文化遗址"太阳纹"图案的年代距今 8600～7800 年。上山文化和跨湖桥文化彩陶具有一脉相承的关系。"从年代上来看，上山文化晚期的测年数据在距今 8500 年左右，部分数据延至距今 8300 年左右；跨湖桥遗址最早的测年距今 8400 年左右，年代的缺

---

① 蒋乐平：《义乌桥头遗址》，《中国文物报》2022 年 8 月 12 日第 6 版。
② 浙江省文物考古研究所：《上山与中华一万年文化史》，《中国文物报》2022 年 9 月 16 日第 5 版。
③ 浙江省文物考古研究所：《上山与中华一万年文化史》，《中国文物报》2022 年 9 月 16 日第 5 版。
④ 河南省文物考古研究所：《舞阳贾湖》第 222、207 页，图一七〇，科学出版社，1999 年；浙江省文物考古研究所、萧山博物馆：《跨湖桥》图四一：2，第 62 页，彩版一八：2，文物出版社，2004 年。

环并不大"。^①到了河姆渡文化和仰韶文化的器物上，这种"太阳纹"图案就更常见了。

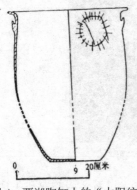

图 4　贾湖陶缸上的"太阳纹"

图 5　跨湖桥陶器上的"太阳纹"

中国古代盛传"仓颉造字"的传说。《吕氏春秋·君守》记载："苍颉作书。"《世本·作篇》载"史皇作图"，宋衷注"史皇，黄帝臣也。图，为画物象也"（秦嘉谟辑补本）。《广雅·释诂四》："图，画也。"《释名·释书契》说："画，绘也，以五色绘物象也。"许慎《说文解字序》说："文者，物象之本。""物象"指事物的象征。

考古发现表明，我国远古器物上独立存在的"刻画符号"的含义，大都与其载体的名义和用途相符合，可称之为"物象文字"（即"标识文字"）。它是中华先民"制器尚象"习俗的产物，也是一种特殊的"纪事文字"，具有浓厚的宗教色彩。这种"载体自证"的科学方法，就成为打开中国史前"神秘图符"王国大门的一把金色钥匙。^②因此，上山文化彩陶壶上的"太阳纹"图像，应当纳入中国古代"物象文字"的范畴来思考。

（二）上山文化先民太阳神崇拜的巫术色彩

中华先民盛行天体崇拜的社会习俗。《礼记·郊特牲》载："万物本乎天。"《礼记·郊特牲》郑玄注："天之神，日为尊。"《礼记·杂记下》说："正月日至，可以有事于上帝。"周历"正月"即夏历十一月。"日至"即冬至。这是说"冬至"那天要举行祭祀上帝神的典礼。《礼记·郊特牲》有"迎长日之至也，大报天而主日"的"郊祭"活动。《尚书·尧典》和殷墟甲骨文都有祭"出入日"的典礼。因为太阳的运行出没，直接决定着人类的日常生活。这就是古代世界各民族，普遍

---

① 蒋乐平：《彩陶的起源与传播——从浙江地区的发现谈起》，《中原文物》2023 年第 1 期。
② 蔡运章：《论远古纺轮刻辞及其重要价值》，《古文字研究》第二十七辑，中华书局，2008 年；蔡运章：《大汶口陶罍文字及其相关问题》，《山东师范大学学报（人文社会科学版）》，2013 年第 2 期；蔡运章：《仓颉造字传说与"刻画符号"之谜》，《洛阳考古》2022 年第 1 期。

存在太阳神崇拜社会习俗的根本原因。因此，上山文化先民的太阳神崇拜，具有浓厚的巫术色彩，应是中华先民原始宗教观念的反映。

（三）上山文化"太阳纹"图像的深刻蕴含

中国史前器物上的"刻画符号"和原始文字，大都刻画在祭祀神灵的礼器上，具有"沟通人神关系"的媒介作用，都应是原始宗教祭祀礼仪的产物。

陶壶是祭祀天神的礼器。《周礼·秋官·掌客》"壶四十"，郑玄注："壶，酒器也。"《周礼·夏官·挈壶氏》郑玄注："壶，所以盛饮。"《周礼·夏官·序官》"挈壶氏，下士六人"，郑玄注："壶，盛水器也。"《公羊传·昭公二十五年》"国子执壶浆"，何休注："壶，礼器。"这说明陶壶是盛置水酒的礼器。

"陶壶"亦属陶尊的范畴。其实，上山文化所见"陶壶"的形制，更类似后世的陶尊。《仪礼·聘礼》"八壶设于西序"，郑玄注："壶，酒尊也。"《周礼·春官·司尊彝》"其馈献用两壶尊"，郑玄注："壶者，以壶为尊。"《礼记·礼器》"门内壶"，孔颖达疏："壶，亦尊也。"因此，若把这些"陶壶"称为陶尊，似乎更加合适。

"太阳纹"与陶尊的名义相符合。陶尊也是祭祀天神的礼器。《说文·酉部》："尊，酒器也。从酉，廾以奉之。《周礼》'六尊：牺尊、象尊、著尊、壶尊、太尊、山尊，以待祭祀宾客之礼。'"《周易·坎》"尊酒簋贰，用缶"，惠栋述："尊、簋、缶，皆祭器也。"《尔雅·释器》"彝、卣、罍，器也"，郭璞注："皆盛酒尊。"这说明陶尊是盛置美酒的礼器。《经典释文》："尊，亦为君父之称。"《春秋元命包》宋均注："尊，君也。"（《文选·江淹〈杂体诗三十首〉》"山峤备盈缺"李善注引）。是"尊"兼有"君父"之义。"太阳纹"可称为"日"。《周易·丰·象传》"勿忧，宜日中"，集解引《九家易》注："日者，君也。"《诗·邶风·柏舟》"日居月诸"，郑玄笺："日，君像也。"《左传·哀公六年》"夹日以飞"，杜预注："日为人君。"这说明陶尊具有"祭器""人君"等寓义。

"太阳纹"与陶尊的用途相符合。"日""实"音义相通。《说文·日部》："日，实也，太阳之精不朽。"《释名·释天》："日，实也，光明盛实也。"《左传·昭公二十四年》："今王室实蠢蠢焉。"《说文·心部》引作"日蠢蠢"。《周易·蒙·象传》"独远实也"，王弼注："阳称实。"孔颖达疏："阳主生息，故称实。"是其证。《庄子·山木》"虽落其实，弃之而走"，成玄英注："实，食也。"《公羊传·定公十四年》"脤者何？俎实也"，何休注："实，俎肉也。"《仪礼·少牢馈食礼》"皇尸未实侑"，郑玄注："实，饱也。"是"日"有食品丰美之义。《吕氏春秋·审应》"必有其实"，高诱注："实，诚也。"《礼记·礼运》"此顺之实也"，郑玄注："实，诚也。"《吕氏春秋·审应》"取其实以责其名"，高诱注："实，德行之实也。"是"日"有诚实、美德之义。这说明"太阳纹"与陶尊名义和用途正相符合。

由此可见，"太阳纹"可以作为陶尊的象征和标识。也就是说，这两件陶尊残片上的"太阳纹"，应是表示陶尊名义和用途的"物象文字"，具有"沟通人神关系"的巫术色彩。

（四）上山文化"▨"形符号与纪事文字

值得注意的是，在图 4 所示彩陶壶残片"太阳纹"图像的右侧，还彩绘一个"▨"形符号[见图 6(1)]。从其规整庄重的图形看，不应是当时制陶工匠随意涂绘的戏作。它与其左侧的"太阳纹"图像，应该有着密切的内在联系。然而，这两个符号能否连读？值得探讨。

中国古代每个文字，都有一部发展演变的历史。这个彩绘"符号"的构形与山东城子崖龙山文化陶器的"▨"形符号相类同[见图 6(2)][1]，也与殷墟甲骨文"贞"字的构形相似[见图 6(3)(4)(5)]。[2]从中可以看出"贞"字起源和演变的基本脉络，其前后形体的变化，只是实虚繁简不同而已。在我国古文字里，这种由实而虚的书写特征，从金文"丙"字的演变过程，也可以得到有力佐证（见图 7）。[3]因此，彩陶壶残片上的"▨"形符号，当是"贞"字的初文。

彩陶壶是祭祀天神的礼器，可称之为"尊"。"贞"与彩陶壶的名义相通。"贞"，通作"奠""尊"。《说文·卜部》："贞，卜问也。"《周礼·春官·天府》"以贞来岁之微恶"，郑玄注："问事之正曰贞。"《周礼·春官·大卜》"凡国大贞"，郑玄注："贞之为问，问于正者，必先正之，乃从问也。"《周礼·天官·宰夫》"岁终则令群吏定岁会"，郑玄注："正，犹定也。"《释名·释言语》："贞，定也，精定不动惑也。"《周礼·地官·司市》"展成奠贾"，郑玄注："奠，读为定。"《国语·齐语》"定三革"，韦昭注："定，奠也。"均是其证。在商周金文里，尊、奠本为一字。[4]《广韵·魂韵》："尊，本又作奠。"这说明"贞"与陶壶的名义相符合。

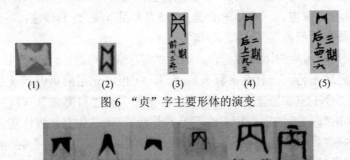

图 6 "贞"字主要形体的演变

图 7 "丙"字主要形体的演变

---

[1] 高明：《高明论著选集》第 6 页，科学出版社，2001 年。
[2] 高明：《古文字类编》第 324 页，中华书局，1981 年。
[3] 高明、涂白奎：《古文字类编》（增订本）第 4 页，上海古籍出版社，2008 年。
[4]《金文编》卷十四，中华书局，1981 年；高明、涂白奎：《古文字类编》第 457 页。

"贞"与彩陶壶的用途相符合。"贞",通作"奠",有祭典之义。《说文·丌部》："奠,置祭也。从酋。酋,酒也。"《礼记·大传》"柴于上帝,祈于社,设奠于牧室",郑玄注:"柴、祈、奠,告天地及先祖也。"《礼记·玉藻》"唯世妇命于奠茧",郑玄注:"奠,犹献也。"《周礼·地官·牛人》"共其奠牛",郑玄注:"丧所荐馈曰奠。"《广韵·霰韵》:"奠,陈也。"是"奠"有陈列供品献祭天地神灵的意思。"贞",通作定。《周易·系辞传上》"乾坤定矣",集解引虞翻曰:"定,谓成列。"《仪礼·乡射礼》"羹定",郑玄注:"定,犹孰也。"王引之《经义述闻》按:"定,成也,言成孰也。"《礼记·礼器》"羹定诏于堂",孔颖达疏:"定,孰肉也。""孰肉"即熟肉。这说明"贞"也有陈列熟肉祭祀神灵之义。

由此可见,"贞"字可以作为陶壶的象征和标识。

特别重要的是,凡"连字成组"来表示一定完整含义的原始文字,都可被称为"纪事文字"。[①]若将这件彩陶壶上的两个"符号"连接起来解读,就可释读为"贞(奠)太阳"3字,表示陈列酒肉来祭奠太阳神的意思。这是我们目前所见年代最早的"纪事文字",因而具有重要意义。

三、上山文化彩陶壶上的"数卦"符号

上山文化中期地层桥头遗址出土被编为 T1819H98[②]号彩陶壶颈部的两处"神秘图符",均由彩绘"短线组合纹"组成。诚如学者所说,这些"短线组合纹"当是"数卦"符号(见图8)。[②]所谓"数卦"就是商周器物上常见的"筮数易卦"[③],兹略作考述。

(1)　　　　(2)　　　　(3)

图8　彩陶壶颈部的"筮数易卦"符号

---

① 蔡运章:《良渚文化两则陶器"符号"解诂》,《洛阳考古》2022年第1期。
② 浙江省文物考古研究所:《上山与中华一万年文化史》,《中国文物报》2022年9月16日,第5版。
③ 蔡运章:《商周筮数易卦释例》,《考古学报》2004年第1期。

（一）彩陶壶颈部的两处"短线组合纹"

这件彩陶壶的形制为夹炭陶，外吐红色陶衣。直口微侈、高颈，溜肩、鼓腹，平底。颈部有一对称盲耳。双耳下部及双耳之间以白彩施画两组"平行分布的短线纹，每组有六道或七道。短线或连或断，似有某种含义"。有学者认为，这些"短线组合有一定规律，形似'卦符'"，也"可能是最早的数卦"。年代距今 9000～8500 年。口颈 10.5 厘米、底径 8 厘米、高 19.5 厘米（见图 8）。①

有学者将这些"短线组合纹"，视为"最早的数卦"，大体正确。然而，这两组"短线组合纹"，并非一般的"数卦"符号。从其构形看，应有其更为复杂的结构和颇为深邃的内涵。我们必须仔细分辨，才能窥知其神祕的内在真谛。

需要说明的是，今传本《周易》书中的易卦"符号"，都是由"▬▬"阴、"▬"阳爻组成的"单卦"（经卦）或"重卦"（别卦）组成。其中，单卦有☰（乾）、☷（坤）、☳（震）、☴（巽）、☵（坎）、☲（离）、☶（艮）、☱（兑）八种符号，均为三画，被称为"八卦"；重卦由"八卦"两两组合而成为六十四卦，均由六画组成。而这些由"▬▬"阴、"▬"阳爻组成的"符号易卦"，始见于东汉洛阳太学的石经《周易》。②

据《汉书·律历志》记载："伏羲氏画八卦，由数起，至黄帝尧舜而大备。"考古发现说明，汉代以前的易卦都是由数字组成的"筮数易卦"。然而，这件壶颈右侧的"七道"短线"符号"，却与一般"重卦"符号由六画组成的基本特征明显不同，应有其特殊的含义。而左侧的一组"易卦"符号，也不是先秦时期常见的"筮数易卦"，更像是"符号易卦"的样子。这些现象必须正确解读，才能窥知上山先民祭祀神灵时的虔诚用心。

（二）彩陶壶颈部右侧"短线组合纹"的句法

我们知道，我国史前和商周器物上的"筮数"译成《周易》的"卦画"后，它们的"名义"也与其"在《周易》中的卦名、卦象的含义"都相符合。③

值得注意的是，这"七道"短线的曲直程度和曲弧的朝向，也有明显不同。下部五道短线皆向下弯曲，由下而上的第六道"短线"却向上弯曲，而最上的一道"短线"却显得平直。这些略显不同的差异，绝非上山先民的随意刻画，而是有其具体而深邃的蕴含。

这则七条"短线组合纹"中，向下弯曲五道"短线"的构形，都与龙山文化

---

① 王炜林主编：《彩陶·中华——中华五千年前的融合与统一》第 67 页，陕西师范大学出版社，2020 年；蒋乐平：《彩陶的起源与传播——从浙江地区的发现谈起》，《中原文物》2023 年第 1 期。
② 屈万里：《汉石经周易残字集证》，商务印书馆，1961 年。
③ 蔡运章：《商周筮数易卦释例》，《考古学报》2004 年第 1 期。

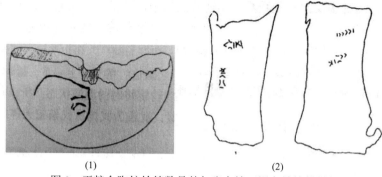

(1)　　　　　　　　　　　　　　　(2)

图9　平粮台陶纺轮筮数易卦与张家坡西周卜骨筮数易卦

陶纺轮和西周卜骨"筮数易卦"中的"六"字类同（见图9）[①]，故这五道"短线"都当由筮数"六"字组成。而上部两道短线的构形，却与商代甲骨文和西周金文"上甲""上下""上帝"合文中的"上"字相同（见图10）[②]，故当是"上"字的初文。

然而，按照易卦符号的组成原理，这里的五个筮数"六"，只有在两种情况下才能组成易卦：一是将这五个筮数"六"互体为《坤》卦☷☷，二是将这五个筮数"六"与"上"字下一横画"一"互相借用，使这"七道短线"有机地组成合文词句。即将"上"字下面的横笔"一"，看作五个筮数"六"的上画"一"。这样，便可组成筮数"一六六六六六"，即可译为《周易》的《剥》卦☶☷。

考虑到这"七道短线"间相互联系紧密，"上"字下面的平笔与其下面五个筮数"六"之间没有空隔。因此，这里的"七道短线"以解为"上"字与"筮数《剥》卦"的合文，较为恰当。这种合文辞例，从商代甲骨文、两周金文和战国帛书"上甲""上下""上帝"的合文辞例，可以得到佐证（见图10）。[③]

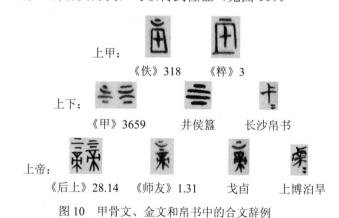

上甲：

《佚》318　　　《粹》3

上下：

《甲》3659　　　井侯簋　　　长沙帛书

上帝：

《后上》28.14　　《师友》1.31　　戈卣　　上博泊旱

图10　甲骨文、金文和帛书中的合文辞例

---

① 张志华等：《河南平粮台龙山文化城址发现刻符陶纺轮》，《文物》2007年第3期；陕西省文物管理委员会：《长安张家坡西周遗址的重要发现》，《文物参考资料》1956年第3期。

② 高明、涂白奎：《古文字类编》（增订本）第4页，上海古籍出版社，2008年。

③ 高明、涂白奎：《古文字类编》（增订本）第4页，上海古籍出版社，2008年。

同时，这种由文辞与筮数易卦相连署的例子，从淮阳平粮台龙山文化陶纺轮"刻划符号"当解为"包，一六一"①和《殷墟文字外编》四四八所见卜甲刻辞当为"六六六，上甲"以及安阳殷墟出土编为 GT406④：6 号陶簋残片上的刻辞"七八六六七一，丰"②等辞例，都可以得到佐证。因此，我们将这件彩陶壶上的"七道短线"理解为"上"字与"筮数《剥》卦☷☶"的合文，应是信而有证的判断。

（三）彩陶壶颈部右侧"短线组合纹"的含义

如前所述，中华先民有祭祀天地神灵的社会习俗。这件彩陶壶可称为"陶尊"，乃是祭祀天地神灵的礼器。

"上"的含义与"陶尊"的名义和用途相符合。"尊"有"君长"之义。《周易·小过》"不宜上，宜下"，郑玄注："上谓君也。"《吕氏春秋·圜道》"所以立上下"，高诱注："上，君也。"《国语·齐语》"不用上令者"，韦昭注："上，君长也。"是"上"有"君长"之义。《周易·需·象传》"云上于天"，《经典释文》引干宝云："上，升也。"《周礼·春官·卜筮》"辨龟之上下左右阴阳"，郑玄注："上，仰者也。"《后汉书·河间孝王开传》"景因捕诸奸人上案其罪"，李贤注："上，奏上也。"是"上"有仰首奉上的意思。这说明"上"有部落君长向天地神灵奉献供品的意思。由此可见，"上"字可以作为陶尊的象征和标识。

《剥》卦的义与陶尊的用途相符合。"剥"是《周易·剥》的卦名。《说文·刀部》："剥，裂也。"《诗·小雅·楚茨》"洁尔牛羊，以往烝尝。或剥或亨，或肆或将。祝祭于祊，祀事孔明"，朱熹集传："剥，解剥其皮也。"《周礼·天官·大宰》"饬化八材"，郑玄注："革曰剥。"《尚书·泰誓中》"剥丧元良"，孔颖达疏："剥，割也。"《周易·杂卦传》："剥，烂也。"《大戴礼记·夏小正》："剥也者，取也。"这里的"筮数《剥》卦"是说，彩陶壶内盛放着烂熟的牺牲供神灵割取享用的意思。因此，"筮数《剥》卦☷☶"也可以作为彩陶壶的象征和标识。

由此可见，彩陶壶右侧刻辞的大意是说，上山部落君长奉献烂熟的牺牲来供神灵割取享用之义。

（四）彩陶壶左侧"短线组合纹"解读

这件彩陶壶左侧的"短线组合纹"，似乎都是由六条短画组合而成的符号。但是，若仔细观察，每条短画间都留有狭窄的空隙，说明这些短画都是由两条大体平行的短画相对组合而成的符号。况且，这些短画线条都粗细匀整，平衡有序，绝非制陶工匠的随意刻画。由此推测，它应是上山先民为表示某种思想观念，特意而为的结果。

---

① 蔡运章：《远古纺纶刻画符号及其重要价值》，《古文字研究》第二十七辑，中华书局，2008 年。
② 中国社会科学院考古研究所：《殷墟发掘报告》第 130 页，图九八：7、8，文物出版社，1987 年；蔡运章：《商周筮数易卦释例》，《考古学报》2004 年第 1 期。

当我们观察这六条"短线组合纹"的形状时，自然就会考虑到陶壶右侧"七道短线"是由"上"字与"筮数《剥》卦☶"合文组成的现象。这就很容易使人联想到《周易》的《坤》卦符号"☷"。然而，《周易》的《坤》卦符号"☷"，属"符号易卦"的范畴，它与东汉以前筮数《坤》卦多由"八""六"组成的易卦形态判然有别。例如，战国包山楚简［见图11(1)］、西汉阜阳汉简［见图11(2)］和马王堆帛书《周易》的卦画［见图11(3)］，仍由筮数字"八""六"组成。①也就是说，在东汉才正式形成的"符号易卦"，竟然出现在距今 8000 多年前的陶器上，令人难以置信！

然而，不容否认的是，我们把这六条"短线组合纹"解读为《周易》的《坤》卦☷"符号，不但两者的构形基本相同，而且"《坤》卦☷"的含义也与彩陶尊的名义和用途相符合。如前所述，彩绘有"太阳纹"的陶壶是用来祭祀太阳神的礼器。那么，这件彩绘有"《坤》卦☷"符号的彩陶壶，祭祀的是何方神灵？这从《周易·坤》卦的名义里，即可得到答案。

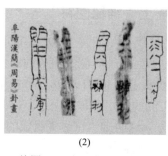

(1)　　　　　　　　　　　(2)　　　　　　　　　(3)

图 11　战国西汉时期的"筮数易卦"符号
（采自《阜阳汉简〈周易〉研究》）

《坤》卦"☷"符号是土地神的象征。《国语·晋语四》载："坤，土也。坤，母也。"《说文·土部》："坤，地也，易之卦也。"《周易·说卦传》："坤为地，坤为母。"《释名·释天》："土，吐也，能吐生万物也。"《庄子·达生》："天地，万物之母也。"《庄子·天地》"天地第十二"，《经典释文》引《礼统》云："天地者，元气之所生，万物之祖也。"《周易·序卦传》曰："有天地，然后万物生焉。"《管子·水地》载："地者，万物之本原，诸生之根菀也。"《白虎通义·天地》说："地者，元气之所生，万物之祖也。"足见这件彩陶壶当是祭祀土地神的礼器。

同时，《周易·系辞传上》："效法谓之坤。"《释名·释地》："地，易为之坤。坤，顺也，上顺乾也。地，底也，其体底下载万物也。"说明这里的《坤》卦☷"符号有向天神"效法"祭品的意思。

① 韩志强：《阜阳汉简〈周易〉研究》第 88 页，上海古籍出版社，2004 年。

由此可见，"《坤》卦☷"符号可以作为彩陶壶的象征和标识。也就是说，这里的"《坤》卦☷"符号是用来表示祭祀土地神的意思。

同样重要的是，若将这件彩陶壶颈右侧的"上"字和"筮数《剥》卦☶"符号与其左侧的"《坤》卦☷"符号联系起来思考，这两则文辞就可以释读为"上，《剥》卦☶；《坤》卦☷"的"纪事文字"。这两则文辞的大意是说：上山部落君长奉献烂熟牺牲来祭祀土地神。

由上所述，这些"短线组合纹"当是目前所见年代最早、表述最奇特、内涵颇丰富的"纪事文字"。

四、上山彩陶壶"神秘图符"的重要价值

上山文化的年代，属于伏羲氏时代的早中期。上山文化彩陶壶上粉绘"神秘图符"的类型和蕴含，乃是上山先民精神文化的真实反映，也是我们研究中华文明起始年代的珍贵资料，具有划时代的重要意义。

（一）上山文化彩陶壶上"神秘图符"与"纪事文字"

上山文化彩陶壶上粉绘的"神秘图符"，大体可分为两种类型：一是由图 3 中左图所示"▨"形符号和"太阳纹"图案组成的"纪事文字"，表示陈列酒肉来祭奠太阳神的意思。二是桥头遗址 T1819H98②号彩陶壶颈部由两处"短线组合纹"绘成的"神秘图符"：右侧的一组可译为"上，《剥》卦☶"合文；左侧的一组可译为"《坤》卦☷"符号。这两则"符号"组成的"纪事文字"，表示上山部落君长奉上烂熟牺牲来祭祀土地神的意思。

由此可见，这些所谓的"神秘图符"，应是我们目前所见年代最早的"物象"和"纪事"文字，因而具有重要意义。

（二）彩陶壶"短线组合纹"深邃蕴含的文化思考

距今约 9000 年前的上山先民是如何认识天地自然的？他们是以何种形式与天、地神灵相沟通的？以往我们难以准确把握。从上山文化彩陶壶上的"神秘图符"可知，上山先民把祭祀天、地神灵的供品区分开来，分别盛放。这说明他们已经认识到天、地神灵的职司不同，供品也不能混淆，从而采取分别祭祀的礼仪形式。

值得注意的是，上山先民祭祀太阳神的陶壶上，采用粉绘"太阳纹"的象形符号，是长期观察太阳形状的直接描绘，表现手法不难理解。然而，在彩陶壶上粉绘"上，《剥》卦☶"合文和"《坤》卦☷"符号来祭祀土地神的意思，着实使人惊叹不已。可能是因为上山先民发现大地广袤，难以把握和描绘，在祭祀土地

神时便创造性地采用这两种抽象符号，来表达对土地神的虔诚用心。今天，当我们看到这些"神秘图符"时，先是茫然不知所以，后则惊叹赞美不已！大概正是因为这两种符号太过抽象，一般民众甚至专家学者都难以猝读判断，致使自上山文化以后直到东汉以前的数千年间，人们都习惯性地采用筮数"八""六"等偶数，来表示阴爻"▬▬"符号。这足以说明，一万年前上山文化的先哲们，是多么的聪慧和睿知！

由此可见，上山文化彩陶壶上的"神秘图符"，正是上山先民采用不同的文字符号，来祭祀天、地神灵的产物。这些所谓的"神秘图符"，当是上山先民用来沟通人神的"纪事文字"和易卦"符号"。

（三）伏羲氏"始画八卦，造书契"的考古学观察

据《周易·系辞传下》记载："上古结绳而治，后世圣人易之以书契。"这里发明"书契"的是哪位圣人？我们自然无法确定。

然而，东汉郑玄《易纬·乾坤凿度》卷上注说："庖羲氏中圣，始画八卦，错文字契，仰观其乾象，俯察其地理，用器远近，配物画卦，立文书，垂训后晚，浩大之功成。""庖羲氏"即伏羲氏，"错文字契"即刻画文字。传为孔安国撰写的《尚书序》说："古者伏羲氏之王天下也，始画八卦，造书契，以代结绳之政，由是文籍生焉。"《庄子·缮性》载：伏羲"始为天下，是故顺而不一"，成玄英注："伏羲画八卦以制文字。"《荀子·成相》说"文王之道同伏戏"，杨倞注："伏戏，古三皇太昊氏，始画八卦、造书契者，戏与羲同。"这说明"伏羲氏画八卦，造书契"的传说由来已久。

李镜池先生指出，"八卦之创始，大概是一种文字符号，有他的形音义，也有后来的假借义，引伸义"。[①]考古发现表明，中国最早的文字是用来刻画"物像"、记录"易卦"和"沟通天地神灵"的语言符号。自上山文化以来，中国独特的文字体系和由"八卦"演绎而成的《周易》哲学，如影随形，相映生辉，成为维系华夏万年文化绵延不绝的坚实纽带和理论基础，在人类文明史上绽放着绚丽夺目的光辉。

（四）中华文明和人类文明的第一缕曙光

文字的出现是人类文明产生的重要标志。西亚地区的"印章"是具有私人凭证、物品标志等象征意义的器物，公元前七世纪中业已经出现，成为西方文化的重要元素。[②]而苏美尔的楔形文字和古埃及的圣书文字的形成年代，则在距今约5300 年前。

---

① 李镜池：《周易探源》第 281 页，中华书局，1978 年。
② 马欢欢、杨建华：《西亚史前印章记录系统的发展和演变》，《考古》2018 年第 6 期。

上山文化彩陶壶上的"神秘图符"，本是上山先民祭祀天地神灵时用来"沟通人神"的特殊符号，也是我国目前所见年代最早、内涵丰富、表述奇特的"纪事文字"，因而绽放出人类文明的第一缕曙光。

上山文化而后，裴李岗文化器物上的"刻划符号"、跨湖桥文化鹿角器和木算筹上的"筮数符号"、河姆渡文化器物上的"日鸟合璧"图像、良渚文化陶罐等器物上的"纪事文字"、陶寺文化陶器上的"朱书文字"和二里头文化器物上的"纪事文字"[①]，经过六千多年的漫长历程和不断发展，形成体系完备的殷墟甲骨文字，赓续着中华文化的万年辉煌！

综上所述，上山文化彩陶壶上"神秘图符"的发现和解读，对研究中华文明起源的年代等问题，都具有划时代的重要意义。

附言：李学勤先生既是我尊敬的师长，也是我的好朋友。长期以来，对我多有关照。适逢先生九十华诞之际，谨撰此文，表示纪念！

后学蔡运章
2022 年 11 月 23 日初稿
2024 年 3 月 18 日修订

---

① 蔡运章：《史前"刻画符号"与中国文字起源》稿本，待版。

语段：说新石器时代晚期的刻画符号组合体

新石器时代晚期的陶器或其他器物上的符号之于汉字的起源，已久为学术界关注①，其命名也由陶符、刻符、陶文、刻划符号等，趋向称为刻画符号。②在此一时期的不同文化类型中，不断出现由多个单体符号构成的处于同一器物上的符号组合，本文讨论的是由 4 个或 4 个以上单体符号组成的符号组合，我们称之为"刻画符号组合体"，下文简称为"符号组合体"。

这类符号组合体，既与文字起源相关，更与语言的早期"书面"表现形式相关，值得单独提出来讨论。本文引入若干语言学概念，并及于当代民族学及民族语言学的相关研究及调查资料，重点着眼于符号组合体的语言形式意义，而不去讨论其本身的意义，但以往学术界的相关研究会随文引述。

一、本文使用的概念

在讨论"符号综合体"时，本文主要使用了语段、语符、小文种等语言学概念，下面给予简单介绍。

本文认为，新石器时代晚期的符号组合体即相当于语言学意义上的"语段"，而组成符号组合体的，是一个个单体刻画符号，本文称为"语符"。语段③，也称为话段，指在有声语言表达中，由若干小句组成的语音上相对独立、语义上紧密相关并且听起来相对完整的一段话。④一个语段可以由多个小句构成，构成语段的小句可以是单句，也可以是复句。⑤当新石器时代晚期的"语段"由记录其意义的符号呈现出来，就是我们今天所能看到的记录语言的最早书面形式。本文就是在这一意义上使用"语段"概念，换言之，新石器时代晚期的符号组合体，本文视之为"语段"。

---

① 参见牛清波：《百年来刻画符号研究述评》，《华夏考古》2017 年第 4 期。
② 参见马保春、袁广阔：《试析中国早期器物刻画符号的命名问题》，《中原文物》2015 年第 6 期。考古发现的新石器时代符号绝大部分是以锐器刻划而成，但也有的用软"笔"描画出来，故称为"刻画符号"更为合适。
③ 语段，语言学的研究者通常用英语中的 Utterance 这个词来表示。
④ 陈玉东：《汉语语篇的重音层级研究》，北京：中国传媒大学出版社，2017 年，第 146 页；又参见该书 6.1.1.1 关于语段的叙述。
⑤ 陈玉东：《汉语语篇的重音层级研究》，第 147 页。

　　"语符"，通常是"语言符号"的简称。本文的"语符"，是指符号组合体中的各个单体刻画符号，也就是说，在符号组合体——语段——中，每一单体符号记录的可能是有特定意义的一个"字"，也可能是一个边界不十分清楚并可以在一定语境下转换其意义的"单句"或"短语"，并且"单句"或"短语"的可能性更大。当若干个单体符号（语符）共处于同一语言环境（如同时出现在同一器物上）时，它们之间相互联系，实现了对同一件事情或同一段情感的记录。已有的研究表明，无论是对少数民族语言调查资料中的由多个符号组成的"语段"，还是对本文所举出的考古发现的"语段"，迄今学术界的解读方式，基本为"翻译式"或"读图式"。

　　需要说明的是，本文上述对"语段""语符"定义的叙述，有可能在一定程度上偏离了语言学对其的特有定义，但总体上本文期望有助于借用来对由若干个体刻画符号合成的新石器时代晚期"语段"性质的理解。

　　本文使用的"小文种"这一概念，来源于民族语言学，为研究少数民族语言与文字的学者使用。所谓"小文种"，指在一定地域范围内和人口较少的单一族群中使用的"文字"，具体主要是指生活在中国西南民族地区藏羌彝走廊的若干人群尚在使用的活文字，本文第三节将有叙述。以往学者对"小文种"的研究结论，对研究文字的起源及观察新石器时代晚期的符号组合体颇为有益。

　　语段、语符、小文种三者的关系，可以简单地表述为：从性质上看，小文种是特定地域、特定人群使用的"文字"[①]，语段是各小文种记录语言的"书面"形式，而语符则是组成语段的要素。

二、新石器时代晚期的"语段"

　　如前所述，本文称之为"语段"的新石器时代晚期符号组合体，其基本条件是：第一，由4个或4个以上"语符"组成；[②]第二，出现在同一器物或器物残片上；第三，年代在距今4500～4000年。[③]按照此标准，在迄今的考古发现中，可以举出7组此类符号组合体。[④]另外，在相当于商早期或更早一些的考古发现资料

---

　　① 民族语言学的研究者，迄今均视"小文种"为文字。

　　② 本文限定为4个（含4个）及其以上符号，基于下述考虑：可分析性、典型性、排除冗余、便于叙述。实际上，2～3个单体符号组成的"语段"，在迄今的考古发现中并不多见。

　　③ 大致属于中华文明探源工程所框定的"古国时代"时间范围之内。"古国时代"概念的最早提出，参见车广锦《"古国时代"从何而来？》一文的叙述，《东南文化》1988年第5期。

　　④ 已知考古发现的新石器时代晚期符号组合体，本文未收的，如发现于浙江省平湖市林埭镇群丰村庄桥坟良渚文化遗址，有近30件器物上出现2个（含2个）以上的刻画符号，发现的时间是2003年6月、2004年10月和2006年5～9月，其中一件石钺上似刻有6个符号，因发表时摹本不够清晰等原因，本文未收入。另据发掘者介绍，庄桥坟遗址所出不同器物上的刻画符号，多有互见者，因而认为是"原始文字"，见徐新民等：《平湖庄桥坟遗址发现良渚文化原始文字》，《中国文物报》2013年6月21日，第6版。又，上海马桥下层遗址所出良渚黑陶杯，已残缺，可见有2个（或3个）符号组合，简报见上海市文物管理委员会：《上海马桥遗址第一、二次发掘》，《考古学报》1978年第1期。

中，还有若干未纳入本文讨论的类似符号组合体，原因是其晚于本文所出的各符号组合体，但本文第三节会有所述及。

丁公村语段

1991 年，山东大学考古队对山东邹平县丁公村龙山文化遗址进行第四次发掘，1992 年 1 月 2 日，丁公村村民在为考古队清洗出土陶片时，发现一件泥质磨光灰陶平底盆底部残片的内面刻有符号。陶片长 4.6～7.7 厘米，宽约 3.2 厘米，厚 0.35 厘米。上刻 5 行 11 个符号，遗址距今 4200 年左右（见图 1、图 2）。

图 1[①]

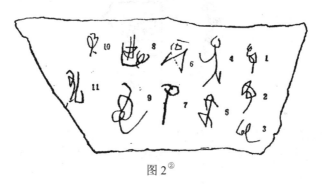

图 2[②]

《考古》杂志编辑部曾组织考古学家和古文字学家就丁公村陶文做过一次笔谈[③]，对陶片的真实性一致认为没有疑问。关于刻画符号，裘锡圭先生认为是一种"走入歧途的原始文字"，高明先生认为属被淘汰了的古文字；后来俞伟超先生归之为"东夷文字"[④]，还有学者视为古彝人文字。[⑤]换句话说，上述学者都认为丁公村

[①] 采自 https://www.sohu.com/a/306576423_120058526，2017 年 10 月 15 日。

[②] 图 2 采自冯时：《山东丁公龙山时代文字解读》一文的摹本，《考古》1994 年第 1 期。

[③]《专家笔谈丁公遗址出土陶文》，《考古》1993 年第 4 期。

[④] 俞伟超：《东夷系统的已佚古文字》，《揖芬集——张政烺先生九十华诞纪念文集》，北京：社会科学文献出版社，2002 年。

[⑤] 冯时：《山东丁公龙山时代文字解读》，《考古》1994 年第 1 期。

陶文是与汉字非同一体系的文字。李学勤先生则认为丁公村陶文叙述的是部落的一次进献物品过程，并以甲骨文为参照给予逐个解读，意译其义则为：何父以驯养的狗上献，有邪佞之心，将他交付惩治。最后一个符号为见证者的签名。当然，李学勤先生也曾特别声明，如此解读，"自然只是一次试验"。①

大南沟陶罐语段

大南沟墓地遗址位于内蒙古赤峰市翁牛特旗解放营子乡石棚山，1977—1979 年两次发掘，属红山文化晚期阶段，亦即小河沿文化。该遗址年代据 C14 测定，距今 4830±180 年—4345±80 年，也就是距今 4500 年左右。遗址 M52:1 出土一夹砂直腹陶罐，腹部刻有 7 个符号，其中 3 个（见图 3 中的 1、2、3）可以视为变形"卍"符号。

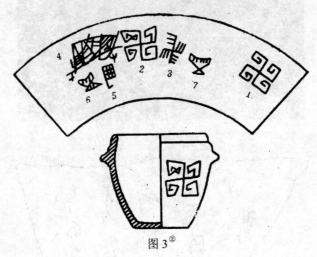

图 3②

关于该陶罐符号组合体，有学者目之为原始文字，内容可能为祭文，并给予翻译式解读，认为其大致意思是：天穹爆炸，雷声闪电，燕子背负天降巨石，安置于田野。③

龙虬庄语段

1993—1996 年，采集于江苏高邮龙虬庄遗址的一片磨光泥质黑陶盆口沿残片，上刻 2 行 8 个符号，左边一行 4 个为单体符号，右边一行 4 个类似动物图形（见图 4）。④

---

① 李学勤：《中国文字与书法的孪生》，《中国书法》2002 年第 11 期。
② 辽宁省考古研究所、赤峰市博物馆：《大南沟——后红山文化墓地发掘报告》，北京：科学出版社，1998 年。因对环刻于陶罐腹部符号的起讫理解不同，其他摹本的符号排列与本文采用的摹本有所不同，但符号本身的结构无差异。
③ 陆思贤：《翁牛特旗石棚山原始文字释义》，《内蒙古社会科学》1987 年第 3 期。
④ 张明华、王惠菊：《太湖地区新石器时代的陶文》，《考古》1990 年第 10 期。

该遗址文化面貌近似河南龙山文化王油坊类型的南荡文化遗存，年代不早于公元前 2200 年，也就是距今 4000 年左右。[①]

图 4[②]

饶宗颐先生最早对龙虬庄陶文作出解释，他认为，左边一行所记，"似是祈丰岁之事"，右边一行像四只动物，与"祝尤"有关，是"古代祝尤巫术之写照"。[③]另有学者认为记录的是人类祈祷生育繁衍、子孙平安的场面。[④]

良渚文化四语段

良渚文化分布于环太湖地区，距今 5300—4300 年。迄今在良渚文化的 30 多处遗址中发现有刻画符号，据《良渚文化刻画符号》[⑤]一书所收，带有刻画符号的器物共 554 件，其中陶器 536 件、石器 11 件、玉器 7 件，有符号 656 个（包括重见者）。在已发现的良渚符号组合中，称得上"语段"的有 4 种，分述如下。

黑陶厄形器语段

早在 1937 年，何天行就公布了刻有数个符号的一件良渚文化黑陶厄形器（见图 5），系收购所得，何天行认为这些符号为初期象形文字，为古代越族文化的遗留。[⑥]

---

① 南京博物院考古研究所等：《江苏兴化戴家舍南荡遗址》，《文物》1995 年第 4 期。

② 图 4 左采自 http://blog.sina.com.cn/s/blog_65ac3c910102eb5v.html，2014 年 4 月 6 日；图 4 右采自《龙虬庄—江淮东部新石器遗址发掘报告》，北京：科学出版社，1999 年，第 206 页，图三二四。

③《谈高邮龙虬庄陶片的刻划图文》，《东南文化》1996 年第 4 期。

④ 周晓陆：《生命的颂歌——关于释读龙虬庄陶文的一封信》，《东南文化》1998 年第 1 期；又，刘志一：《龙虬庄陶文破译》，《东南文化》1998 年第 1 期；又参见王晖：《中国文字起源时代研究》，《陕西师范大学学报》2011 年第 5 期，该文认为龙虬庄陶文是"文字画向原始文字转变过程中的中间环节"。

⑤ 张炳火：《良渚文化刻画符号》，上海：上海人民出版社，2015 年。

⑥ 何天行：《杭县良渚镇之石器与黑陶》，上海吴越史地研究会，1937 年；后收入西安半坡博物馆编：《史前研究》，西安：三秦出版社，2000 年，第 552-557 页。

图 5[1]

黑陶壶语段

今藏美国哈佛大学赛克勒博物馆，1940 年前后收藏家佛力茨·比勒芬格（Fritz Bilfiner）购于杭州。符号刻于陶壶圈足内壁（见图 6、图 7、图 8）。饶宗颐先生首先对其做了摹写，认为与甲骨文属同一系统之文字，"乃有关古代奇肱民之记载"。[2]

图 6[3]

---

① 采自何天行《杭县良渚镇之石器与黑陶》（《史前研究》，第 556 页）所附图。
② 饶宗颐：《哈佛大学所藏良渚黑陶上的符号试释》，《浙江学刊》1990 年第 6 期。
③ 采自饶宗颐《续论良渚陶器及玉器上之刻划符号》一文，图 10，见《饶宗颐二十世纪学术文集》卷一，北京：中国人民大学出版社，2009 年。

图 7^①

图 8^②

澄湖陶罐语段

1976 年发现于苏州吴县澄湖遗址井内的一黑衣陶贯耳罐，腹部有 4 个符号，为陶器烧成后所刻（见图 9）。李学勤先生释为"巫钺五俞"，读为"巫钺五偶"，意为巫神所有的五对钺；③董楚平先生释为"方钺会矢"，认为表述的是越人的一次会盟。④该遗址群的年代为距今 4500—4000 年。⑤

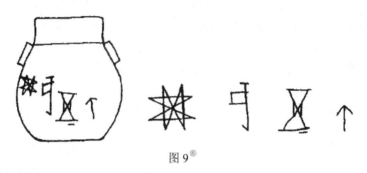

图 9^⑥

南湖陶罐语段

1986—1987 年，浙江余杭南湖遗址出土一黑陶罐，腹部有 8 个刻符（见图 10），李学勤先生释为"朱旗戈石，网虎石封"，其意为：朱旗（人名）去到石地，在石的境界网捕老虎。⑦

---

① 图 7 采自饶宗颐《续论良渚陶器及玉器上之刻划符号》一文，见《饶宗颐二十世纪学术文集》卷一，第97 页，北京：中国人民大学出版社，2009 年。
② 李学勤先生摹本，见《海外访古续记》，《文物天地》1992 年第 5 期。
③ 李学勤：《良渚文化的多字陶文》，《吴地文化一万年》，北京：中华书局，1994 年，第 7-9 页。
④ 董楚平：《"方钺会矢"——良渚文字释读之一》，《东南文化》2001 年第 3 期。
⑤ 南京博物院、吴县文管会：《江苏吴县澄湖古井群的发掘》，《文物资料丛刊》第 9 辑，北京：文物出版社，1985 年。
⑥ 张明华、王惠菊：《太湖地区新石器时代的陶文》，《考古》1990 年第 10 期，图 9 采自该文第 904 页图 2；又，南京博物院、吴县文管会：《江苏澄湖古井群的发掘》，《文物资料丛刊》第 9 辑，第 8 页，图壹，北京：文物出版社，1985 年。
⑦ 《试论余杭南湖良渚文化黑陶罐的刻划符号》，《浙江学刊》1992 年第 4 期；另有学者意译为：神龙月夜在神的世界中穿越水田。参阅曹锦炎、方向明：《浙江地区史前刻画符号概述》，《中国考古学会第十一次年会论文集》，北京：文物出版社，2010 年。

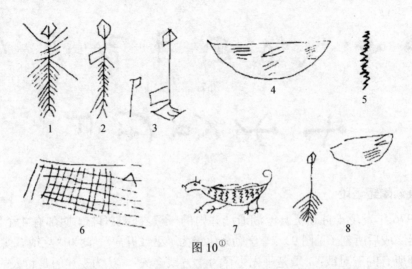

图 10①

上列 7 种以语段形式出现的符号组合体，分别出于黄河下游的龙山文化、北方地区的小河沿文化、长江下游的良渚文化以及河南龙山文化在长江下游的孤岛式延伸（即龙虬庄遗址）。细读考古发掘报告和相关研究，上举诸语段可以总结出下述共性：

第一，就年代而言，大致出现在距今 4500—4000 年。

第二，出现于不同考古学文化类型中。

第三，在同一考古学文化类型中，在大致相同的年代，并存有以独立形式出现在不同器物上的刻画符号。

第四，若干符号可以对应商代晚期的甲骨文，其中以苏州吴县澄湖陶罐语段为典型。②如据甲骨文向上推，其中可以辨识的都是象形"字"，没有形声"字"，也没有会意"字"。

如前文所引述，致力于研究上述符号组合体的学者，在解读方法上，几乎都将每一符号——语符——视为一个单句或短语，对符号组合体加以翻译式、读图式理解。

三、民族学"小文种"研究的启示

在中国西南地区藏羌彝走廊的某些地区，现在仍保留若干被特定人群使用的"小文种"，如他留铎系文、尔苏沙巴文、景颇文及纳西族的达巴文等，在文字学史上，它们具有追溯文字起源的价值。

---

① 余杭县文管会：《余杭县出土的良渚文化和马桥文化的陶器刻划符号》，《东南文化》1991 年第 5 期，本文图 10 采自该文图五。

② 李学勤先生一向倾向于新石器时代晚期的刻画符号组合为汉字的先行形态，并寻求每一符号的意义，尤其是良渚文化诸符号组合体，参见其《试论余杭南湖良渚文化黑陶罐的刻划符号》等文。

他留人集中居住在今云南丽江市永胜县六德傈僳族彝族乡海拔较高的三个村落，据 2016 年的人口统计数据，共 4397 人[①]，20 世纪 50 年代民族识别划定为彝族。他留人中从事宗教祭祀活动的"铎系"（祭司），拥有独特而古老的铎系文字，专用于宗教祭祀，并长期在"铎系"之间传承。他留铎系文字象形意味浓厚，个体仅 61 个，但可以用来组成词语、句子并足以表达相应的情感或用来记事。[②]与他留铎系文字性质高度相似的，还有西南地区的尔苏沙巴文[③]、景颇文[④]、达巴文[⑤]，都属活着的"小文种"，类似的还有"坡芽歌书"。[⑥]

关于上述"小文种"的性质，民族文字和民族语言的研究者一般视之为文字，其研究结论，尤其是对他留铎系文的研究所得出的若干看法，颇可借鉴于追溯汉字的起源，也有助于对本文上节所述新石器时代晚期诸语段的理解。

既有关于"小文种"研究的具有借鉴意义的看法是，第一，就构成一个地方性"文字"系统的个体数量而言，近百个单体的量，足以构成一个"文字"系统，可以用来表达情感或记事，他留铎系文就是典型。第二，一定数量的异体"字"，是早期"文字"的特征之一。第三，没有形声"字"。[⑦]第四，"语段"中的一个符号，对应的不是一个"字"，而是一个短句，那么，整个"语段"就必须采取意译式的解读。另外，他留铎系文等还有一个特点，即书写顺序有一定规定，不可颠倒[⑧]，这说明，与新石器时代晚期的刻画符号组成的语段相比，他留铎系文等在长期使用中经由使用者加以规范，其记录语言的形式已较为成熟。

在上举诸点中，第一点对理解新石器时代晚期诸语段尤其有意义，也就是说，构成一个能基本表达情感或具叙事功能的早期"文字"系统，并不会如想象般那么复杂或庞大，一两百来个单体符号已可以应付总人口数千或更多的群体的相应

---

① 黄彩文、子志月：《历史记忆、祖源叙事与文化重构：永胜彝族他留人的族群认同》，《西南民族大学学报》2017 年第 3 期。

② 参见王海滨《他留人铎系文图符研究》一文，载《民族语文》2011 年第 6 期。又，王元鹿：《他留文的定性及其对早期文字研究的价值》，《中国文字研究》第十七辑，上海：上海人民出版社，2013 年。

③ 散居在四川凉山州、甘孜州和雅安地区的尔苏人（也称耳苏人），旧称"西番"，沙巴是尔苏人中的巫师，沙巴文则为沙巴专用。沙巴文 20 世纪 80 年代起重获关注，参见刘尧汉、宋兆麟、严如娴、杨光才：《一部罕见的象形文历书——耳苏人的原始文字》，《中国历史博物馆馆刊》1981 年第 3 期；又，孙宏开：《试论尔苏沙巴文字的性质》，《中国民族古文字研究》（第二辑），天津：天津古籍出版社，1993 年，据该文统计，沙巴文单体符号 200个左右，其记录语言的方式比较原始。

④ 景颇为跨境民族，境外称克钦人。在中国境内，主要集中居住在云南省德宏傣族景颇族自治州。景颇文单体有 251 个，参见石锐：《景颇族原始图画文字译注》，昆明：云南美术出版社，2007 年；在记录语言的能力方面，景颇文比较成熟，参见刘悦：《景颇图画文字初步研究》，《中央民族大学学报》2014 年第 1 期。

⑤ 达巴文或称摩梭文，保存于居住在四川泸沽湖地域的部分纳西族摩梭人信仰的达巴教之中，主要为占卜经，仅为小部分高龄祭司或经师掌握，参见喇嘛清：《纳人口传"达巴经"的现状及保护研究》，《西南民族大学学报》2011 年第 12 期。

⑥ 2006 年发现于云南省文山壮族苗族自治州富宁县坡芽村，用于记录情歌，有 81 个单体符号，参见王志芬：《坡芽歌书图案符号研究》，《云南民族大学学报》2009 年第 3 期。

⑦ 本段叙述，参考并引用了王元鹿《他留文的定性及其对早期文字研究的价值》一文的部分结论，载《中国文字研究》第十七辑，上海：上海人民出版社，2013 年。

⑧ 王海滨：《他留人铎系文图符研究》，《民族语文》2011 年第 6 期。

需求，如铎系文之于他留人群体，沙巴文之于尔苏人群体等，尽管它们主要使用于宗教祭祀活动。

另据近年学者的研究，使用甲骨文字系统的殷墟都城人口在4.5万人至14万人之间，而7万人左右的可能性最大。①据此可以上推甲骨文字系统的早期使用阶段（如盘庚迁殷或更早时期），商族群的人口总量应该颇为有限。那么，甲骨文字系统的早期阶段，应曾有过与他留铎系文等类似的状态。

再由此上溯，新石器时代晚期的不同文化单元，人口规模自然不会很大（数千人至万人之间也许是常量），单体数量并不庞大的符号，应足以记录族群内必要的社会活动，而"语段"就是出现在这样的场合。

上述小文种还存在一个基本共性是，它们都仅仅用于宗教仪式，并在祭司之间传承。②张光直先生曾推测汉字起源于巫术，是与祖先神灵沟通的工具，掌握文字的，是集史官与巫觋职能于一身的那一小部分人，甚至包括商王。③徐中舒先生也早已认为，古代的文字多由巫师创造，由巫师世代相承，加以发展。④这一点和前举西南地区活着的诸小文种的用途与使用者相似。换言之，宗教信仰行为是文字得以产生和延续的重要原动力之一，而不仅是因为经济行为或管理行为的需要。⑤

由上述刻画符号组成的"语段"及小文种的讨论，还可以让人联想到迄今尚未能解读的"东夷文字"、巴蜀符号，在一定意义上，它们也可以视为特定地域、特定人群使用的小文种。

所谓东夷文字，是指20世纪80年代以来，相继在胶东地区的莱阳（见图11）、乳山、黄县、长岛大钦岛等地发现的刻在陶盉、陶鬲及青铜鼎、青铜舟等器物上的不能辨识的"文字"，时代为西周至春秋时期。⑥

俞伟超先生《东夷系统的已佚古文字》一文，将上述发现与丁公村陶文、龙虬庄陶文相联系，推测"东部地区龙山时代就已出现的那种文字，已成为与正统文字并存的一种区域性文字"⑦，也就是东夷人所使用的文字，并认为东夷文字消失的时间是在东周时期。

---

① 何俊谦：《殷墟墓地人口复原及殷墟都城人口规模的蠡测》，《古代文明》第14卷，第32-67页，上海：上海古籍出版社，2020年。

② 坡芽歌书虽属例外，但也仅仅使用于特定地域、特定人群、特定情景。

③ 张光直：《文字——攫取权力的手段》，载《美术、神话与祭祀》，郭净译，沈阳：辽宁教育出版社，2002年。

④ 徐中舒：《论巴蜀文化》，成都：四川人民出版社，1982年，第42页。早在1959年，徐中舒先生已有《巴蜀文化初论》一文。

⑤ 按照学者们根据埃及前王朝时期（约公元前4000—公元前3100年）符号系统的研究，早期埃及古文字主要为"物名"（物品名称），用于经济管理的需要，如葡萄酒、布匹、香料等，并由此创造出物品所属的王名，实际上是部落酋长名。参见颜海英：《阿拜多斯U-j号墓发现的埃及早期文字》，《古代文明》第2卷，第364-393页，上海：上海古籍出版社，2002年；又，颜海英：《前王朝时期埃及的陶器刻画符号》，《世界历史》2006年第2期。而中国境内的"小文种"同样多为"物名"。

⑥ 参见俞伟超《东夷系统的已佚古文字》一文所搜集，载《揖芬集——张政烺先生九十华诞纪念文集》，北京：社会科学文献出版社，2002年。另，根据该文所举例，胶东地区出土陶片上的"东夷文字"，早在1930年前后就已发现。

⑦ 《东夷系统的已佚古文字》作者所说的"正统文字"，是指黄河中游地区商、周系文字。

图 11[①]

刻铸在青铜兵器、乐器、印章等上的巴蜀符号，其分布与巴蜀文化的地域范围基本一致，主要流行在战国初期至西汉早期，少量延至东汉时期。据最近出版的《巴蜀符号集成》[②]一书的统计，巴蜀符号共有 272 种单体，2 个及 2 个以上不同单体符号的组合，则有 1125 组。最高符号组合可达 10 个单体符号以上，如四川大学博物馆藏战国錞于，有 11 个符号，加上其中的 2 个符号还可以再分解，共有 13 个单体符号。巴蜀符号中的若干单体符号，似有通约式组合能力，如虎形、王字形、栅栏形、铎形、横 S 形等[③]，新石器时代晚期的若干符号也已具有这一功能（见图 12）。[④]

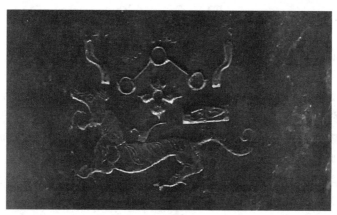

图 12[⑤]

---

① 转采自常兴照、程磊《试论莱阳前河前墓地及有铭陶盉》一文所附图，《北方文物》1990 年第 1 期。

② 严志斌、洪梅：《巴蜀符号集成》，北京：科学出版社，2019 年。

③ 参见严志斌、洪梅：《巴蜀文化栅栏形符号考察》，《四川文物》2016 年 4 期。该文认为，有的符号有跨人群、跨区域使用的情形，如王字形、横 S 形等。

④ 跨地域、跨文化并具有通约式组合能力的新石器时代晚期符号，典型的例子，如桊、卍（或卐）、⌧（或⌧，非数字之五）等。

⑤ 虎纹钲铭文，四川广汉出土，藏四川省博物院，又见于《中国青铜器全集》卷十三，一八八，北京：文物出版社，1994 年。该符号组合之一有勾连三星形符号，当为紫微垣附近的三公星或天枪星，寓拱卫与武备之义。

巴蜀符号自 20 世纪 40 年代为学术界注意以来，迄今已有 70 余年的研究历程[①]，但仍未能得到解读。就其命名而言，有巴蜀符号、巴蜀文字、巴蜀图语等称，李复华和王家祐等学者认为巴蜀符号是当时人们表达语意的特殊符号图像语言，因而称为"巴蜀图语"[②]，但学术界多有不同意见。[③]本文则认为，如果着眼于符号组合体的语言表述功能，称巴蜀符号为"图语"，似乎不为不妥。如果在先前学者对"图语"定义的基础上再加引申，"图语"可以说就是"图绘语言"的简称。

与"东夷文字"及尚活着的小文种一样，巴蜀符号也是特定区域、特定人群所使用的"文字"，其组合式符号组，接近于本文所述的"语段"。另外，如江西清江吴城遗址一期所出的两种符号组合体，年代属商代中期，早于甲骨文的时代[④]，其性质与本文所论新石器时代晚期符号组合体类似，都可以视为"语段"。

使用"巴蜀图语""东夷文字"的群体有多少人口呢？难以推测。可能要比新石器时代晚期的诸"语段"使用者要多许多，但在语言现象上，它们都可以视之为"语言岛"，遗留在"书面"上的符号组合体及同一文化遗址所出的诸多单体符号，相应地则可以称为"文字岛"。不过，可以想象的是，新石器时代晚期的"古国"之间，可能已存在"通语"，某些具有通约能力的符号出现在不同的文化类型中，可以侧面证明这一点；而那个时代中的某些人，则可能掌握了一定的"重译"能力，能够进行跨语言或跨"文字"的交流。

四、余　论

本文从记录或表述语言的角度，以西南少数民族地区尚在使用的"小文种"为参照，讨论了新石器时代晚期符号组合体的语言形式意义。1981 年汪宁生先生《从原始记事到文字发明》一文[⑤]，是利用少数民族语言文字资料讨论汉字起源的经典之作，其部分结论至今仍为学术界重视，该文搜集引用的部分民族学资料，如傈僳族、景颇族、佤族等图画式符号组合体，在本文看来，也可以视为"语段"。

需要说明的一点是，未能发现"语段"的新时期石器晚期的其他考古学文化，并不一定不存在"语段"，例如年代早于上举诸"语段"的安徽省蚌埠市双墩遗址，是迄今同一文化类型中发现的单体刻画符号数量最多、结体最为多样的文化遗存，但尚不见载有"语段"的器物出土，是偶然因素还是有其他原因？耐人寻味。而

[①] 参见王仁湘《巴蜀徽识研究》一文的回顾，载《中国考古学会第七次年会论文集》，北京：文物出版社，1992 年。

[②] 李复华、王家祐：《关于"巴蜀图语"的几点看法》，《贵州民族研究》1984 年第 4 期。

[③] 近期学者的看法，如《巴蜀符号集成》一书的编著者以及为该书作序的诸位学者。

[④] 江西省博物馆等：《江西清江吴城商代遗址发掘简报》，《文物》1975 年第 7 期。分别为 4 个、7 个刻画符号组合，对此唐兰先生有文讨论，他称为"短句式字符"，并认为"很可能是另一种已经遗失的古文字"。见其《关于江西吴城文化遗址与文字的初步探索》，《考古》1975 年第 7 期。

[⑤] 汪宁生：《从原始记事到文字发明》，1981 年第 1 期。

良渚文化出现的单体符号数量并不算多，但上文列举的 7 组"语段"中，有 4 组属该文化遗址所出，这也值得深思。

就形式而言，无论是新石器时代晚期的"语段"，还是小文种"文字"组成的独立篇章，都是当时、当地人群的"书面语"，历史上曾经存在过的这些独立的"文字"甚至语言，因群体的迁徙或解体，逐渐为强势文化所消解而湮没在历史尘埃中，是理有必然，势所必至。而今天的人们阅读这类"语段"的障碍是，从形体上看，每一"语符"似乎都认识，但组合成"语段"后，非当事人则不知所云。迄今人们对新石器时代晚期"语段"的心知其意式解读方式，虽属无奈，但却可能是唯一正确的选择。不过，要想使结论获得可重复性的确凿验证，迄今仍然希望渺茫。

文明类型、宇宙论与比较研究：
基于智能分析的新考察

陶 磊

（浙江大学历史学院）

比较研究在今日，较以往任何时候都更显得重要。即将步入智能文明时代的人类，事实上已成为一个命运共同体，因为在人类之外出现了一个智能高于人类的新的生命体，若人类还像今日这样争战不止，新智能生命未来完全有可能利用人类的裂隙攻击人类。人类走向一体，是面向智能文明的最明智的选择。这种理想对于人类已经存在了几千年，从历史进程看，人类也确实在走向一体，只是离目标本身还相当遥远。不同类型的文明之间，融合的难度相当大，共同价值的推广也很艰难。欲建构人类命运共同体，首先需要解决认知问题。交相利的行动实践固然可以赢得人心，但共同体说到底是一个形式问题，而形式本质上是一个认知建构，创新认知意味着创新形式。而要创新认知，显然不能简单取一种文明认知的立场，应该综合考虑各文明立场，求取共同价值，进而推进形式建构。这里，比较研究是求取共同价值的基础认知工作。笔者在《什么是哲学的历史学》中曾提出要从文明类型、宇宙论的角度进行比较文明史的工作[①]。近年来，因为智能分析工作的突破[②]，在此问题上的认识又有了进一步发展，现付诸笔端，以为李学勤师九十诞辰纪念。

人类活动史，可以理解为人类智能的成长与运用的历史。初始的猿人与动物并无差别，其同样要服从必然性法则，无任何自由可言。人类文明的建立，完全是因为人类获得了智能突破，在认识自然与改造自然方面，使自己告别了动物服从必然的知与能的状态。在这个过程中，因为智能突破形式的差异，出现了不同的价值认同，出现了不同的文明类型，出现了不同的文明宇宙论基础。换句话说，立足文明类型与宇宙论进行比较工作，从根本上讲就是立足智能形式基础进行比较研究。本文主要讨论两个问题：文明类型与智能类型的关系；智能形式与宇宙论的关联。受知识程度的限制，整个讨论主要以中西比较为基础，并且侧重于古代中国文明。不妥之处，请方家批评。

---

① 该篇作为代自序收入拙著《宇宙论与古代文明研究》，杭州：浙江大学出版社，2020 年。
② 智能分析是笔者近年提出的解释文明现象的新方法，主要是基于神经生物学知识，对两性智能形式进行强鸟头、强蜡板的形态区分。又基于群体互动，提出不同群体进入文明状态，其主导智能形式有别。所有文明现象的差异，都可以还原为智能形式的差异。

一、基于利展开的文明类型与智能形式的关联性考察

首先讨论文明类型与智能类型的关系。

所谓文明类型，是对一个文明体形态特征的概括，运用亚里士多德的四因说进行分析，目的因是认识文明形态的关键。人与动物一样，行动具有明确的目的性，只是人的目的远不止是简单的生存问题。西方学者马斯洛归纳的五种需求，其实也可以理解为五种目的。这个提炼是从个体讲的，理论上也适合群体。不过，事实上并非如此，有些民族在民族危亡之时仍然内斗不止，那么民族生存这个基础目的很难说被真正重视。也就是说，个体目的归纳不能简单等同于群体目的。

最能反映群体行动目的因的，是这个群体所推崇的精神价值，毕竟人已经脱离了动物状态。精神价值是国家形式建构的基础，利只是群体存在的基础，而非形式建构的直接基础。形式基础取决于认知，而认知则必由精神价值引领，从最初的神，到后来各种道德价值。相反，没有形式对利的追求进行规范，结果必然是形式的崩溃，所谓上下交征利则国危。上下交征利，利是个体价值；则国危，则利显然没有成为群体价值。利若为群体价值，国首先不能危，因为国危对谁都不利。

当然，并非所有民族都不能兼顾精神与利，关键是基于精神所展开的形式建构是否排斥利。像儒家的君子喻于义，小人喻于利，这里的义虽不能说完全不考虑利，但其与利处于对待的地位则是很明显的。其所建构的秩序不能回应利的成长性，应该是可信的。不能回应利的成长性，意味着群体对于利益争夺也没有足够的形式规范。当出现交征利的情形，其国必然危险。至于国家危亡之际还要内斗争利，本是形式建构薄弱群体的必然。若群体不能为争利建构充分规范，对于个体总是利益为大，毕竟群体亡不等于个体一定亡。相反，在恶劣的系统中，个体不争利，反而是一定亡。从文明类型的角度观察，这其实是已经演变到末世的情形，即已经完全不考虑初始的建构所遵循的价值引领，完全回到动物逐利的状态。

从智能形式的角度，可以比较容易说清楚这种类型差异。这其实就是群体建构的智能基础是否排斥个体生意的问题。排斥个体生意的智能，其所展开的群体建构所依赖的精神价值一定是形式价值，比如古希腊哲人讲的正义。古代中国不排斥个体生意，展开群体建构的精神价值是个体的属天生意。最先是消极独立，小国寡民；然后是积极的仁义，主张交往。后者虽由消极走向积极，但本身还是个体的人性成长的结果。中国人特别重视成人教育，这是这个文明初始突破所奠定的精神价值，人为其所吸引，向其敞开，就是努力成为圣贤君子。

不排斥个体生意的智能，依据其所建构的秩序，很难回应利的成长性。道理很简单，人的个体生意有属天性，也有属地性。属天性为精神价值，属地性则是

利益诉求。精神价值规定文明类型，规定了群体形式建构。如果是个体属天生意类型的精神价值，其同步展开的形式建构，就无法实现群体建构的形式化。依据个体属天精神展开的群体建构，其必然是从个体伦理的角度展开整体秩序的建构。这种建构模式，要么是老子式的小国寡民，民老死不相往来；要么是儒家式的个体与群体的双向建构。前者意味着群体无形式，后者意味着群体以建构者为中心展开建构，两者都不可能实现形式化建构，即以统一的法为基础的建构形式。

在生产力相对落后而疆域又十分辽阔的条件下，这种秩序建构可以存在数千年。以绝地天通为起点，到春秋战国之际法家主导群体建构的登场，已经有两千五百年的历史。这段时期是真实的人性文明发生发展的时期。但在铁器时代到来时，利获得前所未有的成长空间，这种建构模式无法回应利的成长所带来的对于旧价值系统的冲击以及对固有行动类型的破坏，最终退出历史。再次进入历史，其实已是其蜕变形式。

理论上讲，利是文明建构不可或缺的基础，本身是文明的构成部分。只是利本身不构成文明的规定性，文明的高低与财富的多寡没有必然联系，甚至文明的强弱也不完全取决于利。因此，利在不同的文明中存在的形式并不相同，不同的文明对利的规范也各不相同。古印度《摩奴法典》规定快饿死的人有权利去偷，对于拒绝偷盗者则可以将其打死。犹太教则有与古代中国"田有遗秉，伊寡妇之利"相类似的田角捐。古希腊则有公共捐纳。这些不同的利益边界设定，背后其实是不同的形式建构，不同的智能基础。

利虽然是文明建构不可或缺的基础，但不是所有群体都有利本是社会共同财富的观念。就古代中国论，属天派与属地派对这个问题的认识就不一样，所谓两种村社形式，即家族共同体与村落共同体，其实是两种不同的财富观念形式。对于属地派的村落共同体，财富本是村社共有，集体生产，集体分配。但对于属天派的家族共同体来说，财富是贵族老爷家的，只是贵族老爷不是很自私，而是富有人性，愿意将财产与大家共享，社会显得很和谐。从群体建构的角度讲，贵族老爷就是群体的中心，其以德性与群体互动，大家愿意以他为中心建构群体。属地派则是另一种模式。两种模式的智能形式不一，对于利的规范形式也不相同。

与文明类型相应的是属天派的模式。其立足于属天生意精神所展开的形式建构，必然是分封制形式，即家族长将自己的兄弟、儿子分封出去，建立独立的邦国，形成大国套小国再套卿大夫采邑的所谓复合制国家形式。[①]没有独立的邦国与采邑，个体的精神建构就没有展开的空间与基础。对于围绕在各级家族长周围的群体成员，形式上都是依附者，他们的形式规范要由家族长向他们辐射，所谓刑

---

① 复合制国家是王震中先生描述古代中国国家形式的概念。见其《中国古代国家的起源与王权的形成》，北京：中国社会科学出版社，2013年。

于寡妻，至于兄弟。其群体互动以个体精神成长为媒介，所谓己欲立而立人，己欲达而达人。

利在这种模式中被简单处理，孔子讲不患寡而患不均，孟子讲井田制，都是一种简单处理。这种简单化处理在财富增长缓慢的时代不会有什么问题，其对社会行动类型不会带来改变，人会遵循传统生活。但在铁器时代利有很大的成长空间的条件下，这种传统秩序就无法维系了。人的积极精神的成长本是相对的，但对利益的诉求却是一致的，在财富有极大成长空间的条件下，逐利会成为最主要的社会行动类型。若没有足够的社会规范，逐利就会演变为上下交征利，最终秩序崩溃。

不仅是古代中国，即便是将个体生意叠合于形式建构中的古希腊罗马，在利益有快速增长空间的时期，其也会出现秩序建构的问题。雅典、罗马都崩溃于帝国建构时期，其实是帝国带来了财富快速增长的空间，从而使其内部出现分裂。从共同体外部攫取的超额利益很难转化为社会公共财富，如何在形式上处置这些超额利益，使其成为群体可共享的财富，那个时代的西洋人显然没有解决。

用智能形式去分析，即古今社会秩序建构虽都是形式化建构，但因为人有属天与属地生意之别，当形式建构主要依据于属天生意展开，其对于源于共同体外的超额财富，很难完成形式规范建构。近代发生所谓国家秩序建构与精神发展的分离，主要是因为其形式建构转向以属地生意为中心，而属天生意问题则交给了教会与社会自身。韦伯分析理性有价值理性、形式理性、目的理性，与这种古今之变是分不开的。价值与目的分别对应于属天与属地生意，形式理性则是纯粹的形式思考。古代秩序建构除了纯粹形式，还叠合进了属天生意，只是因为是形式的，非个体的，所以其精神价值与古代中国完全不同。近代以来的秩序建构则是叠合进了属地生意，当然，也是形式性的，而不是像中国人所理解的是单纯的钱的问题。

二、秩序建构中的利的地位及相应的智能形式

利对于个体需求具有同质性，如果没有形式思维，利在社会群体中的流动秩序就无法真正建构起来。人作为动物，天然地会诉诸暴力去偷窃或掠夺他者的财富。人类文明的成长过程，本质上是要建构一套秩序形式，保证这个群体不断壮大。只是，这个秩序如何处置暴力争利问题，不同文明因为不同智能形式差异，发展出不同的秩序类型。单纯就利益争夺，只能出现对抗性平衡，即人人都可以拥有暴力，比如持枪权。但这样并不能真正将群体建构起来。因为群体尤其国家建构，其需要公共权力，需要一部分人脱离直接生产，专门从事社会与国家的管理。这部分人需要别人来供养。最初，担当这个角色的人比较少，随着

文明进步，群体逐步扩大，这部分人会越来越多，这就是通常讲的文明复杂化的进程。

这个产生机制必须要有精神价值参与。因为初民很难确定，具体生产者究竟应该支付多少劳动成果给统治者，所以财富分配过程必然会引发暴力冲突。在准动物状态，单纯的暴力统治在群体内部必然是不稳定的，必然会有年轻的雄性取代年老的雄性统治。从这个角度看，暴力机器的产生与意识形态的建构应该是同步的。文明的突破实际是伴随精神突破而产生的，精神价值对于抑制动物本能有积极作用。儒家所谓人禽之辨，其实就是要将人从受制于动物本能的状态中脱身。这背后就有智能形式问题。前文所谓群体建构的外伸精神价值是否排斥个体生意，就是智能形式差异。

具体地讲，古代中国人性文明的作为群体互动媒介的精神价值是人性，中国人大多在意自己是一个人，对于自己的社会处境包括面子都特别在意，这其实是受这个初始文明精神塑造的结果。不是所有人群都像中国人这样认知自我。这种自我认知在智能形式上是鸟头形式，"我"存在在自己孤立的意中，而不是存在在社会形式中。所谓独立固然不能脱离作为社会基础的财富，但其根本上是一个意志。当这种意志发展到一定阶段，即由消极转变为积极，其会与人作为动物性存在的特性产生分离，原本同样是其存在形式的利的一面会被从人的规定性中剥离。这里有男性与女性的智能形式差异，只有男性有能力产生使这种成人意识脱离自己身体的意志，女性的智能成长很难从有身性中超脱出来。将利从人的规定性中剥离，结果就是君子喻于义，小人喻于利。与国家机器形式配合，就是君子劳心，小人劳力。

将利从人的规定性中剥离出来，但利客观上又是人与社会存在的基础，是存在形式的一个组成部分，这里就形成一个悖论，国家机器的建构本身需要利的汇聚，然后进行财富二次分配，即解决不直接从事生产的人的生存基础问题。但作为群体互动的精神媒介，人的规定性中又没有利，任何争利的行为均为意识形态所排斥。这事实上又会对国家建构形成解构。西周厉王专利，结果是国人暴动，流王于彘。从这个角度看，张光直先生的古代艺术有汇聚财富，从而推进文明演进、国家建构的理论①，其实是有问题的。其并不能涵盖属天派的文明与群体形式演进的形式特征。属天派的互动媒介中不包含利的汇聚的内涵，相反，好利反而会导致群体无法互动。

张先生的理论用在属地派，其实也不妥当。属地派的群体互动媒介不是超越于社会之上的神。绝地天通格局中的属地派，并不以神为互动媒介，其直接以利为互动，以法为媒介建构群体。不过，其也不是单纯的钱的问题。前文讲，以利

---

① 张先生的这个理论见其《从商周青铜器谈文明与国家的起源》，收入张光直作品系列之《中国青铜时代》，北京：生活·读书·新知三联书店，1999 年，第 468-483 页。

为媒介，要达到对抗性平衡，需要有精神价值参与一起建构。对于属地派来说，人性其实也是其精神价值基础，今天讲的民生政治，应该是属地派的政治内涵。遭人唾骂的商鞅，从今天发现的秦律文献看，他并非不讲人性，只是其国家建构思想不以积极人性精神为互动媒介，而以理智作为基础，主张重刑主义，保护国家法制。从形式完整性角度看，这其实是迄今为止中国人提出的最理性的国家建构形式。

属地派虽也以人性精神为基础展开群体建构，但其行动类型不同于属天派。精神与物质是人存在的两个不能回避的形式内涵，属天派的社会行动以涵养精神为目标，属地派则以满足欲望为目标。今天人文学者讨论生生哲学，就其本质讲，不是北方文明的话题，北方的生生都是通过具体的社会行动来完成的。以人自己为中心是人性文明的特征，生生可以分为属天之生与属地之生，属天之生的推进通过涵养精神实现，属地之生的推进通过发展生产实现。就北方文明论，生生无法通过形式论说的建构来完成，只能通过具体的行动来完成。一直到今天，中国人其实还是这样，涵养精神，努力挣钱，而在适合自身的学术建构上仍然很薄弱。生生哲学由《易传》提出，易是一套形式表述，与北方以人为中心的文明结合，就有了生生哲学。

这样看，属天派与属地派的群体建构，都是以人为中心，结合自身的理智能力，分别立足属天人性精神与属地欲望，展开群体互动，完成群体形式建构。与指向于神灵崇拜的艺术，其实都没有关系。只是，属天派与属地派因为有关切点的差异，他们的智能形式也有不同。

利在讲积极精神的属天派那里不作为人的规定性，因此，其在社会中的存在形式也没有得到认真对待。在其具有极大成长空间的时代，因为争利而导致秩序崩塌本是必然的。而成人根本上是个体之意愿，其必然出现双向建构，所谓形式化建构本不可能出现。所以儒家社会的主导智能不可能出现鸟头与蜡板叠合的生成。

以利为互动媒介，对人的智能形式要求不同于属天派。以利为互动媒介，尽管看起来是针对每个个体的，但其首先要建立社会是一个整体的观念，不存在独立于社会整体之外的个人之利的问题。前述古希腊罗马秩序崩溃，实际是因为部分个人从整体之利之外获得了利，从而使原先基于整体之利建构起来的秩序失灵，这部分利不计入整体之利，落入少数个人的腰包。基于整体之利的考虑，群体建构必须取形式优先的思维方式，不接受个人与社会的双向建构模式。

儒家虽不将利作为人的规定性，但德性建构根本上是一个相对问题，双向建构模式事实上同时适用于利益划分，德性好的人会尽力奉公，德性建立不起来的人则一定是中饱私囊。儒家模式并不适合一体国家建构，是很清楚的。

形式优先，意味着在决策前需要运用蜡板对于整体有一个观照，不能依赖鸟头的独立判断进行群体互动。商鞅说，君主之所以必要，在于民以相缁为智，都想在智力上显出自己的高明，结果导致群体无法互动，而君主可以提供高于个体民智的互动媒介。这个高于民的互动媒介一定是高于任何个别鸟头所提出的互动媒介，而以群体共同意志为基础的互动媒介，这是群体能够实现有效互动的基础。群体共同意志，其实意味着对具体个体的生意的排斥。尽管其还不能等同于可以叠合个体生意的古希腊智能形式，但其与儒家的强鸟头智能形式相比，已经发生改变。

叠合了个体生意的古希腊智能形式，意味着主体间性的存在。尽管排斥个体生意，但每个个体的生意又都能得以呈现。基于每个个体都能呈现的模式，其提出的互动媒介一定是主体间的东西，不是任何单个主体的，但又与每个主体相关。因为人有属天属地的两个形式内涵，因此整个秩序建构有古今之别。笔者将这种媒介称为与天交换、与地交换，人与人之间向上有一个共同的天，向下有一个共同的地。

属地派囿于人性文明的要求，其无法完全从形式出发建构群体。完全从形式出发，智能运用也不能由君主一人来提供。君主制只是在社会智能水平比较低的时候才有合法性，社会智能水平成长以后，民主制必然登场。而民主制登场，哲学的突破就是必然的，因为群体智能发展需要认知建构，洞穴中的人也会以相缁为智，哲人提出新的认知，优化社会智能水平，从而实现社会健康运转。所以，在古希腊有所谓哲人高于统治者的说法。因为社会建构依赖于认知建构，而能完成认知建构的并不是统治者，而是哲人。

属地派对人的规定性的理解是欲望主体，所谓认知主要基于属地欲望而展开，个体对于整体形式基本处于无知状态。当因利发生争执，通常就会出现你死我活的结果。前述文明末世的内斗表现，其实就是无整体形式认知的属地欲望在推动。这种群体，理智的整体形式只能由统治者提供。而由一人提供理智形式，其注定不会去建构以主体间性为互动媒介的秩序类型。那个模式需要哲学突破，需要由上而下俯视人间的上帝视角，其出现才有可能。属地派群体欲望特征很强，其建构只能以国家整体之利而又兼顾群体属地欲望的实现为中心。商鞅讲，所谓智道，势（设）、数也。整体之利需要设计，个体利益则表现为不同的数。其思考展开的形式特征很明显，但不能算是形式化的思考。这种模式，其智能运用中，蜡板的运用具有优先地位，而鸟头识别则可以随时代变迁而不断推进。只是，这种识别是在整体形式基础上的对于具体事类的识别，本质上也不脱离形式运用。

张先生的理论其实是对基于属天与属地派相综合，建构天下共同体的行为产生的错觉。在综合的情况下，统治者个人存在双向建构问题，一方面是个体德性建构，要表明自身有德，这是属天派的要求；另一方面，其要建构国家与社会，将自身之德作为互动媒介推扩出去。但属天派的由自己为中心的扩散模式对于建构天下来说效率太低，不能不接受属地派的形式优先思维建构所谓礼，青铜礼器的制作所扮演的其实就是这个角色。只是，除神化自身德性的关切外，其恐怕还有认知建构的意义。所谓铸鼎象物，使民入山林，可以识别魑魅魍魉。这也应该是属天派的诉求，因为人性文明要建立人间社会，要与魑魅魍魉划清界限。这些在今天看来是艺术的作品，在当时有实际的教化功能。这与汇聚财富恐怕没有什么关系。真正汇聚财富的是属地派建构，因为对于民生关切的限度是解决温饱问题，而非共同富裕，社会生产的多余的财富会向中央汇聚。这完全是制度设计问题，与青铜艺术没有关系。

笔者以为，文明突破的关键是精神价值的外伸建构，而国家建构的关键则是能否针对属地欲望进行形式建构。有些文明体国家建构以失败告终，其实就在于他们缺乏针对利进行形式建构的能力。而这种能力的获得，与智能形式有直接关系，与是否接受工匠生产对于智能形式的塑造有直接关系。仅仅是蜡板运用并不解决形式确定性问题，形式确定性意识的建立本身是一个问题。

儒家虽然讲教化，但其缺乏形式确定性意识，国家本身是一个形式确定性问题，任何形式的二分建构都不能满足这个确定形式建构的需要，所以其一定会转为接受工匠思维的荀子的模式。只是荀子在根本上也不能脱离人性文明的个体建构，即智能形式上也还依赖少数君子大儒提供群体形式，其表面上虽有了作为形式根源的太一，但却出不来立足主体间性的建构模式。精合感应，将理智形式的生成寄托于少数人的特别的聪明。这显然也还是不切实际的幻想。古代中国，因为初始文明所奠定的智能形式，其实际已经不可能出现类似古希腊哲人的纯粹的认知建构的工作。整合属天属地诉求，最终归于失败。

社会建构的演变结果，其实就是前述的末世的文明。只有少数人的属天属地的建构问题，至于国家，其实已只是统治工具。因为自然状态下追求属天精神的人要远少于追求属地欲望的人，其必然对整体系统产生破坏，周期性循环就成为传统中国文明的基本形式特征。这种文明类型，显然与这个群体的智能形式直接关联在一起。

三、"我"背后的智能差异

以上，基于利在文明中的形式地位，简要地阐述了智能形式与文明类型之间的对应性。基于这种对应性，在进行比较研究时要特别重视个体的认知与行动作用于群体建构的方式。文明是群体的存在形式，而非一个人的存在形式，孤立的个人严格讲是不存在的。个体与群体始终处于相互塑造之中。因为智能形式的差异，不同类型的文明体中，个体与群体互动的方式是不一样的。就中西比较论，就是个体认知与行动的实质性与形式性特征差异，所造成的群体建构模式的差异，进而群体反馈于个体塑造的模式也不相同。

进入文明世界的人类都会有"我"的意识的觉醒，"我"表面指向于一个人，但"我"的符号实际是社会智能觉醒之后赋予个人的，动物不可能产生"我"的意识。换句话说，"我"的产生本身包含了社会互动的因素在其中，不同社会模式中，"我"的内涵并不相同。西洋文明，自我的觉醒是近代以来的事情，古代则要追问"我是谁"。这意味着，其"我"的内涵古今存在差异，近代很容易界定，而古代则不容易界定。

这种变化其实也见于中国文明中，只是表现形式与西洋不同。早期中国，追求独立精神，"我"的意识很清晰，到孟子，主体性人格的建构任务完成。那个时代，像孟子提到的北宫黝，别人不能以一毫加诸其身，而杨朱拔一毛利天下而不为。一毫一毛或有夸大成分，但从中可见那时的人的边界意识，绝不亚于近代资本主义的一般人格的边界意识。从主体意识与边界意识两个方面看，古代中国人的"我"的建构已经相当成熟。但到了传统中国，一直到今天，"我"的意识其实是模糊衰退了。比较流行的人生如戏、人生如梦的观念，背后其实是"我"的主体性的丧失。而艺术上流行的天人合一旨趣，则意味着"我"的边界也不再清晰。所谓儒家治国、道家治身、佛家治心，佛教讲无我，治心无我，"我"的意识其实是不存在的。

无"我"对于社会建构来说不是一件好事，反过来，过于强调"我"，同样也不是一件好事情。"我"与社会本是相互建构关系，健康的社会一定对应着健康的"我"；反过来，健康的"我"则是好社会建构的真正基础。不过，实际社会建构并没有那么简单。这里有一个很麻烦的问题，社会作为群体，其根本上是一个形式问题，尽管，对好社会的具体评价要交给每个个体去体验感受。这里必然会出现认知与实践上龃龉不合的问题。个体的体验感受一定是相对的，不仅物不齐，人也不齐，也就是说不可能基于个体体验感受达到形式化建构。反过来看，就形式化的社会建构看，其无法从个体认知出发，个体认知因为有"我"的存在，事实上不可能达到形式化。这里其实有一个两难，优先考虑社会建构，"我"的建构就得往后安排，西洋的模式就是这样。早期难以认识"我"，近世才有自我的觉醒。优先考虑"我"的建构，社会建构就无法成功，古代中国战国秦汉间的国家形式由分封向郡县的转变，其实意味着早期国家建构的失败。而当传统中国完成了以独立形式为基础的独特形式建构，"我"则消失了。也就是说，确实存在着社会形式建构与"我"的建构之间的张力问题。只是，其表现形式在不同类型的文明中并不相同。

中西两种建构路径的差异，以及"我"与社会形式的具体内涵的差异，又都可以通过智能形式差异来描述。笔者在比较中西自我观念时，曾将古代儒家的神性自我，与近世西洋的超我对应。但实际上二者不能简单对应。超我与尼采的超人具有思想上的延续性，尼采讲超人是大地的意义。[①]换句话说，从精神实质上讲，超我是属地性的，而非如儒家的神性自我是属天性的。属天性与属地性的超越性的自我，其推动社会建构的方式是不一样的。

儒家的圣人都是具有超级自我者，因为追求精神的向神性，他们发展出一套礼乐文明的形式，即基于己之正而正人，推己及人。这种模式无法完成形式化社会的建构。作为大地意义的超人或者以力比多为基础的超我，其实是近世西洋基于属地生意建构形式化社会的基础。西洋文明不可能出现属天性的超我，作为属天性的形式根源一定是神，而不会是人。人只能追求与神合一，提出神性自我，其偏向于成为神而非人。其与古代中国的神性自我偏向于是人而与神不同。这里其实有智能形式的差异问题。所谓圣人，圣从听，其最终基于乐而成神，音乐固然有法，但其本质是基于感觉立法。知气随乐章而成形，属于流气为形。古代西洋神性自我之神，是可以照见存在本质的神，其本身基于鸟头蜡板叠合智能的外伸建构，其对于任何自然个体都是超越的，其不可能为人。圣人至诚如神也还是人，只是可以与天地并立而为三。这里两个神字的内涵并不相同。

大地意义的超人或超我，与古代神性自我不一样，他还是人，其只是相对于末人是超人，相对于本我、自我是超我。其所以要提超我，与近世整个西洋文明发生属地性转向有很大关系。随着神的被褪去，幸福转向以属地性诉求的满足为主要内涵，文明本身会出现很多问题，因为人本身会发生物化。但上帝死了，形式化的社会也转向以属地性诉求为核心的运作模式，其实际上没有力量去阻止人的物化问题。最近几十年所谓宗教复兴思潮，其实也是想解决这种文明问题。超我实际是针对文明问题而提出的新互动媒介。形式化的自我边界意识非常清晰，超我不是。尼采发掘酒神精神，其实是在模糊边界意识，个人去扮演救世主。其不是为社会提供什么形式，而是基于对由确定社会形式生成的末人的厌恶去打破这个秩序，所以其特别重视权力意志。唯有超脱确定形式之上的权力可以起到清除基于确定秩序而生的恶的功能。

人的属地性原本意味着破坏性，所谓人性恶。但具有大地意义的超人，表面看是破坏性的，但其实质却是建设性的。就作为人的存在而论，尽管以属地性为基础，但经过自我的上升，其实际已经转为属天性关切。西洋的"我"不能脱离社会建构去理解，社会建构转向以属地性为内核的形式，"我"作为符号存在也是以属地性为基础。但"我"终究是个体，而属天性的符号依然存在，在这种符号激荡之下，其发生属天性的超越，应该是其文明结构原本就包含的内在的自我纠偏路径。

---

① 尼采：《查拉图斯特拉如是说》"序言"，上海：上海人民出版社，2009年，第9页，孙周兴译。此转见孙周兴为海德格尔《什么是思想？》写的"译后记"，北京：商务印书馆，2022年，第322页。

与此对应的是，同样基于属地性而生，以表面破坏性达到建设性的路径，最终转向属天性建构的学说，即马克思的阶级斗争。只是那不是"我"的建构，而是"我们"的建构。

四、不同的"我们"

"我们"是"我"与社会建构之间的一个重要环节。古代中国社会形式建构与"我"的建构之间，其所以呈现出有此则无彼、有彼则无此的格局，而西洋社会则呈现出社会整体逐步释放个体的模式，关键的差别就在于"我们"的建构的有无。中国人其实不存在真正意义上的"我们"的建构。基于"我"的建构而展开的社会建构，会有门内门外的差别，中国社会实际上今天仍然存在这种区分。由门内门外，进而朋党派系，生成了中国特定的社会运作模式。这种模式中，其实不存在"我们"的问题。所谓的"我们"，其实只是利益团伙。至于无法形成利益团伙的社会群体，则是一盘散沙。这种状态其实可以表述为基于"我们"的双开模式，趋紧则为帮派，趋松则为散沙。

笔者曾讨论，最初女性智能主导的母系社会，其自我身份识别以"我们"为主要表现形式。换句话说，"我们"的认同意识是基于蜡板智能而产生的。但远古中国先民在母系走向父系，进而文明突破的过程中，出现了特别的家萨满，从而导致其精神外伸的智能形式出现了鸟头与蜡板的既分离又统一的形式，所谓独立精神以鸟头为基础，"我们"则放大到整个天下。当然，基于小国寡民、老死不相往来的模式，整体的"我们"的建构实际已经无法出来。只有绝地天通后的属地派群体会有紧密的团结意识，有"我们"。但这个"我们"无法分化，其能成立，是因为君主提供的统一之法。也就是说，这个"我们"直接等同于国家，并非是介于国家与个人之间的那个"我们"。换句话说，中国文明从一开始，就是不可能形成"我们"的松散模式，与整个国家是一个"我们"的结合，呈现出"我"与"我们"的二分建构特征。传统中国的双开模式，不过是初始二分模式在一统模式下的变形。这种模式，同样与智能形式具有对应性。

个体独立建构模式优先的社会建构模式，是与鸟头独立的智能形式联系在一起的，只是在早期社会，鸟头能力不强，社会整体秩序选择小国寡民的模式。对世界的认知上，女性蜡板仍发挥着基础作用。这个时期，"我们"的意识仍然比较突出，红山女神庙里供奉的并非一个女性塑像，而是有七八个，这种模式所对应的自我意识应该与母系社会讲"我们"的认知还很接近。随着文明演进，知识增长，鸟头也随之增长，出现双向建构的天下模式，一边建构自我，一边建构国家与社会。这种模式，个体的主体与边界意识在逐渐增加，"我"从"我们"中逐步独立出来，群体互动依赖积极的德性媒介，但这个德性属于个体所有。换句话说，只有遵循共同的德性规范，"我们"才能建立。只是，这个"我们"其实是"大家"。

汉语用"大家"表述群体，表示的本是各个独立的家汇聚而为一个更大的家。这个称呼本身隐含着，这个"我们"中间是有边界的。在属天性的社会内涵上，是"我们"，但如果考虑到属地性的社会内涵，则不存在"我们"，各家各自独立，门内门外的界限很清晰。类似西洋的形式化的社会模式便不可能出现。

西洋的形式化的社会并非就是在属地性内涵上没有边界，事实上私有财产不可侵犯是近代社会建构的基石。但私有财产不可侵犯，以及与之相伴的自我的觉醒，并不意味着其无法完成形式化建构。对于中国人来说，这里其实有一个对形式化社会建构的认知空白的问题。前文讲，古希腊时代对"我是谁"会有困惑，但那个时代属地性的社会内涵也并非就是共产制。尽管有些城邦还存在定期重分土地的习惯，但社会由个体家庭组成已是通行的模式。形式化社会建构，与古代中国由个体的实质意义的行动推动社会建构，在自我与群体关系的认知上具有根本性的差异。古代中国的模式与家长制联系在一起，前文讲这与萨满主义中存在家萨满有关，各家独立崇拜自己的祖先。

祖先作为神，本身就会表现为在属地性社会内涵上不具有可通约性，而在属天性社会内涵上具有可通约性，即所谓人性精神。属天精神的可通约性不会推动属地性内涵的可通约化。颜渊去世，其父向孔子要一辆车，孔子虽称自己最欣赏颜渊，但也不愿意将车给他，因为他的社会身份要求他出门要有车。今天看，孔子并不高尚，格局也很有限。但这里反映出的可通约的人性精神无法推动属地性的可通约化，却是古代中国社会建构不可能实现形式化的事实。颜渊作为孔子的弟子，实际已经与他结成了一个社会群体，他周游列国，群弟子跟从即说明这个社会关系。在这个社会群体内部，如果形式化都无法完成，作为首领的孔子还要突出自己的社会身份，拒绝赠送一辆车给最心爱的弟子，其无疑令人感到心寒。这其实是孔子自我身份边界意识过强所致，或者说优先建构自我的社会建构法则导致他做出这个决定。这样的群体是不可能形成真正的"我们"的。家长去世，子女分家；这种群体，老师去世，弟子也会四散。中国有句话，树倒猢狲散，"我们"的形成依赖于那棵大树，大树倒了，"我们"也就不存在了。"我们"不存在一个可以为所有参与个体可分享的确定的形式。

每个构成"我们"的个体能够分享的确定的形式，一定是主体间性，而不会是出自某个个人的思想主张，也不会是人人共有的东西，比如属天属地的人性内涵。基于共同的人性内涵，要么是形成属天派的"大家"，要么是形成基于属地性内涵的一个国家就是一个"我们"，其很难出现类似西洋社会的由大大小小的"我们"结成一个更大的国家的"我们"。马克思的阶级斗争，其实就是不同的"我们"之间的斗争，但这个不同的"我们"之上还有一个更大的"我们"即国家，无论是阶级斗争，还是党派斗争，其都是斗而不破，相互妥协。

西洋社会的互动媒介，前文讲是主体间性，用的是近代现象学的概念，因为近代神被祛魅，所以就用主体间性表述。其实共同的神本质上就是主体间性，当然，这个主体可是"我"，也可以是"我们"，神不过是在最终极的形式根源上讲的。文明国家的建构以社会分工为基础，原本就是不同的"我们"的集合。中国人用"界"或"圈子"来表述这种"我们"。主体间性，首先是"我们"间性。今天，基于自由主义深入人心，人们习惯于从个体之间的互动去把握主体间性。就整个国家或社会互动来说，其实仍然是"我们"间性的问题。社会互动远没有到由个人之间的互动直接建构国家的阶段，民主也只能是间接民主。

基于主体间性或"我们"间性的互动，不是所有智能形式都可以实现的。像中国由传统向现代转变，已经一百多年历史，宪政一直为大家期待，但宪政事实上至今未成为现实。这其实是中国人的智能形式与宪政本身根本不匹配的必然结果。宪政模式要求有叠合智能深入揭示这个群体的活动形式，然后求得符合群体利益的最大公约数原则，所谓宪法即是。就中国人的鸟头与蜡板分离的认知模式，其要求得最大公约数原则本身很困难，孤立的鸟头是绝对的自由意志主导，中国人对自由的想干什么就干什么的理解，其实是这种智能形式的典型体现。柏拉图解释自由是对法律服从的意愿[①]，背后的智能形式与中国人完全不同。当然，这个法律本身也不是中国人理解的法律，其本身是基于社会是自由人的联合的要求制定的法律。既然是自由人的联合，当然就要求取最大公约数。而求取最大公约数，又必须有鸟头与蜡板叠合的智能。这本质上是一个认知建构的问题。

最大公约数必须是基于共性但又不能是直接的人性内涵的基础去求得。今天看古希腊哲学，其实都是要为求取这个最大公约数而思考。其背后的二象叠合智能特征也很明显。与天交换、与地交换就是人作为联合体而存在的最大公约数。柏拉图早年的理想国，讲正义诸德性，讨论的是与天交换的问题；晚年写《法义》，强调遵从习俗，谈的是与地交换的问题。不论是谈什么问题，其运用的都是叠合智能。

正义依据才能交换，才能是社会分工运作的基础，正义既是社会整体健康运作的价值基础，又是对具体才能运用的识别。正义作为德性，其中既有鸟头智能的运用，又有蜡板智能的运用，其基于二象叠合而建立。

中国人喜欢讲公平，公平其实是个体之间交换是否恰当的问题，比如法官断案要讲公平。所谓社会公平其实是个伪命题，因为组成社会的人才能本有高低之别，本没有公平。所谓社会加诸个体的不正当行为，本质不是公平问题，讲公平就是人与人的比较，一样的人没有得到一样的待遇，这是基于个体鸟头识别视角。

---

①柏拉图《定义集》有两个关于自由的定义，一是"对自己的生活进行控制；在各方面拥有唯一的权威；在生活中做自己喜欢的事情的力量；在使用和占有财产方面不吝惜"（第 631 页），一是"对自身的统治"（第 635 页）。文字据王晓朝译：《柏拉图全集》（增订版，下卷），北京：人民出版社，2018 年。

当然，也可以单从蜡板的角度看公平问题，但那是对属地性内涵作同质处理的结果，其遗漏了不同才能应该有不同回报的正义问题。这种问题本质是正义或公正问题，这是社会整体建构的问题，而非个别人的问题。正义可以兼容公平，但公平不能兼容正义，要兼容，就必须再发展出相对公平、绝对公平的区别。但相对公平的概念本身不确定，作为形式概念，引领社会建构的意义不大。

风俗作为与地交换的产物，本身并不难理解，不同地域，因为自己地理环境的差异，出现不同的风俗习惯，本是很自然的现象。柏拉图以风俗为法，本身也是叠合智能的运用。只是，对这种现象进行分析要从人的属地性内涵的角度去展开。①

首先要说明的一点，所有风俗中都有确定意涵的表达，或者祈求，或者庆祝，或者纪念，也就是说，风俗中有鸟头意识的运用。除了这个鸟头意识的共性外，其还有一个共性，至少其初始发生，都会有在地性。所有的风俗都与当地地理气候等自然环境相关。对地理环境的感知，既需要鸟头识别，又需要蜡板整体映现。风俗其实可以理解为是人将自己的特定意愿寄托诸立足环境所展开的行为。这里有与地交换的内涵。这与属天性的正义价值完全依托人的智能计算，具有类型上的差异。但二者功能上类似，即都是社会群体整体受益，只是受益方式不相同。天具有运动性特征，所以正义的受益是在动态的社会运行过程中表现出来，而风俗的受益，与地的静态特征相吻合，是在岁月的流淌中滋养着人的灵魂。就智能形式的角度论，二者并无差异。

相对于个体或社会来说，属天性的才能都处在动态变化中，但西洋社会有很强的所谓学术综合、学术评估的意识，也就是说，知识、才能对于社会来说是一个整体，正义就是要识别个体对于这个整体的贡献从而给以相应的回报。风俗的整体性体现在人的属地性上，体现在人整体上是在与环境的互动中，蜡板在这里不像属天的正义是向上映现，而是向下映现。

无论是向上还是向下，鸟头都表现为集体意志，都排斥个体意愿。无论是正义规范的形成，还是风俗的出现，都是群体互动的结果，都是群体的共同意愿，都是"我们"间性的建构。从《理想国》到《法义》，其实不能视为柏拉图思想发生了变化，只能说其在自我完善。人作为存在物，属天属地特征兼具，只讲属天显然并不完整。单纯的基于属天的演绎使其得出共产主义的主张，这与社会现实差别太远。要完整地为人类立法，必须考虑属地一面。《法义》可以说是视角的转

①《法义》第一卷中雅典人问克里特人："依据什么，你们的礼法规定公餐、体育训练和所用的武器？"克里特人回答，"整个克里特的土地天然不像忒萨里那样平坦，因此，他们更多使用马，我们则跑步。这里崎岖不平，更适合徒步的跑步训练。在这样的地方，人们要能跑步，有必要的是轻便甲胄，而非重装武器，而且，轻巧的弓箭看起来也适合这里"。又说，"克里特的立法者为我们制定的一切公私习俗，皆着眼于战争"。这里战争是基于属地性生存欲望，而如何准备战争则依据各自地理环境进行。引文据林志猛：《柏拉图〈法义〉研究、翻译和笺注》第二卷，上海：华东师范大学出版社，2019年，第1-2页。

变，关注点的转变，但不能说其思想变了，相反，其思想更完整了。只有这样，才能保证"我们"的不分裂。

古代中国的绝地天通，其实是不同诉求的群体的分裂，这种分裂至今难以弥合。基于这种分裂，也难以出现正常的由"我"到"我们"，或者由"我们"到"我"的正常的建构路径。前者，因为突出"我"，蜡板对群体的映现被忽略，"大家"其实不是一个整体，家的边界非常清晰。西洋社会看起来也以家为基础，但其继承制度所谓长子完全继承，其实是将这种财富传递交给偶然的命运，家的边界看似存在，但实际并不明显。无继承权的子嗣必须在社会中谋生存，坚持确定清晰的家的边界的群体远少于坚持社会主体的群体。对于中国人，每个人都受益于家，光宗耀祖、壮大家族是社会的共同意志，所以家的边界特别清晰。这对于社会建构其实是破坏性的。朋党派系的形成，则是受属地派完全基于利出发建构整体的影响，当两种模式相综合，就出现前文所谓双开的"我们"。

五、基于自我认知的智能形式与宇宙论的关联

现在，应该考虑文明类型、智能形式与宇宙论的对应性问题了。

笔者对中国学者从事学术活动有一个基本判断，即缺乏形式思维或者宇宙论思维。西洋学术，理论思维发达，与他们有这种思维方式密切关联在一起。我们向西洋学习了话语形式思维，知道要基于概念进行判断推理，却忽略了大脑所要表象的现象世界有自身的形式问题，也就是现象生成存在有宇宙论差异问题。

孤立的鸟头智能会将宇宙论理解为独立的认知对象，会不自觉地将自己从存在中隔离开来。这种智能所推动的认知与实践本身构成一种宇宙论，只是个体无法意识到这种宇宙论形式，因为他在运用智能时，就已经将自己从现象存在中隔离出来了。理论工作是对现象的形式描述，将自己隔离开，整个现象形式就被割裂了，就不可能看到整体的形式。这与前文讲的由于"我"的建构，导致形式化的社会建构模式无法出现，其实是一个问题。

就概念符号意义上讲，东西方"我"的智能基础及符号对应内涵并不相同，否则很难想象古希腊人会问"我是谁"这样的在中国人看来极为可笑的问题。中国人对"我"的符号认知非常清晰，其只会出现大梦一场、人生如梦的不确定认知，前文讲，那与主体不确定及边界不确定有关。因为进入传统中国，文明的宇宙论基础发生了变化，作为个体的主体与边界在新的宇宙论中变得模糊不确定。

这里，智能形式与宇宙论的对应性问题就出现了，原先有利于主体与边界建构的智能形式，不适应新的宇宙论形式。文明新形态需要新的宇宙论形式，原先的智能形式在这种新的宇宙论形式之下，很难成长。其实，传统中国的学者，他们反而较今人有宇宙论思维，比如理学对于易学的重视，使他们的形式认知水平

达到古代中国的最高峰；日常生活中稍微有点文化的人，会自觉不自觉地套用阴阳五行观察与解释世界。这其实都是宇宙论思维。只是，他们套用的形式，在西洋文明理性科学思维的冲击下，不堪一击，那些形式认知也都在被有意识地清除。只是，清除了这些形式认知，并不代表就能很快习得西洋的形式认知，因为形式认知根本上与智能形式是对应的关系。特定的智能形式生成了特定的形式认知；特定的智能形式塑造了特定的精神价值符号，塑造了特定的社会运行模式。这些社会运行模式本身就是自身存在的秩序形式，所谓宇宙论就是对自身形式的概括，古希腊宇宙一词的内涵本就是秩序。

人类中只有古希腊人使自己的智能形式向真实的自然宇宙形式敞开，他们建立的社会秩序也以宇宙秩序为基础，所以他们发明那一套形式思维方式之后，不需要考虑自身存在的宇宙论形式问题。今天学习西洋社会科学，忽略了这个基本事实，以为只要学会概念、判断、推理，就掌握了从事社会科学工作的密钥，这其实是一个认知窠臼。

单纯的鸟头智能，学习固有的知识并不难，但若要求其丢弃"我"，而进入形式思考，则几乎不可能。"我"不仅是社会建构的基础，也是个体得以存在的基础。只有像庄子那样存心要从文明中挣脱出来的思想家，才可以说出"吾丧我"的话。但即便如此，他还有一个"吾"，笔者判断那是女性基于自身智能与身体合一模式所形成的消极自我。如果连那个也没有，精神就会失常。中国人学习时通常会有我在学的自我意识①，这其实是鸟头智能既是学习的主体，又是"我"的载体的智能形式的必然结果。这种学习，大脑思考很难进入所谓形式思考，其类似小鸡啄米，学一个得一个，其很难将所学内容还原为对一个完整的存在的形式描述。对学习进行评估，就是通过考试看掌握的知识是否牢靠，今天一致批评的应试教育，就是这种模式。只是，如果没有智能形式的改变，不仅高等知识的创新见效甚微，基础教育的应试模式也不可能改变。西洋的自由教育是与其智能形式对应的，其日新月异的知识创新同样依赖于那样的智能形式，当然，其社会建构模式也是基于那样的智能形式。

优先建构"我"，而不是社会整体秩序，就意味着形式化可能的失去，不仅是社会运行模式的形式化的失去，也包括智能运用的形式化的失去。这个"我"与优先建构社会整体中的个体的"我"的内涵与智能基础不一样。前者是鸟头，后者是鸟头与蜡板叠合。初始的母系社会的自我认知之所以是"我们"，在于女性鸟头弱，其很难独自完成鸟头的外伸建构。而基于强蜡板，则会将群体视同为个体的影底，即"我们"。个体的主体与边界很难从群体影底中辨识出来。

---

① 西洋人在思考时同样会有我在思考的认知，所不同的是主体之我的呈现形式不一样，鸟头智能之我，会有分心的问题；叠合智能之我要么在对象形式中，要么就不学，其不会出现什么也没学进去，仍然有我在思考的认知现象。

与这个建构模式及智能形式对应的还有宇宙论。古代中国绝地天通，其属天派的社会建构，即优先建构"我"，从消极的独立，到积极的大我。绝地天通意味着整个外部世界作为一个完整的形式已经不可能了，试图运用工匠思维去揭示存在形式的思考方式也已经不可能。只有将天地视为一个整体，才有可能出现古希腊的神定秩序（形式）与原子奠基（质料）的认知模式，从而出现唯心与唯物两派解释理论。对于现实世界，则始终承认其混沌的一面。

古希腊社会中的"我"，从主体的角度讲，其对应神，但神不是一个个体，而是群体的具象形式，个体只能有限分有这个神。在重视城邦整体性建构的古代，这种有限分有本身若非哲人，其实很难清晰意识到自己的分有与整体之间的关系地位。所以，古代西洋哲学中有理智独立于身体，是一个还是有多个的问题。[①] 从单纯的对神的分有的角度讲，是一个；但从神是城邦的具象讲，则必然是多个，城邦是基于多种才能协作而建立。所以，作为主体的"我"在古希腊并不清晰。从边界的角度讲，尽管已经有了财产制度，已经脱离城邦共有的原始状态，但关于财产的制度形式并没有成为城邦制度的基石，也就是说，如果从城邦利益出发，个体的财产仍然不能说是有了确定的边界。由个体财产转化为国家公共财富的制度并不成熟，形式水平也很低。近世西洋自我的觉醒，一得益于属地性的制度成为国家建构的基石，个人财产神圣不可侵犯观念得以确立；一得益于认知主体内化于人自身，神退场。

无论是早期不清晰的"我"，还是近世清晰的"我"，其背后的智能基础都是鸟头与蜡板叠合智能形式。西洋人认为，他们是认知驱动型人格，这其实是与他们的"我"的建构的智能形式联系在一起的。这种智能形式天然就是形式认知，而形式认知意味着创新的无穷空间，人可以从不断创新中得到自我的实现，毕竟食色只能满足身体的欲望，只有知识才能满足智能发展的欲望。这是非叠合智能所建构起来的自我无法理解的。所谓生也有涯，知也无涯，以有涯随无涯，殆矣，性命导向特征很清晰。

绝地天通下的属天派的"我"，其主体背后的智能基础只是孤立的鸟头，女性的"吾"在北方并没有建构出来，庄子讲"吾丧我"，与其南方文化背景有很大关系，此不展开。这种孤立的鸟头之"我"，本身也是社会建构的结果，前文讲其与文明突破前家萨满从萨满主义中的分化密切相关。出现绝地天通同样与此关联在一起，换句话说，绝地天通宇宙论的选择，也是社会互动的结果，即有一部分人选择优先解决属地欲望问题，而不重视"我"的建构。从智能形式的角度看，这其实是因两种不同智能形式的不同的自我认知的冲突，所产生的群体建构道路的不同选择。

---

① 如阿奎那《论人》问题 79 "论理智能力" 第 5 条为 "能动理智是否在所有的人身上都是一个"，见段德智译本，北京：商务印书馆，2020 年，第 127-129 页。

今天习惯讲的三观不合，根本上其实是不同的自我认知的不合。不同的"我"会有不同的认同价值，不同的行动指向，不同的群体主张。从进入文明阶段开始，人类就会有三观冲突，就会有不同的"我"的冲突。三观是外在的符号世界，核心其实是"我"的建构问题。外在的符号世界必须要由"我"去认同。将符号世界与"我"联系起来的则是智能，特定智能的"我"，创造特定的符号世界，认同特定的符号。当然，具体问题相当复杂，因为人类的智能现象本身就很复杂。

就绝地天通论，严格讲，属地派还没有"我"的建构，而是"我们"的建构。"我"的建构必须是由主体而及边界，如果主体不明，"我"也就不明。而主体内涵本身必须是精神性的，没有精神性，主体之"我"同样建立不起来。属地性的诉求只会讲"我的"，那个"我"究竟是啥，其实没有认真思考。基于"我的"的内容的变化，人生如梦，人生如戏的意识就会出现。进而就是是非成败转头空，加减乘除都一样，所谓价值虚无主义就会出现。事实上，"我"的精神主体若能够建立，"我"的存在本身就是价值，并不需要通过"我的"的内容去评估"我"的价值。只是，在传统中国的国家体制中，大多数人不可能有"我"，其实都是苟活着，所以就有了今天的这种人文状态，既没有"我"，也没有可以作为国家建构基础的"我们"。

绝地天通之后的属地派的"我们"的建构是国家建构的基础，只是一个国家就是一个"我们"，而不考虑"我们"间性，所以其无法在进一步发展中释放出"我"。"我们"建构的智能基础与"我"的智能基础不同，前文讲其依赖于蜡板将"我"存在的社会群体影底呈现出来，因为"我"缺乏主体支撑，所以只会有"我们"。属地欲望的同质性，客观上对于"我们"建构是有利的。而在早期生产力低下的条件下，"我的"的边界也不可能很清晰，今天看秦律，这种边界完全是国家在提供。国家没有赋予个体运用暴力捍卫自身边界的权利，利用理智建构自身权利的"我"同样很难出来。

这里需要说明的是，今天东西方都讲理智，但理智同样有内涵与智能形式的差别。这在古代中国对智的不同理解上其实就可以看出来。前文已经提到，此略。属地派尽管讲智道为形式认知，但这种形式认知所建构的"我们"很难释放出"我"，对照西洋近世自我的觉醒，这也不难理解，虽然是形式认知，但是缺乏认知主体的建构。不管是道德性的，还是认知性的，"我"都需要一个主体。笔者判断，属地派的形式认知是基于独立蜡板而发生的，并没有在自身建构认知主体。就国家治理论，秦法是古代中国最理性的法，但其直接建立在"我们"的基础上，大量运用连坐，给人以很残暴的印象。这与其无法有效建构"我"直接相关。

这里其实可以看出来属天与属地在自我认知问题上的冲突，属天派强调"我"，而属地派强调"我们"，这两种自我认知无法调和。这种冲突背后是两种智能形式的冲突。一基于鸟头外伸建立独立之"我"，一基于蜡板映现呈现作为影底的"我们"。群体建构，属天派基于弱鸟头则是小国寡民，基于强鸟头则是天下一家；属地派则基于"我们"都是讲人性的动物，引入独立蜡板，将群体建构交给君王。所谓虎狼之国，实际是一个理智很强的君主为一群动物立法。整个国家效率极高。

理性的国家建构一定是整体建构优先，否则国家建构无法完成。事实上进入传统中国，实际秉持的还是这个建构思路，只不过，因为文明初始，"我"与"我们"就存在智能运用上的冲突，即便出现了完整的宇宙论，出现了独立形式优先的建构思路，但国家建构依然无法完成。这种新模式是对初始两种模式的综合，在私有观念的推动下，结果是既无"我"，也无"我们"。相反，倒是原先应该讲"我"的建构的群体出现朋党派系，成为异化的"我们"；而原先应该讲"我们"的群体成了一盘散沙，成为异化的"我"。笔者称这种模式为错位综合。看起来也还有"我"与"我们"，实质则是既无"我"，也无"我们"。所谓国家就成了纯粹的暴力机器，暴力以枪为基础，就出现枪就是皇帝的唯暴力论。文明初始以精神价值突破为标志的逻辑，已经被忘得一干二净。

将五千年文明作为一个整体现象过程，其具体的展开过程，从所依赖的智能形式基础可以看得很清楚，所对应的宇宙论形式，不过是由不同的智能形式所塑造的自我认知，所展开的对于秩序建构的以外部世界形式呈现的话语表述。

六、认知发展与"我"与社会的建构

就古代中国绝地天通宇宙论而论，其实是对"我"的建构的两个方面的剖分，所谓主体与边界，在绝地天通中被分离。属天派以个体属天生意为建构目标，属天生意构成了"我"的主体。属地派以属地生意为建构对象，欲建构"我"，属地生意的边界同样不可少。不过，问题并没有这样简单。

事实上，分封是属天派的针对属地生意的边界建构，只是，分封所框定的边界不只是"我"的属地生意的边界，而是一个家族群体的边界，其中还包括依附民的边界。这其中，个体的属地生意边界并不十分清晰。前文提到的"田有遗秉，伊寡妇之利"，说明大家与寡妇之间并没有严格的边界。至于疏财保族，更是古代中国贤人的典范行动。贤人作为个体与其其他族众之间，利的边界实际并不存在。古代中国刑法上的家族连坐，或三族，或五族，或九族，其实是不同的利益边界的范围，在此范围内，个体的利益边界是相对模糊的。至于孟子讲无恒产而有恒心，唯士为能，士之"我"不以属地生意边界为必要条件。属天派的"我"的建构忽略属地生意边界，是基于绝地天通的基本特征。

属地派与属天派在划定利益边界上用词一致，也用"封"，秦律"盗徙封，赎耐"，"封"就是个体利益的边界。二者只是针对的利益主体形式有别，属天派针对的是家族，属地派针对的则是社会群体。属天派一族一封，属地派则依据生产力水平选择不同的边界模式。就相对完整的秦的材料论，其经历了辕田、井田、令民自实田三个阶段，这个过程中，个体的属地生意边界的确定越来越清晰。只是，仅有属地生意的边界，不足以使"我"建构出来，还需要属天生意的主体。这个方面，属地派以社稷为互动，不重视个体的属天生意的成长，这样的自我认知，其实是对国家的认同，只能建构"我们"，而不能建构"我"。①

完整的我，是属天属地生意兼备的"我"，既有精神主体，又有利益边界。但这个建构并没有想象得那样容易，其与社会建构同步展开。没有社会，不会有"我"；反过来，没有"我"，其实也不会有社会。一盘散沙的群体，既无所谓社会，也无所谓"我"，唯暴力是用。而文明发达的西洋，一直到今天，学者还在关注 identity 的问题，"我"的建构无疑是这个问题的核心。以此问题为基础，立足于宇宙论与智能的对应关系，可以对东西方文明展开更深入的比较。

西洋的智能形式，个体生意被排斥在群体建构的智能形式之外，在秩序建构初期，不存在属天生意之"我"建立的可能，因为如何认知秩序与如何建构秩序的基本问题尚无可能解决，一切归于神。属地生意的边界同样建立不起来，"我"依托于群体的影底而存在。其时，他们尚处于群体秩序建构与认知的创始阶段。"我"作为一个个体符号虽然已经出现，但在群体秩序建构优先的模式中，其注定不会很清晰。秩序建构依赖理性，而"我是谁"不清晰，所以人只能是有理性的动物，是城邦政治的动物。脱离城邦秩序建构的人是不存在的，所谓无邦之人，非兽即神。换句话说，在秩序建构任务完成前，其社会无法释放个体之"我"。

今天讲古希腊的宇宙论，一般接受二元论的讲法，一个是神定秩序，一个是混沌，后面的唯心与唯物哲学，可以理解为是由此两种宇宙论发展出来的。这种宇宙论框架与社会对人的认知是统一的，有理性与神对应，动物与混沌对应。从智能形式的角度观察，有理性的动物，其实就是脱离身体的理智，身体与动物对应，理智与理性对应。

脱离身体的理智，一定是排斥个体生意的智能，一定是二象叠合的智能。个体生意被排斥，属天生意必为神或本体所吸引，其无法回到自身来建构"我"。属天生意的"我"的主体建立不起来，其一定会像古代中国属地派一样建构以城邦认同为基础的自我识别，同时将神与城邦联系在一起，完成属天、属地认同的结合。但那种建构的结果是"我们"，因为城邦是确定的；而不可能是"我"，因为"我"只是对神的部分分有。所谓"即便只剩我一人，也要捍卫城邦宪法"的雅典

---

① 基于确定的属地生意边界，若有认知主体建构，自我也会觉醒，但古代中国的属地派法由君主提供，个体只是法制的接受者，无所谓认知主体问题，因此也谈不上认知主体建构。并且，属地派的"我们"建构，对于社稷的法律高度依赖，没有法律，就是一盘散沙。法律由君主提供，所以"我们"在中国其实一直没有真正意义上的自觉。这与西洋哲学在普罗提诺时代即提出"我们是谁"的问题，形成鲜明对比。中国人除了用家人用同胞表述我们，其智能形式其实不可能提出"我们是谁"的问题。关于普罗提诺的自我认知，参鲍琳娜·雷姆斯：《普拉提诺论自我认知：成为你所是》，是文作为第四章收入乌苏拉·伦茨编：《认识你自己：从古希腊到当代的哲学史考察》，上海：东方出版中心，2023 年，是文翻译者为杜梦、魏冰。

青年的成年誓言，其实不是凸显"我"，而是凸显"我们"，宪法对应的是"我们"，而不是我一个人。

但人终究是人，作为智能生命，智能本身具有可成长性，当西洋文明演进到近世，随着知识的积累，哥白尼革命的出现，个体的理智开始转向为自身建构认知主体。

这里有一个很值得注意的地方，即古代中国孟子对圣德的祛魅，完成了道德主体的内在建构。而圣德之能被祛魅，笔者判断是天文学知识的进步，因为圣对应知天。西洋的认知主体的建构，同样与天文学知识的进步即哥白尼革命联系在一起。哥白尼革命颠覆了秩序由神定的认知模式，人基于自己的认知发展才是对秩序的真正的框定。尽管各自主体建构的内涵与智能基础不同，但主体建构显然都与对天的认识的进步联系在一起。只是，一者因为知识进步完成了道德主体的内化，一者因为知识进步完成了认知主体的内化。很显然，属天生意的主体都与天有关，用古希腊哲人的话讲，就是人的灵魂或根向上。①只是，在古代中国，知识进步的结果所导致的是主体建构中认知规定性的放弃；在西洋，知识进步的结果则是认知性的主体之"我"的出现。

这个区别中包含了东西文明的社会与个体之"我"建构的一个关键性的差异，即"我"的建构与社会建构，相较于认知发展的关系的模式差异。古代中国的"我"的建构发生很早，社会建构实际是从"我"的建构开始的。但这种属天生意的主体，只在其早期参与了对天的观测与认知的发展，即笔者判断的早期中国西方对于天的认知的意识要强于东方，天文学知识主要由西方群体提供。但当古代天学知识发展到四分历阶段，可以大致计算天的周期运行，主体建构中的认知规定性内涵即圣德反而被丢弃了。②需要说明的是，圣字从耳，与听的行为有关，而听音候气原本也具有对年历的候斥之意。对圣德的祛魅，一方面固然是道德主体建构的完成，另一方面则显示出"我"的建构，与社会群体的建构具有智能特质上的隔阂。社会建构本质上是一个形式问题，是一个需要充分发展认知的事务。成熟的主体内涵中反而可以丢弃认知规定性，其无法提供社会群体建构的智能，是可以确定的。真实的文明进程转向以属地派的建构模式为基础，其实具有必然性。

哥白尼革命是西洋文明对于宇宙秩序认知的重大进展，其实际开启了西洋近世科学革命的进程。其对于人自身的建构也至为关键，人由此获得了确定宇宙秩序的主体自信。认知型人格也由此正式出现，"自我"也因此而觉醒。不久，便是

---

① 参大卫·塞德利：《古代创世论及其批评者》第 255-258 页，北京：生活·读书·新知三联书店，2023 年，许瑞译。

② 孟子四端中还有智，据简帛《五行》，智与圣的区别是见而知之与闻而知之，用孟子自己的区分，始条理是智之事，终条理是圣之事（《万章下》），就认知层级分，智是初级的，圣是高级的。去圣存智，在于因为知识进步，只要愿意学习，就可以达到原先圣所能及的水平。这里其实将指向于可及于完整形式认知的能力取消掉了。对于已经可以建构相对完整的现象描述的知识的学习，并不指向于可及于完整形式认知的能力的获得。后者原先是成德的必要条件，在孟子这里被取消了。

轰轰烈烈的近代资产阶级革命，重新确立社会秩序。这里，认知发展、"我"的建构、社会群体建构，显然是一体关系，与古代中国主体确立，反而从群体建构中退出，讲独善其身的模式截然不同。这种模式差异，只能从智能形式的差异的角度去把握。

不排斥个体生意的智能形式，其"我"的智能基础必然是以鸟头的形式呈现。当天文学知识进展到一定阶段，鸟头识别到这种知识已经到达可重复学习的阶段，原先属天生意主体中包含的知天的规定性，成为人人可习得的知识，这种规定性存在的必要性也因此而丧失。相反，作为与社会建构处于对待关系中的"我"的主体精神建构，因为社会冲突的加剧，反而极为艰难，在这一难一易中，孟子选择舍弃易的规定性，转而为解决难的问题，使精神完全植根于内，以维系"我"的建构。从传承文明精神的角度讲，应该是必然选择。事实上，对于个人来说，"我"的建构其实是一个很重要的问题，没有"我"，人生就很难有意义感；没有"我"，自己是什么也说不清楚。人能够与动物区别开来，其实就在其能够有确定的"我"的建构。对于一个从"我"的建构开始的文明来说，偏向"我"的建构而舍弃指向建构社会群体的认知规定性，本是合乎情理的选择。

从另外一个角度看，以鸟头形式出现的"我"，就认知活动的智能形式论，其也不足以建构可以使"我"与社会群体同时建构的模式。今天看，可以使二者同时得到建构的只有西洋的叠合智能形式，并且，其本身也必然要以生产力的极大发展为前提。因为个体有两重生意，而群体建构根本上是一个形式问题，"我"与社会同时得到建构，意味着一个可以使"我"的主体与边界同时得到建立的形式。这实际意味着这个形式可以使个体的两重生意之间不发生冲突，既不能像古代中国为了建构属天生意而寡欲以致灭人欲，又不能像资本主义那样为了利益泯灭人性。纯粹的认知主体的建构虽导向自我的觉醒，但那个自我还不能说是人的自我，否则没有必要发展出超我。康德区分主体与人，反映的其实也是这个问题。非人的主体，自我虽然确立，但现实世界仍然是无序混乱，只是在国家框架意义上，才算是有秩序。作为国家框架意义上的秩序，"我"本质上仍然不能摆脱社会群体的影底。

当然，因为西洋智能可以不断地提升社会生产力水平，笔者判断，人性意义上的"我"的主体建构只是一个时间问题，社会主义思潮的流行其实是很好的说明，罗尔斯的《正义论》同样是一个说明。就像"自我"的觉醒在时间中完成一样，"我"与社会群体的双重同步建构，也必须在时间中实现。而可以保障这个历史进程的只能是叠合型的智能形式。近世转变释放的只是个体的属地生意，随着智能的进一步发展，个体的属天生意也会被释放出来。只是，这种释放不能理解为完全的释放，不可以像古代中国那样，群体形式成为独立形式，否则秩序同样建构不出来。

在认知发展与"我"与群体二者的建构的关系模式上，古代中国的属地派不同于属天派，其不会出现因为认知发展而导致"我"与群体建构之间基于认知而发生关联的规定性的丧失。群体建构依赖于互动媒介，天本是天下共同体得以建构起来的互动媒介，所以知天之圣德会成为个体成德的基础。事实上，在东周，一些强调群体互动建构的国家如秦、晋、楚这些国家仍然在沿用天命观念。[①]只是，这些国家在政治的宇宙论偏向上都是属地派。

这里反映的其实也是前面那个问题，属天派强调"我"的建构，秩序一经确立，其行动指向就会转向以"我"为中心的双向建构，这种双向建构不具有形式化的可能，其对应的智能形式仍然是鸟头活动。天命所包含的秩序指向原本也是两个，一个是个体的德性，另外一个是天下要以此有德性之个体为中心，其既有对特定的个体道德价值的识别，同时又有对整体形式的安排。换句话说，知天原先包含了形式认知，只是这个形式认知不明显。事实上，无论是音乐，还是天文年历知识，都有形式内涵在其中，但是不明显。音乐的旋律是形式，年历中天体的周天运行是形式，鸟头识别本身不能脱离这个形式，只是鸟头运用在听或计算的过程中，都是可辨识的，这种智能形式是将可辨识的鸟头连缀为一个整体的形式。

这种智能形式与实践中的个体的智能运用并不匹配，尽管可以讲习与性成，似乎也是将可辨识的鸟头连缀为一个整体；而以一套等级规范将社会整体连缀起来，也符合这种形式要求。但这种符合是有条件的，即人不受属地之利益的影响。因为人并非只有属天属性，其鸟头同时甚或是优先识别自身的身体的需求物，所以，现实行动中的个体很难形成与音乐、年历所具有的形式性对应的形式认知。而当这种知识相对成熟，成为鸟头识别可学习的内容，其智能上原先的形式规定性已经不重要了。

但属地派群体，其群体互动媒介原本就是形式优先，其也不重视精神主体的建构问题。其以社稷为互动媒介，社稷直接与群体对应。他们对于天命的援引，其意义与属天派对天命的认知并不相同。土地与人口是他们所理解的天命的内涵，或者说，社稷本身是天命的对应物。[②]这种观念内涵在属天派对天命的认知中并非完全没有，但在对正当性之对应物的理解上，属天派不会将此作为重点，其会突出个体于整体中心地位的基础，这与他们重视"我"的建构是对应关系。属地派重视"我们"建构，援引天命则指向于社稷的正当性。两周之际，怀疑天命的是那

---

① 参罗新慧《周代天命观念的发展与嬗变》(《历史研究》2012 年第 5 期)、《春秋时期天命观念的演变》(《中国社会科学》2020 年第 12 期)。

② 据前揭罗文，《秦公簋》"皇祖受天命，幂宅禹迹"，《秦公铸》"我先祖受天令，商宅受国"；桓六年、宣十五年《左传》有"天方授楚"；《晋公盘》"严龔恭天命，以业朕身，孔静晋邦"。这些都可视为天命与社稷的对应。再者，罗文已指出，此时的天命已不与德挂钩。德是属天性关切。

些注重"我"之建构的群体，而注重"我们"建构的属地派，因为生产力发展带来的国土开发，反而会重视天命。

笔者曾关注古代中国的天与犹太教的上帝遭受质疑能力的差异。犹太教上帝因为超越地位，自在自为，所以其不容易因怀疑而被否定。古代中国的天并不超越，所以会出现天命信仰的动摇。这只说出了问题的一半，还有一半就是针对"我们"建构的天的问题。恰如学者所言，后来的五德终始说也可以理解为是天命问题。但五德终始显然并不考虑个体德性问题，其作为一套制度建构理论，针对的是群体，是"我们"。这是从高于社稷的层面对于群体制度设计的理论。

换句话说，在属天与属地的互动中，属地派虽然也习得了属天性外伸符号建构的能力，但受其形式优先思维方式的影响，其对符号内涵的理解与把握，仍然会以形式内涵表现出来。这在秦律对于孝的规范的理解也可以得到验证，此不展开。

对于形式认知的推进，对于属地派的群体建构，不同于属天派的反向意义，而是正向意义。笔者已经指出，法家的发展与完善，是在战国国与国之间的竞争日趋激烈的历史条件下完成的。国家法治是形式问题，法治越完善，国家建构越理性，最终是秦统一六国。法治完善与形式认知推进是同步的。

属地派形式认知的发展最典型的表现应该是算术的发展。古代中国的算术虽未达到古希腊几何的形式化的程度，但其本身是形式认知的发展，这只要看秦汉简中的算术书就不难发现。就其具体内容看，与社会生产生活完全结合在一起，这种知识的发展对于推进社会生产与生活的有序展开，显然是至关重要的。秩序是形式问题，立足于形式的认知发展，一定可以推进秩序建构，推动群体建构向前发展。

将属天与属地两派结合起来观察，古代中国的认知发展对于群体建构的意义，也呈现出二分性，这种二分性是与"我"与社会群体建构本身所包含的两端特征是一致的。立足于"我"这一端的属天派，认知发展会导致"我"的建构的对于群体建构的反向意义。立足于社会群体的"我们"这一端，认知发展则具有正向反馈意义。这种模式在智能上，其实是鸟头与蜡板不能叠合，而首先以人性精神展开群体建构的文明模式的必然。属天派强调鸟头能力的成长，属地派则始终坚持独立蜡板的智能形式优先。

基于叠合智能展开的西洋文明没有这样的二分性，但其会因为生产力水平高低，智能整体发展水平的高低，而呈现出阶段性特征，所谓古今之变，其实是阶段性问题。前文讲，其还会有新的阶段的出现，走向所谓自我与超我的叠合。秩序建构本身所反映的智能性也会更进一步，今天看，应该就是智能社会形式。主体建构完成，边界建构也会很清晰，只是社会群体的边界会再次清晰呈现。

七、生产力与"我"与社会的建构

智能是社会建构过程中成长起来的，没有社会建构，人类其实也不可能成为智慧物种。观察人类各群体，社会建构水平高的群体，其智能水平也高。只是，社会由具体的个体构成，"我"的问题无法避免。社会建构以及"我"的建构，都离不开自然环境，离不开与自然的交换，所以社会建构与"我"的建构模式其实也依赖于生产力水平。主体建构对应于与天交换，边界建构对应于与地交换。不仅"我"有主体与边界的问题，社会群体同样有主体与边界的问题。这个问题在古代中国属地派那里呈现得最为清晰。

从前文东西文明的比较看，"我"与社会群体的建构与生产力发展显然具有对应关系，只是东西方受生产力反馈的形式，因为基础类型的差异，表现形式差别很大。

古代中国铁器时代来临，属天派"我"的建构与社会群体建构出现分离迹象，而进入传统中国，"我"的建构向属地派靠拢，依托社会群体的影底而呈现。各种各样的牌坊，看起来都是对个体的旌表，但本质却是合秩序的典范。"我"并没有主体真实。"我们"的建构在战国后期曾有充分发展，这是铁器时代对属地派群体建构的推动。属地派本重视与地交换，生产力进步对其有益，是很容易理解的。

与古希腊重视"我们"而"我"的建构出不来不同，西洋近世生产力快速发展，导致自我正式觉醒。不过，其并没有因为自我的觉醒，而出现"我们"的建构的反向发展，反而更加受到重视。阶级斗争是"我们"的意识的增强。民主制度同样是"我们"意识的增强。因为以认知主体为自我建构的内核，自我的觉醒不仅没有削弱"我们"的建构，反而加强了"我们"的建构。自我虽是个体，但因为其背后的智能形式是形式化的认知，其基于社会关系很容易建立各种"我们"。与传统中国的国家是独立形式不同，西洋的国家是阶级统治的工具，阶级统治其实是不同的"我们"的关系问题。这种由自我觉醒到我们的自觉，其依赖于叠合智能形式。只有基于叠合智能，才能意识到自我不是可以脱离社会的纯粹个体，自我是某个"我们"的一分子。

马克思讲的人的本质是社会关系的总和，无论是东方还是西方，都是适用的。但智能形式差异会导致个体对群体的识别模式差异。生产力进步对于不同的识别模式中的"我"与社会群体建构的意义差别，关键就在于个体所养成的认知模式差异。有些智能形式无法使个体产生是社会关系总和的认识，比如中国人的认知模式。属地派的"我们"的建构并非基于个体的智能形式塑造，而是独立的国家之法塑造的结果。换句话说，当进入传统中国，独立的国家之法形式上不再完善，

"我们"其实也就不存在了。就传统而论，爱国精神一直受重视，但现实却是一盘散沙。爱国是作为外伸价值建构起来的，但因为没有完善的国家之法，个体日常行动根本意识不到其作为群体一员与国家的关联性，而只能意识到基于具体利益展开的关联性。朋党派系这种劣质的"我们"因此出现。个体认知建构与其参与社会建构的形式密切相关，国家没有完善的形式之法规范个体行为，将个体融入到群体中，个体意识中的国家其实只是一个孤立的外伸符号，其很难建构起个体与群体之间的真实关联。

西洋的叠合智能，在进入属地性文明时代，很容易使其产生与群体的互动基础是财产的认识，阶级的自觉也很自然就出现了。自我的觉醒与"我们"的觉醒，某种意义上讲是同步的。与古代中国基于生产力进展所发生的自我认知的变化，形成鲜明对比。

智能作为社会产物，本身会与生产力形成结合关系，但并不存在必然的关联。生产力的进步很多时候取决于一次偶然的发现。生产力就其本质论，存在于宇宙中，人类只是发现了这些可控的用于生产的力量就是了。但不同的智能能够识别的可控力量是不一样的。古代中国科技成果也很发达，但与西洋近世的科学技术在形态上有明显的差别，以致学者或认为古代中国没有这种形态的知识。知识形态的差别其实就是智能形式的差别。知识是运用智能认识自然与自身的成果，成果形态的差别与智能本身的形式一定联系在一起。知识上的很多差别，比如无西洋形态的科学，也无西洋形态的哲学、艺术、社会科学，等等。知识形态与智能形式直接关联在一起。

西洋近世基于认知主体内化而导致的自我的觉醒，无疑与科技释放出的巨大生产力有关，其对于匡正社会自身的秩序，发挥了积极的作用。资产阶级的产生离不开生产力进步，近代西洋社会的变迁又离不开资产阶级。生产力发展会带来社会变迁，是马克思主义的基本原理。

不过，反过来讲，社会也是智能的产物，有什么样的智能形式就会有什么样的社会形式。社会依靠特定认知模式的个体结成，认知模式的背后是智能形式。不同的智能，不同的认知，不同的行为，不同的社会，这些文明要素之间存在着关联性。

在智能与社会的互相依赖的对待关系中，有一个变量，就是生产力，其作为人类与自然互动过程中产生的知识，本身有可成长性。智能形式中的鸟头在与自然的互动中，本身有可成长性，不断的认识自然的过程，也是生产力不断成长的过程。而生产力的可成长性，又是利益的可成长性的基础。利益的可成长性关乎智能形式的变迁问题，关乎宇宙论的变迁问题。前文提到的绝地天通，其实就是因为手工业发展导致利益剧增，从而发生属天生意与属地生意的分离，出现两种社会建构模式，出现了两种主导社会建构的智能形式。生产力发展同时会带来的宇宙论与智能形式的变迁，因为初始智能形式差异，东西方在这个问题上也有不同的表现方式。

这里关切的，是不同的智能形式在面对生产力进步时自我调整分化的能力与形式问题。因为有一些群体事实上很难进入国家阶段，而有些群体虽进入国家阶段，但国家建构始终不能达到完善。生产力进步在不同群体中，产生的后果并不一致，简单的生产力决定论显然不准确。生产力只是人类与自然互动过程中产生的改造自身与自然的能力，人类还有社会内部如何互动的问题，这主要就是前文讨论的"我"与"我们"的建构问题。不同的智能形式所支撑起来的"我"与"我们"的结构，面对生产力进步的冲击的能力不同。如果特别强，生产力进步其实很难改变其基本的社会结构；如果特别弱，生产力进步则很容易带来社会形态的变迁，当然，也包括智能形式、宇宙论的变迁。

笔者曾经关注过某些宗教宗教性特别强的问题，从智能形式的角度讲，与生命关系密切而又实现超越外伸的智能建构，其宗教的宗教性会特别强，很难祛魅。从国家建构看，这些宗教群体的国家建构程度最低，笔者给出的解释是其无法就属地生意进行独立的秩序建构。属地生意面向生产力敞开，生产力进步带来的直接结果就是属地生意的满足。很显然，属地生意问题上"我"与"我们"的结构，是社会如何向生产力进步敞开的关键。

像古印度、犹太人那种不脱离生命的智能实现超越外伸的模式，都属于在属地生意上有很强的"我"的建构的群体。外伸建构的智能不脱离生命，其对于生命依赖的物质基础会有很强的关联认同，主体意识建构中会将物质基础纳入其中。

事实上，古印度教认为万物都有一个"我"的问题，即便是动植物也不例外。而其对于何谓思想的认知，也迥异于古代中国或古希腊，身体的欲望也是思想。承认身体自身有思想，实际就是承认身体的主体地位。无论是中国还是西洋，都以思想作为主体的能力，所谓我思故我在。印度教则认为神我于人身有多个，每一个会思想的感官能力背后都有一个神我。换句话说，古印度教的"我"的建构相较于古代中国或者古希腊来说，是一个极容易生成自我认同的模式。

与社会建构关联起来，这种很强的自我认同模式，会导致其基于家类造成的种姓制度很难因生产力发展而被冲击。事实上，种姓制度在今天的印度仍然存在。具体地讲，这种受属地生意强吸引的"我"的意识，会妨碍社会群体在群体之上寻找互动媒介。古印度是比较罕见的不以天为互动媒介的群体，其互动媒介是基于蜡板感知超越上升的神我。以此为互动媒介，无异于大家都认同各自的生存基础始终以家为边界存在，社会建构想突破家的边界，几乎不可能。选择以家类作为社会建构的基础，是社会逐步扩大以后的自然选择。拥有暴力的刹帝利，既没有像古代中国那样最后成为皇帝，也没有像古希腊那样暴力始终为群体所共担，而是也以家类的形式存在，既负责群体保卫，又自觉奉婆罗门为最高种姓。这应该是与包含了属地生意于其中的神我的互动媒介对群体心理的塑造联系在一起的。当所有人都认同社会资源应该以家的形式进行分割的时候，群体中某一部分人想改变这个规则会很困难。

犹太人的智能外伸建构不同于古印度，其不以强蜡板而以强鸟头为基础实现外伸，这种外伸智能所建构的"我"的意识也很强，某种程度上比古代中国的强鸟头儒家的"我"的意识还要强。但与古代中国儒家的自我建构不同，其不排斥属地生意，孟子的寡欲、理学家的灭人欲在他们那里看不到。人被作为一个整体作为强意志的认同对象。尽管与古印度相比，犹太人对于社会群体建构具有更多的人性的关怀，有更多的共享意识，但其依然无法就社会资源突破家的分配模式进行有效形式创新。犹太教的上帝是非形式的，只有在与古希腊哲学结合以后，才有了形式化内涵。尽管其同时也是"我们"，但如何从"我"到"我们"，其只能选择基于人性的善去完成。其既无法像古希腊一样基于与地交换建构形式化的社会，也无法像古代中国那样依靠独立蜡板，建构整全之法。简单地讲，其属地生意难以获得形式化建构。

与古印度相比，犹太人有很强的"我们"的意识，但这个"我们"中，"我"很独立，这是以强鸟头智能外伸的上帝作为互动媒介的必然结果。其不会像古希腊那样因为"我们"强而导致"我是谁"的困惑，因为这个"我们"并没有获得实质性的建构。所谓邻人打我左脸，将右脸也给他打的贱民取向，笔者理解是为了建构"我们"，并不是说其真是贱民。其找不到建构"我们"的方式，而只能在如何处置"我"上做文章。对于古代中国的属地派或古希腊，"我们"不是"我"的简单叠加，事实上古希腊困惑于"我是谁"，古代中国属地派没有"我"的主体建构。但在犹太人，"我们"就是"我"的叠加。为建构"我们"而委屈"我"，就成了他们的选择。

犹太人的"我"与"我们"的结构模式，也使其无法出现类似古代中国属天派儒家的双向建构模式。他们讲平行逻辑，每个拉比都可以独立对社会交往规范进行立法，这也使其在群体建构上不可能实现形式化。所以，犹太人很早就有"社会主义"的观念，所谓"社会主义"，是讲社会具有自主建构规范的权力，并不依靠国家提供统一的规范。但这同时也意味着，在生产力比较低的情况下，其国家建构会遭遇困难，因为国家建构需要汇聚社会资源集中运用。以色列一直到20世纪才重新建国，并且还是在美国的帮助下完成，这显然是与他们的那种互动媒介联系在一起的，是与他们的"我"与"我们"的结构关系模式联系在一起的。

古代中国与古希腊的"我"与"我们"的结构以及智能基础，前文已多有论述，此不赘。这些不同的"我"与"我们"的结构关系，在应对生产力进步对社会体系的冲击时，会出现不同的反应形式，从而会导致智能形式与宇宙论的变迁。西洋社会呈现出很明显的形态变迁特征，秩序意识始终很强。古印度与犹太人则是秩序始终建立不起来；传统中国虽能建立基于二元对立的基本秩序，但内部运行则始终无序，难以摆脱周期律。

从智能的形式观察，强蜡板的古印度人始终在其本土接受外族的征服与统治；强鸟头的犹太人则在全世界漂流；强鸟头与独立蜡板塑造的古代中国，一面有很强的自主独立意识，一面则时不时地遭到外族争战。二象叠合的西洋，则一直试图在扩散自己的文明，即便是中世纪，还要搞十字军东征。其随生产力发展而不断螺旋上升的轨迹很清楚，换句话说，其具有对生产力无限敞开的可能。这其实意味着其可以在认识与改造自然与自身上，可以不断向前演进。智能之高低强弱，其实是很明显的。

综上所述，基于利在不同文明社会中的形式地位，可以判断文明类型、宇宙论与智能形式之间存在着对应的关系。基于智能分析，可以从文明类型与宇宙论的角度，基于不同文明的"我"与"我们"的建构模式，对人类各文明的基本的展开形式进行深入比较，可以对各文明体的生成与发展路径进行深入比较。因不同的智能形式而生成的不同的"我"与"我们"关系结构模式，其因认知发展而呈现的结构变迁并不相同，其回应生产力进步的能力也不相同。历史证明，古希腊人所发展出的鸟头与蜡板叠合的智能，是人类迄今为止最有效率的智能，也是保证人类可以进入一体时代的智能形式。当然，这离不开不同文明智能的互动与互鉴。

解读石峁遗址

刘　桓

（黑龙江省地方志办公室）

引　子

　　石峁遗址位于陕西省神木市高家堡镇，由皇城台、内城和外城三部分组成。据 2023 年 12 月 9 日国家文物局发布中华文明探源工程最新成果初步判定，皇城台的碳十四测年年代约为前 2200—前 1600 年。城内面积逾 400 万平方米，规模大于良渚与陶寺。根据考古发掘报告及报刊资料报导，近十年来，陕西省考古研究院等相关单位对石峁遗址开展系统考古调查和发掘，最终确认石峁遗址是一座面积 400 多万平方米的龙山晚期到夏早期的城址，由皇城台、内城、外城组成，是目前中国乃至东亚地区最大的史前城址。此后的考古工作中，在石峁遗址发现贵族墓地、居址、带有防御功能的"哨所"。在发掘的皇城台时，在皇城台区域发现了 4200 多年前结构复杂的大型建筑遗址，瓮城、广场保存完好。皇城台依山势而建，台底部，发现了一条用石头砌的通向内城和外城东门的主干道。在进入皇城台之前，发现了多重结构的瓮城，旁边还有大墩台和广场。对皇城台的发掘，揭示出其为一座四面包砌护坡石墙的台城，有 9～10 层自下而上斜收的石墙护坡。台顶面积 8 万余平方米，有夯土基础、池苑等建筑。在已发掘的皇城台二、三级石墙墙体内，看到有横向插入用于支撑的纴木（下面用石板支护）。此外，在皇城台还发现 3 件铜器和 4 件制作铜器的石范。2018 年以来，考古工作者在皇城台发现了大量卜骨、骨针、壁画、玉器、口弦琴等文物及手工业作坊，又用陶片兑成陶鹰，在皇城台的"大台基"南护墙区域先后共发现 70 余件精美的石雕，等等。[①]

　　[①] 张宏彦、孙周勇：《石峁遗存试析》，《考古与文物》2002 年第 1 期。陕西省考古研究院、榆林市文物考古勘探工作队、神木县文体局：《陕西神木县石峁遗址》，《考古》2013 年第 7 期。陕西省考古研究院、榆林市文物考古勘探工作队、神木县石峁遗址管理处：《陕西神木县石峁遗址皇城台地点》，《考古》2017 年第 7 期。孙周勇、邵晶、邸楠、邵安定、夏楠、康宁武、赵益：《石峁遗址：2017 年考古纪事》，《中国文物报》2018 年 6 月 1 日第 5 版。陕西省考古研究院、榆林市文物考古勘探工作队、神木市石峁遗址管理处：《陕西神木石峁遗址皇城台地点考古取得重要收获》，《中国文物报》2019 年 1 月 11 日第 8 版。陕西省考古研究院、榆林市文物考古勘探工作队、神木市石峁遗址管理处孙周勇、邵晶、邸楠、邵安定、夏楠、康宁武、刘海利：《陕西神木石峁遗址皇城台发掘取得重要收获》，《中国文物报》2020 年 2 月 7 日第 5 版。赵海晨：《巍巍皇台　城彼北方——石峁遗址皇城台考古新发现暨口簧国际研讨会综述》，《中国文物报》2020 年 3 月 20 日第 6 版。《石峁之谜》，中央电视台第 4 频道《国宝发现》2020 年 1 月 15 日。陕西考古研究院、榆林市文物考古勘探工作队、神木市石峁遗址管理处：《陕西神木市石峁城址皇城台大台基遗迹》，《考古》2020 年第 7 期。

近些年来，针对石峁文化的遗存，学者已经从多方面进行探索，这就为我们进一步深入研究石峁遗址及与陶寺遗址的关系，解读其地理方位、族属和史事，提供了便利条件。本人不揣浅陋，尝试对石峁遗址进行解读，略陈拙见。所论如有错误，希望方家、读者不吝赐教，匪所不逮。

一、从传统纪年分析石峁遗址及与陶寺遗址的关系、所发生的史事

陕西神木石峁遗址有以下几个特点，堪称不同凡响，值得特别关注。一是时代久远，城址巨大，规模空前，遗址面积 400 多万平方米为前所未见，反映出当时建筑此台的该部族非同一般的强盛；二是该遗址所在地位于陶寺遗址的北方300 多公里，二者间距离现代人可能认为不算遥远，在上古则是较远的距离了。该遗址所在的部族与陶寺遗址的陶唐氏等部族共存的时间较长，这两个部族应存在某种有待阐释的联系；三是该城三重环绕的中心建筑是一高台即皇城台，台顶面积 8 万余平方米，皇城台如此壮观突出，远近瞩目，在当时一定是赫赫有名之地，在古文献中应如雪泥鸿爪般留下痕迹。

据吴小红提供的碳十四测年的数据，石峁皇城台遗址的年代为前 2200—前 1800 年[1]，中华文明探源工程最新成果，初步判定皇城台的碳十四测年年代为前 2200—前 1600 年。而陶寺遗址的年代为前 2300—前 1900 年，学者研究陶寺遗址认为包括唐尧时期，下限是夏代前期（桓按，应为夏代中期）。这两处文化遗址有 300 年并存，应当存在一定的联系，这就为我们从时地关系分析石峁遗址的族属、史事，提供了便利条件。在以往的讨论中，关于石峁遗址属于何部族，发生过什么史事，学者各抒己见，迄无定论。有考古学者认为该遗址文献已经失载；沈长云先后撰文，认为这是属于黄帝的城堡；[2]陈民镇推算年数认为此说不妥；[3]张怀通认为石峁古城是上古西夏都邑；[4]韩建业认为石峁人是北狄的先民，黄帝的后裔。[5]如此等等。黄帝说、西夏说、北狄说都有一些推论，但都缺少坚实的证据，时空关系不合，均难令人信从。例如黄帝说引入学者论述夏族、周族族源问题的一些说法，以求增加其说服力。殊不知年代范围相差较多，再夹杂讨论其他问题，亦无助于问题的解决。总之，到目前为止，这些讨论不乏新奇之论，可以给人以

① 见赵海晨：《巍巍皇台、城彼北方——石峁遗址皇城台考古新发现暨口簧国际研讨会综述》，《中国文物报》2020 年 3 月 20 日第 6 版。
② 沈长云：《石峁古城是黄帝部族居邑》，《光明日报》2013 年 3 月 25 日第 15 版。又氏著：《华夏族、周族起源与石峁遗址的发现和探究》，《历史研究》2018 年第 2 期。
③ 陈民镇：《不要把考古传说轻易挂钩》，《光明日报》2013 年 4 月 15 日第 15 版。
④ 张怀通：《谁的石峁？石峁古城系上古西夏都邑》，《中国社会科学报》2015 年 3 月 18 日第 15 版。
⑤ 韩建业：《"石峁人"或属北狄先民》，《中国社会科学报》2018 年 12 月 27 日第 8 版。并参看韩建业：《石峁人群族属探索》，《文物春秋》2019 年第 4 期。

启发，但是由于上古年代学研究的缺位，尚无法改变众说纷纭、莫衷一是的现状。石峁遗址到底是那个部族的遗址，仍然未能确定。

碳十四系列测年及考古学系列证据证明，石峁遗址的年代为前2200—前1600年，显然其年代与黄帝无涉，多数学者已经认识到这一点。因为如果我们尊重司马迁的《史记·五帝本纪》的记述，黄帝为五帝之首，而不颠倒其顺序的话，黄帝的时代约在公元前3000年（甚至更早），即距今5000年前，这早成共识。也就是说，黄帝的年代较石峁遗址的年代起码要早800年之久。那么在公元前3000年前，石峁遗址这一带或者周围，即便有黄帝部族曾经生活过，但各部族迁徙无常，到了前2200—前1600年，即唐尧、帝舜、夏代至商代前期，早已时过境迁，一切又发生了新的变化。过去因为殷墟甲骨文的发现，中外学者形成共识，认为我国到了商代才进入有史时期，其实依司马迁著《史记·五帝本纪》的本意，夏代之前的唐尧、虞舜甚至黄帝时期即为有史时期，依据是《尚书》的首篇是虞夏书《尧典》，表明我国历史从帝尧时期开始见于文字记载。夏代之前，帝尧、帝舜以及其他古老部族的传说记载都很多，蕴藏着丰富的历史事实，所以司马迁的《史记》以《五帝本纪》为首。可以认为，石峁遗址所处的时代已经初步脱离传说时代，进入有史时期。如果承认从唐尧、虞舜到夏禹是逐渐进入有史时期的话，那么，当时北方像石峁遗址那么巨大的一个城址高台，那么强盛的一个部族，要说文献已经失载，恐怕说服力不那么强。这个结论似乎下得偏早，文献查考方面一定还有欠缺。为了确定石峁遗址所居的部族，需要重新考证文献，联系上古年代，结合考古资料，弄清石峁遗址和陶寺遗址所在的陕北、晋南一带上古的历史。那么帝尧、帝舜以至夏禹及其后代统治时期，在北方这一带究竟发生过什么事情呢？我认为，主要的大事有三。

先说第一件大事，就是帝尧时期流四凶族，流放共工于幽州。

《书·舜典》载：

流共工于幽州，放驩兜于崇山，窜三苗于三危，殛鲧于羽山，四罪而天下咸服。

江灏、钱宗武注释道："《尔雅·释地》：'燕曰幽州。'马融说：'幽州，北裔也。'指北方边远的地方。"[①]幽州，理应即幽都。《史记·五帝本纪》："申命和叔，居北方，曰幽都。"《墨子·节用中》："古者尧治天下，南抚交趾，北降（际，王校）幽都，东西至日所出入，莫不宾服。"幽都位于尧统治区域的北方，边远之地，范围可能较广，当时还没有特别精确的地名。《淮南子·墬形训》："西北方曰不周之山，曰幽都之门。"是古人认为幽都一带有不周山。

《史记·五帝本纪》：

① 江灏、钱宗武译注，周秉钧审校：《今古文尚书全译》，贵阳：贵州人民出版社，1990年，第27页。

于是舜归而言于帝，请流共工于幽陵，以变北狄；放驩兜于崇山，以变南蛮；迁三苗于三危，以变西戎；殛鲧于羽山，以变东夷：四罪而天下咸服。

流共工于幽州（或幽陵）这一事件，司马迁把它置于帝尧在位舜执政时期，是帝尧做的决定，《尚书·舜典》也明言是在这一时期。这四个敌对的氏族，各有其罪状。例如共工和鲧，都和治水有关。屈万里注释："驩兜，人名。伪孔传谓其党于共工。相传驩兜被放之崇山，在今湖南大庸县西南。"[1]则驩兜的流放又和共工有关。尧的都城就在陶寺遗址，石峁遗址就在它的北方，尽管稍偏西一点，说石峁遗址在北方的幽州，在地理位置上基本上是相合的。至于为什么流放共工，可能与治水不利有关，据《国语·周语下》说共工"堕高堙庳，以害天下"。《左传·文公十八年》也记载流四凶族，"四凶"指的是"帝鸿氏有不才子……天下谓之浑沌"，"少昊氏有不才子……天下谓之穷奇"，"颛顼氏有不才子……天下谓之梼杌"，"缙云氏有不才子……天下谓之饕餮"，"四凶"在帝尧时即存在，但尧未能解决，直到舜即位后，"舜宾于四门，乃流四凶族，迁于四裔，以御魑魅"。杜预注以为与上述流放是一回事。但《史记·五帝本纪》认为二者本不是一回事，记述较为合理。本文从《史记·五帝本纪》说。

第二件大事是，禹攻打共工之国，杀相柳，并且在其地筑台。

帝舜执政时期，共工被流放到幽州，也就是石峁遗址一带之后，共工部族经过若干年的休养生息，在生存斗争中又恢复了活力，不但修建了自己的城邑高台（即今石峁遗址），还在周围大力发展自己的势力，凭借强盛的武力对外征伐掠夺，这样与陶寺所在的虞舜政权之间的冲突遂必不可免。共工的武力，形成了对虞舜政权的威胁。在这种形势下，舜不得不派遣禹去征服共工。

《荀子·成相》："禹有功，抑下鸿，辟除民害逐共工。"《山海经·大荒西经》："西北海之外，大荒之隅，有山而不合，名曰不周（负子），有两黄兽守之。有水曰寒暑之水，水西曰湿山，水东有幕山。有禹攻共工国山。"郭璞注："言攻其国，杀其臣相柳于此山。"《山海经·海外北经》："共工之臣曰相柳氏，九首，以食于九山。相柳之所抵，厥为泽溪（郭璞注："抵，触。厥，掘也，音撅。"）。禹杀相柳，其血腥，不可以树五谷种。禹厥之，三仞三沮（郭注："掘塞之而土三沮（滔）〔陷〕，言其血膏浸润坏也。"），以为众帝之台（郭注："言地润湿，唯可积土以为台观。"）。在昆仑之北，柔利之东。相柳者，九首人面，蛇身而青。不敢北射，畏共工之台。台在其东。台四方，隅有一蛇，虎色，首冲南方。"《大荒北经》："共工臣名曰相繇，九首蛇身，自环，食于九土。其所歍所尼，即为源泽，不辛乃苦，百兽莫能处。禹湮洪水，杀相繇，其血腥臭，不可生谷。其地多水，不可居也。大禹湮之，三仞三沮，乃以为池，群帝因是以为台，在昆仑之北。"相柳、相繇应是同一人，

---

① 屈万里：《尚书今注今译》，北京：新世界出版社，2011 年，第 10 页。

事迹也完全一样。大禹攻打共工之国，原来的共工首领早已不在，与之交战的是共工臣相柳（繇），古代氏族各占有山头高地，是因为这里周围都是水，可能也与发洪水有关。从考古发现看，遍布石峁文化主要分布范围，石城规模差异突出，从数千平方米到四百万平方米都有发现，九山当屈指石峁附近的小石城。相柳（繇）食于九山，就是强迫许多氏族纳贡供给他，此举在政治、经济方面严重威胁虞舜朝的统治。这场为了生存争夺势力范围的战争，充满血腥，双方流血太多，以至夸张地说在地上不能种植五谷。《山海经》固然夹杂神话，这样叙述不免夸张，但我宁愿相信离双方杀伐十分残酷的史实不会太远。禹"辟除民害逐共工"，就是杀了共工之臣相柳（繇），同时也把共工部族赶跑了，共工之台无疑也受到破坏。等到若干年后，共工部族重新占领此地，重新修此台，应该又置放神像石雕等。

第三件大事是，夏代中期共工氏被陶唐氏所灭。

考古学者曾经对陶寺晚期与石峁晚期器物进行过比较，发现有的器物相同。韩建业曾经概括指出："令人奇怪的是，陶寺晚期文化典型的大肥足鬲、深腹篮、三足杯、单耳杯、斝形器、折肩罐等陶器，在晋南消失，却突然出现于陕北北部石峁类型末期，以及鄂尔多斯地区的朱开沟早期遗存当中。"[①]韩建业以考古学的视角观察、比较两地器物变化的这种现象，是有重要意义的，确实值得重视，也引人深思。为什么远在陕北神木的石峁器物中会出现陶寺晚期文化的典型器物这种变化呢？我反复思考，这显然与陶寺遗址的不速之客的到来有直接关系。石峁皇城台遗址碳十四测年主体年代是前2200—前1800年，山西陶寺遗址是前2300—前1900年。尧在位共98年（前2313—前2216年），证据是《尚书·尧典》及《舜典》。《史记·五帝本纪》："尧立七十年得舜，二十年而老，令舜摄行天子之政，荐之于天。尧辟位凡二十八年而崩。"（按此本于今本《尚书·尧典》及《舜典》）晋皇甫谧说亦本此。应属可信。《史记·五帝本纪》又说"尧崩，三年之丧毕"，舜才践天子位。尧在位始年，《书·尧典》《舜典》《史记·五帝本纪》所载已经非常清楚，尧在位98年。《书·舜典》："五十载陟方，乃死。"这"五十载"说法笼统，把舜未正式即位前摄行天子事的年数也计算在内，尧在位98年，减去舜的8年为90年。对此《史记·五帝本纪》做了较为详细的解读，即"舜年二十以孝闻，年三十尧举之，年五十摄行天子事，年五十八尧崩，年六十一代尧践帝位。践帝位三十九年南巡狩，崩于苍梧之野"。两说并不矛盾，舜摄帝位8年，中间逢3年之丧，后来在位39年，共50年。经过反复推算，可知尧舜在位（连同两个3年之丧）加起来共143年，夏代始年为前2170年（说详下文），故知前2313年为帝尧元年，《隋书·律历志》引《竹书纪年》说"尧元年丙子"，该干支年年数不合，也得不到验证，恐不确。另一方面是考古证据，陶寺遗址发现的巨形城

---

① 韩建业：《"石峁人"或属北狄先民》。

址，内部的宫殿区、仓储区、手工业作坊区、高级贵族的墓葬区，特别是 1000 多座大中小墓葬（其中大墓 6 座）出土的众多陶器（引人注目的如彩绘蟠龙陶盘）、彩绘木器、玉石礼器（如大石磬）、铜铃及朱书文字（文、尧二字），表明这里早期应是尧都平阳，也就是唐地，无疑是陶唐氏的聚居地，后来夏代大禹也曾经都于此，故亦称为"夏墟"（《左传·定公四年》）。考古发现有一处高台，研究者确认为观象台，从功用来说当然是正确的，然据《山海经》的记载，其实也应该是"帝尧台"。帝尧特别注重天文历法授时，故此台成为用来观天象的观象台。它应是尧时修建的，碳十四测年陶寺遗址上限为前 2300 年，与笔者推算的尧在位始年为前 2313 年（戊子），二者数据非常相近，应该说碳十四测年的精度颇高，误差非常小，足以证明传承年数是准确无误的。本文采用夏代始年为前 2170 年的数据①来说尧年，依此来解析陶寺遗址中帝尧用来观天象的观象台，其年代不早不晚乃帝尧即位后修建的。陶寺遗址碳十四测年下限为前 1900 年，此已经到了夏代中期，而非夏代早期。据《新唐书·历志》和《元史·历志二》记载，唐代一行、元代郭守敬分别研究，认为中康日食发生在中康五年（前 2128，癸巳）九月庚戌朔，中康在位多少年史书无明确记载，从中康五年（前 2128）算起加上帝相被篡假设共 20 年，之后后羿、寒浞乱夏，《史记》正义说："帝相被篡，历羿、浞二世，四十年。"这 40 年应发生在约前 2108—前 2069 年，拿后一年数比较，可知比前 1900 年多了 169 年，夏代前期的史事放在这里怎么能对得上呢？石峁皇城台遗址的碳十四测年为前 2200—前 1600 年，其上限比陶寺遗址晚 300 年，帝尧在位年为前 2313（戊子）—前 2216（乙丑）年，《隋书·律历志》引《竹书纪年》曰"尧元年景（丙）子"，这个干支年并不可信，考虑到碳十四测年还多少有误差，大致可知皇城台大约建于帝尧晚年，是在共工被驱逐在这里之后，历时多年用众多劳动力修建成的。

陶寺遗址主要属于陶唐氏的居住区，陶唐氏族众是这里的主要成员，《左传·昭公二十九年》"有陶唐氏既衰，其后有刘累"，杜预注："陶唐，尧所治地。"这种情况可能持续到夏代陶唐氏衰落之前。陶寺晚期文化典型的器物突然出现于陕北北部石峁类型末期，表明这些器物的主人陶唐氏已经来到石峁地区。这些不速之客何以到来，合理的解释应该是，在前 1900 年前后，这里发生了陶唐氏灭共工之战。此战古书是有明确记载的。《逸周书·史记解》：

久空重位者危。昔有共工自贤，自以为无臣，久空大官，下官交乱，民无所附，唐氏伐之，共工以亡。

《韩非子·外储说右上》：

---

① 刘桓：《说唐尧纪年到夏代纪年》（未刊稿）。

尧……又举兵而诛共工于幽州之都。

后者的"尧"应理解为陶唐氏首领，因为此时唐尧早成为历史人物，传说史料只记诛共工之战大概，可贵的是记住了战地在"幽州之都"，唯已弄不清究竟是哪位陶唐氏首领举兵征伐的，故归之于唐尧。共工氏本来十分强盛，从陶寺遗址考古发现来看，很可能陶唐氏曾经被共工攻打过，袭击过，证据是考古工作者发现城墙曾经被摧毁，宫殿、宗庙建筑被破坏，坟墓被挖掘，还有一位妇女的遗骸，下体被插上牛角，这一现象应发生在敌对部族间的杀伐。[①]此种战争必然给陶唐氏留下仇恨的记忆，等待复仇的机会。陶唐氏等待的时机是在共工"久空重位"，内部出现混乱，形不成一致的力量时，趁机出兵消灭共工部族。于是，陶唐氏攻打占领了皇城台一带。

显然，此战应该是在陶唐氏尚未衰落时发生的。《左传·昭公二十九年》："及有夏孔甲……有陶唐氏既衰，其后有刘累，学扰龙于豢龙氏，以事孔甲，能饮食之，夏后嘉之，赐氏曰御龙，以更豕韦之后。"夏代下限是前 1739 年，估计陶唐氏之衰在前 1850 年前后，已经是孔甲即位之际。陶唐氏灭共工之战，实为一场生死之战，陶唐氏虽胜，应是也伤了元气。此外，据《逸周书·史记解》记载，陶唐氏还征战过西夏和有辛氏等，其衰败应也与此有关。陶唐氏作为胜利者占领了共工之地，便移居于其地，他们日常生活使用的器物自然随之带到这里。后来的 300 年里，陶唐氏有些人又陆续离开这里，例如上引《左传》说刘累到了夏朝的首都。《左传·襄公九年》："陶唐氏之火正阏伯居商丘，祀大火，而火纪时焉。相土因之，故商主大火。"阏伯也离开这里，到了商丘。都是陶唐氏迁徙的例子。

至于鄂尔多斯地区的朱开沟早期遗存发现这类器物，表明陶唐氏有人到了那里。这应该是夏朝衰落时期发生的事。《国语·周语下》："昔我先世后稷，以服事虞夏。及夏之衰也，弃稷弗务。我先王不窋，用失其官，而自窜于戎翟之间。"服事虞夏的不光是陶唐氏，也有周的先人，他们先是在陶寺地区，后来随夏都迁移，在夏朝衰落时，来到戎狄之间。大约朱开沟一带就属于戎狄之间的地区。

《左传·哀公六年》："《夏书》曰：'惟彼陶唐，帅彼天常，有此冀方。今失其行，乱其纪纲，乃灭而亡。'"夏朝的统治与一度的强盛，与陶唐氏密不可分。"冀方"，杨伯峻注："冀方即中国，说详顾炎武《日知录》卷二。"[②]此说从训诂上固然可以讲通，问题在于史实方面缺少对应。所以，我认为冀方应即九州之冀州。《书·禹贡》"冀州"，屈万里注："旧说尧都冀州，故本篇言九州始于冀州。"[③]此注是对的。尧都冀州与陶唐"有此冀方"在内涵上是一致的。冀州一般认为包括今山西、河北西北部、河南北部以及辽宁西部一带。陶唐氏只有攻下共工氏的领

---

① 参看张国硕：《陶寺文化性质与族属探索》，《考古》2010 年第 6 期。
② 杨伯峻：《春秋左传注》，北京：中华书局，1981 年，第 1636 页。
③ 屈万里：《尚书今注今译》，第 24 页。

地，才能说"有此冀方"，后来夏朝衰落，统治出现混乱，随即灭亡。现在看来过去对这段话的解读失之笼统。

关于唐地，在古书和出土文献中是有记载的。清华简《汤处于汤丘》（用通行字体）："汤处于汤丘，取妻于有莘，有莘媵之以少（小）臣，少臣善为飤（食），烹之和。"沈建华注："汤丘，读为唐丘，地名，疑即殷墟卜辞的唐土。《英藏》一〇五云：'作大邑于唐土。'郑玄《诗谱》：'唐者，帝尧旧都之地。'在山西翼城西。"①按汤丘，读为唐丘的可能性颇大。商代唐地仍很有名，商王武丁雄心勃勃想在唐地建大邑，可惜没有成功。《屯南》4343："奠其奏庸，叀旧唐大京，武丁……引吉。"按，以前对该卜辞的释文多欠准确，这里是重作的释文。辞中"奠"是奠祭，"庸"是钟一类的乐器。为何称"旧唐"？因为唐地古老，乃帝尧故都，又是夏墟。为何称"大京"？"京"本指人工高丘，唐即陶寺高地可称"大京"。由此可联想到"京师"为都城之义，应发端于此。晋公奠（字下从皿）"〔王〕命唐公宀宅京师□□晋邦"，这个唐公居住地"京师"实为夏都。为何在"旧唐大京"提起武丁？盖因武丁曾经筹划在此建大邑，后代商王尚知道这段历史的缘故。

二、关于共工之台

昔日我读《山海经》见到有关"台"的记载，因为未得考古实证，故不曾多留意。如《海内北经》："帝尧台、帝喾台、帝丹朱台、帝舜台，各二台，台四方，在昆仑东北。"《大荒西经》说：（沃民之国）"有轩辕之台，射者不敢西向，畏轩辕之台。"而《左传》也说夏启有"钧台之享"。《穆天子传》说启有"黄台之居"。夏末，桀有瑶台（《古本竹书纪年》），银雀山竹简说：（桀）"作为倾宫、灵台。"《史记·夏本纪》说桀"迺召汤而囚之夏台，已而释之。"索隐："狱名。夏曰均台。皇甫谧云'地在阳翟'是也。"殷商时期也有台，花东卜辞就有"台"的记载，《古本竹书纪年》载晚殷有"南单之台"（亦称"鹿台"），《太平御览》卷一七八："卫州苑城北十四里沙丘台也。"《诗·大雅·灵台》载周文王筑有"灵台"，《左传·昭公七年》说楚国有"章华之台"。是因为尧舜禹至夏商周时期，高台建筑十分雄伟壮观，可以在上面举行各种活动，容易引起远近观瞻，在军事上利于防守，因此高台建筑十分盛行。台的用途很多，可以供统治者居住，可以举行祭祀、宴享活动，可以有手工业制造区，也可以囚禁人。至于后代秦汉直至隋唐，史书关于台的记载不绝如缕，较著者如秦有琅邪台，三国时期曹魏有铜雀台，唐代武则天时期有通天台，所以古人说"楼台殿阁"，并非虚语。

近几十年来，我国考古在各方面都取得长足的进步。考古学家大都关注城邑、

---

① 沈建华：《〈汤处于汤丘〉新释文、注释、白话译文》，见李学勤、艾兰、吕德凯主编：《清华简研究》第3辑，上海：中西书局，2019年，第90页。

墓葬、宫室建筑遗址等方面的发现与研究，虽然陶寺遗址发现过观象台，但迄今为止似乎除了皇城台外，很少有人单独提出"台"的问题进行讨论。陶寺遗址是陶唐氏的聚居地，考古发现有一处高台是观象台，《山海经》称之为"帝尧台"。帝尧作为统治者，特别注重天文历法授时，所以这个台成为观天象的观象台。对石峁皇城台的发掘，揭示出其为一座四面包砌护坡石墙的台城，有9～10层自下而上斜收的石墙护坡。台顶面积8万余平方米，有夯土基础、池苑等建筑。研究者认为皇城台最先建成，是合乎道理的。因为只有先建成台，才可以砌护坡石墙修成台城。此地既然是共工部族所在地，此台又极为壮观，足以引起远近观瞻，应该是标志性建筑，即著名的"共工之台"。《山海经·海外北经》："相柳者，九首人面，蛇身而青。不敢北射，畏共工之台。台在其东。台四方，隅有一蛇，虎色，首冲南方。""深目国在其东，为人举一手一目，在共工台东。"《山海经·大荒北经》："有係昆之山者，有共工之台。"以上《山海经》三处提及"共工之台"，这些记载绝非无中生有，共工之台在北方，夏禹时是存在的。《山海经》说共工之台"台四方"，也与皇城台的形制相合。可知共工之台就是石峁皇城台，地理位置均能相吻合。

共工之台，在皇城台区域发现的4200多年前结构复杂的大型建筑遗址，此台应是帝尧时期共工被流放到那里后建造的，而皇城台遗址碳十四测年为前2200—前1600年，比较山西陶寺遗址的前2300—前1900年，下限足足晚了300年。下限年代应与夏代中期陶唐氏灭共工氏的年代无涉，前1600年乃是商代前期。根据《世经》记载，传统的传承年数周朝867年（从武王伐纣算起为856年），商朝629年（唐代一行考证实际为628年），夏朝432年（据《易纬稽览图》为431年）。就可推算商代始年是壬戌年，即公元前1739年（有二里头文化遗址碳十四测年为参证，二里头一期开始于前1750年，夏商分界应在第一期中间，此不详述），夏代始年为前2170年（有"阳城"考古城址碳十四测年可为参证，河南登封告城镇王城岗小城址上限为前2200—前2130年，大城址上限为前2130—前2075年，王城岗小城址年代与禹都相近，此不详述）。夏商始年的推算，这也是同于唐代一行的说法，《新唐书·历志》："夏后氏三百四十二年，日却差五度。太康十二年戊子岁（桓按，即前2133年）冬至，应在女十一度。""成汤伐桀，岁在壬戌（桓按，即前1739年）。""商六百二十八年，日却差八度。太甲二年壬午岁（桓按，即前1719年）冬至，应在女六度。"此台最后的修建显然不是夏初的事情。从碳十四年代判断，可知此台在夏代直到商代前期仍在使用。

从历史方面解读，夏禹攻打相柳时，共工之台已经存在了相当一段时间，到公元前1900年前后，陶唐氏灭共工时，此台可能已经有些残破，陶唐氏迁居这里之后，必然要重修共工之台，此非踵事增华，单是为了纪念战功，使门面焕然一新，使日常生活及各种活动方便，也不得不重新进行修缮工作。考古学者王仁湘看出："由石构遗迹观察，可以判断它们并非最初的原生堆积。虽然石料整治规整，墙体垒砌得也比较整齐，但那些带有雕刻画面的石块，并没有按应当有的规律出现在墙面上，若干件石雕的排列具有很大的随意性，甚至还有画面倒置现象。尤其是神面雕像也被倒置，也都并不是垒砌在视线可能的优选位置。""如此将石雕神面随意摆放甚至倒置，似乎还表达出一种仇视心态。"①此台几次易手，重修可能不止一次，陶唐氏对共工无疑带有敌忾之意，这样修建中对共工时期供奉的石雕神像的不敬，就好解释了。

个人近年研究石峁雕像，知道 30 号雕像共包括两个人物像（见下图，左为照相，右为拓本），其中 30 号雕像的右边人物像，应是帝尧像。

人物像及拓本

此人最重要的特征在于脸型与眉毛，《宋书·符瑞志》："面锐上丰下。"还有作"丰下兑上"的，依据是《春秋合诚图》讲述的一个故事，说是"尧母庆都有名于世，盖大帝之女，生于斗维之野，常在三河之南。天人雷雨，有血流润大石之中，生庆都。长大形像大帝，常有黄云覆盖之梦，食不饥。及年二十，寄伊长孺家，出观三河之首，常若有神随之者。有赤龙负图出，庆都读之，赤受天运下有图，人衣赤光，面八彩，须鬓，长七尺二寸，兑上丰下，足履翼翼。署曰：赤帝起诚天下宝。奄然阴风雨，赤龙与庆都合婚，有娠，龙消不见。既乳，视尧如图表。及尧有知，庆都以图予尧。"《隶释》卷一东汉《帝尧碑》后面所引《春秋纬》，从"庆都出观三河"讲起，文字与此大同小异。这个故事在今天看来，在汉代曾经流传，或许有些历史的影子，却主要是为了神化帝尧编出来的。《今本竹书纪年》说帝尧陶唐氏"面八采，须发长七尺二寸，面锐上丰下，足履翼宿"，《宋书·符瑞志》也说"发长七尺二寸"。我认为，此两书所述不如《春秋合诚图》可信，如说"须发长七尺二寸"，就有夸大之嫌，须发如此之长，难免使人行动受限

---

① 王仁湘：《石峁石雕——颠覆我们认知的发现》，《光明日报》2019 年 11 月 3 日第 12 版。

制。《春秋合诚图》说尧的长相："人衣赤光，面八彩，须鬓，长七尺二寸，兑上丰下，足履翼翼。"其中"须鬓，长七尺二寸，兑上丰下"，或许有传说依据。说尧"须鬓"，应指连鬓胡子，尧有胡须，此雕像在脸的下方即刻出胡须。说尧长七尺二寸，说明长得不是特别高大，《荀子·非相》云"尧长"，可能还算高个子。《帝王世纪》和《孔丛子》都说帝尧身长十尺，似乎不如七尺二寸，为得其实。战国秦汉文字"七"与"十"容易混淆，本来是"七尺"误以为"十尺"，这种可能性极大。且十尺等于一丈，到了"十尺"，有时就用"丈"表达。如《汉书·王莽传下》中韩博说"有奇士，长丈，大十围"，指巨毋霸。《隶续》卷六《汉代武梁祠堂画像》，其中帝尧、帝舜和夏禹等人物身材，看上去都不算高大，可相参照。至于"兑上丰下"，起码表明尧不是四方脸，也不是圆脸。雕像的脸型下半部分稍宽，基本与此相合。眉毛是八字眉。《孝经援神契》曰："尧鸟庭荷胜八眉。"《尚书大传》曰："尧八眉，舜四童子。八者，如八字也。"两书所载这些传说非同于臆造，应有所本。所谓"八眉"，"八者，如八字也"，实为确诂。上古的所谓八字，应该不是平直，而是有些扭曲。这与右边的石雕人面部像上的眉毛样子较为接近。考古报告介绍说："一侧（桓按，指右侧）人面眉尾内卷，眉部粗重，弯折向下与鬓发相连，鬓角之发上卷，与鼻翼对齐。"所描述的眉毛形状，与八字眉相符，特征明显。《孔丛子·居卫》曰："尧身修十尺，眉分八彩，实圣也。"（《太平御览》卷八〇亦引此）《帝尧碑》说："庆都与赤龙交而生伊尧，及尧之生也，不（阙）凡等匈（阙七字），龙颜（阙）角，眉（阙）八菜（菜通彩）。"当是后人出于对上古帝王的崇拜，将八字眉美化为所谓"眉分八彩"，说尧眉"八彩"的尚有《淮南子·修务训》《白虎通义·圣人》《五德志》及《论衡·骨相》等，或"八菜"（菜通彩），应该是八种颜色，颇显神奇，却已经走样。《荀子·非相》又说尧"禹跳汤偏，尧舜参牟子"，杨倞注"牟与眸同，参牟子，谓有二瞳之相参"。是说尧舜都是重瞳，每只眼睛的瞳孔里瞳人是双的。这在雕像中是不好表现的。此雕像人物的口中两排牙齿排列整齐，表明他的身体强健，这与尧的身体状况相一致，《史记·五帝本纪》"正义"载皇甫谧说尧活了 117 岁，孔安国说是 116 岁。这应是陶唐氏占领共工之台后所立的自己部族的神雕像，意义非同寻常。

此外，据赵海晨介绍，"最新资料表明，皇城台主体建筑完全毁弃后，仍有少量'蛇纹鬲遗存'的人群在此区域活动。"[①]这是一个重要的考古发现。那么"蛇纹鬲遗存"的人群指的是哪些人呢？我认为有可能是庖牺氏、女娲氏、神农氏、夏后氏，共工部族的余部。《列子·黄帝》说，"庖牺氏、女娲氏、神农氏、夏后氏，蛇身人面，牛首虎鼻"，说明蛇身人面的部族有许多。神农就是炎帝，作为炎帝之后共工和共工之臣相柳都是人面蛇身，与蛇有不解之缘，《山海经·大荒西经》郭璞注："《归藏·启筮》曰：'共工，人面蛇身，朱发'也。"《海外北经》："相柳

---

① 见赵海晨：《巍巍皇台，城彼北方——石峁遗址皇城台考古新发现暨口簧国际研讨会综述》。

者，九首，人面蛇身而青。不敢北射，畏共工之台。台在其东。台四方，隅有一蛇，虎色，首冲南方。"共工氏很可能以蛇为图腾，故生活用具中常见蛇纹鼎。这样说来，不排除陶唐氏征服共工后，并未把共工部族全部杀死，一些有特殊劳动技能的人成为陶唐氏的奴隶，而得以生存。此外，《山海经·海内西经》载："窫窳者，蛇身人面，贰负臣所杀也。"《海内北经》载："鬼国在贰负之尸北，为物人面而一目。一曰贰负神在其东，为物人面蛇身。"窫窳与贰负神都是人面蛇身，不知是不是夏族，这些部族的人也可能在这一带生活。

过去，由于缺少考古遗址的发现，古史研究和考古解读结合得不够紧密，有关共工氏和陶唐氏的历史考证长期在神话传说和史实真相之间徘徊，游移不定，无法得到确解。现在随着考古遗址的发现，通过上古年代学的研究，已经可以确定时空坐标，再结合古史研究和考古加以解读，有关共工氏和陶唐氏的历史真相得以显示，神话传说成分，已经可以渐次分辨出来。

三、共工氏的历史追溯

夏代之前，我国的古部族中，共工氏十分著名。共工氏曾经的强盛程度，《国语·鲁语上》说"共工氏之伯九有也"，《礼记·祭法》作"共工氏之霸九州也"云云，就是说共工氏曾经称霸天下，统治九州。《管子·揆度》："齐桓公问于管子曰：'自燧人以来，其大会可得而闻乎？'管子对曰：'燧人以来，未有不以轻重为天下也。共工之王，水处什之七，陆处什之三，乘天势以隘制天下。至于黄帝之王，谨逃其爪牙，不利其器，烧山林，破增薮，焚沛泽，逐禽兽，实以益人，然后天下可得而牧也。至于尧舜之王，所以化海内者，北用禺氏之玉，南贵江汉之珠。其胜禽兽之仇，以大夫随之。'"《管子》所述的古史序列为：燧人—共工—黄帝—尧舜。这里以为共工比黄帝年代还早。清梁玉绳《人表考》卷二于"共工氏"下考："杜注《左（传）》云：'共工在太暤后，神农前。'郑注《祭法》，高注《淮南·原道》《天文》，韦注《鲁语》，张注《列子·汤问》，并称其在太昊、炎帝之间。"这些注释较有依据。

共工氏最早称霸九州，就引起高辛、颛顼的不满，与之争夺天下。《淮南子·原道训》："昔共工之力，触不周之山，使地东南倾，与高辛争为帝，遂潜于渊，宗族残灭，继嗣绝祀。"《天文训》："昔者共工与颛顼争为帝，怒而触不周之山，天柱折地维绝，天倾西北，故日月星辰移焉。地不满东南，故水潦尘埃归焉。"《列子·汤问》亦载此事。《楚辞·天问》："康回冯怒，墬何故以东南倾？"据王逸注"康回"就是共工。这些记载既有共工与高辛（其中主要是颛顼）争为帝发生战争，一度失败的史实为素地，又充满想象力，带有浓厚的神话色彩的传说。共工是强者，有实力与高辛、颛顼争高下。《史记·楚世家》载："楚之先祖，出自帝颛顼高阳。高阳者，黄帝之孙，昌意之子也。高阳生称，称生卷章，卷章生重黎。重黎为帝喾高辛居火正，甚有功，能光融天下，帝喾命曰祝融。共工氏作乱，帝喾使重黎诛之而不尽。帝乃以庚寅日诛重黎，而以其弟吴回为重黎后，复居火正，为祝融。"这段记载揭示出"共工氏作乱，帝喾使重黎诛之而不尽"的史实，《全上古三代文》卷十五："晋平公梦见赤熊窥屏，恶之而有疾，使问子产（按《左傳·昭七年》引，上同）。子产曰：'昔共工之卿曰浮游，既败于颛顼，自没沈淮之渊。其色赤，其言善笑，其行善顾，其状如熊，常为天下祟'。"

毫无疑问，帝尧时期的共工部族，就是那次战争之后共工氏幸存者繁衍的后代。古书还记载流传的一种说法，说共工氏是因治水不利，引起水灾，而被灭的。《左传·昭公十七年》："共工氏以水纪，故为水师而水名。"杜注："亦受水瑞，以水名官。"《淮南子·本经训》："舜之时，共工氏振滔洪水，以薄空桑。"同书《兵略训》："共工为水害，故颛顼诛之。"《国语·周语》载太子晋说："昔共工弃此道也，虞于湛乐，淫失其身，欲壅防百川，堕高埋庳，以害天下。皇天弗福，庶民弗助，祸乱并兴，共工用灭。"《史记·律书》："颛顼有共工之陈，以平水害。"我认为，共工治水不利，尧时期被流放，后来被陶唐氏所灭，应是事实。但是传说史料将其原先与颛顼的斗争混为一谈，未免走样，叙述应是存在问题的。

共工氏的历史估计至少数百年，甚至上千年，可能不止一度兴衰。共工氏的著名人物对于中华古文明做出过杰出的贡献，在古书中见于记载。如《左传·昭公二十九年》蔡墨回答"社稷五祀"何指时说："少皞氏有四叔，曰重，曰该，曰修，曰熙，实能金木及水。使重为句芒，该为蓐收，修及熙为玄冥。世不失职，遂济穷桑，此其三祀也。颛顼氏有子曰犁，为祝融，共工氏有子曰句龙，为后土，此其二祀也。后土为社，稷，田正也。有烈山氏之子曰柱为稷，自夏以上祀之。周弃亦为稷，自商以来祀之。"《国语·鲁语上》："共工氏之伯九有也，其子曰后土，能平九土，故祀以为社。"韦昭注："其子，共工之裔子句龙也，佐黄帝为土官。九土，九州之土也。后，君也，使君土官，故曰后土也。"《礼记·祭法》："厉山氏之有天下也，其子曰农，能殖百谷。夏之衰也，周契继之，故祀以为稷。共工氏之霸九州也，其子曰后土，能平九州，故祀以为社。"后土是官名。共工氏之子句龙，在共工氏称霸九州时，曾经担任后土之官，因为能治水平九州，而被供为社神。夏代供奉的社神就是句龙。《书序》："汤既胜夏，欲迁其社，不可。作《夏社》《疑至》《臣扈》。"《史记·殷本纪》："汤既胜夏，欲迁其社，不可。作《夏社》。"集解："孔安国曰：'欲变置社稷，而后世无及句龙者，故不可而止。'"商取代夏，朝代改易，句龙社神的地位却不可改变，故商代祭祀社神依然是祭祀共工氏的句龙。《孔子家语·五帝》记孔子曰："古之平水土及播种百谷者众矣，唯句龙兼食于社，而弃为稷神，易代奉之，无敢益者，明不可与等。"不难看出，在孔子心目中，句龙与稷具有崇高地位。这种崇高地位，源于他们的突出贡献，以致无人能比。共工氏在文化方面，也有可以称述之处。例如对天文历法的贡献，这里不必详述。

那么共工是不是黄帝之后呢？这就涉及族姓问题的考辨，黄帝后裔姬姓，炎帝后裔姜姓。《山海经·海内经》："鲧、禹始布土，均定九州。炎帝之妻，赤水之子听訞生炎居，炎居生节并，节并生戏器，戏器生祝融。祝融降处于江水，生共工。共工生术器，术器首方颠（注："头顶平也。"），是复土壤，以处江水。共工生后土，后土生噎鸣，噎鸣生岁十有二。（以下从略）"共工不属于黄帝后裔，而属于炎帝后裔，言之甚明，吕思勉据此判断，谓："历山即神农，与蚩尤、共工，同为姜姓之国；黄帝、颛顼、高辛、尧、舜、禹则姬姓也；二姓相争之情形，可以想见。"[1] 从远古到上古，姬、姜两姓之间的斗争，错综复杂，难以详述，吕氏这一考证可以参证。

四、上古三代纪年的正统传承年数问题

我国传统天文历算之学，关于上古夏商周的纪年，本来是有结论的。《汉书·律历志》所载汉代刘歆《世经》所述夏代 432 年，商代 629 年，周代 867 年（从武王克商算起为 856 年），这些年数因为载于正史而彰明较著，实际上正是保存在中央王朝的正统传承年数，即最重要的历史文化传承数据。

总括全文，本文实际上是对上古三代正统传承年数夏代及夏代以前纪年的一次验证。本文借助上古三代传承年数并参考一行的说法推算年份，同时结合古文献记载，分析判断石峁遗址和陶寺遗址遗物以及考古学者的种种发现，考证历史真相，从而判定共工部族、陶唐部族曾经先后是石峁遗址的主人。凡此，基本能做到上古年代与碳十四测年年代、古文献与考古遗址遗物几方面交验互证，如符节之相合，此绝非偶然，皇城台应正名为共工之台才对。

附　记

清龚自珍诗有"但开风气不为师"之句。李学勤先生既有为师之道，擅长传道授业解惑，亦实能开风气之先。先生晚年文章致力于传统中华文明的探究独多，即有开风气的意义。受此影响，不揣浅陋，近年我亦从事传统中华文明的研究。谨以此文纪念先生九十诞辰。

---

① 吕思勉：《吕思勉读史札记》，上海：上海古籍出版社，1982 年，第 60 页。笔者还曾参看朱芳圃遗著，王珍整理：《中国古代神话与史实》，郑州：中州书画社，1982 年，第 7-20 页。袁珂：《山海经校注》，上海：上海古籍出版社，1980 年，第 233、236、430 页。

试说甲骨文"率伐"及有关词语*

黄天树

（清华大学出土文献研究与保护中心
古文字与中华文明传承发展工程协同攻关创新平台）

　　殷墟甲骨文中有一组占卜"舌方衞率伐不"的卜辞，学者对其中一些词语的释读与标点都不相同①，值得商榷，因此草成此文，拟就甲骨卜辞"舌方衞率伐不"及有关词语试作解读，不妥之处，敬请方家批评指正。今将甲骨文中有关"衞"字的命辞全部录之于下，然后再略加讨论。为排印方便，卜辞释文尽量用通行字（另见文后附图 1—图 7）。

　　（1）贞：舌方衞，弖（勿）告于祖乙。

　　　　　　　《合集》6349（《后》上 29·2、《大系》13243）[典宾]图 1

　　（2）乙酉卜殻贞：舌方衞，王其[征]，弖（勿）告于[祖]乙。三

　　　　　　　　　　　　　《合集》6344（《大系》13238）[典宾]图 2

　　（3）乙酉卜殻贞：舌方衞率伐不，王其征，弖（勿）告于祖乙。四

　　　　　　　《拼续》569（《合集》6345+8026、《大系》13240）[典宾]图 3

　　（4A）□□[卜]殻贞：舌方衞率伐不，王其征，告于祖乙，勾佑。

　　（4B）□□[卜]殻贞：舌方衞率伐不，王告于祖乙，其征，勾佑。七月。

　　　　　　　《合集》6347（《大系》13239），《合集》1587（《大系》13239）

　　　　　　　　　　　　　　　　　　　　　　　同文残片[典宾]图 4

　　（5）⊿[舌]方衞率伐[不]，⊿。　　　　　　　　　　《合集》6346[典宾]

　　（6）⊿舌方衞⊿。（"舌""方""衞"三字皆缺刻横画）　《合集》6350[典宾]

　　（7）贞：舌方衞⊿。（"衞"字缺刻横画）　　　　　　《合集》6351[典宾]

　　（8）⊿[舌]方衞，王[其征]⊿。　　　　　　　　　　《合集》7211[典宾]

　　（9）⊿[舌]方衞，王[其征]⊿。　　　　　　　　　　《合集》7210[典宾]

　　（10）□□[卜]殻贞：土方衞②⊿伐，受⊿。　　　　　《合集》6454[典宾]

　　（11）贞：方不⊿衞⊿。　　　　　　　　　　　　　《合集》6388[典宾]

---

　　* 本文为"古文字与中华文明传承发展工程"规划项目"甲骨刻辞类纂新编"（YWZ-J001）、"甲骨文字新编"（YWZ-J005）的阶段性成果。

　　① 参看于省吾主编：《甲骨文字诂林》，北京：中华书局，1996 年，第 2247-2248 页。

　　② 卜辞习见私名相同的同名者。例如，《合集》137 同版之上，"单丁人豐"（人名）和"龟子豐"（人名）乃同名之人，所以在私名"豐"前冠区别字。同样的道理，"舌方衞"（人名）和"土方衞"（人名）也是同名之人，所以在私名"衞"前冠区别字。

例（1）拓本最早著录于《后》上 29·2，后收入《合集》6349。这是一块长条形的骨条，其上刻有一条卜辞"贞舌方衢勿告于祖乙"，唐兰先生说："衢旧不识，余谓是'遝'之本字，卜辞曰'贞，舌方衢，弓告于祖乙'者，贞舌方遝勿告于祖乙也。"①唐先生释"遝"，非是。"衢"字从"行"从"眉"从"方"，本文采用隶定字"衢"表示此字。唐先生在"衢"字下点断，读作"舌方衢，勿告于祖乙"。至今仍有很多甲骨学者赞同唐先生的句读，可能认为"衢"是动词。我们认为这也是不对的（详下）。唐兰先生《天壤阁甲骨文存考释》一书是 1939 年出版的，那时的甲骨学者还不了解"边扇对应"的文例。1959 年，李学勤先生在《关于甲骨的基础知识》一文中说："胛骨边上面积狭小，所以在武丁时常只刻几个字，而详细的卜辞则抄在骨扇上，骨扇和骨边（引者按：即骨条）互相对照。"②例（1）是从右胛骨上折断脱落下来的骨条，其右侧是原边，左侧是兆干边。大家知道，卜骨对边（跟"臼边"相对）的背面常有纵贯上下的纵列钻凿，很容易折断脱落，成为所谓骨条。为什么卜骨容易断裂为骨条呢？这是因为卜骨对边厚重而且背面又挖有从上到下成串排列的钻凿，钻凿在占卜时被灼灸而坼裂成兆，兆干与兆干距离很近，相连的骨质部分所剩无几，所以稍受挤压，就会顺着兆干发生断裂，形成骨条。同样是右胛骨的《英藏》353 就比较幸运，对边骨条没有脱落，仍连在骨扇上，可据以研究骨扇、骨条两处卜辞的关系。因此，例（1）是骨条，面积狭小，只刻骨扇卜辞的关键字，当作提纲，也就是说，"舌方衢，勿告于祖乙"是"舌方衢率伐不，王其征，勿告于祖乙"的省文，对照例（4）《合集》6347 骨扇卜辞自明。由此引起我的警惕，今后凡是读长条形的骨条上的卜辞，要注意，有些卜辞是有省简的，因为面积狭小，只刻关键字，不能据此立论。例（2）和例（3）是骨首。前者序数都是"三"；后者序数都是"四"，是成套卜辞。张秉权先生在《殷虚文字丙编·序》中说：

何谓成套卜辞与成套甲骨？我在《卜龟腹甲的序数》中，已有说明，并且举了几个例子，在本辑中，将有更多的实例。成套卜辞与同文卜辞的性质是不同的，"同文"的着眼点，在求卜辞的相同，不管序数的能否联系，而成套的关系，则完全建立在序数上。在一套中，有些卜辞，可以省简到仅存一二个字，这是无法用同文的关系来加以解释的，也不是用同文的观点，所能发现的，所以成套卜辞，未必同文，同文卜辞，也未必成套。只有从成套的卜辞中，才能看出卜辞省简的由来。③

据成套卜辞"省简"规则可知，例（2）"舌方衢，王其征"是例（3）"舌方衢率伐不，王其征"之省。

---

① 唐兰：《天壤阁甲骨文存考释》，北平：辅仁大学，1939 年，第 49 页。
② 李学勤：《关于甲骨的基础知识》，《历史教学》1959 年第 7 期；李学勤：《宾组卜骨的一种文例》，南开大学历史系编：《南开大学历史系建系七十五周年纪念文集》，天津：南开大学出版社，1998 年，第 1-3 页。
③ 张秉权：《殷虚文字丙编·上辑（一）》，"中央研究院"历史语言研究所，1957 年，"序"，第 6-7 页。

上引例（3）和例（4）卜辞完整。下面，我们重点讨论例（3）和例（4）。"率伐"的"率"，金祥恒、詹鄞鑫先生都认为是范围副词。^①张宇卫先生同意金祥恒、詹鄞鑫先生的说法。^②我们认为，"率伐"的"率"，并非训作"皆"的范围副词，而是动词。请看下列含有"率伐"的战争卜辞：

（12）甲戌王卜贞：舍巫九霝，蠢③盂方率伐西国，戜西田（甸）曆盂方，绥余一人，余其比多田甾征盂方，亡左自上下于彻示囗

《大系》43901（《合集》36181+《合集》36523、《合补》11242）[黄类]图5

（13）己未王卜贞：舍[巫九舍，蠢人方率伐东]国，戜东侯曆[人方，绥余一人，余其比多侯]甾戋人方，亡[左自上下于彻示，余受有佑]。

《大系》44429（辑佚689）[黄类]

（14）丁巳王卜贞：舍巫九舍，蠢人方率伐东国，东戜东侯，曆人方，绥余一[人，余]其比多侯，亡左自上下于彻示，余受有佑。王占曰："大吉。"

《大系》43904（《合集》36182+《辑佚》690、《缀汇》609）[黄类]图6

（15）囗[蠢]人方白（伯）霣率[伐东国]，囗，[余其]比多侯甾伐人方白（伯）囗。

《大系》47737（《上博》54806·2）[黄类]图7

为了便于理解"率伐"的"率"字，请看下列西周金文《禹鼎》（《集成》2833）："鄂侯驭方率南淮尸（夷）、东尸（夷）广伐南国、东国。"合观西周金文可知，例（12）"盂方率伐西国"、例（13）和例（14）"人方率伐东国"、例（15）"人方白（伯）霣率[伐东国]"的"率"，都不是训为"皆"的范围副词，而是动词，训为"率领""带头"，"率伐"是动词连用。特别值得注意的是，例（15）旧的读法是不对的。这是一块长条形的骨条，其上刻有两纵列卜辞。沈之瑜先生在《介绍一片伐人方的卜辞》一文中自上而下、从右到左读成"比多侯甾伐人方白（伯）……人方白（伯）霣率"^④，是不妥当的，《大系》沿用其误，应当改读为自上而下、从左到右的读法，如例（15）所示。例（15）卜辞大意是说，先有"人方伯霣"带头入侵，而后才有商王贞卜"余"是否"比"多侯去征伐首恶"人方伯霣"。这样释读，文从字顺。

上引例（3）和例（4）"舌方衡率伐不"中的"舌方衡"，我们认为是人名。这种人名由三部分构成：方国名+伯+私名。例如：例（15）"人方伯霣"即"人方"

① 金祥恒：《释率》，《中国文字》1965年第18册；后收入金祥恒：《金祥恒先生全集·第四册》，台北：艺义印书馆，1990年，第1321-1334页；詹鄞鑫：《释卜辞中的范围副词"率"——兼论诗书中"率"字的用法》，《华东师范大学学报（哲学社会科学版）》1995年第6期。

② 张宇卫：《甲骨卜辞战争刻辞研究——以宾组、出组、历组为例》，博士学位论文，台湾大学，2013年，第294-295页。

③ 蒋玉斌：《释甲骨金文的"蠢"兼论相关问题》，《复旦学报（社会科学版）》2018年第5期。

④ 沈之瑜：《介绍一片伐人方的卜辞》，《考古》1974年第4期。李学勤：《殷墟人头骨刻辞研究》，原载李学勤、吴中杰、祝敏申主编：《海上论丛（二）》，上海：复旦大学出版社，1998年；后收入李学勤：《李学勤文集·第九卷》，南昌：江西教育出版社，2023年，第327页。

之"伯"（首领）私名叫"戎"者。这种由三部分构成的人名往往可省去一部分或两部分。例如："危方髦"（《合集》28088）即"危方"首领私名叫"髦"者。"危方髦"又可省称为"危髦"或"髦"（《合集》36481）。因此，上引例（3）和例（4）"舌方衡"可能是人名，即"舌方"之首领私名叫"衡"者。上引例（3）"舌方衡率伐不，王其征，勿告于祖乙"，例（4）"舌方衡率伐不，王告于祖乙，其征，勾佑"，卜辞大意是说，"舌方衡"（舌方首领私名叫"衡"者）率（率领、带头）伐（侵伐、侵犯）"不"（地名），王告于祖乙，王将要讨伐首恶"舌方衡"，希望祖乙给予保佑。

2023 年 11 月 27 日草毕

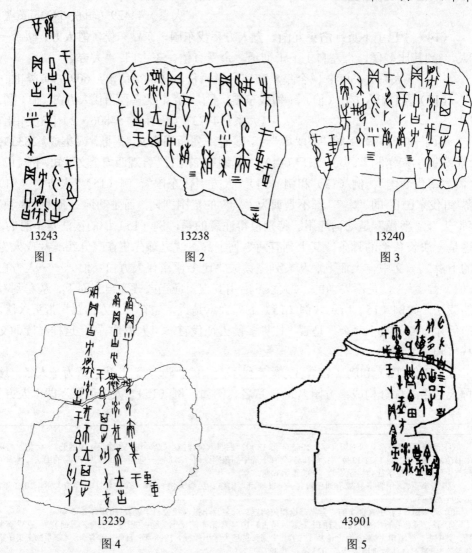

13243

图 1

13238

图 2

13240

图 3

13239

图 4

43901

图 5

43904

图 6

47737

图 7

殷墟非王卜辞研究检正（一）

常耀华

（北京第二外国语学院文化与传播学院）

一、非王卜辞说的提出与殷墟甲骨分期理论体系之形成

"非王卜辞"说是李学勤先生提出来的。李先生之所以提出"非王卜辞"说，是因为他不认同前人卜辞分期断代的理论方法。

甲骨文出土前三十年的研究，用董作宾先生的话说："研究的方法，仍只是混乱的，笼统的，东摭西拾，支离破碎，找不到正当的途径；致使这真实而难能可贵的史料，降而为断烂朝报，故纸堆中的废物。"正如董先生所指出的那样："若二百余年的一切史料复杂错乱，混为一谈，则研究结果，与事实相去真不可以道里计了。"①基于这一认识，1932 年，董先生发表《甲骨文断代研究例》，提出世系、称谓、贞人、坑位、方国、人物、事类、文法、字形、书体甲骨文断代研究的十项标准，把二百余年的卜辞分为五期，即通常所谓甲骨文断代的五期分法。董先生这个甲骨文研究的新方案，被称为"甲骨学史上划时代的名著"②，甲骨学研究从而实现了从混沌到有序的历史转轨。

1956 年，陈梦家出版《殷虚卜辞综述》（以下简称《综述》），陈先生强调："研究甲骨与铜器最基本与主要的工作，莫过于考订年代与分别时期。"（135 页）③因此，《综述》用两章的篇幅讲"断代"，由断代的分期及其标准讲起，分析了"坑位对于甲骨断代的限度"，注意到甲骨坑位、出土地与时代的关系，譬如 E16 坑与自组的时代，村中出土的康、武、文卜辞。陈先生将考古学组、类、式、群的观念应用于甲骨断代研究，分出自组卜辞、宾组卜辞、子组卜辞、午组卜辞、出组卜辞、何组卜辞等，子组根据称谓分为数类（161 页），出组中又分出兄、大、尹等三群。这是陈先生的一大创举。陈先生把董先生的十项标准合并改造为九项，合"字形""书体"为"字体"，除"世系、称谓、贞人"仍然沿用董氏名称外，其他如词汇、文例、祀典、历法、史实诸项与董氏名目大不相同。根据各项标准的所起作用不同，陈先生认为"世系、称谓、卜人"乃是甲骨断代的首先条件，

---

① 董作宾：《中国现代学术经典·董作宾卷·甲骨文断代研究例》，第 3、4 页，河北教育出版社，1996 年。
② 王宇信：《甲骨学通论》，第 88 页，中国社会科学出版社，1989 年。
③ 陈梦家：《殷虚卜辞综述》，中华书局，1988 年。

名之为第一标准；字体、词汇、文例为第二标准；利用上述两标准，可将所有的甲骨刻辞按期内容分别为不同的事类而加以研究。卜辞内容大别为六，即祭祀、天象、年成、征伐、王事、卜旬。《综述》打破董氏的五期分法，分为早期、中期、晚期三大期，九小期，即武丁卜辞、祖庚卜辞、祖甲卜辞、廪辛卜辞、康丁卜辞、武乙卜辞、文丁卜辞、帝乙卜辞、帝辛卜辞（173 页）。

陈先生与董先生断代方案有异有同，两大不同点：①陈先生引入考古类型观念，把甲骨细分某组、某类、某式、某群；②分三大期九小期，能细就细，相比之下，五期分法失之笼统。但五期分法可操作性强，有其便利处，被称为"一直行用不衰"（王宇信 180 页）。相同点是都以为"占卜者是最好的断代标准"（陈梦家 137 页）。所以，王宇信先生称二者"并没有什么实质上的不同"（王宇信 183 页）。

陈先生的断代研究方案跟董先生的相比要细密得多，复杂得多，也更进一步，然李学勤先生对此却有不同看法，1957 年，李先生发表《评陈梦家〈殷虚卜辞综述〉》[①]，指出《综述》"关于商王世系的另一谬误是把一些不属于商王世系的人列入商王世系。这个错误的来源是误认为一切殷代卜辞都是属于商王的"。

李先生指出陈梦家所谓"午组""子组"及 YH127 坑的两小群，具有下列特点：

（1）没有王自卜或王自称，也不提到王，而多称"我"。

（2）没有常见的商先王名号，而有不同的另一套名号。

（3）亲属称谓别成一套。

（4）祀典较简略。

例如所谓"午组"，其亲属称谓为：祖丁、祖戊、祖己、祖庚、祖辛、祖壬、妣乙、妣丁、妣辛、妣壬、妣癸、乙妻妣戊、父乙、父丙、父丁、父戊、父己、母戊、兄己和子庚，所见名号有：石甲、上乙、下乙、内乙、工乙、黑乙、天戊、内戊、外戊、后戊、内己、后己、上庚等。这个称谓系统无法适合于殷代任何王世。……子组等也有类似情况。这些卜辞是殷代晚期贵族、贵妇的卜辞，其称谓和殷铜器铭文中种种称谓一样，不在王世系之内。（124 页）

关于卜辞的断代，李先生提出下面的意见：

卜辞的分类与断代是两个不同的步骤，我们应先根据字体、字形等特征分卜辞为若干类，然后分别判定各类卜辞所属的时代。同一王世不见得只有一类卜辞，同一类卜辞也不见得属于一个王世。（124 页）

李先生强调"卜辞的分类与断代是两个不同的步骤"，这句话很关键！而《综述》的问题就是"没有分别这两个步骤"，把分类和断代两个不同的步骤搅在一起

---

① 《考古学报》1957 年第 3 期。

了，从"祖庚、祖甲出组卜人"这一小节标题就可以看出这一点。陈先生把"卜人"当作"最好的断代标准"，李先生指出："卜辞断代标准应以称谓系统为主，祖先世系则系其根据。卜人虽是有效的标准，但因很多类卜辞不记卜人，所以并非是通用的标准。《综述》以祖先世系与卜人为断代的标准，是不恰当的。"（125 页）在李先生看来，可作为通用标准的是"字体、字形等特征"。的确，没有能够脱离字体、字形而存在的卜辞。

陈梦家先生把卜辞分成若干不同组类，这是对的，可由于分类标准出了问题，其结果也就不言而喻了。做好正确分类这第一步，才能保证该类卜辞时代判定的准确性，这道理不难理解。李先生还强调"同一王世不见得只有一类卜辞"，这个判断很重要，此与本文讨论的"非王卜辞"问题直接相关。《综述》中其实也谈到这个问题，在谈午组卜辞时《综述》指出："这一组只有两个不系联的卜人……我们所以称它们为午组者，一则它们字体自成一系，不与宾、自、子三组相同；二者称谓也自成一系。"（162 页）"此组的称谓约有半数与宾、自、子三组相同，而其中下乙一称犹足证午组属于武丁时代。"（164 页）此语简直可视为"同一王世不见得只有一类卜辞"的注脚，只是在此没有谈到这些卜辞的性质，即是否皆属于王的问题。说到"子组卜人鬳和巡（或与妇巡是一人）很像是妇人，该组的字体也是纤细的。第十五次发掘出土的（《乙》8691-9052）字体近子、自、午组的，内容多述妇人之事，可能是嫔妃所作。这些卜人不一定皆是卜官，时王自卜，大卜以外很可能有王室贵官之参与卜事的"（167 页）。关于"子组"云云，陈先生几乎就要捅破子组卜辞不是王的卜辞这层窗户纸了，然而，最终他也没能成为揭开"非王卜辞"盖头的有缘人。裘锡圭先生在《评〈殷虚卜辞综述〉》中也说：

> 李学勤同志在《评陈梦家〈殷虚卜辞综述〉》一文里指出"卜辞的分类与断代是两个不同的步骤，我们应先根据字体、字形等特征分卜辞为若干类，然后分别判定各类卜辞所属的时代。同一王世不见得只有一类卜辞，同一类卜辞也不见得属于一个王世。"他认为"《综述》所谓康丁卜辞，便是用一个断代上的名称代替分类上的名称。"这些意见是很有道理的。不过，陈氏虽然没有明确地意识到分类与断代是两个不同的步骤，至少在研究武丁时代卜辞的断代问题的时候，实际上已经在这样做了。①

本来，首先打破了殷墟全部卜辞的主人都是商王即"王卜辞"的传统观念，指出有些类别的卜辞的主人不是商王的是日本学者贝冢茂树先生，他曾于 1935 年以"甲骨文之研究"为研究课题，对日本东方文化研究所收藏的四百余片甲骨按董作宾十项断代标准进行归类，结果能够归入董氏"五期"框架的只有 363 片，其余的甲骨中有署名贞人自、扶、子、余的四片，由于缺乏比较充分的断代依据，对

---

① 裘锡圭：《裘锡圭学术文集·杂著卷》，第 86 页，复旦大学出版社，2012 年。

其时代颇难决定。1938 年，贝冢氏发表《论殷代金文中所见图像文字装》，其中引征子卜贞中的"余又呼出埔"，认为卜贞的主语子就是子商。他把这类卜辞叫作"多子族卜辞"，并在多方面作了推论，但同时又承认其中还存在不少疑问之处。他意识到"子贞问卜辞"关涉甲骨文断代研究法的根本问题，于是对"子贞问卜辞"进行了更为深入的研究。[①]他在 1946 年出版的《中国古代史学的发展》一书中指出："子卜贞卜辞中出现的王子名应归入第一期武丁时代，但是其书体根据干支字来看和董氏所举的十一贞人的卜辞书体有显著的不同。子卜贞卜辞、十一贞人集团卜辞或五贞人集团并存在同一甲骨版上的例子至今不曾发现，这或许可以解释为子卜贞卜辞、十一贞人集团、五贞人集团分别属于不同的占卜机关，进而发展成为互无关系的独特书风。"他将此推断为甲骨文字体在发展过程中具有二元的、三元的变化系列。[②]随后在与伊藤道治合著的《甲骨断代研究法的再检讨》一文里对此又作了进一步推阐。[③]

人们常用"烛幽探隐"来形容学术发现，烛光虽已照到了幽处，可总有看不真切的时候。也许是受贝塚茂树、陈梦家先生研究成果的启发，李学勤先生敏锐地意识到并明确提出"'午组''子组'等是晚殷的非王卜辞"（127 页）。且作出"同一王世不见得只有一类卜辞，同一类卜辞也不见得属了一个王世"如此深刻的论述，把甲骨文分期研究推上一个新台阶。

"非王卜辞"说是李学勤卜辞分期断代思想的一个重要组成部分。

李先生在《评陈梦家〈殷虚卜辞综述〉》中谈及"非王卜辞"，并没有展开论述，1958 年，李先生又发表《帝乙时代的非王卜辞》一文，对"王卜辞""非王卜辞"概念作如下界定：

问疑者有时亲自行卜，有时由专职的人代卜。河南安阳小屯出土的殷代卜辞，多数是商王的卜辞，其问疑者是王，我们称这种卜辞为"王卜辞"。王卜辞内容均与王有关，所记祀典内有商先王先妣名号，有以时王为中心的一套亲属称谓。问疑者不是王的卜辞，我们称之为"非王卜辞"。（43 页）

在这篇文章里，李先生指出小屯卜辞内确含有少数的非王卜辞，并就其内容作了概括论述，具体讨论了 5 大问题：① YH251、339 坑的妇女卜辞（即"非王无名组卜辞"）；② YH127 坑的子卜辞（即"子组卜辞"）；③与子卜辞有关的一些卜辞；④ YH127 坑的允卜辞（即"午组卜辞"）；⑤非王卜辞的时代。并进一步总结"非王卜辞"的特征如下：

---

① 貝塚茂樹：《殷代金文に見 えた圖像文字装》，《東方學報》第 9 册，1938 年。

② 貝塚茂樹：《中國古代史学の發展》，弘文堂 1946 年出版。

③ 貝塚茂樹、伊藤道治：《甲骨斷代研究法の再檢討》，《東方學報》第 23 册。另见《京都大学人文科学研究所藏甲骨文字》本文篇，京都大学人文科学研究所，1960 年。

一、问疑者不是商王。

二、没有王卜，辞中也不提到王。

三、没有商先王名号，而有另一套先祖名号。

四、没有符合于商王系的亲属称谓系统，而有另一套亲属称谓系统。

李先生"非王卜辞"说发表后，引起学界持续反响。有赞成者，有反对者。赞成者主要有于省吾、林沄、裘锡圭、彭裕商、朱凤瀚、黄天树、刘一曼、曹定云等先生。[①]于省吾先生在《甲骨文字释林·释勿》中称"第四、五两条系非王卜辞"。[②]林沄先生的《从武丁时代的几种"子卜辞"试论商代的家族形态》讨论了"主要的三种'非王卜辞'的特征和时代，非王卜辞的占卜主体——子，子卜辞所反映的父权家族，商王统治的支柱——'多子'和'多姓'"等，指出在安阳发掘出来的大量甲骨刻辞中，非王卜辞并不止于本文讨论的三种。其他还有刀卜辞、亚卜辞以及小屯西地所出的二十一枚卜骨等。林先生把李先生所称"YH251、339 坑的妇女卜辞"改称为甲种子卜辞，把"YH127 坑的兄卜辞"改称为乙种子卜辞，把"YH127 坑的子卜辞"改称为丙种子卜辞。他指出："李学勤同志根据这一事实，判定丙种非王卜辞的占卜主体是'子'，并定名为'子卜辞'，这是很对的。可是，他把'子'误认为丙种非王卜辞专有的私名，因而影响了他的结论的正确性。"（50 页）"子是这些家族的首脑们通用的尊称。"（52 页）并断定"这几种子卜辞的时代是武丁时代"。[③]

肖楠先生也认为，李学勤指出"午组""子组"及 YH251、330 坑卜辞应定名为"非王卜辞"，这些看法是颇有道理的。[④]彭裕商先生在其《非王卜辞研究》一文中讨论了非王卜辞的时代，非王卜辞的性质，非王卜辞的内容，关于王族、多子族、多生等问题。[⑤]后来，在与李先生合著的《殷墟甲骨分期研究》一书中，就甲骨的分期与分类，自组及各"非王卜辞"时代的考定，殷墟非王卜辞研究的时代分析等问题又作进一步申论。[⑥]朱凤瀚先生在《商周家族形态研究》一书中讨论了"几种'非王卜辞'的时代、性质及相关问题"，指出"李文的主要贡献在于从称谓系统、字体、内容诸方面细致地提出非王卜辞的不同种类，并在贝塚茂树的基础上对其性质作了进一步的阐述，从而明确提出了'非王卜辞'这一名称"。[⑦]黄天树先生发表《关于非王卜辞的一些问题》《关于午组卜辞贞人的考察》《非王"劣体类"卜辞》《非王卜辞"圆体类"卜辞的研究》《午组卜辞研究》《妇女卜辞》《子

---

① 笔者相关研究见《殷虚甲骨非王卜辞研究》，线装书局，2006 年。

② 于省吾：《甲骨文字释林》，中华书局，1979 年，第 266 页。

③ 林沄：《从武丁时代的几种"子卜辞"试论商代的家族形态》，《古文字研究》第 1 辑，中华书局，1979 年。另见《林沄学术文集》，中国大百科全书出版社，1998 年。

④ 肖楠：《略论午组卜辞》，《考古》1979 年第 6 期，第 513-514 页。

⑤ 彭裕商：《非王卜辞研究》，《古文字研究》第 13 辑，中华书局，1986 年，第 57-81 页。

⑥ 李学勤、彭裕商：《殷墟甲骨分期研究》，上海古籍出版社，1996 年。

⑦ 朱凤瀚：《商周家族形态研究》，天津古籍出版社，1986 年，第 155 页。

组卜辞研究》《重论关于非王卜辞的一些问题》《谈谈"非王卜辞"研究中的一些问题》等多篇文章，对非王卜辞问题作了相当深入的研究。尤其是关于"王卜辞"和"非王卜辞"、"王卜辞"和"子卜辞"、"王室卜辞"和"非王室卜辞"等几个困扰学界的基本概念辨析，讲得很通透。[①]

在我看来，刘一曼、曹定云二先生《殷墟花园庄东地甲骨卜辞选释与初步研究》的发表对非王卜辞研究来说，具有里程碑意义，该文对新出的殷墟花园庄东地甲骨 H3 卜辞作了介绍，推断"H3 卜辞主人与殷王同源于祖乙，可能是沃甲之后，到武丁时代与殷王的关系自然较远，故其卜辞是'非王卜辞'。"（302 页）[②]指出："到目前为止，甲骨学界对殷墟卜辞性质的认识渐趋一致，都认为殷墟卜辞中存在着王卜辞和非王卜辞。我们认为，武丁时代的宾组、自组卜辞，祖庚、祖甲时代的出组卜辞，廪辛时代的何组卜辞，康丁、武乙时代的无名组卜辞，武乙、文丁时代的历组卜辞，文丁、帝乙、帝辛时代的黄组卜辞都是王卜辞；武丁时代的午组卜辞，子组卜辞、非王无名组卜辞，以及 1971 年小屯西地所出 10 片牛脚骨刻辞等，都是非王卜辞。"（297 页）

花东甲骨的刊布把非王卜辞推向高潮，此后出版相关论著多种，包括拙著《殷虚甲骨非王卜辞研究》，姚萱《殷墟花园庄东地甲骨卜辞的初步研究》[③]，魏慈德《殷墟花园庄东地甲骨卜辞研究》[④]等，蒋玉斌在非王卜辞研究上下了很大功夫，其博士论文《殷墟子卜辞的整理与研究》是非王卜辞研究高水平的综合性论著[⑤]，其编著的《殷商子卜辞合集》[⑥]把星散的非王卜辞集中在一起，并按字体和属性特征分类编排，为非王卜辞的研究带来了便利。杨军会的《殷墟子卜辞的整理及文字研究》在对殷墟子卜辞校释与整理的基础上，对各类子卜辞的用字特点和字形特征进行了研究。[⑦]"非王卜辞说"支持者很多，恕难一一备举。

反对"非王卜辞"说者主要有李瑾、方述鑫、谢济、常玉芝诸先生。李瑾先生连续发表《卜辞前辞语序省变形式统计——兼评"非王卜辞"说》《卜辞"王妇"名称所反映之殷代构词法分析——再评"非王卜辞"说》《论〈非王卜辞〉与中国

① 黄天树：《关于非王卜辞的一些问题》，《陕西师范大学学报》1995 年第 4 期；黄天树：《关于午组卜辞贞人的考察》，《第六届中国文字发展论坛论文集》，2017 年；黄天树：《非王"劣体类"卜辞》，《徐中舒先生百年诞辰纪念文集》，巴蜀书社，1998 年，第 66-69 页；黄天树：《非王卜辞"圆体类"的研究》，《出土文献研究》第五辑，科学出版社，1999 年，第 41-51 页；黄天树：《午组卜辞研究》，《甲骨文发现一百周年学术研讨会论文集》，文史哲出版社，1999 年，第 257-272 页；黄天树：《妇女卜辞》，《中国古文字研究》第一辑，吉林大学出版社，1999 年，第 12-22 页；黄天树：《子组卜辞研究》，《中国文字》新 26 期，台北：艺文印书馆，2000 年，第 11-32 页；黄天树：《重论关于非王卜辞的一些问题》，《花园庄东地甲骨论丛》，台北：圣环图书股份有限公司，2006 年，第 99-118 页；黄天树：《谈谈"非王卜辞"研究中的一些问题》，《古文字研究》第三十三辑，中华书局，2020 年，第 1-6 页。
② 刘一曼、曹定云：《殷墟花园庄东地甲骨卜辞选释与初步研究》，《考古学报》1999 年第 3 期。
③ 姚萱：《殷墟花园庄东地甲骨卜辞的初步研究》，线装书局，2006 年。
④ 魏慈德：《殷墟花园庄东地甲骨卜辞研究》，台北：台湾古籍出版有限公司，2006 年。
⑤ 蒋玉斌：《殷墟子卜辞的整理与研究》，吉林大学博士学位论文，2006 年。
⑥ 蒋玉斌：《殷商子卜辞合集》，学苑出版社，2015 年。
⑦ 杨军会：《殷墟子卜辞的整理及文字研究》，广西师范大学出版社，2019 年。

古代社会之差异——三评"非王卜辞"说》三篇文章，从不同角度质疑"非王卜辞"说。①方述鑫先生的《论"非王卜辞"》长达 81 页，结论是"非王卜辞说似有可商"，主张"这种卜辞也应该是武丁时代的王室卜辞"。②谢济先生在《评〈评陈梦家殷虚卜辞综述〉》一文中，对李学勤《评陈梦家〈殷虚卜辞综述〉》的六个部分作了评说，自谓"大体都说到了，正确的不正确的都说了"。谢文发明无多，意在"替陈先生说说话，鸣鸣不平"。③2020 年，常玉芝先生出版《殷墟甲骨断代标准评议》，对一百多年来殷墟甲骨断代研究历史作了细致的爬梳整理，厘清其发展脉络，并将其划分为四个阶段，对每个阶段的断代标准及断代情况都进行了详细的介绍与评议。尤其是对第四阶段中延续至今四十余年未决的"历组卜辞提前说""两系说""先用字体分类，再进行断代说""非王卜辞说"等，在前人研究的基础上，都给出一些新资料、新证据，提出了一些新见解。④

本以为随着《殷墟花园庄东地甲骨》的刊布，殷墟确有"非王卜辞"已被铸成铁案，不想前辈学者"通过全面详密的论证"得出的结论是，包括"非王卜辞说"在内的李学勤"诸说皆不能成立"。⑤关于"非王卜辞"说的商榷意见，无论从学术史的角度，还是从学术反思的角度看，都十分重要。为此，我们重新细绎前辈学者的相关著述，努力理解商榷者的所想所思，对商榷提出的证据细加勘验，以《殷墟非王卜辞研究检正》为题，把个人的观察研判意见发表出来，限于篇幅，只能分而述之，是为第一篇。小文持论未必允当，敬祈读者不吝赐教。

二、《卜辞前辞语序省变形式统计——
兼评"非王卜辞"说》检正

《卜辞前辞语序省变形式统计——兼评"非王卜辞"说》（以下简称《兼评》）是李瑾先生三评"非王卜辞说"的第一篇，由篇题知，"卜辞前辞语序省变形式统计"是该文讨论的中心问题。《兼评》在谈本问题讨论的意义时称："卜辞前辞各种形式的统计，以及对这些形式的省略变化的分析统计，其意义首先在于通过这些形式的认识而划分段落，以便达到通读卜辞文意。"其次，"还有更为重要的意义在于以下两个方面"，"第一，可以增加卜辞断代的精确程度"（第 92 页），"第二，充分掌握卜辞前辞的各种形式，还可以在卜辞研究中对某些欠全面、有错误

① 李瑾：《卜辞前辞语序省变形式统计——兼评"非王卜辞"说》，《重庆师范学院学报》1982 年第 1 期；李瑾：《卜辞"王妇"名称所反映之殷代构词法分析——再评"非王卜辞"说》，《重庆师范学院学报》1983 年第 3 期；李瑾：《论〈非王卜辞〉与中国古代社会之差异——三评"非王卜辞"说》，《华中师院学报》1984 年第 6 期。

② 方述鑫：《论"非王卜辞"》，《古文字研究》第 18 辑，第 120-201 页，中华书局，1992 年。

③ 谢济：《评〈评陈梦家殷虚卜辞综述〉》，《考古学研究》（五），科学出版社，2003 年。

④ 常玉芝：《殷墟甲骨断代标准评议》，中国社会科学出版社，2020 年。

⑤ 常玉芝：《殷墟甲骨断代标准评议》，中国社会科学出版社，2020 年。

的说法提出意见，共求学术进步"（第93页）。所谓"某些欠全面、有错误的说法"即指李学勤"非王卜辞"说中提出的四个"非王"的前辞形式：①干支卜某贞；②干支卜某；③干支卜某贞；④干支某卜。

《兼评》共举前辞形式31种，67例，通过"卜辞前辞语序省变形式统计"分析，指出"本文所论卜辞三十一种形式都是殷王室卜辞所具有的形式。'非王卜辞'说所举这四个卜辞前辞形式并非什么独特的形式……而且反复讨论说明了这种形式是一种常见的形式，并无特别的地方。""其次，既然贞人名包含在前辞之内，那么，当我们全面系统地掌握了前辞形式各种内容之后，'非王卜辞'说所谓'子卜辞'的五个卜者——子、我、余、𠂤、𤔲——的卜辞中没有王、他们同其他贞人也没有任何联系等等说法，便也不成立。"（第93页）

由是知，《兼评》对"卜辞前辞语序省变形式统计"的目的就是要证明：①所谓"非王卜辞"前辞跟"殷王室卜辞"前辞没什么区别；②所谓"非王卜辞"中的"子卜辞"的五个卜者跟王和王卜辞的贞人有关联，所谓非王卜辞"子卜辞"其实是"殷王室卜辞"。一句话："非王卜辞"说不能成立。

为了检验《兼评》的批评是不是有道理，我们做的第一步工作是对《兼评》所举辞例——检正。兹将检正情况报告于下。

（一）《兼评》"卜辞前辞形式类型举例"检正

【1】《库》1988，亦即《英藏》1891；《兼评》隶作：

丙子：在萍御上妣己、妣丁、子丁？（下行）

耀华按《兼评》隶释存在两种问题：一是脱文，"妣丁"前脱"于"字；二是误隶"卜"为"在"，误隶"二"为"上"。此版是子组卜辞，骨板右侧直边那条卜辞《兼评》应隶定为："丙子卜，萍御于二妣己，于妣丁、子丁。"（见图1）

【2】《殷缀》265片B，亦即《合集》21878；《兼评》隶作：

辛亥，丁子唯此祸？（右行）

耀华按《兼评》隶误，"唯"下二字当为"口咎"，见图2，当隶为"辛亥：丁子唯口咎"，右侧上面那条作"辛亥：妣庚唯口咎"，两条卜辞同为辛亥日占卜，同问"唯口咎"，不同的只是命辞主语，一为丁子，一为妣庚。

【3】《京津》4609片，即《合集》27771；《兼评》隶作：

贞：征无祸？（左行）

耀华按此版作"王执入。大吉"，与《兼评》的隶定完全不同，疑片号误（见图3）。

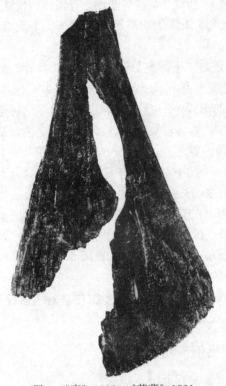

A 1174　13.0.234>
B 1446　13.0.3128

图 2　《殷缀》265

图 1　《库》1988 =《英藏》1891

图 3　《京津》4609 =《合集》27771

【5】《京津》2948 片，即《合集》21637；《兼评》隶作：

乙未卜：妣丁此（柴）？（左行）

耀华按此版无此内容，见图 4，说明《兼评》片号不对。

图 4　《合集》21637

据其隶定内容推测，可能是《乙》1106，即《合集》21666："乙未卜，梦，姁丁咎。"此为子组卜辞。若是此版，《兼评》隶定则脱一"梦"字。见图5。

【6】《后》下，P.36，三片，即《合集》32833；《兼评》隶作：

壬午卜，照来于夐驭？（右行）

耀华按《兼评》隶为"照"的那个字通常隶为"岳"，最末那个字隶为"驭"，不妥，此字从无从又，非从马从又，当隶为"取"，全辞为："壬午卜，岳来于夐取？"见图6。

图5 《合集》21666

图6 《合集》32833

【11】《前》二，P.15，二片，即《合集》36772；《兼评》隶作：

丙辰卜，在奠贞：王今日步于先，亡灾？（右行）

耀华按此版拓本不够清晰，《摹释总集》隶作"丙辰卜在奠贞……王步羡亡灾"，"王步"之下是"羡"而非"先"是可以肯定的，"王"前应该是"今日"二字，本版应隶为："丙辰卜，在奠贞：今日王步羡，亡灾。"见图7。

【12】《前》二，P.17，二片（《同》237片，《缀合》197乙片重），即《合集》36822；《兼评》隶作：

癸卯卜，在犅贞：王旬无祸？（右行）

耀华按原拓（见图8），"贞"前是"攸"而非"犅"，"王"字下面是"今夕"而非"旬"，全辞当隶作："癸卯卜，才攸，贞：王今夕无祸？"

图 7 《前》2.15.2 =《合集》36772

图 8 《前》2.17.2 =《合集》36822

【13】《录》577 片，即《合集》5695；《兼评》隶作：

丁卯卜：王在沚卜。（右行）

耀华按原拓无此内容，见图 9，应是片号有误。实是《录》557，即《合集》24351（见图 10）。

图9　《录》577 =《合集》5695

【15】《粹》426 片，即《合集》1346；《兼评》隶为：

庚戌，余：莽于咸，允若（诺）？（左行）

耀华按"庚戌"后"余"当属下读，"余"是人称代词，而非卜人名，《粹》隶作："戌［午］卜……庚戌余莽于咸，允若。"句读可从，不过"于"后一字是"成"字而非"咸"字，《兼评》亦误。见图11，当隶为："戌戌［卜］……庚戌余莽于成，允若。"

图10　《录》557 =《合集》24351

图11　《粹》426 =《合集》1346

【20】《前》八，二，P.15，二片，即《合集》21562；《兼评》隶作：

戊寅，余卜贞：匄帚奴？（左行）

耀华按此版系子组卜辞，"帚"后一字当隶为"妥"，非"奴"。见图 12。

*【21】《沪》二，123 片（《合》十二，35960 片重）；《兼评》隶作：

……余卜贞：王[宾]康祖丁，肜[日]无尤？（左行）

耀华按细审原拓（见图 13），知"卜"上一字当读"巳"而不是"余"，由周祭卜辞规律知，"巳"前当补出"丁"，当隶为："〔丁〕巳卜，贞：王〔宾〕康祖丁肜〔日〕，亡尤。"《兼评》把这版典型的"王卜辞"误认作"子卜辞"，以此作为"'非王卜辞'中有'王'的卜辞"的主要证据，自然会得出有趣的结论。

图 12　《前》8，2.15.2 =《合集》21562　　　　图 13　《沪》2.123 =《合集》35960

【25】《六·中大》3，即《合集》22302；《兼评》隶为：

甲辰卜，亚：禘兄丁用……（左行）

耀华按此拓不太清晰，然"亚"字左侧不是"兄丁"可以肯定。见图 14。

图14 《六·中大》3－《合集》22302

【26】《屯甲》3374，即《合集》19834；《兼评》隶作：

丁卯卜，征：曾彿，大戊辰正？（右行）

耀华按《兼评》隶释存在三个问题：首先是误合，把"丙寅卜"那条卜辞最末一字"正"字与"丁卯卜"那条卜辞牵合在一起，给两辞疏解徒添困扰。见图15。其次是句读问题，《甲编释文》隶作："丁卯卜，征曾彿大，戊辰？"显然认为"征"当属下读。这是对的。第三，不解辞义。本辞文字不多，但理解起来并不容易，难点在于"大戊辰"三字，《甲编释文》这样解释："曾，乃用牲之法。彿，邦族之名，已见387及709片。大，盖彿人之名大者也。此盖卜问于次戊辰曾彿大以祭，其吉否也。"（429页）把"大戊"之"大"解释为"彿人之名大者"，无据可依，故用"盖"字表明此系揣测之解。《兼评》《甲编》皆不知"大戊辰"的"戊"是"省略重文"[①]，"戊"字一字两用，"大戊辰"即"大戊，戊辰"之略语，此版当隶为："丁卯卜，征曾彿大戊，戊辰。"

*【27】《金》622片，即《合集》40888＝《英藏》1822；见图16。《兼评》隶为：

己酉卜，竹：又曾，允？（左行）

---

① 裘锡圭：《古文字论集》第1集，第147-150页，中华书局，1992年。

图 15 《屯甲》3374　　　　　　　图 16 《金》622 =《英藏》1822

耀华按《兼评》把"竹"理解为卜人，不确。"某" + "又卹"这种句式卜辞恒见，如"□乎比臣沚，又卹三十邑"（《合集》707），"贞：帚好又卹于多妣酒"（《合集》2607），"贞子商又卹于父乙，乎酒。"（《合集》2944），"贞：子渔又卹于……"（《合集》2980 正），"乙酉卜，贞：王又卹于祖乙。"（《合集》33066）辞中"又卹"前的"某"无一例是卜人，由此可证，"竹"当属下读作"竹又卹"。"竹"非卜人，后文还要详论，在此不赘。全版应隶为：

（1）己酉卜：竹又卹。允。

（2）□丑卜：〔我〕田鹿…

【29】《库》189 片，即《合集》40858。《兼评》隶作：

丁巳卜，爻：方（祊）上子？（左行）

耀华按"方"下一字《兼评》误隶"三"为"上"，并说"'上子'，此指上帝"，其说无凭。见图17。可隶为："丁巳卜，□方三子。"

290

【30】《屯乙》8850（13.0.17721,17751），《兼评》隶为：

戊辰卜，佌：呼逆小方，我七月受年？（右行）

耀华按《屯乙》8850原拓上连兆序算上才仅有3字，见图18，可见又是片号舛错问题。

图17 《库》189＝《合集》40858

图18 《屯乙》8850

由登记号13.0.17721,17751知，应为《屯乙》8505，见图19。

不止是片号舛错，隶释也有问题，"七月"右侧作"▓"不是"受年"，当隶为："戊辰卜，佌；乎洆希小方，我。七月。▓"

【31】《六·清》2片，即《合集》21535；《兼评》隶作：

甲戌，子卜：我唯及省祸？（左行）

耀华按此为子组卜辞，"唯"后二字是"印"和"直"而非"及"和"省"，"及"和"印"一从人，一从卩，"省"与"直""目"上一作丫，一作丨，判然有别。见图20。实应隶为："甲戌，子卜：我唯印直憂？"

图19 《屯乙》8505（13.0.17721,17751）

图20 《六·清》2＝《合集》21535

*【33】《屯乙》8686，亦即《合集》20113；《兼评》隶作：

丁酉余卜：尊？八月。（左行）

丁卯卜，弞：五月。（左行）

耀华按此为自组卜辞，左边直边下面那条卜辞《兼评》读为"丁酉余卜：尊？八月"，不妥。"余"字下是"酌"字，不应隶作"尊"。且"余"跟"卜"不在同一列上（见图 21），当隶作"丁酉卜，酌……余……"，"余"在此为人称代词，而非贞人，《兼评》（第 93 页）所谓贞人"余"与贞人"弞"（通常隶作"扶"）同版实为误解。

【34】《存》上 802 片，《兼评》隶作：

……辰，入卜：……（下行）

耀华按，"入"上一字当为"贞"，而非"辰"，见图 22，当隶为："……贞，入卜：……"

图 21 《屯乙》8686 =《合集》20113

图 22 《存》上 802

【35】《续》五，P.7，五片，即《合集》21068；《兼评》隶作：

己丑卜，王卜：曰——娥娩，允其于壬劦（嘉）不？（左行）

耀华按《兼评》隶定 4 处有误：其一，"己酉"误为"己丑"。其二，读"占"为"卜曰"，《合集》20333"占"字作"▉"，与本版"王"后一字字形完全相同。

《兼评》此例无法支撑"干支卜，某卜：……DV_1PV_1"这种前辞形式。其三，"于壬"后无"劦（嘉）"字。其四，脱"十一月"。见图23。本版应隶为："己酉卜，王占娥冥，允其于壬不。十一月。"

【36】《南北·坊间》三，141片，即《合集》34021；《兼评》隶为：

> 癸巳卜，羌卜：易日又……乙未伐……（右行）

耀华按此版拓本清晰，见图24，所谓"癸巳卜，羌卜：易日又……"误合3辞为1辞，且"癸巳卜"跟隶作"羌"（是不是"羌"也很难说），那个字不在一列上，此例也支撑不了《兼评》（十三）"干支卜，某卜：……DV_1PV_1"这一前辞形式。此版当隶为：

（1）癸……又……伐……

（2）癸巳卜，易日，乙未。三

（3）……卜……

图23　《续》5.7.5＝《合集》21068　　　图24　《南北·坊间》3.141＝《合集》34021

【37】《戬》P.33，15片，即《合集》21069；《兼评》隶作：

> 戊戌卜，犾卜：曰——嘉？（右行）

耀华按此版与前揭【35】相同，皆是误隶"占"为"卜曰"，此版也同样不能支撑（十三）"干支卜，某卜：……DV_1PV_1"这一前辞形式。此版当隶为（见图25）：

（1）戊戌卜，扶，占嘉。

（2）癸巳卜，令牧乡。

【38】《虚》98 片，即《合集》24215；《兼评》隶为：

……丑卜，大卜：又祟，其又尤？

耀华按此为出组卜辞，按覆按原拓，"大"后尚有一字的余地，当补"贞"字，作"大[贞]"，见图 26。

图 25 《戬》33.15 =《合集》21069　　图 26 《虚》98 =《合集》24215

除此版外，未见"大卜"二字连言的辞例，"大贞"连言、"贞卜"连言的辞例倒有不少（"贞卜"连言的辞例后文还要讨论，在此不赘），尤为难得的是竟有一例"大贞卜"连言者，即《合集》26095，辞作："己丑卜，大，贞卜希，其于王。"见图 27。

此版与《虚》98（《合集》24215）版辞例完全相同，足证"大"后补"贞"字是妥当的，《兼评》所隶恐非。后一"卜"字是前辞还是命辞尚有思考的空间，若作前辞解，则此版前辞形式是"干支卜，某贞卜：……"，若作命辞解，其前辞形式是"干支卜，某贞：卜……"。无论如何解，皆非《兼评》所谓"干支卜，某卜：……"这一点可以肯定。

【40】《粹》305 片，即《合集》24258；《兼评》隶为：

丁丑卜，在奠，行贞：父丁岁，无它？（右行）

耀华按，郭沫若先生《粹》305 释文云："'在奠'二文，依一般辞例当在文尾，依帝乙时文例，当在'卜'字下，此添刻于'卜'字旁，盖已启后来之风尚。"①《粹》拓本清晰，见图 28。

---

① 郭沫若《殷契粹编》，第 440 页，科学出版社，1965 年。

图27 《京人》1469 = 《合集》26095

图28 《粹》305 = 《合集》24258

此版《摹释总集》隶作：

（1）□丑卜，行…才奠。

（2）□□〔卜〕，行…父丁岁…

究竟是一条卜辞抑或两条卜辞？关键是如何认识右侧那个从彳的残字，《粹》认为是"亡徎"的"徎"字，《摹释总集》认为是"行"字，单从残字来看无法确认二者孰是。此版是出组卜辞，出组卜辞"岁"后恒语通常是"亡尤"而不是"亡徎"，也就是说，从彳那个字极有可能是"行"字，出组卜辞文例支持《摹释总集》而不支持《粹》释文，此版当如《摹释总集》所释是两条卜辞的残辞，而不是一条完整的卜辞。《兼评》遵循《粹》释文，将两条卜辞误合为一条卜辞。

【41】《南北明》828片，即《合集》36442；《兼评》隶为：

壬午卜，[在]旧，立贞：王今夕，不震？（右行）

耀华按原辞"旧"前无"在"字，见图29，当隶为：

（1）其震。

（2）壬午卜，旧，立，贞：王今夕不震。

【44】《珠》1120片，即《合集》3776；《兼评》隶作：

壬子，亘贞：往出？（左行）

耀华按干支"子"前一字，难以确定是"壬"是"戊"，不如不补。见图30，"子"下为"卜"字殆无可疑，当隶作："□子卜，邋，贞：…往出。"

图 29 《合集》36442

图 30 《珠》1120 =《合集》3776

【45】《佚》195 片，《合集》33380；《兼评》隶作：

辛亥，贞：又获，在白燎？叀。（右行）

耀华按"辛"后一字看不出是"亥"，以阙为宜，"白"下一字当隶"木"，见图 31，木是田猎地地名，有"壬辰卜，贞：王田木，往来亡灾"（《合集》37789）及"乙巳王卜，贞：田木，往来亡灾"（《合集》37364）为证。"叀"，动词，意思是逢遇（见何景成《甲骨文字诂林补编》第 229 页）。此版当隶为："辛□，贞：有获，〔在〕白、木叀。"意在卜问田猎擒获，会不会在白、木二地遇上猎物。

【46】《沪》二，113 片，即 14626；《兼评》隶作：

……其作王堕于兹？永。（下行）

耀华按原片中并无此类文字，如图 32，应是片号出现了手民之误。而且上例文字内容是命辞而非前辞，跟前辞形式的归纳没有关系。

【47】《粹》1234 片（《京津》1234 片重），即《合集》13932；《兼评》隶作：

……妌有子？……宾。（左行）

耀华按依《兼评》所隶，其内容也是命辞而非前辞，对于前辞形式的归纳来说，是无效证据。实际上应该自上而下、从左往右读，即"……宾，〔贞：〕…妌有子。"见图 33。

图 32　《沪》2.113 =《合集》14626

图 31　《佚》195 =《合集》33380　　　　图 33　《粹》1234 =《合集》13932

　　《合集》2722 辞作："丁未卜，〔宾〕，〔贞〕：帚姘有[子]。……🔲。"与此版内容有关，字形也相似，也是自上而下读。见图 34。由此可证《粹》1234 的前辞也应该是"干支卜，某贞"，不能支持《兼评》归纳的"干支贞：……某"这一前辞类型。

　　【49】《屯甲》2562，即《合集》35344；《兼评》隶作：

丁酉，尹、录卜，在今贞：在戠田，🔲其以又🔲畬，无🔲。（左行）

　　耀华按《甲编》原拓不晰，见图 35。《甲编释文》："丁酉，中录卜，在今贞：在狝田，某，其以右人畬，亡灾？……中录，贞人名。"（324 页）《兼评》理解"尹、录"为二卜人，说无据。

图 34 《合集》2722　　　　　　　　图 35 《屯甲》2562＝《合集》35344

【50】《南北·明》786 片，《合集》36484；《兼评》隶作：

癸卯卜，寅贞：王旬无祸？在正月，王来正人方，才攸侯喜鄙，永。（右行）

耀华按此为黄组卜辞，见图 36，贞前一字当隶"黄"而非"寅"。

【51】《金》584 片，即《合集》41753 ＝《英藏》2524；《兼评》隶作：

癸亥，王卜贞：旬无祸？在十月又一，王征人方，在凤。（左行）

耀华按本版拓本不晰，最末一字似非"凤"，《摹释总集》作"在𣬽"，可从。
见图 37。

图 36　《南北·明》786＝《合集》36484　　图 37　《英藏》2524＝《合集》41753

【53】《通》743 片（《后》上 P.12，12 片，《后》上 13 页，2 片），即《合集》24347；《兼评》隶作：

癸卯卜，行贞：王步于勦，无灾？才八月。才𠂤雇卜。（左行）

耀华按《兼评》脱"自雇"二字，辞末衍"卜"字，见图38。当隶为："癸卯卜，行，贞：王步自雇于勦，亡灾。才八月。才𠂤雇。"

【55】《录》718 片（《缀合》34 乙片重），即《合集》24345；《兼评》隶作：

贞：亡尤？在𠂤上丙卜（右行）

耀华按"卜"前一字隶"上丙"误，应隶为"丙"（见图 39）。

图 38　《通》743 ＝《合集》24374　　　图 39　《录》718 ＝《合集》24345

【56】《京都》B.1593 片，《兼评》隶作：

贞：其雨？在奠卜。（左行）

耀华按"在"后一字是"圭"非"奠"，隶误。当隶为："贞：其雨。在圭卜。"
（见图40）

【60】《拾》P.1，10 片，即《合集》34082；《兼评》隶作：

戊辰卜，贞：其寮生于妣庚、妣丙？才祖乙宗卜。（左行）

耀华按"戊辰卜"后无"卜"字，见图41，也没有补"卜"的空间，上面那
条前辞形式为"辛巳（干支），贞"即可为证。"辰"前一字隶"戊"误，当为"庚"，
"庚辰"次日即"辛巳"，可证必为"庚辰"无疑，此版当隶为："庚辰，贞：其寮
生于妣庚、妣丙，才祖乙宗卜。"《兼评》归纳的"（二十六）干支卜，贞：……。
D_1V_2……WV_1"这一前辞形式不确。

图40 《京都》B.1593 图41 《拾》1.10 = 《合集》34082

【63】《屯甲》3152（4.0.24）《兼评》隶为：

刀卜：七月祸？（左行）

耀华按《屯甲》3152 残甲上仅有"其禦"2 字，见图 42，且登记号为 4.0.0239，此版应为手民之误（《屯甲》也没有 4.0.24 这样的登记号）。

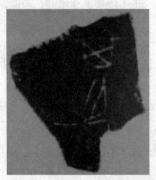

图 42 《屯甲》3152（4.0.0239）

由《兼评》讨论内容看，所论应该是《非王卜辞》所说的《屯甲》3153（4.0.0241），见图 43。此版《非王卜辞》隶作"刀卜，七月□"（58 页），"七月"左侧的"▨"字不太清晰，这大概是《非王卜辞》缺而不释的原因。《兼评》隶"▧"为"祸"没什么根据，"祸"字从未作此形。《屯甲》释文隶此字为"口"，整版释文为：

（1）……刀来？

刀，地名，已见 3085 及 3092+3098 片，此谓刀人也。

（2）……口……？七月

（3）……卜，……刀……？

图 43 《屯甲》3153（4.0.0241）

《屯甲》释文由左往右读，不甚合理，左上有兆序"一"依稀可辨，由是可证《非王卜辞》和《兼评》自右而左读是正确的。从拓本里实在找不出"刀来"字样，不知《屯甲》释文所据为何？值得注意"卜""刀"二字紧挨着，其上留白很大，不像有缺字，《屯甲》所释不可从。

【65】《戬》P.43，四片，即《合集》27633；《兼评》隶作：

……伊窒弜射？壬辰卜。（下行）

耀华按《兼评》把误合3条卜辞为1条，见图44，当隶为：

（1）壬辰卜…

（2）弜射。

（3）伊窒。

《兼评》归纳的"（二十九）……干支卜，……DV_1"前辞形式没了支撑依据。

（二）《兼评》"卜辞前辞形式类型举例"问题平议

《兼评》共举67例，有38例讹误，讹误率过半。讹误类型分布如下：

1. 片号误：【3】【5】【13】【30】【46】【63】【68】。

2. 脱文：【1】【5】【53】。

3. 衍文：【41】【53】。

4. 句读误：【15】【26】【27】【38】。

5. 误合：【26】【36】【40】【65】【68】。

6. 误补：【44】【45】【60】。

7. 字序颠倒：【11】。

8. 误隶：【1】【6】【11】【12】【15】【20】【21】【25】【26】【29】【30】【31】【33】【34】【35】【37】【40】【45】【49】【50】【51】【55】【56】【60】【63】【69】。

从上列数据来看，误隶这一类最多，多达26版，超过总数的三分之一。其次是片号误，也有7版之多，超过总数的十分之一。再次是句读、误合问题，句读误表明理解有偏差。误合是把多卜混为一卜，同样也是没能准确理解辞义。最后是脱文、衍文，脱文犹可理解，衍文则匪夷所思。误补，即补不当补。有的误补例虽不甚妥当，倒是无关痛痒，如【44】例，从残存字形看很可能是"戊"而不是"壬"，然"戊"也好，"壬"也罢，都是干支，尚不影响

图44 《合集》27633

"（十六）干支，某贞：……DPV$_2$"这一前辞形式的归纳判断。有的则不然，如【60】本来干支后无"卜"字，且无容纳"卜"的空间，然《兼评》强补"卜"字，一字差错，导致其所归纳的"（二十六）干支卜，贞：……在某卜。DV$_1$V$_2$……WV$_1$"这一前辞形式没了依据。也有"当卜未卜"者，如上揭【38】例。还存在一些其他问题，如 "（十三）干支卜，某卜……"所举的【35】【36】【37】【38】4 例，或误隶，或误读，或误合辞条，所举 4 条例证没有 1 条靠得住，甚为遗憾！更为尴尬的是，所举首例就脱文，而且脱的是干支"丙子"后的前辞"卜"字，这一失误致使其所归纳的第一种前辞形式"干支：……D"即不成立。

本节 67 例检正结果显示，表一"前辞语序省变形式编号表"中的 31 种前辞形式有 4 种有问题。《兼评》充满自信地说："以上，共举前辞形式 31 种，67 例。虽不能说前辞形式全备于此，但至少已是十得其九了。"（85 页）事实并非如此，所举 31 种删除 4 种后仅剩 27 种，然殷墟卜辞的前辞形式绝非 27 种，如前面谈到的"贞卜"连言的前辞形式至少下列 5 种均不在其 31 种之内：

1. 干支卜，某，贞：卜……

2. 贞：卜……

3. 干支卜，贞：卜……

4. 干支，贞：卜……

5. 二夕贞：卜……

具体辞例详下节关于"贞卜"连言的讨论。

（三）"论前辞形式之省变及其因素"举例检正

以《兼评》编号计，此节所举"在编"辞例有【68】【69】【70】【71】【72】【73】6 版，"不在编者"如讲"同版互证""异辞同实互证"研究方式所举的 5 条辞例（90 页），其中【20】【27】的问题前面讨论过，不再赘述，其余总计 9 版，这 9 版之中【71】【72】【73】3 条无误，其余皆误。下面逐条讨论：

【68】《屯甲》3375（5.0.15），即《合集》20417；《兼评》隶作：

乙卯：方其正南？丙。（左行）

耀华按此例存在 3 个问题：①编号讹误。此版登记号 5.0.0015，《兼评》误为 5.0.15。②误残文为完辞。由上面"丙辰卜"知，下面那条"乙卯"后必有"卜"字，《兼评》误作完辞。③误合他辞。兆序"一"契于"南"之左侧，知"乙卯"条卜辞已终止于此，兆序"一"左侧之"丙"是另条卜辞前辞"丙辰卜"之残余。《兼评》误系于此，合两条为一条，非是。见图 45。

此辞当隶为：

（1）乙卯〔卜〕，方……其……正……南……。一

（2）丙辰卜，戎其见方。三月。二

（3）丙[辰卜]……

【**69**】《京津》4523 片，即《合集》28577；《兼评》隶作：

庚午卜，贞王其田？狄。（左行）

耀华按"田"后一字非从火从犬，而是从立从犬，隶"狄"误，当隶为"犾"，全辞当读作："庚午卜，贞：王其田，犾…"（见图 46）

图 45　《甲编》3375（5.0.0015）　　　图 46　《京津》4523 =《合集》28577

【**70**】《屯乙》6686，亦即《合集》9012 反，《兼评》隶作：

癸，雩示百。㱿。（下行）

耀华按覆按原拓，"示百"前两字是"帚井"而非"癸，雩"，见图 47。甲桥刻辞骨臼刻辞每见"帚井示若干"，从未见作"癸，雩"者。《合集》2530 反作："帚井示百。㱿。"与此条内容完全相同。

接下来讨论"不在编"者，即通过"异辞同实"的方式来证明"干支卜，某"形式中"某"为贞人的那 3 条卜辞：

①《兼评》隶作：

乙卯卜，余：秦于葳三牛，允正？（左行）——《前》六，P.7，七片

耀华按《前》六，P.7，七片，即《合集》12895（见图 48）；其辞为：

（1）己未卜，宾，贞：蔑雨隹〔有〕害。

（2）戊囗〔卜〕，宾，〔贞〕：⋯

图 47 《屯乙》6686 =《合集》9012 反

图 48 《前》6.7.7 =《合集》12895

显然不是所揭辞例，当是片号误。根据内容检索，知所揭当是《前》6.7.6，即《合集》14811，辞为："〔己〕卯卜，余莱于蔑三牛，允正。""卯"上一字当为"己"，《兼评》隶"乙卯"非是，见图 49。

此例中的"余"非前辞，当属下读，即第一人称代词，是"莱于蔑三牛"的主语，右侧那条"戊寅⋯余莱⋯允正"中的"余"也是第一人称代词，非为卜人名，与《英藏》180"贞：隹奎不，余莱"之"余莱"辞义相同（见图 50）。也就是说，此版前辞形式为"干支卜"，"卜"后的"某"是命辞，而非《兼评》所谓"'干支卜，某'形式中'某'为贞人"说。

图 49　《前》6.7.6 =《合集》14811　　　　　　　　图 50　《英藏》180 正

② 《兼评》隶作：

己丑卜，余卜：……《库》626（即《合集》40880）加 645 片（即《合集》40886）

耀华按此为子组卜辞，"余"确为卜人名，然此例的前辞形式并不符合《兼评》所谓"干支卜+某"这一形式，所隶"己丑卜，余卜"也不可靠，《库》626（即《合集》40880）"己丑"与"……余卜"不是同一条卜辞，《兼评》误合为一条卜辞，且"己丑"后衍"卜"字，所谓"己丑卜，余卜"这一辞例不存在（见图 51、图 52）。

图 51　《合集》40886

图 52　《合集》40880

③《兼评》隶作：

"戊寅，余卜贞：……" ——【20】，即《前》8.8.3，亦即《合集》21562

耀华按全辞为"戊寅，余卜，贞：囗帚妥"，此例前辞形式为"干支，某卜，贞"，与所论证的"干支卜，某"的前辞形式不匹配。

由于上揭 3 辞前辞形式不同，后两辞并非"干支卜，某"形式中"某"为贞人这一说法的有效证据，所以，后两例中"余"无论是不是贞人名都无法解决第 1 辞的"余"是不是贞人名的问题。既然以上例证无法证明"干支卜，某"形式中"某"为贞人，同理【27】例"己酉卜，竹又晢（册）"中的"竹"也无从证明必是卜人，前已述及此例"竹"当属下读，"竹"是人名但非卜人。

（四）《兼评》"竹、大、争三人共贞"说检正

前文谈及【27】例时说"竹"是人名但不是"卜人"。为什么反复讨论"竹"是不是卜人的问题呢？因为，《兼评》质疑"非王卜辞"说的一个重要依据就是，有"竹、大、争三人共贞"辞例，即《前》2.37.7（《合集》637）。"争"是武丁时代的卜人这是大家公认事实，如果"竹"是"非王卜辞"的贞人，据此可以断定所谓的"非王卜辞"的"贞人"如"子""余""我""𫵖""𥅝"等跟"争""大"一样都是商王室的贞人，时代属于武丁时期。如果确有"竹、大、争三人共贞"这样的辞例，《兼评》就找到了推翻"非王卜辞"说的坚强证据。

接下来检正《前》2.37.7（《合集》637）辞例问题，拓本见图 53。

此版拓印不太清晰，《兼评》隶作：

丁丑卜，竹、争、大贞：令墉子𦥑臣于𡿩？（右行）

界栏以下《摹释总集》隶作：

……争…多…方…邕……

丁丑卜争贞令翌以子商臣于盖

……竹……

从《摹释总集》的隶释看，并无《兼评》所谓"竹、大、争三人共贞"的辞例。《摹释总集》隶释是不是准确无误呢？不妨验之以原拓。界栏上面的辞残，《摹释总集》隶作"……争…多…方…邕……"，没有问题。界栏下面左侧第一列是干支"丁丑"应该也没有问题，"丑"下是不是"卜"字则难以确定，次列"令"上是不是"争贞"也没有把握，右列"𦥑""盖"二字基本清晰，《摹释总集》之所以在"𦥑""盖"之间隶出"臣于"二字，大概是据《合集》638"…以子商臣于𡿩"臆补的，未可遽必，然把"竹"字排除在前辞之外实为卓识。就目前所见 30 多版带"竹"字的卜辞，没有一例可证"竹"是卜人的，《合集》20333 版辞作：

丁丑卜，王，贞：令竹希兀于囟山朕史。

见图54，"丁丑""令""竹"等皆见于此版，字体也比较接近，二者是不是相关值得考虑。然无论如何，此版可证"竹"断非"贞人"，《兼评》所谓"竹、大、争三人共贞"的隶释恐怕有问题。

图53 《前》2.37.7 =《合集》637

图54 《合集》20333

《录》519（《合集》八，23805重出）卜辞也是《兼评》断定"竹"为贞人的重要依据，这版卜辞较为清晰，《兼评》隶作：

丙寅卜，疑贞：卜竹曰："其侑于祊宰？"王[1]曰："从祷"，翌丁卯率，允若？八月。（左行）（92页）

耀华按《兼评》隶"王曰"后二字为"从祷"，非是。《摹释总集》作"弜刍"，基本准确，"刍"通常隶作"畴"。"若"前《兼评》衍"允"字，见图55。

此条当读作："丙寅卜，疑，贞：卜竹曰：'其侑于丁宰。'王曰：'弜畴，翌丁卯毒'，若。八月。"那么，此版的"竹"有无可能是卜人呢？不妨验之以同类卜辞辞例，"贞卜"连言辞例连同上例共计24例，兹将其他23例迻录于此以便比对：

1. 〔戊〕申卜，宾，贞卜亡祸。《合集》590

2. □□〔卜〕，□，贞卜有希…《合集》4829

3. 贞卜丙弗害王。《合集》8969

---

① 在《学报》原刊里此字作畾，《殷周考古论著》收入此文时改隶作"王"（17页），这是对的，不过又将前一"宰"字改作"牢"，则是错的。

4. 辛巳卜，贞卜其雨。《合集》13003

5. 辛巳卜，贞卜不雨。《合集》13004

6. 贞卜…兹有…其至祸。《合集》16486=《合集》19462

7. 贞卜有希，其于丁。《合集》16953

8. 贞卜有希，亡祸。《合集》16954

9. 癸卯卜，殼，贞卜蕴。《合集》17144

10. 辛巳贞卜王不…《合集》20302

11. □□〔卜〕，□，贞卜曰：隹…其受有。《合集》21841

12. 壬午卜，𠬝，贞卜有希，才兹入，有不若。《合集》22592

13. 乙巳卜，中，贞卜若。兹不宁，其大不若。《合集》23651

14. 丁酉卜，王，贞卜祸。才四月。《合集》24769

15. 庚戌卜，中，贞卜有希。《合集》26098

16. 二夕贞卜子亡若。《合集》31676

17. 癸丑，贞卜啓侯。《合集》33979

18. 丁丑，贞卜有希，翡祸。《合集》34708

19. 壬辰卜，贞卜有希…三月《合集》40640

20.（1）壬午卜，中，贞卜曰其叙。九月。

（2）丁亥卜，大，贞卜曰其有氾彳岁自上甲，王乞…《合集》40926

21. 己丑卜，□，贞卜若…隹其……《合集》41060 =《英藏》2200

22. …贞卜…余…执…《天理》269

23. 丙申…贞卜…叀正…《英藏》2186

图 55 《合集》23805

由上诸例不难判断，"贞卜"之间当点断，"卜"字属下读，非为前辞。第3例"贞卜丙弗害王"（《合集》8969）即可为证，"卜丙"即外丙，为殷先祖，肯定不是卜人。再如第16例"二夕贞卜子亡若"（《合集》31676），本版的"子"不能理解为"卜人"，也就是说"卜子亡若"为命辞。第17例"癸丑，贞卜啓侯"（《合集》33979），其中"癸丑，贞"为前辞，"卜啓侯"是命辞。由是知《录》519即《合集》23805的前辞为"丙寅卜，疑，贞"，其后的"卜竹曰……王曰……"为命辞，也就是说"竹"不是卜人。《兼评》所持"竹、大、争三人共贞"的见解过不了卜辞辞例这一关。然尽管如此，《兼评》注意到武丁时期贞人"争"与"竹"有关联，"竹"与子组卜辞有关联，据此断定子组等非王卜辞是武丁时代的卜辞，其断代结论还是正确的。

在谈到"子卜辞"断代时，《兼评》以【33】例为证，把"余"理解为卜人，说"余"与武丁期贞人"㠯"同版，以此断定"子卜辞"的时代为武丁时代。前面已经讨论过，此版的"余"不是卜人，虽然《兼评》论证有问题，但断代是对的。无独有偶，下面这个辞例也是如此。

《前》5.26.1，即《合集》9611，《兼评》隶作：

丙辰卜，永贞：呼省田？……
我贞：凡（风）？（94 页）

耀华按《兼评》说"永"系武丁前期"宾"组贞人，而"我"与之同版，其为武丁贞人无疑。（94 页）

覆按原拓，见图 56，《兼评》把"我"误读为贞人，实际上"我"当属上读，即"乎（呼）省我田"，"贞：凡"为下一条卜辞。这版卜辞应隶作：

丙辰卜，永贞：呼省我田？
贞：凡。

《兼评》分不清"宾组""子组"，把二者混为一体，论证时张冠李戴，然其"所谓的'子卜辞'内的贞人大多是武丁时期的"这一研判却歪打正着。《兼评》批评："'非王卜辞'说把'我'列入帝乙时代，可见在卜辞断代方面，'非王卜辞'说有不少问题应当澄清。"（94 页）李学勤先生在为拙著《殷虚甲骨非王卜辞研究》所作的序文中对这个问题作出如下解释："至于我当时将子组等卜辞看得很晚，原因之一是坚持'子'是一个特定的人，和同见的其他卜人一样。由此，还把商代晚期的青铜铭文里的'子'也牵合在一起，这显然是不对的。后来我逐渐意识到'子'不必为一人，而应

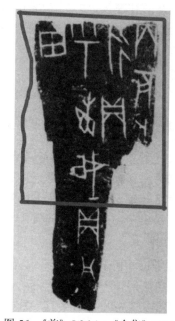

图 56 《前》5.26.1 =《合集》9611

该是一种身份或称号，对卜辞和铭文的进一步考察证实了这一点。"①

---

① 李学勤：《殷虚甲骨非王卜辞研究·序》，线装书局，2006 年。

（五）如何理解"子卜辞"中的"王贞"前辞

李学勤先生《帝乙时代的非王卜辞》（49页）在讨论YH127坑的子卜辞（即子组卜辞）时指出，"这种卜辞共有五个卜者"，即子、我、𡿺、余、𪊨，记卜者的前辞共有四式：

干支卜某贞：子𪊨我𡿺

干支卜某：𪊨我𡿺

干支卜某卜贞：子我余

干支某卜：子𪊨𡿺余（49页）

然在数百版子组卜辞里却有一版前辞作"王贞"的卜辞，即《佚》577片，即《南北·无想》241，亦即《合集》21374，见图57：

《帝乙时代的非王卜辞》注[11]云："本种卜辞佚 577，（《南无》241）前辞作'辛囧壬午王贞'，意义不明。"由"前辞作'辛囧壬午王贞'"这句话知，李学勤先生显然认为这版卜辞当从右往左读，即"辛囧壬午王贞：𦥑不因"，《兼评》则认为"本辞行款本来是由左到右的"，所以隶作：

图57 《佚》577 =《合集》21374

贞：𦥑不死？

辛囧（盟），壬午王…（右行）——《佚》557片（《南北·无想》241片重）

𦥑，叶玉森释"爰"，于省吾释"帅"。姑不论此字于义云何，它在本辞是代表一个人的名字则毫无可疑。本辞大意：𦥑这个人会不会死？辛这一天（大约即辛巳）举行盟祭禳解，到了壬午这天，王再囧视兆象以定其吉凶。本辞"王"字以下折去囧曰……等字。（94页）

耀华按《兼评》把"囧"读作盟，说是"举行盟祭禳解"，并主张从左往右读，还补出"囧曰……"，乃属臆断。其实，李学勤先生的读法是正确的，只是一时参不透在非王卜辞里怎么会有一片"王贞"卜辞。随着学术不断进步，三十多年后，黄天树先生在《关于非王卜辞的一些问题》一文中对非王卜辞前辞中出现"王"或命辞中提到"王"这一问题，给出一个比较令人信服的解释：

辛囧壬午王贞：帅不因。

（20）（引按即《佚》577，《南北·无想》241）（21）是前辞中出现"王"。（22）至（27）是命辞中提到"王"。命辞中出现"王"，可以解释为商人诸宗族和商王时有往来，说明他们之间的关系非常密切。这并不会影响我们对非王卜辞性质的判断。但是，对前辞中出现"王"的现象，有必要稍加说明。上引（20）中的"辛日壬午王贞"这种前辞形式极为罕见，过去因为不明了它的意思，有人把这条卜辞从左到右读作"贞帅不因，辛囗壬午王囗"，显然是不对的。最近，裘锡圭师对这条卜辞作了较好的解释，他认为"辛囗壬午"之"辛"为"辛巳"之省；"囗"是见母阳部，"向"是晓母阳部，二者古音极近，"囗"应读为"向"。"辛囗壬午"之"囗（乡）"，与《诗经·小雅·庭燎》"夜乡（向）晨"的"向"同义。"辛巳向壬午"犹言"辛巳夕向壬午"，指辛巳日即将结束壬午日即将开始之时。"辛囗壬午"指贞卜的时间。据此，卜辞的意思是说：在辛巳日即将结束壬午日即将开始之时，由王主持贞卜，卜问帅这个人物会不会"因"（这里当"暴死"讲）。（20）辞的贞字作尖耳有足，再结合书体风格来看，无疑是子组卜辞。那么，非王卜辞中出现由王主持贞卜的现象应如何解释呢？

根据周代的文献来看，显贵的世族大家是有自己的祝宗卜史的，各自独立进行占卜。……表明商人各家族有自己的占卜机构。……可知子组的问疑者可系联为一个独立的贞人组。但其贞人比王卜辞的宾组贞人也少得多。

综上所述，商人各宗族也有自己的祝宗卜史和占卜机构，可以独立进行占卜。因此，我们推测，上引（20）很可能是商王在宗族住地巡视并进行占卜活动时，由宗族占卜机构所契之物，这种可能完全存在。因为这种由王主持贞卜的非王卜辞仅见于上引（20）（21）两例，实属罕见，所以不能因为这个别的例子而混淆了王卜辞与非王卜辞的界限。[①]

黄先生的见解十分精辟，这一说法也得到李学勤先生的认可，他说："非王卜辞之说有幸得到不少学者批评讨论。持不同见解的论作，从种种角度提出了一系列问题，极有裨于探索的深入。……20世纪50年代我对非王卜辞的特征试归纳为四点，即（一）问疑者不是商王，（二）没有王卜，辞中也不提到王，（三）没有商王名号，而有另一套先祖名号，（四）没有符合于商王系的亲属称谓系统，而有另一套亲属称谓系统。这几点现在看有必要修改，有的非王卜辞还是提到王，有少数商王名号，而且可以通过这些推断其问疑者与商王的关系。"[②]

李学勤先生所说的"持不同见解的论作，从种种角度提出了一系列问题"，自然也包括李瑾先生的《兼评》《再评》和《三评》，由上述检正结果知，《兼评》举证辞例问题不少，结论多不可靠，《再评》《三评》检正的结果（另文发表）亦大率如此，然或从前辞语序省变形式，或从卜辞"王妇"名称构词法，或从古代社会形态等不同角度出发来观察问题，就促进学术的探索深入意义而言，还是有贡献的。

---

① 《陕西师范大学学报》，1995年第4期。
② 《殷虚甲骨非王卜辞研究·序》，第2页，线装书局，2006年。

子龙鼎出土地辉县琉璃阁遗址田野调查

杨文胜

（河南省文物考古研究院）

国家博物馆藏品"子龙鼎"作为现存最大的商代圆鼎从入藏之初就备受关注，就其真伪的讨论近年已不再有争议，但是其出土地却始终没有一个明确的定位。由于工作原因 2016 年起本人长年踏足子龙鼎可能的出土地——琉璃阁遗址进行田野考古工作。工作之初前往北京向李学勤、朱凤瀚两位先生汇报时都交代我去考察一下辉县褚丘遗址和琉璃阁遗址，对子龙鼎可能出土墓葬进行调查。

这么多年过去，考古工作多是围绕汉代以晚墓葬和遗址展开，只有辉县东新庄墓地是一个商代遗存。但是，先生嘱托一直未敢放松，考古工作内外都抓住每一个机会，不放过每一个和子龙鼎相关的线索。本文就是基于讨论子龙鼎出土地而展开，对辉县琉璃阁遗址进行分析。

琉璃阁，位于辉县市南郊，是一座建于明万历年间的文昌阁，因其四角攒尖顶上覆有绿色琉璃瓦，所以当地人称之为琉璃阁（见图 1）。

图 1　辉县琉璃阁

辉县的考古，始于 1935 年。当时的中央研究院考古发掘团在邻近辉县的汲县（现卫辉市）进行发掘工作，辉县市有当地居民前往观看，见到山彪镇大墓所出器物，再联想到本地固围村也有类似器物，就据此向发掘者反映该种情况并邀请发掘人员前往调查。自此，开始了辉县的考古之路。

在之后的几十年间，前中央研究院、前河南博物苑、中国科学院考古所三家机构对辉县市进行了前后共计六次大规模有计划的发掘。第一次发掘是在1935年的冬天，前中央研究院考古发掘团队发掘了琉璃阁墓地的第一号积石积炭战国大墓和8座汉墓；第二次发掘是在1936年10—11月，前河南博物苑在琉璃阁墓地发掘了甲乙两座大墓；第三次在1937年春，前中央研究院在琉璃阁进行了为期三个月的全面发掘工作，出土了各类文物共计两千余件。与此同时，也开始了固围村大墓的发掘工作。

由于战争原因，考古工作在此之后中断，直到1950年辉县市的考古工作又重新展开。由于受到当时环境的影响，没有对甲乙墓出土的资料进行整理，一部分器物就被运送到台湾，保存到了台北"国立"历史博物馆，其余的器物被保存到了北京故宫博物院、河南省博物院、深圳市博物馆、中国历史博物馆、南开大学博物馆等几座博物馆。作为考古工作者，对已发掘的出土物未进行整理，心中不免留有遗憾。2016年由于单位的工作安排，机缘巧合之下，我接手了辉县市的考古发掘工作。借此机会，我对辉县市琉璃阁遗址及周围遗址进行了全面的调查、钻探工作。

2016年全今，在辉县市文物局的配合下，我们走访调查了多处遗址，如琉璃阁遗址、共城遗址、褚邱遗址、凤城遗址、凡城遗址、孟庄遗址等。在经过走访调查之后，我们确定了甲乙墓的确定位置；为配合辉县市的基建工程发掘了固村共城东望、运河东郡墓地；东石河望族水岸、东王府、东新庄大北农墓地；确定了琉璃阁共城遗址和孟庄遗址其实所指为同一遗址；在工作的间隙，踏查了太行八陉中的白陉和太行陉；确定子龙鼎出土的位置。

接下来主要是对近几年工作情况的简单回忆叙述。

确定琉璃阁甲乙墓位置。首先我们是对墓口进行了钻探，先深挖两米，把虚土清理完再向下进行范围式钻探，钻探规格确定为长二十一米、宽两米的一个弓形沟。针对已经硬化的水泥地面，我们采取的是掏孔取土的方式，对于绿化带等裸露地面，采取的是见缝插针的方式进行钻探。通过多重方式的钻探我们最终认为甲乙墓位置在辉县市教育局的东南方向（见图2）。

2019年，为了配合辉县市的基建项目，我们对东新庄墓地进行了科学的发掘。在前期的勘探调查结束之后，我们认为这些墓葬都是汉代墓葬，但在挖掘其中四座墓葬的时候，我注意到这四座墓葬填土的土质土色与之前所发掘的汉代墓葬填土有所区别，我立马意识到这可能不是汉代墓葬，可能是比汉墓年代更早的墓葬，就立马叫来了老技工对墓葬进行清理，清理完后，最终确定这是四座商代土坑墓葬，而且是殷墟二期的墓葬，这也算是给了我意外的惊喜吧。同时这件事也提醒了我，对于考古工作，我们必须要有敏锐的判断力，要谨慎地对待每一个遗迹现象，对出现特殊情况的遗迹要认真辨别和分析。

图 2　作者及钻探人员在辉县市教育局进行钻探

　　1950—1952 年，中国科学院考古研究所的郭宝均先生、苏秉琦先生等发掘了固围村墓地，出土了一大批精美的器物，由于各种原因，墓地原址没有被保存。近几年，我们对固围村大墓附近各种古代封土堆进行了调查，令人心痛的是，固围村东地出现了大量的盗洞，盗墓活动猖獗。这些盗洞警示我们文物保护已经刻不容缓，必须坚决打击这种违法犯罪活动（见图 3）。

图 3　固围村东地盗洞

　　利用工作的间隙，我也会骑电动车去附近的遗址跑调查。尤其是太行八陉的白陉和太行陉离工作地方比较近，其中去白陉的次数可能会更多一些，当地人还开玩笑地说"你这么喜欢站在山上看水"，实际上我更喜欢看的是水中的白陉古道是什么样子的。传说韩赵魏三家分晋之后,魏国从孟门而出。张立东先生从文献的角度分析认为白陉古道就是孟门所在。在具体的实地踏查之后,我发现并非如此,从现有遗留的白陉古道看,在古时人力物力都处于不发达状态之下,要想带着大批的辎重和人马,全年不分时节地从白陉古道畅行,是不现实的。人只能在河道水位降低的情况下行走,要是遇到下雨水位上涨的情况,是没有办法满足出行的条件的。在经过多次实地调查之后,我认为魏国出白陉这种说法值得商榷。要进一步确定两者之间的关系,仍有许多工作要做。

孟庄遗址是 1992—1995 年由我们单位配合孟庄镇的基本建设所发掘的一处遗址,并且我还参与了其中的发掘工作,其包含了裴李岗文化、仰韶文化、龙山文化、二里头文化等多种文化遗存。对于孟庄遗址的性质我一直在思考和判断,直到在经历郑州"7·20 洪水"之后,我发现辉县市境内黄水河水位在大雨前后完全不同:记得平时去黄水乡时看着遍布鹅卵石的河道(见图 4),我曾问当地人:"这就是黄水河吗?!"得到的回答是 1997 年大水时河水曾经冲上河岸边农家房子,那时我是无论如何也不相信眼前这个几乎是地下河的"峡谷"怎么配得上黄水河这个名字。2021 年 7 月 23 日太行山大雨后,我算真的领教到黄水河的壮观了(见图 4),这哪里是黄水河呀!明明就是黄河。

图 4　孟庄遗址大雨初期与大雨后黄水河水量对比图

基于这种观察,我意识到这种情况在古时可能也会存在,在大雨过后,孟庄遗址(城址)以南地区完全被大水所淹没,而琉璃阁遗址附近却没有出现这种情况,也就是说孟庄遗址以南地区是不适合人类定居的。孟庄镇涧头村"7·20 洪水"后整整两年地表公路都流淌着太行山来水。相对来说,琉璃阁的地理环境和交通优势使其更适合人类居住。孟庄城址的年代定位在夏商时期,而在辉县市区内,还有另一处城址存在,就是位于辉县市区内的共城遗址,只不过该城址是东周时期的,并且出土了许多铸铁器物。从空间区域看,在同一个县城内存在两处都肩负重要功能的城墙;从时间上来说,共城遗址晚于孟庄遗址。单就城墙性质而言,我考虑这两个遗址可能为同一个遗址,在空间和时间上具有延续性,只不过在不同时期叫法不同,但在性质上是一样的。

关于子龙鼎位置的确定，说起来也是有意思的一件事。2004 年，我在日本学习的时候，恰好子龙鼎在日本进行展出，这也是我第一次见其实物（见图 5）。后来我来辉县主持发掘工作，我的两位老师李学勤先生和朱凤瀚先生还说能不能找一下子龙鼎出土的具体位置。关于子龙鼎的位置，之前郝本性先生推测有可能出自琉璃阁南区的 M105 号墓。在具体探查之后，我发现这种说法是不准确的，因为 M105 是一座汉代墓葬，在 M105 墓葬周围都没有发现类似子龙鼎的器物，我判断有可能是误写了。在经过调查和查阅资料后，我认为子龙鼎出自 M150 号墓。为什么这么说呢？有以下几个原因：第一，在 M150 号墓出土了一件青铜刀（见图 6），青铜刀上的纹饰与子龙鼎纹饰有相似之处，而在我们最近发掘的东新庄商代 M8 号墓葬中也出了一件青铜刀（见图 7），形制、纹饰与 M150 号墓所出青铜刀近乎一样，由此推断，这几件器物在时代上是有共性的。

图 5　子龙鼎

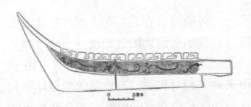

图 6　琉璃阁 M150 出土青铜刀

图 7　东新庄 M8 出土青铜刀

第二，通过朋友我找到了《新乡市博物馆志》这本书，书中记录了子龙鼎的盗掘者在 1949 年之后，大概在 1952 年，把包括子龙鼎在内的一部分所盗掘的器物捐赠给了当时的平原省博物馆，并且还说了这些器物所出之地是在褚丘，这种说法现在看来可能是盗墓者为了转移注意力而编造的谎言。通过分析书中所记载的内容，对确定子龙鼎出土位置也提供了证据。第三，通过走访当地居住的老人，在交谈中也了解到很多当时的情况。通过以上几种方式的分析调查，我认为子龙鼎出土自 M150 号墓的可能性最大。像子龙鼎这样不知道具体出处的器物还有很多，对于这类器物后期要判断其具体出土位置，要仔细分析相关记载资料，走访周边居民，从实地进行探查，进行多视角多手段的考古调查。

从接手辉县的考古工作到现在，对于辉县市境内的各遗址都做了或多或少的调查，也配合基建发掘了许多遗址和墓葬。发掘不是我们的唯一目的，对于有重大价值的遗迹，我们更是想做更多保护性的工作，这项工作任重而道远，我也一直在朝着这个方向努力。对于辉县市的考古工作，要做的还有很多，对于后续的工作，希望能做得更好！

太湖县出土兽面纹爵铭文考释[*]

孙合肥

（烟台大学文学与新闻传播学院）

1985 年 6 月安徽省太湖县牛镇区刘畈乡（今太湖县刘畈乡）墓葬出土 1 件爵兽面纹爵，现藏太湖县文物管理所。爵通高 20 厘米，流至尾残长 12.2 厘米，鋬内腹外壁铸有铭文（见图 1）。

图 1　爵照片及铭文拓片^①

此器年代或认为属西周^②，或定为商代^③，或定为商代晚期。^④从形制上看，商代晚期之说可从。

此爵铭文从形体上看，可以分为 、 两部分，诸家多不释，或释亚离。^⑤

甲骨文有靠字，其形体有三大类^⑥：

---

* 基金项目：国家社科基金后期资助一般项目"安徽出土金文辑证"（项目编号：22FYYB061）。
① 陆勤毅、宫希成主编：《安徽江淮地区商周青铜器》，北京：文物出版社，2014 年，第 45 页。
② 太湖县文管所、太湖县博物馆：《太湖馆藏文物》，哈尔滨：黑龙江美术出版社，2014 年，第 36 页。
③ 陆勤毅、宫希成主编：《安徽江淮地区商周青铜器》，北京：文物出版社，2014 年，第 45 页。
④ 吴镇烽：《商周青铜器铭文暨图像集成续编》（第 2 卷），上海：上海古籍出版社，2016 年，第 377 页。
⑤ 吴镇烽：《商周青铜器铭文暨图像集成续编》（第 2 卷），上海：上海古籍出版社，2016 年，第 377 页。
⑥ 李宗焜：《甲骨文字编》，北京：中华书局，2012 年，第 1122-1123 页。

A：

B1：

B2：

C：

A 类字或释罗①，或释禽②，或释雉③，或隶定作军④，或隶定作军，读擒。⑤字形亦见于商代金文，或释毕⑥，或释离⑦，或释禽。⑧其字形从隹，从军（干⑨），我们认为将其隶定作军，释禽（擒），可从。柯昌济先生谓："禽，实'擒'之初文，禽、兽皆取获动物之义。"⑩陈梦家先生谓："卜辞军字应依孙诒让之说释为禽字（举例下 41）⑪，乃是动词擒。象捕鸟之网，所以字亦作军。鸟是生擒的，所以'禽'字引申为鸟类，卜辞'禽'除作为田猎方法以外，尚有猎得之义（亦为动词），它与隻（即获）的用法相同，但禽指生擒，获是获得（生的或死的）。"⑫A 类字所在辞例如下：

1. □□[卜]。王。禽（擒）豕。允禽（擒）。（《甲骨文合集》20736）

2. 庚寅卜。鼎（贞）。军（毕）弗其禽（擒）。乍（作）𥳒。四[月]。（《甲骨文合集》10812）

3. 庚寅卜。军（毕）禽（擒）□乍（作）𥳒。四月。（《甲骨文合集》10812）

4. 癸[酉卜]。王。[弓（勿）]禽（擒）。（《甲骨文合集》10813）

5. [其]壬禽（擒）。（《甲骨文合集》10821）

6. 王其□禽（擒）。（《甲骨文合集》01855）

7. 禽（擒）。（《甲骨文合集》01855）

8. 丙申卜。古鼎（贞）。乎（呼）见甫（洗）𥄗㲋。弗其禽（擒）。（《甲骨文合集》09504）

---

① 罗振玉：《殷虚书契考释三种》，北京：中华书局，2006 年，第 481 页。

② 李圃主编：《古文字诂林（修订本）》（第十册），上海：上海教育出版社，2019 年，第 901 页。

③ 唐兰：《唐兰全集》（六），上海：上海古籍出版社，2015 年，第 315 页。

④ 刘钊主编：《新甲骨文编（增订本）》，福州：福建人民出版社，2014 年，第 802 页。李宗焜：《甲骨文字编》，北京：中华书局，2012 年，第 1122 页。

⑤ 黄天树主编：《甲骨文摹本大系》（第 29 册），北京：北京大学出版社，2022 年，第 13 页。

⑥ 中国社会科学院考古研究所编：《殷周金文集成释文》（第 5 卷），香港：香港中文大学出版社，2001 年，第 156 页。

⑦ 中国社会科学院考古研究所编：《殷周金文集成（修订增补本）》，北京：中华书局，2007 年，第 4373 页。

⑧ 严志斌：《商金文编》，北京：中国社会科学出版社，2016 年，第 357 页。

⑨ 唐兰：《唐兰全集》（六），上海：上海古籍出版社，2015 年，第 373 页。

⑩ 马叙伦：《说文解字六书疏证》（卷二十八），上海：上海书店出版社，1985 年，第 41 页。

⑪ 军字唐兰先生认为是干字异写，可信。说见唐兰：《唐兰全集》（六），上海：上海古籍出版社，2015 年，第 314 页。

⑫ 陈梦家：《殷虚卜辞综述》，北京：中华书局，1988 年，第 554 页。

9. 丙申卜。古鼎（贞）。乎（呼）见甫（洗）𫟼𠁥。弗其禽（擒）。（《甲骨文合集》09504）

10. 戊辰卜。争鼎（贞）。𣥂（毕）禽（擒）。（《甲骨文合集》10811）

11. 鼎（贞）。弓（勿）𫞩禽（擒）。（《甲骨文合集》10817）

12. □禽（擒）。（《甲骨文合集》10819）

13. 鼎（贞）。弗其禽（擒）。（《甲骨文合集》10815）

14. □禽（擒）。（《甲骨文合集》10818）

15. □禽（擒）。□月。（《甲骨文合集》10820 正）

16. □弗□禽（擒）。（《甲骨文合集》10822）

17. 鼎（贞）。叀（惠）方四□禽（擒）。受□。（《甲骨文合集》28423）

18. □□卜。王。其□𤜽（狩）。禽（擒）□。（《甲骨文合集》20747）

19. [己]丑卜。王□𤜽（狩）滿。禽（擒）。隻（获）五鹿。（《甲骨文合集》33368）

20. □禽（擒）□百又六。才（在）粪。（《甲骨文合集》33374 正）

21. 辛子（巳）卜。才（在）粪。今日圣（逐）兕。禽（擒）。允禽（擒）七兕。（《甲骨文合集》33374 反）

22. 壬午。才（在）粪。癸未王𣇃（陷）。禽（擒）。不禽（擒）。（《小屯南地甲骨》0664 反）

23. 甲申卜。才（在）粪。丁亥王𣇃（陷）。禽（擒）。弗禽（擒）。（《小屯南地甲骨》0664 反）

24. 乙酉卜。才（在）粪。今日王[圣（逐）]兕四。禽（擒）。允禽（擒）。（《小屯南地甲骨》0664 反）

25. 丙戌卜。才（在）粪。今日王令圣（逐）兕三。禽（擒）。允。（《小屯南地甲骨》0664 反）

26. 弗禽（擒）。不易（昜）日。（《小屯南地甲骨》0664 反）

27. 癸未。鼎（贞）。𣥂（毕）禽（擒）。（《甲骨文合集》33396）

28. 禽（擒）兕。（《甲骨文合集》33376）

29. □禽（擒）兕。（《甲骨文合集》33377）

30. 戊戌卜。王其圣（逐）兕。禽（擒）。弗禽（擒）。（《小屯南地甲骨》2095）

31. 弗禽（擒）。（《小屯南地甲骨》0252）

32. 弗禽（擒）。（《英国所藏甲骨集》2432）

33. 辛未卜。禽（擒）。用。（《花园庄东地甲骨》009）

34. 辛未卜。禽（擒）□。（《花园庄东地甲骨》009）

35. 丁酉卜。出鼎（贞）。𣥂（毕）禽（擒）舌方。（《甲骨文合集》24145）
鼎（贞）。弗其禽（擒）土方。（《甲骨文合集》06405）

36. 鼎（贞）。众人亡（无）其禽（擒）。十月。（《甲骨文合集》00016）

37. 辛亥卜。□鼎（贞）。众□圭（往）甾出（有）禽（擒）。十月。（《甲骨文合集》00017）

38. ☑出（有）禽（擒）。（《甲骨文合集》10814）

39. ☑出（有）禽（擒）。（《甲骨文合集》10816 正）

40. 丙子卜。禽鼎（贞）。翼（翌）丁丑雨。（《甲骨文合集》12347）

41. 甲午卜。禽鼎（贞）。亚受年。（《甲骨文合集》09788）

42. 甲午卜。禽鼎（贞）。不其受年。（《甲骨文合集》09788）

唐兰先生谓卜辞中"王其莱（祷），羌方禽（擒）（《甲骨文合集》27983）"意为"王祈于祖宗，冀有禽获于羌方也"。[1]以上辞例中的"禽（擒）舌方""禽（擒）土方"意当为"有擒获于舌方""有擒获于土方"。以上辞例《甲骨文合集》20736同版卜辞为："□□[卜]。夨。菁（遘）豕。隻（获）。隻（获）七豕。"其辞一为隻（获），一为禽（擒），恰可印证禽（擒）与隻（获）有相同用法。以上辞例中"禽（擒）"的用法有四种：一是动词田猎方法，二是动词擒获、获得，三是名词收获，四是名词人名。

B 类字形增"又"，亦见于金文，作 （《殷周金文集成》01089）；C 类字形增二"又"。其或增"又"，或增二"又"，皆为赘加义符，以明确禽表捕取、获取的动作义。B、C 辞例如下：

43. ☑禽（擒）☑。（《甲骨文合集》10823）

44. 鼎（贞）。弗其受出（有）禽（擒）。（《甲骨文合集》06384）

45. 受出（有）禽（擒）。（《甲骨文合集》06384）

46. 受出（有）禽（擒）。（《甲骨文合集》06384）

47. 受[出（有）]禽（擒）。（《甲骨文合集》06386）

48. 受[出（有）]禽（擒）。（《甲骨文合集》06386）

49. 辛亥。子卜鼎（贞）。帚（妇）妥子曰禽。若。（《甲骨文合集》21793）

以上辞例中"禽（擒）"的用法与 A 类辞例后两种用法相当。

以上甲骨文 A、B、C 类为一字异体，皆为禽（擒）。甲骨文中罕字皆读为禽（擒），字形又增声符"今"作（《甲骨文合集》07562 反：禽入十。）、（《甲骨文合集》09225：禽入☑。）、[《甲骨文合集》10273：□□卜。□鼎（贞）。☑鹿☑其今禽（擒）☑]。

此外，甲骨文中有、、、、、、、、、、、、等字[2]，或读为敢[3]，可从。其字形从豕，从罕，罕亦声，可径释为敢。字形或增

---

① 唐兰：《唐兰全集》（六），上海：上海古籍出版社，2015 年，第 374 页。

② 李宗焜：《甲骨文字编》，北京：中华书局，2012 年，第 1123-1125 页。

③ 黄天树主编：《甲骨文摹本大系》（第 29-38 册），北京：北京大学出版社，第 202、222、225、325、386、387、395、396、470、546、930、971、1020、1153、1154、1940、2751、2767、2768、2772、3637、3841、3926、3938-3940、3969、4121 页。

又，或增艹（二又），与禽字增又或二又表意相同。

兽面纹爵铭文▮字与甲骨文 A 类字形相同，从隹，从罕，也应释"禽"。

商代金文见"亚禽"铭文，如▮（《中日欧美澳纽所见所拓所摹金文汇编》998）、▮（《殷周金文集成》09238）、▮（《江汉考古》2011 年 3 期 18 页图 14.1）。

商代金文又见铭文▮（《殷周金文集成》05727）。值得注意的是，▮形中"禽"字形体下部延伸出"亚"形之外。此类铭文释读有两种可能：一是释作"亚禽"，其中"禽"字形体下部穿透亚形；二是释作"亚禽，示"，其中"亚""禽""示"三字笔画共用。

商代金文还见铭文▮（《殷周金文集成》08281），与爵铭形体相同。其中的"▮"形有两种可能。一种可能是商金文常见的"亚"字形变体，随文字形体有所变化。另一种可能是▮形外部轮廓的连写，而▮形则是由正常的"亚禽示"合写向变化的形式过渡的中间形态。

李学勤先生指出："有一些金文中的亚某，也见于卜辞，例如：《集录》780 罍铭'亚旁'，卜辞《甲编》2464 云：'乙巳卜何贞，亚旁以羌，其御用。'字的笔体都很相似。根据卜辞可知亚一定是字，不是装饰或符号，同时应先读亚，如亚旁，而不能读为旁亚。"[1]卜辞中的亚某是人名。[2]

金文中的亚某一般用为氏，可能是以先人名字为氏的结果。[3]太湖县出土兽面纹爵铭文应释作"亚禽"或"亚禽，示"。此爵铭文亚禽是器主族氏，示是器主名。"亚禽"作为族氏名见于以下商代金文。

亚禽，示，父丁。（亚罕▮父丁簋《殷周金文集成》10535）

辛，亚禽，示。（辛亚离示罕《殷周金文集成》09238）

亚禽，（示），父乙。（亚离父乙尊《殷周金文集成》05727）

亚禽，示。（亚罕▮觯《中日欧美澳纽所见所拓所摹金文汇编》998）

亚禽，（示）。（▮隼爵《殷周金文集成》08281）

亚禽，父癸。（亚罕父癸簋《江汉考古》2011 年 3 期 18 页图 14.1）

亚禽，辛。（亚罍辛爵瓠《殷周金文集成》07277）

癸，亚禽，示。（亚离示癸瓠《商周青铜器铭文暨图像集成续编》0700）

辛，亚禽。（亚离辛方彝《商周青铜器铭文暨图像集成续编》0887）

亚禽。（亚离卣《商周青铜器铭文暨图像集成续编》0848）

---

① 李学勤：《考古发现与古代姓氏制度》，《考古》，1987 年第 3 期，第 256 页；《当代名家学术思想文库·李学勤卷》，沈阳：万卷出版公司，2010 年，第 387 页；《李学勤文集·第四卷·古史研究（四）》，南昌：江西教育出版社，2023 年，第 235 页。

② 李学勤：《考古发现与古代姓氏制度》，《考古》，1987 年第 3 期，第 256 页；《当代名家学术思想文库·李学勤卷》，沈阳：万卷出版公司，2010 年，第 387 页；《李学勤文集·第四卷·古史研究（四）》，南昌：江西教育出版社，2023 年，第 235 页。

③ 李学勤：《考古发现与古代姓氏制度》，《考古》，1987 年第 3 期，第 256 页；《当代名家学术思想文库·李学勤卷》，沈阳：万卷出版公司，2010 年，第 387 页；《李学勤文集·第四卷·古史研究（四）》，南昌：江西教育出版社，2023 年，第 235 页。

亚禽，示，父丁。（亚离示父丁卣《商周青铜器铭文暨图像集成三编》1105）"亚禽"作为族氏名还见于一枚商代玺印。①玺文为：亚禽，示。

此外，"亚禽"作为族氏名还见于西周金文。2008 年翼城大河口西周墓地 M1：9 出土一件"亚禽父戊"簋，铜簋铭文如下图 2。②

原释文为"亚禽父戊"③，铭文 与上列商代金文 （《殷周金文集成》10535）相同，为"亚禽示"三字。因此簋铭释为：亚禽，示，父戊。"亚禽"是器主族氏，"示"是器主之名，"父戊"是以该器祭祀的先人。

春秋金文亦见一件"亚禽"铭文器④，铭文如下图 3。

图 2　亚禽父戊簋　　　　　　　　　图 3　"亚禽"

铭文或释"亚离 （鼻）"。⑤此器铭文也应释为：亚禽，示。

① 李学勤：《缀古集》，上海：上海古籍出版社，1998 年，第 79 页；《李学勤文集·第五卷·古史研究（五）》，南昌：江西教育出版社，2023 年，第 50 页。

② 山西省考古研究院等：《霸金集萃：山西翼城大河口西周墓地出土青铜器》，上海：上海古籍出版社，2021 年，第 65 页。

③ 山西省考古研究院等：《霸金集萃：山西翼城大河口西周墓地出土青铜器》，上海：上海古籍出版社，2021 年，第 62 页。

④ 吴镇烽：《商周青铜器铭文暨图像集成续编》（第 25 卷），上海：上海古籍出版社，2016 年，第 152 页。

⑤ 吴镇烽：《商周青铜器铭文暨图像集成续编》（第 25 卷），上海：上海古籍出版社，2016 年，第 152 页。

"梁山七器"出土时间与具体器物新考

陈颖飞

（上海交通大学人文学院）

梁山七器是清代晚期发现的一批青铜器，传出于山东张寿梁山下，皆有铭文，多与"召公"有关，历来为学界所重。清人已著录、考释①，近当代诸多学者有专门研究②，但"梁山七器"的出土时间与具体器物仍认识不一，疑云重重，重新梳理考辨史料，尤其是结合前人未使用的新见材料《黄小松辑释吉金拓本》《李氏宝彝堂吉金文字》③，以及以往学者未详加对比的《函青阁金石记》《济州金石志》相关记载，可以廓除疑云，从学术史的角度探知争议得以产生的原因，获得与前人不同的新认识。

一、出 土 时 间

"梁山七器"的出土时间，陈梦家研究大保簋时，已难确定，列出两种记载：

1. 道光间（1821—1850，颂续考释9）
2. 咸丰间（1851—1861，缀遗4.2）④

陈公柔、张长寿据"《济州金石志》的序文作于道光二十三年"，指出"或以为在

① 最早的著录与考释，为《济州金石志》《函青阁金石记》，详参后文。徐宗幹：《济州金石志》，八卷，清道光乙巳年（1845）自刊，台北新文丰出版公司，影印本，1977年。杨铎：《函青阁金石记》，四卷，1931年瑞安陈氏湫漻斋陈准校刊，刘国忠等编：《金石古文字学术典籍丛刊》，第一函，合肥：安徽人民出版社，2015年。

② 如：1. 容庚：《颂斋吉金续录》（考古学社专辑第十四种），燕京大学考古学社，1938年；《容庚学术著作全集》第12册，北京：中华书局，2012年，第403页。2. 贝冢茂树（小川茂树）：《殷末周初ノ东方经略について》，（日本）《东方学报》第11册第1分册，1940年；刘俊文主编：《日本学者研究中国史论著选译（三）》，北京：中华书局，1993年，第58-121页。3. 陈梦家：《西周铜器断代》（二），《考古学报》第十册，1955年；《西周铜器断代》上册，北京：中华书局，2004年，第45页。4. 白川静：《金文通释》第二辑，（日本）《白鹤美术馆志》第2辑，（日本）平凡社，1962年，第52-57页。5. Thomas Lanton（罗覃）："A Group of Early Western Chou Period Bronze Vessels." *Arts Orientalis*（《东方艺术》）10(1975):111-121. 6. 陈寿（陈公柔、张长寿）：《大保簋的复出和大保诸器》，《考古与文物》1980年第4期。7. 唐兰：《西周青铜器铭文分代史征》，北京：中华书局，1986年，第83-84页。

③《黄小松辑释吉金拓本》，清抄本，山东博物馆藏；《李氏宝彝堂吉金文字》，清稿本，山东图书馆藏。参看于芹：《〈黄小松辑释吉金拓本〉综述》，《中国美术》2018年第2期；于芹：《〈黄小松辑释吉金拓本〉鉴藏考》，《中国国家博物馆馆刊》2018年第8期；胡培培：《李宗岱〈李氏宝彝堂吉金文字〉成书过程考述——以山东省图书馆藏六种稿本为中心》，《山东图书馆学刊》2020年第6期；胡培培：《新见李宗岱〈李氏宝彝堂吉金文字〉稿本考论》，《文献》2021年第4期。

④"颂续考释9"之"9"误，应为"56"。陈梦家：《西周铜器断代》（二），《考古学报》第十册，1955年；《西周铜器断代》上册，第45页。

咸丰年间"的说法"不攻自破"。①这一论断是正确的，惜未深究，有必要进一步考辨。

"道光间"说，陈梦家引自"颂续考释"，即容庚《颂斋吉金续录考释》，记于"伯宪盉"条：

> 道光间，出于山东寿张梁山下。济宁钟养田，黄县丁树桢，及延鸿阁旧藏。《济州金石志》1.13，《攗古录》2之1.55，《从古堂款识学》11.31，《善斋礼器录》8.31。②

伯宪盉，系梁山七器之一，容庚是收藏者，列旧藏与著录分别以钟养田、《济州金石志》为首，无疑在他看来，这些是此器的最早收藏人与最早著录。

陈梦家另引《函青阁金石记》，与上说可互证：

> 济宁钟养田（衍培）近在寿张梁山下得古器七种：鼎三、彝一、盉一、尊一、甗一；此（指宪鼎）其一也。鲁公鼎、牺尊二器已归曲阜孔庙。③

与前一材料相比，就出土时间而言，记为"近"，并明确指出，钟养田得自出土地"寿张梁山下"。

同一记载也见于《济州金石志》。两书关系密切。《函青阁金石记》编者杨铎，是《济州金石志》助编者之一。④后书主持者系济宁知州徐宗幹，杨铎是他的幕宾。两书皆著录考释梁山器，这条材料记于首器"周召伯鼎"，内容相同。作为最早著录考释梁山七器的文献，两书是考辨梁山七器出土时间及具体器物等问题的关键材料。

《济州金石志》编成于道光二十三年（1843）⑤，无疑，至迟道光二十三年之前，梁山七器已出土。《函青阁金石记》《济州金石志》"近"，当指道光二十三年之前不久的数年。

"咸丰间"的错误，从《函青阁金石记》《济州金石志》对梁山器的记载，另可得新证。

"咸丰间"说，陈梦家取自方濬益《缀遗斋彝器考释》（1899）"大保鼎"：

> 咸丰间山左寿张所出土凡三鼎、一簋、一甗、一盉，其铭皆有大保及召伯等

---

① 陈寿：《大保簋的复出和大保诸器》，《考古与文物》1980年第4期。

② 容庚：《颂斋吉金续录》，《容庚学术著作全集》第12册，第403页。

③ 陈梦家写为"涵清阁金石记"，"涵"为"函"之误，应为《函青阁金石记》。陈梦家：《大保簋》，《西周铜器断代》上册，第45页。杨铎：《函青阁金石记》，《金石古文字学术典籍丛刊》，第1函，封面。

④ 陈寿认为"《济州金石志》……实为其幕友杨铎所编，书中所引杨铎云云，与杨著《函青阁金石记》相同"（《大保簋的复出和大保诸器》注1），此论并不准确，两书多有雷同，但仍有一些相异，如体例、收器、释语等有所不同，杨铎只是《济州金石志》助编者之一，参与编辑的，除主持者徐宗幹外，另有许瀚、冯云鹓、汪喜孙等。《济州金石志序》："辄与山长许印林（许瀚）同年谭及金石一事，娓娓不倦。适篆轩（冯云鹓）来济，并与汪孟慈太守（汪喜孙）及幕宾杨卿随时参考。"徐宗幹：《济州金石志》卷一，第2页。

⑤ 《济宁金石志序》："方纂辑《济州志》，尚未告竣而续编《金石志》八卷业已完备。因先以梓行，以公同好。……道光二十三年（1843）岁次癸卯秋八月朔旦。"徐宗幹：《济州金石志》卷一，第2-3页。

文，许印林明经定为燕召公之器。①

许印林（1797—1866），名瀚，字印林，山东日照人，以文字训诂、金石考证等闻世，得龚自珍盛赞："北方学者君第一，江左所闻君毕闻。"②道光十九年（1839）十一月，受聘济宁知州的徐宗幹③，主讲渔山书院。第二年年初，抵达济宁。他在此另一重要活动，系总纂《济州直隶州志》、助撰《济州金石志》。俩人金石之谊，徐宗幹《济州金石志序》有载：

> 予自戊戌（1838年）莅济以后，公事之暇，每届渔山书院课期，辄与山长许印林同年谭及金石一事，娓娓不倦。④

《济州金石志》引有不少许瀚的论断，有的或即出自这些"娓娓不倦"的谈话，梁山七器的相关记载，或属此类。

《济州金石志》《函青阁金石记》的周召伯鼎（宪鼎）、周召伯盉（宪盉）二器，皆引许瀚的论断，前器"定为燕召公之器"，原文为：

> 许印林云：铭有召伯，盖周召公家物。

前文已述，《济州金石志》道光年间编成并刊刻。⑤道光二十六年（1846）闰五月十四日，徐宗幹时任福建巡抚，将《济州金石志》寄给许瀚⑥，书中引许印林说应在刊刻前，不可能晚至"咸丰间"。梁山七器的出土时间当然更不可能晚到"咸丰间"。

梁山七器具体出土于道光哪一年？以往不得而知。新见《黄小松辑释吉金拓本》、李山农《李氏宝彝堂吉金文字》可解答这一问题。

《黄小松辑释吉金拓本》仅有清抄本，藏山东博物馆。《李氏宝彝堂吉金文字》则为清稿本，藏山东图书馆。前书是李宗岱旧藏，后书是他自撰，以往研究梁山七器的学者皆难以得见，尚未使用。近年，山东博物馆于芹、山东图书馆胡培培分别撰文综述与研究。⑦两书重新发现，为研究梁山器，提供了新材料。

---

① 方濬益：《缀遗斋彝器考释》卷四，清稿本，甲午年（1894），第2页；《金文文献集成》第14册，香港：香港明石文化国际出版有限公司，北京：线装书局，2004—2005年，第74页。

② 龚自珍（1792—1841），字璱人，号定庵，浙江仁和（今杭州）人。道光十九年（1839），龚自珍离京，赠许瀚此诗作别，题为《别许印林孝廉瀚》，收入《己亥杂诗》。参看袁行云：《许瀚年谱》，济南：齐鲁书社，1983年，第102页。

③ 徐宗幹（1796—1866），字伯桢，又字树人，江苏通州人，嘉庆二十五年（1820）进士，任山东曲阜知县，从此任职山东二十余年。道光十八年（1838）官济宁知州，七月十二日到任，道光二十二年（1842），调任四川保宁知府。他雅好金石，任官济宁期间，主持编撰《济州直隶州志》《济州金石志》。参看《斯未信斋主人自订年谱》，北京图书馆：《北京图书馆藏珍本年谱丛刊》第148册，北京：北京图书馆出版社，1999年，第453页。

④ 徐宗幹：《济州金石志》卷一，第1页。

⑤《济州金石志》扉页："道光乙巳春镌于闽中南通州"，即道光二十五年（1845）刊刻。《斯未信斋主人自订年谱》："（道光）二十五年，刊《济州金石志》"。

⑥ 徐宗幹：《与许印林同年书》，《斯未信斋文编》卷三，袁行云：《许瀚年谱》，第193页。

⑦ 于芹：《〈黄小松辑释吉金拓本〉综述》，《中国美术》2018年第2期。于芹：《〈黄小松辑释吉金拓本〉鉴藏考》，《中国国家博物馆馆刊》2018年第8期。胡培培：《李宗岱〈李氏宝彝堂吉金文字〉成书过程考述——以山东省图书馆藏六种稿本为中心》，《山东图书馆学刊》2020年第6期。胡培培：《新见李宗岱〈李氏宝彝堂吉金文字〉稿本考论》，《文献》2021年第4期。

《黄小松辑释吉金拓本》录大保鼎、大保簋拓片，皆有题、印：

"大保鼎"拓片。题："道光十六年出梁山土中。……"印："周增之印""吉金乐石"。①

"大保簋"拓片。题："簋，此器道光十六年出寿张梁山土中，并有鼎、鬲、尊、壶数事，皆藏济宁钟氏。"印："周增之印""吉金乐石"。（见图1）

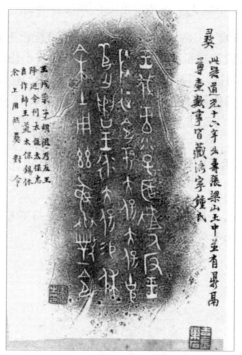

图 1　大保簋（"大保彝"）拓片

（引自于芹《〈黄小松辑释吉金拓本〉综述》，《中国美术》2018 年第 2 期）

题记明确记载，梁山七器出土时间是道光十六年（1836）。题记者"周增之印"的主人，据于芹考证，可能是"九皋"，系"道光十八年至二十九年这一时期《黄小松辑释吉金拓本》的主人"。②道光十八年，离题记所言梁山七器出土时间道光十六年，仅差两年。

出土月份，钱致光给许瀚手札中提及：

再是岁（道光丙申年，即道光十六年，1836）五月，济肆中又有寿张梁山新出土鼎、甗、尊、壶周器七件，皆有款识。③

---

① 引自于芹：《〈黄小松辑释吉金拓本〉综述》，《中国美术》2018 年第 2 期。

② 于芹：《〈黄小松辑释吉金拓本〉鉴藏考》，《中国国家博物馆馆刊》2018 年第 8 期。

③《攀古小庐金文集释》（山东博物馆藏）夹有此札，引文括号内纪年系笔者据年谱补入。袁行云：《许瀚年谱》，第 133 页。

据此，至迟当年农历五月，梁山七器已出土，并出现在古玩市场。这是出土时间下限，钟养田入藏时间上限。

梁山器"道光十六年"出土记载，《李氏宝彝堂吉金文字》可印证，分见于两处：

1. 太保方鼎：此器于道光十六年，出山左寿张县梁山土中。
2. 太保敦①：此敦于道光十六年，出山东寿张县梁山土中。②

此书作者李宗岱（1830？—1896），继钟养田之后，藏梁山七器中的召氏五器，除钟氏外，他是最完整收藏这批器的藏家。③他也是《黄小松辑释吉金拓本》一个时期的主人。据于芹考证，在他之前，《黄小松辑释吉金拓本》收藏者有"九皋"（1838—1849 藏）、丁彦臣（1868 藏）。1869 年，李宗岱向丁彦臣借阅此书。显然，梁山器"道光十六年"的说法，《李氏宝彝堂吉金文字》源自《黄小松辑释吉金拓本》"九皋"所录。

值得注意的是，《函青阁金石记》作者杨铎，至迟在道光二十年，与九皋交好。《黄小松辑释吉金拓本》"父辛彝"条有他的跋：

是彝文字洵可宝也，九皋与余道友也，攫而去之而不可也，书以志之，有同好也。石卿跋，岁在庚子初夏。（见图 2）

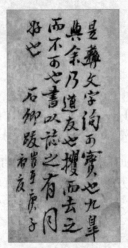

图 2　杨铎题记

（引自于芹《〈黄小松辑释吉金拓本〉鉴藏考》，《中国国家博物馆馆刊》2018 年第 8 期）

---

① "敦"为"簋"字之误，此器为太保簋。宋人误释"毁（簋）"为"敦"字，称这类器为"彝"或"敦"，清代晚期金石学者仍沿袭此误。

② 李宗岱：《李氏宝彝堂吉金文字》，清稿本，山东图书馆藏。

③ 李宗岱，号山农，广州人，常年任职山东。雅好金石，堂号"宝彝"，斋号"宝召"，是当时铜器收藏大家，《李氏宝彝堂收藏吉石目录》著录藏器计四百余件。另有《李氏宝彝堂吉金文字》，稿本，考释了梁山五器，非同时所作，但最早一篇写于同治六年（1867）。李山农得收重宝，"聚之一堂，摩掌拂拭"。

石卿，即杨铎（1813—1879），自号石道人，河南商城人，《济州金石志》称"杨石卿"。"庚子"，即道光二十年（1840），杨铎与九皋这两位"同好""道友"，交往密切，似始于这一年。

这一年，正是徐宗幹任济宁知州的第三年，也是许瀚到达济宁之年。作为编撰《济州金石志》的主持者，徐宗幹"与山长许印林同年谈及金石一事，娓娓不倦"，书的编辑也得"幕宾杨石卿随时参与"。①

杨铎与许瀚交好，也始于这一年。居济州期间，两人常常相约访碑赏器。②许瀚过世后，杨铎撰《许印林先生传》，对两人交游，深为感怀：

> 先生名瀚……幼博综经史及金石文字……庚子，主讲渔山书院。济宁修辑《州志》，刺史徐树人中丞聘同胶州牧冯集轩为总纂，铎亦与分纂，朝夕共砚几。予笃嗜金石，有所得辄共为审订，每于经史中得左证。古之益友，直谅多闻，非先生其谁与？③

也是这一年，杨铎与梁山器最早收藏者钟养田有往来，曾为他拓周召伯彝（伯宪盉）。许瀚《周召伯彝跋》④，拓片上有杨铎题字，记录此事：

> 道光廿年庚子冬日石卿杨铎拓，养田仁兄大雅清玩。⑤

这次观看梁山器，时间是"道光廿年庚子（1840）冬日"。许瀚、杨铎两人常共赏铜器，在钟养田处赏看这件器，应是两人一起，而且杨铎拓铭、许瀚撰跋。无疑，不仅杨铎，许瀚也与钟养田有交往。原因应是梁山器。他们在钟养田处直接看到的，或不仅"周召伯彝"一器，也可能是多件器。至少应该还有宪鼎，《缀遗斋彝器款识》所录宪鼎、伯宪盉拓片，便源自杨铎所赠。⑥

《济州金石志》记梁山器，内容与《函青阁金石记》大多相同，皆有杨铎的考释，不少引有许瀚的论断。《济州金石志》得以著录考释梁山器，疑因于杨铎、许瀚。他们是最早、最主要的考释者，尤其是杨铎，故而《济州金石志》梁山器大多内容都记为"商城杨石卿云"。

梁山七器出土时间，以及最早著录与考释，得以厘清。道光十六年（1836），梁山七器出土，农历五月出现于市场，后由当地乡绅钟养田收藏。道光二十年

---

① 徐宗幹：《济州金石志序》，《济州金石志》卷一，第1页。

② 参看于芹：《道光年间许瀚山左访碑考》，《山东艺术》2020年第1期。

③ 杨铎：《许印林先生传》，《攀古小庐文补遗》，载袁行云：《许瀚年谱》，第381页。

④ 此器是伯宪盉，《济州金石志》《函青阁金石记》称"周召伯盉"。《许瀚年谱》引《许印林遗书》跋文："养田仁兄得古器五种，此其一也。盖器皆有铭，铭十字曰：'伯冒作召伯父辛宝尊彝'。"（《许瀚年谱》，第125页），方濬益已指出器主名"当释宪，许印林攀古小庐文跋此器以为冒者误也"（方濬益《缀遗斋彝器考释》卷一四，第26页）。

⑤ 袁行云：《许瀚年谱》，第126页。

⑥ "宪鼎……据商城杨石卿大令（铎）所诒拓片，参以仁和谭仲修大令（廷献）拓本摹入"，"伯宪盉……据商城杨石卿大令所诒拓本摹入"。方濬益：《缀遗斋彝器考释》，清稿本，甲午本（1894），卷四第9页、卷一四第26页。

（1840），杨铎已与"九皋"交好，得观《黄小松辑释吉金拓本》"九皋"所录太保
二器拓片。同年冬，杨铎、许瀚在钟养田处直接赏看"召伯彝"（伯宪盂）等梁山
器，随后有考释。作为编者及助撰者，《济州金石志》《函青阁金石记》因而成为
最早著录、考释梁山七器的金石书籍。

二、具 体 器 物

对比《济州金石志》与《函青阁金石记》，"梁山七器"包含的具体器物，需
要重新思考。

自道光十六年（1836）梁山七器发现以来，著录考释便不完整。最早著录梁
山器的《济州金石志》，仅著录六器，缺太史友簋。《函青阁金石记》则著录五器，
与《济州金石志》相比，除皆缺太史友簋外，还未录大保鼎二。此后，晚清民国间
梁山七器相关的重要著录，各有不同。《攈古录金文》《小校经阁金文拓本》最多，
皆六件，器一致，但有太史友簋，而缺太保鼎二、鲁公鼎，后书或是从前书。[①]《缀
遗斋彝器款识》《周金文存》《三代吉金文存》收五器，比《攈古录金文》少的那
件各自不同，分别缺大保鼎、大保簋、宪鼎。[②]《奇觚室金文述》录四器，有《济
州金石志》所录太保鼎二，缺《攈古录金文》等已录宪鼎、伯宪盂、太史友簋。[③]
《愙斋集古录》录三器，除缺太保鼎二外，与《奇觚室金文述》同。[④]著录三器的，
另有《郁华阁金文》，但与《奇觚室金文述》《愙斋集古录》相比，收太史友簋，
缺大保簋。[⑤]

著录不完整，导致梁山七器具体器物，论说纷纭。20 世纪 30—50 年代，即
便容庚[⑥]、陈梦家[⑦]这些曾收藏或经手其器的藏家，对这整批器究竟包括哪七件仍
有不同意见。此后，贝冢茂树[⑧]、白川静[⑨]、罗覃[⑩]、陈公柔与张长寿[⑪]、唐兰[⑫]等
学者，对这一问题，皆有论说，据主张器物，列表如下（见表 1）。

[①] 吴式芬：《攈古录金文》，光绪二十一年（1895）吴氏家刻本，《续修四库全书》第 902 册，上海：上海古
籍出版社，1996 年，第 438、533、539、621、623、639-640 页。刘体智：《小校经阁金文拓本》，自刊石印本，1935
年，卷二第 21 页，卷三第 4、91 页，卷五第 37 页，卷八第 38 页，卷九第 52 页。

[②] 方濬益：《缀遗斋彝器款识》，卷四第 2、4 页，卷九第 22 页，卷一四第 26 页，卷一八第 2 页。邹安：《周
金文存》，广仓学窘，1921 年；《金文文献集成》第 23 册，第 140、173、214、264、294-295 页。罗振玉：《三代
吉金文存》（1937），北京：中华书局，1983 年，第 211、490、869、1173、1458 页。

[③] 刘心源：《奇觚室金文述》，石印本，光绪二十八年（1902），卷一第 14 页，卷三第 32 页，卷五第 12 页。

[④] 吴大澂：《愙斋集古录》，涵芬楼影印本，1917 年，第 7 册第 5、6 页，第 13 册第 10 页。

[⑤] 盛昱：《郁华阁金文》，《金文文献集成》第 15 册，第 46、252、392 页。

[⑥] 容庚：《商周彝器通考》上册，第 46 页。

[⑦] 陈梦家：《西周铜器断代》上册，第 45 页。

[⑧] 贝冢茂树：《关于殷末周初的东方经略》，刘俊文主编：《日本学者研究中国史论著选译（三）》，第 58-121 页。

[⑨] 白川静：《金文通释》第二辑，第 52-57 页。

[⑩] Thomas Lanton：A Group of Early Western Chou Period Bronze Vessels, Arts Orientalis（《东方艺术》）Vol. 10,
1975, pp. 111-121.

[⑪] 陈寿：《大保簋的复出和大保诸器》，《考古与文物》1980 年第 4 期。

[⑫] 唐兰：《西周青铜器铭文分代史征》，第 83-84 页。

表1 梁山七器具体器物各家学说表

序号	器名	容庚	陈梦家	贝冢茂树	白川静	罗覃	陈寿	唐兰
1	大保鼎	√	√		√			√
2	大保簋	√	√		√			√
3	宪鼎	√	√		√			√
4	伯宪盉	√	√		√			√
5	小臣俞犀尊	/	/		√			×
6	大保鼎二	√	/		√			√
7	鲁公鼎	/	√		/			×
8	大史友甗	√	√		√			√
9	大保鸮卣	/	√		×			/

以上各说，除唐兰的意见较晚发表外①，陈寿的文章已引诸家说法，其结论与贝冢茂树等为代表的海外学者一致，即梁山七器是大保鼎一、大保鼎二、大保簋、宪鼎、伯宪盉、大史友甗、小臣俞犀尊。②

对比各说，梁山七器中的五件，即大保鼎、大保簋、宪鼎、伯宪盉、大史友甗，并无异议，论争聚焦于其他两器。从学术史来看，各家学说，或据《济州金石志》，或据《函青阁金石记》，而加以增减。

第一，据《济州金石志》，大保鼎二在列，补入大史友甗，列梁山六器，未提及小臣俞犀尊，应是对其存疑。这是容庚、唐兰的说法。③

第二，据《函青阁金石记》，纳入鲁公鼎，未收大保鼎二，但有两点变化，一是以大保鸮卣替代小臣俞犀尊，一是补入大史友甗。陈梦家持此说。

第三，据《济州金石志》，大保鼎二及小臣俞犀尊在列，仅补入了未有争议的大史友甗。贝冢茂树、白川静、罗覃、陈公柔与张长寿等学者皆持此说。

各说皆补入大史友甗，其属于梁山七器，已是共识。从藏家、铭文两方面看，这件器当为梁山七器。《济州金石志》《函青阁金石记》虽未收录，但吴式芬《攈

---

① 唐兰的观点，与各家说法有一个不同，他从非科学发掘着眼，强调这个窖藏并非仅有七器，还应有"甬"的三个方鼎。他说，"太保后裔有一个叫甬的"，"有三个方鼎"，在清代中叶已经发现，著录于《积古斋钟鼎彝器款识》，铭六字为'龏作宝彝，太保'。《山东金文集存》说是出梁山"。参看唐兰：《西周青铜器铭文分代史征》，第84页。

② 器主名"俞"，清人释读不一，或释"艅"（《攈古》2之3.46），或释"俞"（《缀遗》18.2、《奇觚》5.12）。此字后又见于甲骨卜辞，郭沫若释"艅"，认为"艅当是发声辞，犹《尚书》言俞也"，得到学界认可。李学勤近年有文持反对意见，指出"'艅'在《说文》是新附字，其出现是非常晚的"，并据其他西周铭文的"俞"字与此犀尊铭该字形接近，重新释为"俞"，强调这是《尧典》与甲骨卜辞中同见的叹词。本文从此说。参看郭沫若：《卜辞通纂》，北京：科学出版社，1983年，第530页；李学勤：《〈尧典〉与甲骨卜辞的叹词"俞"》，《湖南大学学报（社会科学版）》2008年第3期。

③ 唐兰对小臣俞犀尊存疑，认为"似无根据"。唐兰：《西周青铜器铭文分代史征》，第83页。

古录》明确记为"山东济宁钟养田藏"。①这是其作为梁山七器之一，历来为学界认同的主要原因。需要说明的是，许瀚曾入吴式芬幕，助其编撰完成《攈古录》，"吴式芬故后许瀚代为校订"②，此条记载的信息应来自许瀚。大史友甗铭有"召公"，与这批器属于召公家族的论断相合，是得到学界认同的又一原因。另外，还需要补充的是，新发现《李氏宝彝堂吉金文字》稿本更添确证，"太保方鼎"条明确记载"同时出土有召公甗、太保敦等器"，"召公甗"就是指大史友甗。

第二说以大保鸮卣替代小臣俞犀尊，不能成立。白川静已指出，大保鸮卣传出自河南浚县，出土不久便流入日本，并非梁山七器之一。但为什么陈梦家以其为梁山器，仍需深入分析。陈梦家以大保鸮卣代小臣俞犀尊，主要理据或有二。一是大保鸮卣铭与梁山七器中的大保鼎铭文相同，皆为"大保铸"三字，而且文字风格、结构接近，如"大"字的肥笔、"保"字右上部从"王"等皆一致（见图3）。

（1）大保鼎拓片 （2）保卣拓片（盖）
（引自吴大澂《愙斋集古录》第7册第6页） （引自白川静《金文通释》第二辑第40页）

图3　大保鼎、大保卣拓片

二是因于铭文内容，大保鸮卣铭为"大保铸"，"小臣俞犀尊"铭文无"大保及召伯"，不符合方濬益《缀遗斋彝器考释》所称"其铭皆有大保及召伯"，或为合于方濬益这一记载，便以大保鸮卣代小臣俞犀尊。但是，晚清民国藏家皆未著录大保鸮卣，最早著录大保鸮卣的是《白鹤吉金集》③，不可能属于梁山器。而自《济州金石志》《函青阁金石记》以来，小臣俞犀尊皆有著录，并明确作为梁山七器之一。大保鸮卣并非梁山器，而小臣俞犀尊是梁山七器之一，是毋庸置疑的。

---

① 吴式芬：《攈古录》（1910），北京：中国书店，1982年，卷二，第13页。
② 袁行云：《许瀚年谱》，第334页。
③ 嘉纳治兵卫：《白鹤吉金集》，日本神户：白鹤美术馆，1934年。

各家论争的另一焦点，便是"大保鼎二"与"鲁公鼎"之争。《济州金石志》《函青阁金石记》等各书皆称梁山七器有鼎3件，除确定无疑的"大保方鼎""宪鼎"外，还有一件鼎，只可能是"大保鼎二"或"鲁公鼎"中的一件，但两者从未有器型著录，未见流传。故陈梦家、贝冢茂树等各持一说，前者据《函青阁金石记》列"鲁公鼎"，后者据《济州金石志》以"大保鼎二"为是。

究其根本，争论因于学者各据《济州金石志》与《函青阁金石记》之一，而两书的矛盾，以及《济州金石志》自有矛盾，未得到比较辨析，以致疑云仍存。

前文已述，《函青阁金石记》作者杨铎，"随时参与"《济州金石志》编撰，《济州金石志》梁山器考释主要来自杨铎，故与《函青阁金石记》内容大多近同。但两者的差异尤其值得辨析。

与《济州金石志》收录梁山六器不同，《函青阁金石记》仅收前五器，最后一器"周太保鼎"（太保鼎二）未载。值得注意的是，后器的记录也源自杨铎，《济州金石志》曰：

> 商城杨石卿云案："此亦寿张梁山新出土七种之一也。"

又记：

> 本在任城，今藏曲阜衍圣公府中。①

而《济州金石志》《函青阁金石记》梁山首器"周召伯鼎"（宪鼎）载：

> 商城杨石卿……又云："济宁钟养田近在寿张梁山下得古器七种……其鲁公鼎、牺尊二器已归曲阜孔子（庙）矣。"②

无疑，太保鼎二属于梁山七器的说法，也出自杨铎。这便令人困惑，为什么杨铎自撰的《函青阁金石记》未收入太保鼎二？从《济州金石志》此书的矛盾，或者能理解杨铎的选择。

《济州金石志》"周召伯鼎"与"太保鼎二"两条记载，"已归曲阜"二器，存在矛盾。这两器其中一器不同，"周召伯鼎"（宪鼎）条记为"鲁公鼎"，"周太保鼎"（太保鼎二）条则记为本器。"太保鼎二"与"鲁公鼎"两器，只能其中一件属于梁山七器，也即入藏孔庙器。

杨铎编《函青阁金石记》，保留"其鲁公鼎、牺尊二器已归曲阜孔子庙矣"，未录"周太保鼎"（太保鼎二），《济州金石志》梁山七器的自相矛盾得以消解。

作为梁山七器最早考释者，他的这一选择尤其值得重视。上文已述，杨铎曾亲观亲拓"周召伯鼎"（宪鼎）、"周召伯彝"（伯宪盂），相较而言，对此两器的记载，应较其他器可靠。换言之，《济州金石志》"周召伯鼎"与"太保鼎二"相比，

---

① 徐宗幹：《济州金石志》卷一，第15页。
② 徐宗幹：《济州金石志》卷一，第10页。以《函青阁金石记》校，"孔子"后漏"庙"字。

"周召伯鼎"条的记载应更可信。更何况，两种矛盾说法，皆出自他本人，《函青阁金石记》的编定，很有可能是经过重新核对考辨的最终选择。如果这一推断成立，那么太保鼎二不能作为梁山七器之一，而据《济州金石志》将其列入其中的各家说法皆误。换言之，作为梁山七器之一，曾归藏曲阜孔府的，当取杨铎最终论断，是"鲁公鼎"。

综上所述，梁山七器应是大保鼎、大保簋、宪鼎、伯宪盉、大史友甗、小臣俞犀尊、"鲁公鼎"，其中最后一器无器形、拓片，不知所踪（见表2）。

表2　梁山七器具体器物器形与铭文拓片

器名	器形	拓片
大保鼎	引自《铭图》[①]01065	引自《愙斋集古录》第7册第6页
大保簋	引自《铭图》05139	引自《三代吉金文存》8.40.1
宪鼎	引自《西周铜器断代》第651页70	引自《西周铜器断代》第651页70

① 吴镇烽：《商周青铜器铭文暨图像集成》，上海：上海古籍出版社，2012年。本文简称《铭图》。

器名	器形	拓片
伯宪盉	 引自《铭图》14752	 引自《三代吉金文存》14.9.7
大史友甗	 引自《铭图》03305	 引自《郁华阁金文》252.1
小臣俞犀尊	 引自《铭图》11785	 引自《郁华阁金文》392.3

三、余　论

　　梁山七器，除无争议的五器外，另两器是小臣俞犀尊、"鲁公鼎"，这和各家的说法都不一致。致误原因，主要有两点，一是据《济州金石志》录有"太保鼎二"，一是受《缀遗斋彝器考释》"其铭皆有大保及召伯"的影响。故而产生争议的两器，都不是"大保及召伯"器。

　　梁山七器主要是召公家族的器物，小臣俞犀尊、"鲁公鼎"为何同出？

　　小臣俞犀尊与召氏器同见，因于周初东征，史称"周公东征"（《诗·破斧》）。器铭记"征夷方"一事，时在"惟王十祀有五肜日"。卜辞有不少征夷方的记载，结合相关材料，李学勤认为，这位"王"是商末王帝辛，"十五祀征伐夷方，商王途经齐"，并举𡥈方鼎、旅鼎等"周初伐东夷之事"的铭文，重申董作宾、郭沫若等的观点，卜辞中的"夷方"，"与东夷为一事"。①器主小臣俞，陈絜认为，他原拥有"大保簋铭中的榆地，也就是商末田猎卜辞中的主要田猎地点'榆'"，"但随着周初录子圣叛乱的平定，该地便成为召公奭的私属领地"。②综合二者观点，小臣俞犀尊与召氏器同出的原因，便清楚明白。商末、周初的伐东夷，都是对东土的征伐，商末卜辞与铭文等称为"伐夷方"，西周铭文或称"伐反夷"（旅鼎）③，或称"伐东夷"（𡥈方鼎）④，或称"伐东国"（鲁侯尊）⑤，而后者即周初的三年东征。商末帝辛"伐夷方"时，小臣俞因功得封榆地，周初东征时，剿灭商代遗留势力，俞在其列，其封地榆为此次东征中有重大战功的召氏家族所得，而小臣俞犀尊也为召氏所获。

　　"鲁公鼎"为什么也在召氏器群之中？首先需要说明，所谓"鲁"字，系清人误读，应释"周"字⑥，"鲁公鼎"实为"周公鼎"。⑦"鲁（周）公鼎"与召氏器同出，也因于周初东征，即"周公东征"。成王初年，三年东征，周、召二公是最重要的指挥者，如𡥈方鼎铭"惟周公于征伐东夷丰伯薄姑"，旅鼎铭"惟公大保来伐反夷年"，分别记载周、召二公对东征战场的直接领导。传世文献也多有记载，如《逸周书·作雒》曰："周公立，三叔及殷东徐奄及熊盈以畔，周公、召公内弭父兄，外抚诸侯……凡所征熊盈族十有七国"，《史记·周本纪》："召公为保，周公为师，东伐淮夷，践奄，迁其君薄姑。"周召二氏同宗同族，疑或因东征中的共同作用，周公鼎出现于同对东征有重大贡献的召氏家族器群。

　　记为入藏孔庙的两件梁山器，"牺尊"（小臣俞犀尊）⑧后由潘祖荫收藏，现藏

---

① 李学勤：《重论夷方》，《民大史学》第 1 辑，北京：中央民族大学出版社，1996 年，第 1-5 页。
② 因此，他还认为，榆"大致地望当在今山东肥城句窳亭一带，故'梁山七器'的真实出土地点大体也应在梁山以北的肥城附近，燕召家族在泰山脚下所领有的榆地。"陈絜：《"梁山七器"与周代巡狩之制》，《汉学研究》2016 年第 1 期。
③ 光绪二十二年（1896）山东黄县莱阴出土，现藏中国国家博物馆，著录于《殷周金文集成》2728 等。
④ 二十世纪二十年代宝鸡县戴家湾盗掘出土，现藏美国旧金山亚洲美术博物馆，著录于《殷周金文集成》2739 等。
⑤ 原藏清宫（《西清古鉴》13.9），现藏上海博物馆，著录于《集成》4029 等。
⑥ 清吴大澂已释"周"字，但当时学者释为"鲁"，故仍命名某鼎为"鲁公鼎"，而释文作"周"，并考释说："𣪘，旧释鲁，大澂以为周字"。周亚也指出，这件"鲁公鼎"铭文系伪刻。参看吴大澂著，周亚笺注：《鲁公鼎》，《愙斋集古录》笺注》，上海：上海古籍出版社，2012 年，第 57-59 页。
⑦ 目前著录最早的周公鼎，北宋徽宗时内府入藏，《博古图》、赵明诚《金石录》等已著录，李学勤指出这"是迄今所知唯一的周公旦自作的青铜器"，而"清代著录，如《西清古鉴》等书，收录与周公方鼎铭文一致，形制纹饰则或有差异的扁足方鼎多件，自王国维、容庚等先生以来都已指出是仿宋伪器"。参看李学勤：《论宋代著录的周公方鼎》，《三代文明研究》，北京：商务印书馆，2011 年，第 118-121 页。
⑧ 白川静疑牺尊入孔庙说不确，难以成立。据《小校经阁金文拓本》，此器拓片来自冯云鹓于孔庙所拓。刘体智：《小校经阁金文拓本》卷五，第 37 页。

美国旧金山亚洲美术博物馆，但"鲁（周）公鼎"或"太保鼎二"都没有此后藏家的记载，不知踪迹。入藏孔庙的两器最早流散，恰是导致是否属于梁山七器之争的一个重要原因。最早收藏者钟养田，已注意同一家族器物的完整收藏，若确有"太保鼎二"，当系召氏器，相较"鲁公鼎"（周公鼎），最早流散出去的可能性较少。很有可能正因为这二器不是召氏器，才得以流入孔庙。这或可作为"鲁（周）公鼎"是梁山七器的一个补证。

简之，梁山七器中，产生争议的两器，都是"已归曲阜"的二器，恐非巧合。疑正因为这二器与其他五器都不同，并非召公家族器，故而最早与其他五器分开，从收藏者钟养田处流散出去。这是梁山七器具体器物产生争议，乃至各说致误的另一个原因。这二器与召氏器同出，则是周初东征的结果。

附：本文撰写中，胡培培代查《李氏宝彝堂吉金文字》（稿本）的若干材料。初稿后，苏辉提出了修改意见。特此一并致谢！

原稿曾发表于《形象史学》2022 年秋之卷

对标准器概念的理解和应用
——从義器组及作册矢令器组时代谈起[*]

王泽文

（中国社会科学院古代史研究所）

近年新发现的義尊（《铭图三编》^①1015）和義方彝（《铭图三编》1149）因为铭文记载了西周初年武王时的一次赏赐，受到学术界的关注。为方便讨论，先抄录義方彝铭文如下（義尊同铭）：

> 隹（唯）十又三月，丁亥，珷王易（赐）義贝三十朋。用作父乙宝尊彝。𐀀^②

较早对器物尤其是对義尊进行观察和研究的学者，如李伯谦、朱凤瀚、刘绪、张懋镕、韩炳华、张昌平等先生，都已从形制、纹饰和铭文等方面将義尊与何尊（《集成》06014）和利簋（《集成》04131）等器物作比较，指出器物的时代属于西周早期早段，制作于武王生前或者在成王时期，但距离武王去世不远。^③

张懋镕先生更进一步作了详细的论证，将義尊、義方彝和大丰簋（天亡簋，《集成》04261）、利簋和何尊都看作武王至成王初年的标准器。^④他认为虽然義尊、義方彝铭文出现了"珷王"谥号，"考虑到義方彝、義尊的形制、纹饰和铭文字形书体的特征具有周初青铜器的格调，所以它们即便作于成王时期，也在成王初年，离武王时期很近，仍然属于西周年代最早的几件青铜器"。^⑤

也有不同意见。如沈长云先生不同意将義尊和義方彝称为武王时期的标准器，理由是：一件器物能否作为标准器，最重要的还是要看其铭文内容，義尊義方彝

* 本研究为古文字与中华文明传承发展工程项目"先秦历史文物探研与中国古代文明研究"（编号 G3948）阶段性成果。

① 本文著录书简称如下：《殷周金文集成》简称《集成》；《商周青铜器铭文暨图像集成》简称《铭图》；《商周青铜器铭文图像集成续编》简称《铭图续编》；《商周青铜器铭文暨图像集成三编》简称《铭图三编》。

② 作器者"義"，学者或写作简体"义"。考虑到是人名，不知其意，笔者暂不写作"义"。在正文叙述里引用诸家的研究时，写作"義"，相应的注释里，则遵从刊曰原貌。

③ 参看山西省公安厅、山西省文物局编著：《国宝回家——2019 山西公安机关打击文物犯罪成果精粹（一）》，北京：文物出版社，2019 年，第 5-13 页，李伯谦、朱凤瀚、刘绪、张懋镕几位先生的"专家解读"；张懋镕：《新出义方彝和义尊的年代学意义》，《中国社会科学报》2022 年 4 月 7 日，第 006 版；韩炳华：《新见义尊和义方彝》，《江汉考古》2019 年第 4 期，第 81 页；张昌平：《谈新见义尊、义方彝的年代及装饰风格》，《江汉考古》2019 年第 4 期，第 84-85 页。

④ 参看山西省公安厅、山西省文物局编著：《国宝回家——2019 山西公安机关打击文物犯罪成果精粹（一）》，第 11-13 页。

⑤ 张懋镕：《新出义方彝和义尊的年代学意义》，《中国社会科学报》2022 年 4 月 7 日，第 006 版。

器铭中已经出现武王的谥号，表明该器物的作成时间在武王以后；由于义方彝形制上已经是弧壁方彝，所以不是成王初年制作的，不属于西周年代最早的青铜器。沈先生还从纹饰和铭文字体等方面加以讨论。[①]沈先生又讨论了马承源先生过去提出的亢鼎铭文（《铭图》02420）与作册夨令方彝、方尊铭文中的人物的关系。[②]沈先生在与杜勇先生过去合作的论著中还认为作册析方彝（《集成》09895）[③]的年代较作册夨令方彝（《集成》09901）稍晚一些。[④]

上述各方面的讨论都是很有意义的，本文就相关问题稍加补充讨论。由于诸家对义尊的形制纹饰方面的认识分歧较小，所以，本文首先分析义方彝在形制和纹饰两方面的特征，讨论义方彝、作册夨令方彝和作册析方彝的时代差异；其次讨论义器组合和作册夨令器物组合中的其他器物的形制纹饰特征，进一步明确两组器物的所属时代；[⑤]最后就标准器概念的理解和应用提出一点看法。

一、据形制纹饰变化分析义方彝和作册夨令方彝时代

首先分析形制的变化。

义方彝、作册夨令方彝和析方彝同属于王世民等先生《西周青铜器分期断代研究》（以下简称《分期断代》）Ⅱ型弧壁方彝[⑥]，但三者的腹部的弧度是有明显差异的。如果将三件方彝放在一处，就一目了然。不过三件方彝分别被收藏在不同文博机构，对这三件方彝都能有近距离观察的机会不多。为此，这里尽可能选取同一视角且相邻两面基本上都是平视（即学者所谓"侧视形"[⑦]）拍摄的器形照片（见图1）供讨论。

就腹部弧度而言，作册析方彝最鼓，明显膨出，作册夨令方彝次之，而义方彝腹部尚未膨出。这一点，从三件器物的腹部扉棱棱角的凸出情况也可以看出。

---

① 沈长云：《也谈义方彝和令方彝的年代问题》，《中国社会科学报》2022年6月23日，第006版。

② 沈长云：《再论有关令方彝年代等问题》，《中国社会科学报》2023年1月19日，第4版。

③ 旧释"折"或"旂"，这里从李学勤先生意见改释作"析"，参李学勤：《静方鼎与周昭王历日》，收入氏著《夏商周年代学札记》，沈阳：辽宁大学出版社，1999年，第30页。

④ 沈长云、杜勇：《关于弧壁方彝的分期断代问题》，《文物》2002年第8期，第61-62页。

⑤ 学术界关于作册夨令器组的不同观点，请参看黄鹤：《西周有铭铜器断代研究综览》，上海：上海古籍出版社，2021年，第950-953页。此外，近年的相关研究有：崎川隆《关于西周时期饰有"上卷角兽面纹"的青铜器》（载《青铜器与金文》第1辑，上海：上海古籍出版社，2017年，第400-401页）认为析尊析方彝和作册夨令方尊方彝的年代"大致相当于西周早期晚段"；冯峰《论西周青铜器中的尊、方彝（尊、方彝、觥）组合——兼谈其与尊、卣组合的关系》（载《三代考古（八）》，北京：科学出版社，2018年，第289页）认为析尊析方彝组合以及作册夨令组合的时代"当在西周早期末到中期早段"；刘树满《也谈曾公编钟与令方彝暨"康宫"原则问题》（载《江汉考古》2022年第4期）在张懋镕先生讨论基础上，通过对弧壁方彝的型式分析，支持令方彝属于昭王世的观点；朱凤瀚《由义尊与义方彝等周初铜器论及西周早期年代》（《河北师范大学学报（哲学社会科学版）》2024年第1期）指出义器铭文中的闰月历日可为武王克商年的判定提供参考。

⑥ 王世民等：《西周青铜器分期断代研究》，北京：文物出版社，1999年，第141-143页。

⑦ 参看[日]林巳奈夫著，[日]广濑薰雄等译，郭永秉润文：《殷周青铜器综览·第一卷 殷周时代青铜器的研究》，上海：上海古籍出版社，2017年，第206、214页。

三件方彝的腹部各有八列扉棱，均匀分布在四面正中和四隅，而每列扉棱从上至下各有两支伸出的棱角。義方彝腹部的扉棱最凸出的棱角（沈先生所说的"齿凸"）是腹部最上方的一支，而其他两件方彝腹部扉棱最凸出的棱角都是从上方向下数的第二支。三件方彝扉棱棱角的凸出的长短差异，并不是由于每个扉棱长短不一，而是由于腹部的膨出程度不同所致。与作册夨令方彝和作册析方彝形制相同的，还有叔夗方彝（《集成》09888）。[①]《分期断代》都归于西周早期晚段的昭王世。

此外，张懋镕先生最近分析指出："商代晚期的方彝，绝大部分在圈足四条边的中央有缺口。西周早期偏早的方彝承袭了这一特点，如義方彝的圈足有缺口。但是康王以后，缺口消失，如顺方彝、令方彝都没有缺口，这也是令方彝不能提前到成王时期的一个原因。"[②]笔者观察義方彝原器时，并没有留意这一点，拜读了张先生的讨论后，翻检所拍的照片，的确如张先生所指出的，義方彝圈足四面正中是缺口的[见图 1(1) 中、下]。而作册夨令方彝的圈足正对扉棱的下方，只有小孔，不是缺口[见图 2(3)]。作册析方彝的圈足正对扉棱的下方，没有小孔或缺口[见图 1(3)]。

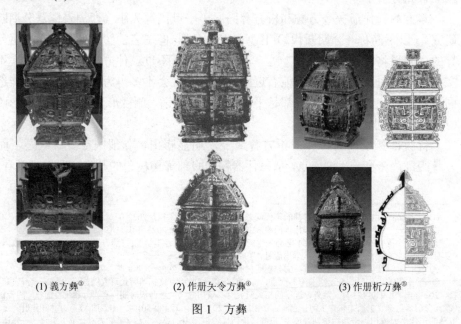

(1) 義方彝[③]　　　　　(2) 作册夨令方彝[④]　　　　　(3) 作册析方彝[⑤]

图 1　方彝

---

① 王世民等：《西周青铜器分期断代研究》，第 141 页；李伯谦主编：《中国出土青铜器全集》，北京：龙门书局，2018 年，第 10 卷第 301 页。

② 张懋镕：《再谈義方彝和令方彝的年代问题》，《中国社会科学报》2022 年 11 月 17 日，第 4 版。

③ 照片由笔者拍摄。

④ 陈梦家编著，中国社会科学院考古研究所编辑：《美国所藏中国铜器集录（订补本）》，北京：中华书局，2019 年，第 919-922 页。

⑤ 曹玮主编：《周原出土青铜器》，成都：巴蜀书社，2005 年，第 3 卷第 566-572 页。

其次分析纹饰的变化。

先分析几件方彝共有的兽面纹。義方彝和作册矢令方彝以及作册析方彝虽然都饰有兽面纹，但差异比较大。

義方彝盖面和腹部所饰兽面纹，特点是角呈曲折状，两侧有倒立夔纹［图2(1)］。最接近的，是上海博物馆收藏的德方鼎［《集成》02661，图2(2)］。德方鼎的时代，多数学者认为属于成王世[①]，《商周青铜器文饰》（以下简称《文饰》）称此种兽面纹为"体躯省略式"的"曲折角兽面纹"[②]，属于陈公柔和张长寿先生划分的Ⅰ6式，曲折式双角的独立兽面纹。[③]张昌平先生所举藏于瑞士苏黎世 Museum Rietberg 的一件方鼎上的兽面纹，其上的角的弯曲形状与義方彝兽面纹上的角最相近，两侧饰团身夔纹。[④]

作册矢令方彝和作册析方彝所饰兽面纹［见图2(3)(4)］，属于《文饰》的单尾展体式"外卷角兽面纹"[⑤]，陈公柔和张长寿先生将这种兽面纹归于他们划分的Ⅲ12式的连体兽面纹，"躯干较短而脚后无长距，特别是脚爪，极尽夸张，呈舞爪

(1) 義方彝纹饰[⑥]

(2) 德方鼎纹饰[⑦]

(3) 作册矢令方彝纹饰[⑧]

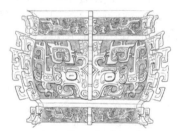

(4) 作册析方彝纹饰

图2　纹饰

① 黄鹤：《西周有铭铜器断代研究综览》，第229页。

② 上海博物馆青铜器研究组编：《商周青铜器文饰》，北京：文物出版社，1984年，第49页编号134。

③ 陈公柔、张长寿：《殷周青铜容器上兽面纹的断代研究》，收入《西周青铜器分期断代研究》，第224-226页。

④ 张昌平：《谈新见義尊、義方彝的年代及装饰风格》，《江汉考古》2019年第4期，第88-89页，图七。张先生所译馆名"皮特博格博物馆"应是笔误，李学勤先生译作"利特堡博物馆"，参《四海寻珍》，北京：清华大学出版社，1998年，第53-56页。

⑤ 上海博物馆青铜器研究组编：《商周青铜器文饰》，第10页。

⑥ 引自韩炳华：《新见義尊和義方彝》，《江汉考古》2019年第4期，第82页。

⑦ 上海博物馆青铜器研究组编：《商周青铜器文饰》，第49页编号134。

⑧ 承刘丽先生提供。

之势"，"而且在兽面的双角和躯干上都加了华丽的花边"。结合作册析器的铭文，他们认为这种连体兽面纹流行于昭王以前的西周早期。①

韩炳华先生已经指出義方彝的一些纹饰特征，如兽面纹上方的曲折式双角（韩文认为是一种爬行夔纹）以及提梁两端的掌形角龙首（韩文称为"五齿掌形目纹"），已见于安阳郭家庄 M160 亞址方尊（M160:152、M160:128）；并据安阳孝民屯东南地铸铜遗址所出有关陶范，指出这样风格的纹饰当来自殷墟。②郭家庄 M160，整理者研究认为属于殷墟三期偏晚阶段。③孝民屯东南地铸铜遗址的时代下限，笔者认同发掘整理者的意见，当在商末周初。④

義方彝提梁两端所饰的这种掌形角龙首，以及口沿下的带有掌形角的龙纹，即《文饰》所称"多齿角龙纹"，在商末周初及西周早期偏早阶段也比较流行，典型材料可举出陕西宝鸡戴家湾（旧称斗鸡台）和石鼓山出土的两组铜器群。⑤其中，科学发掘的石鼓山 M3 时代不晚于西周早期早段⑥，所出的铜禁器组合中的户方彝，是盖顶有四钩状钮的直壁方彝⑦，属于《分期断代》的西周早期早段的腹壁下敛的 I1 式直壁方彝。⑧这表明，直壁方彝和弧壁方彝的早期形态有一段时间是同时存在的。

義尊颈部所饰双首夔纹，与段勇先生举出的河南信阳浉河港所出的西周早期描述的鸟纹与夔龙纹相交的 H 型变形鸟纹十分相近，区别仅在于后者夔纹的角是瓶状。⑨这种纹饰在西周早期器物上不能决然判断只出现在早段或是晚段。

作册夨令方彝口沿下饰向两侧展开的龙纹[见图 3（1）]，这种纹饰流行于商末至西周早期，出土器物可举出琉璃河 M253.11 圉方鼎（《集成》02505）的盖缘和器口沿下的纹饰[见图 3（2）]。⑩梁彦民先生曾尝试对这种龙纹（其称"双身龙纹"）进行类型学研究，他认为出土圉方鼎的琉璃河 M253 的年代为成康间，圉方鼎年代不晚于康王，而作册夨令方彝所饰的一首双身龙纹比圉方鼎的时代应该更早，作

---

① 陈公柔、张长寿：《殷周青铜容器上兽面纹的断代研究》，收入《西周青铜器分期断代研究》，第 236 页。

② 韩炳华：《新见義尊和義方彝》，《江汉考古》2019 年第 4 期，第 80-81 页。韩文所举的掌形角纹饰的陶范图片排印有误，兽首范的掌形角 2000AGH31:18 应为图一八.1。此外，2000AGH31:1（图版拾贰.5）也有同样的纹饰。

③ 中国社会科学院考古研究所编著：《安阳殷墟郭家庄商代墓葬》，北京：中国大百科全书出版社，1998 年，第 156 页。

④ 中国社会科学院考古研究所安阳工作队：《2000—2001 年安阳孝民屯东南地殷代铸铜遗址发掘报告》，《考古学报》2006 年第 3 期，第 377 页。

⑤ 参看陈昭容主编：《宝鸡戴家湾与石鼓山出土商周青铜器》，台北："中研院"史语所，2015 年，第 18-19 页，朱凤瀚序。

⑥ 王颢等：《石鼓山西周墓葬的初步研究》，《文物》2013 年第 2 期，第 77-85 页。

⑦ 参看陈昭容主编：《宝鸡戴家湾与石鼓山出土商周青铜器》，第 87-88 页。

⑧ 王世民等：《西周青铜器分期断代研究》，第 140、266 页。

⑨ 段勇：《商周青铜器幻想动物纹研究》，上海：上海古籍出版社，2012 年，第 123-124 页，第 140 页图三十四.2；信阳地区文管会、信阳县文管会：《河南信阳县浉河港出土西周早期铜器群》，《考古》1989 年第 1 期，第 14-15 页图七、图八。

⑩ 上海博物馆青铜器研究组编：《商周青铜器文饰》，第 129 页编号 368，双体龙纹。

册夨令方彝年代下限不应晚于围方鼎。[①]朱凤瀚先生《中国青铜器综论》（以下简称《综论》）认为一首双身龙纹主要流行于殷代晚期至西周中期。[②]沈先生和杜先生指出这种纹饰时代偏早[③]，张懋镕先生亦认为"十分传统"。[④]《分期断代》从铜器形制、纹饰和组合关系的变化几个方面考虑，将琉璃河 M253 划在西周早期晚段，大体相当于康王后期和昭王时期；[⑤]但也认为围方鼎"年代约为西周早期成康时"。[⑥]《综论》认为，琉璃河"M251、253 所出器物从形制与纹饰方面看，皆当归属西周青铜器一期。二墓年代即当在西周早期偏早即成康之际"。[⑦]刘启益先生和彭裕商先生认为围器属于成王时期。[⑧]其他学者关于围方鼎的断代意见，也多认为是在成康时。[⑨]黄薇先生则认为围方鼎的时代在康王后期到穆王时期。[⑩]

笔者认为，作册夨令方彝口沿下所饰的龙纹，在西周早期晚段的器物上也有呈现。九如园所藏凸簋[《铭图三编》0381，见图 3（3）]口沿就有同样的龙纹。凸簋属于《分期断代》Ⅰ3 式双耳圈足簋，侈口，折沿，束颈，浅圆腹下垂，矮圈足，圈足壁较直，有折边；双耳上饰龙首，下垂外勾珥即龙尾；口沿下和圈足饰向两侧展开的龙纹。[⑪]

与凸簋形制基本一致且有助于分析所属年代的出土器物，可举出晋侯墓地 M113:109 簋[见图 3（4）][⑫]，侈口，方折沿，束颈，圆腹下垂，略外撇矮圈足，颈部饰两道弦纹，双环耳上部饰兽首，下有垂珥。这件簋的垂腹与凸簋的基本一致，但腹较深，圈足不如凸簋的直。

发掘整理简报定 M114 和 M113 为晋侯和晋侯夫人墓，时代"约在西周早中期之际"，但没有具体讨论这件簋的时代。[⑬]经研究，多数学者认为 M114 和 M113 应是《史记·晋世家》记载的晋侯燮父和其夫人墓，结合相关器物的研究，M113

---

① 梁彦民：《殷周青铜器双身龙纹及相关问题》，《考古与文物》2006 年第 6 期。梁先生对双身龙纹做型式分析，他将双身龙纹分为 4 型 9 式，作册夨令方彝所饰归于 D 型Ⅰ式。近年对双身龙纹进行图像和含义的讨论，可参看张翀：《商周铜器双身龙纹图像辨析》，《形象史学研究》2012 年；张翀：《商周铜器双身龙纹非"肥遗"说兼论其图像辨析》，《中国美术研究》2014 年第 1 期；韩鼎：《早期艺术中的"一首双身"形象研究》，《新疆艺术学院学报》2019 年第 4 期；宋锐等：《商周铜器"一首双身纹"拾遗》，《文物研究》2023 年第 4 期。

② 朱凤瀚：《中国青铜器综论》，上海：上海古籍出版社，2009 年，第 550、556-557 页，图五·一一。

③ 沈长云、杜勇：《关于弧壁方彝的分期断代问题》，《文物》2002 年第 8 期，第 62 页。

④ 张懋镕：《关于西周金文字形书体与断代研究的几点思考》，张懋镕主编，王帅著：《中国古代青铜器整理与研究·西周金文书体卷》，北京：科学出版社，2018 年，第 xiv 页。

⑤ 王世民等：《西周青铜器分期断代研究》，第 251-252 页。

⑥ 王世民等：《西周青铜器分期断代研究》，第 18 页。

⑦ 朱凤瀚：《中国青铜器综论》，第 1409 页。

⑧ 刘启益：《西周纪年》，广州：广东教育出版社，2002 年，第 89 页；彭裕商：《西周青铜器年代综合研究》，成都：巴蜀书社，2003 年，第 230-232 页，第 512 页。

⑨ 黄鹤：《西周有铭铜器断代研究综览》，第 206-207 页。

⑩ 张懋镕主编，黄薇著：《中国古代青铜器整理与研究·特殊鼎类卷》，北京：科学出版社，2016 年，第 151-152 页。

⑪ 彭适凡编著：《九如园吉金：朱昌言藏古代青铜器》，上海：上海辞书出版社，2018 年，第 24-25 页，编号 11。

⑫ 北京大学考古文博院、山西省考古研究所：《天马—曲村遗址北赵晋侯墓地地六次发掘》，《文物》2001 年第 8 期，图一八：7、图二〇；北京大学考古文博学院等编著，郑媛等主编：《山右吉金：晋侯墓地出土周代青铜器精粹》，太原：山西人民出版社，2023 年，第 178-179 页。

⑬ 北京大学考古文博院、山西省考古研究所：《天马—曲村遗址北赵晋侯墓地地六次发掘》，《文物》2001 年第 8 期。

（1）作册矢令方彝口沿下龙纹

（2）圉方鼎口沿龙纹

（3）九如园藏□簋

（4）晋侯墓地 M113:109 簋①

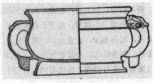

（5）茹家庄 BRM1 乙：4 簋②

（6）茹家庄 M1 乙：6 强伯双耳带盖簋

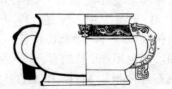

（7）天马曲村 M6243:4 王妻簋

图 3　龙纹与簋

已经到了西周中期早段，即穆王世。③《综论》分析晋侯墓地 M114 和 M113 的年代，认为："M114 所出叔矢方鼎（引按，即《铭图》02419）浅腹、直壁、长柱足，饰饕餮纹，字体横不成行，可早到西周青铜器一期，即西周早期偏早。所出另一件方鼎（M114:216）虽已垂腹，但纹饰具西周早期风格，全瓦纹簋表明此墓或亦到西周青铜器二期，即到了西周早期偏晚。M113 有垂腹明显的鼎（M113:34）铭'叔作旅鼎'，已可晚到西周青铜器二期，年代在西周早期末叶（昭王时）。但 M113 尚没有更多稍晚的器物。M114 出土的陶鬲（M114:31）的形制要早于 M113 出土的陶鬲（M113:36……），M114 要略早于 M113（指成墓年代），M113 下限可到昭王。"④《分期断代》2017 年重印本"补记"部分讨论晋侯墓地 M114 和 M113 的器物和墓葬年代，认为"两墓所出铜器，可视为同属成康时期"。⑤

① 北京大学考古文博学院等编著，郑媛等主编：《山右吉金：晋侯墓地出土周代青铜器精粹》，太原：山西人民出版社，2023 年，第 179 页。

② 卢连成、胡智生、宝鸡市博物馆编辑：《宝鸡强国墓地》，北京：文物出版社，1988 年，第 291 页图二〇二：2。

③ 关于晋侯墓地的排序和年代讨论，可参看刘绪：《晋文化》，北京：文物出版社，2007 年，第 149-158 页。

④ 朱凤瀚：《中国青铜器综论》，第 1446 页。

⑤ 王世民等：《西周青铜器分期断代研究》，北京：文物出版社，2017 年重印，第 292-295 页。

孙庆伟先生分析"M113:109 簋的形制和西周中期前段的段簋颇为接近",并认为 M113 年代"约在穆王前期"。[①]《分期断代》认为段簋(《集成》04208)的时代"约在西周中期前段"。[②]任雪莉先生《中国古代青铜器整理与研究·青铜簋卷》(以下简称《青铜簋卷》)将 M113:109 簋归于甲 AbV 式(圈足簋),属于其所划分的三期晚段,"年代约在康王后段至昭王时期"。[③]吴毅强先生认为晋侯墓地 M113:109 簋属于彭裕商先生《西周青铜器年代综合研究》中青铜簋的BaIV式,分析 M113"所出器物多为康昭时期,最晚者为西周昭穆时期,故推定该墓年代应为穆王早期"。[④]笔者赞同上述晋侯墓地 M113:109 簋所属时代应该在西周早期晚段至西周中期早段的观点。

彭裕商先生所划分的BaIV式簋的形制特征是,口沿外撇、束颈鼓腹(略浅)、圈足较矮且足壁外撇,整体显得矮扁,均有足缘,上限可到昭王;他举出的此型式的典型标本是宝鸡茹家庄 M1 乙:1 簋。[⑤]宝鸡茹家庄 M1 乙:1 簋的形制与凵簋基本一致,区别只在于垂珥和圈足部位[见图3(5)]。同墓所出的 M1 乙:6 弪伯双耳带盖簋[《集成》03616,见图3(6)],形制也属于《分期断代》的 I 3 式,圈足较高,双耳同凵簋。[⑥]茹家庄 M1 的时代,发掘整理报告认为与陕西西安长安区普渡村长甶墓相当[⑦],墓主应是一代弪伯,其主要活动时间在昭王后期到穆王世。[⑧]《分期断代》将茹家庄 M1 乙归于西周中期前段。[⑨]任雪莉先生《青铜簋卷》将茹家庄 M1 乙这两件簋划归其所分的甲 AbVI 式(圈足簋),属于其所分的四期早段,时代"约为穆王时期"。[⑩]

与凵簋形制基本一致的,还可举出传出天马曲村 M6243:4 王妻簋[《铭图》04073,见图3(7)][⑪],也是西周早期后段的。[⑫]

由此可知,凵簋的时代可以晚到西周早期后段。相应的,其上所饰向两侧展开的龙纹,也可以晚到这个时期。

---

① 《曲沃北赵晋侯墓地M114出土叔矢方鼎及相关问题研究笔谈》,《文物》2002 年第 5 期,孙庆伟笔谈内容。

② 王世民等:《西周青铜器分期断代研究》,第62-63 页。

③ 张懋镕主编,任雪莉著:《中国古代青铜器整理与研究·青铜簋卷》,北京:科学出版社,2016 年,第107页,第 347 页附表 2,第 476 号。

④ 吴毅强:《晋铜器铭文研究》,杭州:浙江大学出版社,2018 年,第28-29 页。

⑤ 彭裕商:《西周青铜器年代综合研究》,成都:巴蜀书社,2003 年,第132-133 页。

⑥ 卢连成、胡智生、宝鸡市博物馆编辑:《宝鸡弪国墓地》,北京:文物出版社,1988 年,线图见第 290 页图二〇〇:1,照片见彩版一七:2,图版一五九:1。王世民等:《西周青铜器分期断代研究》,第61-63 页。

⑦ 卢连成、胡智生、宝鸡市博物馆编辑:《宝鸡弪国墓地》,第409 页。

⑧ 卢连成、胡智生、宝鸡市博物馆编辑:《宝鸡弪国墓地》,第412 页。

⑨ 王世民等:《西周青铜器分期断代研究》,第252-253 页。

⑩ 张懋镕主编,任雪莉著:《中国古代青铜器整理与研究·青铜簋卷》,第 49-51 页,第 112-114 页,第 369页附表 2,编号第 650 号、第 649 号。

⑪ 北京大学考古学系商周组、山西省考古研究所编著,邹衡主编:《天马—曲村(1980—1989)》,北京:科学出版社,2000 年,线图见第 493 页图六八八:2,照片见图版捌捌:1。

⑫ 北京大学考古学系商周组、山西省考古研究所编著,邹衡主编:《天马—曲村(1980—1989)》,第334 页;朱凤瀚:《中国青铜器综论》,第 1473-1477 页。张懋镕主编,任雪莉著:《中国古代青铜器整理与研究·青铜簋卷》,第 347 页附表 2,编号 469 号。

作册大方鼎（《集成》02758—02761）也饰有向两侧展开的龙纹，与作册矢令方彝口沿下的龙纹略有不同①，其铭文有"武王、成王"，时代已到康王世以后。

作册大鼎据传与作册矢令方彝大约同时期出土于河南洛阳马坡村（今属洛阳市瀍河回族区瀍河乡），与作册矢令方彝为相同族氏，前者铭文称"祖丁"，后者铭文称"父丁"。郭沫若先生《大系图录考释》认为作册大为作册矢令子。②陈梦家先生赞同郭沫若先生关于作册矢令器属于成王世而作册大器属于康王世的观点，但同时指出"若不是由于铭文所表示的世次关系，我们并不容易分别作册大与其父辈作册令所作的方彝与簋的差别"。③唐兰先生认为作册矢令当是作册大的叔父辈，但作册矢令器的时代比作册大方鼎反较晚，并认为作册矢令方彝方尊的时代在昭王前期。④李学勤先生在 2009 年 6 月 3 日的授课中，对郭沫若先生的观点进行了讨论，提出："'祖丁'不一定就是'父丁'，比如宾组卜辞中有'祖乙'，也有'父乙'，不能说'祖乙'和'父乙'一定是同一个人。一般来说父亲和儿子的日名不会相同，但有一个'祖丁'，再有一个'父丁'却并不稀奇。郭老的这个说法，在有其他证据的情况下，可以作为旁证，但不能仅凭这一点就认为'作册大'是'作册令'之子。"⑤刘树满先生认为，作册大方鼎（《集成》02758—02761）铭文中的"祖丁"和作册矢令方彝（《集成》09901）铭文中的"父丁"不是同一人，后者应即作册大方鼎的器主"作册大"，作册矢令为作册大之子。⑥张懋镕先生支持这一观点。⑦

作册矢令方彝圈足位置的鸟纹（这个鸟纹在作册矢令方尊的颈部下方，因为受到所在位置面积的局限，所以垂尾下折得更厉害），属于《文饰》的垂尾式长冠凤纹⑧，陈公柔和张长寿先生归于小鸟纹的 I7 式，主要流行于西周早期。⑨叔虢方彝盖面上方和器的口沿和圈足部分饰同样的鸟纹。

作册析方彝盖面、口沿下和圈足位置饰垂花冠的顾首龙纹。这种龙纹，苏辉先生称之为"收翼龙纹"，施用时间大体在康王后期到穆王这一段。⑩裴书研先生称之为"独身繁缛顾首龙纹"，认为是在周人影响下的创新，流行于穆王时期。⑪

---

① 梁彦民：《殷周青铜器双身龙纹及相关问题》，《考古与文物》2006 年第 6 期，归于 C 型。
② 郭沫若：《郭沫若全集·考古编》，北京：科学出版社，2017 年，第八卷，第 83-84 页。
③ 陈梦家：《西周铜器断代》，北京：中华书局，2004 年，第 94 页。
④ 唐兰：《西周青铜器铭文分代史征》，收入《唐兰全集》，上海：上海古籍出版社，2015 年，第七册，第 151-155 页、第 217-225 页。
⑤ 李学勤著，董喆整理，刘国忠审校：《金文与西周文献合证》，北京：清华大学出版社，2023 年，第 602-603 页。李先生授课时间据笔者的听课笔记。
⑥ 刘树满：《再论令方彝为西周昭王铜器》，《中国社会科学报》2022 年 3 月 10 日，第 4 版。
⑦ 张懋镕：《再谈义方彝和令方彝的年代问题》，《中国社会科学报》2022 年 11 月 17 日，第 4 版。
⑧ 上海博物馆青铜器研究组编：《商周青铜器文饰》，第 181-182 页。
⑨ 陈公柔、张长寿：《殷周青铜容器上鸟纹的断代研究》，第 199 页、第 202-203 页、第 236 页，收入《西周青铜器分期断代研究》。
⑩ 苏辉：《西周早中期青铜器上的收翼龙纹研究》，《形象史学研究（2014）》，第 11-17 页。
⑪ 裴书研：《周原青铜容礼器研究》，北京：科学出版社，2019 年，第 119 页。

值得注意的是，诸家讨论都提到的荣子方彝（《集成》09880、09881），盖面和口沿下饰垂尾式长冠凤纹，而圈足位置饰相近的顾首垂冠龙纹，表明作册夨令方彝和作册析方彝的相关纹饰是可以共时的。

综合形制纹饰看，作册夨令方彝和作册析方彝的时代相近，而義方彝应是更早期的形态。義方彝铭文内容也体现了这一点，即属于武王世或成王初。因此，作册夨令方彝不会早到成王世，而作册析方彝的时代更晚，结合铭文，笔者同意其属于昭王世的观点。[1]张懋镕先生也认为作册夨令方彝比作册析方彝"要略早一点"。[2]

附带说明，沈先生和杜先生已指出《分期断代》包含了作者在不同时期的研究成果，认为该书"西周青铜器的形制"一节与"西周青铜器的纹饰"一节附录所收的鸟纹研究和兽面纹研究两篇旧文对作册夨令方彝的时代的认识有出入，"形制"一节将作册夨令方彝和作册析方彝都归于昭王时期，而"纹饰"一节将作册夨令方彝归于成康时期。[3]笔者理解，就《分期断代》全书而言，"纹饰"一节的观点应如沈、杜两位先生所理解的，是"陈公柔、张长寿先生过去的说法"[4]，而"形制"一节则体现了该书对过往观点的调整和修订。当然，这方面还需要进一步深入的研究。

二、据组合的相关器物分析義方彝和作册夨令方彝时代

由于義方彝的器主还有其他器物发现，因此，通过讨论这些同器主的器物的时代，也有助于认识義方彝的制作时代。

与義方彝同铭的義尊，如张懋镕先生所言，属于三段式觚形尊。[5]前文已经介绍诸家的研究，其时代属于西周早期早段，制作于武王生前或者在成王时期，但距离武王去世不远。義方彝与義尊属于同一组合，是同时制作的。

此外，韩炳华先生提到同名且同族氏的義鼎（《铭图续编》0122），铭文作："義作父乙宝尊彝。'⋂'"，纹饰是有"列旗"的兽面纹，韩先生已经指出"也是西

---

① 唐兰：《西周铜器断代中的"康宫"问题》，收入《唐兰全集》，上海：上海古籍出版社，2015年，第三册，第1226-1234页、第1249-1250页；唐兰：《论周昭王时代的青铜器铭刻》，收入《唐兰全集》，上海：上海古籍出版社，2015年，第四册，第1529页、第1533-1543页；李学勤：《西周中期青铜器的重要标尺——周原庄白、强家两处青铜器窖藏的综合研究》，《中国历史博物馆刊》1979年第1期，此据李学勤：《新出青铜器研究（增订本）》，北京：人民美术出版社，2014年，第71-79页。

② 张懋镕：《关于西周金文字形书体与断代研究的几点思考》，张懋镕主编，王帅著：《中国古代青铜器整理与研究·西周金文书体卷》，第xiv页。

③ 沈长云、杜勇：《关于弧壁方彝的分期断代问题》，《文物》2002年第8期，第61-62页。

④ 沈长云、杜勇：《关于弧壁方彝的分期断代问题》，《文物》2002年第8期，第61-62页。

⑤ 参看山西省公安厅、山西省文物局编著：《国宝回家——2019山西公安机关打击文物犯罪成果精粹（一）》，第11-13页，张懋镕先生的"专家解读"。

周早期前段兽面纹的特殊形式"。另有新见3件同族氏且基本同铭的義鼎也属于西周早期早段（《铭图三编》0182—0184）。这些也是義方彝義尊组合时代属于西周早期早段的证明。

作册夨令方彝、方尊的器主也有其他有铭器物，目前已知的是2件作册夨令簋（《集成》04300、04301）和令盘（《集成》10065），几件器物的作器者都是令，且都有族氏"⿱⿱册"和"父丁"。①

作册夨令簋[见图4(1)]②锈蚀严重，有些照片拍摄清晰度不够，所以没有目验原器的学者，对其纹饰描述多不够准确。而在陕西扶风庄白一号窖藏器物发现以前，对其铭文内容的解释和对其时代的认识的分歧，也难以折中统一。

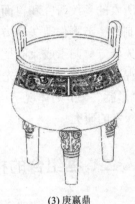

(1) 作册夨令簋　　　　　(2) 庚嬴卣及其口沿下纹饰③　　　　　(3) 庚嬴鼎

图4　其他相关器物

国外学者中，较早且准确描述作册夨令簋纹饰的，是梅原末治氏，他在1933年出版的《欧米蒐储支那古铜精华》中，将其描述为"夔凤雷文彝"。④

国内学者中，较早见过原器的陈梦家先生，没有正面描述作册夨令簋的纹饰，只是说"此器纹饰腐蚀，略近于吕鼎"。⑤吕鼎（吕方鼎，《集成》02754）口沿下的纹饰，或以为鸟纹。⑥经仔细观察可知是顾首的折体夔纹，尾部已经与身体

---

① 马承源主编：《商周青铜器铭文选（三）》，北京：文物出版社，1988年，第69-70页，认为令鼎（集成02803，原名大蒐鼎、耤田鼎、諆田鼎）与令簋的器主是同一个人。按，该器佚失，不知器形，且铭文中没有相同的族氏，可能不是同人所作。唐兰先生已指出这一点，参唐兰：《论周昭王时代的青铜器铭刻》，收入《唐兰全集》，第四册，第1448-1449页。

② 器形照片选自陈梦家：《西周铜器断代（二）》，《考古学报》第十册，1955年，图版拾肆。

③ 庚嬴卣口沿下纹饰拓片采自仲威：《纸上吉金：钟鼎彝器善本过眼录》，北京：文物出版社，2020年，下册，第94页。

④ [日]梅原末治：《欧米蒐储支那古铜精华（彝器部）》，（日本）大阪市：山中商会，1933年，1.12。

⑤ 陈梦家：《西周铜器断代（二）》，《考古学报》第十册，1955年，收入《西周铜器断代》，第29-31页。

⑥ 旅顺博物馆编：《旅顺博物馆》，北京：文物出版社，2004年，第25页。

断开呈所谓的"卷云纹状"。①吕鼎铭文开篇是"唯五月既死霸，辰才（在）壬戌"，巴纳、林巳奈夫等学者已经指出，这种记时方式约流行于西周早期后段至西周中期。②张懋镕先生近年论证吕鼎属于穆王世③，可从。

唐兰先生对昭王世的铜器有过系统的研究。他在分析作册夨令簋的形制纹饰时指出："从令簋的造型来说，也和西周初期不同。古代的簋都是侈口的，簋盖和簋口齐，盖是放置在簋上的。令簋是敛口，口上一圈缩进，以便簋盖罩在外面……这种新的簋形是西周中期以后才大量发展起来的。令簋具有这样特征，当然不可能是西周初年的。"④"作册夨令簋腹饰勾连回纹，口足各为鸟纹。它的特点是敛口并有子口，可以供簋盖掩覆……在这类形式中是最早的了。西周早期的簋，往往连方座，但都是四边落地的，而此簋则四角下各有方足，使簋座凌空，这也是新的。说明从王伐反荆的过伯簋，双耳垂珥，口作一道鸟纹中有犠首，下连方座，也仅四角落地，中间向上弯曲似拱门式的。这也可以确证作册夨令簋之确为昭王时期。"⑤他又结合字体特征，依据《左传》《竹书纪年》《楚辞·天问》等文献记载，联系犾簋（《集成》03976）"驭从王南征，伐楚荆"，过伯簋（《集成》03907）"过伯从王伐反荆"等金文材料，论证其铭文与昭王南征伐楚史事有关；认为作册夨令方彝、方尊铭文反映的是康王身后不远的史事，而作册夨令簋铭文反映的是昭王末年的史事，"后者比前者大概要晚十多年"。⑥

唐兰先生对作册夨令簋的形制纹饰特征的分析研究比较全面，如指出其子母口的特征，以及圈足下的方座与其他方座簋有别，指出口足所饰的鸟纹；但他没有对作册夨令簋的鸟纹的特征进行具体描述和分析。不过，唐兰先生关于昭王世铜器的研究，已经举师旟鼎（《集成》02809）和刺鼎（《集成》02776）为例，分析尾羽与身体断开的长尾鸟纹出现得比较晚；结合形制和铭文，定腹甚浅且垂的师旟鼎为昭王世，定有铭"王啻（禘），用牡于大（太）室，啻（禘）卲（昭）王"的刺鼎为穆王世。⑦

李学勤先生在对作册夨令方彝的时代做了详细考订后⑧，对作册夨令簋的器形纹饰和时代也有过细致的观察和研究。根据李先生的观察，该器的口沿下饰一圈

---

① 旅顺博物馆编：《旅顺博物馆馆藏文物选粹·青铜器卷》，北京：文物出版社，2008年，第37页。
② 参看李学勤：《小盂鼎与西周制度》，收入《李学勤集——追溯·考据·古文明》，哈尔滨：黑龙江教育出版社，1989年，第166页；李学勤：《令方尊、方彝新释》，《古文字研究》第16辑，北京：中华书局，1989年，第218页。
③ 张懋镕：《再论西周青铜器演变的非均衡性问题》，收入《古文字与青铜器论集·第五辑》，北京：科学出版社，2016年，第253-254页。
④ 唐兰：《西周铜器断代中的"康宫"问题》，收入《唐兰全集》，第三册，第1234页。
⑤ 唐兰：《论周昭王时代的青铜器铭刻》，收入《唐兰全集》，第四册，第1533页。
⑥ 唐兰：《西周铜器断代中的"康宫"问题》，收入《唐兰全集》，第三册，第1226-1234页、第1249-1250页；唐兰：《论周昭王时代的青铜器铭刻》，收入《唐兰全集》，第四册，第1484-1491页。
⑦ 唐兰：《论周昭王时代的青铜器铭刻》，收入《唐兰全集》，第四册，第1532页。朱凤瀚《中国青铜器综论》的观点相同，参第1270、1283页。
⑧ 李学勤：《西周中期青铜器的重要标尺——周原庄白、强家两处青铜器窖藏的综合研究》，《中国历史博物馆馆刊》1979年第1期，此据李学勤：《新出青铜器研究（增订本）》，第71-79页。

垂冠顾首卷喙的长鸟纹，尾较长，下面的尾羽业已断离；腹部饰勾连纹；圈足饰蝉纹；圈足下的方座饰鸟纹，并加镂孔，方座台面四角饰饕餮纹；据器上子口的锈蚀情况看，器盖应该久已分离；口沿下的垂冠顾首卷喙的长鸟纹类于庚嬴卣（《集成》05426）、孟簋（《集成》04162—04164）等器。结合相关材料，李先生进一步论证，支持作册夨令簋属于昭王世的观点；并认为是记述周昭王南征楚荆史事，比作册夨令方尊、方彝的年代略早。[①]李先生在 2009 年授课时又分析，认为令簋或许原来就没有盖，只不过做成了子母口的样子。[②]

后来，《中国青铜器全集》的编著者以及张懋镕先生等学者，也正确地指出作册夨令簋口沿下的纹饰是身尾分离的鸟纹，并支持属于昭王世的观点。[③]《分期断代》将作册夨令簋归于 II 2 式双耳方座簋，结合铭文分析，认为属于康昭时期器。[④]《综论》也支持作册夨令簋属于昭王世的观点。[⑤]任雪莉先生《青铜簋卷》将作册夨令簋归于罐形环耳方座簋即她所划分的乙 Cb 型，指出其形制特点是鼓腹倾垂较甚，最大径下移，分期属于该书的三期晚段，时代约在康王后段至昭王时期。[⑥]

李学勤先生的研究，已经引述陈公柔、张长寿先生对鸟纹的研究成果。[⑦]作册夨令簋所饰尾羽分离的垂冠顾首卷喙的长鸟纹，类似陈、张两位先生所划分的大鸟纹的 II 6 式。有这种鸟纹的有铭铜器在前述庚嬴卣和孟簋之外，还有夆莒父卣（《集成》05245）、效尊（《集成》06009）、效卣（《集成》05433）、静簋（《集成》04273）、己侯貉子簋盖（《集成》03977）等。陈、张两位先生支持庚嬴卣为康王时器，并以为夆莒父卣"或较庚嬴卣略早"，因此认为 II 6 式大鸟纹"最早也许可以到康王时期，而大多数都是昭、穆时期的"。[⑧]

对庚嬴卣[见图 4（2）]的时代的分析，是与对庚嬴鼎（《集成》02748）的时代的认识相关的。庚嬴鼎[见图 4（3）]为深腹圜底柱足的圆腹鼎，三柱足略内收，属于《分期断代》IV 1 式；[⑨]饰垂冠卷喙分尾鸟纹，铭文的"隹（唯）王廿又二年"，学者一般认为是指康王的廿二年，属于西周早期后段。

---

① 李学勤：《海外访古记（八）》，《文博》1988 年第 1 期，第 25-26 页，收入《四海寻珍》，北京：清华大学出版社，1998 年，第 58 页；李学勤：《基美博物馆所藏令簋的年代》，收入《文物中的古文明》，北京：商务印书馆，2008 年，第 534-537 页。

② 李学勤著，董珊整理，刘国忠审校：《金文与西周文献合证》，第 603-604 页。

③ 中国青铜器全集编辑委员会编：《中国青铜器全集·第 5 卷西周（一）》，北京：文物出版社，1996 年，图版说明第 16 页；张懋镕：《再论西周青铜器演变的非均衡性问题》，收入《古文字与青铜器论集·第五辑》，第 259-260 页。

④ 王世民等：《西周青铜器分期断代研究》，第 81 页。书中对这一式的方座簋叙述时，没有依照时代先后顺序。

⑤ 朱凤瀚：《中国青铜器综论》，第 1271 页。

⑥ 张懋镕主编，任雪莉著：《中国古代青铜器整理与研究·青铜簋卷》，第 77 页、第 105-108 页、表 4-1。该书对令簋口沿下纹饰的描述不准确。

⑦ 李学勤：《四海寻珍》，第 58、64 页。

⑧ 陈公柔、张长寿：《殷周青铜容器上鸟纹的断代研究》，收入《西周青铜器分期断代研究》，第 202 页、第 204-205 页、第 208 页。

⑨ 王世民等：《西周青铜器分期断代研究》，第 23-28 页。

《分期断代》认为庚嬴鼎"约为康王前后时器"。①事实上是对此器的年代范围的推断做了适当扩大。庚嬴卣铭文没有明确的纪年；其盖面和器腹的纹饰是陈、张两位先生划分的相对的Ⅱ6式大鸟纹（垂冠顾首卷喙分尾凤鸟纹），颈部和圈足饰Ⅲ4式长尾鸟纹（垂冠顾首尖喙分尾长鸟纹）；形制特点是腹部明显垂弛，盖缘圆折，两端有竖立的犄角，属于《分期断代》划分的Ⅱ4a式扁圆体罐形卣。这个型式的卣流行于西周中期前段，同型式的典型器物还有庄白一号窖藏所出的豐卣等，因此《分期断代》认为庚嬴卣"为西周早期偏晚时器"。②

按，两器的鸟纹，基本一致，只不过一个是顾首，另一个是前伸；一个是因为施于器表和盖缘，是大鸟纹，另一个是因为施于口沿下，因而调整为长鸟纹。

《铭文选》虽然将庚嬴鼎与庚嬴卣排在相邻位置，但对二者的时代却有不同表述。关于庚嬴鼎，认为是康王世。③但对于庚嬴卣，则指出："此卣形制较晚，当属康末或昭初时。"④据该书所附"西周青铜器铭文年历表"，所拟康王在位年数达38年⑤，上距康王廿二年有16年之多，可知《铭文选》也认为庚嬴卣的时代是偏晚的。

李学勤先生在《西周中期青铜器的重要标尺》中，已经指出上述Ⅱ6式大鸟纹不会早于西周早期晚段，主要流行于西周中期穆王时期。⑥唐兰先生将庚嬴卣和庚嬴鼎置于穆王世⑦，李学勤先生和艾兰先生赞同唐兰先生的观点，并认为"从字体上看，庚嬴卣比庚嬴鼎要早一些，或许是穆王早年时物"。⑧刘启益先生、彭裕商先生、张懋镕先生等也论证庚嬴器组的时代属于穆王世。⑨笔者同意庚嬴器组属于穆王世的观点。

至于夆昔父卣，其器形和鸟纹明显也是属于西周中期的。⑩

令簋的鸟纹的尾羽两端都向下卷曲，呈所谓的"卷云纹状"，与孟簋的大鸟纹的尾羽相近，区别只在于一横一竖。⑪

---

① 王世民等：《西周青铜器分期断代研究》，第27-28页。
② 王世民等：《西周青铜器分期断代研究》，第128、265页。
③ 马承源主编：《商周青铜器铭文选（三）》，第36-37页。
④ 马承源主编：《商周青铜器铭文选（三）》，第37页。
⑤ 马承源主编：《商周青铜器铭文选（三）》，附录第4-8页。
⑥ 李学勤：《西周中期青铜器的重要标尺——周原庄白、强家两处青铜器窖藏的综合研究》，《中国历史博物馆馆刊》1979年第1期，此据李学勤：《新出青铜器研究（增订本）》，第74-77页。
⑦ 唐兰：《西周青铜器铭文分代史征》，收入《唐兰全集》第七册，第448-450页。
⑧ 李学勤、艾兰：《鲜簋的初步研究》，收入李学勤、艾兰编著：《欧洲所藏青铜器遗珠》，北京：文物出版社，1995年，第419-422页。按，据文末说明，此文"原载《中国文物报》1990年2月22日，收入本书时作了较大修改"。李学勤《走出疑古时代》各版本（沈阳：辽宁大学出版社1994年版和1997年修订本，长春：长春出版社2007年版，以及《李学勤文集》第二卷，南昌：江西教育出版社2023年版）所收的都是《中国文物报》版本。
⑨ 刘启益：《西周纪年》，广州：广东教育出版社，2002年，第229-230页。彭裕商：《西周青铜器年代综合研究》，成都：巴蜀书社，2003年，第333-335页。张懋镕：《试论西周青铜器演变的非均衡性问题》，收入《古文字与青铜器论集·第三辑》，第119页。张懋镕：《新见金文与穆王铜器断代》，收入《古文字与青铜器论集·第四辑》，北京：科学出版社，2014年，第99-102页。
⑩ 上海博物馆青铜器研究组编：《商周青铜器文饰》，第188页。
⑪ 陈公柔、张长寿：《殷周青铜容器上鸟纹的断代研究》，收入《西周青铜器分期断代研究》，第202-204页、第207页。

据此，对陈、张两位先生所划分的Ⅱ6式大鸟纹的时代，可以有一个小小的修订，即其上限不会早到康王世。

经仔细观察，与作册夨令簋口沿下的鸟纹[见图5（1）][1]最接近的，应该是《商周青铜器文饰》所划分的回顾式分离下卷尾的花冠凤纹，如上海博物馆藏的凤纹簋[见图5（2）]、叔妺簋盖[《集成》04137，见图4（3）]和伯浟父壶盖[《集成》09620，见图5（4）]的鸟纹[2]，时代都是在西周中期。林巳奈夫《综览》将作册夨令簋口沿下的鸟纹称为"内勾、复尾羽、回首、凤"鸟纹，归于西周ⅡA，即西周中期前段，认为这类凤鸟纹"从西周ⅡA开始出现，在西周ⅡA、ⅡB普遍使用"。[3]《综览》又将其称为凤凰类的鸣鸟。[4]该书将这件簋也置于西周ⅡA，即西周中期前段。[5]

（1）作册夨令簋鸟纹[6]

（2）凤纹簋鸟纹

（3）叔妺簋盖鸟纹

（4）伯浟父壶盖鸟纹

图5　鸟纹

此外，属于西周中期前段穆王时期且铭文有内在联系的彔器组和𢆶器组，时代比作册夨令器组略晚。其中有的器物，如彔簋（《集成》04122）、彔卣（《集成》05420）、伯𢆶壶（《集成》06455）所饰的垂冠弯喙分尾鸟纹，也与作册夨令簋的鸟纹很接近。[7]

①　[日]梅原末治：《欧米蒐储支那古铜精华（彝器部）》，1.12。

②　上海博物馆青铜器研究组：《商周青铜器文饰》，第189-190页。

③　[日]林巳奈夫著，[日]广濑熏雄等译，郭永秉润文：《殷周青铜器综览·第一卷·殷周时代青铜器的研究》，第383页、第401页图159。

④　[日]林巳奈夫著，[日]广濑熏雄等译，郭永秉润文：《殷周青铜器综览·第二卷·殷周时代青铜器纹饰之研究》，上海：上海古籍出版社，2019年，第145页；第二卷图片，第256页。

⑤　[日]林巳奈夫著，[日]广濑熏雄等译，郭永秉润文：《殷周青铜器综览·第一卷·殷周时代青铜器的研究》，第一卷图片，第112页。

⑥　[日]林巳奈夫著，[日]广濑熏雄等译，郭永秉润文：《殷周青铜器综览·第二卷·殷周时代青铜器纹饰之研究》，第二卷图片，第256页。

⑦　扶风县文化馆罗西章等：《陕西扶风出土西周伯𢆶诸器》，《文物》1976年第6期，第51-60页；曹玮主编：《周原出土青铜器》，成都：巴蜀书社，2005年，第七卷，第1348-1407页；李学勤《从新出青铜器看长江下游文化的发展》，收入氏著《新出青铜器研究（增订本）》，第223-224、228-229页；裘锡圭：《说𢆶簋的两个地名——"械林"和"胡"》，收入氏著《裘锡圭学术文集》，上海：复旦大学出版社，2012年，第三卷第33-38页；李学勤《胡应姬鼎试释》，收入氏著《清华简及古代文明》，南昌：江西教育出版社，2017年，第106-109页；李学勤《胡应姬鼎再释》，收入氏著《清华简及古代文明》，第190-193页。

综上可知，作册矢令簋的纹饰更接近西周中期前段的器物，最可能作于西周早期晚段到西周中期早段。

又，高木森先生曾指出，作册矢令簋铭文中的"妇子后人永宝"用语，是昭王时期青铜器铭文的一个新变化。[①]

李学勤先生又系联了更多的材料，在"夏商周断代工程"研究得出的西周年代框架里，认为作册矢令方彝和方尊铭文的历日可排在昭王"末年"即穆王元年，而作册矢令簋铭记载的是此前数年的史事。[②]

笔者认为，两种观点可以并存，即便作册矢令簋的纹饰更接近西周中期前段，但也不能用于证明其铭文内容比方彝和方尊晚。另外，无论是方彝方尊的铭文还是簋的铭文，都没有称王的谥号，所以，即便其中哪件器物是在穆王世作成，也不会太晚。

令盘［见图6（1）］的口沿外折，圈足较高，附耳略高出口沿；腹部和圈足皆饰斜角目纹。[③]此前已经有多位学者做了很多研究工作[④]，本文仅从纹饰方面补充分析。

出土材料中，与这种斜角目纹接近的，可举陕西西安长安区斗门镇普渡村长由墓所出的长由盘［《铭图》14353，见图6（2）］，圈足饰斜角目纹，腹部饰有目（凸起）窃曲纹。[⑤]

（1）令盘器形及纹饰　　　　　　　　　（2）长由盘器形及纹饰

图6　器形及纹饰

长由墓的时代是西周中期前段，所出长由盉（《集成》09455）记穆王时的史事，又有"穆王"谥号，因此应认为作于恭王世，而长由的活动时间则主要在穆王世。郭宝钧先生已将该墓的铜器断为西周中叶穆王世的标准器群之一。[⑥]

---

① 高木森：《西周青铜彝器汇考》，台北：中国文化大学出版部，1986年，第67页。

② 李学勤：《基美博物馆所藏令簋的年代》，收入《文物中的古文明》，第534-537页。

③ 陈佩芬：《夏商周青铜器研究》，上海：上海古籍出版社，2004年，西周篇上，第209-210页。这里"斜角目纹"的概念，参马承源：《商周青铜器纹饰综述》，收入上海博物馆青铜器研究组编：《商周青铜器文饰》，第21页。

④ 参看张懋镕主编，王帅著：《中国古代青铜器整理与研究·西周金文书体卷》，第125-129页。

⑤ 陕西省文物管理委员会：《长安普渡村西周墓的发掘》，《考古学报》1957年第1期，第82页图八.2，图版伍.6。

⑥ 郭宝钧：《商周铜器群综合研究》，北京：文物出版社，1981年，第44-49页。

长由盉的盖缘和器颈部饰有目（凸起）窃曲纹，也是西周中期开始流行的纹饰。①墓中同出的其他几件长由所作器，主要纹饰也是窃曲纹。则长由盘也应该属于西周中期前段。

据张婷、刘斌先生的研究，附耳圈足盘的形制演变，主要体现在两个方面：附耳是从低于盘口沿到高出盘口，圈足下从无折边到加有折边。②令盘的附耳刚刚高出口沿，圈足下无折边；而长由盘的附耳已明显高出口沿，圈足下出现折边。可知令盘应比长由盘的时代略早。而比令盘早的形制，如张婷和刘斌先生所举出的延盘（《集成》10067），附耳高度未过口沿。③延盘铭文作："延（诞）作周公尊彝。"④上限应是第一代周公卒后，大致是成康时期的。⑤

综合形制、纹饰和铭文几个方面看，应如学者已指出的，令盘与作册矢令方彝和方尊，以及令簋等都是昭王世。⑥

所以，令盘的形制也是不晚于西周中期早段，与其纹饰的时代是一致的。

据此，作册矢令器组的时代属于西周早期晚段的昭王世，应该可以明确了。

之所以用较多笔墨讨论作册矢令器组的形制纹饰的时代特征，是为了更加明确它们与义器组的时代的差距。

目前争议最大的，是作册矢令方尊、方彝的时代。上文已经提到，对义方彝、作册矢令方彝，以及作册析方彝都能有近距离观察的机会不多。这其中，尤其是作册矢令方彝，迄今没有更多角度的照片或者据实测制作的线图供参考。期待以后有机会见到这件器物，检验相关的讨论。

对于义方彝、义尊和作册矢令方尊、方彝时代的认识存在较大的分歧，还有一个重要的原因，如李学勤先生已经指出过的，"昭王时器从形制、花纹、字体等方面看，较多保留成康时的特征"。⑦ "康王之后，昭王时的青铜器仍继持周初以来的基本形貌，连铭文的作风也是如此……青铜器面貌的明显改变，恐怕是在穆王中间的时候才确定地体现出来。"⑧此外，张懋镕先生曾提出，作册矢令器组的铭文的字形书体之所以保留有早期的形态特征，与作器者身份属于史官也有一定关系。⑨

① 王世民等：《西周青铜器分期断代研究》，第 185-186 页、第 193 页。
② 张懋镕主编，张婷、刘斌著：《中国古代青铜器整理与研究·青铜盘卷》，北京：科学出版社，2015 年，第 20-21 页。
③ 张懋镕主编，张婷、刘斌著：《中国古代青铜器整理与研究·青铜盘卷》，第 20 页。
④ 释文暂依李学勤、艾兰编著：《欧洲所藏中国青铜器遗珠》，北京：文物出版社，1995 年，第 342 页。
⑤ 张懋镕《周原出土西周青铜器分期断代研究》认为，"从器形与文字字形书体看，应作于成王时"。收入《古文字与青铜器论集·第二辑》，北京：科学出版社，2006 年，第 214 页。
⑥ 马承源主编：《商周青铜器铭文选（三）》，第 70-71 页；陈佩芬：《夏商周青铜器研究》，西周篇上，第 209-210 页。
⑦ 李学勤：《西周中期青铜器的重要标尺——周原庄白、强家两处青铜器窖藏的综合研究》，《中国历史博物馆馆刊》1979 年第 1 期，此据李学勤：《新出青铜器研究（增订本）》，第 76-77 页。
⑧ 李学勤：《青铜器入门》，北京：商务印书馆，2013 年，第 41-42 页。
⑨ 张懋镕：《试论西周青铜器演变的非均衡性问题》，收入《古文字与青铜器论集·第三辑》，第 113 页。

三、对标准器概念的理解和应用

20 世纪 30 年代，郭沫若先生在《两周金文辞大系》以及后来增订出版的《两周金文辞大系图录》和《考释》等相关著作中，首次将考古学的类型学方法应用于青铜器研究领域，并利用标准器法来对西周有铭青铜器进行分期断代，推进了青铜器分期断代研究和利用青铜器铭文对周代历史和文化的研究。后来中外学者又对相关理论和实践不断加以发展，20 世纪 50 年代以后，随着田野考古工作的大规模开展，通过科学发掘而获得的青铜器材料日益丰富，特别是在墓葬或窖藏中发现的各期段的成套的组合相对完整的器物，也为检验和深入推进相关研究提供了前所未有的条件。学者已指出，对有铭青铜器进行分期断代研究和所属王世判断，铭文内涵方面的分析较类型学等方面的分析尤为重要；但对于如人物、事件、历史地理、历日等铭文内涵的分析，会在文字考释和内容的解读以及系联等方面出现争议，从而影响对部分有铭青铜器所属王世的推定。这方面的述评可参看林巳奈夫先生《综览》、朱凤瀚先生《综论》等著作的有关内容。①刘华夏先生、黄鹤先生、韩巍先生近年也曾先后评述标准器法在西周有铭青铜器分期断代中的使用。②

在青铜器领域有深入研究和重要贡献的李学勤先生，提出在青铜器研究中要重视把考古学方法与文字学、文献学成果结合起来，从形制、铭文、纹饰、功能、组合、铸造工艺、艺术等各方面综合研究。关于青铜器分期断代，他强调在新的历史条件下应把考古学的类型学研究放在首位，再以古文字学等去论证和细化；考虑到中国青铜器的演变是多线的，所以分期必须与分域相结合，逐步排出各个区域不同时期的发展序列；金文与青铜器的研究，应该是以考古材料为主体的，金文研究不能脱离青铜器研究的其他方面，金文的研究应作为青铜器研究的一个部分。③朱凤瀚先生也提出，对于有铭青铜器的断代，"仅据铭文本身从字体与内容断代，不与考古器型学的研究方法相结合，是为当代青铜器与金文研究所不认可的"。④

本文对相关器物的时代的分析讨论，便是努力学习和践行上述学术理念的一次尝试。前述从形制纹饰以及组合的器物等方面对羲方彝的时代的分析讨论，也

---

① [日]林巳奈夫著，[日]广濑熏雄等译，郭永秉润文：《殷周青铜器综览·第一卷·殷周时代青铜器的研究》，第 212-215 页。朱凤瀚：《中国青铜器综论》，第 41-76 页、第 1212-1219 页。

② 刘华夏：《金文字体与铜器断代》，《考古学报》2010 年第 1 期；黄鹤：《西周有铭铜器断代研究综览》，第 3-10 页、第 13-18 页；韩巍：《今天的铜器断代本质上是考古学研究——兼论新材料能否挑战"康宫说"》，《中国史研究动态》2022 年第 3 期，第 49-53 页。

③ 参看李学勤：《青铜器分期研究的十个课题》，收入《青铜器入门》，第 83-91 页；李学勤：《当前青铜器研究的几个问题——在北京大学"西周金文与青铜器"研讨班上的讲话》，收入北京大学出土文献研究所编：《青铜器与金文》第一辑，上海：上海古籍出版社，2017 年，第 1-10 页；李学勤：《李学勤文集》，上海：上海辞书出版社，2005 年，自序第 3-4 页。

④ 朱凤瀚：《永远的学术导师——纪念李学勤先生》，《中国史研究动态》2019 年第 5 期，第 54 页。

再次表明，任何一件有铭青铜器的分期断代，在有条件的情况下，都必须尽量同时兼顾文字、形制、纹饰、工艺等多个方面的考察，才能得到较为客观准确的认识。同时也应该进一步明确，标准器法在西周有铭青铜器分期断代研究中的应用，即某件器物或某组器物是否被判定为标准器，应以对器物做类型学的分析研究为前提，进行分期断代，然后结合铭文内容所反映的史事讨论其所属王世。在对器物的各方面因素进行分析时，应如张懋镕先生所指出的，"按照考古学的基本原则，断代是根据器物所表现出的诸因素中年代最晚的因素来推定的"。[①]同时，还要认识到，标准器概念的提出，既是为了便于作为重要依据对形制纹饰相同或相近的相关器物进行分期断代，而且因为主要是通过铭文内容来判定其所属具体王世，所以，青铜器（尤其是有铭青铜器）分期断代研究中的标准器的概念和应用，是考古类型学与历史学两方面研究的结合。

下面，就结合義器组及其他几例有纪年的西周有铭青铜器，对标准器概念的理解和应用提出笔者的一点陋见。

（一）義方彝和義尊是西周早期早段的标准器，不能被称为武王世的标准器

義方彝和義尊之所以不能被称为武王世的标准器，而是西周早期早段的标准器，理由如下。

第一，義方彝和義尊铭文中出现了"珷王"，即周武王的谥号，所以，器物是在武王身后才制作的。

关于西周青铜器铭文中的周王的王号是生称还是死谥，争论已久。以本文所讨论的作册矢令器组为例，1929 年罗振玉作《矢彝考释》，认为作册矢令方彝和方尊铭文中的"周公宫"为"周公旦之庙"、"康宫"为"康庙"。[②]1930 年郭沫若先生在《令彝令毁与其它诸器物之综合研究》文中不同意罗氏的观点。[③]其后，郭氏又作《谥法之起源》明确表示支持王国维的生称说并补充论证，谓："余之所见有进于是者，盖谥法之兴不仅当在宗周共懿诸王以后，直当在春秋之中叶以后也。"[④]《青铜时代》说明《两周金文辞大系》所用标准器的方法即以此为确定器物年代的前提之一。[⑤]

① 张懋镕：《试论西周青铜器演变的非均衡性问题》，收入《古文字与青铜器论集·第三辑》，第 113 页。
② 罗振玉：《矢彝考释》，1929 年石印本，此据刘庆柱等主编：《金文文献集成》，香港：香港明石文化国际出版有限公司，2006 年，第 28 册第 1-5 页。
③ 郭沫若：《令彝令毁与其它诸器物之综合研究》，收入《殷周青铜器铭文研究》，上海：大东书局，1931 年，此据《郭沫若全集·考古编》，北京：科学出版社，2017 年，第四卷第 53-54 页。
④ 郭沫若：《谥法之起源》，《金文丛考》，东京：文求堂书店，1932 年，此据《郭沫若全集·考古编》，第 201-226 页。
⑤ 郭沫若：《青铜时代》，重庆文治出版社，1945 年，此据《郭沫若全集·历史编》，北京：人民出版社，1982 年，第一卷第 603-604 页。

笔者认为，在诸多学者的讨论中，杜勇先生和常金仓先生在前人已有研究成果基础之上所做的辨析较为全面，充分证明了王号只能是死谥。[①]常先生的论证更为简洁明了，这里不避重复，抄录其原文，供参考：

第一，卜辞所见文祖丁、武祖乙、康祖丁诚可视为美名，但它们出现在卜辞中都是后世子孙祭祀时的称号，没有任何证据可以证明当他们在世时人们用此名称呼他们；第二，周人的谥号由商代美名发展而来又有所改造，美名是一味颂扬，谥法却有褒有贬，周人改美名为谥法，目的在警戒后王敬德修身，周初诸王若文武成康都是开国守业在政权创建上做出贡献的君主，所以文字表面上美称和谥号似无区别，我们不能因此混淆了二者的界线；第三，《诗》《书》所谓昭考、穆考，是昭穆制度而非美称，故于昭穆之外更无"成考""康考"之说。我们同样不得因此而混淆了昭穆制度和谥法的区别；第四，彝铭中的"康昭宫""康穆宫"，唐兰先生力证是先王宗庙而非时王的的宫寝，"康""昭""穆"之为死称（谥号）亦已明矣。[②]

将被学术界认为都是记述武王克商后的史事的天亡簋、利簋以及本文讨论的義器等放在一起分析可知，如果"武王（珷王）"是生称，为何有的器用生称，而有的器却不使用？

当然，西周青铜器铭文中的王号是生称还是死谥，还有很多细节问题需要具体情况具体分析。例如，与这个问题直接相关的"康宫"问题，由于近年新的考古发现，引起了新的争论。

湖北随州曾国周代墓葬尤其是叶家山曾国早期墓葬的发现和研究，表明周代的曾国在西周成康之际就已存在。[③]2019年湖北随州枣树林曾国贵族墓地的春秋中期墓葬M190出土的曾公㡷镈钟（1组4件）和甬钟（2组共17件），钟铭追述曾国先祖受周王册封历史："王客我于康宫。乎（呼）[尹]氏命皇且（祖）建于南土"。[④]学术界对曾公㡷钟铭的这段内容理解有分歧，尤其是"康宫"的出现时间。[⑤]笔者赞成仅凭曾公㡷钟铭不能动摇唐兰先生"康宫说"的观点。学者们从考古发现角度对金文中的"康宫"建筑群所在及其时代的研究和讨论，也支持这一观点。[⑥]

---

① 杜勇：《金文"生称谥"新解》，《历史研究》2002年第3期，第3-12页；常金仓：《西周青铜器断代研究的两个问题》，《考古与文物》2006年第2期，第36-40页、第45页。

② 常金仓：《西周青铜器断代研究的两个问题》，《考古与文物》2006年第2期，第37页。

③ 李学勤：《湖北随州叶家山西周墓地笔谈》，《文物》2011年第11期；李伯谦等：《随州叶家山西周墓地第二次发掘笔谈》，《江汉考古》2013年第4期；李学勤：《试说叶家山M65青铜器》，《先秦史研究动态》总56期，2013年2月，收入李学勤：《夏商周文明研究》，北京：商务印书馆，2015年，第133-135页。

④ 郭长江等：《曾公㡷编钟铭文初步释读》，《江汉考古》2020年第1期。铭文考释参考学术界相关讨论。

⑤ 相关讨论参看陈民镇：《新出铜器与伯括、南公及曾国始封试探》，《西部史学》2021年第2期；韩巍：《今天的铜器断代研究本质上是考古学研究——兼论新材料能否挑战"康宫说"》，《中国史研究动态》2022年第3期。

⑥ 相关讨论参看严志斌：《周原遗址凤雏建筑基址群探论》，《考古》2022年第11期。

第二，关于武王克商后在位年数，历来认为比较短，只有数年。暂依"夏商周断代工程"的研究，是在位 4 年。[①]因此，即便义方彝和义尊是在武王身后制作，根据前述诸家以及笔者对其形制和纹饰的类型学分析，它们依然属于从考古学上包括周初在内的西周早期早段。在年代学上，对应的王世就是武王克商后至成王时期。铭文中有"丕显考文王"的大豊簋（天亡簋）、有"珷王"的利簋和有"玟王""珷王"名号的何尊也是同属于西周早期早段武王至成王时期的标准器。

第三，即便今后能够发现并判断为武王时制作的有铭青铜器，也应该看作西周早期早段的标准器，而不是武王时期的标准器。因为在对青铜器进行类型学分析和演变排队时，以短短的数年作为一个分期区间，在实际中既不可能也没有必要。不能认为某个器类的某个型式只能属于武王世而不能属于成王世，不存在绝对意义上的武王世的标准器。而商末的青铜器和西周早期早段的青铜器在类型学上有时也很难明确区别，更多需要从有明确的出土地点和铭文内涵等角度分析其时代和文化属性。将义方彝和义尊等器物认定为西周早期而非商末，就是如此。

而且，通过考察可知，对于某件青铜器的时代的认识，虽然可以根据形制、纹饰，以及同铭组合中的其他器物分析差异，但这种差异也不是能够绝对分出早晚的，因为任何演变都有一个过程。即便同铭的组合，有的器物形制会更多保留早期的特征，或者说某些特征延续的时间会长一些；纹饰也是如此，有的纹饰保留了更多稍早的风格，而有的器物上会表现出更多新的风尚。

（二）对标准器的判定，应该用成熟可靠的类型学研究进行校验

在有铭文的青铜器当中，因为存在器物的制作和铭文所记录的史事不同时的现象，所以在根据铭文判断某件或某组青铜器是否可以作为某一时期的标准器时，应如前面引述的李学勤先生等专家学者所指出的，把考古学的类型学研究放在首位。例如本文所讨论的义器组，通过研究可知，义方彝和义尊的制作时代和其铭文所反映的史事的时代是基本一致的，因此可以被认为是西周早期早段武王至成王时期的标准器。

相应的，对标准器的判定，必须要有器形可据，可以通过类型学研究进行校验。这一点，对于过去非科学发掘的传世器铭材料的研究而言，更应该注意。试以庚嬴鼎（《集成》02748）、大盂鼎（《集成》02837）和小盂鼎（《集成》02839）为例说明。

庚嬴鼎原藏清宫，后下落不明，今天只能看到清代绘制的器形图和铭文刊本；大盂鼎原器尚存，今藏中国国家博物馆；小盂鼎原器久已佚失，形制纹饰不明，今仅存铭文拓本和摹本。学术界通过对这三件青铜器的铭文研究，过去一般认为均属于康王世。其中庚嬴鼎铭文纪年"隹（唯）廿又二年"，大盂鼎铭文纪年"隹（唯）

---

① 夏商周断代工程专家组：《夏商周断代工程报告》，北京：科学出版社，2022 年，第 183-185 页。

王廿又三祀"，小盂鼎铭文纪年"隹（唯）王廿又五祀"①，都是高王年器，对于研究西周王年和西周年代学均有重要意义。由于庚嬴鼎和大盂鼎或有器形图，或原器可见，因此可以作为西周早期后段康王世的标准器材料加以讨论。同时，正因为庚嬴鼎还有器形图流传至今，且有同人所作的庚嬴卣，如前所述，对于其所属王世，也可以结合相关材料进一步探讨。而小盂鼎没有器形，无法作形制纹饰的类型学分析，就不能与前两件器物等量齐观，不能作为同时期的标准器作进一步的研究。

（三）不能直接被看作标准器的三种情形

作为标准器应用的有铭青铜器，应该尽可能明确判定所属王世，最好有纪年，同时符合类型学研究的共识，而且应属于典型的有代表意义的器类和具体的型式。对于铭文内容和器物制作时间不同时或者认识有分歧的情况，需要结合类型学研究成果，具体情况具体分析。这里暂举出不能直接被看作标准器的三种情形，略加说明。

第一种情形，器铭属追述，称引周王谥号且只记载了该王世的史事，则器物的制作时代晚于器铭记载的内容的时代，便不宜被直接看作器铭所追记的时代的标准器。

试以新近出版的《夏商周断代工程报告》里的"西周金文历谱"所收西周中期恭王世的五祀卫鼎（《集成》02832）、十五年趞曹鼎（《集成》02784）为例②，稍加解释。

两件青铜器的铭文中都有"龚（恭）王"谥号，结合对铭文的全面解读，可知是对恭王世的史事的追记。两件器物的制作时间和铭文内容反映的时间不一致。据"夏商周断代工程"研究所提出的《夏商周年表》，恭王有 23 年。那么，五祀卫鼎的制作时代与铭文所记史事的时代，至少相隔 18 年。如果从类型学的角度看，它们应该是在恭王之后的懿王世制作的，但铭文内容则是追记。《分期断代》将五祀卫鼎的时代定为"恭王前后器"，表述科学准确，兼顾了类型学的考虑。该书认为十五年趞曹鼎"应是恭王时器"，可能是考虑到铭文所记史事的时间在恭王晚年，即便作于恭王身后，相隔也不太远，与恭王后期流行的器物的形制纹饰变化不大。③另，与五祀卫鼎同出的九年卫鼎（《集成》02831），铭文中未见周王谥号，形制纹饰与五祀卫鼎相同，杜勇、沈长云先生认为也是作于恭王身后，为"追述恭王在世之事"。④相关问题还需进一步探讨。

---

① 曾有学者怀疑有的小盂鼎的铭文拓片中的"廿"字中央隐约有一竖笔，像"卅"字，夏商周断代工程对相关拓片的观摩和研究证明该竖笔不存在，参见夏商周断代工程专家组编著：《夏商周断代工程报告》，第 72 页。

② 夏商周断代工程专家组编著：《夏商周断代工程报告》，第 66 页，附录二"列入金文历谱的青铜器系联表"。

③ 王世民等：《西周青铜器分期断代研究》，第 29-33 页，第 255 页。《夏商周断代工程报告》采用了同样的表述，参该书第 41-42 页表 2-7。

④ 杜勇、沈长云：《金文断代方法探微》，北京：人民出版社，2002 年，第 27-28 页。

第二种情形，器铭没有称周王或诸侯等高等级贵族的谥号，但通过对器物的形制纹饰、铭文内容和字形书体的综合考察，发现器物的制作时间比铭文内容记载的历史可能要晚很多年，则不能被看作铭文内容所反映的时期的标准器。

近年新发现的毳尊（《铭图三编》1020）、毳卣（《铭图三编》1140）就可能是这样的情况。根据对铭文内容的系联研究，学者一般认为毳尊、毳卣与何尊所记内容相合，都是记载了成王五年的史事。但从形制纹饰的研究看，较西周早期早段的器物已经有明显的变化，属于西周早期晚段，与昭王世的器物最接近。①

记载了"隹（唯）王廿又八祀"的疏公簋（《铭图》04954）的发现，表明成王或康王至少有一位在位年数不能少于 28 年。②如果将疏公簋置于成王世，假设成王只有 28 年，而康王世因为有小盂鼎的"廿又五祀"，则康王至少有 25 年。将康王在位分为前后两段各约 12 年计算，即便毳器可以早到康王后期，其制作距离成王五年也已经超过 30 年。如果将疏公簋置于康王世，据《史记·周本纪》和竹书《纪年》等记载："成、康之际，天下安宁，刑错四十余年不用。"③正如"夏商周断代工程"的研究所分析的："据此，成王、康王两世年数之和当超过 40 年，考虑到'天下安宁'恐不包括成王初平定三监之乱的时期，这一年数还应估计得多一些。"④今暂且取《夏商周年表》成王在位 22 年说，康王在位至少有 28 年，将康王在位分为前后两段各 14 年计算，也假设毳器可以早到康王后期，其制作时代距离成王五年也超过 30 年。因此，毳器虽然记载了成王五年的史事，但无论从时间跨度，还是从类型学的分析看，不能被看作西周早期早段武王至成王世的标准器。

附带介绍一下疏公簋所属王世的讨论。

疏公簋是双耳圈足簋，口微外侈，有折沿，腹呈盆形，圈足较高，稍显直壁，双耳下有附珥。纹饰方面，颈部饰相间的涡纹与屈身夔纹，上下以凸弦纹为界，前后正中各有一个兽首，两侧各有一个呈立刀状的简化竖立的躯干；腹部为直棱纹；圈足一周饰相对的直身上卷尾的夔纹，上下以凸弦纹为界，前后正中各有一个凸棱，似兽面额部的抽象化；双耳上部饰兽首。簋的形制，属于《分期断代》所划分的 I 型 3 式，主要流行于商末至西周早期前段（大体相当于武王、成王和康王前期）。⑤

疏公簋因为有年祀"隹（唯）王廿又八祀"，而且记载了"王令（命）唐伯侯

---

① 参看王泽文：《对毳器时代的认识——兼论觯形尊出现的时代》，《形象史学》第 26 辑，2023 年。
② 朱凤瀚：《觊公簋与唐伯侯于晋》，《考古》2007 年第 3 期，第 64-69 页。关于作器者，李学勤先生释作"疏"，参见李学勤：《释"疏"》，收入氏著《三代文明研究》，北京：商务印书馆，2011 年，第 75-76 页；李学勤：《论芮姞簋与疏公簋》，收入氏著《夏商周文明研究》，北京：商务印书馆，2015 年，第 151-152 页。
③《史记》，北京：中华书局 1959 年点校本，第 134 页；方诗铭、王修龄：《古本竹书纪年辑证（修订本）》，上海：上海古籍出版社，2005 年，第 44-45 页。
④ 夏商周断代工程专家组编著：《夏商周断代工程报告》，第 71-72 页。
⑤ 王世民等：《西周青铜器分期断代研究》，第 58-60 页、第 251-252 页、第 261 页。

于晋"，对于西周早期年代学和晋国早期历史的研究都有重要意义。但对于其所属王世，还存在两种不同意见，或认为是成王廿八年，或认为是康王廿八年。[①]

疏公盨铭文末有族氏"⋈（五）"，谢尧亭和陈晓宇先生《疏公盨续说》一文收集整理了流散和科学发掘（包括尚未发表的）的具有"⋈"族氏徽号的青铜器，指出："在绛县横水墓地发现了3件'五'族铭青铜器，M2001:3盨，内底铸铭文'五'，与疏公盨形制纹饰几乎相同……山西绛县横水墓地是目前已知出土'五'族青铜容器最多的西周墓地。横水墓地是2004年被盗发现的，发掘工作持续到2007年11月底，而朱凤瀚先生2007年发表的在香港文物市场上见到的这件疏公盨，其发现年代与横水墓地的被盗时间也可以吻合，由此我们推测疏公盨也有可能出自横水墓地。"[②]横水墓地M2001:3盨，已著录于《俪金集萃：山西绛县横水西周墓地出土青铜器》。[③]承谢尧亭先生转告，墓中同出的一件鼎，是西周中期的。虽然M2001属于科学发掘，时代明确，但因为墓葬的时代明显晚于墓中所出的"⋈"盨，所以，目前还不能据此解决同形制纹饰的疏公盨的所属王世的争论。

第三种情形，成组器物中有早有晚，而铭文所记载的内容不早于器物组中最早的器物制作时间，也不宜作为同时期器物分期断代的标准器。

北赵晋侯墓地M8所出晋侯穌（苏）编钟（《铭图》15298—15313）便是这样的例子。

这组编钟非一次铸成，来源不同，时代有早有晚，包括见于西周中期前段和后段的三种形制，其中有的钟又非中原风格。[④]编钟铭文为刻铭，内容和器物制作时间不一致。关于这组编钟的所属王世，意见分歧较大，主要有厉王和宣王两种观点。[⑤]李学勤先生认为，铭文中的"唯王卅又三年"是厉王三十三年，其时苏以晋靖侯孙的身份参加战事，编钟的一部分是他随厉王作战的战利品，铭文则是他即位后补刻，因此称号也依刻铭时的身份而改变（称晋侯）。[⑥]李先生的观点，得

① 朱凤瀚：《觉公盨与唐伯侯于晋》，《考古》2007年第3期；李学勤：《论觉公盨年代及有关问题》，初刊于《"夏商周断代工程"简报》第163期，后载于《庆祝何炳棣先生九十华诞论文集》，西安：三秦出版社，2008年，又收入氏著《通向文明之路》，北京：商务印书馆，2010年；王泽文整理：《觉公盨研讨会纪要》，《"夏商周断代工程"简报》，第164期；李伯谦：《觉公盨与晋国早期历史若干问题的再认识》，刊于北京大学震旦古代文明研究中心编《古代文明研究通讯》总第33期，又《中原文物》2009年第1期；彭裕商：《觉公盨年代管见》，《考古》2008年第10期；王泽文：《觉公盨试读》，《甲骨文与殷商史》，新一辑，2008年；朱凤瀚：《简论与西周年代学有关的几件铜器》，朱凤瀚主编：《新出金文与西周历史》，上海：上海古籍出版社，2011年；谢尧亭、陈晓宇：《疏公盨续说》，《北方文物》2020年第2期；夏商周断代工程专家组编著：《夏商周断代工程报告》，第78-79页。

② 谢尧亭、陈晓宇：《疏公盨续说》，《北方文物》2020年第2期，第79页。

③ 山西省考古研究院等编著：《俪金集萃：山西绛县横水西周墓地出土青铜器》，上海：上海古籍出版社，2021年，第128-131页。

④ 王世民等：《西周青铜器分期断代研究》，第164-166页、第254-256页。

⑤ 参看徐天进：《晋侯墓地的发现及研究现状》，收入上海博物馆编：《晋侯墓地出土青铜器国际学术研讨会论文集》，上海：上海书画出版社，2002年，第521-525页。

⑥ 李学勤：《晋侯苏编钟的时、地、人》，《中国文物报》1996年12月1日，又收入《夏商周年代学札记》，第7-11页；李学勤：《晋侯苏钟的年代学问题》，《故宫学刊》总第2辑，2005年，又收入《文物中的古文明》，第511-519页。

到了考古学和碳十四测年研究的支持。[①]如果观点成立，据《史记》的《晋世家》和《十二诸侯年表》记载，晋靖侯十七年为共和始年，晋侯苏即位在宣王六年。[②]那么，补刻铭文距离追记的史事之间已经相隔 20 多年。因此，从考古学的类型学角度和从铭文内容的角度这两方面看，晋侯稣编钟不能被视为厉王世或者宣王世的标准器。由于追记补刻的铭文中并没有出现厉王谥号，但晋侯稣在追记往事时却用其即位后的爵称，此类现象在其他铭文中罕见，因此学者间依然持有不同观点。其间种种疑难，还有待进一步深入研究。

综上，标准器概念的提出和应用，是考古类型学与历史学两方面研究的结合；某件器物或某组器物是否被判定为标准器，应以类型学的研究为前提进行分期断代，然后再结合铭文所反映的史事讨论其所属王世；作为标准器，其制作时代与铭文内容所反映的史事的时代应基本一致；对于铭文内容和器物制作时间不同时或者认识有分歧的材料，需要结合各方面的研究成果，进行具体分析和甄别。

对标准器概念进行全面理解和准确把握，有助于西周青铜器的分期断代研究的深入和细化，也是充分发掘、准确理解和利用青铜器铭文所蕴含的重要史料的前提。

本文的讨论是很粗浅的，敬请批评指教。

附记：在构思和初稿写作期间，曾多次向张懋镕先生请教；在修改过程中，又得到邵蓓、严志斌、刘丽、孙亚冰、谢尧亭、苏辉、刘源等先生的帮助并提出宝贵意见。在此一并致谢！

（原载《青铜器与金文》第 11 辑，2024 年 1 月，此次有所修订）

---

① 仇士华、张长寿：《晋侯墓地 M8 的碳十四年代测定和晋侯稣钟》，《考古》1999 年第 5 期，第 90-92 页。
②《史记》，第 512-521 页、第 1636-1637 页。

伯绅簋考释

——兼论此类铭文的新观念

赵瑞民

（山西大学考古文博学院）

西周中期的一件青铜器伯绅簋于 2011 年面世，随即被著录。[①]其后不乏学者关注，但是没有专文考释，因撰此文，就铭文的释读谈一点自己的意见，并就与伯绅簋内容大致相同的一类铭文谈点看法，以就教于学界同人。

一

伯绅簋铭文在《商周青铜器铭文暨图像集成》（以下简称《铭图》）中已有释文（在不影响文义的情况下，径录通行字）："伯绅作宝簋，其朝夕用盛粱稻糯，用飤正、御旗（史）、朋友、尹人，其用匄眉寿万年。"[②]后有论文涉及伯绅簋铭文的讨论，释文均与此同，再无新说。

笔者有一些不同认识，作一新释，文字仅一字之异，断句亦仅一处差别，但文义有不少差异。新释如下：

伯绅作宝簋，其朝夕用盛粱、稻、糯，用飤正御，旗（事）朋友、尹人，用匄眉寿万年。

"史"改释为"事"，因为旗形在金文中就是"事"之本字，"史"的字形与之有别，此点可以参看《金文编》《西周文字字形表》《古文字类编》等工具书。[③]当然在古文字中，"史"与"事"互通，并无十分严格的区别，主要还是看在上下文中哪个更契合文义。

此处释为"事"，主要是因为"御史"是专称，西周时还很少见，但肯定是专指一个岗位的职官名称，而与其平列的"正""尹人"则是泛称，《西周金文官制研究》里"正"与"尹"都列在"职官泛称"一类[④]，"朋友"其实也是泛称，"御

———————

① 吴镇烽：《商周青铜器铭文暨图像集成》，上海：上海古籍出版社，2012 年，第 11 卷第 23 页，序号 05100。

② 吴镇烽：《商周青铜器铭文暨图像集成》，上海：上海古籍出版社，2012 年，第 11 卷第 23 页，序号 05100。

③ 容庚等：《金文编》，北京：中华书局，1985 年，第 195-200 页；江学旺：《西周文字字形表》，上海：上海古籍出版社，2017 年，第 120-121 页；高明、涂白奎：《古文字类编》，上海：上海古籍出版社，2008 年，第 82、86 页。

④ 张亚初、刘雨：《西周金文官制研究》，北京：中华书局，1986 年，第 55 页。

史"的专称在这里就不太合理。同时，"正"理解为职官的泛称，和"尹人"前后重复，如已有的研究所指出的，"正是长帅的统称，……古代之正就是今天所讲的领导"[①]；"《尔雅·释言》也说：'尹，正也'。尹既然是指握事、治事的人，是正长之称，那么以上铭文中的诸尹即诸首长，……也就是说，尹是官吏首长的通称"。[②]古代辞书也指出尹与正互训，与今人从铭文归纳出的含义一致，可见二者是重复的。在如此简短的铭文里，重复罗列意思相同的泛称肯定是不对的。

改释为"事"，断句为"用飤正御，事朋友、尹人"，"御"之义与《诗经》中的"饮御诸友"[③]"以御宾客"[④]相同。"以御宾客"郑玄《笺》云："御宾客者，给宾客之御也。"孔颖达《疏》云："御者，给与充用之辞，故知御宾客者，给宾客之御也。"此处"御"的意思就是现在讲的招待。"正御"，就是正式的、隆重的宴请招待，"用飤正御"就是用在正式的、隆重的宴请场合上。

"事"用在下句，则是"奉事"之义，如《庄子·让王》"事之以皮帛而不受"，成玄英《疏》："事，奉也。"[⑤]奉事的对象即铭文中所说的朋友和尹人。前后都联系起来看，就是伯绅制作宝簠，用来盛放粱、稻、穛这些上等饭食，用于正式的接待宴席，供朋友和官员享用，并祈求长寿万年。

稻、粱、穛为上等饭食，是西周时期的观念。已有的研究表明，即使在贵族生活中，稻、粱等也是珍馔，可见古今待客之道并无不同。齐思和指出："稻的问题比较简单，因为它的名辞古今并没有变。……但是华北区域究竟是以吃黍、稷为主的，稻、粱即在贵族侯王也是特别的珍品。《仪礼·聘礼》与《公食大夫礼》都是饭用黍、稷，加馈用稻、粱，可见稻和粱都是很珍贵的食品。《论语·阳货篇》：'食夫稻，衣夫锦，于汝安乎？'因为稻、粱是美馔，所以居丧的人不忍吃。《礼记·玉藻篇》：'君……朔月少牢，五俎四簋，子卯稷食菜羹。'郑注：'朔月四簋，则日食稻、粱各一簋而已。'更可见即在诸侯，忌日也不吃稻、粱，更可见稻米的稀奇珍贵了。"[⑥]

但是粱并不是现在的高粱，"《说文·米部》：'粱，米名也。'《史记索隐》引《三苍》云：'粱，好粟也。'《汉书·食货志》颜师古注：'粱，好粟也，即今之粱米。'又《卫青霍去病传》注：'粱，粟类也，米之善者。'《玉篇》：'粱，米名。'据此看来，自汉以来，都以为粱是小米的一种，是一种精米，这是对的。……现今谷子中的所谓白苗谷、红苗谷，其米粒小而略扁，用之作饭，滑润可口，远胜于普通小米，但是产量不多，所以颇为珍贵。"[⑦]

---

① 张亚初、刘雨：《西周金文官制研究》，北京：中华书局，1986年，第58页。
② 张亚初、刘雨：《西周金文官制研究》，北京：中华书局，1986年，第56页。
③ 《诗经·小雅·六月》，《十三经注疏》标点本，北京：北京大学出版社，2000年，第749页。
④ 《诗经·小雅·吉日》，《十三经注疏》标点本，北京：北京大学出版社，2000年，第770页。
⑤ 郭庆藩：《庄子集释》，北京：中华书局，1961年，第967-968页。
⑥ 齐思和：《中国史探研》，北京：中华书局，1981年，第22-23页。
⑦ 齐思和：《中国史探研》，北京：中华书局，1981年，第24页。

糦见于《说文·米部》："早取谷也。"段玉裁注云："《内则》'稻糦'注云：'孰获曰稻，生获曰糦。'《正义》曰：'糦是敛缩之名，明以生获，故其物缩敛也。按糦即糦字，亦作稦。'……凡早取谷皆得名稦，不独麦也。"①与稻、粱并列，应该是当时的上等饭食。因为是没有成熟就被收获的谷物，恐怕只能是贵族尝鲜的。我们知道现在煮食不完全成熟的玉米、用不成熟的麦粒捶扁煮粥，都是尝鲜的。古代如何烹饪不成熟的谷物来尝鲜，未见记载，可能也与此类似。

《商周青铜器铭文暨图像集成》还著录有一件伯句簠②，张懋镕所作释文更为明晰，引录于此（为简便径录通行字）："伯句作宝簠，其朝夕用盛稻、京（粱）、糦，其用享于尹人罙朋友。"③

张文已指出，伯绅簠和伯句簠二器形制最为相似，应同为西周中期器物，更确切地说，是穆王晚期的器物。二器的铭文也很相似，与伯句簠铭对比可知，尹人、朋友次序并不固定，两类人都是贵族交往的常客，用稻、粱、糦这些珍馐招待客人，可能是当时流行的社交方式。

伯绅簠和伯句簠的铭文，记录了西周时期贵族之间交往有相互宴请的方式、宴席的简单食谱，以及宴席重视主食的风习，这都是我们认识西周社会生活的非常珍贵的第一手资料。

二

与伯绅簠和伯句簠铭文内容相近的青铜器铭文，在张懋镕的《伯句簠考证》一文中已有排比④，但未引全铭，仅录涉及稻、粱的一句，是为了说明京与粱的通假关系。后来田率的《内史盨与伯克父甘娄盨》文则引录全铭，用来对比、确定伯克父甘娄盨的时代，所举铜器与张文大致相同，并对这类他称为"食器类铜器铭文"并作了一个年代和句式的总结："可以看出这类铭文出现时代最早在西周中期（例1、例2），主要集中在西周晚期（例3—例6）至春秋早期（例7—例11），个别会延至春秋中晚期之际（例12）。句式一般为'作器者+作某器+器物功能+器物用途'的格式，大多数句末还缀有叚辞，春秋以降，句首还添置纪时之词。"⑤

其实这一类铜器铭文还反映出一些其他的特点，有进一步研究的价值，故本文不烦累赘，再次将各器全铭胪列于下：

（1）伯绅簠（西周中期）：伯绅作宝簠，其朝夕用盛稻、粱、糦，用飤正御，事朋友、尹人，用匄眉寿万年。（《铭图》05100，张、田俱引）

① 段玉裁：《说文解字注》，上海：上海古籍出版社，1981年，第330-331页。
② 吴镇烽：《商周青铜器铭文暨图像集成》，上海：上海古籍出版社，2012年，第10卷第339页，序号04989。
③ 张懋镕：《古文字与青铜器论集》（第四辑），北京：科学出版社，2014年，第61页。
④ 张懋镕：《古文字与青铜器论集》（第四辑），北京：科学出版社，2014年，第62页。
⑤ 北京大学出土文献研究所编：《青铜器与金文》（第一辑），上海：上海古籍出版社，2017年，第430页。

(2) 伯句簋（西周中期）：伯句作宝簋，其朝夕用盛稻、京（粱）、穛，其用享于尹人眔朋友。(《铭图》04989，张、田俱引[①])

(3) 史免簠（西周晚期）：史免作旅筐，从王征行，用盛稻、粱，其子子孙孙永宝用享。(《铭图》05909，张、田俱引)

(4) 兽叔奂父盨（西周晚期）：兽叔奂父作孟姞旅盨，用鯱稻、穛、糯、粱，嘉宾用饗，侑飤，则万人无疆，子子孙孙永宝用。(《铭图》05655，张、田俱引[②])

(5) 弭仲簠（西周晚期）：弭仲作宝琏，择之金，矿鈗镤铝，其臭、其玄、其黄，用盛秫、稻、穛、粱，用饗大正，歆王宾，饋俱旨飤，弭仲受无疆福，诸友飪飤俱饱，弭仲畀寿。(《铭图》05975，张、田俱引)

(6) 伯公父簠（西周晚期）：伯太师小子伯公父作盨，择之金，唯鐈唯卢，其金孔吉，亦玄亦黄，用盛穛、稻、糯、粱，我用召卿士辟王，用召诸老诸兄，用祈眉寿，多福无疆，其子子孙孙永宝用享。(《铭图》05976，张、田俱引)

(7) 鄀召簠（春秋早期）：鄀召作为其旅筐，用盛稻、粱，用飤诸母诸兄，使受宝，毋有疆。(《铭图》05925，张、田俱引)

(8) 叔家父簠（春秋早期）：叔家父作仲姬筐，用盛稻、粱，用速先后、诸兄，用祈眉老无疆，哲德不忘，孙子之贶。(《铭图》05955，张、田俱引)

(9) 叔朕簠（春秋早期）：唯十月初吉庚午，叔朕择其吉金，自作荐簠，以歕稻、粱，万年无疆。叔朕眉寿，子子孙孙永宝用之。(《铭图》05967，张、田俱引)

(10) 叔原父甗（春秋早期）：唯九月初吉丁亥，陈公子子叔原父作旅甗，用征用行，用饎稻、粱，用祈眉寿，万年无疆，子子孙孙是常。(《铭图》03361，张、田俱引)

(11) 曾伯漆簠盖（春秋早期）：唯王九月初吉庚午，曾伯漆哲圣元武，元武孔黹，克逖淮夷，抑燮繁阳，金道锡行，具既卑方，余择其吉金黄铝，余用自作旅簠，以征以行，用盛稻、粱，用孝用享于我皇文考，天锡之福，曾漆遐不黄耇，万年眉寿无疆，子子孙孙，永宝用之享。(《铭图》05979，张引)

(12) 徐王糧鼎（春秋早期）：徐王糧用其良金，铸其饋鼎，用菜𩞁腊，用饔宾客，子子孙孙，世世是若。(《铭图》02309，田引)

(13) 王孙叔謻甗（春秋中晚期之际[③]）：唯六月壬申，王孙叔謻择曰吉金，作铸鐳甗，以征以行，以鬻稻、粱，以飤父兄，其眉寿无疆，子孙永宝用享。(《铭图》03362，张、田俱引)

---

① 伯句簋铭文《铭图》未释出穛字，田文从之。张懋镕考释之外，有周忠兵《释甲骨文中的𤆌》(《文史》2014年第3辑）一文，从甲骨𤆌字延伸至金文穛字，有系统考释，其中包括伯句簋穛字。

② 兽叔奂父盨铭文“侑飤”原释为“有”，本文改释。“侑飤”如《周礼》“侑食”。《周礼·天官·膳夫》“以乐侑食”，郑注：“侑犹劝也。”(《十三经注疏》标点本，北京：北京大学出版社，2000年，第97页）盨铭“侑飤”意为铸此精美食器，可以为嘉宾助兴。

③ 王孙叔謻甗的时代，《铭图》与张懋镕文均作春秋时期，田率文以为此器最晚，定为春秋中晚期之际，本文从之。

以上十三器的铭文，仅曾伯漆簠盖一件有些例外，与其余十二件略有差别。仅此一件，先叙作器缘由，记述与淮夷作战的功业，有其纪念意义。其余各件都没有作器缘由这一项常见的内容，无重大事件，无册命，无赏赐，无先祖功业等，就是直截了当要制作一件铜器。

这一类铜器铭文有一个显著特点，大都反映出这类铜器不是在祭祀中使用的礼器，而是现实生活中使用的盛食器皿。"嘉宾用飨"也好，"用饎诸母诸兄"也好，"用享于尹人眾朋友"也好，都反映这个特点。

依然还有用作祭器的，如叔朕簠之"自作荐簠"，有可能指的是作祭器；如曾伯漆簠盖则很明确，"余用自作旅簠，以征以行，用盛稻、粱，用孝用享于我皇文考"，一方面是自己在出行、作战中作为食器，另一方面则用作祭器，祭祀其亡父。但这类内容不多，也不明显。

当然，在现实生活中作为盛食器皿使用，也能称为礼器，《仪礼•公食大夫礼》中就提及簋、簠，不过没有具体说明盛食的内容。宴宾客有礼仪，食器自然就是礼器了。如兽叔夗父盨之"嘉宾用飨"、弭仲簠之"用飨大正，歆王宾"、徐王糧鼎之"用饔宾客"，铭文仅提及宴飨宾客，甚至仅及"大正""王宾"这样的高贵宾客，应该是器主在制作铜器时关注的主要用途。若只用在这一方面，那可以肯定就是礼器。

也有器主的关注点在家庭生活中使用这类铜器，如邦召簠之"用饎诸母诸兄"、叔家父簠之"用速先后、诸兄"、王孙叔謹甗之"以饎父兄"，属于此类。在家庭内部，日常生活应该比较随意，使用的铜器，也只是食器，不好再称作礼器。

与关注在家庭生活中使用铜器相类似的，是在出行、作战中使用，也是仅用为食器。如史兔簠之"史兔作旅簠，从王征行，用盛稻、粱，其子子孙孙永宝用享"、叔原父甗之"陈公子子叔原父作旅甗，用征用行，用饎稻、粱，用祈眉寿，万年无疆，子子孙孙是常"，都没有提及别的用途，只说出门在外使用，反映出在器主的观念中，制作此件铜器的目的很单纯。

当然，有单纯者，也有要照顾几个方面的。如伯绅簠之"用饎正御，事朋友、尹人"、伯句簠之"其用享于尹人眾朋友"、弭仲簠之"用飨大正，歆王宾，饎俱旨饎，弭仲受无疆福，诸友飪饎俱饱，弭仲畀寿"，都是说用来招待官员，也用来招待朋友。这些都是注重社会面的交往，没有考虑家庭成员。有的兼顾社会面和家族内部成员、家庭成员，如伯公父簠之"我用召卿士辟王，用召诸老诸兄"。王孙叔謹甗之"以征以行，以鑂稻、粱，以饎父兄"，则是兼顾出行、作战和家庭生活。

这些铭文所反映的关注家庭生活、社会生活的观念，就是本文所谓的新观念。这种观念似涓涓细流，一直没有壮大，没有成为主流，但是可以从中观察到时代变迁的印迹，探寻出商周文化差异的一个方面，值得研究。

三

在整个青铜时代，青铜器铭文所反映的观念，主要是注重祭祀。从早期的不成篇的单字、二三字、族徽一类铭文，就可以看到青铜器用作祭祀祖先的特点。常见的"祖乙""父丁"等铭文内容，显然表明，某件铜器就是专为祭祀某位先人而作。后来长篇铭文中常有"用作××宝尊彝"的句式，不过是"祖乙""父丁"类铭文的扩展。如利簋之"用作檀公宝尊彝"①，何尊之"用作庾公宝尊彝"②，曶鼎之"曶用兹金作朕文孝（考）宄伯䰧牛鼎"③，都是最显著的例证。前已述及的曾伯漆簠盖之"用孝用享于我皇文考"，也是常见的一种句式，说明铜器用于祭祀。

青铜器铭文之于祭祀祖先，在《礼记·祭统》中有提纲挈领式的论说："夫鼎有铭，铭者自名也，自名以称扬其先祖之美，而明著之后世者也。……铭者，论撰其先祖之有德善、功烈、勋劳、庆赏、声名，列于天下，而酌之祭器，自成其名焉，以祀其先祖者也。"④当然青铜器铭文不仅记述先祖功业，更多的是记述器主自己的功业、庆赏等，但结尾处还是要归结到祭祀先祖。

祖先崇拜的文化传统，体现祖先崇拜意识的祭祀礼仪，是青铜时代的意识形态，这一点应该没有疑问。而当时人认为，祭祀活动是社会秩序、政治体制、家庭格局、行为规范等人世间一切条理的集中体现："夫祭有十伦焉：见事鬼神之道焉，见君臣之义焉，见父子之伦焉，见贵贱之等焉，见亲疏之杀焉，见爵赏之施焉，见夫妇之别焉，见政事之均焉，见长幼之序焉，见上下之际焉。此之谓十伦。"⑤对于祭祀的认识达到如此高度，可见社会观念中弥漫着怎样的氛围。

观念中始终不忘先祖，生活中一直保持与鬼神沟通，这种神秘主义的气质是青铜时代的主流意识。

不过，我们在西周中期的铜器铭文中，欣喜地发现了上文所举的那些铭文，可以视作一个新类型，代表了一种新观念。这种新观念就是注重现实生活，看重世俗的人际交往。家庭生活、出行征战中使用青铜器，在铭文里有所表达，而有意无意地忽略了作为祭器的功用，显得有些另类。如此略显另类的观念，提示出商周两代精神世界的差异。说明在西周时期，人们的生活比商代放松，祖宗神灵占据精神领域的空间有所缩减，现实生活的考量有所增长，社会生活的氛围会有较大的变化。虽然商周两代在崇拜先祖、虔诚祭祀方面，仅有程度上并非很大的差异，但能想见西周时期人们在生活中不再像商人那样压抑、沉重。

---

① 吴镇烽：《商周青铜器铭文暨图像集成》，上海：上海古籍出版社，2012 年，第 11 卷第 41 页，序号 05111。
② 吴镇烽：《商周青铜器铭文暨图像集成》，上海：上海古籍出版社，2012 年，第 21 卷第 311 页，序号 11819。
③ 吴镇烽：《商周青铜器铭文暨图像集成》，上海：上海古籍出版社，2012 年，第 5 卷第 447 页，序号 02515。
④《礼记正义》《十三经注疏》标点本），北京：北京大学出版社，2000 年，第 1590 页。
⑤《礼记正义》《十三经注疏》标点本），北京：北京大学出版社，2000 年，第 1581 页。

这类铭文出现在西周中期并非偶然，诚如恩师李学勤先生从历史哲学的高度所归纳的："恭王铜器的另一个重要性，在于西周后期铭文中的一些特征已经比较成熟了。对于这一点，我们可以做一些历史哲学的思考，中国历史的很多现象都是如此，不仅在甲骨文、金文等物质的方面，在文化、制度各方面都有所体现。即一个大的改朝换代之后，新风格的形成和新文化的定型都要到一段时间之后，比如一个王朝的中期。商周之际，周初的东西和商朝的东西还是相当接近的，我们几乎说不出来商代的东西和周初的东西究竟有多大的差别，可是真正的西周风格的形成则要到西周中期，也就是在穆王之后。新的风格定型之后，就不会将商和西周的铜器混同，而且通过这一时期的铭文，也可以看出当时的制度、文化在很多方面和商代已经完全不同了。"[①]本文所论，确可以视为商周文化上的变化。

由此可以进一步推论，"郁郁乎文哉"的周文化，在形成自身文化特色的时候，去除了一部分商代的神秘主义，提升了家庭生活、社会交往在生命中的意义，写成铭文，铸之于"子子孙孙永宝用"的铜器上，显示出周文化的新气象。因此也可以认为，周人比商人注重现世生活，社会上流行的人生观会更为现实一些，理性精神会更多一些，整体精神面貌呈现出不同的样态。

---

① 李学勤：《金文与西周文献合证》，北京：清华大学出版社，2023 年，第 846 页。

班簋铭 "趞命曰" 发覆

——学习先生青铜器研究笔记之一

张德良

（辽宁师范大学历史文化学院）

班簋是西周时期的一件重要青铜器。它曾在《西清古鉴》著录过，后消失不现，后于 20 世纪 70 年代被重新发现，经修复后公布，引起学界极大重视。随着研究持续进行，班簋诸多问题得到解决，不过，对 "趞命曰" 这句话的理解仍分歧杂陈，日本学者白川静曾说过 "这是文中难解的部分" [1]。

鉴于班簋形制、铭文上的重要性，李学勤先生曾多次撰文进行研究。本文在研读李先生论文之余，结合最近《文史》上刊发一篇《班簋铭文 "趞命曰" 句新研》[2]，以及新的考古发现，撰此小文，以纪念先师李学勤先生，并乞就正于诸位方家。

李先生针对班簋及 "趞命曰" 的文章有多篇。

最早是在《西周中期青铜器的重要标尺——周原庄白、强家两处青铜器窖藏的综合研究》[3]一文中，分析庄白 1 号窖藏 "丰组" 器，丰尊、丰卣装饰垂冠大鸟纹，此种纹饰还见于孟簋，而且簋铭中有 "孟曰：朕文考眔毛公、趞仲征"，孟簋中提及的人物 "毛公、趞仲"，还见于著名的班簋。铭之 "趞" 与遣尊、卣之 "趞" 为同一人。

1986 年撰写的《班簋续考》中提到，班簋中的 "趞命曰"，据孟簋铭，"应即趞仲"。此文特别提到："'趞' 也不能读为动词的 '遣'，因为西周前期金文常见的 '遣'，都未见写作从 '走' 的。"[4]这一视角和观点，对学界很有影响。如朱继平《班簋铭文 "趞令曰" 句新研》，用列表的方式将搜西周金文中的 "趞" 与 "遣" 的字形与用法进行比较，认为 "趞" 用作人名，而 "遣" 用为动词，判然有别，并据此否定了班簋中的 "趞命曰" 之 "趞" 为动词，只能是人名，其结论是班簋铭中的毛公铭趞，其立论的前提和基础即依先生的这一观察。

① 白川静著，曹兆兰译：《金文通释选译》，武汉：武汉大学出版社，2000 年，第 104 页。
② 朱继平：《班簋铭文 "趞命曰" 句新研》，《文史》2020 年第 4 辑。
③ 李学勤：《西周中期青铜器的重要标尺——周原庄白、强家两处青铜器窖藏的综合研究》，《中国历史博物馆馆刊》1979 年第 1 期。
④ 李学勤：《班簋续考》，《古文字研究》第 13 辑，1986 年，第 183 页。

在先生学术研究的晚年，仍然坚持"趞"为人名，即孟簋中的"趞仲"。如2012 年发表的《谈单氏人名——金文释例之二》一文，即对前述《班簋续考》中提到的"但不确定霱尊、卣之铭的'趞'与前二器铭中的'趞'"是否为同一人所做的持续思考。先生在是文中讨论先秦人名在文献中的叙述体例，提到金文中也见到单举贵族氏名而不及人名的例子，其中举的一个例子就是"趞"，班簋中的"趞命曰'以乃族从父征'"，就是孟簋铭中的"趞仲"，此人是毛公征伐东夷的副手。①

细绎李先生文意，他的观点可总结为两点：一是字形、辞例上"趞""遣"判然有别，"趞"为人名，"遣"为动词；二是班簋之"趞"即孟簋铭之"趞仲"，或为霱尊、卣之趞。从班簋研究学术史上看，李先生这两点认识，尤其是第一点，可以说为"趞"字"名词说"打下了坚实的基础。

"趞令曰"一问题，近来学界迭有论作发表②。据朱继平《班簋铭文"趞令曰"句新研》一文，现今学界多主"趞"为人名，多不采"趞"字为动词的意见③。笔者在阅读前人文献和绎读班簋铭文基础上，发现"趞"字在铭文中仍可以作为动词来用，解决这个问题的关键在于两点：一是"以乃族从父征"句中"父"的含义，即从铭文涉及人物的称谓入手梳理人物关系，从而确定"从父征"之"父"的具体含义；二是从语境和辞例等角度认定"趞"字为动词。

在下文讨论之前，今据《殷周金文集成》（04311）释文，依照本文理解，将班簋铭文标点、分段移录如下：

唯八月初吉，在宗周，甲戌，王令毛伯更虢城公服，粤（屏）王立（位），乍（作）四方（极），秉繁、蜀、巢令，赐铃勒，咸。

王令毛公以邦冢君、土（徒）驭、或人伐东或（国）痹戎，咸。王令吴伯曰："以乃师左比毛父。"王令吕伯曰："以乃师右比毛父。"趞令曰："以乃族从父征，徣（诞）城卫父身。"

三年静（靖）东或（国），亡不成。盽（愍）天畏，否（不）畀屯（纯）陟。公告氒事于上：唯民亡徣（诞），才（在）彝，炁（昧）天令（命），故亡允，才（在）显，唯敬德，亡卣（攸）违。

班拜稽首曰："乌虖（乎），不（丕）环（丕）乱皇公受京宗懿釐，毓文王、王姒圣孙，隥于大服，广成氒工（功），文王孙亡弗褱（怀）井（型），亡克兢氒刺（烈）。班非敢觅，唯乍卲（昭）考爽，益（谥）曰大政。"

子子孙多世其永宝。

① 李学勤：《谈单氏人名——金文释例之二》，《夏商周文明研究》，北京：商务印书馆，2015 年，第 127 页。

② 汤梦甜：《班簋铭文集释》，华东师范大学硕士学位论文，2017 年；阮明套：《清华简与班簋铭文新证》，《陕西历史博物馆论丛》第 26 辑，2019 年；朱继平：《班簋铭文"趞令曰"句新研》，《文史》2020 年第 4 辑。

③ 朱继平：《班簋铭文"趞令曰"句新研》，《文史》2020 年第 4 辑，第 10 页。

一、班簋铭文"父"字称谓

班簋铭文写作谨严。

根据铭文内容，本文将其分为五段。第一段为周王对毛公的册命；第二段为周王命毛公伐戎；第三段为征伐成功后毛公的上告；第四段为毛班为其亡父做祭器簋；第五段最为简单，嘱后代永宝此簋。

由此来看，前三段毛公存世，包含毛公的册命、受命率军征伐以及功成上告；及毛公辞世后，班述做祭器之由，最后告戒后嗣永宝此祭器。从叙述内容上看，叙事条理，逻辑井然。

从称谓关系上看。册命部分，"毛伯"继虢成公做执政卿后称"毛公"。征伐部分，王在命毛公伐戎后，分别命吴伯、吕伯辅助毛公，铭文直接引用周王令文，对吴伯、吕伯这种异姓诸侯称毛公为"毛父"；接下来颁布的命令中"以乃族从父征"，"乃族"为第二人称领格，故这句话仍是直接引用周王的令文，但与命吴伯、吕伯的令文相比，在称谓上是"父"，而不是"毛父"，说明周王颁令的对象为同姓（众所周知，西周金文中常见的"趞"氏，乃是姞姓。从这点来讲，即使承认"趞"为人名，也不能认为其为氏名，即非孟簋铭中的趞仲）。既然是与周王同姓，铭文中则只有虢成公和毛公、毛班三人符合条件。其时虢成公已经出世（李先生论证这是用谥号），自非虢成公；剩下的人选只有毛公和毛班。据下文班称毛公为昭考，则毛公与班为父子关系；周王称毛公为"毛父"，则班与周王同辈。周王颁令毛族的令文称"以乃族从父征"，似乎可以理解为周王命令班，其实不然。为什么？此时毛氏宗子为毛公，并非班，周王在正式行文中不会表达成班可以代表毛族。所以，在班簋铭文中，周王在分别命令吴伯、吕伯后，再令毛公允许中军主帅可以带自己的族军以捍卫己身安全，先公后私。揆诸上下文，省略掉"王"字，可以补为"王趞令曰：'以乃族从父征……'"因周王亦毛公子侄辈，可以称毛公为"父"。

在功成告事于上部分，铭文中的"公"当为毛公，绝非下文做器、自称的"班"。第四部分，班为其昭考做祭器，可见毛公已逝。班于此详述尊称毛公为"皇公"，乃是文王、王姒的孙子。

近来董珊先生《班簋"作昭考爽益曰大政"解》[1]一文，引用张政烺说，将班簋铭文中通释为"爽"的字释为"奭"，读为"簋"，也可读为"仇"，意即毛班为亡父作祭器簋；"益曰"即加之以名，引用郭沫若的意见，"大政"则是此祭器簋之名。稍前董珊先生另一篇论文《它簋盖铭文新释》，对班簋铭文"否畀纯陟，公

---

① 董珊：《班簋"作昭考爽益曰大政"解》，《出土文献》2023 年第 3 期。

告乎事于上"句重新句读为"否畀纯，陟公，告乎事于上"，其中的"陟公"，意即器主班升祀先人毛公。[①]

姑且不论《它簋盖铭文新释》中关于班簋"陟公"的句读、理解是否成立，但从董先生的研究，结合上文对班簋铭文结构的分析，可以看出班簋铭有来自不同时间的不同内容，叙述虽简要，但文气连贯、条理井然，显示出这是一篇器主为亡父毛公做祭器、精心构思的金文，那么怎么会出现"临文而讳""君前臣名"的情况呢？即如理解为"君前臣名"，也当表述为"王令趞曰"，而非班簋中的"趞令曰"，否则即回到"趞令曰即令趞曰的倒文"这一说解。[②]"[王]令趞曰"这种看法虽然照顾了行文连贯，把"趞"看成族氏名，照应了孟簋铭文趞作为毛公东征下属这一事实，但据金文，趞氏于周王为异姓，按照班簋铭文辞例，周王命趞时（实际上，作为毛公的属臣，周王不能直接行命。而孟簋中趞仲只受到毛公赏赐表明他是毛公臣属）当表述为"以乃族从毛父征"。所以，倒文说也是不能成立的。

综上，从班簋铭文行文语气、叙述逻辑和辞例以及班簋铭文性质来看，"趞令曰"只能理解为"[王]趞令[毛公]曰：'以乃族从父征……'"如此一来，"趞令"之"趞"只能看作动词了。

二、趞为动词申说

如前文所述，"趞"为名词说的主要证据，在于观察到的西周金文所见"趞"，均用作名词；而西周金文的"遣"都为动词。基于观察到的这一现象，便推出班簋中的"趞"为名词，然后才有"趞"为"趞"氏或毛公名"趞"等诸种说法。

从现象上讲，这一观察无疑很锐利。但笔者也注意到，西周金文所见"趞"均为名词没错（班簋不在此列，有待证明），只是这名词均表示为族氏名，而族氏名在一个时期内构形往往比较稳定。从逻辑上讲，除非证明"趞"字为趞氏而造的专字，否则就不能排除有其他词义或有动词的用法。前文从称谓上证明把"趞命曰"的"趞"理解为名词不符合上下文，而把它看成动词，无须用"倒言"或引入其他成例，无须改动或移植其他语境，因为行文自然，故怡然理顺。因此，"趞"字在班簋中可有动词意，或者说它是"遣"字的假借字。

除了语境和逻辑分析，新近的考古发现出现了一例"遣命"的用法，无疑为"趞命"读为"遣命"提供了有利的证据。

2009 年湖北随州文峰塔墓地 M1 出土了 6 件完整铜甬钟、2 件残钟。编钟有

① 董珊：《它簋盖铭文新释》，《出土文献与古文字研究》第六辑，第 168 页。
② 杨树达：《积微居金文说》增订本，北京：中华书局，2004 年，第 123 页。

长达169字的铭文，铭文释读器主为曾侯舆。①铭文主旨为曾侯舆为宗庙做彝器。铭文首先讲曾国得国由来，是"伯括"能"左右文武"，抚定天下，"王谴命南公，营宅汭土，君庇淮夷，临有江夏"，这是概述南宫括受命建曾国的史实，补充了周初封建的记载，意义重大，引起了曹锦炎、李学勤、李零、董珊、黄益飞、王泽文等一批学者的讨论。②

凡国栋认为，"谴命"之"谴"读为"遣"。③王恩田认为遣与册双声，遣命即册命；也许觉得以双声谈通假不妥，同时又提出"遣"可训为"易"，遣命即变革先前册命④。作者同年发表的《曾侯舆编钟铭文释读丁补》则只主张"遣"训为"易"的认识。⑤

对此重要铭文，李先生也先后撰写了两篇文章进行讨论。《曾侯舆编钟铭文前半释读》⑥和《正月曾侯舆编钟铭文前半详解》⑦，均将"谴命"读为"遣命"，并没有其他说解。

阮明套在《清华简与班簋铭文新证》一文中，也注意到曾侯舆编钟中出现的"遣命"一词，但因为"遣命"一词所在的曾侯舆编钟时代为春秋晚期，再加上西周金文"遣"送人物，而非"命令"，遽定"趞命"之"趞"为人名⑧。

从上引学者意见来看，曾侯舆编钟铭文中的"谴命"读为"遣命"为大家所认可。这一点，本文也同意。学者因为曾侯舆编钟为春秋晚期器，便遽然否定"遣命"一词早出的可能性，这是不足取的。让我们回到曾侯舆编钟铭文语境中。曾侯舆一开始就回忆了曾国立国缘于周初大封建，乃是口衔王命，尤其面对强势楚国时，这便占有法统上的优势，所以铭文中叙述的曾国建国史，必源于周初封建时的册命，其中"遣命"一词当有来历，句非后起之词，学者当不以器之所存而定语词之世。

至于"遣命"之义，缺少金文辞例，不易确知。于省吾先生《毛伯班簋考》一文说解约略得之。该文出版于1941年，不易寻得，便于读者计，试引如下："按趞经籍通作遣。郭沫若以趞为人名误矣。遣应读如《诗·嵩高》王遣申伯之遣。遣令曰，言遣送而命之曰。《孟子·滕文公》女子之嫁也，母命之，忘送之门，戒之曰。王之遣将，与《孟子》言嫁女无异。令，犹戒也。古者征伐恒以其族从。《殷墟书契后编》卷下四二·六，'令五族发羌'、鲁侯簋'唯王令明公遣三族伐东

---

① 凡国栋：《曾侯舆编钟铭文棘释》，《江汉考古》2014年第4期。
② 柴春椿：《随州叶家山西周墓地铜器铭文与文峰塔曾侯舆编钟铭文综合研究》，东北师范大学硕士学位论文，2016年。
③ 凡国栋：《曾侯舆编钟铭文棘释》，《江汉考古》2014年第4期。
④ 王恩田：《曾侯与编钟与曾国始封——兼论叶家山西周曾国墓地复原》，《江汉考古》2016年第2期。
⑤ 王恩田：《曾侯舆编钟释读订补》，《出土文献研究》第十五辑，2016年。
⑥ 李学勤：《曾侯舆编钟铭文前半释读》，《江汉考古》2014年第4期。
⑦ 李学勤：《正月曾侯舆编钟铭文前半详解》，《中原文化研究》2015年第4期，后收入李学勤：《清华简及古代文明》，江西教育出版社，2017年，第127页。
⑧ 阮明套：《清华简与班簋铭文新证》，《陕西历史博物馆论丛》第26辑，2019年，第113页。

国'是其证。"[①]

于先生引《嵩高》一诗,其中有"王遣申伯,路车乘马。我图尔居,莫如南土。锡尔介圭,以作尔宝。往近王舅,南土是保。申伯信迈,王饯于郿。申伯还南……",由此来看,王遣送申伯,既赐车马,又为申伯饯行,同时还有一定的政治任务,即"南土是保",可能车马之赐与南土之保在册命中,但饯行即遣而送之当为"遣"之核心,命则有命辞。尤为可贵的是,在时王遣送申伯之前,还有"王命申伯""王命召伯""王命傅御"等辞,继此之后,方出现"王遣申伯"。在与班簋铭文对比后,不难发现,在周王册命毛公、"王命吴伯""王命吕伯"后出现"王遣命毛公"当不是偶然的。

三、结语

据学界对班簋的最新研究成果的研读和新的考古发现,回到班簋铭文语境中,根据铭文结构、上下文语气和人物称谓关系,本文提出"趞命曰"的"趞"为动词,即"遣";据于省吾先生的提醒,结合《诗经·嵩高》一诗提供的完美情境,周王遣送大臣之事见于周初的王遣命南公、西周中期的王遣命毛公和西周晚期的"王遣申伯",在西周历史上的记载绵延不绝。

---

① 于省吾:《毛伯班簋考》,华北文教协会编:《辛巳文录初集》,文奎堂书庄,1941年,第255页。

谈两周金文人名用字的一些特点

陈英杰

（首都师范大学文学院

古文字与中华文明传承发展工程协同攻关创新平台）

人名、地名、官名都属于专有名词（广义的人名包括姓、氏、族氏铭文、私名、谥字等），专有名词用字有自己的特点，比如甲金文中的"女化字"（如女姓以及女性私名用字加"女"旁现象）①、国名地名中的"邑化字"②，都是大家所熟知的。

甲骨文中人名称谓合文属于人名用字构形上的特点。称谓合文是把多个独立的单字组合成一个字的形态，尤其是如）（匚乙）、）（匚丙）、囗（匚丁）、）（大乙）、）（小甲）、）（小祖乙）之类，跟金文中一些复合族名的书写方式很有相似之处，这大概是利用了图画表意囮囵性的特点，其中可能有故意利用这种特点造成某种神秘的心理。这种类型的合文，消弭了文字构形的可分析性，故意制造某种神秘性。③商周金文中的族氏文字大多比甲骨文象形程度更高④，而且富有装饰性，在铭文艺术化方面达到了一个不可复制的高峰。⑤"这些非常象形的写法只是一种追求形象鲜明、具有高辨识度的图案化的处理，是运用装饰手法将文字与图案充分融合的结果。"⑥这种现象主要集中于商和西周早期，是人名用字的一个时代特点。金文族氏文字一般都具有独用性，也就是说，这些字形只用于族名，如：

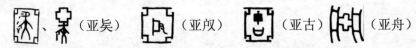

即使使用一般用字，它们在构形上也有自己的特点（合文、借笔合书、结构布局、象形性、装饰性等），如：

（亚夨）　　（亚戉）　　（亚古）　　（亚舟）

① "女化"用语，参李学勤：《论殷代亲族制度》，《文史哲》1957 年第 11 期。

② 如"莫一鄭诸侯国名、戈一邲诸侯国名"等。

③ 陈英杰：《谈唐兰先生"三书"说中的形声字》，《汉语史与汉藏语研究》第 5 辑，北京：中国社会科学出版社，2019 年，第 212-213 页。

④ 裘锡圭认为："这种现象可能主要应该是古人对待族名的保守态度所造成的。"参见氏著：《文字学概要》（修订本），上海：商务印书馆，2013 年，第 49 页。

⑤ 参裘锡圭：《文字学概要》（修订本），第 49 页；陈英杰：《西周金文形态特征及其相关问题论》，《中国书法》2016 年第 10 期，修订后以《西周金文形态特征研究三论》为题收入《金文与青铜器研究论集》（上海：上海古籍出版社，2020 年）。

⑥ 刘钊：《商周金文的装饰美》，《中国书法》2023 年第 7 期。

作为专名，两周金文中的人名用字也有一些特点。

一、某些字只用于人名

两周时期的古人起名时也会使用一般用字，如令[①]、夹[②]等。但也有一些字，现有材料中尚未见到人名之外的用例，如：

■顼爕盨（《集成》4411 西周晚期）

■师趄鬲（《集成》745 西周中期）、■姬趄母鬲（《集成》628 西周晚期）、■伯趄父簋（《铭图》4357 西周晚期）、■善夫克盨（史趄，《集成》4465 西周晚期）

■七年趞曹鼎（《集成》2783 西周中期）、■十五年趞曹鼎（《集成》2784 西周中期）、■上郡守錯戈（《集成》11374 战国晚期）

■趞叔鼎（《集成》2212 西周中期）、■窌鼎（趞仲，《集成》2755 西周中期）。此字只用于人名（多作氏名），与"遣"有别，如■（鲁侯尊，《集成》4029 西周早期。"派遣"义）。[③]

赵氏之"赵"，出土文献中或以"肖"字为之，写作"趙"只用作私名或氏名，如叔趙父再（■，《集成》11719 西周晚期）、趙孟庎壶（■，《集成》9678 春秋晚期）。[④]

■芦鼎（《集成》1036 商代晚期）、■（芦寅，散氏盘《集成》10176 西周晚期）。此字多见于商和西周早期金文，族氏铭文，或单用，或用于"亚芦"，与"逆"有别。散氏盘中是氏名。

■旟鼎（《集成》2704 西周早期）、■窖鼎（史旟[⑤]，《集成》2741 西周早期）、■（司马单旟，裘卫盉《集成》9456 西周中期）。又见《铭三》1192 著录伯旟父盘。

■，此字目前所见只见于中山王名字，中山王礨鼎（《集成》2840 战国中期）、中山王礨壶（《集成》9735）。■，其继任者𡙸𧏣称名用字，仅此一见，𡙸𧏣壶（《集成》9734）。此二字战国以前未见。

■，战国时期秦国人，寺工之名，见寺工礨戈（《集成》11250 西周晚期）。此字战国以前未见。

换句话说，这些字属于人名用字。今天也有类似现象，一些字不见用于日常，只出现于人名、地名中。

---

① 由于金文材料的特殊性，"令"在金文中是一个高频使用的字，当时"命、令"在一般用法上尚未分化。人名如矢令方尊（《集成》6016 西周早期）、命簋（《集成》4112 西周中期）。

② "夹"在金文中还用为夹辅义，如大盂鼎（《集成》2837 西周早期）、禹鼎（《集成》2833 西周晚期）。人名（私名）如夹壶（《集成》9533 西周早期）。

③ 李学勤：《班簋续考》，《古文字研究》第 13 辑，北京：中华书局，1986 年，第 183 页；朱继平：《班簋铭文"趞令曰"句新研》，《文史》2020 年第 4 辑。

④ 董莲池《新金文编》"赵"字下于此二器分别加注按语云："人名用字""国族名字"（北京：作家出版社，2011 年，第 142 页）。

⑤ 此人又见员卣（《集成》5387 西周早期）。

🀆，畚簋（《集成》3385 西周中期，图一）器主名，独此一见，大概是追求人名书写独特性的一种艺术表现。《金文编》看作"畚"的异体，注云"倒书"。①

🀆，师趞甗（《集成》884 西周早期，图二）。该字从走、辵（二者其实应该看作一个表意构件）、贝和两个力，两个"力"对称布置于"贝"两边。这种单字内构件对称布局多见于族氏铭文②，但一般字中罕见。构件对称布局出于审美考虑，但只有一个起表意作用。③

2011 年 6 月湖北随州市叶家山西周墓地（M1）出土的几件名为"师"的器主所作器物，属西周早期，器主名写作：🀆（《铭图》1111 师鼎）、🀆（《铭图》1712）、🀆（《铭图》1711），多释为"师"，但与一般"师"字有两点不同：构件布局不同，再就是多四个点画。它应该也是人名用字的特殊形态，应别无深意。

另，像"晋"（偶用为私名）④、"虢"（另用于册命命服赏赐中的"朱虢"）等，国族名用法最常见。大概也体现了专名专用的特点。

二、谥称中的避讳情况

这里主要考察周王谥字的使用问题。西周金文中的王号有生称、死称二说，我们主张王称中的"武、成、康、昭、穆、恭、懿、孝"等都为谥号、死称。⑤西周的王号在史墙盘（《集成》10175 西周中期）、逨盘（《铭图》14543 西周晚期）中比较集中，今把其用字情况列表于下（见表 1）：

表 1　西周王号用字

	文王	武王	成王	康王	昭王	穆王	恭王	懿王	孝王	夷王	厉王
史墙盘	🀆	🀆	🀆	🀆	🀆	🀆					
逨盘	🀆	🀆	🀆	🀆	🀆	🀆	🀆	🀆	🀆	🀆	🀆
匡卣《集成》5423								🀆			
吴虎鼎《铭图》2446										🀆	
仲再父簋《集成》4189										🀆	
释文					卲		龏		考	㝩	剌

① 容庚编著，张振林、马国权摹补：《金文编》，北京：中华书局，1985 年，第 193 页。
② 张亚初：《〈殷周金文集成引得〉序》，北京：中华书局，2001 年，第 4 页；谢明文：《商代金文研究》，上海：中西书局，2022 年，第 433 页。
③ 关于此字走旁之外的部分，谢明文认为另有来源，与我们看法不同。参氏著：《商代金文研究》，第 765 页。
④ 如周晋盘（《铭续》950 西周中期）。
⑤ 参陈英杰：《西周王号谥称说申论》，《古文字研究》第 34 辑，北京：中华书局，2022 年。

周王谥称用字都是金文中的常用字，用于人名死称中都是美辞。而且，这些字的写法稳定。西周十二王中文王、武王另有专字写作"玟、珷"，此二王外，只有昭王写作"瑶"，仅见于鲜簋（《集成》10166 西周中期），作⬚。西周金文作器对象称谓中，"皇、文、刺"是使用最多的美辞，修饰"父、母、祖、姑"等亲称。班簋有"卲考"。西周王臣作器中（东周时期开始礼崩乐坏，暂不讨论），这些字用为谥称的比较少见。

"文公"之称见伯卣（《集成》5316 西周早期）"伯作文公宝尊鼒彝"，䁫簋（《集成》4153 西周晚期）"䁫作皇祖益公、文公、武伯，皇考琱伯鬶彝"，戈尊（《铭续》787 西周中期）"作文公父辛宝尊彝，戈"，虢文公子⬚鼎（《集成》2634 西周晚期）。

"武公"见于南公柳鼎（《集成》2805 西周晚期）、敔簋（《集成》4323 西周晚期），是右者，禹鼎（《集成》2833、2834）、多友鼎（《集成》2835）中则派遣禹、多友抵抗入侵之外敌。谥称见于孟姬𣏾簋（《集成》4071、4072）"孟姬𣏾自作饙毁，其用追考（孝）于其辟君武公"，乃孟姬𣏾之夫。"武侯"见于应侯视工鼎（《铭图》2436）"余用作朕刺考武侯尊鼎"。乖伯簋（《集成》4331 西周中期）"用作朕皇考武乖幾王尊毁"。上文所引䁫簋有"武伯"。

"成"在西周有国族名用法[1]，但没有谥字的用例。

"康"亦用为国族名，没有确定的谥字用例。微𢦏（《集成》9244 西周早期）、微盂（《集成》10309）"微作康公宝尊彝"之"康公"，吴镇烽认为可能就是康叔，则"康"为氏名。卲智簋（《集成》4197 西周中期）、眈簋（《铭图》5386 西周中期）中的"康公"是右者。[2]

"卲伯日庚"见于伯姜鼎（《集成》2791 西周中期），伯姜的丈夫，铭云"用夙夜明（盟）享于卲伯日庚"，"卲"可能为氏名。有学者认为是"召伯奭"之后，非是。[3]召公家族之"召"金文作䢔，与"卲"不混。春秋早期戎生编钟（《铭图》15240）"皇考卲伯"[4]可能也是氏名。也就是说，"卲"在西周金文中也没有确定用为谥字的例子。

"穆"有跟"文、皇"相同的用法，如伯克壶（《集成》9725 西周中期）"穆考後仲"。"穆公"在铭文中多次出现（不是同一人），邢叔采钟（《集成》356、357 西周中期）"文祖穆公"、禹鼎（《集成》2833 西周晚期）"皇祖穆公"属于井氏家族。穆公簋盖（《集成》4191 西周中期，作器者）、盠方尊（《集成》6013 西周中

---

① 参吴镇烽：《金文人名汇编》，北京：中华书局，2006 年，第 114-115 页；华东师范大学中国文字研究与应用中心编：《金文引得（殷商西周卷）》，南宁：广西教育出版社，2001 年，第 45 页。
② 周公谥曰文公，召公谥曰康公，现无法确定西周金文人名称谓中的"文公""康公"是否有的能跟周公、召公认同。
③ 参吴镇烽《金文人名汇编》引黄盛璋说，第 176 页。
④ 吴镇烽《金文人名汇编》推测其"生世在西周宣幽时期"，第 176 页。

期，穆公为右者）中的"穆公"，吴镇烽认为即井氏穆公①，𩵦簋盖（《集成》4255 西周中期，右者）、霸姬盘（《铭三》1220 西周中期，"霸姬以气讼于穆公"）的"穆公"可能是同一个人。②哭生残钟（《集成》105 西周晚期）作器对象是"穆公"。

"䵼"作谥字见于颂鼎（《集成》2827—2829 西周晚期）"皇考䵼叔、皇母䵼姒"、卅三年逨鼎（《铭图》2503—2512 西周晚期）"皇考䵼叔"、娒簋（《集成》4153 西周晚期）"皇考䵼伯"。

"懿"，禹鼎（《集成》2833 西周晚期）"朕圣祖考幽大叔、懿叔"，该器或定为夷王世。逨盘"皇亚祖懿仲"（与懿王同见），番壶（《集成》9670 西周晚期）"皇考懿伯"。

"考、孝"，克钟（《集成》205 西周晚期）"皇祖考伯"，申簋盖（《集成》4267 西周中期）"皇考孝孟"，师𩵦钟（《铭图》15266 西周晚期）之皇祖"孝公"。

"㝬"，伯頵父簋（《集成》4027 西周晚期）"伯頵父作朕皇考㝬伯、吴姬尊簋"，卫叔甲父壶（《铭三》1064 西周晚期）"皇考㝬仲"。仲再父簋（《集成》4189 西周晚期）"皇祖考㝬王、监伯"之"㝬王"应该就是"夷王"。

由上述材料来看，成康时期（也可能包含昭王世），是谥字使用严格的时期，周王谥字不见用于王臣作器。这其中有一个问题需要解决，即西周时期的称"公"的王朝执政大臣如"武公""穆公"是不是应该就是谥称，这涉及相关铭文断代以及相关称谓的性质问题，此不赘述。还有一个问题，即周王即位前是怎么称呼的。讨论王号的学者涉及过这个问题，但仍然有很多疑问。③

三、人名用字的偏好

以今推古，人名称谓用字有所偏好应该是可以肯定的。代词"朕"以及器名"盘、盨、簋"等都不曾用作人名。

由于西周春秋时期，部首尚未发展成熟、完善，通过考察按《说文》排序的文字编发现，各部首发展很不均衡，难以很好呈现当时人人名用字选择的偏好。虽然从水、从疒、从犬等部首的字均有作私名者，但偏好性均不明显。但其中从走、彳、辶等跟行走有关的字，很多用作私名，应该体现了当时人的某种用字偏好。除上文第一节所举例子外，兹再举数例：

厚趠鼎（《集成》2730 西周早期）

趞曏（《集成》9817 西周早期）

---

① 参吴镇烽：《金文人名汇编》，第 397 页。

② 霸姬盘中的"穆公"，裘锡圭认为当是谥号。参《大河口西周墓地 2002 号墓出土盘盉铭文解释》，《出土文献与古文字研究》第 8 辑，上海：上海古籍出版社，2019 年，第 135 页。

③ 参刘雨：《金文中的王称》，《故宫博物院院刊》2006 年第 4 期。

㮇趕簋（《集成》4266 西周中期）

叔趕父卣（《集成》5429 西周中期）、㮇叔多父簋（《集成》4004 西周晚期，"师趕父孙＝叔多父"）

達盨盖（《铭图》5661 西周中期）、㕣伯趕簋盖（《集成》3846 西周晚期）

趕鼎（《集成》2815 西周晚期）、趕亥鼎（《集成》2588 春秋中期）

齐趕父鬲（《集成》685 春秋早期）

附图：

图 1　㮇簋　　　　　　　　　　图 2　师趣甗

本文引书简称：

《集成》——中国社会科学院考古研究所编《殷周金文集成》，北京：中华书局，1984—1994 年。

《铭图》——吴镇烽《商周青铜器铭文暨图像集成》，上海：上海古籍出版社，2012 年。

《铭续》——吴镇烽《商周青铜器铭文暨图像集成续编》，上海：上海古籍出版社，2016 年。

《铭三》——吴镇烽《商周青铜器铭文暨图像集成三编》，上海：上海古籍出版社，2020 年。

是加嬭钟，还是曾侯钟

朱凤瀚

（北京大学历史系）

2019 年 5 月，随州枣树林墓地发掘 M169，出土一套编钟（口沿近平，已近似于镈，只是舞上仅有长拱形钮而两旁没有镈常有的兽形附饰，此种情况称"镈"亦未尝不可。此暂从发掘者称"钟"，见图1）。M169 位于 M168 曾侯宝墓北侧，从出土铜器铭文及其他随葬品可知，墓主人当是曾侯宝夫人加嬭（或有称嬭加）之墓。[1]

图 1　M169 出土的一套编钟共 19 件

发掘者综合编钟的大小、铭文内容与字体，将这套编钟分为四组：第一组 4 件，铭文首尾完整，知此 4 件一组是完备的；第二组仅 1 件，据铭文知少 1 件；第三组 5 件，少 1 件；第四组 9 件一套，铭文首尾完整。四组编钟铭文内容基本相同，只存在异体字与异文。

《江汉考古》2019 年第 3 期公布了郭长江等四位学者《嬭加编钟铭文的初步释读》一文（以下简称《初读》），刊布了第一组 4 件钟的照片与铭文摹本。此文将 M169 出土的这套编钟称为"嬭加编钟"，这也就肯定了作钟的器主人是曾侯宝的夫人嬭加，并在文章末尾赞美了嬭加，认为由于嬭加丈夫曾侯宝（认为即铭文

① 湖北省文物考古研究所、北京大学考古文博学院、随州市博物馆曾都考古队：《湖北随州枣树林墓地 2019 年发掘收获》，《江汉考古》2019 年第 3 期。

中的"龚公"）早逝，"作为曾侯夫人，加嬭勇于挑起国君的重担，治理曾国、保有国土的一段历史，其行为可与武丁时代的妇好媲美"。①如是这样，则中国先秦历史上又多了一位女性政治家与军事家。

《初读》一文发表后，引起学界不少学者的兴趣，并引发了争论，争论的焦点在于，M169 出土这套编钟的主人究竟是曾侯宝夫人嬭加还是曾侯宝，赞成《初读》意见者有如李春桃、凡国栋②，不同意见者也有，如陈斯鹏③，折中者即认为是曾侯宝与加嬭共为编钟之器主人，如吴春明。④这些文章都下了不少功夫，读后多有启发，下边仅在诸位学者研究基础上谈一点对编钟器主的看法，当然也就涉及当时曾国是否有位来自楚国的女政治家的问题。

一

先扼要地顺读一下全部编钟铭：

隹王正月初吉乙亥，曰：白（伯）昏（括）受命，帅禹之堵（堵），有此南洉。余文王之孙，穆之元子，之邦于曾。余非敢乍（作）魗，〔1〕楚既为伐（代），〔2〕虙徕匹之。〔3〕窆（密）戚我懻（猷），大命毋改。余犿小子加嬭曰：鸣庨（呼），鸓（共）公橐（早）陟，余复其彊（疆）啬（鄙），行相曾邦，昌（以）𦥒〔4〕辥須（夏?）。〔5〕余典册乒（厥）德殴。民之肈巨，〔6〕攸＝𦥯（羕）＝。余为夫，余滅（灭）颐下犀，〔7〕罊（恭）殴（畏）俌公，及我大夫，鷝＝𩠌（豫）政，〔8〕乍（祚）辥邦家。余罊（择）辥吉金，〔9〕玄镠黄镈，用自乍（作）宗彝鬴钟，昌（以）乐好宾嘉客、父兄及我大夫，用孝用高（享），受福无彊（疆）屛其平鬴，休懇（淑）孔蘁（皇）。大夫庶士，娿＝趐＝，醯（酬）献𩠌（歌）趣（舞），匽（宴）喜歙歙，易（赐）我需冬（终）黄耇，用受璜（介）福，其万年毋改，至于孙子，石（庶）保用之。

〔1〕魗，似可读为"魁"，首也。

〔2〕代，更也。

〔3〕徕，来，在此有依附之义，见《论语·子张》。

〔4〕𦥒，或即"长"字，久也。曾侯与钟铭"大命之长"，"长"作"𦥒"。

〔5〕曾侯与钟"夏"作"𩠌"，楚帛书"夏"作"𩠌"。

〔6〕肈巨，疑读为越距，趋至。

〔7〕滅颐下犀，或可读为励未暇逸。

① 郭长江、李晓杨、凡国栋、陈虎：《嬭加编钟铭文的初步释读》，《江汉考古》2019 年第 3 期。

② 李春桃、凡国栋：《嬭加编钟的定名、释读及时代》，《江汉考古》2022 年第 6 期。

③ 陈斯鹏：《曾、楚、周关系的新认识——随州枣树林墓地 M169 出土编钟铭文的初步研究》，《出土文献》2020 年第 2 期。

④ 吴春明：《嬭加编钟铭文补释并试论金文所见曾楚交往的政治辞令》，《江汉考古》2020 年第 3 期。

〔8〕翼＝，沓沓。《诗·邶风·雄雉》："雄雉于飞，泄泄其羽。"振奋。《诗·大雅·板》："天之方蹶，无然泄泄"，毛传："泄泄，犹沓沓也。"

〔9〕曾侯与钟铭：择〔镈〕吉金。

二

现在再讨论器主人的身份。有一个问题很直接地与钟及钟铭主人相关，这即是在整个钟铭开始的两句话中后面一句，即"余文王之孙，穆之元子"，其中"余"字显然是器主人自称，研究者或认为"文王"指楚文王，"穆"则指楚穆王，意即嬭加"以执政者身份"交代自己的出身——"楚文王的子孙，楚穆王的女儿"。[①]李春桃、凡国栋二人也同意此文关于"文王"与"穆"所指。[②]这样认识，自然即锁定了钟的器主人。但这需要证明。

传世有王子申盏，盏是食器，作用近同于簋、敦（随州东城义地岗春秋墓出土盏有自名，大致可归为楚式器，较早的器见于属当阳赵家湖墓地的金家山 M9，年代约在春秋中期偏晚，即约公元前 620—公元前 570 年，此后在楚地及曾地一直流行至春秋晚期，晚期中叶或稍晚）。王子申盏现所见到的器形，应是盏之盖部，盖口沿上有三角形垂叶纹，此纹饰亦多见于楚式器（如属春秋晚期偏早的当阳赵家湾 M18 出土盏 M8:15）。王子申盏（《殷周金文集成》4643，以下简称《集成》）铭文曰（见图2）：

王子申作黼（嘉）嬭（芈）盏盂，其眉寿无期，永宝用之。

图 2　王子申盏

这应是王子申为嘉嬭（芈）所作媵器，嘉嬭，也即当是以上枣树林 M169 墓主人嬭加。王子申见于《左传》，首见于《左传》成公六年（前 585）。其文曰："楚子重伐郑，郑从晋故也。冬，季文子如晋，贺迁也。晋栾书救郑，与楚师遇于

---

① 石小力：《随州枣树林墓地出土芈加编钟铭文补释》，《青铜器铭文研究学术研讨会会议论文集》，2020 年，第 136-140 页。
② 李春桃、凡国栋：《嬭加编钟的定名、释读及时代》，《江汉考古》2022 年第 6 期。

绕角。楚师还，晋师遂侵蔡，楚公子申、公子成，以申、息之师救蔡。"杜预注："申、息，楚二县。"①至鲁襄公二年，即《左传》襄公二年（前571）："楚公子申为右司马，多受小国之赂，以偪子重、子辛。"（杜预注："偪夺其权势"。）楚人杀之。故书曰："楚杀其大夫公子申。"②

公子申（即王子申）既卒于襄公二年，即前571年，则上举他为嘉嬭所做滕器，必在此年之前，亦即是说，加嬭出嫁在前571年之前。与嬭加出嫁时间有联系的是随仲嬭加鼎，鼎从形制与纹饰上看，约在春秋中期偏晚至晚期偏早。按通常也是正常的情况，此为嫁女儿嬭加作滕器的即是嬭加之父。如果此楚王即是楚穆王，穆王在位时间是前625—前614年。随仲嬭加鼎（《商周青铜器铭文暨图像集成续编》30210，见图3，此书以下简称《铭续》）铭文曰：

> 唯王正月初吉丁亥，楚王滕鐸（随）仲嬭（芈）加飤鍴，其瀪寿无期，子孙永宝用之。

图3　随仲嬭加鼎

王子申与嬭加的关系，他既为之作滕器，正常与通常情况下，可能是兄妹关系（但是嬭加为"穆之元子"，则王子申不可能为其兄，或只能为其庶兄），当然亦可能是叔父与侄女的关系。嬭加出嫁时间，假定为20岁，《礼记·内则》："女子十年不出，姆教婉、娩、听从……十有五年而笄，二十而嫁，有故，二十三年而嫁。"③《周礼·地官·媒氏》亦曰："令男三十而娶，女二十而嫁。"④但实际上，东周时女子出嫁年龄可能要早一些。王子申如是其兄（庶兄）既能独立为之作滕器，应不会与之年龄太近，至少大嬭加5岁。嬭加出嫁时间，必在楚穆王在位年内，假定在穆王执政中叶，设为前620年，则嬭加出生年即在前640年左右，王子申至晚即应已在前645年出生。

---

① 《春秋左传正义》卷二六，阮元校刻：《十三经注疏》，北京：中华书局，2009年，第4131页。

② 《春秋左传正义》卷二九，阮元校刻：《十三经注疏》，第4188页。

③ 孙希旦撰，沈啸寰、王星贤点校：《礼记集解》卷二八《内则》，北京：中华书局，1989年，第772-773页。

④ 《周礼注疏》卷十四《媒氏》，阮元校刻：《十三经注疏》，第1579页。

但王子申这个出生年是有问题的，如果他出生于前 645 年，那么距他初见于《左传》年即前 585 年，已有 60 年，也即是说王子申此时已有 60 岁，而《左传》在这一年才首见公子申，且是活跃在战场与政治舞台上，60 岁年龄应该是过于大了。据《左传》其卒于前 571 年，当时任楚右司马，那么这时已 74 岁，年龄也过高。如王子申是嫡加叔父（如按嫡加自称为"穆之元子"来看，这种可能更大），则出生年代会更早，与《左传》记其主要活动年代更不相合。

其实嫡加为"穆王元子"的可能性，由其被称为"随仲嫡加"来看，在排行上已是有矛盾的。设王子申为穆王之子本身也是不太妥当的。穆王卒于前 614 年，而王子申（公子申）始见于《左传》，亦即始活动于楚政坛已是前 585 年，距穆王去世已近 30 年，亦过晚。

比较合适的人物与年代关系，是将王子申与嫡如、与楚庄王（前 613—前 591）相联系。王子申始见《左传》之前 585 年是楚庄王去世后 6 年、楚共王 6 年，从前 571 年（时共王 20 年）王子申被杀来看，王子申还是为庄王子较妥。

加嫡如为庄王女，假定在庄王在位时期的中段出嫁，即约前 600 年，出嫁时如 20 岁，则其出生约在前 620 年，王子申如为其兄（假定其出生于前 625 年），或为其叔父（假定其出生于前 635 年）在《左传》始出年即前 585 年，年龄皆不高于 50 岁，活跃于楚政坛，年龄还是合适的。

嫡加如是在庄王在位时出嫁，时在春秋中期偏晚，与 M168、M169 出土编钟形制、纹饰的时代亦是相合的。M168、M169 出土的编钟（钮钟）在形制、纹饰上与枣树林 M190 出土的曾公求编钟（钮钟）形制、纹饰近同，也可见二者时间相近、相接。嫡加与王子申皆是春秋中期偏晚人，也与前定王子申盏、随仲嫡加鼎从形制上判定的年代相合。

综上所论，M169 出土编钟铭文"余文王之孙，穆之元子"中之"穆"不会是指楚穆王，"穆之元子"也应该不会是指出身于楚王室之嫡加，仍应该是曾侯，即 M168 墓主人曾侯宝。钟铭此段话开始讲的"伯括受命，帅禹之堵，有此南洍"，及下面讲完出身身份后"之邦于曾"，即与钟铭主人——曾侯相一致了。也不会出现由出身于楚王室的嫡加讲出姬姓曾侯的话这种难以理解的现象了。

与钟与钟铭主人有关的，还有 M169:9 钟背面铭文中的一段话：

余_{小子加嫡曰：呜摩（呼），赟（共）公叀（早）陟，余复其彊（疆）啚（鄙），行相曾邦，以羿（长）辞夏。①}

开头"余"下一字，学者有多种释读，此字在 M169 全套四组钟铭前三组中

---

① "余"后边的字，M169:9 此字不清楚，似"乃"字。但据《初读》释文与 M169:8 钮钟铭文摹本，此字为"小"字，在 M169:8、M169:20、M169:19（？）铭文中皆为"小"字，参见湖北省文物考古研究院等编：《和钟鸣凤——春秋曾国编钟》，北京：文物出版社，2023 年。

此字形分别为〔字形〕、〔字形〕、〔字形〕，此字左边所从〔字形〕或读为"小子"，但"子"上笔画似与"小"不同。"小"在金文中多写成三点，即〔字形〕或〔字形〕、〔字形〕，两边笔画通常不作曲笔。此字或是《说文》子的古文字形〔字形〕，《说文》："子，……〔字形〕，古文子，从巛象发也。"在此暂隶作〔字形〕，也可以认为是"子"之繁体。

此字右半作〔字形〕，学者或认为是"乳"字。"乳"字上边人形与子之间或有相连笔画，有意变形与子相连，应是像哺乳之义。如学者举出的曾公睐钟铭乳字作〔字形〕。但此钟铭这个字右边并无与下边人相连的笔画或为相连而变形，与"乳"字造型有别，还是与"免"字比较相近。"免"字字形在西周金文中作"〔字形〕"[免簋（《集成》4240），西周中期]，至现所见战国文字，表示冠上的〔字形〕上端或出横画，应为饰笔。①如：

〔字形〕（西周中期免簋）、〔字形〕（战国陶文，周二六·八）、〔字形〕（战国玺印，十钟三·一五）、〔字形〕（三体石经《左传》僖公）、〔字形〕（睡虎地秦简甲三六乙）、〔字形〕（小篆）

所以，钟铭中此字右半〔字形〕还是示人头上有冠，只是加了饰笔，仍应可以认为是"免"字，这个字左、右偏旁合成〔字形〕，应从免声，可隶定为"㝃"，郭理远读此字为"㝃"。②但字虽可作"㝃"，从子，免声，在这里其字义似非可读为"生子"之㝃，而当读为"免"。《左传》襄公二十五年"陈侯免"③，陆德明释文："免，丧冠也。"（杨伯峻《春秋左传注》："免音问，着丧服。"）又《左传》僖公十五年"使以免服衰绖逆"，孔颖达疏："初死则有免，服成则衰绖，皆为遭丧之服。"④此铭文中作为丧服之"免"字加"子"，用意似近于"孝"字，《说文》曰："孝，善事父母者，从老省，从子，子承老也。"⑤从"子"之字义和晚辈事长辈有关。

据此，钟铭所言之"余㝃小子加嬭曰"之"余㝃（免）小子"应是曾侯宝自言，即是言"余为正在服丧的小子"，这与铭文下边所言"呜呼，共公早陟"可以相应。铭文中之"共公"（逝后谥号）应即曾侯睐，曾侯宝制此套编钟时，还在为其服丧期。"余㝃乃子"后接"加嬭"，形成二人共曰，这应是当时在高级贵族中已流行的"夫妻一体"的观念之反映。这种观念在晚出的东周礼书中得到进一步宣扬与升华，如《礼记·昏义》中藉由讲婚礼而阐释夫妻关系之重要，即"昏礼者，将合二姓之好，上以事宗庙，而下以继后世也，故君子重之"，"男女有别，而后夫妇有义；夫妇有义，而后父子有亲；父子有亲，而后君臣有正，故曰：昏礼者，礼之本也"。⑥《仪礼·丧服》则从丧服角度讲道："父子一体也，夫妻一体也，昆弟一体也。故父子首足也，夫妻胖合也。"⑦

---

① 参见刘钊：《古文字构形学》，福州：福建人民出版社，2011年，第216-217页。
② 见夏让秋：《嬭加编钟铭文补释》，《中国文字》2019年冬季号，台北：万卷楼图书股份有限公司，2019年。
③《春秋左传正义》卷三六，阮元校刻：《十三经注疏》，第4309页。
④《春秋左传正义》卷一四，阮元校刻：《十三经注疏》，第3920页。
⑤ 许慎撰，徐铉校订：《说文解字》八上，北京：中华书局，1963年，第173页。
⑥《礼记正义》卷六一，阮元校刻：《十三经注疏》，第3647-3648页。
⑦《仪礼注疏》卷三〇，阮元校刻：《十三经注疏》，第2390-2391页。

所谓夫妇一体虽有尊重女性配偶的一面，但实际上，在宗法制度与礼制下，女性配偶亦将自己附着于其夫，成为丈夫的附属，仍然是夫权的体现。这种将夫妻名连称或并列的情况，在西周金文中已见，如：

钺叔、钺姬作伯媿媵簠（《商周青铜器铭文暨图像集成》4062—4067，此书以下简称《铭图》）

叔作宝钟，用追孝于己伯，用享大宗，用乐好宾。

叔眔蔡姬永宝，用昭大宗。（《铭图》15269—15271）

膳夫梁其作朕皇考德仲、皇母惠妃尊簠（《铭图》4151）

伯狐父作朕皇考㻌伯、吴姬尊簠（《铭图》4027）

枣树林 M169 编钟，曾侯宝虽是制器者，但在铭文中将自己与夫人并提，除上述礼制观念外，也当与曾、楚之间在当时很复杂的关系有关，曾楚通婚本身即有政治联姻的性质，曾国君主有必要在类似礼器器铭上显示对楚国的尊重与同心。

三

按上述解释，也会出现另一个问题，即如果曾侯宝自称"余羪（免）小子"是对着下边早陟的"共公"而言，共公为其父，亦即是指曾侯眯，则上引钟铭开头一句话中"余文王之子孙"后又自称"穆之元子"如何解释？"共公"与"穆"均为谥号，即出现了矛盾。由于曾侯的世袭关系未有文献记载，现春秋墓葬出土的几组编钟与其他器物虽可以大致排出年代顺序，器铭中记载的曾侯（曾公）名可以得知，但没有曾侯的谥名（即曾×公），所以，对于这个问题，我们只能从合乎历史逻辑的角度谈一点看法。

铭文开头所讲"余文王子孙，穆之元子"，作为曾侯宝的话语，文王自然应是周文王。封于今随州的曾侯宝一支出于南宫氏，由此可证明南宫氏亦当为周文王之胤。"穆"当指曾侯宝之父，学者已指出，此"穆"当即曾大攻（工）尹戈铭文（《铭图》17302）所云其身份是"穆侯之子，西宫之孙"之"穆侯"。[①]该戈 1979 年出土于湖北随州城郊公社八一大队季氏梁春秋墓（《文物》1980 年第 1 期，见图 4）。作器者为曾大工尹季怡。铭文为："穆侯之子，西宫之孙，曾大攻（工）尹季怡（怡）之用。"此大工尹既自称为"穆侯之子"，而"曾侯宝云其为穆侯元子"，则二人显然为兄弟关系。大工尹名"季怡"，也说明其是排行在后的穆侯之子，为曾侯宝之胞弟。

---

① 黄国伟、胡宁：《嬭加编钟"文王之孙，穆之元子"补正》，复旦大学出土文献与古文字研究中心网站，2019 年 8 月 12 日。

图4　曾大攻（工）尹戈

但是，"穆侯"是现在据已发现的春秋曾国钟铭中所记曾侯名号中哪一位曾侯呢？这个问题又牵扯到钟铭下边曾侯宝所云"共公早陟"之"共公"问题，如上所述，"共公"不会是"穆侯"（依春秋时公侯自称之通常规律，曾穆侯亦当称"曾穆公"）。那么，"共公"又是何人呢？曾侯宝之父既已明确为"穆侯"（穆公），则这个"共公"即必非曾侯宝之父，而是另一位曾侯宝继承其侯位的曾侯。根据墓地墓位与墓葬所出编钟等器物形制、纹饰，曾侯宝所继承侯位的先任应即是枣树林M190出土的曾公畎。

从枣树林墓地的墓位分布图（见图5）可见，M190之曾公畎墓正在M169曾侯宝墓的北边临近的位置，两位侯及夫人墓南北（稍偏东北）几乎成一排。

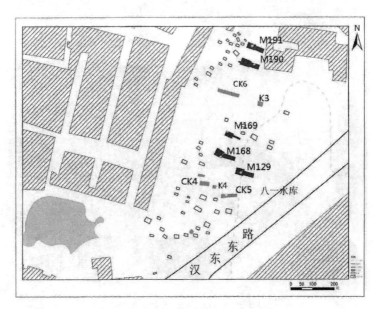

图5　枣树林曾国墓地墓位分布图

而且，从所出器物看，曾公畎墓（M190）所出铜双附耳浅半球形腹鼎、簋（口沿与器口处折边的宽度）、匜的形制与曾侯宝墓（M168）出土的鼎、簋及嬭加墓

（M169）出土的匜，形制皆相近同。[①]曾公畎墓与曾侯宝墓所出甬钟，曾公畎墓所出钮钟与嬭加墓所出钮钟形制、纹饰亦皆相同（见图6、图7、图8、图9）。

图 6　M190 曾公畎墓出土铜器[②]

图 7　M168 曾侯宝墓出土铜器

图 8　M169 嬭加墓出土铜器

---

① 随州市博物馆、随州市公安局主编：《追回的宝藏——随州市打击文物犯罪成果荟萃》，武汉：武汉大学出版社，2019 年。

② 郭长江、陈虎：《春秋曾国编钟的发现与研究》一文的附图。

图9　M190曾公畎墓、M168曾侯宝墓、M169嬭加墓

　　这都反映出曾公畎与曾侯宝在位时间是相接的，曾侯宝确应是承继了曾公畎的侯位。曾公畎如即是钟铭中所言"共公"，既非曾侯宝之生父穆侯，而又能在穆侯后于穆侯元子曾侯宝前继侯位，则只有一个可能，即曾公畎是穆王之弟，曾侯宝之叔父。钟铭既言"共公早陟"，亦即曾公畎继位时间不长即去世，而曾侯宝自称"余狨（免）小子"，则说明他作此钟时，仍在为其叔父曾公畎服丧期。

　　在《仪礼·丧服》中，为世父、叔父所服丧皆为"齐衰不杖期"，即以齐衰为丧服，不杖，服丧一年。其文曰"世父母，叔父母"，传曰："世父、叔父何以期也，与尊者一体也。"①《仪礼》所言丧服制虽应有春秋以来丧服之实施根据，但也会有整齐构拟成分。曾侯宝所在之春秋中期偏晚时段与当时的曾国是否依《仪礼·丧服》服丧，亦未必如此，但侄子为叔父服丧应该符合古制。

四

　　其实，M169嬭加墓出土的四组同铭之钟铭，还有一个现象为以往研究此铭的学者所未言及，即与曾公畎钟铭开头皆自称"曾公畎曰"不同，也与曾侯宝自作镈、甬钟铭文中自称"曾侯宝"不同，而是没有自称，仅在纪年月日后，用"曰"为铭文开头。曾侯宝所以不以侯自称，可能也正与本铭中所云其为"免小子"有关，亦即正在服丧故不能自称侯。《春秋经》僖公九年"公会宰周公、齐侯、宋子、卫侯、郑伯、许男、曹伯于葵丘"，杜预注引传例曰："在丧，公侯曰子。"《左传》同年传文曰："春，宋桓公卒，未葬，而襄公会诸侯，故曰子。凡在丧，王曰小童，公侯曰子。"②《春秋经》文虽经史官规整化，即按所谓礼制称名，但在服丧期之公侯称子不以公侯称，则可能确是当时列国惯例。《礼记·曾子问》："曾子问曰：君之丧既引，闻父母之丧，如之何？孔子曰：遂。既封而归，不俟子。"郑玄注："遂，遂送君也。封当为窆。子，嗣君也。"所记孔子语，也与以上《春秋经》所记在服丧期间公侯称"子"合。曾侯宝在本铭文中所以不自称，应该也与当时奉行的此种礼制有关。

①《仪礼注疏》卷三〇，阮元校刻：《十三经注疏》，第2390页。
②《春秋左传正义》卷三六，阮元校刻：《十三经注疏》，第3906-3907页。

如果按以上分析，则M169嬭加墓中出土的四组编钟，即是曾公畩（即共公）去世后，曾侯宝还在为之服丧期所制。至于曾侯宝为何要在服丧期急迫地作这一套编钟？有学者曾据第三、四组钟铭有“余为妇为夫”而推测“编钟是新婚之时制作的”。[①]有这种夫妻连称语是否与新婚有关似未可确知。加嬭出嫁曾侯宝，既可能是在曾侯宝尚作太子时，但也很可能是在曾侯宝初继位为侯时。重要的是，因为嬭加来自楚国，此时曾国已沦为楚之附庸，曾侯宝所以在自己刚继位时即作器，很可能是为借钟铭表明并宣示自己服从楚、辅助楚之态度，同时也是以夫妻连言显示与楚国夫人之间同心同德，以此向楚人示好，这也是很有可能的。

以上辨析了几处与作器者有关的钟铭后，可以明确枣树林M169嬭加墓出土的四组一套编钟，作器者应是曾侯宝，而不是嬭加，还是称为“曾侯钟”较好（因为钟铭未出现曾侯宝名）。此套编钟随葬在加嬭墓中亦是很正常，当时夫作的器埋在夫人墓中多见。

① 郭理远：《嬭加编钟铭文补释》，《中国文字》2019年冬季号，万卷楼图书股份有限公司，2019年。

随州枣树林墓地出土芈加编钟铭文补释*

石小力

（清华大学出土文献研究与保护中心
古文字与中华文明传承发展工程协同攻关创新平台）

2019 年 5 月，湖北随州枣树林墓地发掘的 169 号墓，出土了 19 件 4 组曾侯宝夫人加芈编钟，载有长篇铭文，内容十分重要，发掘者在《江汉考古》2019 年第 3 期公布了发掘报告和铭文。①资料公布之快，令人感佩，笔者读后对铭文释读有一些不成熟的意见，提出来供大家参考。

先根据笔者的理解写出铭文释文：

佳（唯）王正月初吉乙亥，曰：白（伯）昏（括）受命，帅禹之堵（绪），有此南洍（汜）②。余文王之孙=（子孙），穆之元子，之邦于曾，余非敢乍（作）聰（侼）③。楚既为代（代），虖（吾）徙（遝）匹之。窦（愬）臧（壮）④我悫（献），大命毋改。

余孯（冲）子加妳（芈）曰："乌（呜）虖（呼），霁（恭）公冪（早）陟，余匋（保）其疆啚（鄙），行柏（伯）曾邦，以长呙（乂）頙（夏）。余典册皋（厥）德（德），殴（繁）民之𦱤（氏）巨。攸=（悠悠）駦=（锵锵），余[为妇]为夫。余灭（蠲）頢（没）下（舒）屖（迟），霁（恭）敃（畏）侢公及我大夫，夒=（舍）政，乍（作）呙（乂）邦豪（家）。"

余羃（择）呙（台）吉金，玄镠黄镈（鏞），用自乍（作）宗彝龢钟。台（以）乐好宾嘉客、父雙（兄）及我大夫。用孝用亯（享），受福无疆。屏（侃）其平龢，休淑孔鐿（煌）。大夫庶士，齏=（齐齐）趯[=]（翼翼），醻（酬）献譻（歌）趣（舞），匽（宴）喜歓（饮）飤（食）。易（赐）我需终黄耇、用受舝（胡）福，其万年母（毋）改，至于孙子，石（庶）保用之。

* 本文是国家社科基金重大项目"上古汉语字词关系史研究"（22&ZD300）的阶段性成果，得到国家社科基金冷门绝学研究专项"清华简数术类文献整理与研究"（22VJXG053）的资助，谨致谢忱。

① 湖北省文物考古研究所、北京大学考古文博学院：《湖北随州枣树林墓地 2019 年发掘收获》，《江汉考古》2019 年第 3 期；郭长江、李晓杨、凡国栋、陈虎：《妳加编钟铭文的初步释读》，《江汉考古》2019 年第 3 期。下文引用整理者意见不再出注。

② "洍（汜）"字的释读，参陈民镇：《妳加编钟铭文剩义》，清华大学出土文献研究与保护中心网站，2019 年 8 月 7 日。

③ "作侼"之读，从陈斯鹏师：《曾、楚、周关系的新认识——随州枣树林墓地 M169 出土编钟铭文的初步研究》，《出土文献》2020 年第 2 期。

④ "愬""壮"之读，从夏立秋：《妳加编钟铭文补释》，复旦大学出土文献与古文字研究中心网站，2019 年 8 月 9 日。

"白（伯）昏（括）受命，帅禹之䛐（绪），有此南洍（汜）"，昏，整理者径隶定作"舌"，但该字从毛从口，应隶定作"舌"，即《说文》"昏"字，读为人名南宫括之"括"。帅，整理者读为"率"，训表率。䛐，整理者隶定作"堵"，指出该字又见于叔夷镈，读为"禹之堵"，认为与"禹迹"意思相同。陈民镇先生将"帅禹之䛐"与《国语·周语下》"帅象禹之功"联系起来，帅训为遵循，认为"䛐"有可能从工得声，读为"功"，或从者得声，为功绪之绪的专字。[1]该字也见于清华简《越公其事》简 28，简文曰："湴（洫）涂洫（沟）塘之功，王趴〈并〉亡（无）好，攸于民厽（三）工之䛐，使民叚（暇）自相，农工得时。"学者多有不同意见，现在看来，该字当分析为从工，者声，可能就是绪业之"绪"。"帅禹之绪"，当如陈民镇先生之说，意为"遵循禹之功业"。

"余文王之孙=（子孙），穆之元子"，本句是器主自报身份。余，即加芈。文王，应该指的是楚文王，而非周文王。孙=，整理者认为是"孙子"合文，但金文中"孙="多见，一般用为"子孙"合文，故此编钟也应为"子孙"，泛指子孙后代。[2]穆，为加芈之父，应为楚穆王。元子，指加芈。西周春秋金文中的"元子"多见，并非指嫡长子，元，应训作善，子，既可以指男子，也可以指女子。如梁伯可忌豆（《商周青铜器铭文暨图形集成》06152，此书以下简称《铭图》）："梁伯可忌作厥元子仲姞滕敦。"番匊生壶（《殷周金文集成》09705，此书以下简称《集成》）："番匊生铸滕壶，用滕厥元子孟改乖。"次缶（《铭图》14093）："徐顝君之孙、利之元子次择其吉金，自作卵缶。"封子楚簠（《商周青铜器铭文暨图形集成续编》0517，此书以下简称《铭图续编》）："赫赫叔楚，刺之元子。"之乘辰钟（《铭图》15360）："之乘辰曰：余徐王旨退之孙，疋剐次留之元子。"此外，根据楚王媵随仲芈加鼎铭文："唯王正月初吉丁亥，楚王媵随仲芈加飤鍴，其眉寿无期，子孙永宝用之。"（《铭图》02318、《铭图续编》210），芈加，称作"随仲芈加"，可知排行第二。因此，芈加的身份为楚文王的后代，楚穆王的女儿，排行第二，嫁给曾侯宝为妻。

"之邦于曾，余非敢乍（作）魄（偶）"，整理者认为"邦于曾"为在曾地建邦之意，但该句的主语为芈加，"出邦于曾"应指芈加离开楚国，嫁到曾国。

"楚既为伐（代），虞（吾）徍（述）匹之"，伐，从亻，弋声，读为"代"。徍，整理者隶定作从亻从来，括注为"来"。匹，训为匹敌。但金文中"述匹"多见，陈剑先生认为即文献之"仇匹"，即匹配之意。[3]此处"述匹"用法与之相同。

"余莏（冲）子加妳（芈）曰"，莏，原形作𣂁，从子，从沈，沈旁稍有讹变，

---

① 陈民镇：《妳加编钟铭"帅禹之堵"解》，清华大学出土文献研究与保护中心网站，2019 年 8 月 7 日。

② 夏立秋先生亦读合文为"子孙"。参夏立秋：《妳加编钟铭文补释》，复旦大学出土文献与古文字研究中心网站，2019 年 8 月 9 日。

③ 陈剑：《据郭店简释读西周金文一例》，《北京大学古文献研究中心集刊 2》，北京：北京燕山出版社，2001 年。

整理者释为"虩"。孛下原有一泐痕，作⁊，整理者释作"小"，小新释"乃"①。余孛子，即余冲子，文献又作"余冲人""朕冲人""余小子"。如它簋："乌乎（呼），乃沈（冲）子妹（昧）克蔑见（献），猒（厌）于公休。"（《集成》04330）董珊先生、蒋玉斌和周忠兵先生读"沈子"为"冲子"。②

"余典册乎（厥）德（德），殷（繄）民之孤（氏）巨"，殷，整理者属上读，不确，当属下读，读为"繄"，惟也。

"攸＝（悠悠）骎＝（锵锵）"，骎骎，整理者认为字义不详，或与"悠悠"意近。夏立秋读"洋洋"，为宽闲自在意。③疑可读为"锵锵"④，美好貌。《管子·形势》："鸿鹄锵锵，唯民歌之。"

"余灭（蔑）颓（没）下（舒）犀（迟）"，灭颓，与者汈编钟（《集成》124）"元颓（没）乃德"之"元颓"为一词之异写。元颓，郭沫若读为"蔑没"。⑤灭颓，亦当读为"蔑没"。⑥《尔雅·释诂》"蔑没，勉也"，郭璞注"犹黾勉"，即勉励的意思。下犀，见于曾子斿鼎（《集成》02757）："温恭下犀。"又见于湖北京山苏家垄曾伯桼方壶："曾伯桼神圣孔武，孔武忎犀。"董珊先生曾读为"舒迟"。⑦可从。舒迟一词，在金文中的写法较为多样，如作"害犀"（史墙盘，《集成》10175）、"猷迟"（王孙诰钟，《铭图》15606—15618）、"猷犀"（王子午鼎，《集成》02811，《铭图》02471—02474；王孙遗者钟，《集成》00261）、"叚犀"（楚太师邓子辥慎镈，《铭图》15511—15519，《铭图续编》1045）等。

"劈＝豫（舍）政，乍（作）辥（台）邦冢（家）"，劈，整理者释作"龖"，认为词义不详。小新读"劈劈"为"沓沓"，疾行之意，读"豫政"为"与政"或"预政"，即参与政事，"沓沓与政"犹言勤政。⑧该字原作，从刀，从一正一反二龙。一正一反二龙，可能就是变化之"化"字。⑨化字从一正一倒二人形，表示变化之意。河南淅川下寺春秋楚墓二号墓主为《左传》之"蒍子冯"，"蒍"字在铭文中写作从邑从化，又写作从邑，从一正一倒二虎形，用一正一倒二虎形会变化之意，编钟此字用一正一倒二龙形会变化之意，与之构意相同。劈，疑是一个从化，刀

① 小新：《新见妳加编钟铭文补说》，复旦大学出土文献与古文字研究中心网，2019 年 8 月 9 日。
② 参董珊：《释西周金文中的"沈子"和〈逸周书·皇门〉的"沈人"》，《出土文献》第 2 辑，上海：中西书局，2011 年；蒋玉斌、周忠兵：《据清华简释读西周金文一例——说"沈子""沈孙"》，《出土文献》第 2 辑，上海：中西书局，2011 年。
③ 夏立秋：《妳加编钟铭文补释》，复旦大学出土文献与古文字研究中心网站，2019 年 8 月 9 日。
④ 小新亦读"锵锵"，参小新：《新见妳加编钟铭文补说》，复旦大学出土文献与古文字研究中心网，2019 年 8 月 9 日。
⑤ 郭沫若：《者汈钟铭考释》，《考古学报》1958 年第 1 期。
⑥ 小新亦读"蔑没"，参小新：《新见妳加编钟铭文补说》，复旦大学出土文献与古文字研究中心网，2019 年 8 月 9 日。
⑦ 御简斋（董珊）：《曾伯桼壶铭简释》，复旦大学出土文献与古文字研究中心网，2018 年 1 月 17 日。
⑧ 小新：《新见妳加编钟铭文补说》，复旦大学出土文献与古文字研究中心网，2019 年 8 月 9 日。
⑨ 郭理远先生曰：所谓"匕"当是"刀"旁，从一正一反的二龙是否与"龖"字有关，待考。不知道"龖"是否与"虩""化"有关。参郭理远：《妳加编钟铭文补释》，《中国文字》2019 年冬季号。

声之字。"劈＝豫政"，整理者指出可参蔡侯申钟（《集成》210）"窜＝豫政"。甚确。蔡侯申钟"豫政"，当从何琳仪先生说读作"舍政"，即"施政"之义。[①]窜，郭沫若先生谓"窜殆即隺字"，引《说文》训"隺"为"高至"。[②]容庚先生第三版《金文编》归入《说文》"鴬"字头下[③]，于省吾先生据古文字从隹与从鸟往往无别，赞同释"鴬"，读为"懋懋"[④]，陈秉新从之。[⑤]周法高先生读为"昭昭"[⑥]，《铭文选》注曰："窜，《说文》所无，义未详，或是形况勤政之义。"[⑦]杨明明先生认为字从隹得声，读为"迟迟"。[⑧]

容庚等先生皆据古文字中隹旁和鸟旁义近通用无别的现象，认为"窜"为"鴬"字异体，但"鴬"《说文》分析为"从穴，鸟声"，是以"鸟"为声符的形声字，而"隹"声与"鸟"声古音不近，作为声符难以通用，故"窜"字并非"鴬"字异体。至于杨明明先生认为字从隹得声，读为"迟迟"，学者已经指出其误。[⑨]诸说当中，郭沫若认为该字"殆即隺字"，可能是正确的。古文字中较为明确的"隺"字（旁）出现在秦汉文字中，字形作从冖，从隹。[⑩]秦汉文字中，"冖"旁和"宀"旁常见通用，故有学者认为古文字中的"窜"即隺字。林义光谓："按古作 🔲（隺尊彝戈），从隹在宀下，即鹤之古文。鹤，好玩之鸟，故在屋下。"[⑪]蔡侯申钟之字从穴，从隹，古文字中"穴"旁和"宀"旁又常见通用，故"窜"释作"隺"字，从文字形体上看是较为合适的。

"劈"与"窜"字对应，表示的可能是同一个词[⑫]。隺，古音匣纽药部，劈，从刀得声，古音端纽宵部，韵部阴入对转，声纽一为喉音，一为舌音，看似远隔，但从"隺"声的"雠"，与"駒"通用，駒，古音在端纽，与"刀"同为舌音。陈剑先生曾指出，"刀/召"声字多有与牙音见系声母字相通之例。[⑬]故"劈"与"隺"音近可以通用。蔡侯申编钟有"豫（舍）命祗祗"一语，用"祗祗"来形容"舍命"，疑"劈劈""隺＝"与"祗祗"意近。祗祗，为恭敬貌，"劈劈""隺＝"也应该是形容施政时恭敬之貌，循此思路，可读作"翘翘"。翘，古音羣纽宵部，与

① 何琳仪：《古玺杂识续》，《古文字研究》第19辑，北京：中华书局，1992年，第479-480页。
② 郭沫若：《由寿县蔡器论到蔡墓的年代》，《郭沫若全集·考古编6》，北京：科学出版社，2017年，第87页；原载《考古学报》1956年第1期。
③ 容庚：《金文编》（第三版），北京：科学出版社，1959年，第431页。
④ 于省吾：《寿县蔡侯墓铜器铭文考释》，《古文字研究》第1辑，北京：中华书局，1979年，第41页。
⑤ 陈秉新：《寿县蔡侯墓出土铜器铭文通释》，《楚文化研究论集》（二），武汉：湖北人民出版社，1991年，第356页。
⑥ 周法高：《金文诂林补》，台北："中央研究院"历史语言研究所，1982年，第2524页。
⑦ 马承源主编：《商周青铜器铭文选（四）》，北京：文物出版社，1990年，第397页。
⑧ 杨明明：《金文叠音词札记（四则）》，复旦大学出土文献与古文字研究中心网，2009年2月20日。
⑨ 参杨明明《金文叠音词札记（四则）》文下"战国时代"等网友评论。
⑩ 参刘钊主编：《马王堆汉墓简帛文字全编》，北京：中华书局，2020年，第421页。
⑪ 林义光：《文源》，上海：中西书局，2012年，第258页。
⑫ 二字形体差别较大，亦有可能记录的并非一词。
⑬ 陈剑：《〈容成氏〉补释三则》，《出土文献与古文字研究》第6辑，上海：上海古籍出版社，2015年，第372-375页。

"刀、雀"古音相近。古书中"翿"与以"刀"为基本声符的"招"可以通用。《汉书·礼乐志》:"诸族乐人兼云招给祠南郊用六十七人。"颜师古注:"招,读与翿同。"翿从尧声,古书中从尧声之"譊"与"招"通用。《淮南子·俶真训》:"以招号名声于世。"招,《文字·上礼》作"譊"。翿翿,惶恐谨慎貌。张衡《东巡诰》:"帝曰:咨!予不材,为天地主,栗栗翿翿,百僚万几,心之谓矣。"《东京赋》:"常翿翿以危惧,若奔乘而无辔。"

"娝=(齐齐)趩[=](翼翼),醻(酬)献誙(歌)趡(舞)",娝,从女,齐声,下有重文符号,整理者误漏,用为"齐齐",恭敬严肃貌。《礼记·玉藻》:"凡行,容惕惕;庙中,齐齐。"郑玄注:"恭悫貌也。"孔颖达疏:"齐齐,自收持严正貌也。"趩,铭文漏铸重文符号,用为"翼翼",恭敬之意。王子午鼎(《铭图》02468—02474)、王孙诰钟(《铭图》15606—15617):"畏忌趩=(翼翼)。"逑盘(《铭图》14543):"穆=(穆穆)趩=(翼翼)。"戎生编钟(《铭图》15239):"桓桓趩=(翼翼)。"趩,皆用为"翼"。誙,从言,可、克皆声,所从克旁讹作形近的"皮"字,该字古文字首见,应该是在金文常见的"诃"字上加注"克"声。从克声的"歌"字又见于清华简《子仪》篇简5、简6,作"哿"。趡,从走,无声,古文字首见,是为歌舞之"舞"所造的专造字。

"用受瑼(胡)福",瑼,从玉,从害,从廾,铭文中用为"胡",胡福,《仪礼·士冠礼》:"眉寿万年,永受胡福。"郑玄注:"胡,犹遐也,远也。远,无穷。"

后记:本文草成于2019年8月11日,曾私下发给师友请教,本来不准备发表,文中改释意见学者也多已指出,因小文曾有学者加以引用,现补充关于"努=豫政"的释读意见,修改加以发表。

附记:本文曾提交2020年9月19—20日在北京语言大学召开的"青铜器铭文研究(北京2020)学术研讨会",并在会上宣读。

江西樟树发现的两件越式铭文戈[*]

董　珊

（北京大学中文系
古文字与中华文明传承发展工程协同攻关创新平台）

2020 年，在江西宜春樟树市筑卫城遗址旁国字山墓葬群的考古发掘中，M1 出土了两件越式铭文戈。同年 10 月，我应发掘单位邀请，访问筑卫城、吴城、牛城遗址，至国字山考古工地参观，为这两件铭文戈提供了初步研究意见。2021 年 12 月底，筑卫城考古信息开始发布。^①我阅读相关的报道，发现简报所采纳的意见与拙见有所不同。^②因此，有必要将我的看法再写出来，供学界参考。

这两件越式戈都是长胡四穿短内有翼的类型。为称引的方便，这里根据青铜器"名从主人"的命名原则，称 16 字戈（M1S23:89）为"大子畧寿戈"（摹本见文后附图 1、附图 2），称 6 字戈（M1S24：23）为"茆医戈"（见文后附图 3）。据发掘者介绍，"大子畧寿戈"出土在 S23 与 S24 之间的隔断上，茆医戈出土于 S23 中。二戈位置比较靠近，很可能是放置在椁盖板上的共秘多戈戟。

大子畧寿戈两面铭文连读，铭文读序复杂而有规律，两面都是从戈胡部读起，然后转向戈援下缘之近锋端，向上至戈援上缘之近锋端，再连接戈援上缘之近本端、下缘之近本端。以铭文起读的一面为正面，则戈锋向右。正面读序为逆时针内旋，背面读序为顺时针内旋，两面读序形成镜像关系。释文如下：

> 於戉台王（胡正面）
>
> 旨医之大（援正面）
>
> 子畧寿自（胡背面）
>
> 乍元用矛（援背面）

茆医戈仍以戈锋向右为正，则 6 字铭文皆在背面，起读自戈援上缘，向援本读再下接戈胡。释文如下：

> 邙医自（援背面）
>
> 乍用戟（胡背面）

与大子畧寿戈铭文相同的一件矛，是上海博物馆旧藏（《铭图》17678）^③，学

---

* 本文为古文字与中华文明传承发展工程资助研究项目"战国题铭研究（G3217）"的阶段性研究成果。

① 胡晓军：《兵"戈"鉴越，两周"筝"鸣》，《光明日报》2021 年 12 月 27 日，第 9 版。此前的调查勘探简报见徐长青、王意乐、李昆：《江西樟树国字山墓地考古调查勘探简报》，《文物》2020 年第 3 期，第 4-10 页。

② 江西省文物考古研究院等：《江西樟树市国字山战国墓》，《考古》2022 年第 7 期，第 34-51 页。

③ 董珊：《吴越题铭研究》137 号，北京：科学出版社，2014 年。

者已有较多的研究。戈的自名为"矛"，有可能是利用活字范制作铭文而误植。茆医戈铭文则为首次发现。茆医戈之首字，相关报导与简报皆释为"者"。今按此字原形作（见图1）：

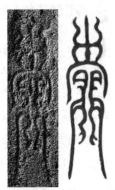

图 1　茆医戈字

该字上部从中、从卯，下部为相对的二鸟形装饰。"夘"即茆字，在古文字资料中已有不少"夘（茆）"字及从"夘（茆）"的"蓸"字。比较以下字形，可见越国文字的"卯"形，或者写得与"中"形粘连，或者写得分开而简省（见表1、表2）。

表 1　字形表 1

1. 宋公差戈，16826（茆族戈）；2. 考史篡甲、乙，20430、30431（丁茆）；3. 工城戈，16965（冶昌茆戈）；4. 清华简《系年》简 019（赤翟王夘虎）；5. 上博一《缁衣》简 21（君子不自蓸焉）；6. 上博九《史蓸》简 6；7. 九店简 A34（生子，男不蓸）；8. 包山简 169（某子蓸）；9. 自铎 15360（钲剡次蓸）；10. 奇字镈 15785、15786、15786（原作倒文）

表 2　字形表 2

1. 越王者殹剑（128，编号来自《吴越题铭研究》，下同）；2. 越剑（129）；3. 越剑（130）；4. 旨邰豕蓸剑（144）；5. 旨邰豕蓸剑（145）；6. 旨邰豕蓸剑（146）

两铭共见的"医"即越王翳，翳见于《史记·越世家》以及《索隐》引《竹书纪年》，是越王朱句（又名翁）的儿子，又清华简《系年》第二十二章称"戉公殹"。在《越绝书·越绝外传记地传第十》以及《吴越春秋·勾践伐吴外传第十》都记载越王翁之后的越王为"不扬"，可知越王翳又名不扬。据传世文献，越王翳在位共计36年（公元前410—前375）。

越王翳自作的署名兵器，此前看到三件。其中高雄某氏收藏的两件，一件铭文在剑格两面共8字"戉王戉王旨殹旨殹"；另一件在剑格、剑首均有铭文。[①]后者铭文与2006年湖南益阳赫山区天子坟虎形山30号战国墓出土的一件相同（《铭图》31331）。[②]我为剑格、剑首均有铭文的越王旨殹剑所作的释文为：

戉（越）王·戉（越）王·者旨不光，·自乍（作）用金（剑）。{剑格}
戉（越）王旨殹自乍（作）金（剑），唯居菌旨兴。{剑首}

据此剑格与剑首铭文，可知"越王者旨不光"即"越王旨殹"，"者旨"或其简称"旨"都是氏称，越王旨殹也就是越王翳。[③]在此铭文发现之前，曹锦炎先生就曾指出，1974年湖北江陵西门外张家山战国墓葬出土的越王旨不光剑铭（《铭图》17952）的"不光"[④]，即文献所见越王翳的另一称呼"不扬"，"光"与"扬"为通假字（或义近换读字），"不光"与"翳"为一名一字。[⑤]传世及出土尚另有多件越王不光剑。[⑥]

以上述情况为定点，来看新发现的茆医戈铭文。此戈铭中"医"不称"越王"，按照学界在研究中普遍运用的逻辑，这很可能是翳即王位前的称呼。位于私名"医"前的"茆"，最可能与"旨""者旨"一样，仍是氏称，而且是以地为氏。下面来讨论这一点。

今茆医戈之"茆（茆）"作为氏称首次见于越国铭文，而谐"茆"声的"菌"字已有多见。例如上举湖南益阳出土越王旨殹剑剑首铭末的"唯居菌旨兴"。益阳剑铭末的这五个字，曹锦炎先生的释文原作"隹（唯）尸（夷）邦旨大"。我已根据剑首铭文照片，改释为"隹居菌旨兴"，并据《周礼·天官》"醢人"职"茆菹"郑玄注引"郑大夫读茆为茅"指出，剑铭"菌"应读为"茅"，"菌（茅）"在剑铭

---

① 1998年见于香港市肆。香港中文大学张光裕教授藏摹本。《文物》2000年第1期第71页提到此器，但未发表铭文图像。后来曹锦炎先生《吴越历史与考古论丛》（北京：文物出版社，2007年）发表了该剑铭的摹本和照片。

② 《吴越题铭研究》未著录。最早见于潘茂辉：《益阳楚墓出土青铜兵器的分期及相关问题》，《湖南省博物馆馆刊》第5辑，长沙：岳麓书社，2008年。见曹锦炎：《鸟虫书通考（增订版）》，上海辞书出版社，2014年，第129页，第130页增图115（参看《鸟虫书字汇》下编器目114、115、116号，上海辞书出版社，2014年，第671-672页）。曹书著录照片来自益阳市文物处惠赐。

③ 曹锦炎：《越王姓氏新考》，《中华文史论丛》，1983年第3期；收入《吴越历史与考古论丛》，第139-142页。

④ 1974年湖北江陵西门外张家山战国墓葬出土，荆州市博物馆藏。荆州博物馆编著：《荆州重要考古发现》，文物出版社，2009年1月，第134-137页。《吴越题铭研究》135号。

⑤ 曹锦炎：《越王嗣旨不光剑铭文考》，《文物》1995年第8期；收入《吴越历史与考古论丛》，第71-75页。

⑥ 参看《吴越题铭研究》107-133号，其中114-116号为明确的越王翳剑。

中指茅山（或称"苗山"），即会稽山。《史记·封禅书》："禹封泰山，禅会稽。"《索隐》："晋灼云：本名茅山。吴越春秋云：禹巡天下，登茅山，群臣乃大会计，更名茅山为会稽。亦曰苗山也。"我又指出，"兴"即"虞"字，可读为"吴"，"唯居蓸（茅）稽兴（吴）"是说越王翳居于茅山，考治吴地。茅山是越人旧都，吴即苏州，是越灭吴之后的新地。《竹书纪年》记载越王翳三十三年迁于吴，越王旨殹剑铭"唯居蓸旨兴"正是记载越王翳时并有两都之事。

此外，"邿""蓸""兴"诸字还同时见于如下一类越式剑的剑首铭文[①]：

1. 戉（越）自蓸（茅），戉（越）自兴（吴）；戉（越）自以（琊），戉（越）自觍（莒）。（《吴越题铭研究》129号）

2. 戉（越）自蓸（茅），戉（越）自兴（吴）；自戉（越）以（琊），戉（越）自觍（莒）。（《吴越题铭研究》130号）

3. 戉（越）自蓸（茅），戉（越）自[兴（吴）；戉（越）自以（琊），]戉（越）自觍（莒）。（《吴越题铭研究》131号）

第1件为陈介祺旧藏，逆时针读序；第2件为近年新见越式剑的剑首照片，顺时针读序，且有一处文字顺序颠倒，应系以活字制范所致误植；第3件为香港某氏藏残铭，可据前两件铭文补足。传世越奇字镈甲器铭文（《集成》00155）有"余居邿蓸"、乙器（《集成》00156）有"戉自余自蓸"，文例也明显与上举剑铭文例相似，这可以证明上下偏旁粘连与分开书写的两类"蓸"字应是同一个字。惜奇字镈铭文中的疑问较多，暂时不能详考。

据以上材料，铭文所见用作地名与氏名的"茊"或"蓸"确应指越都茅山即会稽。[②]在新发现的茊医戈铭中，"茊"无疑是以地为氏。我曾经根据上述越式剑铭文指出越国存在多都制，即茅（会稽）、吴、琅琊、莒。江西樟树茊医戈的出土，为越都会稽的早期名称"茊"又提供了新的佐证。

多都制常见于早期中国政治体。[③]上古人群常以地为氏，所以同一人群在都邑迁徙之后又常有不同的氏称。最近我又讨论了豣伯簋（旧称乖伯簋，《铭图》05385）所见的四个称谓"归豣伯""豣伯""归亯""武豣幾王"，指出"幾""豣""归"是豣国族先后所居的三个都邑。[④]

多都制产生的原因，大概可以分为两种。早期或因为追逐某种特定的资源而

---

① 释文据《吴越题铭研究》第61页。

② 《吴越题铭研究》中编号为144、145、146的三件越剑，器主名字写作"旨邵豕蓸"，我已指出是"旨"即"者旨"，是越王氏，"邵豕蓸"读为《竹书纪年》所记载越王无颛的另一名称"菼蠋卯"。此"蓸（卯）"用作人名。参看《吴越题铭研究》第72页。

③ 董珊：《宗周吉金文选序》，第433页注释4，《出土文献研究》第二十一辑，上海：中西书局，2022年，12月。

④ 董珊：《重读豣伯簋》，北京大学中文系、北京大学出土文献与古代文明研究所"古文字与出土文献学术研讨会"论文集，2023年11月18—19日。刊于北京大学中文系主编：《中国古典学》第五卷，北京：北京大学出版社，2024年。

引起常规性迁徙，多都不一定同时并存；至晚期，因为领土国家的领土扩张，多都同时并存的制度成为统治大范围领土的方式。据《越绝书·外传记地传》："允常子句践，大霸称王，徙琅琊，都也。句践子与夷，时霸。与夷子子翁，时霸。子翁子不扬，时霸。不扬子无彊，时霸，伐楚，威王灭无彊。"可见，就越国的情况来说，越在战国早中期常常是东南部的区域霸主，越国的多都制无疑属于领土制国家的统治方式。

此外，吴越贵族所作器物铭文还常常强调家族世系，常见父子两代之名字同见于一件器物的情况。父子联名的情况，既有常见的自报家门式"某人之子某"，也有在剑格与剑首分记父子两代名号的特殊格式。大子矞寿矛与戈的铭文，已经说明了作器者的身份是太子，如本文开头所说，从出土情况看矞寿戈与茆医戈应是共缚在一柲上组合为多戈戟，这件多戈戟的礼制意义，应该是为了说明太子矞寿的世系与身份。

这种看法也更有助于说明相关器物的年代。"於戊台王旨医之大子矞寿"之"台"字读为"嗣"，说明此时旨医尚未即位，这与茆医戈铭文所见医尚未称王，在年代上互相配合。越王州句在位 37 年，越王翳在位 36 年，连续两王都有较高的纪年，可以说明，越王州句在世的时候，很可能看到了其孙矞寿已经成年，并已被确定为嗣王翳的太子。由此来看，茆医戈与矞寿戈、矛都应该是越王州句晚期的作品，年代范围已经相当狭窄。

2020 年 10 月 22 日起草
2023 年 12 月 1 日修改
2024 年 3 月 31 日再改

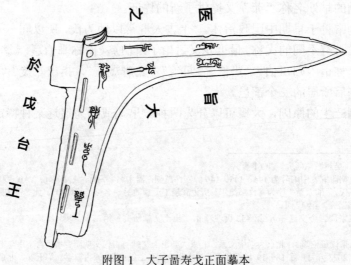

附图 1　大子矞寿戈正面摹本

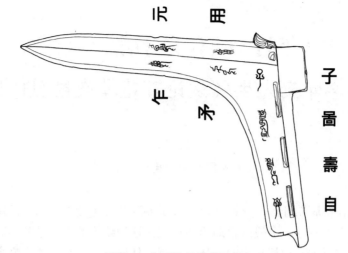

附图 2　大子冒寿戈背面摹本

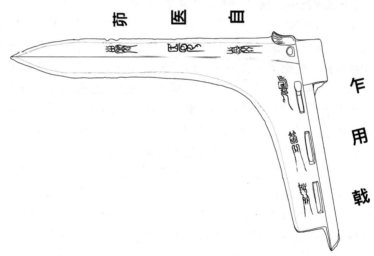

附图 3　茆医戈背面摹本

1949—1979 年间大陆有关青铜器射侯纹饰的研究

——读李学勤先生《试论百花潭嵌错图像铜壶》*

张 涛

（清华大学智库中心）

至迟从春秋后期开始，青铜器上出现了展现社会生活丰富场景的图案，在战国早、中期大为盛行，至战国晚期仍然存在。这种纹饰的出现是和当时生活方式与观念发生的巨大变动相呼应的，从一个侧面体现了当时社会的人文主义风潮的崛起。[①]在青铜器纹饰中，这是一个很特殊的品类。

从学术史上看，早期关注此类纹饰的学者主要是徐中舒先生。1933 年，徐中舒先生发表《古代狩猎图象考》[②]，集中研究了当时所能见到的一些青铜器上的此类纹饰，涉及狩猎、采桑等社会生活。1937 年，徐先生又撰《关于铜器之艺术》，从宏观视角纵览青铜器艺术的发展历史，指出春秋战国之际的此类纹饰，是"具有动作之绘饰"而非"简单之几何形图案"，题材"由人物之实体，而广及车马、狩猎、神怪、树木、屋宇"，与其他纹饰不同。[③]1941 年，容庚先生在《商周彝器通考》中也已意识到此类纹饰与普通青铜器纹饰的区别，特别提出"其车马，战斗，狩猎诸文，极生动活泼之致，如放异彩"。[④]1958 年出版《殷周青铜器通论》时，容庚先生更为明确地提升了此类纹饰的地位，建立起了"动物型纹样""几何形纹样"和"叙事画纹样"三大类型的青铜器纹饰分类框架。[⑤]在主要根据 1949 年以前资料撰写而成的《山彪镇与琉璃阁》一书中，郭宝钧先生对水陆攻战纹鉴和舞乐狩猎纹奁作了细致描绘。[⑥]

在这些"叙事画纹样"之中，更有一类是展现礼制生活场景的图案，最与众不同。由于古代社会是一个礼制社会，诸如三礼经书之类的文字史料保存了许多

* 本文为北京市教委社科计划一般项目"先秦乐事活动及其教化思想研究"（SM202410046001）阶段成果。

① 朱凤瀚：《中国青铜器综论》，上海：上海古籍出版社，2009 年，第 608 页。

② 徐中舒：《古代狩猎图象考》，《徐中舒历史论文选辑》，北京：中华书局，1998 年，第 225-293 页。此文最早发表于 1933 年出版的《中央研究院历史语言研究所集刊》外编《蔡元培先生六十五岁纪念论文集》下册。

③ 徐中舒：《关于铜器之艺术》，《徐中舒历史论文选辑》，北京：中华书局，1998 年，第 692-704 页。此文最早发表于 1938 年出版的《中国艺术论丛》。

④ 容庚：《商周彝器通考》上编第六章花纹，莞城图书馆编：《容庚著作全集》第 7 册，2011 年，第 156 页。此书最早由哈佛燕京学社于 1941 年出版。

⑤ 陈英杰先生对容庚先生的青铜器纹饰研究过程有过论述，见陈英杰主编：《容庚青铜器学》，北京：学苑出版社，2015 年，第 135-146 页、第 406-478 页。

⑥ 郭宝钧：《山彪镇与琉璃阁》，北京：科学出版社，1959 年。

礼制生活的内容，相形之下，图像资料极其稀少，因此，这一类展现礼制生活的图案，就成为研究古代社会非常珍贵的图像史料。而在这些图像史料当中，题材又最集中于射礼这一礼制。1949 年以后，陆续发现了不少有关射礼的青铜器纹饰图案，遍布山东、山西、河北、河南、陕西、江苏、湖南、四川等地，这在 1949 年以前是比较少见的。对于此类图案，一方面应就图案本身加以研究，另一方面，则应紧密结合记载礼制的经书来解读，才能把握住图案的实质。像郭宝钧先生的书就联系《尚书》来解释图案中的乐器图像。可是，在 1949—1979 年，经书不受重视，很少有研究能够做到这一点。

李学勤先生 1976 年以"杜恒"为笔名发表的一篇论文，就鲜明地体现出了这一特点。这篇题为《试论百花潭嵌错图像铜壶》的论文①，是李先生较早讨论青铜器图案的文章，修订后收入他的《新出青铜器研究》②，《李学勤文集》据《新出青铜器研究》收录。③

李先生这篇论文研究的是 1965 年成都西南百花潭中学战国土坑墓葬 10 号墓出土的一件宴乐习射水路攻战嵌错纹铜壶。根据四川省博物馆的发掘简报，铜壶图案中，有两层都有"习射图案"：第一层左图"第三人张弓，箭已在弦上，瞄准待发，第四人一手持弓，另一手抽矢，作接射准备。第五人立于后檐下，左手持弓。往下五人右向立，长裳有幢，腰佩短剑。第三、五两人均左手持弓，第三人腰另有箭。这五人可能是将入屋继续习射的。但是习射无箭的，又疑为《周礼》上说的'燕射，帅射夫以弓矢舞'之类的武舞"；第二层右侧上部"有七人，皆右向，有楼房一幢，右前方置有一'箭的'，'的'侧一人，聪坐于地，在鼎前加柴，其余均与第一层习射相同"。④发掘简报注意到了习射图案与礼仪有关，可惜没有选取合适的礼学文献加以解说，对图像的认识也不无偏差。

李先生的论文先是推定了百花潭嵌错纹铜壶的时代，指出其很可能是战国前期或略晚的作品，继而将器上图案反映的种种社会生活情景，置于当时的历史背景中加以考察，指出"百花潭铜壶上的三层画面，中心主题可以归结为演武和攻战"，正是春秋末以至战国前期思想意识的生动表现。李先生还指出："作为儒家经典之一的《仪礼》的成书，恰好也在这个时期。"⑤他指出，依照礼制规定，当时有所谓"礼射"，因此，在对图案细节的分析中，他特别藉重运用周代礼制的相关文献，尤其是《仪礼》。通过与《仪礼·乡射礼》进行对照，李学勤先生成功地识别出了图案中的"侯""乏""获者""释获者"等要素；通过引据《礼记·射义》

---

① 杜恒：《试论百花潭嵌错图像铜壶》，《文物》1976 年第 3 期。
② 李学勤：《新出青铜器研究》，北京：文物出版社，1990 年，第 160-166 页。
③ 李学勤：《李学勤文集》第 11 卷《青铜器研究（一）》，南昌：江西教育出版社，2023 年，第 322-331 页。
④ 四川省博物馆：《成都百花潭中学十号墓发掘记》，《文物》1976 年第 3 期。
⑤ 杜恒：《试论百花潭嵌错图像铜壶》，《文物》1976 年第 3 期。

和《考工记》，李先生又对所谓"采桑图"和弋射图、宴乐图进行了释读，提出了新见。值得注意的是，李先生并没有把铜器图案和礼书记载完全等同起来，而是对两者之间的不同作了梳理。

除李学勤先生之外，由于有徐中舒、容庚、郭宝钧等人的前期研究，所以不少学者对这类图案的"叙事画"属性也是有了解的。但是，这类图案中的"侯"却没有引起学术界特别的重视，1949年后的出土器物中有些就有"侯"的图案，却没有得到确认。1951年年底，河南省辉县赵固战国墓第1号墓内出的燕乐狩猎刻纹鉴，郭宝钧先生撰写的发掘报告提到，图案中显然可见的"以写实手法表出之"的张悬的网罗[①]，其实就是"侯"的图案，只不过该铜鉴的摹本分作两段，且侯的图案较为潦草，不易看出这一点，因此才会被认为是表现"墙外松鹤满园，三人弯弓而射，迎面张网罗以受逃"的射鸟图。[②]直到1980年，才由王恩田先生从礼仪活动角度对此加以解释，指出称为"射鸟"是不妥当的，所谓"网罗"，"实为箭靶，古代称为'侯'"。[③]

再比如1952—1956年湖南长沙东南郊古墓群黄泥坑出土的铜匜，学者称其器身内刻"人鸟和草木等花纹，细若毫发，惜已破碎"[④]，并未提到"侯"，实则此"侯"虽然刻画比较潦草，但大致形状尚可识别。1960年四五月间，山东平度东岳石村战国墓地出土铜器残片，发掘报告称，残片上"刻有人形、鸟形、植物形、波浪形和三角形等纹饰"。[⑤]其实此一残片上的纹饰与湖南长沙黄泥坑铜匜非常相似，很可能也是一件铜匜的残片，所谓"波浪形"纹饰实即为残存的"侯"形。李学勤先生的文章也没有涉及这些器物，当然，他已尽可能搜集了故宫藏宴乐习射水陆攻战纹铜壶、传白马寺出土嵌错铜壶和郭宝钧先生提到的水陆攻战纹铜鉴等带有"叙事画纹样"的青铜器来说明百花潭嵌错纹铜壶上的图案。

此外，如1973年山东长岛王沟东周墓群出土铜鉴、1977年秋至1982年出土于河北平山三汲战国早期墓葬的铜鉴、1978年出土的淮阴高庄战国墓铜盘等，考古报告都未提到纹饰中有"侯"，或将"侯"误释为其他形象。20世纪80年代以后，类似的铜器纹饰仍时有发现，可惜其中的"侯"很多都没有被识别出来。这说明，当时对这一类图案的认识是不够清晰的。

没有能够识别出"侯"，究其原因，恐怕是由多方面因素造成的。除百花潭铜壶是使用嵌错技术外，1949年后发现的许多"侯"图都是使用刻画工艺，图案不甚清晰，会影响识别效果。而最主要的原因则是未能结合礼书，釐析清楚这些图

---

① 中国科学院考古研究所：《辉县发掘报告》，北京：科学出版社，1956年，第122页。
② 郭宝钧：《中国青铜器时代》，北京：生活·读书·新知三联书店，1963年，第141页。
③ 王恩田：《辉县赵固刻纹鉴图说》，《文物集刊》第2辑，北京：文物出版社，1980年，第164页。
④ 湖南省博物馆：《长沙楚墓》，《考古学报》1959年第1期。
⑤ 中国科学院考古研究所山东发掘队：《山东平度东岳石村新石器时代遗址与战国墓》，《考古》1962年第10期。

案中蕴藏的礼制要素。在这方面，李学勤先生《试论百花潭嵌错图像铜壶》这篇论文，无疑是有重要方法论意义的。

其他有些研究虽然也留意到了青铜器此类纹饰中的礼制要素，但未能紧密结合礼书予以讨论，不免给人以意犹未尽之感。1961 年，马承源先生公布了一件上海博物馆藏刻纹燕射画像椭栖，图中"阁下面右方有二人，一人将弓向前作审视状，另一人似在整理弓弦，各有二箭系于腰部。其上有箭靶，有一箭中的，另一箭稍偏。箭靶作长方形，有放饰。靶左有人，为锈所掩，似乎也作相揖的姿势"。①此文注意到，以宴乐、狩猎和战争为主题的画像实际可分为两类，一类是描写水陆攻战，另一类"是描写宴会、狩猎、采桑等'礼'的贵族生活"。所谓"'礼'的贵族生活"，在这件器物图像中就是"邀会以及建筑物阁外的饮燕活动和射箭游乐"三项内容。此文正确认识到射侯图像的礼仪属性，只是并没有参考礼书加以申述，因此，虽然释读出"箭靶"，也就是侯，但没有意识到靶左侧为锈所掩之人可能就是《仪礼》中的"获者"。

1962 年，罗福颐先生公布了故宫博物院此前收购的战国刻绘宴乐画象铜器残片，其中有"楼台、车马、人物、鸟兽、植物等形象；有驾车的御者；有立在楼上引弓而射的人物；有二人对尊酌酒的形象；还有怪兽和仙鹤，或集或止，上下飞翔，栩栩如生"。②其实图中还有一个呈圆形的"侯"，由中心向外共四个同心圆，第三个圆环内布满圈纹，与最外层圆环之间饰以线纹。这样的"侯"制为礼书所不载，有学者提出此图实为鼓而非"侯"，但尚未取得共识。

李学勤先生在《试论百花潭嵌错图像铜壶》文中，发布了故宫藏宴乐习射水陆攻战纹铜壶的拓本，并将故宫所藏铜壶与百花潭嵌错纹铜壶作了对比，指出两者"图象的内容也很相似"，但前者最下端纹饰比后者简单，并且射侯图案的一部分"根本没有获者"，观察得非常细腻。

关于这两件铜器上的形制相同的"侯"，长期以来一直存在着不为人注意的误读。李学勤先生说百花潭嵌错纹铜壶所表现的"侯"的形状是"上下均等"，与礼书所载"上大下小"的形制有异。这显然是将铜壶上的"侯"视作正面的图案。而稍早杨宽先生在其名著《古史新探》的《"射礼"新探》一文中即对故宫所藏宴乐习射水陆攻战纹铜壶有过研究，广有影响。杨宽先生认为，故宫所藏这件文物上"'侯'有相当的厚度，射中的矢正贯穿于'候'中"。③这表明杨宽先生是将图案中的"侯"当作侧面图来看待的。此后，也有其他学者袭用杨宽先生的解释。

---

① 马承源：《漫谈战国青铜器上的画像》，《文物》1961 年第 10 期。
② 梓溪：《战国刻绘宴乐画象铜器残片》，《文物》1962 年第 2 期。
③ 杨宽：《"射礼"新探》，《古史新探》，北京：中华书局，1965 年，第 328 页。

所谓"'侯'有相当的厚度"，与李学勤先生的解读不同，礼书中没有提及这种情况，其根据何在？杨宽先生引用了方苞的说法。据方苞《仪礼析疑》，方氏根据经文"不贯不释"一语发挥想象，认为"贯"字之义在于不仅要射中，而且要射透，复牵扯《周礼·秋官·圉人》"射则充椹质"的记载，遂谓"疑士大夫虽画布为侯，必以木为匡，蒙以布，实草于其中，而着于侯之背面以受矢……若但画布以为正，则数贯之后不可复射"云云。①这是侯有厚度的唯一文献依据。不过此说本为清人臆测之辞，不足为据，且"椹质"见于《圉师》，与《仪礼》射侯异物。②方苞所谓"以剪草之工充椹质"，未见得有什么根据。杨宽先生之所以选择清人方苞之说，归根到底，是由于此器的射侯纹饰中，矢射入的方向与侯的面向采取了不同的视角，导致将"侯"左右对称的两部分看成了前后两层，将正面图看成了侧面图，即将"侯"的左侧看成了前一层，将"侯"的右侧看成了后一层。

其实，无论是故宫藏宴乐习射水陆攻战纹铜壶，还是成都百花潭嵌错纹铜壶，两者之上的图像都属于古代常见的"平视体"构图③，或称"正侧面"构图。④根据图像学原理，其整体布局沿直线一字排列，以左右的平移来表现进深，因此在这样的布局中便难以绘出完全符合透视法的整体构图。以两器的射侯图案为例，画面中局部物体分别采取不同视角，如建筑物为正面视图，射者却是侧面的，矢为侧面图，而侯则是正面的。不同视角的图案汇集在同一纹饰中，便使部分学者产生了错觉。这是早期艺术技艺不甚成熟所导致的"朴拙之作风"，"尚极幼稚"，徐中舒先生在讨论狩猎纹饰中的车马图案时早有揭示。⑤可见，单纯依靠礼书，而忽视了图像解读，同样是无法得出正确的结论的。

总体而言，1949—1979年，虽然有为数不少的带有射侯图案的青铜器出土，相应的研究也取得不少成绩，但类似《试论百花潭嵌错图像铜壶》这样，既注重图案分析，又擅长联系经书进行释读的论著还不多见。

李学勤先生非常重视青铜的图像纹饰研究，他常说"纹饰是青铜器的语言"⑥，并多次指出青铜器的纹饰是判别器物时期、地区的主要依据之一。李先生上课时经常强调《尚书》《周礼》等经书对研究金文的意义，并将这一认识上升到了方法论层面。⑦他最早发表的有关青铜器铭文的论文，就是关于眉县李家村铜器的研究，

---

① 方苞：《仪礼析疑》卷五，《景印文渊阁四库全书》第 109 册，台北：台湾商务印书馆，1986 年，第 68 页。
② 孙诒让：《周礼正义》卷六一，北京：中华书局，1987 年，第 2554-2555 页。
③ 参见雷圭元：《中国图案作法初探》，上海：上海人民美术出版社，1979 年，第 108 页。
④ 杨泓：《战国绘画初探》，《文物》1989 年第 10 期。
⑤ 徐中舒：《古代狩猎图象考》《关于铜器之艺术》，《徐中舒历史论文选辑》，北京：中华书局，1998 年，第 276、700 页。
⑥ 李学勤：《青铜器入门》第二章，《李学勤文集》第 11 卷《青铜器研究（一）》，南昌：江西教育出版社，2023 年，第 240 页。
⑦ 清华大学出土文献研究与保护中心：《前言》，李学勤著，董喆整理，刘国忠审校：《金文与西周文献合证》，北京：清华大学出版社，2023 年，第 III-V 页。

就是结合《周礼》来谈金文。李先生自认为这说明他很早就重视礼书的研究价值。[①]
就《试论百花潭嵌错图像铜壶》这篇论文看，对于经书文献，李先生不但在研究
金文时非常注重，而且在解读青铜器图案时也多有利用。从 20 世纪 80 年代起，学
界对包括射侯图案在内的青铜器"叙事画纹样"的研究有了进步，在资料上说，是
与相关青铜器发现越来越多分不开的，从方法上说，则是和李先生倡导的这种图
案与文献并重的学风获得学界认可并加以实践密切相关。

---

① 李学勤：《〈李学勤早期文集〉自序》，《李学勤文集》第 27 卷《序跋杂文（四）》，南昌：江西教育出版社，
2023 年，第 402 页。

伯有父剑与楚国封君

程　浩

（清华大学出土文献研究与保护中心）

现藏中国国家博物馆的伯有父剑，剑铭长达 36 字，对于研究青铜剑的用制以及东周时期的历史文化均有重要价值。此剑最早见著于吴镇烽先生《商周青铜器铭文暨图像集成续编》[①]，最近田率先生又公布了更为丰富的资料，并就相关问题展开了深入讨论，提出了很多有价值的意见。[②]然而此剑的时代、国别以及铭文释读等，仍有部分可商之处，今略陈管见，供学界批评指正。

一

伯有父剑通长 36.3 厘米，圆形首，茎部半中空，无箍，无耳，中间略细，两端较粗，窄格，棱脊（见图 1）。根据此剑的形制，吴镇烽、田率两位先生均将其时代定在春秋晚期，似有未安之处。

由于考古工作中出土的青铜剑数量众多，学界对于两周青铜剑的形制已经有了充分的研究。田伟先生曾对两周时期的青铜剑进行了分型定式，这类圆首中空（或半空）无箍茎一字形格剑被其归为 Da 亚型。[③] Da 型剑于西周中期出现，春秋晚期之后逐渐开始流行，直至战国中晚期仍未绝迹。与伯有父剑形制最为接近的，是 Da 亚型的Ⅵ式、Ⅶ式和Ⅷ式（见图 2）。这类样式的剑，基本出土于荆楚地区，时代也均属战国。

图 1　伯有父剑器形
（采自田率：《伯有父剑考释》，《青铜器与金文》第 2 辑）

① 吴镇烽：《商周青铜器铭文暨图像集成续编》，上海：上海古籍出版社，2016 年，第 324 页。
② 田率：《伯有父剑考释》，北京大学出土文献研究所编：《青铜器与金文》第 2 辑，上海：上海古籍出版社，2018 年，第 329-337 页。
③ 田伟：《试论两周时期的青铜剑》，《考古学报》2013 年第 4 期。

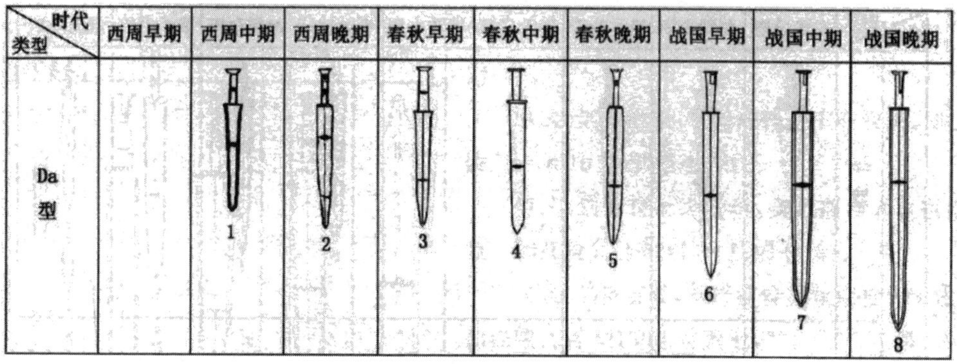

时代 类型	西周早期	西周中期	西周晚期	春秋早期	春秋中期	春秋晚期	战国早期	战国中期	战国晚期
Da 型		1	2	3	4	5	6	7	8

图 2　Da 亚型青铜剑

（采自田伟：《试论两周时期的青铜剑》，《考古学报》2013 年第 4 期）

众所周知，楚国在东周时期是南方的一等大国，有"带甲百万"之谓。强大的军事实力以及尚武风气，使得青铜剑在楚国墓葬中被大量发现。而据杨立新先生研究，这类圆首窄格的剑数量约占楚地出土青铜剑的百分之八九十以上，"是楚国青铜剑的基本型制"。[①]最具有典型意义的是江陵九店东周乙组墓，该墓地共出土了 203 件青铜剑，这类圆首中空（或半空）无箍茎窄格剑多达 81 件。这组剑长度在 30～67 厘米不等，其中被发掘报告定为 A 型 Ⅰ 式的 M608：11（见图 3）等 8 件，形制与规格更是几乎与伯有父剑全同。[②]我们知道，江陵九店东周墓地整体上属于战国时期，M608 更是被定在乙组墓地的三期五段，也就是战国中期晚段。[③]以此为参照，伯有父剑的断代似乎亦应以战国时期为宜。

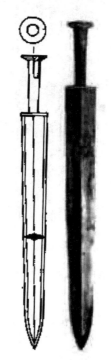

图 3　江陵九店 M608：11 战国中期晚段青铜剑

（采自湖北省文物考古研究所：《江陵九店东周墓》

图一四五、图版七五）

① 杨立新：《楚国青铜剑浅谈》，楚文化研究会编：《楚文化研究论集》第 6 辑，武汉：湖北教育出版社，2004 年，第 592 页。

② 湖北省文物考古研究所：《江陵九店东周墓》，北京：科学出版社，1995 年，第 214 页。

③ 湖北省文物考古研究所：《江陵九店东周墓》，北京：科学出版社，1995 年，第 369 页。

二

除形制之外，伯有父剑的时代与国别从其铭文中也可窥见端倪。此剑铭文有多处锈蚀，综合各家的意见可释写如下（见图4）：

佳（唯）东王之孙，子浮君之子，白（伯）有父渼（择）其吉金，自乍（作）佩钜，用狄（逖）伐四方，用削（半）牛羊，用钾（御）于□王之。

其中比较有时代与区域特色的用字有"钜""削""渼"等。

图4 伯有父剑铭文
（照片、摹本均采自田率：《伯有父剑考释》，《青铜器与金文》第2辑）

"钜"为此剑的自名，在金文中尚属首见。石小力先生曾依据《广雅》中"钜阙，剑也"的记载将"钜"与"剑"联系起来[1]，田率先生则推测其是短剑（即匕首）的专称。[2]在此剑现世之前，"钜"字在古文字资料中出现的次数很少，时代也普遍较晚。陈介祺《十钟山房印举》收录的一方秦印中，"钜"字用为印主的私名。[3]里耶秦简第八层第519号简有"弩二丝弦四矢二百钜剑一米一石"一句[4]，"钜"字在此中用作"剑"的修饰语。《说文》"钜，大刚也"，里耶简所谓"钜剑"

---

① 石小力：《〈商周青铜器铭文暨图像集成续编〉释文校订》，邹芙都主编：《商周青铜器与先秦史研究论丛》，北京：科学出版社，2017年，第154页。

② 田率：《伯有父剑考释》，北京大学出土文献研究所编：《青铜器与金文》第2辑，第335页。

③ 汤余惠：《战国文字编》，福州：福建人民出版社，2015年，第915页。

④ 湖南省文物考古研究所：《里耶秦简（壹）》，北京：文物出版社，2012年，释文第37页。

以及剑铭中的"钜",或均指此剑刚硬强韧。①从"钜"字此前最早见于秦代来看，伯有父剑的时代恐怕也很难早到春秋时期。②

战国时期各系文字间的用字差异现象是列国"文字异形"的重要表现。将"**刜**"字或其异体"**剀**"用作通行文字的"半"，就是楚文字的一个典型特征。③"**刜**"或"**剀**"见于楚系金文燕客问量（《集成》10373）④、半镒环权（《集成》10378）以及黄山砝码（《江汉考古》2007 年第 4 期）等，包山简、新蔡简等楚系简帛的用例更是不胜枚举。至于剑铭中"**渃**"字所从的"臭"，在郭店简《语丛一》及上博简《孔子见季桓子》中均用为"择"，或许也可视为楚文字特有的一种用法。而据张昌平先生的研究，"择其吉金"辞例的使用正是春秋晚期以后楚系青铜器的典型特征。⑤

综合此剑铭文的字词使用习惯以及前述的形制特征来看，我们有理由怀疑这柄伯有父剑乃是战国时期的楚器。

三

明确了此剑的时代与国别后，我们再来仔细推敲剑铭的具体解释。

此铭的重点与难点在于篇首"东王之孙，子浮君之子"一句。此类器主自报家门的格式在春秋战国时期的南方青铜器中非常流行⑥，兹不具引。器主自称"东王之孙"，而"东王"究竟是谁颇为费解。田率先生根据《左传》昭公二十三年的记载推定此"东王"为周敬王⑦，可备为一说。需要特别注意的是，《左传》之所以称周敬王为"东王"、王子朝为"西王"，乃是讽刺敬王不能维护法统的春秋笔法。"东王"自然不能是周敬王的正式称谓，也很难想象他的后代会在自作的铜器上以"东王"称之。在我们看来，铭文中的"东"字或为"柬"字之讹写。由于形体极为接近，楚文字中常有"柬"字讹为"东"的情况。⑧比如郭店简《五行》篇中有四个写作"东"的字，从文例看均是"柬"字的讹误。如果这一猜想可以成立，那么所谓"东王"原应为"柬王"。楚文字有将"柬"字用为"简"的习惯，在上博简《柬大王泊旱》篇中，楚简王即被称为"柬大王"。⑨如此一来，则剑铭

---

① 蒙石小力先生面教，燕国铜戈常有自名"锯"者，大概与这里的"钜"是相似的用法。

② 值得注意的是，"佩"字在早期金文中主要与玉连用，剑铭中"佩钜"的用法亦属首见，这或许也可说明此剑的时代不会太早。

③ 周波：《战国时代各系文字间的用字差异现象研究》，北京：线装书局，2013 年，第 44-46 页。

④ 中国社会科学院考古研究所：《殷周金文集成》（修订增补本），北京：中华书局，2007。本文引用此书皆简称《集成》。

⑤ 张昌平："择其吉金"金文辞例与楚文化因素的形成与传播》，《中原文物》2006 年第 4 期。此论蒙蒋鲁敬先生提示，谨致谢忱。

⑥ 李学勤：《春秋南方青铜器铭文的一个特点》，《缀古集》，上海：上海古籍出版社，1998 年，第 116-121 页。

⑦ 田率：《伯有父剑考释》，北京大学出土文献研究所编：《青铜器与金文》第 2 辑，第 332 页。

⑧ 参见孙合肥：《战国文字形体研究》，北京：中华书局，2020 年，第 486 页。

⑨ 马承源主编：《上海博物馆藏战国楚竹书（四）》，上海：上海古籍出版社，2004 年，第 195 页。

中器主先祖"柬王"的身份最大的可能就是楚简王。楚简王于战国早期在位，器主身为"简王之孙"，应该略晚于此，大概生活在声王、悼王的时代。

至于"子浮君之子"，楚国有在称谓前冠"子"字以示尊隆的习惯[①]，如包山简的"子左尹""子司马""子宛公"等。考虑到器主乃楚王后裔，其父"浮君"很可能是一位楚国封君。作为楚国政治制度的重要组成部分，封君制大约出现于春秋战国之际。[②]楚国的封君多是楚王近亲，发展到战国时已有"封君太众"的困扰，因而悼王时曾起用吴起变法"使封君之子孙三世而收爵禄"。[③]悼王为简王之孙，如果不考虑器主自称的"简王之孙"为三代之后裔孙的情况，则身为简王之子、悼王之叔的其父"浮君"，很可能就是悼王时期的众多封君之一。

"浮君"之称所冠的"浮"字是其封邑之名。"浮"作为地名见于楚地出土的战国简册，新蔡葛陵简甲三 317 有"浮四社四冢"[④]，从此类简的辞例来看，"浮"应是平夜君治下的小邑，不一定与浮君有关。浮君之封邑"浮"的地望，存在着两种可能性。[⑤]"浮"从"孚"得声，或可通"褒"，清华简《系年》中"褒姒"的"褒"均写作"孚"。赵平安先生曾据此论证孚公犹甗（《集成》918）与公父宅匜（《集成》10278）中的"孚公""浮公"乃褒国国君[⑥]，是很正确的意见。然而此二器中褒姒的母家褒国地处汉水上游，显然不会成为楚人的封邑。汉代汝南郡有褒信县、褒信侯国，在今河南省息县东北的包信镇，战国时属于楚境，或许与剑铭的"浮"有一定关联。除与"褒"相通外，"孚"又可通"復"，《周易》中的"孚"字马王堆帛书本与阜阳汉简本均写作"復"。曾侯乙墓简、包山简屡见"復尹""復域"等，可知楚国在战国时有"復"地。其地望据考即今河南桐柏县以西的汉复阳侯国所在[⑦]，也可能曾是器主的父亲浮君就封之处。

作器者自称"伯有父"，"伯有"是他的字，春秋时期郑国大夫良霄即字伯有。"父"是男子的美称，这类"字+父"的称名方式流行于西周春秋，到了战国已不多见。但是战国中期的铜器中山王方壶（《集成》9735）中，仍有"仲父"之称。"伯有父择其吉金，自作佩钜，用逊伐四方，用半牛羊"等语，已有学者做了很好的解释，兹不赘述。至于铭文的最后一句"用御于□王之"，所缺之处根据我们的理解或可补一"楚"字，意为铸此剑乃是用于捍御楚王。

综上所考，这柄伯有父剑实为楚简王之孙、浮君之子伯有父的自作用器。考

---

① 何浩：《"王子某""楚子某"与楚人的名和字》，《江汉论坛》1993 年第 7 期。

② 郑威：《楚国封君研究》，武汉：湖北教育出版社，2012 年，第 40-55 页。

③ 王先慎：《韩非子集解》，北京：中华书局，2003 年，第 96 页。

④ 河南省文物考古研究所：《新蔡葛陵楚墓》，郑州：大象出版社，2003 年，第 198 页。

⑤ 蒙马孟龙先生提示，西汉有浮丘侯国，或许与此处的浮有关。但是浮丘侯国属沛郡，与战国中期楚国的核心区相距悬远，楚国是否曾在此地设置封君，尚待进一步研究。

⑥ 赵平安：《迄今所见最早的褒国青铜器》，清华大学出土文献研究与保护中心编：《出土文献》第 2 辑，上海：中西书局，2011 年，第 147-151 页。

⑦ 徐少华：《复器、复国与楚复县考析》，《"中央研究院"历史语言研究所集刊》第八十本第二分，2009 年，第 197-215 页。

虑到战国早中期关于楚国王世以及封君制度的记载存世甚少，这篇剑铭的史料价值更显得弥足珍贵。

附记：本文为国家社科基金重大项目"清华大学藏战国竹简的价值挖掘与传承传播研究"（20&ZD309）、"出土简帛文献与古书形成问题研究"（19ZDA250）的阶段性研究成果。

（首发于《江汉考古》2024年第1期）

"列侯府鉨"印小考

——兼说"列""梨"字

曹锦炎

（中国美术学院）

鉴印山房近年新藏战国铜玺一方，覆斗钮，印面 4 厘米见方，铸印文 4 字（见图 1）。[①]从文字风格看，属典型楚系，惜出土地点不详。

图 1　鉴印山房新藏战国铜玺

此印为官玺，印文首字原作""，从印文内容分析，其是国名或地名专用字。凡熟悉古文字的读者都知道，春秋战国文字常常将用作国名、地名及姓氏的字赘增"邑"旁，这些异体字除少数后世保留外，大都在秦统一后被淘汰。印文首字若去掉增加的"邑"旁，作为单字，旧仅见上海博物馆藏战国楚竹书《鲍叔牙与隰朋之谏》及《采风曲目》，分别写作""（以下作 a）、（以下作 b）。整理者释 a 为"庚"字异体、读为"更"，b 则作为待考字。[②]印文首字与 a 同，只是"刃"旁所从之"刀"写作"勿"形，这在战国文字中为常见现象。a、b 构形略有别，a 下部从"刃"，b 下部从"刀"，"刀""刃"为义近偏旁互作；另外，a 上部有增饰笔，但与 b 为一字无疑。

清华大学藏战国竹简《金縢》，有字作、（以下作 c），构形从 b、从"攴"，整理者隶定作"敳"，注释谓："敳字不识，今本作'穆'。敳左半又见上博简《采风曲目》'b 也遗夬'，又《鲍叔牙与隰朋之谏》'a 民猎乐'。疑'敳'即'叡'字。

① 本文引用此玺的照片、钤本及钤泥资料，皆由鉴印山房主人提供，志此致谢。
② 马承源主编：《上海博物馆藏战国楚竹书（五）》，第 186 页，上海古籍出版社，2005 年；马承源主编：《上海博物馆藏战国楚竹书（四）》，第 167 页，上海古籍出版社，2004 年。

叡，晓母铎部，读为匣母铎部之'稜'。"指出 c 字左半与 a、b 同，甚是。①因今本《金縢》原文作："是岁也，秋大熟，未稜。"所以对读后指出其为"稜"的通假字，疑即"叡"字。《安徽大学藏战国竹简》第一册公布的内容为《诗经》，其中又有字作 、、（以下作 d），构形从 b、从"禾"，分别见《周南·葛覃》"是 d 是穫"（简4）；《周南·汉广》"言 d 亓（其）楚"（简16）、"言 d 亓（其）萎"（简17）。整理者于《葛覃》注释中指出："毛诗作'是刈是濩'，'刈'，简文作 d，从'禾'，从'刈'字繁体。应该是刈禾之'刈'的专字。"并指出清华简 c 也是"刈"字，"左旁与 d 右旁相同"。②由于今本此句"刈""濩"二字并见，且《汉广》的二处 d 字今本毛诗也作"刈"，因此对读今本后认为 d 是"刈"字的繁体专字。清华简、安大简两处简文皆可与今本对读，但整理者的结论却不一致。

近年来，由于出土楚简新资料的大量公布，不少篇章皆有传世文本，对读已成为考释古文字的一种新方法。但是应该看到，出土文本与今本相对应的文字，有的是异体字，有的是通假字，有的是同义字，甚至有讹误字。因此需要我们认真去分析。我以为，a、b 就是楚系文字的"列"字；c 是"列"字繁构；d 是"桝"字，下面展开讨论。

a、b 构形，上部作"歺"，下部作"刀"（a 作"刃"）。《说文》："歺，列骨之残也。从半凸。……𡿪，古文歺。"于师思泊曾指出："歺字的造字本义还不可知，但许从半凸之说不可信"，"歺即列字初文，从刀作列乃后起字。"③指出从"刀"的"列"字出现相对较晚。又《说文》："列，分解也。从刀，歺声。""歺"旁讹作"𡿪"。a、b 构形只是将左右结构的"列"字写作上下结构而已。此外，《说文》作为部首从"歺"从"又"的"奴"下收有"叡"字，楚简作 （包山170）、（上博《周易》29）、（上博《周易》28），或作 （包山167）、（清华《三寿》22），或从"攴"或从"见"，皆为异体，不难证明 a、b 构形上部所从确是"歺"，尤其是上博《周易》简28左上部更与 a 上部同。另外，楚简又有从"睿"从"爱"的字作 （上博《周易》54）、（上博《周易》54），"睿"旁构形从"歺"，同样可以佐证。

释出 a、b 就是"列"字，c 是"列"字增加"攴"旁。大家知道，古文字表形动义的字常赘增"攴"旁为繁构，可见 c 仍是"列"字。d 是"列"字增加"禾"旁，即"桝"字。《说文》："桝，黍穰也。""桝"字或作左右结构，见《广雅·释草》："黍穰谓之秡。"《广韵·平韵·阳韵》："穰，禾茎也。"《广雅·释草》又谓"稻穰谓之秆""稷穰谓之稭"，可知"桝"是禾、黍一类谷物的茎秆之名。

裘锡圭先生曾指出，把甲骨文的"秉"字"释作'桝'的初文，从字形和字

---

① 李学勤主编：《清华大学藏战国竹简》（壹），第 161 页，注释 22，中西书局，2003 年。

② 黄德宽主编，徐在国副主编：《安徽大学藏战国竹简》（一），第 72、73 页，注释 8，中西书局，2019 年。

③ 于省吾：《甲骨文字释林》，第 370、371 页，中华书局，1979 年。

音上都讲得通"，"卜辞中的'秉'多用为动词，……应指处理禾秆的一种行为"。①裘先生所说甚是。安大简《诗经》中的三处"剢"字正作动词用，从处理禾秆引申为收割、收获义，其与今本的"刈"字乃同义互作，用字不同是《诗经》修辞的需要。上已指出清华简《金縢》的"列"字为繁构，两处简文也皆读为"剢"。"剢"字从"列"得声，故可相通。《说文》"剢"字段玉裁注："《诗·生民》：'禾役穟穟'，毛传：'役，列也。''列'盖'剢'之假借，禾穰亦得谓之剢也。"也可佐证。至于《金縢》今本作"穫"，也是同义互作，与安大简如同一辙。至于上博简《采风曲目》的"列也遗夬"，疑读为"剢也遗缺"，割掉禾秆自然留下缺口。此为曲目，当是以诗的起兴首句为名。而《鲍叔牙与隰朋之谏》的"列民猎乐"，当读为"赖民猎乐"。"列"读为"赖"，"赖"从"剌"得声，故可相通。列、剌古音相近，经传称"列考"或"功烈"的"列""烈"字，金文及楚简通作"剌"。"赖"训为依靠、仗恃。《广雅·释诂三》："赖，恃也。"《左传·襄公十四年》："王室之不坏，繄伯舅是赖。"杜预注："赖，恃也。"此段简文内容，是鲍叔牙与隰朋直谏齐桓公起用竖刁和易牙等人，以致"不以邦家为事，纵公之所欲，列民猎乐"云云，此句是说不以国家大事为重，放纵齐桓公的欲望，恃老百姓作猎取对象而以获利为乐。

明确了"列"字的释读，下面再讨论印文。

印文"璽"字作"鉌"，写法是标准的楚系文字；"府"字从"贝"为繁构，也具楚系文字的特征。印文"侯"字原篆作 ，与常见的楚系"侯"字写法略异。2001 年湖南省常德市汉寿县聂家桥武峰山 38 号墓出土一方战国晚期至秦之间的银质"长信侯緰"玺，边长 1.4 厘米见方（见图 2），"侯"字也作，可以对照。②

图 2　长信侯緰

按先秦时期诸侯国君一般称"侯"，如"曾侯""随侯""应侯"之例，而楚国的封君除称"君"外，或称"公"，未见称"侯"之例。因此，此印的文字虽属楚系，却非楚国封君的官印，应是长江中游地区近楚的国家官印。印文"列侯"当

---

① 裘锡圭：《甲骨文中所见的商代农业》，《裘锡圭学术文集·甲骨文卷》，第 256 页，复旦大学出版社，2012 年。与裘先生意见有所不同的是，于思泊师指出，金文"剌"字左旁与"秉"为一字，见《双剑誃殷契骈枝·释秉》。

② 陈松长：《湖南新出战国楚玺考略（四则）》，载《第四届国际中国古文字学研讨会论文集》，第 600 页，香港中文大学，2003 年。陈文已指出，"颇疑该字就是侯字的变体"。

读为"赖侯","列"通"赖"已见前述。"赖"是周代的小国,地在今湖北随县北厉山店。《左传·桓公十三年》:"楚屈瑕伐罗,楚子使赖人追之,不及。"杜预注:"赖国,在义阳随县。"又《春秋·僖公十五年》:"齐师、曹师伐厉。"杜预注:"厉,楚与国。义阳随县北有厉乡。"《汉书·地理志》"南阳郡随厉乡",颜师古注:"厉,读曰赖。"又《通典》《通鉴地理通释》《春秋地名考》及《方舆纪要》等书皆主张"厉""赖"为两国,顾栋高《春秋大事表》则力主"厉"与"赖"通,实为一国。①近人杨伯峻先生则认为僖公十五年经文的"厉"国在今河南鹿邑县东。②

总之,鉴印山房新藏的"列(赖)侯府鈢(玺)"印,为目前唯一可知的战国时期赖国府库印,弥足珍贵。楚系文字"列"字构形旧未曾见,今楚简新资料和"列(赖)侯府玺"印的出现,填补了空白。

附记:

一、本文提交会议后,友生段凯博士告知:陈剑兄在给苏建洲的覆信中已经指出上博简《鲍叔牙与隰朋之谏》的 🀄 为"列"字,读为"厉"。详见苏建洲:《〈上博楚简(五)〉考释二则》,武汉大学简帛网,2006年12月1日。

二、本文讨论的"列"字,为楚系文字的写法。清华简已出现"列"字,第九册《祷辞》作 🀄、第十一册《五纪》作 🀄,构形从"歺"、从"刀",为《说文》篆文所本(《说文》从"刀");《五纪》或作 🀄、🀄,这三种构形的"列"字当本自齐鲁系或晋系文字的写法。

---

① 参看臧励龢等编:《中国古今地名大辞典》"赖""厉"字条,商务印书馆,1982年重印版。
② 杨伯峻、徐提编:《春秋左传词典》,第845页,中华书局,1986年。

株洲新出汉代滑石印及相关问题的再认识

陈松长

（湖南大学岳麓书院）

汉代滑石印是湖南历年出土战国秦汉玺印中数量较多、自成系列，在古玺印和相关的葬丧制度、职官制度研究等方面都具有特殊价值的一批重要资料，一直受到古玺印和古史研究学者的关注和重视。

2022 年，在湖南株洲攸县网岭镇枫树塘 17 号墓中出土了一枚保存完好的滑石印，其尺寸是 2.5 厘米左右见方，通高 1.6 厘米，带斜坡形鼻钮，印面中分，刻有"地中县长"（见图 1）四字。

图 1 地中县长

虽然这片墓葬群的考古报告还没出来，其墓葬的具体时代尚不太清楚，但从其印的钮制形态、印面以竖线中分的款式和印面文字的结构特征等方面综合考量，该印出土的墓葬时代大致可以肯定，应该是西汉时期，更准确点说，应该是西汉早中期。其理据如下。

一、钮　　制

汉代玺印的分期研究成果告诉我们，西汉早期的鼻钮印，其印台与鼻钮间有斜坡形的过渡，侧视如坛，此式保留着战国鼻钮的形制，提示在年代上偏早。[①]其实，考古发现的材料中，这类钮制特征在西汉中期仍在延续，湖南出土的西汉滑石印中亦可找到这类有明确出土年代依据的实物证据。例如 1964 年长沙五里牌6 号墓出土的"攸丞"滑石印（见图 2），从其墓葬形制和随葬陶器的鼎、罐组合来判断，这是西汉中期之物。但其鼻钮的形制仍然保存着西汉早期鼻钮的形制特

---

① 孙慰祖：《西汉官印、封泥分期考述》，载《上海博物馆集刊》第 6 期，1992 年。

征，且与株洲出土的这枚滑石印的印钮形制基本相同。据此我们大致可以判断，此墓的时代当不会晚于西汉中期。

图2　攸丞

二、竖线中分的印面款式

西汉早中期的印章，多有田字格或外加边框，印面以竖线中分者亦时有见，除上述所引的"攸丞"印之外，1960年长沙杨家山7号墓出土的"官司空丞之印"（见图3），也是以竖线中分者，只是该墓葬的时代是西汉晚期。印面文字风格与株洲出土的这方印最接近的是1965年长沙野坡2号墓出土的"舆里乡印"（见图4），该墓葬的年代确定为西汉早期。此外，还有1954年长沙斩犯山7号墓出土的"门浅"滑石印（见图5），也是印面以竖线中分者，而且还带有边框，其时代亦定在西汉早期。上举四方滑石印都有竖线中分的印面特点，但其时代分别属于西汉早期、中期和晚期，这也就意味着，这种印面竖线中分的款式就是西汉时代滑石印的特有作派。通过比对我们还发现，在印面切分和文字款识的制作方面，与株洲这方印最接近的显然是"舆里乡印"，该印的墓葬年代为西汉早期，以此类推，株洲攸县新出土的这方滑石印的墓葬年代也应该是西汉早期。

图3　官司空丞之印

图4　舆里乡印

图5　门浅

三、文字的结构特征

从印面文字的结构布局一眼就可看出，其中的"地"和"县"都是西汉简帛文字中常见的书写形态，与其钮制和印面竖线中分的特征契合无间。从已出土的湖南滑石印的文字刻制来看，这方印算得上是比较工稳整齐的范式了，相比于几件很著名的湖南出土滑石印如"长沙仆"（见图 6）、"茶陵"（见图 7）、"春陵之印"（见图 8）等均毫不逊色。

图 6　长沙仆　　　　　　　图 7　茶陵　　　　　　　图 8　春陵之印

上面我们之所以花这么多笔墨来说明这方滑石印所出土的墓葬时代不会晚于西汉早中期，或者说不会晚于西汉时代，是因为这方印的出土面世刷新了我们对西汉滑石印研究的许多原有认知，需要我们对古代印章特别是西汉时代湖南地区以滑石官印随葬的诸多问题进行新的思考。

所谓"地中县长"，也就是地下某个县的县长，那是完全没有明确的行政区划、子虚乌有的一个官名。这与"官印作为授官授权的象征与凭信已经实现制度化，成为受主政治地位的物化标志"[1]的西汉时期的印章使用制度是完全不同的。也就是说，这方印章作为殉葬之印，并不能作为给死者授官授权的象征，也不能作为其真实身份的凭证或物化标志，主葬者之所以要刻此滑石印以随葬，或许仅仅是祈愿死者到地下后能获此高阶以慰世人罢了。

大凡对汉代官印制度和官印遗存稍有认知者都知道，西汉官印的制作是有明确规定的。《汉旧仪》载："诸侯王印，黄金橐驼钮，文曰'玺'，赤地绶；列侯，黄金印，龟钮，文曰'印'；丞相、大将军，黄金印，龟钮，文曰'章'；御史大夫章、匈奴单于黄金印，橐驼钮，文曰'章'；六百石、四百石铜印，鼻钮，文曰'印'；二百石以上皆为通官印。"[2]有关汉代的官印制作记载如此，大量传世和出土的西汉

---

① 孙慰祖：《汉唐玺印的流播与东亚印系》，载《孙慰祖玺印封泥与篆刻研究文集》，上海古籍出版社，2019 年，第 150 页。
② 卫宏撰，孙星衍辑：《汉旧仪二卷补遗二卷》，载《汉官六种》，中华书局，1990 年，第 93 页。

官印遗存虽并不能完全与文献记载一一对应，但其款式中都有很明确的不同秩级的官爵名，如"长沙丞相"（见图9）、"楚宫司丞""丹徒右尉""南越中大夫"等。不止如此，印面上亦多有不同级别的玺印专用文字，如"王后之玺""广陵王玺"中的"玺"就是诸侯王印专用的"玺"字，而"軑侯之印"（见图10）、"舂陵之印""镡成令印"（见图11）等六百石以上的铜印所专用的"印"更是最常见的官印用字。

图9　长沙丞相

图10　軑侯之印

图11　镡成令印

　　这方滑石印的印文却完全不符合汉代的印章制度，首先是没有明确的行政区划。印面上仅有"地中"二字，很显然，这"地中"并不是具体的郡县地名，而是对地下世界的一个泛称。按常规，这里应该出现的是具体的行政区划专名，可这方印上没有，这也就意味着这并不是死者生前的职官名，而是给他死后的荣誉，但这荣誉也是虚的，即死者将去哪里做县长是没有具体目标的，故仅以"地中"泛指。其次，这方印的款识也根本不合汉代官印的规制。一般来说，凡"县长"之印，在印面上都是"××长印"，如"洮阳长印"（见图12）、"武冈长印"（见图13）、"酉阳长印"（见图14）等，或也有作"罗长之印"（见图15）者，但都没有直接称之为"县长"者。由此我们大致也可以推断，这方印应该并不是为了证明死者身份而制作的印，而是主葬者随便给死者拟封的一个官职，至于死者要到哪里去任这县长，那将是由地下主去确定的事，主葬者大概也不会去关心其实现的可能与否。

图12　洮阳长印

图13　武冈长印

图14　酉阳长印

图15　罗长之印

既然作为殉葬用的滑石官印可以是主葬者随便给死者册封而制作，那么此前所出土的西汉滑石官印是否也应该换一个角度来重新思考其在古代葬丧礼仪中的功能和作用呢？而我们以前所得到的一般认知是否也应该有些修订呢？答案是肯定的。

按照一般的解读，湖南西汉时期的滑石印是湖南早期葬丧中替代金玉质地印章的特有品种，其制作工艺并不精细，刻款多草率，且正反刻均有，故被认为是为殉葬而临时仓促制作的印，在西汉官印系列中完全是另类。但尽管是粗糙草率的殉葬印，人们对印文的认知仍然是古代以印章随葬的一般认知，都认为这些印章的制作和随葬，都是为了证明和彰显死者身份而准备的，至于这些印章文字中的职官名称和级别是否可靠，都视而不论，以致常常给人造成困惑。例如早在湖南出土滑石印的墓葬资料清理中我们就发现，为什么作为出土了县令、县尉的墓葬规模这么大小不一？为什么在长沙发掘的小型墓葬中多有其他县地如镡成、门浅等地的官印？为什么同一墓葬之中会有不同职衔的官印同时随葬？诸如此类，株洲攸县这枚"地中县长"滑石印的出土，多少给我们解答这些问题提供了新的线索。

以墓葬形制的大小来论，同样是出土县令印或县尉印的墓坑大小都是不一样的。如同样是县令的墓坑，1954 年长沙陈家大山 1 号墓出土过"临湘令印"（见图 16），其墓坑是 4.5×3m，而 1975 年长沙南塘冲 24 号墓出土过"镡成令印"，其墓坑则只有 3.68×2.56m，可以说小了一圈，1953 年长沙子弹库 23 号墓出土过"广信令印"（见图 17），其墓坑也只有 3.8×2.2m，其墓坑的宽度在进一步缩小。同样，同是县尉的墓坑，1954 年长沙月亮山 25 号墓出土过"陆糧尉印"（见图 18），其墓坑是 2.38×3.14m，而 1960 年长沙南塘冲 8 号墓出土过"泠道尉印"（见图 19），其墓坑大小只有 2.7×1.9m。同样是县尉的墓，其墓坑的宽度差距多达近一倍，这多少也说明这些墓葬中出土的这些有明确官衔的印章可能并不能代表其墓葬规模的大小，因为一些没出官印而只出土了私印的墓葬规模，竟比县令的墓葬规模要大很多。如 1956 年长沙黄土岭 29 号墓中只出土了一方"石贺"的玉印（见图 20），其墓坑的尺寸就是 4.9×3.7m，比"临湘令印"出土的墓坑还大；更有甚者，1959 年长沙左家塘 1 号墓虽只出土了一方"桓启"玉印（见图 21），但它的墓坑大小竟然是 9.7×7.4m，比"临湘令印"出土的墓坑大如此之多，这种现象该怎么解释呢？或以为这与西汉初期倡导葬俗从简的时俗有关，或以为西汉早中期对县令以下官员的葬丧标准本来就没有详细的规定等，其实，这与当时的葬丧等级制度也许关系不太，而应是当时的葬丧习俗导致了这类滑石印的随意制作。大家知道，西汉早中期墓葬中多有给死者开具"地下通行证"的简牍实物被发现，我曾对这类称为告地策的文书格式进行过专门的讨论[①]，这类文书的根本目的无非就是给死者开

---

① 陈松长：《告地策的行文格式与相关问题》，《湖南大学学报（社会科学版）》2008 年第 3 期。

具前往阴间的通行证，并希望地下主能好好地接纳死者，让其能在人间一样获得一官半职以保生活无忧。因此，湖南出土的这类滑石印的制作，当亦是参照死者生前的求官愿望为死者量身备制的，故这些滑石印中的官名，大都与死者生前的身份无关，而更可能与死者的属地有关（详后文），这与以金银铜官印随葬以证其身份的墓葬制度当有根本的区别。

图 16　临湘令印　　　　　图 17　广信令印　　　　　图 18　陆糧尉印

图 19　泠道尉印　　　　　图 20　石贺　　　　　　图 21　桓启

　　除墓坑尺寸的大小与滑石官印上多刊的官爵等级不可对应之外，我们还发现一个有趣的现象：这些滑石官印的墓葬地都在长沙，但其随葬官印所指的行政区划却分散在长沙国所辖的周边各地，且有的地望都不太清楚，这又是什么原因呢？我们不妨先粗略分别列之如下：

　　1. 1954 年长沙月亮山 25 号墓出土有"陆糧尉印"，据印文可知，"陆糧"当是县名，但西汉早期的长沙国内没有记载，现在的历史地理记载中，只有现在的云南曲靖有陆粮县，尚不太清楚该县在西汉初期已设县否。这里我们并不想讨论其地望可靠与否，我们关注的是，为什么在西汉早期的长沙墓葬中，会出现远不在长沙国辖区内的县尉官印？原来的认知一般是死者生前可能确实做过陆粮县尉，故死后刻此印以证其身份。

2. 1952 年长沙杜家坡 801 号墓中出土了"故陆令印"（见图 22），"故陆"的地望在哪儿？一直就不太清楚，待考。

3. 1959 年长沙魏家堆 8 号墓出土了"上沅渔监"铜印（见图 23），其上沅的具体地望也无文献记载可查，一般只能作为沅水上游来解读，但这是一枚铜印，与滑石印的性质或许根本不同，故其地望的确定仍是一个待解决的问题。

图 22　故陆令印　　　　　图 23　上沅渔监　　　　　图 24　逃阳令印

除上列几方印章的地望不明之外，比较熟悉的长沙国属县也不少，如：

1. 1960 年长沙南塘冲 8 号墓出土有"泠道尉印"，泠道是秦代所置县，治所在今湖南宁远县东南四十里，西汉初期属长沙国。以此印随葬，或以为死者一定是生前曾作过泠道县尉。

2. 1953 年长沙子弹库 23 号墓出土有"广信令印"，广信即西汉初期苍梧郡下属的县，地处漓水与郁水的交汇处，是汉武帝时开发岭南的首府所在地。

3. 1964 年长沙五里牌 6 号墓出土有"攸丞"，即攸县县丞之印。

4. 1960 年长沙子弹库 2 号墓出土的"桂丞"，即桂县县丞之印。

5. 1958 年长沙杨家山 3 号墓出土的"武冈长印"，即武冈县长之印。

6. 1954 年长沙魏家堆 4 号墓出土的"春陵之印"，即春陵县长之印。

7. 1955 年长沙魏家堆 19 号墓出土的"茶陵"滑石印，即茶陵县长或县署之印。

对这些官印的解释，原来都以为是死者生前曾做过这些地方官，故下葬时临时刻一方滑石官印给其作为生前荣誉的证明来随葬。现在株洲攸县的这方"地中县长"印告诉我们，这些滑石印上所刻并不一定是死者生前的官衔，而很可能是主持葬丧的人为死者临时刻制的，或者是希望死者到地下后去凭此谋求一官半职的符印，故不管是死后到哪里去任职，都不影响其在长沙下葬这个现实。如果这种解释可以成立的话，那么，我们曾迷惑的为什么这么多县级官吏的墓葬都在长沙而不在其任职地区的现象也就可以得到解释了。

这样，有关同一个墓葬中出土两方秩级不同的滑石官印的现象也许同样可以得到解释。大家知道，1960 年长沙杨家山 6 号墓内曾出土 2 枚滑石官印，一枚是

"逃阳令印"（见图 24），尺寸是 23×21×14mm，一枚是"洮阳长印"（见图 12）尺寸是 27×26×17mm。按，所谓"逃阳"当是"洮阳"之误，"洮阳"即汉代零陵郡所属的洮阳县，地望在现在的永州东安县和广西的全州县北部。这里，有关洮阳的地望在哪里并不要紧，值得关注的是，这一个墓内竟有两方官印，且一方是县令之印，一方是县长之印，《汉书·百官公卿表》载："万户以上为令，秩千石至六百石，减万户为长，秩五百石至三百石。"[1]由此可知，汉代令长的职级排序，令是排在长之上的，可这两方印却是"长印"比"令印"还大，这多少可以看出这类滑石印制作的随意和不合规矩。不仅如此，居然还同时将职级不同的两方官印一起随葬，这是为了证明死者生前既做过"洮阳长"，也做过"洮阳令"吗？其实可能不是这么回事，印章中所刻的所谓的洮阳长或洮阳令，可能都是主葬者为死者临时开具的官衔，它可能并不是死者生前所具官爵的证明，而仅仅是给其远赴黄泉时使用的头衔而已，故在刻了"洮阳长印"后或觉得秩级太低，又加刻一方"洮阳令印"，以祈愿死者在地下能实实在在地收受这份官爵所应有的礼遇。至于为什么只刻制"洮阳"令长而不刻制长沙或其他地方的官印，其根本原因很可能与死者的原籍有关。人死后，要送其尸骨返回故里，这是自古就有的习俗，在刚刚饱经战乱而暂得休养生息的西汉初期，将尸骨送回原籍也许是不太现实的事，故借助滑石官印和告地策的文书形式，授予其地中的职官身份，让其魂归故里时有一种名分，或者说有一份官爵以显赫其乡里，这大概也是一种很无奈的方式吧。由于这与正式的官府授官授职并不一样，故在发现所刻"逃阳长印"秩级有点偏低时，再加刻一方"洮阳令印"来提高其秩级，也应该是轻而易举、理所当然的事吧。

---

① 班固撰，颜师古注《汉书》，中华书局，2013 年，第 742 页。

出土文献视域下的"庶慎"

赵平安

（清华大学人文学院）

一

《尚书·立政》篇多次出现"庶慎"一词，现据《尚书校释译论》[①]，将标点符号略加调整，引述有关文句如下：

1. 文王惟克厥宅心，乃克立兹常事、司牧人，以克俊有德。文王罔攸兼于庶言、庶狱、庶慎，惟有司之牧夫，是训用违。

2. 庶狱庶慎，文王罔敢知于兹。

3. 呜呼！孺子王矣。继自今我其立政：立事、准人、牧夫。我其克灼知厥若，丕乃俾乱，相我受民，和我庶狱庶慎，时则勿有间之，自一话一言，我则末惟成德之彦，以乂我受民。

4. 呜呼！予旦已受人之徽言，咸告孺子王矣，继自今文子文孙，其勿误于庶狱庶慎，惟正是乂之。

共有4例。它的解释，大致可以分为两类。一类如字读，具体理解又略有不同。《尚书孔氏传》以为指"众所当慎之事"，江声《尚书集注音疏》以为指"诸所当慎之事"，蔡沈《书集传》以为"庶慎，国之禁戒储备也"，王樵《尚书日记》以为"庶慎，所当慎者非一，如财用慎其出入，不虞慎其戒备之类，皆是也"。[②]《尚书覈诂》以为"慎，承'狱'而言，谓慎罚之意"[③]，《尚书易解》以为"慎，与狱连言，盖谓慎罚也；《康诰》：'乃穆考文王克明德慎罚'，是其事也"。[④]另一类破字读，也大致分为两类：曾运乾读为"成"，于省吾读为"讯"。曾氏《尚书正读》："慎，《诗·桑柔》笺：'成也。'庶慎，即庶成。《周礼》所云'邦成''官成'，犹今之簿书矣。"[⑤]于氏《双剑誃尚书新证》："按'慎'应读'讯'。……《虢盨》：'讯讼罚取徽五孚。'是'讯'与'罚'文固相属也。"[⑥]顾颉刚、刘起釪评论道："此

---

① 顾颉刚、刘起釪：《尚书校释译论》，中华书局，2005 年，第 1661-1702 页。

② 顾颉刚、刘起釪：《尚书校释译论》，中华书局，2005 年，第 1683-1684 页。

③ 杨筠如注、黄怀信标校：《尚书覈诂》，陕西人民出版社，2005 年，第 403 页。

④ 周秉钧：《尚书易解》，华东师范大学出版社，2010 年，第 253 页。

⑤ 曾运乾：《尚书正读》，华东师范大学出版社，2011 年，第 266 页。

⑥ 于省吾：《双剑誃尚书新证》，北平大业印刷局代印精写线装本，1934 年。

释警辟，问题是仍要改字以释，不能不深长思之。然由下文屡用'庶狱庶律'之文意以观，终不能不从于先生之说。好在孙诒让已释'庶慎'为'掌法典之官'，可与于说合并以为释。"①

目前比较权威、比较通行的工具书《辞源》未收"庶慎"词条。《汉语大词典》采用的是周秉钧先生《尚书易解》的说法，把"庶慎"解释为"指众慎罚之事"。②想来大概是因为周说既不破读，又合乎文意，是一种比较持中的说法。

周秉钧先生和杨筠如先生的说法其实相同。周先生的书成书过程从 20 世纪40 年代到 80 年代，初版 1984 年由岳麓书社印行。杨先生的书成书过程从 20 世纪20 年代到 50 年代，1959 年由陕西人民出版社出版全本。③两书成书过程有一段交集，是否有相互影响不得而知。仔细推敲起来，两位先生的这种说法，破绽还是很明显的。在上举诸例中，例 2、例 3、例 4 "庶慎"与"庶狱"并列，例 1 "庶慎"与"庶言""庶狱"并列，它们都是偏正结构，"言""狱""慎"都是名词，"庶"是"众""多"的意思。《立政》中的"庶府""庶常吉士"也是相同性质的结构。两位先生的说法把"慎"理解为动词，又根据上下文意把"慎"的对象锁定为"罚"，实际上牵合了《尚书孔氏传》《尚书骈枝》等的理解，看似融通，在"慎"与"庶"搭配的前提下，自相矛盾，是根本行不通的。

二

传世文献里，"庶慎"一词仅见于《尚书·立政》，意思又很不好理解，我很怀疑它的可靠性。近年来，由于承担国家社科基金重大招标项目"先秦秦汉讹字综合整理与研究"，接触大量的讹字材料，这种怀疑越来越强烈。后来见到清华简《四告》④，证实了我的这种怀疑。

《四告》是一篇尚书类文献，其中有下面一段文字：

惟乍（作）立正立事、百尹庶帀（师），卑（俾）臘（助）相
我邦或（国），和我庶狱庶▉。（简 12—13）

《四告》"和我庶狱庶▉"与《立政》"和我庶狱庶慎"相当，不难看出，《立政》的"庶慎"应当是汉代人转写古文《尚书》中的"庶▉"而来的。《尚书·舜典》："慎徽五典。""慎"，《经典释文·序录》引作"眘"。《礼记·表记》："则慎虑而从之。"《经典释文》："慎，本亦作古眘字。"应属于相类的情况。▉和《说

---

① 顾颉刚、刘起釪：《尚书校释译论》，中华书局，2005 年，第 1684 页。
② 罗竹风主编：《汉语大词典》，上海辞书出版社，2007 年，第 1967 页。
③ 此书一部分 1928 年发表于《中山大学语言历史研究所周刊》，1949 年前后，此书前半部分作为《北强月刊》的特辑，和裴学海《老子正诂》合印在一起。参李学勤：《尚书覈诂新序版》，杨筠如注，黄怀信标校：《尚书覈诂》，陕西人民出版社，2005 年，第 1-4 页。
④ 清华大学出土文献研究与保护中心编，黄德宽主编：《清华大学藏战国竹简（拾）》，中西书局，2020 年。

文》古文 ⟨慎⟩结构相近，汉代人在整理古文《尚书》时，很容易在两者之间产生联想，因此，把 ▨ 转写为慎，是完全可能，也是非常自然的。

郭店简《语丛一》46 ▨ 字，与《四告》▨ 字结构相同，只是上部略微裂开而已。郭店简的整理者把这个字释为𢘶（慎），得到了绝大多数学者的认同。①其简文为："凡有血气者，皆有喜有怒，有慎有庄。其体有容，有色有声，有嗅有味，有气有志。"（简 45—48）从前文"有喜有怒"看，"慎"是表示与"庄"相反的意思的，可以读为颠、值、瘨、癫（实际上是一组同源词）等，表示癫狂的意思。"有慎有庄"表示有癫狂过分的状态，也有端庄正常的状态。整理者把 ▨ 释为𢘶（慎）是很正确的。当代学者的这一释读，在一定程度上可以佐证汉代人把 ▨ 释为𢘶（慎）的现象。自汉至今，相隔两千年，认知依据和路径惊人地相似。

《四告》的材料可以说明，《立政》中的"庶慎"并非向壁虚造，而是有很早渊源的。清华简的书写年代是战国中期偏晚②，"庶慎"一词的出现最晚不会晚过这个时间。

三

《立政》中有"庶慎"，《四告》中也有，出土文献和传世文献互证，似乎可以说明这个词应当是确凿可信的了。可是如果我们再往前追，就会发现事情并没有想象得那么简单。

在清华简第八辑《摄命》③中，有一个与古文𢘶十分相似的字：

5. 越四方小大邦，越御事庶百（伯），有告有 ▨。（简 4）

6. 凡人有狱有 ▨，女毋受幣（币）。（简 21—22）

7. 凡人无狱亡 ▨，乃隹（唯）惪言。（简 23）

《摄命》这个字和西周金文下面一组字有密切联系：

8. 勿雝遘庶又（有） ▨，④毋敢龏龏橐橐，乃敄鰥寡。（毛公鼎，《集成》2841）

9. 讯小大又（有） ▨，取徴五寽（锊）。（趞簋，《集成》4266）

10. 不用先王作刑，亦多虐庶民；毕讯庶又（有） ▨，不井（型）不中，乃侯之耕（争）㤩（怨）。今鞫（？）司匐（服），毕皐召故（辜）。王曰：牧，女毋敢[弗帅]先王作明井（刑）用，雯乃讯庶又（有） ▨，毋敢不明不中不井（型），乃申政事，毋敢不尹人不中不井（型）。（牧簋，《集成》4343）

---

① 武汉大学简帛中心、荆门市博物馆编著：《楚地出土战国简册合集·郭店楚墓竹书》，文物出版社，2011年，第 140 页、第 146 页。

② 经碳 14 测定，清华简年代为公元前 305 年左右。

③ 清华大学出土文献研究与保护中心编，李学勤主编：《清华大学藏战国竹简（捌）》，中西书局，2018 年。

④ "又"字拓本不可见，董珊据摹本补释文。"▨"字原缺释文，董珊释出，本文改释作"酱"。参看董珊：《略论西周单氏家族窖藏青铜器铭文》，《中国历史文物》2003 年第 4 期。

11. 雩乃讯庶又（有）■，毋敢不中不井（型）。（卌三年逨鼎，《近出二》330—393）

12. 女乃谏讯又（有）■，取微十乎（锊）。（亲簋，《近出二》440）

多位先生已经指出《摄命》和金文之间的联系，并从字形演变的角度作了详细的论证。[1]虽然论证各不相同，追索源头和梳理流变也不一样，但将二者加以认同，却是高度一致的。在《古文字中的"叠"及其用法》一文中，我曾指出：

> 如果从战国文字往上推，这个字应该本作■，字下加口作■，口中加一横作■。■之类的写法是口形繁化的结果。■之类的写法应看作两口之类写法的讹变。■之类则是从阜■声的字，是■的借字。字的上面部分的变化是先在字中加一横，然后裂变为炎。从金文到战国，字形演变的脉络是十分清楚的。[2]

《摄命》中的■、■与"狱"并列，是名词，含义与狱讼有关。西周金文中"又（有）■"（例9）、"又（有）■"（例12）的用法，"庶又（有）■""庶又（有）■""庶又（有）■"的用法，"有"是名词词头，"有～"就是"～"，"庶又（有）～"就是"庶～"，也都用为名词。金文"有～""庶有～"前面往往加上"讯"字，显然也与狱讼有关。《立政》有："太史！司寇苏公式敬尔由狱，以长我王国。兹式有慎，以列用中罚。""有慎"是名词结构，"式"的宾语，"有"也是名词词头。"式"是动词，是依据法律审断的意思，与"列用中罚"文意相贯。西周金文、《摄命》中的疑难字、《四告》中的■、《立政》中的慎含义和用法高度一致。从字形上看，《四告》中的■（昚）是《摄命》中■、■、■这类写法变过来的。《摄命》此字上面简体从"火"，下面简体从"曰"。"火"字竖笔上加一点拉成横两边下垂，成了"亦"；"曰"字讹变成了"日"。

因此，西周金文、《摄命》中的这个疑难字和《四告》中的"昚"、《立政》中的"慎"字形上有演变的关系，记录的是语言中的同一个词。

四

独立使用的古文昚最早见于春秋晚期的邾公华钟（"昚（慎）为之名"，《集成》245）、叔尸钟（"昚（慎）中乒罚"，《集成》273）、镈（"昚（慎）中于罚"，《集成》285），作■、■、■之形。前者是拓本，后者是摹本，字形当以前者最为可

① 马楠：《释"粦明"与"有昚"》，香港浸会大学饶宗颐国学院、澳门大学中国语言文学系、清华大学出土文献研究与保护中心编：《〈清华简〉国际会议论文集》，2017年；收入《古文字研究》第三十二辑，第515-517页，中华书局，2018年；李学勤：《清华简〈摄命〉篇"粦"字质疑》，《文物》2018年第9期；陈剑：《试为西周金文和清华简〈摄命〉所谓"粦"进一解》，载《出土文献》第十三辑，中西书局，2018年；陈斯鹏：《旧释"粦"字及相关问题检讨》，先秦两汉讹字学术研讨会，清华大学，2018年7月14—15日；赵平安：《古文字中的"叠"及其用法》，《中国文字》2019年春季卷。

② 赵平安：《古文字中的"叠"及其用法》，《中国文字》2019年春季卷。

靠。其写法和《说文》古文大同小异，都是上面从火，下面从日。作偏旁时也可以把日放到上面，火放到下面。如秦公簋 ("镇静不廷"，《集成》5370)、秦公镈 ("镇静不廷"，《集成》270)。前者是拓本，后者是摹本，当以拓本为据。秦景公石磬也有此字，字形却比秦公簋更清晰，也是从金，从日，从火，应分析为从金昚声，用为镇。①这些昚或从昚的字，都属于春秋晚期，表明从火日声的昚至少春秋晚期就已经出现了。昚字上部的演变是这样：火字线条化以后，在中笔上加点，点拉成一横，一横上卷，就成了《说文》古文的样子。在古文字中，火的这种变化绝非孤例。②有时候，火的横笔下垂，就成了《语丛一》和《四告》那样的写法。

关于昚字的结构，刘乐贤先生把它分析为从火日声，看作形声字。③目前已经得到学者的普遍赞同。④

昚字为什么从火？应是因为火是人们敬畏的东西。火很神圣，烧柴祭天的尞（燎），本像烧柴祭天之形，字形讹变为从火从昚，许慎解释为"祭天所以慎也"⑤，体现了对火的敬畏之情。火容易酿成灾祸，自古以来也是人类重点防范的对象。慎的本义是谨慎、慎重，所以以火作意符。

对照昚（慎）的早期写法看，金文中的这个疑难字，和它区别十分明显。金文中此字上部不从火，下部也不从日，不可能是昚（慎）字。⑥这一点应当是可以肯定的。

关于金文此字的释读目前有不同的看法，或释为粦，或释为浴，或释为潜。⑦我在《古文字中的"酓"及其用法》一文中把它释为酓。其中与狱讼有关的用法，读为讼。酓是侵部来母字，讼是东部邪母字。东、侵两部字关系密切，已为大量材料所证明。⑧舌音和齿音有不少通转的例子，其中来母和邪母也有相通之例。如隋是歌部邪母字，蓏是歌部来母字，《史记·货殖列传》"果隋"，《汉书·地理志》作"果蓏"，《周易·说卦》"果蓏"，《京房易传》作"果堕"。立是来母缉部字，习是邪母缉部字，《汉书·扬雄传》："范雎以折摺而威穰侯。"颜师古注引晋灼曰："摺，古拉字也。"摺从习声，拉从立声。《说文》柷字，异体作桎⑨，柷是之部邪

---

① 王辉：《秦铜器铭文编年集释》，三秦出版社，1990年，第23-25页。
② 《释"罙"》，《考古》1992年第10期，收入《金文释读与文明探索》，上海古籍出版社，2011年，第84-86页。
③ 刘乐贤：《释〈说文〉古文"慎"字》，《考古与文物》1993年第4期。
④ 陈剑：《说慎》，《简帛研究二〇〇一》，广西师范大学出版社，2001年；裘锡圭：《谈谈编纂古汉语大型辞书如何对待不同于传统说法的新说》，《辞书研究》2019年第3期。
⑤ [汉]许慎：《说文解字》，中华书局，1998年，第207页。
⑥ 陈剑曾把册三年逨鼎中"雩乃讯庶又（有） "的 读为慎，说即《尚书·立政》"庶狱庶慎"的慎，此说虽建立在把 释为酓的基础上，现在看来，这种联想是颇卓识的。
⑦ 马楠：《释"粦明"与"有酓"》，香港浸会大学饶宗颐国学院、澳门大学中国语言文学系、清华大学出土文献研究与保护中心编：《清华简》国际会议论文集，2017年10月25—29日；收入《古文字研究》第三十二辑，中华书局，2018年；李学勤：《清华简〈摄命〉篇"粦"字质疑》，《文物》2018年第9期；陈剑：《试为西周金文和清华简〈摄命〉所谓"粦"进一解》，载《出土文献》第十三辑，中西书局，2018年；陈斯鹏：《旧释"粦"字及相关问题检讨》，先秦两汉讹字学术研讨会，清华大学，2018年7月14—15日。
⑧ 陈剑：《释"琮"及相关诸字》，中国简帛学国际论坛2006，武汉大学，2006年11月8—10日；《甲骨金文考释论集》，线装书局，2007页，第273-316页。
⑨ [汉]许慎：《说文解字》，中华书局，1998年，第121页。

母字，异体从里声，里是之部来母字。《方言》卷十一"螼蚓"①，螼是阳母邪部，蚓是耕部来母字，黄焯先生把它视为古今声类通转的例子。②这些都是来母和邪母相通的实证。有学者怀疑来、邪两纽关系较远，不可通转，其实是不必要的。

荆门郭店简《六德》中有一个写作▨、▨之形的字。简文为：

13. 六者各行其职而▨▨亡由作也。（简23—24）

14. 此六者各行其职而▨▨蔑由作也。（简35—36）

当中疑难字的释读，学者意见颇有分歧。③陈伟先生以为简文与狱讼有关，▨是"嶽"的别体，借为"狱"，把▨▨读为"狱奸"。颜世铉先生在陈伟先生意见的基础上，读▨▨为"狱讼"，指纷争。梁立勇先生总结《六德》中▨字的用法，一类与"断"连用，一类与"讼"连用，从传世文献出发，指出能同时满足两个条件的只有"狱"字，把▨▨释为狱讼。梁文发表以后，学界意见渐趋统一，狱讼已经成为通行的说法了。问题是，字形还不能得到很好的解释。

现在看，▨字可以理解为从犬从言省。狱字本从狱从言作，一般把言字置于狱的中间。但在战国文字里，言字可以置于狱的上部，也可以置于狱的下部④，而且狱可以省掉一个犬。目前已经见到多例左从言右从犬的狱的写法，如清华简《晋文公入于晋》："命讼狱拘执释折。"（简2）《越公其事》："凡有狱讼至于王廷。"（简41）"越则无狱。"（简43）⑤狱字有上从狱下从言的写法，如温县盟书WT1K14:615、3730、3731、3749等。⑥言下的口形有时变成山，如《考古》1989年第4期第378页图2·2·3的言、《古玺文编》50·5282的讵、《古陶文汇编》3·41的闇、《古玺文编》470·3515的诲、《古玺文编》581·5456的詹等。⑦当狱字上从犬下从变为山的言时，省掉字的中部（言中口上的部分）⑧，就变成了上犬下山的写法。

▨字有两种写法，当以从大的写法为常。清华简《四告》简27中有一则"讼狱"或"狱讼"合文［文例为"讼狱（或狱讼）无得瞻顾"］，作▨之形，言旁为共用成分，下从犬（略有讹变），右上从大，大下一横是为字势的需要增加的羡符。⑨合文也从大，可见▨字从大应为常态。▨中的文是大字演变的结果。大和文的字形关系，刘源先生有专文讨论⑩，可以参看。

---

① ［清］钱绎撰集：《方言笺疏》，上海古籍出版社，1984年，第619-620页。

② 黄焯：《古今声类通转表》，上海古籍出版社，1983年，第224页。

③ 参看单育辰：《郭店〈尊德义〉〈成之闻之〉〈六德〉三篇整理与研究》，科学出版社，2015年，第258-262页。

④ 徐在国、程燕、张振谦：《战国文字字形表》，上海古籍出版社，2017年，第1398页。

⑤ 清华大学出土文献研究与保护中心编，李学勤主编：《清华大学藏战国竹简（柒）》，中西书局，2017年，第101页、第133页、第200页。

⑥ 徐在国、程燕、张振谦：《战国文字字形表》，上海古籍出版社，2017年，第1398页。

⑦ 李家浩：《燕国"洰谷山金鼎瑞"补释——为纪念朱德熙先生逝世四周年而作》，载《著名中年语言学家自选集·李家浩卷》，安徽教育出版社，2002年，第150-153页。

⑧ 省掉字的中部，是古文字演变常见的现象。参看赵平安：《隶变研究》，河北大学出版社，2009年，第52页。

⑨ 唐兰：《古文字学导论》，齐鲁书社，1981年，第226页。

⑩ 刘源：《从文邑到文神——甲骨、金文中"文"字内涵再探》，陈光宇、宋镇豪主编《甲骨文与殷商史》第6辑，上海古籍出版社，2016年。

上博简《缁衣》有字作 ，文例为："《吕型》员：'一人有庆，万民戛之。'"（简8）由于这段话可以和今本《礼记·缁衣》"《甫刑》曰：一人有庆，兆民赖之"、郭店简《缁衣》第13简"《吕刑》云：一人有庆，万民購之"对读，知道戛与"赖"或"購"相当，一般把"戛"分析为从言、大声，读为赖。[1] 依旧注，庆，善也，赖，利也。[2] 这样理解固然可通，但考虑到这个字从言从大，和 字只是部件位置不同，也可以看作讼的异体，读为颂。[3] "一人有庆，万民戛之"，就是"一人有庆，万民颂之"，这样理解，也文从字顺。这种同义、近义或相关词语替换的现象在上古汉语中是很常见的。

中的大一直没有合理的解释。我们认为完全可以看作西周金文中 之类写法的省形。上博简《容成氏》有一个作 之形的字，整理报告隶作詥。文例为"禹乃建鼓于廷，以为民之有詥告者讯焉"。自整理报告发表以来，多数学者释为讼[4]，是很正确的意见。过去释为讼，是把它看作《说文》古文 （讼）之类的写法的异体、变体或讹体。我们认为 的右面部分完全可以看作西周金文中 之类写法的省形。《说文》古文 （讼）之类的写法反倒是 之类写法讹变的结果。在金文中这类表示讼的字上加上言旁以后，原字便发展为形声字。这类形声字，两个偏旁可以相互支撑，原来的部分可以进一步省简。这是汉字发展演变的一条很重要的规律。[5] 如果这一推论可以成立，可以反证把金文这组疑难字读为讼的正确性。

既然金文中的这组疑难字读为"讼"，那么《立政》中的"庶慎"也应该读为"庶讼"。

总结本文的观点：《立政》中"庶慎"是据战国古文转写而来的，而战国古文"庶昚"的"昚"是古文字"營"字讹变的结果。和诉讼相关时，"營"应该读为讼。"庶昚"本不是"庶慎"，而是基于讹变产生的一个词。这个词语言当中原本是没有的，是基于对文字讹变的错误理解而产生的。这是一种特别值得重视的有趣现象。[6]

本文为国家社科基金重大招标项目"先秦两汉讹字综合整理与研究"（批准号：15ZDB095）和国家社科基金重大委托项目"清华大学藏甲骨的综合整理与研究"（16@ZH017A4）的阶段性成果。

（原载《中国文字》总第三期，2020年6月）

---

① 董珊：《楚简中从"大"声之字的读法（一）》，武汉大学简帛网，2007年7月8日。

② 虞万里：《上海馆藏楚竹书〈缁衣〉综合研究》，武汉大学出版社，2009年，第73-74页。

③ 讼通颂，见于上博简《诗论》简2，"《讼》，圣德也"，"讼"即指《周颂》《鲁颂》《商颂》的"颂"。

④ 单育辰：《新出楚简〈容成氏〉研究》，中华书局，2016年，第193页。

⑤ 蒋维崧：《由隶变问题谈到汉字研究的途径和方法》，《山东大学学报（哲学社会科学版）》1963年第S7期，第1-20页。

⑥ 关于这方面的讨论，可看朱庆之：《关于疑问语气助词"那"来源的考察》，《古汉语研究》1991年第2期；孙常叙：《古汉语文学语言词汇概论》，上海辞书出版社，2005年；赵平安：《对上古汉语语气词"只"的新认识》，《简帛》第三辑，上海古籍出版社，2008年；王挺斌：《论字形对词汇的反作用》，《古汉语研究》2018年第1期等。

清华简所见西周王年历日史料五则

黄怀信

（曲阜师范大学）

李学勤先生主持清华简整理研究工作未竟而离开我们，是当代中国社会科学事业的最大损失，也是我们最感悲痛的事情。纪念先生的最好方式，首先是完成先生的未竟之业。20 世纪 90 年代，先生曾是"夏商周断代工程"这一世纪科研工程的首席科学家。将清华简与断代工程结合起来进行研究并互为佐证，无疑是对先生的良好纪念。作为先生的弟子，笔者近年承担国家社科冷门绝学项目"月相纪日法与西周王年及史料编年"，并已得出初步结论。今将有关西周王年部分的结论公诸同道，并以清华简中的五条相关材料为佐证，同时也印证清华简材料之真实可信，希望得到专家朋友的批评与指正，以利将来达成最终之结论。

我们知道，断代工程的最基本内容，是西周年代学以及武王克商年之研究，而新材料已经证明，当年的结论确实存在问题。重新研究，我们所得出的结论是：

西伯昌（文王）继位之年：公元前 1097 年。

文王受命并称王之年：公元前 1056 年，继位第 42 年。

文王崩年：公元前 1048 年，受命第九年。共在位 50 年。

武王元年：公元前 1047 年，受命第十年。

武王克商之年：公元前 1044 年（1 月 9 日克商），受命第十三年、继位第四年。

武王崩年：公元前 1043 年、克商次年，继位第五年。在位 5 年。

成王元年：公元前 1042 年。在位 32 年（前 7 年周公摄政）。

康王元年：公元前 1010 年。在位 12 年。

昭王元年：公元前 998 年。在位 22 年。

穆王元年：公元前 976 年。在位 39 年。

恭王元年：公元前 937 年。在位 20 年。

懿王元年：公元前 917 年。在位 15 年。

孝王元年：公元前 902 年。在位 15 年。

夷王元年：公元前 887 年。在位 9 年。

厉王元年：公元前 878 年。在位 37 年。

以下共和、宣、幽三世没有问题，即：

共和元年：公元前 841 年。执政 14 年。

宣王元年：公元前 827 年。在位 46 年。

幽王元年：公元前 781 年。在位 11 年。

据此结论，我们可以轻松地将传世文献以及出土文献中含具体时日的材料，统统置放到具体的时日节点之上，从而使其真正活起来，进而为科学地研究西周历史提供可以信赖的材料及方便。本文专门对清华简中的几条相关材料进行时日推定，以期起到与以上结论互为佐证的作用，其中公历日期据张培瑜先生《中国先秦史历表》[①]换算。

1.《程寤》

《程寤》本是《周书》中的一篇，故传世《逸周书》有"程寤第十三"之目。《逸周书》虽有其目，而无其文，故其具体内容世人无从得知。《艺文类聚》卷八十九引《周书·程寤》曰："文王在翟，梦南庭生棘，小子发取周庭之梓于阙间，化松柏棫柞。惊以告文王，文王召发于明堂。拜吉梦，受商大命，秋朝士。"卷七十九引《周书》作"寐觉，以告文王"云云，《太平御览》卷三九七又引《周书》作"文王去商在程，正月既生魄，太姒梦见商之庭产棘"云云，此乃前人对此篇命名之故以及所记之事的基本认识。清华简有《程寤》篇，使我们对其有了具体的了解和认识。清华简《程寤》中有关时日的内容是：

> 惟王贞（正）月既生魄，大姒梦见商廷隹（惟）棘，迺（命）小子发取周廷梓树于厥间……[②]

可见其不仅内容重要，而且有具体时日。

根据我们的年表，其"惟王贞（正）月既生魄"，当文王继位第四十九年、受命八年、公元前 1049 年。该正月辛未朔，既生魄为初三日，当公元前 1050 年12 月 26 日。

2.《耆（䣆）夜（舍）》

清华简《耆（䣆）夜（舍）》记武王征䣆，即《尚书·西伯勘黎》所谓"勘黎"返归后举行庆功宴之事。其原文曰：

> 武王八年，征伐䣆，大戡之。还，乃饮至于文大室。毕公高为客，召公保奭为夹，周公叔旦为主，辛公詌甲为立，作册逸为东尚（堂）之客。吕上（尚）甫（父）命为司政（正），监饮酒。
>
> 王夜（舍）爵酬毕公……
>
> 王夜（舍）爵酬周公，作歌一终曰《輶乘》……

---

① 张培瑜：《中国先秦史历表》，济南：齐鲁书社，1987 年 6 月。

② 李学勤主编：《清华大学藏战国竹简（壹）》，上海：中西书局，2012 年 12 月，第 136 页（改简体，有校订）。

周公夜（舍）爵酬毕公，作歌一终曰《赑赑》……

周公或夜爵酬王，作祝诵一终曰《明明上帝》："明明上帝，临下之光。丕显来格，歆厥禋明（盟）。於（呜）[呼]……月又（有）盈缺，岁有歇行。作兹祝诵，万寿亡疆。"①

根据我们的年表，其"武王八年"，即文王受命第八年，当公元前1049年。当时文王年事已高，实际事务由武王代理，故有"文武受命"之说。此文为后人追记，故直接曰武王八年，实际上当时文王尚在，武王尚未正式即位。文中"周公或夜爵酬王"，其"王"即是文王，故周公祝其"万寿无疆"。

3.《保训》

清华简《保训》记文王临殁之前事。其文开头曰：

惟王五十年，不瘳。王念日之多历，恐坠宝训。戊子，自靧。己丑昧[爽]……②

其"惟王五十年"，即文王五十年，自继位起数，实亦"受命"第九年。根据我们的年表，这一年当公元前1048年。《逸周书·文传》载："文王受命之九年，时维暮春（公元前1048年2月），[王]在鄗，[召]太子发曰：'吾语汝所保所守，守之哉。'"戊子，在五月。该月壬子朔，戊子为初七日，当公历3月25日；己丑为初八日，公历3月26日。

4.《皇门》

清华简《皇（闳）门》与《逸周书·皇（闳）门》大同。此篇以周公于左闳门会群臣而名篇，实际上是周公的一篇诰辞。时间在成王元年，亦即周公摄政元年。其文开头曰：

维正[月]庚午，公格在库门（左闳门）……③

根据我们的年表，成王元年当公元前1042年。该年正月己酉朔，庚午得二十二日，相当于公历1月2日。

5.《㝮命》

清华简《㝮命》，即所谓《摄命》。该篇记周王对侄子伯㝮的一篇册命辞。原文末段曰：

……唯九月既望壬申，王在镐京，各于大室，即位，咸。士㣥右伯㝮立在中廷，北乡（向）。王呼作册任册命伯㝮：徂！④

① 《清华大学藏战国竹简（壹）》（改简体，有校订），第150页。
② 《清华大学藏战国竹简（壹）》（改简体，有校订），第143页。
③ 《清华大学藏战国竹简（壹）》（改简体，有校订），第163页。
④ 李学勤主编：《清华大学藏战国竹简（捌）》，上海：中西书局，第20页（改简体，有校订）。

　　根据内容及九月既望壬申之日辰，可以确定此乃孝王九年事。根据我们的年表，孝王九年当公元前 894 年。该九月丙辰朔，既望壬申得十七日，当公历 9 月 7 日。

　　以上五则，皆与西周王年有关。可以看出，清华简中的这五条材料，与我们所得出的西周王年结论完全吻合。同时我们也可发现，清华简材料中的西周王年称谓，并不一致，比如《保训》之"惟王五十年"，以及《耆（郜）夜（舍）》之"武王八年"。研究可以发现，《保训》用的是纯文王纪年，而《耆（郜）夜（舍）》用的是以"文武受命"纪年。《程寤》《皇（阅）门》《祭命》虽然没有明确纪年，而根据其中干支与月相，更可以计算出其具体的公历日期，可见其价值皆不容忽视。

　　以上观点与结论能否成立，希望得到诸位专家的批评！

清华简《楚居》"为郢"性质略论[*]

魏　栋

（清华大学出土文献研究与保护中心
古文字与中华文明传承发展工程协同攻关创新平台）

清华简《楚居》记载包括楚文王在内的多位楚君曾经居住过为郢，为郢"出现频率高，时间跨度大，特别引人注目"。[①]《楚居》中关于"为郢"的内容可以胪列如下：

至文王自疆郢徙居湫郢，湫郢徙樊郢，樊郢徙居为郢，为郢复徙居免郢，焉改名之曰福丘。……至成王自郙郢徙袭湫涅，湫涅徙[袭为=郢=徙]居罴（睽）郢。至穆王自睽郢徙袭为郢。至庄王徙袭樊郢，樊郢徙居同宫之北。若敖起祸，焉徙居蒸之野，蒸之野□□□，□袭为郢。至共王、康王、孺子王皆居为郢。至灵王自为郢徙居秦溪之上，以为处于章[华之台]。……至昭王自秦溪之上徙居嬍郢，嬍郢徙居鄢郢，鄢郢徙袭为郢。阖庐入郢，焉复徙居秦溪之上，秦溪之上复徙袭嬍郢。至献惠王自嬍郢徙袭为郢。白公起祸，焉徙袭湫郢，改为之，焉曰肥遗，以为处于鄝瀇，鄝瀇徙居鄝郢，鄝郢徙居郍吁。王太子以邦复于湫郢，王自郍吁徙蔡，王太子自湫郢徙居疆郢。王自蔡复鄝。

学界对为郢的研究，对其性质多是连带一提，而着重于地望的考证。目前为郢的地望学界主要有宜城郭家岗说、宜城楚皇城说、楚郢都纪南城说、当阳季家湖古城说等。[②]已有研究都很有启发性，但囿于客观研究条件，有关为郢地望的迷团远未揭开。鉴于学界对为郢性质重视不足且为郢性质与其地望考证颇有干系，故本文拟梳理有关文献专门谈谈对"为郢"性质的认识，期望有助于加深对为郢有关问题的认识。

其一，宫殿名说。守彬先生曾主张《楚居》包含为郢在内的大量"×郢"都是宫殿名称。《史记·秦始皇本纪》篇末记载有许多秦公的居处，性质与《楚居》颇为相似。《秦始皇本纪》不仅记载秦公居于某一城邑，还记载秦公居于某一宫殿，如秦文公"居西垂宫"、武公"居平阳封宫"、德公"居雍大郑宫"、宣公"居阳宫"、成公"居雍之宫"、康公及共公"居雍高寝"、桓公"雍太寝"、景公"雍高寝"、躁公"居受寝"。类比秦王居住的这些"宫""寝"，守彬认为"×郢"都是楚王宫

---

* 本文系国家社科基金青年项目"新出战国竹简地理史料的整理与研究"（18CZS073）的阶段性成果。

① 赵平安：《〈楚居〉"为郢"考》，《中国史研究》2012年第4期，第5页。

② 学术史梳理可参魏栋：《出土文献与若干楚国史地问题探论》，清华大学博士学位论文，2017年，第122-125页。

殿的名称，"×郢"应分布在当阳市季家湖古城、荆州区纪南故城内或其近郊。①将为郢等"×郢"视为宫殿名这一观点，可谓别具新意。不过，检索《故训汇纂》《汉语大字典》等辞书，未见"郢"有宫殿台寝之类的含义。学界主流看法是将"某郢"视作地名。例如《鄂君启节》铭文、常德夕阳坡简简2："王处于葴郢之游宫。"包山简简7："王廷于蓝郢之游宫。""某郢之游宫"的"之"表示领有、连属关系，这是助词"之"的一个常用用法。石泉先生主编的《楚国历史文化辞典》将"葴郢""蓝郢"都解释为地名，"葴郢""蓝郢"内设置有楚王的游宫。②

其二，正都说。赵平安先生主张为郢是楚国的都城，《楚居》疆郢以后楚都称"某某郢"，这些郢又可以简称郢，以前把郢看作一个地点是一种误会。③刘彬徽先生指出只有为郢才称得起有楚王宗庙的郢都。"单称的郢才是楚国国都，但作为楚王居处最久的'为郢'，一定和单称的郢是相近的，可以认为是一处地方……只不过是省略了郢字前面的'为'字。"④笪浩波先生指出为郢首先为楚文王所居，楚文王短暂居留于为郢时为郢非楚国都城，到文王之子楚成王时方成为楚国都城。⑤晏昌贵等先生云："楚王在诸郢之间频繁迁徙，为郢只是其中之一，楚国在当时可能并未形成单一的都城核心区。自庄王后期迁居为郢，到惠王时期迁出，为郢成为拥有特殊地位的中心都城。"⑥尹弘兵先生主张为郢当是位于楚国核心区的正都。⑦徐熠博士指出《楚居》"（楚昭王自）鄂郢徙袭为郢。阖庐入郢，焉复徙秦溪之上"中存在一个易被忽视的文本现象，即为郢可省称郢，而可单称郢的只有楚都纪南城。⑧可见，目前学界关于为郢性质的主流看法是楚国正都，具体来讲又分为两类：为郢或被认定就是楚国正都，或被认为是由楚王的高频居处演变为楚国正式都城，成为正都有个过程。学界对于为郢是楚国正都性质的判断，或主观上直接认定，并无任何学理上的论证。或以楚王居于为郢最久，为郢存续时间几乎涵盖春秋时期的大部分时段立论。或从文献文本角度研判为郢可省称为楚国都城"郢"。我们以为，学界对为郢是楚正都的研判依据颇有未安之处。首先，仅以楚君迁居为郢的极高频次来认定为郢是楚之正都难以达到逻辑上的必然性。楚文王、庄王、昭王、惠王都曾迁居包括为郢在内的多个居处，从《楚居》文本上并不能看出这些楚君迁居的为郢与其他居处在性质上有明显的差异。若将为郢的性质视为楚国都城，则其他众多的"某郢"也未尝不可视为楚国都城。若皆以"某郢"为楚之都城，则如

① 守彬：《从清华简〈楚居〉谈"×郢"》，简帛网，2011年1月9日。

② 石泉主编：《楚国历史文化辞典》，武汉：武汉大学出版社，1997年，第464、432页。

③ 赵平安：《试释〈楚居〉中的一组地名》，《中国史研究》2011年第1期，第76页；赵平安：《〈楚居〉"为郢"考》，《中国史研究》2012年第4期，第8页。

④ 刘彬徽：《关于清华简〈楚居〉的思考之二——楚族起源及其地域变迁》，陈建明主编：《湖南省博物馆馆刊》第8辑，长沙：岳麓书社，2011年，第283页。

⑤ 笪浩波：《清华简〈楚居〉与楚国都城探研》，武汉：武汉大学出版社，2022年，第250页。

⑥ 晏昌贵、罗丹：《"为郢"地望考论》，《湖北社会科学》2022年第3期，第112页。

⑦ 尹弘兵：《清华简〈楚居〉"为郢"考论》，《出土文献与中国古代文明研究暨中国先秦史学会第十二届年会论文集》（第三册），武汉大学，2023年，第15页。

⑧ 徐熠：《清华简〈楚居〉所见为郢考》，未刊稿。

很多学者所言迁都如此之频繁，有悖常理。其次，关于为郢的省称，按照出土文献中并不鲜见的"某郢"省称之例来看，"为郢"当省称作"为"而非"郢"。例如，《楚居》"郏（鄢）郢"在同篇中省称作"郏（鄢）"、新蔡葛陵楚简的"肥遗郢"在《楚居》中省称作"肥遗"。

其三，别都（陪都）说。辛德勇先生认为《楚居》楚武王、文王所居之疆郢为楚国正式都城。"像郢都这样的根本重地，或许从楚武王或楚文王入居之时起，直到被秦将白起攻陷，有可能一直保持着核心京城的地位，而文献记载的其他各处楚都，至少有很大一部分，应该具有比较浓重的别都、陪都甚至行宫色彩"。[①]赵庆淼先生指出"为郢"从春秋早期至战国初年为楚王多次徙居，在《楚居》诸"郢"中似具特殊地位，"为郢"应是楚国的别都。[②]传世文献中常见"鄢"与楚的正都"郢"并称，如《韩非子·难一》"楚两用昭、景而亡鄢、郢"，《战国策·魏策四》"秦果南攻蓝田、鄢、郢"，这足见鄢的特殊地位。东汉服虔以来鄢一直被视为楚国的别都，也是传世文献中最为著名的一处别都。目前最为流行的意见是将《楚居》"为郢"读为"鄢郢"，"鄢郢"可省称为"鄢"，照此则《楚居》为（鄢）郢便是楚之别都。笔者倾向于为郢属于楚之别都。[③]但视为郢为楚别都从学理论证上并非无懈可击。首先，将"为郢"读为"鄢郢"就有学者提出过疑虑。其次，别都的判断应当有一些客观依据。例如，在考古上，别都内必须有宫殿遗址及一些礼仪建筑等。但为郢地望尚未确考，更无考古资料等客观依据作为凭借对为郢性质做出甄别。

清人戴震曾言，为学有三难——"淹博难，识断难，精审难"。"为郢"的性质，究竟是别都（陪都），还是正都，抑或有其他可能，识断起来非常困难。但为郢性质作为为郢问题的一个基本方面，它与为郢问题的另一方面——为郢地望紧密相关，必须予以充分重视。对为郢性质的判断，深度影响乃至决定了能否合理、正确利用历史文献中历代楚国国君事迹的资料来推证为郢的地望。换句话讲，《楚居》楚君居处（含正式都城、别都等）如何准确地与历史文献中楚君事迹对应，是《楚居》楚君居处地名地望考证的基本逻辑支撑点。若如谷口满先生将《楚居》单称的"郢"（楚武王、文王的疆郢之专称）视为楚国春秋战国时的正都，包含为郢在内的十多个某郢为"临时迁居"之地[④]，那么使用历史文献中楚君事迹推考《楚居》楚君居处地名地望时，首先就要甄辨所引楚君事迹是对应于正都郢（疆郢）还是"临时迁居"之某郢。再如，若视为郢作正都，楚文王、庄王、昭王、惠王在位时除居为郢外，还曾有其他居处，这些居处之间只有楚王迁居的相对时间，居为郢的绝对时间难以确知，这也涉及楚君事迹与待考居处地名的准确对应问题。

① 辛德勇：《〈楚居〉与楚都》，清华大学出土文献研究与保护中心编：《出土文献与中国古代文明——李学勤先生八十寿诞纪念论文集》，上海：中西书局，2016年，第196页。

② 赵庆淼：《〈楚居〉"为郢"考》，《古籍整理研究学刊》2015年第3期，第25页。

③ 魏栋：《出土文献所见历代楚君居处地名群性质初探》，未刊稿。

④ ［日］谷口满：《试论清华简〈楚居〉对于楚国历史地理研究的影响》，见楚文化研究会编：《楚文化研究论集》（第十集），武汉：湖北美术出版社，2011年，第28页。

清华简所见《逸周书》语词考释八则

杨一波

（西北大学历史学院）

本文考释清华简所见的《逸周书》诸篇，即《命训》《程寤》《皇门》《祭公之顾命》四篇文献中的数处疑难语词，提出些许拙见，并求教于方家。

1. 《命训》第九支简：

丞（極）佴（恥）则民██凵██（民枳，民枳）则瘍██人██（傷人，傷人）则不㓝（義）。

传世本对应文句作：极丑则民叛，民叛则伤人，伤人则不义。

整理报告疑"凵"字当作"只"，读为"枳"，本《小尔雅》而训作"害"。[①] 简文此字，传世本作"叛"。学界对此字暂无新的观点。

"凵"字隶定作"只"的意见应当正确；而读为"枳"而训作"害"，训义可通，然似乎失于宽泛。"枳"字，段注："枳可为篱。《周书·小开》曰：'德枳维大人。'"[②]《逸周书·小开》多见"枳"字，如"维有共枳？枳亡重……德枳维大人……家枳维欲无疆"，陈逢衡曰："枳多刺，可以御外侮，故借以为屏藩之义。"[③] "枳棘"连言多见于经典，如《孔丛子》《韩非子》《楚辞》《山海经》等，以"枳棘"之多刺，当可引申为屏藩之意，亦可为"害"义，这应当是整理报告所据《小尔雅》训义的来源。

《小开》"德枳维大人"下，洪颐煊曰："枳即枝字……德枳维大人……言大人为德之枝。"[④]"枳""枝"相通之例见于《尔雅》。《释地》："中有枳首蛇焉。"郭注："岐头蛇也。"《经典释文》："郭巨宜反，孙音支，云：'蛇有枝首者，名曰率然。'"[⑤]郝懿行《尔雅义疏》："然则孙读为'枝'，郭读为'岐'。岐、枝、枳，音皆近。"[⑥]如郝氏所言，"岐""枝""枳"三字上古音俱属支部。《说文解字》："叠，周文王所封。在右扶风美阳中水乡。岐，或从山支声，因岐山以名之也。"段注："经典有岐无叠……师古曰：'叠，古岐字。'……薛综注《西京赋》引《说文》：'岐

① 清华大学出土文献研究与保护中心编，李学勤主编：《清华大学藏战国竹简》（伍），上海：中西书局，2015年，第129页。引文未简化，下同。
② 段玉裁：《说文解字注》，上海：上海古籍出版社，2017年，第245页。
③ 黄怀信、张懋镕、田旭东：《逸周书汇校集注》，上海：上海古籍出版社，2007年，第224-225页。
④ 黄怀信、张懋镕、田旭东：《逸周书汇校集注》，第225页。
⑤ 郭璞注，邢昺疏：《尔雅注疏》，上海：上海古籍出版社，2010年，第332页。
⑥ 郝懿行：《尔雅义疏》，上海：上海古籍出版社，2023年，第833页。

山在长安西美阳县岍。山有两岐，因以名焉。'此《说文·山部》原文也。山有两岐，当作山有两枝。山有两枝、故名曰岐山。"①所谓"山有两岐"可理解有"分岔"义，再引申"分别""差别"义。"只"字上古音属支部章纽，"岐"字上古音属支部羣纽，二字叠韵，可相通假。

简本《命训》"只"字可读为"岐"，训作由"分别""差别"义引申出的"分歧"义。相关简文可具体理解为：人民与君主之间有分歧，而有分歧便会相争，相争即会伤人，伤人则是不义之举。如此便训义具体，且与上下文意相类。

2.《命训》第十二至第十四支简：

帚〓（權）不蠲（法）……事不䮞（震）……樂不緟（伸）……豊（禮）□□则不贵，埶（藝）淫（淫）则割（害）於材（才）……事䮞（震）则不攻（功）。

传世本对应文句作：权不法……事不震……乐不满……礼无时则不贵，艺淫则害于才……事震则寡功。

整理报告认为简文隶定作"䮞"字，待考。②赵平安先生认为，"䮞"字应即"耕"字，"耕"通作"震"。③程浩先生认为："可以考虑将此字读为'治理'之'理'，遂可与'事'这一概念进行搭配，亦比较符合句意。"④王逸清先生将"䮞"字重新隶定作"犅"，认为："读为'埥'，训为整、治。"⑤

"䮞"字训作"整治""治理"的意见，尚可商榷。简本《命训》中与"事"搭配的概念，首先出现的是"动"而不是"䮞"，即简本上文"动之以事"。上文列举的简文，"权不法"可理解为，权力不加于守法之人，"乐不伸"可理解为，音乐之事不过盛，此类文句皆论述"明王"施政应当如何做；"礼[无][时]则不贵"可理解为，礼仪没有时节，就不显得珍贵，"艺淫则害于才"可理解为，技艺过于精巧，就会损害材料，此类文句皆论述"明王"施政不应当如何做。可以看出，"事不䮞"属于"明王"施政应如何做的范围；"事䮞则不功"则属于"明王"施政不应如何做的范围。如若将"䮞"字训作治理，简文则需理解为"事务不治理"与"事务治理就会没有功绩"，而此训释与《命训》文意相矛盾。

简本"䮞"字，可如赵先生所言，隶定作"耕"，但无须与传世本"震"字联系，而可读为"争"，训作相争、争夺。"耕""争"上古音俱属耕部，二字叠韵，可相通假。《周礼·地官司徒》："以阳礼教让，则民不争。"《释文》："不争，争斗之争。"孔疏："皆以齿让为礼，则无争。"⑥"䮞"字读为"争"，相关简文可具体

① 段玉裁：《说文解字注》，第 285 页。
② 清华大学出土文献研究与保护中心编，李学勤主编：《清华大学藏战国竹简》（伍），第 130 页。
③ 赵平安：《释清华简〈命训〉中的"耕"字》，《深圳大学学报（人文社会科学报）》2015 年第 3 期，第 36 页。
④ 程浩：《释清华简〈命训〉中对应今本"震"之字——兼谈〈归藏〉〈筮法〉的"震"卦卦名》，《出土文献》，2015 年第 1 期，第 221 页。
⑤ 王逸清：《清华简〈命训〉中的"勅"字》，《出土文献》2016 年第 1 期，第 136 页。
⑥ 郑玄注，贾公彦疏：《周礼注疏》，上海：上海古籍出版社，2010 年，第 340 页。

理解为"事务中不相争夺"与"事务中争夺就会没有功绩"。如此便符合《命训》论述"明王"施政的两方面内容。

3.《程寤》第一支简：

迺半▆（小子）鑾（發）取周廷杍（梓）桓（樹）于垕（厥）閒（間），壘▆（化爲）松柏棫柞。

卢文弨《抱经堂丛书·逸周书》据《艺文类聚》七十九、八十九及《太平御览》三九七、五三三辑佚《程寤》，简本对应文句作：小子发取周庭之梓树于阙间，化为松柏棫柞。

整理报告指出"壘"字为"壘为"合文，"壘"字可读为上古音同属歌部的"化"字。[1]"化为"之意导致研究诸家多认为"棘"变化为"松柏棫柞"。

"棘"与"松柏棫柞"当非对应转化的关系，"松柏棫柞"应当是由于太子发将梓树种于商廷而产生。"化"字应当准确地训作"变化出"，而不是"变化为"。《周礼·秋官司寇》："若欲其化也，则春秋变其水火。"郑注："化犹生也。"[2]即化有产生之义。依据简本下文，文王言"梓松柏副""惟容纳棘""惟梓敝不义"诸语，皆包括"梓""棘"而论，可知在"太姒之梦"中，太子发将梓树种下，变化出松树、柏树、棫树与柞树的同时，梓树并没有消失，棘也没有消失。明确于此，有助于准确把握"太姒之梦"为吉梦的涵义。

4.《程寤》第六支简：

徒庶言迷，引（矧）又勿亡脒（秋）明武禄（威），女（如）棫柞亡茞（根）。

诸书所见《程寤》佚文未有对应文句。

整理报告表示"言"字下一字不识，即"迷"字无法确定为何字；认为"矧"义同"又"；疑"秋"为"由"；将"脒（秋）"读为"由"，以"明武威"为一词。[3]据报告所言，"矧"训作"又"义，简文连读即是"又又勿亡"，此恐文意不通。可据周波先生、张崇礼先生、季旭升先生等人意见，将"迷"字读为"肆"，同时，复旦大学出土文献与古文字研究中心研究生读书会与周波先生认为"引（矧）"字隶定不确，当隶定作"射"字的观点，亦可采纳。[4]陈民镇先生认为："'肆'，故也（参《尔雅·释诂下》），作连词解。'射'笔者认为可读作'绎'。'射''斁'通……《礼记·射义》云：'射之为言者，绎也。'孔疏云：'射者，是绎也。绎，

① 清华大学出土文献研究与保护中心编，李学勤主编：《清华大学藏战国竹简》（壹），上海：中西书局，2010 年，第 137 页。

② 郑玄注，贾公彦疏：《周礼注疏》，第 1246 页。

③ 清华大学出土文献研究与保护中心编，李学勤主编：《清华大学藏战国竹简》（壹），第 138 页。

④ 周波先生等人的观点见于复旦读书会《程寤》释文下评论，可详参复旦大学出土文献与古文字研究中心研究生读书会：《清华简〈尹至〉〈尹诰〉研读札记》（附：《尹至》《尹诰》《程寤》释文），复旦大学出土文献与古文字研究中心网站，http://www.gwz.fudan.edu.cn/Web/Show/1352，2011 年 1 月 5 日；季旭升：《清华大学藏战国竹简（壹）读本》，台北：艺文印书馆，2013 年。

陈也，言陈己之志。'乃陈述之义。"①可据陈先生的意见，将"射"字读为"绎"而训作陈述。上文所列举的简文，据诸家观点，可重新作"徒庶言达（肆）射（绎），又勿亡䄣（秋）明武禔（威），女（如）樴柞亡堇（根）"。

简文"庶言"，数见于《尚书》。《立政》："文王罔攸兼于庶言。"孔传："文王无所兼知于毁誉众言及众刑狱、众当所慎之事。"《礼记·缁衣》引《君陈》："出入自尔师虞，庶言同。"郑注："众言同，乃行之。"据孔、郑所言，"庶言"当可理解为众言之意。"肆"字，应当可训作极。《说文》："肄，极陈也。"段注："极陈者，穷极而列之也……经传有专取极意者，凡言纵恣者皆是也。《释言》曰：'肆，力也。'毛传《大明》《皇矣》传曰：'肆；疾也。'皆极陈之义之引伸也。"②简文"徒庶言达引"当可读为徒庶言肆绎，具体理解为"仅仅众人说得再多"。

简文"又勿亡秋明武威"之"勿"字有可能为衍文，不能排除写手在抄写过程中因下"亡"字，而衍一"勿"字的可能性。观察此句简文的句式，"秋明武威"与"根"相对，可作譬喻：（周）没有"秋明武威"就好比植物失去根一样。此种解释应当符合基本逻辑与历史背景。如若作"勿亡"，双重否定表示肯定，即"秋明武威"直接与"亡根"相对，则文意难以讲通。简文"秋明武威"当以"秋明""武威"各为一词。可据黄怀信先生的意见，将"秋明"读为"钦明"，训作"文德"。③此读训与"武威"之意相对，也与简本下文"何襄非文"句意相应。文王此句之意是在强调，考虑想要思考"太姒之梦"，即想要达成周代商命的伟业，说得再多也不济事，需要切实地去做，包括文政与军事等方面。

5.《皇门》第五至第六支简与《祭公之顾命》第十一支简：

先神示（祇）逗（復）式〈式〉用休，卑（俾）備（服）【五】才（在）屖（厥）豪（家）。

康受亦弋（式）甬（用）休。

传世本对应文句作：先人神祇报职用休，俾嗣在厥家。康受义之，式用休。

整理报告本《左传·定公四年》杜注，将"复"训作报答。④研究诸家没有过多关注此字的训义。

《定公四年》："初，伍员与申包胥友。其亡也，谓申包胥曰：'我必复楚国。'申包胥曰：'勉之，子能复之，我必能兴之。'"杜注："复，报也。"⑤此伍子胥所言"复"字训"报"，并非取"报答"义，而是"报复""复仇"义。"报"之"报答""回报"义应当多指下对上或对等关系而言。《诗经·小雅·蓼莪》"欲报之德"

---

① 禤孝文：《清华简〈程寤〉集释》，复旦大学出土文献与古文字研究中心网站，http://www.gwz.fudan.edu.cn/Web/Show/1653，2011 年 9 月 17 日。

② 段玉裁：《说文解字注》，第 453 页。

③ 黄怀信：《清华简〈程寤〉解读》，《鲁东大学学报（哲学社会科学版）》，2011 年第 4 期，第 54 页。

④ 清华大学出土文献研究与保护中心编，李学勤主编：《清华大学藏战国竹简》（壹），第 168 页。

⑤ 杜预注，孔颖达疏：《春秋左传正义》，北京：北京大学出版社，1999 年，第 1557 页。

下，郑笺："欲报父母之德。"《郑风·女曰鸡鸣》："知子之好之，杂佩以报之。"孔疏："若知子之与我和好之，当豫储杂佩，去则以报答之。"①此为"报"训"报答"之例。简本《命训》"不忠则无复"之"复"字亦训作下对上的"报答"义。上文所列简文之意是指先人、神祇降福给众臣，使其更好地为王室王家出力，属于上对下的地位顺序。《诗经》中亦见有表"上对下地位顺序"之"报"字。《小雅·楚茨》《信南山》《甫田》有"报以介福，万寿无疆"。《楚茨》下，孔疏："报之以大大之福，使孝孙得万年之寿。"②此"报"字应当不能训作"报答"，而与"降福""赐福"诸义相关。

此处简文上对下关系的语境与《小雅·楚茨》诸篇相似，"复"字可训作"报"，然不当理解为"报答"。《说文》："复，往来也。"段注："《辵部》曰：'返，还也'；'还，复也。'皆训往而仍来。"③《尔雅·释言》："复，返也。"郭注："皆回返也。"郝懿行曰："《易·杂卦》云：'复，返也。'《诗·黄鸟》及《我行其野》笺传并同。"④应当将"复"之训"报"具体理解为"降""赐"，取往来之义的一方面，则可准确理解文意。

《皇门》整理报告据《诗经·邶风·式微》郑笺与传世本《逸周书·祭公》下潘振《周书解义》而认为"式"字为语助词，并指出参看《尚书·多方》"天惟式教我用休"；《祭公之顾命》整理报告亦据《式微》郑笺而认为"式"字为语助词。⑤研究诸家没有过多关注"式"字的训义。

察《多方》此文，"惟"字已作语助词，"式"字恐不当再作之，孔传："惟用教我用美道代殷。"⑥可知《多方》"式"字并不为语助词，而当训作"用"。上文所列的两处简文"式用"之"式"字，应当皆训作"用"，"式用"为同义连言词。《尔雅·释言》："式，用也。"郭注："见《诗》《书》。"郝懿行曰："式者，《说文》云：'法也。'法制为人所用，故'法、庸'《释诂》并训'常'，'庸'即'用'，言常用也。"⑦《诗经·小雅·小命》："神之听之，式谷以女。"《左传·成公二年》："蛮夷戎狄，不式王命。"郑笺、杜注并以"用"训"式"。⑧

6.《皇门》第六至七支简与《祭公之顾命》第六支简：

孫〓（子孫）用【六】檖（末）被先王之耿光。

鋚（兹）由（迪）遝（襲）爭（學）于文武之曼惪（德）。

传世本对应文句作：万子孙用末被先王之灵光。兹申予小子追学于文武之蔑。

---

① 毛亨传，郑玄笺，孔颖达疏：《毛诗正义》，第778页、第295-296页。
② 毛亨传，郑玄笺，孔颖达疏：《毛诗正义》，第813页。
③ 段玉裁：《说文解字注》，第76页。
④ 郝懿行：《尔雅义疏》，第367-368页。
⑤ 清华大学出土文献研究与保护中心编，李学勤主编：《清华大学藏战国竹简》（壹），第168页、第177页。
⑥ 孔安国注，孔颖达疏：《尚书正义》，北京：北京大学出版社，1999年，第461页。
⑦ 段玉裁：《说文解字注》，第314页。
⑧ 毛亨传，郑玄笺，孔颖达疏：《毛诗正义》，第803页。杜预注，孔颖达疏：《春秋左传正义》，第709页。

《皇门》整理报告依据《尚书·立政》孔疏，将"𢆶"读为"末"而训作"终"。^①赵思木先生认为，《皇门》"𢆶"字与《祭公之顾命》"文武之曼惪（德）"之"曼"字，都可视同金文"蔑历"之"蔑"字，训作"嘉美"；传世本《祭公》"蔑"与简文"曼德"皆指文武之美德。^②

整理报告关于"𢆶"字的意见，应当正确；简本《祭公之顾命》"曼惪（德）"之"曼"字亦不当与"蔑"字之义相关联。传世本《皇门》"万子孙用末被先王之灵光"下，孔晁注："末，终。"陈逢衡曰："谓终受其福也。"^③陈氏之言应当已基本解释清楚"末"训"终"字之义。

《说文》："蔑，劳目无精也。"段注："通作眜，如《左传》'公及邾仪父盟于蔑''晋先蔑'，《公》《谷》皆作眜是也。引伸之义为细，如木细枝谓之蔑是也。又引伸之义为无，如'亡之命矣夫'，亦作'蔑之命矣夫'是也。"^④察之经典，"蔑"字本身并无训作美、好之例，而多训"无""轻"与"细"诸义，或假他字。简本《皇门》"蔑有耆耇虑事屏朕位"之"蔑"字即当训作"无"。《诗经·大雅·板》"丧乱蔑资"下，毛传："蔑，无。"《桑柔》"国步蔑资"下，郑笺："蔑犹轻也……国家为政，行此轻蔑民之用资。"^⑤《尚书·君奭》："文王蔑德降于国人。"孔传："而五人以此道法教文王以精微之德。"^⑥蔡沈以"蔑"训作"无"；王先谦以"无"当作"亡"；于省吾先生认为"蔑德"之"蔑"字当释作"威"，"威"讹作"威"，又假作"蔑"。^⑦晁福林先生认为："'蔑'字意同眊，当读若冒，用若勖，意为勉……'蔑历'应当读若冒（勖、勉）、劢（励）……以口头勉励的形式加强周王与臣下（或上下级贵族间）的关系，以保持相互间的和谐。"^⑧

传世本《祭公》"文武之蔑"下，王念孙曰："穆王在武王后四世，故曰追学于文武之末。"于鬯曰："'蔑'疑本作'茂'，字形相近而误……此穆王言追学文武之茂功，故下文祭公言'维文王受之，维武王大克之，咸茂厥功'。问答之语，正相照应。茂功者，大功也。"^⑨王念孙即将"蔑"读为"末"而训"终"。于鬯的观点应当给予重视。"茂""蔑"不止在字形上有所关联，二字一声之转，上古音俱属明纽，当亦可能音近相通。上文引晁先生所论，"蔑历"之"蔑"当读若"冒"，"冒"字上古音亦属明纽。《尔雅·释诂》："茂，丰也。"郝懿行曰："茂者，《说文》：

---

^① 清华大学出土文献研究与保护中心编，李学勤主编：《清华大学藏战国竹简》（壹），第168页。

^② 赵思木：《清华大学藏战国竹简（壹）集释及专题研究》，博士学位论文，华东师范大学，2017年，第299-300页。

^③ 黄怀信、张懋镕、田旭东：《逸周书汇校集注》，第551页。

^④ 段玉裁：《说文解字注》，第145页。

^⑤ 毛亨传，郑玄笺，孔颖达疏：《毛诗正义》，第1148页、第1179页。

^⑥ 孔安国注，孔颖达疏：《尚书正义》，第445页。"五人"即《君奭》上文所言"惟有若虢叔，有若闳夭，有若散宜生，有若泰颠，有若南宫括"。

^⑦ 顾颉刚、刘起釪：《尚书校释译论》，北京：中华书局，2005年，第1579-1580页。

^⑧ 晁福林：《金文"蔑历"与西周勉励制度》，《历史研究》2008年第1期，第35页、第38页、第41页。

^⑨ 黄怀信、张懋镕、田旭东：《逸周书汇校集注》，第928-929页。

'艸丰盛。'……《诗》'德音是茂'，笺注并云：'茂，盛也。'《诗》'子之茂兮''种之黄茂'，传并云：'茂，美也。''美''盛'义同。"①可知，"文武之茂"当即"文武之美"，"大""美""盛"诸义皆近。《君奭》"蔑德"有可能亦即"茂德"。简本《祭公之顾命》作"曼德"。"曼"与"茂""蔑"上古音同属明纽。《说文》："曼，引也。"段注："《鲁颂》毛传曰：'曼，长也。'"②《诗经·鲁颂·閟宫》："松桷有舄、路寝孔硕……孔曼且硕，万民是若。"郑笺："孔，甚。硕，大也。曼，修也，广也。"③"长""大""美""盛"诸义亦近。简本《祭公之顾命》之"曼德"当可训作"茂德"，即美德、大德。

7.《祭公之顾命》第五至第七支简：

我亦隹（惟）又（有）若且（祖）【五】周公概（暨）且（祖）卲（召）公，緐（兹）由（迪）逋（襲）学（學）于文武之曼惪（德），克夹卲（紹）厱（成）康，甬（用）臧（畢）【六】厱（成）大商。

传世本对应文句作：我亦维有若文祖周公暨列祖召公，兹申予小子追学于文武之蔑。周克竟绍成康之业，以将天命，用夷居之大商之众。

整理报告将"卲"读为"绍"，以简文"夹卲（绍）"为辅佐之义。④季旭升先生认为"卲"字当读为"召"。⑤刘师培以传世本"我亦维有若文祖周公"之"我"字当为衍文。⑥黄怀信先生认为："按下言'有若周公、召公'，则'我亦'二字不当有，疑是涉后文'我亦'而衍，或是'在昔'之误……夹辅成王者周、召二公，绍康王者昭王，故下文言'成、康、昭主旨刺（烈）'。然则此'绍'前当有昭王字样。疑当作'用克夹辅成王。昭考绍康王，以将天命'，脱'昭考'。下文曰'弘成、康、昭考之烈'，是其证。"⑦黄先生所论之意当有二：一、穆王言"我有"周公、召公，于其身份不符，故简文"我亦"盖为衍文；二、简文"克夹绍成康"可能有脱文。

察简本上文，穆王言文、武之事，文王、武王可言"有"周公、召公，而穆王似乎不当言"有"周、召二公，此处简文的"我亦"二字应当如黄先生所言，有可能是因简本下文而衍。

简文"克夹绍成康"当无脱文，"夹绍"二字应分别训释。《尚书·顾命》："王不怿……乃同召太保奭、芮伯、彤伯、毕公、卫侯、毛公。"孔传："此先后六卿

---

① 郝懿行：《尔雅义疏》，第 135 页。
② 段玉裁：《说文解字注》，第 115 页。
③ 毛亨传，郑玄笺，孔颖达疏：《毛诗正义》，第 1424 页、第 1425 页。
④ 清华大学出土文献研究与保护中心编，李学勤主编：《清华大学藏战国竹简》（壹），第 176 页。
⑤ 季旭升：《清华大学藏战国竹简（壹）读本》，2013 年。
⑥ 黄怀信、张懋镕、田旭东：《逸周书汇校集注》，第 928 页。
⑦ 黄怀信：《清华简〈祭公〉篇校释》，清华大学出土文献研究与保护中心编：《清华简研究（第一辑）：〈清华大学藏战国竹简（壹）〉国际学术研讨会论文集》，上海：中西书局，2012 年，第 231 页。

次第，冢宰第一，召公领之。"①"奭"即召公之名。《顾命》书序言"成王将崩，命召公、毕公率诸侯相康王，作《顾命》"。《史记·周本纪》亦有相关记载："成王将崩，惧太子钊之不任，乃命召公、毕公率诸侯以相太子而立之。成王既崩，二公率诸侯，以太子钊见于先王庙，申告以文王、武王之所以为王业之不易……作《顾命》……康王即位，遍告诸侯，宣告以文武之业以申之，作《康诰》。"②简文"克夹绍成康"的叙述符合史实，召公不仅辅佐成王，亦辅佐康王。简文"夹"字应当训作辅佐。《左传·僖公二十六年》："昔周公、大公股肱周室，夹辅成王。"③此"夹辅"为同义连言词。简文"绍"字应当训作继承。《尔雅·释诂》："绍，继也。"郝懿行曰："绍者，《谥法》云：'疏远继位曰绍。'《一切经音义》八引《尔雅》注云：'绍，继道也。'"④《说文》用《尔雅》。《尚书·盘庚》："绍复先王之大业，厎绥四方。"孔疏："继复先王之大业，致行其道，以安四方之人。"⑤再据上文所引《尚书·顾命》《史记·周本纪》等，简文"绍"字，可具体理解为使（康王）可以继承（成王）。

整理报告将"臧"读为"毕"，本《仪礼·少牢馈食礼》郑注将"毕"训作"成"，并指出简本"臧"字，清华简《金縢》作"臧"，用为"拔"字。⑥察整理报告之义，当以简文"毕成"为同义连言词。禄书果先生认为："从上下文义来看，疑此句原应当在'用膺受天之命敷闻在下'句后，战胜大商应该是文武之功，不应放在成康之后。"⑦禄先生以受商命而灭商之事应当为文武所为，似乎不当置于成康之下。季旭升先生认为"成"应当释作"平"，简文之义为，完全平定殷商的残存势力。⑧赵思木先生引王凤阳先生说，认为"毕成大商"之"成"字可理解为，使商与周"和谐"。⑨

简文"用毕成大商"之意与灭商之事相关。传世本"用夷居之大商之众"下，孔晁注："夷，平也。言大商，本其初也。"潘振曰："以平安大商之众也。"陈逢衡曰："言克抚有殷遗也。"唐大沛曰："夷居，言平定安居也。"⑩细察孔晁与潘、陈、唐等人所作训释，应当可看出，孔晁仅言"平""大商"而不言"居""众"之意。如若孔晁所见版本如传世本所作，则似乎无需作"本其初"的解释。使殷商遗民得以安定，应当更多地本就发生在成康之时，特别是在成王时代。有可能的情况是，孔晁所见的《祭公》版本可能没有"居""众"等字，后人因灭商之事

---

① 孔安国注，孔颖达疏：《尚书正义》，第 495 页。
② 泷川资言：《史记会注考证》，北京：新世界出版社，2009 年，第 267 页。
③ 杜预注，孔颖达疏：《春秋左传正义》，第 432 页。
④ 郝懿行：《尔雅义疏》，第 67 页。
⑤ 孔安国注，孔颖达疏：《尚书正义》，第 226 页。
⑥ 清华大学出土文献研究与保护中心编，李学勤主编：《清华大学藏战国竹简》（壹），第 176 页。
⑦ 禄书果：《清华简〈书〉类文献整理与研究》，博士学位论文，郑州大学，2017 年，第 360 页。
⑧ 季旭升：《清华大学藏战国竹简（壹）读本》，2013 年。
⑨ 赵思木：《清华大学藏战国竹简（壹）集释及专题研究》，第 341 页。
⑩ 黄怀信、张懋镕、田旭东：《逸周书汇校集注》，第 930 页。

不属成、康，而使殷遗民"夷居"之事则属之，故加"居""众"等字，从而形成传世本所见文句。孔晁言"夷，平也"，此"平"加以传世本"居"字，确可依潘振诸人之言理解为"安定"之意，然而孔晁之意更可能理解为由"铲平"义引申而成的"平定"义。《左传•成公十六年》："将塞井夷灶而为行也。"杜注："夷，平也。"① "塞井夷灶"亦见于《襄公十四年》，意即填井平灶，表示义无反顾地投入战斗。此即"夷"之"铲平"义。《诗经•小雅•出车》："赫赫南仲，玁狁于襄……赫赫南仲，玁狁于夷。"毛传："襄，除也。夷，平也。"② "襄""夷"对文，为平定玁狁之意。此即"夷"之"平定"义。

简文"臧成"，可据清华简《金縢》例，读为"拔成"。"拔"字之义与孔晁注"夷，平也"之"平定"义相应。拔，尽、灭绝。《释诂》："灭、歼、拔、殄，尽也。"郝懿行曰："拔者……犹言把绝也，陈根悉拔，故为尽……又言'拨'也，与'灭、绝'义同。《诗》云'本实先拨'，郑笺：'拨犹绝也。'"③《诗经•大雅•荡》："枝叶未有害，本实先拨。"郑笺："喻纣之官职虽俱存，纣诛亦皆死。"④ "死"即"灭绝"之意。"成""就"二字，《说文》《尔雅》互训。"成"字可表较为抽象之意，如《诗经》"成之""大成""厥成"与"有成"等，皆表示所成就、事情完成之意。"拔成"具体理解为灭绝终结大商之意。

8.《祭公之顾命》第十三支简：

宝（皇）窒（戗）方邦，不（丕）隹（惟）周之旁（旁）。

传世本对应文句作：文武之子孙，大开封方于下土。

整理报告将"宝"读为"皇"而训作"大"；将"窒"读为"戗"，本《广雅》而训作"盛"。⑤宋华强先生、邓少平先生等认为，"宝""窒"当读为"广""戗"二字。⑥季旭升先生、赵思木先生等支持其说。⑦

可据宋先生与邓先生等意见，将"宝"读为"广"；而"窒"字则似乎不当读为"戗"。据简本上下文意，"广窒方邦"不当理解为"戗胜"邦国，而当与分封诸侯之意相关。黄怀信先生怀疑"窒"当读为"成"，亦认为此处简文与分封相关。⑧简文"窒"字，应当可读为"谌"，训为信任、信赖。《说文》："谌，诚谛

---

① 杜预注，孔颖达疏：《春秋左传正义》，第779页。
② 毛亨传，郑玄笺，孔颖达疏：《毛诗正义》，第600页、第602页。
③ 郝懿行：《尔雅义疏》，第133页。
④ 毛亨传，郑玄笺，孔颖达疏：《毛诗正义》，第1161页。
⑤ 清华大学出土文献研究与保护中心编，李学勤主编：《清华大学藏战国竹简》（壹），第177页。
⑥ 宋华强：《释史墙盘铭文的"戗"》，简帛网，http://www.bsm.org.cn/show_article.php?id=1365，2011年1月6日。邓少平先生的观点与论述见于复旦读书会《清华简〈祭公之顾命〉研读札记》文后评论，可详参复旦大学出土文献与古文字研究中心研究生读书会：《清华简〈祭公之顾命〉研读札记》，复旦大学出土文献与古文字研究中心网站，http://www.gwz.fudan.edu.cn/Web/Show/1354，2011年1月5日。
⑦ 季旭升：《清华大学藏战国竹简（壹）读本》，2013年。赵思木：《清华大学藏战国竹简（壹）集释及专题研究》，第353-354页。
⑧ 黄怀信：《清华简〈祭公〉篇校释》，第234页。

也。《诗》曰:'天难谌斯。'"段注:"《释诂》:'谌,信也。'……'天难谌斯',《大雅》文,今《诗》作'忱',毛曰:'忱。信也。'……今《诗》'其命匪谌',《心部》作'天命匪忱。'"①《大雅·荡》"其命匪谌"下,毛传:"谌,诚也。"②方邦即方国,四方诸侯之国。相关简文可具体理解为,广泛地信赖所分封的诸侯之国,这是周的依傍。如此读释更符合上下文意与周穆王时期的历史背景。

---

① 段玉裁:《说文解字注》,第 92 页。
② 毛亨传,郑玄笺,孔颖达疏:《毛诗正义》,第 1154 页。

清华简《五纪》"大音"与《五音图》图式略论
——重读李学勤先生《伶州鸠与武王伐殷天象》

程　薇

（清华大学出土文献研究与保护中心
古文字与中华文明传承发展工程协同攻关创新平台）

李学勤先生是著名的历史学家、考古学家、古文字学家、古文献学家、教育家，在诸多领域皆有重要建树，一些学术见解具有深远影响，对当下相关问题的深入研究仍具有重要的指引作用，正如谢维扬先生所言："在李先生一生所留下的极为珍贵的学术遗产中，除了浸透他毕生心血的数量众多的高水平研究成果外，尤其令我们备加珍视的，是其在近三四十年中所提出的一系列有极重要价值的学术观点。它们是现代学者沿正确方向和以正确方法进一步推进古史、古文字学和古文献研究及考古相关课题研究的利器。"①

为什么李先生的学术遗产会成为相关课题研究的利器？这和李先生对理论的重视分不开，要使问题得到深入的研究，必然要有广阔的文化背景和一定的理论高度。李先生曾强调"我们具体研究一个问题、一件文物，目的似乎是狭小的，但不能没有正确的方向，不能没有广阔的眼界。把理论、材料、眼界三方面的修养结合在一起，我们的学术研究才能有所进步"②，"我们研究古代既需要有鹰一样锐利的眼睛，去发现问题，抓住问题，更需要理性认识，把具体的问题上升到一定的理论高度去认识"。③

长期以来，李先生从自身要求出发，"把中国古代文明放到整个人类文明历史的背景中，去考察、理解、比较和估价，从而做出具有理论高度的贡献，这是我长期企望的目标"。④这点李先生做到了。谢维扬先生之语，正是对李先生为学界所做出的"具有理论高度的贡献"的贴切评价。

近日重读李先生早年所著的《伶州鸠与武王伐殷天象》（以下简称《伐殷天象》）⑤，其中所蕴含的理论高度和广阔眼界，对我们重新认识清华简中的"大音"

---

①　谢维扬：《李先生的学术思想是留给古史学界的宝贵学术遗产》，《出土文献》2020 年第 2 辑，第 136 页。
②　李学勤：《理论·材料·眼界》，原载《书林》1984 年第 4 期；收入《缀古集》，上海古籍出版社，1998 年，第 205-208 页。
③　李学勤：《中国古代研究一百年》，1997 年春在西北大学演讲记录，原载《人文杂志》1997 年第 5 期。收入《中国古代文明十讲》，复旦大学出版社，2003 年，题为"中国古代文明研究一百年"，略有修订；《中国社会科学院学术委员文库·李学勤文集》，上海辞书出版社，2005 年。
④　李学勤：《走出疑古时代》自序，长春出版社，2007 年。
⑤　李学勤：《伶州鸠与武王伐殷天象》，《清华汉学研究》第 3 辑，清华大学出版社，2000 年；收入《夏商周年代学札记》，辽宁大学出版社，1999 年；《中国社会科学院学术委员文库·李学勤文集》，上海辞书出版社，2005 年。

问题[清华简（十一）《五纪》]、《五音图》中"五角星"图式的产生问题[清华简（十三）]具有重要的指引作用。故我们将相关的思考加以整理，以就教于相关领域的专家学者。①

一

清华简《五纪》篇公布后，有学者将简文中的"五纪"与《国语》所载伶州鸠之语作了对照研究，比如赵益先生的《清华简〈五纪〉与"关系型宇宙论"》指出："简文中'五纪'为'日、月、星、辰、岁'，与《国语·周语下》载伶州鸠语'昔武王伐殷，岁在鹑火，月在天驷，日在析木之津，辰在斗柄，星在天鼋'之'岁、月、日、辰、星'相同。"②

伶州鸠这段话描述的是武王伐殷时的天象，其后伶州鸠还说了一大段话，包括"五位""三所"等内容，过去李先生在《伐殷天象》中详细分析了这段材料，指出："'五位'即岁、月、日、星、辰，'三所'即逢公所凭神、周分野所在、后稷所经纬，见于韦昭注。注文又说，'自鹑及驷'指鹑火之分张宿到天驷所在房宿共七宿（张、翼、轸、角、亢、氐、房），'南北之揆'指岁在鹑火午至辰星在天鼋(玄枵)子七同（午、未、申、酉、戌、亥、子），前者为数，后者为声，是故以律同其数而规定了七律。……它们一定是《周语》本文，而且从其古奥来看，也不可能为后人所拟作，应当出于伶州鸠的时代。"现在看《五纪》中的天文历象，与此基本相合。关于《五纪》中的历象问题，我们有另文讨论。

李先生在讨论武王伐殷的天象时还引用了《史记·律书》"武王伐纣，吹律定声"以及《周语》伶州鸠所言王以"夷则之上宫""黄钟之下宫""太簇之下宫""无射之上宫"等材料，认为"由此可见，周朝乐官世代相传着一套与武王伐纣事迹有关的乐律及占候的理论，其起源很可能早到周初。'岁在鹑火'等天象，就是在这套理论中传流下来的。这些天象均属历占，和吹律定声一类占术联系在一起，自在情理之中"。同时，李先生指出："实际上，中国传统学术乐律和历法长期不分，《汉书》设《律历志》正表明了这一点。"③这是具有理论高度的认识。

以前大家对清华简《五纪》的主要认识与整理者的看法基本一致，其"以天象历算（五纪、五算）为基础""该篇始论历数，终归人事""对于古代天文历数、国家治理等方面的研究具有重要价值"④，所谓历算、历数，皆与历法有关。显然，

① 清华大学出土文献研究与保护中心编，黄德宽主编：《清华大学藏战国竹简（拾壹）》，中西书局，2021年；清华大学出土文献研究与保护中心编，黄德宽主编：《清华大学藏战国竹简（拾叁）》，中西书局，2023年。
② 赵益：《清华简〈五纪〉与"关系型宇宙论"》，南京大学《古典文献研究》2022年第2期，总第25辑下第7页。
③《清华汉学研究》第3辑，清华大学出版社，2000年；收入《夏商周年代学札记》，辽宁大学出版社，1999年；《中国社会科学院学术委员文库·李学勤文集》，上海辞书出版社，2005年。
④《五纪》整理者《说明》，清华大学出土文献研究与保护中心编，黄德宽主编：《清华大学藏战国竹简（拾壹）》，中西书局，2021年，第89页。

《五纪》篇与历法关系密切。在李先生"中国传统学术乐律和历法长期不分"这一观点的启发下，我们重审《五纪》篇的相关内容，发现其中的"大音"问题一直未受到足够重视。"大音"一词没有释读难字，学者对"大音"也关注较少，现在看可以从历法与乐律相结合的角度来探索"大音"的有关问题。

我们推测《五纪》中的"大音"与黄钟之宫相关，可以将之与清华简第十三辑的《五音图》联系起来考虑，《五音图》中"五角星"图式的产生则与十二月律的历法有关。

<h2 style="text-align:center">二</h2>

"大音"所在的相关简文为："后曰：一风，二雨，三寒，四暑，五大音，天下之时。"[清华简（十二）《五纪》简 4]，其中的"风、雨、寒、暑"，整理者指出可与《书·洪范》的"'次八曰念用庶徵'，'庶徵：曰雨，曰旸，曰燠，曰寒，曰风'"相参照；又指出"'风、雨、寒、暑'见《淮南子·精神》"。

关于"大音"，整理者释为"雷"，引《礼记·月令》仲春曰："雷乃发声，始电，蛰虫咸动，启户始出"。① 对此解释，学者有不同意见，例如子居先生认为《五纪》"大音"当指"电"而非指"雷"②，其所依据的文献是北大简《节》篇，其中恰好也有"大音"一词，其文例为"子午刑德，丑未丰龙，寅申风伯，卯酉大音，辰戌雷公，巳亥雨师"，北大简整理者曰"'大音'，此疑指电神"。实际上，从清华简《五纪》的上下文义来看，无论将"大音"释读为"雷"或者释为"电"，皆有商量的余地。

前不久李零先生在"古文字与中华文明国际学术论坛"上提交的《〈五纪〉与"数术革命"》中谈到了"《五纪》的要素是岁、日、月、星辰、历数，立足天文、历法。阴阳五行的配方、配物、配色、配数等，无不以此为基础。"③ 黄德宽先生据此在该论坛闭幕词中重申《五纪》简文"体大思精"。总之，《五纪》篇逻辑严谨，"大音"在《五纪》中与时、五、圆、黄、中之词相配，在配方、配物、配色、配数中具有自己的一套严格系统。

首先，"大音"属于"时"的范畴。

上引简文曰："一风，二雨，三寒，四暑，五大音，天下之时。"其中，"大音"排在"风""雨""寒""暑"四者之后，编号为数字"五"。风、雨、寒、暑、大音，这五者皆属于"天下之时"的范畴。我们从《吕氏春秋》中可以推得，风、雨、寒、

---

① 清华大学出土文献研究与保护中心，黄德宽主编：《清华大学藏战国竹简（拾壹）》，中西书局，2021 年，第 91-92 页。
② 子居：《清华简十一〈五纪〉解析（之一）》，先秦史网站。
③ 李零：《〈五纪〉与"数术革命"——读清华简〈五纪〉（提纲）》第 5 条（2023 年 10 月 21 日）。

暑分别代表着春、秋、冬、夏四时,《吕氏春秋·贵信》曰"春之德风""夏之德暑""秋之德雨""冬之德寒"。①如此,简文所言"天下之时",即风雨寒暑(四时),与"大音"皆为"天下之时",五者合为五时。"五时"见于本篇第128号简。

其次,"大音"排在第五,其配数为五,与古书所载"五"主音是相吻合的。

我们从"天下之时"(风、雨、寒、暑、大音,凡五时)与"天下之数算"(一、二、三、四、五,凡五数)、"天下之度"(直、矩、准、称、规,凡五度)、"天下之正"(直礼、矩义、准爱、称仁、圆中,凡五正)、"天下之章"(礼青、义白、爱墨、仁赤、中黄,凡五色)逐一顺次相配的结果中可知,"大音"之配数为五,这与古书所载"五"主音的观念是一致的。例如,《大戴礼记·易本命》曰"五主音",王聘珍引《汉书·律历志》云:"天之中数五,五为声。"②《黄帝内经·灵枢经》曰:"天地之间,六合之内,不离于五。又曰:五者,音也。"③

"大音"排在第五,显然与"直、矩、准、称、规"之"五度"中同样排在第五位的"规"具有对应关系,而"规"在直礼、矩义、准爱、称仁、圆中之"五正"中对应"圆",从这层排比关系中可知"规"即"圆",亦即"大音"所配之度为圆,而在日、月、星、辰、岁五纪的序列中,圆与岁时相配,换言之,大音所配之时为岁时。圆有三白六十度,一岁有三百六十音。关于音律、岁时的关系,《淮南子·天文》曰:"一律而生五音,十二律而为六十音。因而六之,六六三十六,故三百六十音以当一岁之日。故律历之数,天地之道也。"④《礼记·礼运》曰:"五声、六律、十二管,还相为宫也。"郑注:"五声,宫、商、角、徵、羽也。其阳管曰律,阴曰吕。布十二辰,始于黄钟,管长九寸,下生者三分去一,上生者三分益一,终于南吕,更相为宫,凡六十也。"⑤此处所言十二管的"还相为宫"实际上是与岁时(四时十二月)相应的。⑥因此,从"大音"的配数、配物看,其与岁时、乐律密切相关。

《五纪》下文曰"春夏秋冬,反以阴阳,日月星晨,盈绌短长,名日和辰,数以为纪纲"⑦,这里"日"即十日,为天干;"辰"即十二辰,为地支。四时阴阳之气最终构成十日、十二辰,其与音律的关系,《淮南子·天文》论曰:"二阴一阳,成气二,二阳一阴,成气三,合气而为音,合阴而为阳,合阳而为律,故曰五音六律。音自倍而为日,律自倍而为辰,故日十而辰十二。"

---

① 陈奇猷:《吕氏春秋新校释(全两册)》,上海古籍出版社,2002年,第1311页。

② 黄怀信主撰,孔德立、周海生参撰:《大戴礼记汇校集注》,三秦出版社,2005年,第1397页。

③ 方春阳等点校,[清]张志聪:《黄帝内经集注》,浙江古籍出版社,2002年,第540页。

④ 张双棣撰:《淮南子校释(增订本)》(上、下册),北京大学出版社,2013年,第372页。

⑤ [清]孙希旦撰,沈啸寰、王星贤点校:《礼记集解》,中华书局,1989年,第610-611页。

⑥ 十二宫与十二月关系参程薇:《放马滩秦简〈日书〉(乙)黄钟占六十律表推拟——兼说五声六律与清华简〈五纪图〉的生成》,中国社会科学院简帛研究中心等:《第五届简帛学国际学术研讨会暨〈简帛研究〉刊创三十周年座谈会论文集》,第717-718页、第720页表4"黄钟占六十律表(十二宫六十律历)",桂林,2023年11月24—27日。

⑦ 《五纪》简43—44,释文参《清华大学藏战国竹简(拾壹)》第105页。

　　"数以为纪纲"之"数"即数字，指"日和辰"（天干、地支）分别相配的一套数字。地支的配数，可参见清华简《筮法》第二十八节《地支与爻》，其配数是"子、午九，丑、未八，寅、申一〈七〉，卯、酉六，辰、戌五，巳、亥四"。①这套配数亦见于战国晚期放马滩秦简《日书》（乙）简179—191壹—贰两栏，此《日书》中还载有天干的配数。放马滩秦简《日书》（乙）的这套天干、地支配数系统与黄钟律占有关。②检视《五纪》篇，也有气占的内容，气逆则凶，如《五纪》第100号简曰"逆气乃章"，此为蚩尤反叛黄帝之气象。③因此，大音与四时阴阳、日辰配数皆有密切关系，具有一套严格的数术配物系统。

　　从"大音"所处之位与"天下之正""天下之章"的排比对照中还可以看出：

　　（1）"大音"所配之"正"为"中"，"中"即中央；

　　（2）"大音"所配之"色"为"黄"色。

　　"大音"所属的"天下之时"，简文末称为"五时"，第128号简曰"地共天，发至五时"。④地，即地之性；天，即天之明；五时与五色、五声一样，皆是天之明、地之性相配的结果。所谓"天之明""地之性"，《左传》昭公二十五年杜注曰："日、月、星、辰，天之明也"；"高下、刚柔，地之性也。生其六气，用其五行，气为五味，发为五色，章为五声。"⑤换言之，天之明的日月星辰变换与历法有关；地之性的高下、刚柔变换与乐律有关；天、地二者是相配的。

　　据上，"天下之时"中的"大音"与中央相配，中央之音则为宫音。时间与方位、五行、五音、天干等的相配模式在古书中有严格的系统，《淮南子·天文》"五星"所论甚为详备，其以"春"时配"东方木也，其帝太皞，其佐句芒，执规而治春，其神为岁星，其兽苍龙，其音角，其日甲乙"；以"夏"时配"南方火也，帝炎帝，其佐朱明，执衡而治夏，其神为荧惑，其兽朱鸟，其音徵，其日丙丁"；以四时之中配"中央土也，其帝黄帝，其佐后土，执绳而制四方，其神为镇星，其兽黄龙，其音宫，其日戊己"；以"秋"时配"西方金也，其帝少昊，其佐蓐收，执矩而治秋，其神为太白，其兽白虎，其音商，其日庚辛"；冬为"北方水也，其帝颛顼，其佐玄冥，执权而治冬，其神为辰星，其兽玄武，其音羽，其日壬癸"。⑥

　　以上是我们受李先生"中国传统学术乐律和历法长期不分"的启发，从乐律的角度出发，重审"大音"一词，对"大音"产生的新认识："大音"属于"时"

---

　　① 清华简（四）《筮法》（简52—57）第二十八节"地支与爻"，清华大学出土文献研究与保护中心编，李学勤主编：《清华大学藏战国竹简（肆）》，中西书局，2013年，第119页。

　　② 武汉大学简帛研究中心、甘肃简牍博物馆编，陈伟主编，孙占宇、晏昌贵撰著：《秦简牍合集（肆）·放马滩秦墓简牍》，武汉大学出版社，2014年，第117-118页；参程薇：《放马滩简〈日书〉（乙）黄钟占六十律表推拟——兼说五声六律与清华简〈五音图〉的生成》，《第五届简帛学国际学术研讨会暨〈简帛研究〉创刊三十周年座谈会论文集》，第713页表1"放马滩秦简（简乙179—191）"。

　　③ 《五纪》简100，释文参《清华大学藏战国竹简（拾壹）》第124页。

　　④ 《五纪》简128，释文参《清华大学藏战国竹简（拾壹）》第131页。

　　⑤ 杨伯峻：《春秋左传注》，中华书局，1990年，第1457页。

　　⑥ 张双棣撰：《淮南子校释（增订本）》（上、下册），2013年，第296页。

的范畴，同时亦属于"音"的范畴，其配数为五，与圆、岁时、中央、宫音（黄钟之律）亦具有相对应关系，在五行系统中具有重要意义。

<h1 style="text-align:center">三</h1>

在讨论"大音"问题时，我们提到《淮南子·天文》的"五星"，其中涉及五音与五方（东、南、西、北、中五个方位）的相配关系，有意思的是，清华简第十三辑新整理出了一个"五角星"线图，其五个角正好为五个方位，也是每个方位配一个音名，每个音名之内又依高下等音阶规律排序，总体看仍是五音配五方，整理者认为是乐书，拟名为《五音图》。①黄德宽、贾连翔、程浩等几位学者已有相关的研究成果发表。②

据黄文介绍，《五音图》"简有部分残损"，"在《五音图》上，宫、商、角、徵、羽五音的音阶名从顶角起按逆时针方向依次分布，顶角为宫组音名，左角为商组，左下角为角组，右下角为徵组，右角为羽组"，贾文还配有"清华简《五音图》复原"图，为学者进一步研究提供了便利。

我们在这些研究成果的基础上，结合李先生"乐律和历法长期不分"的理论，试从历法的角度，对《五音图》中五音的排列特点、"五角星"图式的形成等问题谈一些想法。

1. 五音排列具有逆向周旋的特点，商音居宫音之右，与《史记·乐书》所言一致

黄文指出宫、商、角、徵、羽这五音在《五音图》中是"按逆时针方向依次分布"。值得注意的是，五音的"按逆时针方向分布"表现了其具有周旋的特性，这点也可以从简文对五音名的书写特点中看出来。

为了体现五音的周旋特性，简文将商组、宫组、羽组音名颠倒书写，与角组、徵组的正书相对。从周旋的角度看，商音、宫音的相互位置则是商居于宫的右傍，与《史记·乐书》所载一致，其曰"弦大者为宫，而居中央，君也。商张右傍，其余大小相次"。③也就是说，我们常见的宫→商→角→徵→羽之序实际是以逆时针方向右行为序，这与天体的运行方向一致，由此可见五音的逆向周旋排列与岁星的周天运行方向一致。孙诒让《周礼正义》对岁星的运行有详细的解说，其在"冯相氏"条曰："《论衡·调时篇》云：'审论岁月之神，岁，则太岁也。'

① 黄德宽主编：《清华大学藏战国竹简（拾叁）》，中西书局，2023 年。

② 黄德宽：《清华简新发现的先秦礼、乐等文献述略》（以下省称黄文），《文物》2023 年第 9 期，第 50-51 页；贾连翔：《清华简〈五音图〉〈乐风〉两种古乐书初探》（以下省称贾文），《中国史研究动态》2023 年第 5 期；程浩：《清华简中两种乐书的文本复原与功能蠡测》（以下省称程文），2023 年 10 月 24—25 日武汉大学中国简帛学国际论坛 2023：《新出土战国秦汉简牍文献研究论文集》，第 5-12 页。

③《史记·乐书》，第 1238 页。

《诗·大雅·小弁》孔疏引服虔《左传注》云：'岁，岁星之神也，左行于地，十二岁而一周。'……贾疏云：'此大岁在地，与天上岁星相应而行。岁星为阳，右行于天，……'"①所谓"右行于天"，即指天体自西而东的逆时针方向运行。

总之，五音排列具有逆向周旋的特点，我们常见的自宫至羽的五音顺序（宫→商→角→徵→羽）实际是以逆时针方向右行为序，其与天体（岁星）的运行方向一致。另外，商音居宫音之右，与《史记·乐书》所载方向一致。

2.《五音图》中的音阶名与阴、阳规律

通常古代音乐中的"五音"就是指宫、商、角、徵、羽，但《五音图》中的这些音名前皆有"大""小""左""右"等限定语修饰，如"大宫""左商"等，贾文对这些修饰词作了统计，指出其具有较为明显的"两两对应"的特点，总结了"《五音图》所反映的基本标音体系"（见贾文表 2）。"标音体系"中第一列自上而下的顺序为"逝、上、大、右、正/中、左、少、[下]、反"，这是一套音阶序列，贾文称之为"'9'个八度"音，是很有创见的。不过，"正/中"不能算在内，当为 8 个八度音。所谓"正/中"音，指我们通常说的前后不带修饰语的五个音名（即宫、商、角、徵、羽），实际在简文中并没有出现。"正/中"音当为所求之音，即文献中说的"正音"。

据《吕氏春秋·适音》载，正音是非高非低、非大非小，而正好合适的音。音太巨、太小、太高、太低皆不合适，皆非正音②。高的音属清音，低的音属浊音，正音刚好处于清音、浊音之间，是经过调和大小、高低音之后所得到的中和之声，《左传》昭公元年曰："先王之乐，所以节百事也，故有五节，迟速本末以相及，中声以降。五降之后，不容弹矣。"注曰"五节，五声之节"，"宫商角徵羽五声，有迟有速，有本有末，调和而得中和之声，然后降于无声。五声皆降，不可再弹"。③所谓宫商角徵羽五声，"有迟有速、有本有末"，亦即声有大小、有高低（上下）之分；"中和之声"即相当于贾文"标音体系"音阶序列中的"正/中"音，为"调和而得中和之声"，得到此声，"然后降于无声"，由此看，正音（中和之声）是要达到的标准音，达到了，则不再弹，因此贾文将"逝、上、大、右、正/中、左、少、[下]、反"计为 9 度音，实际为 8 度音，即"逝、上、大、右"前 4 个与"左、少、[下]、反"后 4 个，合计 8 个。简言之，"正/中"音是将居于其前后的上下、大小之声调和以后而得到的中和之声，在序列中不属于单独弹奏的音阶，我们推测这也是《五音图》中没有直书正音音名的原因。

实际上，正/中音（"中和之声"）也是阴、阳相中和的结果。大家看音阶序列中的前 4 个、后 4 个用字，如上、[下]、左、右这类词语常与阴阳吉凶之义相连，

---

① 孙诒让：《周礼正义》，汪少华整理，中华书局，2015 年，第 2532 页。
② 陈奇猷：《吕氏春秋校释（全四册）》注 23、26，上海古籍出版社，2002 年，第 299 页。
③ 杨伯峻：《春秋左传注》，中华书局，1981 年，第 1221 页。

例黄帝"乃命四尢均于左右、上下阴阳"[清华简（十一）《五纪》简 102 中]、①"吉凶阴阳，远迩上下"[清华简（六）《管仲》简 6—7]。②也就是说，在音阶序列中，居"中正/中音"之前，以逝、上、大、右等修饰的音低而浊，属阳；居"中正/中音"之后的，以左、少、[下]、反等词修饰的音高而清，属阴。由此我们可以看出，《五音图》音阶的命名原理是一阴一阳：有阳名，就会有对应的阴名，音阶序列中的逝与反、上与[下]、大与少（小）、左与右，皆是成对的阴阳关系，阴、阳之间中合之后得到正声。因此，《五音图》的音阶序列实际由阴阳四对构成。

简文的音名有两处残缺，从上述阴、阳的对称关系及残文所处位置看，二读稿将所缺音阶名拟补作[下徵]和[下羽]实际是合理的。这个推测从下面"图1《五音图》音名规律"中看得更为清楚。

另外，五角星顶角最上端所书的"诃"字不会是音阶名，宜读如"歌"，表示乐歌。

还有，整理编号第5支简上只有一个"终"字，从《五音图》的标间体系看，不太可能是音阶名，我们同意二读稿的意见，原将其排于简文末尾（现在整理号第37简前），古书中常以"终"用作乐歌的单位量词，例"作歌一终"。至于为什么以"终"用作歌典的单位量词，现在从《五音图》看，沿宫商角徵羽之序，即逆时针方向绕行一周为一终，此与木星周天一周相应（亦逆时针方向运行），《左传》襄公九年晋侯曰："十二年矣，是谓一终，一星终也。"注曰："星，指木星，古谓之岁星。古人划周天为十二次，以为木星一年行一次，十二周年满一周天，故十二年为一星终，而用之纪年。实则木星绕周天，即公转周期……"③

3.《五音图》音名规律

位于上述音阶序列的第一个字"逝"，简文字形作"𧪠"，一般隶作"謦"，整理者隶作"歠"，贾文读为"逝"、训为"往"，是可从的。"歠（逝）"从音，与曾侯乙编铭中的"湝"字为同声字。冯光生、徐雪仙等学者在《战国曾侯乙编磬的复原及相关问题的研究》中指出："'湝'与大、少、反等字作为前、后缀用词，在曾侯乙钟铭中成为构成'湝'、太、正、少声和少声之反等八度组的特征。'湝'声组则为甬钟音域中的最低八度组。"④简言之，在8度音阶序列中，"逝"为最低音，"反"为最高音。

由上，我们反观《五音图》中五音各组的音阶排序，其中角组、商组、宫组简文完整，可作为排序参照。

---

① 清华大学出土文献研究与保护中心编，黄德宽主编：《清华大学藏战国竹简（拾壹）》，中西书局，2021年，第126页。

② 清华大学出土文献研究与保护中心编，李学勤主编：《清华大学藏战国竹简（陆）》，中西书局，2016年，第111页。

③ 杨伯峻：《春秋左传注》，北京：中华书局，1990年，第970页。

④ 湖北省博物馆、中国科学院武汉物理研究所冯光生、徐雪仙等《战国曾侯乙编磬的复原及相关问题的研究》，《文物》1984年第5期，第62页。

首先，角组音阶名沿五角星左侧底角向外呈射线状阶层排列，其所用的修饰语由里向外依次为"逝、上、大、右、左、反"等 6 个。排在最里的"逝"，为最低音；排在最外的"反"，为最高音。由此，角音组从逝→上→大→右→左→反的顺序，也就是音阶从最低音到最高音的排列顺序，其中没用到"下"和"少（小）"两音个音阶，这点在下面图 1 中可以明显看到。

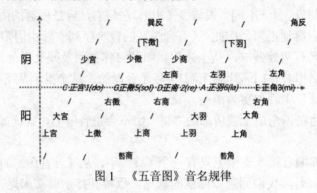

图 1 《五音图》音名规律

其次，商音组由里向外用的音阶修饰语依次为"逝、上、右、左、少"，参照角音组的音阶顺序，其音阶也是由最低音向高音排列。

宫音组音阶修饰语由里向外的排列依次为"上、大、少"，参照角音组与商音组的排列顺序可知，其音阶也由低音到高音排列。至于最外的单字"诃"字，前文已论，不属音阶名的修饰语。

徵音组用的音阶修饰语依次为"上、右、少、[ ]、反"，参考商组、角组的音阶排列规律，显然徵组的音阶也是依照由低音到高音的顺序排列。徵音的缺文"[ ]"前文已论，疑为"[下徵]"。

羽音组用的音阶修语依次为"上、大、左、[ ]"，参考角组音阶顺序，其也是依照由低音到高音的顺序排列。羽音组的缺文"[ ]"前文已论，疑为"[下羽]"。

由上，《五音图》音阶从低音到高音的排列顺序为："逝、上、大、右、左、少、[下]、反"，"逝"为其中的最低音，"反"为其中的最高音。这些音阶同时又构成阴阳 4 对，"[正/中]"音在阴阳之中，为其标准音。标准音为四时正音，即我们从上引《淮南子·天文》"五星"所得知的：春音角，夏音徵，秋音商，冬音羽；中央（四时之中——季夏），音宫，"执绳而制四方"。

《五音图》中的五角星为正五角星，五角代表东、西、南、北、中五方，宫音居五角星顶角，为中方；其余四音分居四方。从宫音至四音（四方）皆有连线，此与淮南子《天文》"五星"所载的宫居中央，"执绳而制四方"相应。

在三稿讨论中，胡其伟博士后指出五角星五角的五条连线是《管子》"三分损益法"的直观体现，是很有道理的。[①]《管子》的五音相生为：宫生徵、徵生

---

① 胡其伟：《清华简〈五音图〉的初步研究》（以下省称胡文），《出土文献》2023 年第 4 期，第 18-26 页。

商、商生羽、羽生角，角生变宫；其顺序即宫→徵→商→羽→角，参照《天文》"五星"，实际上其五音的相生顺序也是春夏秋冬四时的相生顺序，即宫（季夏）→徵（夏）→商（秋）→羽（冬）→春（角），季夏为四时之中，此正是宫居中央，"执绳而制四方"。

根据以上分析，我们以音阶序列的八度音程为纵向坐标[从訾（逝-往）→反]，以《管子》五音的五度生成顺序为横向坐标（宫→徵→商→羽→角）（即季夏→夏→秋→冬→春），可将简文音名关系排列见图1。

图1中的"[ ]"为据"上""下"阴阳对称关系推得的残缺音名，"/"表示《五音图》中未用到的音阶名，其见于《国语》《黄帝内经》曾侯乙墓编钟等文献，详见贾文表2。

《史记·律书》曰："音始于宫，穷于角；数始于一，终于十，成于三；气始于冬至，周而复生。"[①] 图1中横向坐标中的宫→徵→商→羽→角五音为单向生成顺序，如下图2，这样不能形成完整闭合的五角星。如何生成一个完整闭合的正五角星？需经过五音、六律十二管的旋相为宫（隔八相生）之后，方可得到一个正的完整的五角星，如下图3中黑色粗线部分形成的正五角星，其宫商角徵羽五音所处的方位与《五音图》中五音与五角的方位完全吻合。[②]这套操作理论在《史记·律书》中概括为"生黄钟术"，其言"生黄钟术曰：以下生者，倍其实，三其法。以上生者，四其实，三其法。上九，商八，羽七，角六，宫五，徵九。置一而九三之以为法。实如法，得长一寸。凡得九寸，命曰'黄钟之宫'"。[③]我们在《放马滩秦简〈日书〉（乙）黄钟占六十律表推拟——兼说五声六律与清华简〈五音图〉的生成》一文中有详细论述，限于篇幅，这里不再赘述。

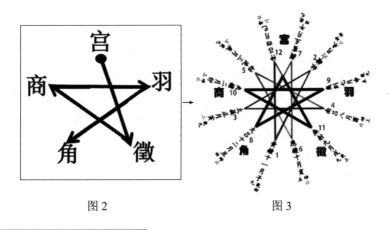

图2   图3

---

① 《史记·律书》，第 1252 页。
② 图及详论见程薇：《放马滩秦简〈日书〉（乙）黄钟占六十律表推拟——兼说五声六律与清华简〈五音图〉的生成》，中国社会科学院简帛研究中心等：《第五届简帛学国际学术研讨会暨〈简帛研究〉创刊三十周年座谈会论文集》，第 717 页图 4、第 716-720 页。
③ 《史记·律书》，第 1252 页。

综上可见，清华简《五纪》篇虽以历算为基础，但包含了乐律的内容；《五音图》简文虽然只显示了五组音名及五角星，但其图式却涵盖了十二月律，蕴含着四时阴阳规律。

以上这些新的认识都得益于李先生文章的启发。

今年恰逢李学勤先生诞辰 90 周年，我记忆中的李先生博学、健谈、风趣、乐观、谦和、善良，王志平先生曾回忆说："李学勤先生为人宽容谦和，提携后学不遗余力，为学术界同人及后辈积极说项作序，道德文章堪为学界楷模。李先生帮助过的人很多，有不少回忆文章已经深情地谈到过先生的恩泽。"①我也是得到过先生重要帮助的人，得以忝列门墙。感念先生之恩，谨以小文缅怀尊敬的李学勤先生。李先生虽然离开了我们，但是又从未离开，先生之学术生命长青！

附记：本文为国家社科基金重大项目"清华简与儒家经典的形成发展研究"（项目号：16ZDA114）和"清华大学藏战国竹简的价值挖掘与传承传播研究"（20&ZD309）的阶段性成果。本文于 2023 年 11 月提交给本次座谈会，后刊于《邯郸学院学报》2024 年第 3 期。

---

① 王志平：《李学勤先生与语言文字学研究》，《出土文献》2020 年第 2 辑，第 152-153 页。

安大简《仲尼》与"慎独"考论

刘光胜

（山东大学儒家文明省部共建协同创新中心
古文字与中华文明传承发展工程协同攻关创新平台）

"慎独"既是儒家道德修养的重要方法，又是衡量君子道德境界的试金石。明儒刘宗周说："独之外，别无本体。慎独之外，别无功夫。"[①]他从本体论的视角出发，尊慎独为宗，以之统摄一切修身方法与工夫。南宋叶适《习学记言序目》说："慎独为入德之方。"[②]"平天下"始于"修身"，"修身"始于"慎独"。"慎独"是内圣立德功夫的逻辑起点。在这种意义上说，准确界定"慎独"，直接关涉儒家修身成德真精神的解读。过去学界理解"慎独"，主要的依据是《礼记·大学》《中庸》等。帛书《五行》经传、郭店简《五行》的面世，为理解儒家"慎独"提供了新的线索。"闲居"的含义是什么？郑玄、朱熹等人是否误解"慎独"？关于慎独的内涵，"相同"派与"差异"派展开了激烈的争鸣，相关的争议至今尚未真正平息。

资料匮乏，是制约先秦时期"慎独"解读的主要瓶颈。2015年，安徽大学入藏一批战国时期竹简（以下简称"安大简"），其中收入《仲尼曰》一篇。安大简《仲尼曰》由13枚简组成，简长43厘米，宽0.6厘米，两道编绳。简文两次涉及"慎独"，为我们梳理先秦时期"慎独"的内涵及发展脉络，再次提供了难得的契机。笔者行文不当之处，敬请方家不吝批评指正。

一、安大简《仲尼曰》简短而不精粹，"仲尼曰" 未必皆是孔子之言

徐在国、顾王乐两位先生主张安大简《仲尼曰》，有可能是早期《论语》的一个摘抄本。[③]黄德宽先生持反对意见，他认为《仲尼曰》辑录的孔子言论三分之二以上不见于今本《论语》，《仲尼曰》与今本《论语》虽有联系，但不大可能是《论语》的摘抄本。[④]黄氏之说可信。安大简《仲尼曰》只收录《论语》中孔子语录八条，约占三分之一。其他大部分内容，见于《礼记》《大戴礼记》《孔丛子》等文

① 吴光主编：《刘宗周全集》，杭州：浙江古籍出版社，2007年，第300页。
② 叶适：《习学记言序目》卷八，北京：中华书局，1977年，第108页。
③ 徐在国、顾王乐：《安徽大学藏战国竹简〈仲尼〉篇初探》，《文物》2022年第3期，第78页。
④ 参见常河、丁一鸣：《"安大简"最新研究成果发布》，《光明日报》2022年8月20日，第4版。

献。《仲尼曰》不分章，内容为孔子语录，合计 25 条。除一条以"康子使人问政于仲尼"开头外，其他条目均以"仲尼曰"起始。因此严格地讲，安大简《仲尼曰》以"仲尼曰"为标识，其性质属于"子曰"类文献，而非《论语》的摘抄本。

孔子弟子三千，人数众多。在安大简中，孔子语录与曾子的思想内容多有交集，颇为值得关注。为了论证方便，我们现将相关语句摘录如下：

安大简《仲尼曰》简 1 说：

中（仲）尼曰："芋（华）蘩（繁）而实厚，天；言多而行不足，人。"①

此句对应的内容，见于《大戴礼记》和《说苑》，文字略有差异。②《曾子疾病》篇云：

曾子疾病，曾元抑首，曾华抱足。曾子曰："微乎！吾无夫颜氏之言，吾何以语汝哉！然而君子之务，尽有之矣。夫华繁而实寡者，天也；言多而行寡者，人也。"③

《说苑·敬慎》曾子曰：

夫华多实少者，天也；言多行少者，人也。④

安大简《仲尼曰》"芋（华）蘩（繁）而实厚，天；言多而行不足，人"一句，认为该句出自孔子之口。但《大戴礼记》《说苑》却强调此句是曾子语。面对两种不同说法之间的矛盾，徐在国、顾王乐调停解释说曾子是孔子学生，根据简文，上引曾子语当本自孔子。⑤

曾子的学说"闻诸夫子"，弟子与老师之间，有些思想或语句的归属确实很难理清。但问题是，《大戴礼记·曾子疾病》曾子云："吾无夫颜氏之言，吾何以语汝哉！然而君子之务，尽有之矣。"曾子自谦说自己虽没有颜回那般精妙的言论，但"君子务益"，尽量说些有益的话语。从这句话的语意看，下一句"夫华繁实少者，天也；言多而行少者，人也"，应是曾子给弟子讲自己的心得体会，勉励弟子修身进德，而非转述孔子之语。

安大简《仲尼曰》孔子说："弟子如出也，十手指汝，十目视汝，汝乌敢为不善乎！盖君子慎其独也。"⑥《礼记·大学》对应的语句作：

人之视己，如见其肺肝然，则何益矣。此谓诚于中，形于外，故君子必慎其独也。曾子曰："十目所视，十手所指，其严乎！"富润屋，德润身，心广体胖，故君子必诚其意。⑦

---

① 安徽大学汉字发展与应用研究中心编：《安徽大学藏战国竹简（二）》，上海：中西书局，2022 年，第 43 页。
② 例如，安大简《仲尼曰》"厚"字，而《大戴礼记·曾子疾病》作"寡"，《说苑·敬慎》作"少"。"厚"与"寡""少"语义相反。
③ 王聘珍：《大戴礼记解诂》，北京：中华书局，1983 年，第 96 页。
④ 向宗鲁：《说苑校证》卷一〇，北京：中华书局，1987 年，第 246 页。
⑤ 徐在国、顾王乐：《安徽大学藏战国竹简〈仲尼〉篇初探》，《文物》2022 年第 3 期，第 77 页。
⑥ 安徽大学汉字发展与应用研究中心编：《安徽大学藏战国竹简（二）》，第 43-44 页。
⑦ 郑玄注，孔颖达疏：《礼记正义》卷六〇，十三经注疏本，北京：中华书局，1980 年，第 1673 页。

　　朱熹《大学章句》曰："右经一章，盖孔子之言，而曾子述之。其传十章，则曾子之意而门人记之也。"①朱熹将《大学》分为经一章，传十章。上述"诚意"章，属于朱熹所说的曾子之意，曾子的弟子记录。按照宋儒朱熹的理解，"诚意"必然不是孔子的语录。

　　从《礼记·大学》看，"十目所视，十手所指"为曾子所说，但安大简《仲尼曰》作者将之归入"仲尼曰"。"君子必慎其独也"，当出自曾子或者曾子弟子之意。《论语》是研究孔子思想最为可信的参照，以《论语》为证，孔子从来没有讲过"慎独"。安大简《仲尼曰》竟然将"慎独"归入孔子的思想体系，殊为可疑。

　　安大简《仲尼曰》："仲尼曰：'君子所慎，必在人之所不闻与人之所不见。'"②《礼记·中庸》对应的语句作："是故君子戒慎乎其所不睹，恐惧乎其所不闻。莫见乎隐，莫显乎微，故君子慎其独也。"③《中庸》为子思所作，但《仲尼曰》将子思的话语，作为孔子的思想，也收入《仲尼曰》，当作孔子的语录。孔子从未讲过"慎独"，如果我们完全相信安大简的记载，把"慎独"定为孔子思想，那么，将会造成早期儒家思想史的严重混乱。

　　安大简《仲尼曰》："仲尼曰：一箪食，一勺浆，人不胜其忧，己不胜其乐，吾不如回也。"④孔子认为自己不如颜回安贫乐道。⑤但《论语·雍也》对应的语句作："子曰：贤哉，回也！一箪食，一瓢饮，在陋巷。人不堪其忧，回也不改其乐，贤哉，回也！"⑥今传本只是孔子说颜回贤能，并没有说自己不如颜回。安大简《仲尼曰》过高地尊崇颜回，在无形中贬低了孔子的地位。⑦

　　乐爱国先生认为，安大简《仲尼曰》"吾不如回也"表明，孔子明确说过自己不如颜回，无疑为汉儒的解读提供了新的证据。⑧孟子比汉儒更接近孔子生活的时代，《孟子》书中有明确的反证。《离娄下》篇曰："颜子当乱世，居于陋巷，一箪食，一瓢饮，人不堪其忧，颜子不改其乐，孔子贤之。"⑨据孟子之言，孔子只是说颜回贤能，并未说颜回贤于自己。安大简《仲尼曰》说"颜回贤于孔子"，可能是由鲁国至楚国跨地域文化传播中出现的思想变形。

　　总之，安大简《仲尼曰》把一处曾子语，纳入孔子语录，可能是师徒之间的思想传授，很难强行定其归属。但是该篇将两处曾子语、一处子思语，皆纳入《仲尼曰》，当作孔子的语录。这明显扩大、泛化了孔子语录的范围。《论语》中孔子

---

　　① 朱熹：《四书章句集注》，北京：中华书局，1983 年，第 4 页。
　　② 安徽大学汉字发展与应用研究中心编：《安徽大学藏战国竹简（二）》，第 43 页。
　　③ 郑玄注，孔颖达疏：《礼记正义》卷五二，十三经注疏本，第 1625 页。
　　④ 参见黄德宽、徐在国主编：《安徽大学藏战国竹简（二）》，上海：中西书局，2022 年，第 44 页。
　　⑤ 王家嘴简《孔子曰》也说颜回贤于孔子，与安大简同。参见赵晓斌：《湖北荆州王家嘴 M798 出土战国楚简〈孔子曰〉概述》，《江汉考古》2023 年第 2 期。
　　⑥ 朱熹：《四书章句集注》，第 87 页。
　　⑦《论语·子张》篇记载叔孙武叔说子贡贤于仲尼，遭到了子贡的严词反驳。
　　⑧ 乐爱国：《〈论语〉"吾与女弗如也"歧解辨——兼及安大简〈仲尼曰〉》，《江淮论坛》2022 年第 5 期。
　　⑨ 朱熹：《四书章句集注》，第 204 页。

从未讲过"慎独"，安大简将"慎独"也归入孔子的思想体系。安大简《仲尼曰》"吾不如回也"，孔子过高推崇颜回，认为颜回学问高于自己，这与《论语·雍也》《孟子·离娄下》记载严重不符。安大简《仲尼曰》作者对于孔子、曾子以及子思之间的学说差异并不熟悉，他把孔门后学的思想纳入孔子的语录，可谓"取之不纯，择焉不精"，甚至会造成某些思想误读。①

安大简作为新见文献，其价值自然是无比珍贵。但鉴于安大简《仲尼曰》与《礼记》《大戴礼记》《说苑》《论语》的记载，存在明显的矛盾冲突。对于安大简《仲尼曰》孔子的语录，不可不加以甄别，不能照单全收，将之全部等同于真的孔子语录。②孔子去世之后，他的学说影响日隆，很多不是孔子的话，也被收录、改编成孔子的语录。在这种意义上说，安大简《仲尼曰》不似"《论语》"，而更近于"《儒家者言》"。2021 年 6 月，荆州王家咀 M798 号楚墓《孔子曰》，收入大量孔子的语录，也超出了今本《论语》的范围。③可见战国时期孔子语录的编纂形式有多种，这种对孔子语录的泛化，甚至是"鱼龙混杂"，很可能是当时孔子影响力日渐提升在文本层面上的反映。

二、安大简《仲尼曰》与《大学》等传世文献的先后关系

整理者指出，《大学》"诚意"章，显然是袭用安大简《仲尼曰》简文立意的。④按照竹书整理者的意见，《仲尼曰》的表述更为俭省，相对原始，安大简《仲尼曰》在先，而《礼记·大学》在后，即《礼记·大学》是在《仲尼曰》的基础上扩展而成的。而陈民镇先生的意见相反，他主张安大简《仲尼曰》，是一种借鉴了《缁衣》《大学》等儒家典籍孔子言论的摘编本。⑤

安大简是盗掘品，没有考古学背景。本来根据碳十四等检测定结果，安大简成书年代当为战国早中期（前 400—前 350 年）⑥，可以作为其断代的重要参照。但陈民镇先生反驳说，公元前 400—前 350 年这种说法，虽经过树轮校正，但置信度 68.2%明显偏低。而根据安大简 95.4%置信度数据，其年代从战国早期、中期

---

① 《孔丛子·刑论》记载："故古之于盗，恶之而不杀也。今不先其教，而一杀之。"而对应的安大简《仲尼曰》作："古者恶盗而弗杀，今者弗恶而杀之。"儒家和其他学派的不同之处，是先教化而后刑杀。安大简《仲尼曰》"弗恶而杀之"，将儒家教化优先的思想精华，无形之中删除了。可知《仲尼》作者选择孔子语录时，语句过于精简，因而会导致误读。

② 陈民镇指出，安大简《仲尼曰》中某些言论的可靠性便值得怀疑。"仲尼曰"不必完全视作孔子语，也未必反映春秋时代的儒家（孔子）观念。参见陈民镇：《论安大简〈仲尼曰〉的性质与编纂》，《中国文化研究》2022 年第 4 期，第 63-65 页。

③ 参见赵晓斌：《湖北荆州王家嘴 M798 出土战国楚简〈孔子曰〉概述》，《江汉考古》2023 年第 2 期。

④ 黄德宽、徐在国主编：《安徽大学藏战国竹简（二）》，第 48 页。

⑤ 陈民镇：《论安大简〈仲尼曰〉的性质与编纂》，《中国文化研究》2022 年第 4 期，第 66 页。

⑥ 《安徽大学所藏战国竹简专家鉴定与座谈会纪要》，《汉语言文字研究》第 2 辑，上海：上海古籍出版社，2018 年，第 1 页。

到晚期皆有可能。①这种碳十四年代测年的不确定性，使得我们必须重新回归简文本身。

为归纳简文的文体性质，我们将安大简《仲尼曰》和其他儒家典籍的内容，列表对比如下（见表1）。

表1 安大简《仲尼曰》与儒家文献对照表

类型	儒家典籍	安大简《仲尼曰》
内容缺失	见善如不及，见不善如探汤。吾见其人矣，吾闻其语矣。隐居以求其志，行义以达其道。吾闻其语矣，未见其人也。齐景公有马千驷，死之日，民无德而称焉。伯夷、叔齐饿于首阳之下，民到于今称之。其斯之谓与?（《论语·季氏》）	见善如弗及，见不善如遟。谨以避难，静居以成其志。伯夷、叔齐死于首阳，手足不掩，必夫人之谓乎?
语句删减	富与贵是人之所欲也，不以其道得之，不处也；贫与贱是人之所恶也，不以其道得之，不去也。君子去仁，恶乎成名?君子无终食之间违仁，造次必于是，颠沛必于是。（《论语·里仁》）	去仁，恶乎成名?造次、颠沛必于此。
虚词有无	夫华繁而实寡者，天也；言多而行寡者，人也。（《曾子疾病》）	华繁而实厚，天；言多而行不足，人。

安大简和传世文献的不同，可分为三种类型：

（1）内容缺失。孔子为论证"见善如不及，见不善如探汤"，将伯夷、叔齐和齐景公对比。但安大简《仲尼曰》缺失了齐景公的事例，只保留了伯夷、叔齐。

（2）语句删减。《论语·里仁》："君子无终食之间违仁，造次必于是，颠沛必于是。"②安大简《仲尼曰》与《论语·里仁》相比，删减了"君子无终食之间违仁"一句。把"造次必于是，颠沛必于是"，合并为"造次、颠沛必于此"。

（3）虚词减少。《大戴礼记·曾子疾病》："夫华繁而实寡者，天也；言多而行寡者，人也。"③安大简《仲尼曰》和《曾子疾病》相比，没有"夫""者""也"等虚词。

安大简《仲尼曰》篇云：

仲尼曰："弟子如出也，十手指汝，十目视汝，汝乌敢为不善乎?盖君子慎其独也。"④

如果孔子讲过"慎独"，那么可能简本《仲尼曰》在先，而《大学》《中庸》在后。但问题是，"慎独"出自《礼记·大学》《中庸》等，乃孔门后学的思想创

① 陈民镇：《论安大简〈仲尼曰〉的性质与编纂》，《中国文化研究》2022年第4期，第71页。
② 朱熹：《四书章句集注》，北京：中华书局，1983年，第70页。
③ 王聘珍：《大戴礼记解诂》，北京：中华书局，1983年，第96页。
④ 黄德宽、徐在国主编：《安徽大学藏战国竹简（二）》，第43-44页。

造，孔子从未讲过"慎独"。所以安大简《仲尼曰》由《大学》《中庸》等删减而来的可能性更多一些。

《论语·述而》孔子曰："二三子以我为隐乎？吾无隐乎尔。吾无行而不与二三子者，是丘也。"从《论语》看，孔子称其弟子为"二三子"或"小子"[1]，而不是直接称"弟子"。安大简《仲尼曰》："仲尼曰：弟子如出也，十手指汝，十目视汝，汝乌敢为不善乎？盖君子慎其独也。"[2]安大简中，孔子称弟子，用"弟子"这一称谓，既不亲切也不自然，明显不符合《论语》中孔子的用语习惯。

《礼记·缁衣》孔子曰："大人不亲其所贤，而信其所贱。民是以亲失，而教是以烦。《诗》云：'彼求我则，如不我得。执我仇仇，亦不我力。'"[3]儒家面对的对象是"大人"，即在位者。在位者不亲近贤人，反而重用卑贱的小人，那么民众会亲近失德之人，社会教化因此变得烦难起来。安大简《仲尼曰》："于（今？）人不信其所贵，而信其所贱。"[4]和《缁衣》相比，简本将"大人"改为"于（今？）人"，儒家强调在位者率先垂范、教化民众的意蕴不能得到充分的体现。

《论语》的特点是用语精审，文笔洗练，而《仲尼曰》行文的特征是简洁。和传世文献相比，简本内容绝大多数是减少而不是增加。整理者因为简文末尾"喦謏"训释尚有疑义，所以取篇首"仲尼曰"三字名篇。[5]笔者认为简文末尾"孔子之喦謏"，当读为"孔子之短语"，暗示它大部分内容是从其他文献删减、缩略而来。

必须指出的是，先秦孔子语录传流、成书过程比较复杂。笔者认为，不能笼统说安大简《仲尼曰》与早期儒家文献谁先谁后，而应具体到"章"，做更为深入的观察。安大简《仲尼曰》："华繁而实厚，天；言多而行不足，人。"[6]花开得繁盛，果实累累，此乃天道。话说得多，做得却很少，此是人为。《大戴礼记·曾子疾病》对应的语句作："夫华繁而实寡者，天也；言多而行寡者，人也。"简本《仲尼曰》着眼于天人对比，"实厚"比《曾子疾病》"实寡"更为准确。也就是说，安大简《仲尼曰》"华繁而实厚"一句明显不是摘抄《曾子疾病》而来。

孔子没有"慎独"思想，而安大简《仲尼曰》却说"有"。孔子称弟子为"二三子"或"小子"，而简本却径称"弟子"。有些简文与儒家思想不合，存在一定程度的思想"失真"。简文《仲尼曰》大部分章节系摘抄传世文献而来，即"父子"关系。《仲尼曰》少量简文，如"华繁而实厚，天；言多而行不足，人"，可能早于传世文献，即"子父"关系。还有些内容，像"伊誩＝，而禹譅＝，以治天下，

---

① 《论语·公冶长》孔子曰："归与！归与！吾党之小子狂简，斐然成章，不知所以裁之。"

② 黄德宽、徐在国主编：《安徽大学藏战国竹简（二）》，第43—44页。

③ 郑玄注，孔颖达疏：《礼记正义》卷五五，十三经注疏本，北京：中华书局，1980年，第1649页。

④ 黄德宽、徐在国主编：《安徽大学藏战国竹简（二）》，第43页。

⑤ 整理者最初将篇题拟为"仲尼"，整理报告正式发表时拟定为《仲尼曰》。根据简文最后"仲尼之喦（短）謏（语）也，仆快周恒"，安大简《仲尼曰》篇题拟为"仲尼之短语"，可能更为恰当。参见黄德宽、徐在国主编：《安徽大学藏战国竹简（二）》，上海：中西书局，2022年，第43页。

⑥ 黄德宽、徐在国主编：《安徽大学藏战国竹简（二）》，第43页。

未闻多言而仁者"①，不见于传世文献记载，自然不是剿袭传世文献而来。它与早期儒家文献平行发展，很可能是"兄弟"关系。

综上，安大简是盗掘品，碳十四测年有较大的弹性空间，在考古学背景缺失的情况下，安大简《仲尼曰》与传世典籍之间的先后关系，应当回归到文本本身。安大简《仲尼曰》明显属于摘抄性质，其文献来源是多元的。笔者认为，不能简单地说传世文献先，或者说简本《仲尼曰》先，而应深化到"章"，进行更为细致的梳理。从"章"的视角看，安大简《仲尼曰》和早期儒家文献存在"父子""子父"以及"兄弟"三种关系。

三、先秦时期对"闲居"的不同理解

"慎独"，见于《礼记·大学》《礼记·中庸》《礼记·礼器》《荀子·不苟》等文献。《礼记·大学》曰：

> 所谓诚其意者，毋自欺也。如恶恶臭，如好好色，此之谓自谦。故君子必慎其独也！小人闲居为不善，无所不至，见君子而后厌然，掩其不善，而著其善。人之视己，如见其肺肝然，则何益矣。此谓诚于中，形于外，故君子必慎其独也。曾子曰："十目所视，十手所指，其严乎！"富润屋，德润身，心广体胖，故君子必诚其意。②

但是对于如何"慎独"，《大学》作者语焉不详，以致后来学者的理解众说纷纭。郑玄《中庸》注："慎独者，慎其闲居之所为。"③"独"是无他人在场的"独居"，郑玄将"慎独"，训解为约束个人独居时的行为规范。后来的学者，由"慎独"进而论辩"闲居"的含义。朱熹说："独者，人所不知而己所独知之地也……闲居，独处也。"④朱熹将"独"理解为"独知"，即人的意念发动处，指向人内在的精神状态。他以"独处"解释"闲居"，将"闲居"理解为没有他人在场的"独处"。后世围绕"闲居"的争论，总体上是以郑玄、朱熹的意见为基础展开的。

郑玄、朱熹将"闲居"解释为"独处"，梁涛等学者则予以反驳。他们以《礼记·孔子闲居》"孔子闲居，子夏侍"为依据，指出孔子闲居时，子夏陪侍身边，说明"闲居"不是"独处"，而是指闲暇而居，平时而居。⑤梁氏对郑玄、朱熹的反驳，是比较有力的，但《大学》"见君子而后厌然"一句该如何解释？小人平时而居，为何就不能见到君子呢？

---

① 黄德宽、徐在国主编：《安徽大学藏战国竹简（二）》，第43页。
② 朱熹：《四书章句集注》，北京：中华书局，1983年，第7-8页。
③ 郑玄注，孔颖达疏：《礼记正义》卷五二，十三经注疏本，北京：中华书局，1980年，第1625页。
④ 朱熹：《四书章句集注》，第7页。
⑤ 梁涛：《〈大学〉"诚意慎独"章新解》，《江南大学学报（人文社会科学版）》2020年第4期。

"闲居"意蕴深奥，在早期文献中出现的次数少，是"闲居"研究难以取得突破性进展的主要障碍。安大简《仲尼曰》不管是不是真正的孔子之言，它毕竟是战国时期的文献，该篇的出现，为先秦时期"闲居"之意的考察，提供了崭新的契机。

简本《仲尼曰》孔子说："弟子如出也，十手指汝，十目视汝，汝乌敢为不善乎！盖君子慎其独也。"①"弟子如出也"，此句似乎有文字脱漏，疑当作"弟子[闲居]如出也"，这样才与下文"盖君子慎其独也"相应。弟子虽然"闲居"，但却像出门在外一样，十只手指着你，十只眼睛盯着你，有"睹"有"闻"，所以君子要"慎独"。梁氏将"闲居"理解为"闲暇而居"，可能是居家，也可能是不居家。而安大简《仲尼曰》说"[闲居]如出"，"闲居"与出门在外相对，明确强调"闲居"是指"居家"之时。"居家"属于私人场所，所以与君子有时不能相见。

《中庸》乃子思学派所作。《荀子·解蔽》篇曰："空石之中有人焉，其名曰觙。……是以辟耳目之欲，而远蚊虻之声，闲居静思则通。"②这里的"觙"，很可能是指子思。《解蔽》"闲居"乃子思之"闲居"，比梁氏所举《礼记》"孔子闲居，子夏侍"证据的效力要强。子思摒除耳目之欲，远离蚊虻之声，闲居静思，思虑才能通达。连蚊虫发出的声音，子思都会远离，他自然也不会与外人相见。子思排除一切外来干扰的"闲居"，是一种特别严格意义上的"独处"。

简言之，从安大简《仲尼曰》看，"闲居"是指弟子居家赋闲之时。③《大学》"见君子而后厌然"，可能是指外出之时、大庭广众之下。简本《仲尼曰》要求的是人前私下，即私人场合与公众场合的表里如一。先秦时期"闲居"的理解可能不尽相同。子思的"闲居"，远离耳目的欲望，排斥蚊虫的鸣叫，专心思索，已经近于严格意义上的"独处"了。

四、舍体至心：儒家"慎独"演进的思想脉络

从思想史的角度看，先秦时期儒家的"慎独"，大致可分为两类：一类是以简帛《五行》为代表，用仁、义、礼、智、圣解说"慎独"；一类是以《大学》《中庸》《荀子·不苟》为代表，把"诚"作为慎独的重要法门。

"慎独"说的产生，与"礼"有着密切的关系。《礼记·礼器》篇曰：

礼之以多为贵者，以其外心者也……礼之以少为贵者，以其内心者也。德产之致也精微，观天下之物，无可以称其德者，如此则得不以少为贵乎？是故君子

---

① 黄德宽、徐在国主编：《安徽大学藏战国竹简（二）》，第 43-44 页。
② 王先谦：《荀子集解》，北京：中华书局，1988 年，第 402 页。
③ 与君子对称的是"小人"，而不是"弟子"。安大简《仲尼曰》"弟子如出也"，"弟子"似乎不如《礼记·大学》"小人"更为准确。

慎其独也。①

在《礼记·礼器》作者那里，礼与心，外心与内心，是并重的。从"外心"看，服饰华美，祭品丰盛，"多之为美"，礼仪的规格越高，显得越隆重、尊贵。从"内心"看，礼是用来表达内心之德的，内心之德细密精微，"少之为贵"，天下事物没有什么能与内心之德相匹配。"慎独"，从属于《礼器》篇所言的"内心"。

在孔子思想体系中，仁与礼并重，始终处于动态平衡的状态。《礼器》篇"内心"与"外心"兼顾，其对礼与心的作用、关系表述客观公正，没有偏重于任何一方，与孔子同。准确地说，《礼器》篇肯定"外心"，与帛书《五行》不同，它当居于"慎独"诸家之说的思想发源处。

孔子之后，战国时期心性论兴起，自曾子、子思开始，在理论建构中强调心性，出现了思想"内转"的趋势，即舍弃礼的外在形式，更专注于"内心"。礼有吉礼、凶礼、军礼、宾礼、嘉礼五种，但子思则抓住丧礼作为学说建构的突破口。帛书《五行说》："差池者，言不在衰绖；不在衰绖也，然后能至哀。夫丧，正经修领而哀杀矣，言至内者之不在外也。"②内心悲痛的人，会顾不上自己外在的服饰、礼仪。正是由于不重视自己丧服的装饰，才能达到"至哀"，所以说"至内者之不在外也"。

"慎独"，在本质意义上说就是"慎心"，但为何不直接称"慎心"？帛书《五行说》"君子之为德也……无与终者，言舍其体而独其心也"③，慎独首先要"舍体"。"体"指的是耳、目、口、鼻、四肢。舍弃外在的耳目口腹之欲，而专注于自己内心道德修养的提升。《礼记·礼器》既肯定"外心"，也强调"内心"，而《五行》强调"内心"重于"外心"，礼仪的本质在内而不在外，在内心之德而不在于外在的礼仪行为。简帛《五行》的"慎独"，淡化"外心"，而专注于"内心"，可谓得《礼器》之"一偏"。

郭店简《五行》在子思学派文献中，对"慎独"的表述尤为独特。郭店简《五行》篇曰：

> 仁，形于内谓之德之行，不行于内谓之行；义，形于内谓之德之行，不行于内谓之行；礼，形于内谓之德之行，不行于内谓之□[行]；□[智]，□[形]于内谓之德之行，不行于内谓之行；圣，形于内谓之德之行，不行于内谓德之行。④

在子思看来，外在的行为和内心的德性相比，内心之德居于更重要的位置。仁、义、礼、智，只有形于内（心），才是真正的德行，如果不行于内，则只是"行"（圣德除外）。子思强调先"舍体"，五德"形于内"，然后才能"慎独于心"。马王

---

① 郑玄注，孔颖达疏：《礼记正义》卷二三，十三经注疏本，第 1434 页。
② 裘锡圭主编：《长沙马王堆汉墓简帛集成（肆）》，北京：中华书局，2014 年，第 71-72 页。
③ 裘锡圭主编：《长沙马王堆汉墓简帛集成（肆）》，第 74 页。
④ 荆门市博物馆：《郭店楚墓竹简》，北京：文物出版社，1998 年，第 149 页。

堆帛书《五行说》：

> 能为一者，言能以多为一；以多为一也者，言能以夫五为一也。[①]

子思学派强调君子慎独，就是要"能多为一"。郭店简《五行》又说："德之行五和，谓之德。"[②]所谓"为一"，就是将仁、义、礼、智、圣五种德行合而为一，进而上达天道。简帛《五行》强调"独其心"，和《大学》同。但《五行》不讲"诚"，把"四行合德"或"五行合德"界定为"慎独"，此与《礼记·大学》《荀子·不苟》明显不同。

子思向内求索，将"慎独"解说为"仁、义、礼、智、圣五种德行合而为一"，遭到了荀子的激烈批判，他称子思"案往旧造说"。荀子对"慎独"的阐发，紧紧围绕着"诚"展开。《荀子·不苟》篇云：

> 君子养心莫善于诚，致诚则无它事矣。……君子至德，嘿然而喻，未施而亲，不怒而威。夫此顺命，以慎其独者也。善之为道者，不诚则不独，不独则不形，不形则虽作于心，见于色，出于言，民犹若未从也，虽从必疑。天地为大矣，不诚则不能化万物；圣人为知矣，不诚则不能化万民。[③]

《荀子·不苟》与《礼记·中庸》有着密切的关系，有些语句明显抄自《中庸》。荀子认为"不诚则不独"，说明他是从内心的"诚"来理解"慎独"的。"诚"是养心最好的方法。道德修养只要做到"诚"就可以了。只要保持内心的诚，就可实现"慎独"，做到"教化万民""化育万物"。

《礼记·大学》与《荀子·不苟》一样，"慎独"的核心特征是"诚"，所以"诚其意"就是真实地面对内心，把真实的自我表现出来，而不要伪诈、欺骗。[④]《大学》作者将"诚"看作"慎独"的基本方法，"诚其意"是指内心的真实无妄，回归自己本心的真、善、美。郭店简《五行》的"五行合德""四行合德"，其实是很难操作和判断的，《礼记·大学》《中庸》《荀子·不苟》把"诚"作为实现"慎独"的路径，简洁明了，在方法论上具有更重要的意义。

简帛《五行》和《礼记·中庸》都属于子思学派的著作。但是它们对于"慎独"的解释却有些不同。《中庸》篇推崇"诚"，成己成物，"慎独"是实现"道"的重要路径。而简帛《五行》讲五行合德，与"诚"没有关联。构建理论体系，《中庸》所用的德目是智、仁、勇，《五行》是仁、义、礼、智、圣。相传子思晚年作《中庸》，郭店简《五行》成书早，《中庸》成书晚，它们对于"慎独"的不同理解，乃至使用德目的差异，可能与子思本人前后的思想变化有关。

---

① 裘锡圭主编：《长沙马王堆汉墓简帛集成（肆）》，第71页。
② 荆门市博物馆：《郭店楚墓竹简》，第149页。
③ 王先谦：《荀子集解》，第46-48页。
④ 梁涛：《〈大学〉"诚意慎独"章新解》，《江南大学学报》2020年第4期。

综上所述，安大简《仲尼曰》虽题名为"仲尼曰"，其实未必皆是真孔子之言。它将曾子、子思等人之语，纳入孔子语录，因此简本《仲尼曰》文体性质更近于"《儒家者言》"。学者认为安大简《仲尼曰》先于传世文献，或强调传世文献早于简本《仲尼曰》。实际上，安大简《仲尼曰》取材多元，来源不一，因此应细化到"章"，具体情况具体分析，才能对它们之间先后关系做出准确的定位、估价。

孔子之后，孔门弟子"内转"的理论趋势，是"慎独"产生的思想史背景。礼与心的关系，是准确理解儒家"慎独"意蕴的切入点。独，指内心。早期儒家强调"舍体"，"内心"重于"外心"，是慎独思想的重要特征。"慎独"概念虽为一，但修养路径却有所不同。简帛《五行》强调"仁、义、礼、智、圣五德合一"，非常难以操作。而《礼记·大学》《中庸》《荀子·不苟》篇以"诚"作为"慎独"的省思工夫，简洁明了，在方法论上更具有普适性的意义。

附记：本文系国家社科基金冷门绝学研究专项学术团队项目"先秦两汉出土易类文献汇纂通考与话语体系建构研究"（23VJXT002）阶段性成果。本文发表于曾振宇主编：《曾子学刊》第五辑，上海：上海三联书店，2023 年，第 100-112 页，收录时略有改动。

从新出秦简看秦王朝皇帝"制书"传达制度

——以"御史问直络帬程书"为中心*

杨振红

（南开大学中国社会史研究中心暨历史学院）

公文书制度是研究中国古代官僚机构设置、行政运作模式和官僚制发展水平的重要视角和内容。皇帝所下"制书"是秦汉时期最高级别的公文书。里耶秦简、岳麓秦简等新出秦简资料中有不少关于"制书"及传达的内容，为研究秦王朝建立的皇帝制度及"制书"传达制度提供了新的契机。①

一、秦王朝关于"制书"传达的法律规定

"制书"之名源于秦始皇建立皇帝等新称号。《史记·秦始皇本纪》载，秦始皇二十六年（公元前 221）统一全国后，建立帝号，"命为'制'，令为'诏'"。将皇帝之"命"改称"制"。《史记正义》："制诏，②三代无文，秦始有之。"里耶秦简所出秦始皇更名方中有多条规定涉及这一重要改革：

（前略）王谴曰制谴。BⅤ……承【命】曰承制。BⅦ……受（授）命曰制。BⅩⅢ□命曰制。BⅩⅣ（后略）（8-461）③

秦王下达的"命书"随着皇帝称号的建立改称为"制书"。

关于制书的定义，《史记集解》引蔡邕曰："制书，帝者制度之命也，其文曰'制'。诏，诏书。诏，告也。"④《汉书·高后纪》"太后临朝称制"条，颜师古注："天子之言一曰制书，二曰诏书。制书者，谓为制度之命也，非皇后所得称。今吕太后临朝行天子事，断决万机，故称制诏。"蔡邕《独断》："汉天子正号曰皇帝……其言曰制诏……其命令一曰策书，二曰制书，三曰诏书，四曰戒书。"⑤以上解释

---

* 基金项目：国家社会科学基金重大招标项目"中韩日出土简牍公文书资料分类整理与研究"（20&ZD217）。

① 制书研究以大庭脩为代表有很多成果，本文将在相关部分述及。参见[日]大庭脩：《秦汉法制史研究》第 3 篇第 1 章"汉代制诏的形态"，徐世虹等译，上海：中西书局，2017 年，第 139-162 页；等等。

② 此逗号为笔者所加。

③ 陈伟主编：《里耶秦简牍校释》第 1 卷，武汉：武汉大学出版社，2012 年，第 156 页。后文简称"《校释（一）》"。

④《史记》卷 6《秦始皇本纪》。

⑤ 蔡邕：《独断》卷上，四部丛刊三编景明弘治本，中国基本古籍库电子版。笔者标点。

都较简约，《后汉书·光武帝纪上》李贤注所引《汉制度》解说最为详细：

> 《汉制度》曰："帝之下书有四：一曰策书，二曰制书，三曰诏书，四曰诫敕。策书者，编简也，其制长二尺，短者半之，篆书，起年月日，称皇帝，以命诸侯王。三公以罪免亦赐策，而以隶书，用尺一木①两行，唯此为异也。制书者，帝者制度之命，其文曰制诏三公，皆玺封，尚书令印重封，露布州郡也。诏书者，诏，告也，其文曰告某官云〔云〕，如故事。诫敕者，谓敕刺史、太守，其文曰有诏敕某官。它皆仿此。"

其中的"三公"和"尚书令印重封"等表明其所讲主要为西汉后期至东汉制度。岳麓秦简、张家山汉简中称"制诏丞相、御史"等②，《史记》《汉书》称"制诏御史""制诏丞相""制诏丞相、御史大夫"等③，《后汉书》称"制诏三公"等④，也表明秦及西汉称"制诏丞相、御史"等，东汉则称"制诏三公"。而且，正如以往学者所论，除制诏丞相、御史或三公外，皇帝还向三公以外的官吏下达制书。⑤

岳麓书院藏秦简中发现了数条关于"制书"下达和邮送的法令规定。《岳麓书院藏秦简（伍）》：

> ●令□：制书下及受制有问议者，皆为薄（簿），署初到初受所及上年日月、官别留日数、传留状，与对皆（偕）上。不（100/1679+1673）从令，赀一甲。　•卒令乙五（101/1667）⑥

此令也见于《岳麓书院藏秦简（陆）》：

> ●制书下及受制有问议者，皆为薄（簿），署初到初受所及上年日月、官别留日数、⑦傅（传）留状，与對（对）皆上，不从（215/1675）令，赀一甲。　•卒令乙五（216/1681）⑧

---

① 此处原用逗号断开，此为笔者改。"木两行"是秦始皇统一后创立的公文书形制之一，参见拙文《五一广场简雷旦诉张董案相关册书与秦汉上行公文形制》，庆北大学人文学术院 HK+事业团第 4 届国际学术大会"从木质材料到纸张书写材料的变化与古代东亚"参会论文，韩国大邱及 Zoom 线上会议，2021 年 12 月 20—22 日。

② 如《岳麓书院藏秦简（肆）》308/1918 简有"制诏丞相、御史"（陈松长主编：《岳麓书院藏秦简（肆）》，上海：上海辞书出版社，2015 年，第 197 页。顿号为笔者所加。后文简称《岳麓（肆）》。《岳麓书院藏秦简（伍）》059/1125 有"制诏御史"（陈松长主编：《岳麓书院藏秦简（伍）》，上海：上海辞书出版社，2017 年，第 58 页。后文简称《岳麓（伍）》。张家山汉简《二年律令·津关令》500 简有"制诏相国、御史"（张家山二四七号汉墓竹简整理小组：《张家山汉墓竹简（二四七号墓）（释文修订本）》，北京：文物出版社，2006 年，第 85 页。后文简称《张家山（修订本）》。

③ 《史记》均称"制诏御史"，如卷 10《孝文本纪》第 550 页、卷 12《孝武本纪》第 589 页。《汉书·丙吉传》称"制诏丞相""制诏丞相、御史"（《汉书》卷 74《魏相丙吉传·丙吉》，第 3144 页、第 3150 页，顿号为笔者所加）等。

④ 例如，《后汉书》卷 10 上《皇后纪上·光烈阴皇后》有"制诏三公"；卷 34《梁统列传》有"制诏三公、大鸿胪"。

⑤ 参见代国玺：《汉代公文形态新探》，《中国史研究》2015 年第 2 期。除前引《后汉书·梁统列传》外，再如，宣帝神爵年间曾"制诏太常"（《汉书》卷 25 下《郊祀志下》），章帝时曾"制诏齐相"（《后汉书》卷 39《刘赵淳于江刘周赵列传·江革》）。

⑥ 陈松长主编：《岳麓书院藏秦简（伍）》，第 101 页。

⑦ 此处原作逗号，此为笔者改。

⑧ 陈松长主编：《岳麓书院藏秦简（陆）》，上海：上海辞书出版社，2020 年，第 167 页。后文简称"《岳麓（陆）》"。

此令规定，皇帝下"制书"或臣下"受制"问询、议论，都要制作"簿"书，写明制书"初到初受"之"所"（部门）以及"上"的年月日、官府"别留"的天数、"传留"情况，和回复的"对"一起呈上。《岳麓（伍）》注释："别留：分别在各官署停留。""传留：传送及滞留。"①《岳麓（陆）》注释："别：治理，处理。《方言》卷三：'别，治也。'"②"别留"的"别"应为分别、析分之义，即制书的内容涉及哪个部门或地方郡县，分别抄送给相关部门，与后文所论"别书"之"别"同义。"留"意为停留，即为了完成制书指示任务，簿书停留在官署的时间。岳麓秦简和里耶秦简中均出现了"簿留日"，如《岳麓（陆）》：

> 从令者，及书不当薄（簿）留日而署曰薄（簿）留日，皆以挢（矫）制不害律论之。（271/1703）③

此简前文缺，"从令者"前应为"不"字，"不从令者"以及不应当"薄留"却署上"簿留日"的，都要以"矫制不害律"论处。《汉书·汲黯传》"伏矫制辠"条颜师古注："矫，托也，托奉制诏而行之。"《汉书·景武昭宣元成功臣表》颜师古注引如淳曰："律，矫诏大害，要斩。有矫诏害，矫诏不害。"综上，完成制书所下指示若需要时间，则在簿书上写明"簿留日"；若不需要时间，则应立即传达或处理，不应有片刻停留。《岳麓书院藏秦简（柒）》下条令中也出现了"簿留日"：

> □及诸有劾下移县官论者，必傅劾者名∟。书不曰薄<簿>留日者，皆毋敢（224/1097）④

这是关于"劾"的法律规定，前后简文均缺，但大致可知其意：文书上若没有写"簿留日"，均不允许"留"。里耶秦简中有"展簿留日"，如：

> 为奏，傅所以论之律令，言展薄（簿）留日。　·令（8-1617+8-869）⑤
> 瘾（应）令及书所问且弗瘾（应），弗瘾（应）而云当坐之状何如？Ⅰ其谨桉（案）致，更上，奏史展薄（簿）留日，毋腾却它Ⅱ（8-1564）⑥

"展"应是延长、宽延期限的意思。《汉书·酷吏传·王温舒》："令冬月益展一月，卒吾事矣！"颜师古注："展，伸也。"⑦《资治通鉴·宋纪七》宋太祖元嘉二十七

---

① 陈松长主编：《岳麓书院藏秦简（伍）》，第 152 页。
② 陈松长主编：《岳麓书院藏秦简（陆）》，第 183 页。
③ 陈松长主编：《岳麓书院藏秦简（陆）》，第 194 页。
④ 陈松长主编：《岳麓书院藏秦简（柒）》，上海：上海辞书出版社，2021 年，第 157 页。
⑤ 两简的缀合，见何有祖：《里耶秦简牍缀合（六则）》，"简帛"网，http://www.bsm.org.cn，访问日期：2022 年 12 月 1 日。但两简的顺序号颠倒了。
⑥ 陈伟主编：《里耶秦简牍校释（第一卷）》，第 361 页。
⑦ 伊强曾专文讨论里耶秦简"展……日"的释读问题，列举了这两枚简及《酷吏传》颜师古注。他认为"展"是"推迟、延后"之义，即"延期"，"留"是"滞留"的意思。"展簿留日"应指对簿籍的上呈日期有所延迟（伊强：《里耶秦简"展……日"的释读》，杨振红、邬文玲主编：《简帛研究二〇一六（秋冬卷）》，桂林：广西师范大学出版社，2017 年，第 140-146 页）。笔者赞同其对"展"的解释，但对"簿留"的认识有所不同。

年（450），魏主曰："展至十月，吾无忧矣。"胡三省注："展，宽也。""展簿留日"应指延长、放宽簿留的日期。里耶秦简下列简涉及制书"簿留日"：

> 廿六年后九月己酉朔甲戌，□官守衰敢言之：令下制书曰：上□□受Ⅰ乘车、马、仆、养、走式八牒，放（仿）式上属所执瀸。毋当令者，亦言①薄（簿）留日。•问Ⅱ之，毋当令者，薄（簿）留一牒□。【敢】言之。（9-1857）
>
> 后九月甲戌水下□□以来。/逐半。　　　赺手。（9-1857背）②

制书让地方上"仿式"，"□官守衰"回复说，没有符合令的，"薄（簿）留一牒□"，"牒"后的字根据9-2315"为薄留一牒下"③应是"下"字。

"传留"的意思当如岳麓秦简整理者注释，"传"指传递，"留"指滞留。《岳麓（陆）》有一条关于"致赐人酒食或留"的令：

> ●致赐人酒食者或留 ∟。议：吏将赐酒食留臧（藏）致者 ∟，酒食臭败不可致者，更盛。•致者留八分日一到过五日（123/0130）□以行制书不署急而留之律论之 ∟。赎罪以下，有（又）以其败不可致者直（值）钱负留者。•官遣致者留及（124/0114）遣赐遟（迟）而留致者 ∟，皆以此令论之。•致者未到 ∟，将赐吏径致之，赀二甲。•致者留 ∟，将赐吏弗举（125/0175）☒遣赐遟（迟）留致者，致者弗举劾 ∟，以纵罪人律论之。•十六（126/2152）④

令文规定：皇帝赏赐酒食，官吏不及时送达，导致酒食腐败，滞留八分之一日到超过五日，要依照传递制书不署"急"而滞留的律条论处。若官吏发现有迟留情况却不举劾，要按"纵罪人律"论处。由此可反证，"行制书"必须署"急"字，传递时不允许片刻停留。张家山汉简《二年律令·行书律》265—266简规定：

> 令邮人行制书、急书，复，勿令为它事。⑤

制书、署"急"的文书必须由邮人传递，复除（免除）邮人的赋役，不允许让他们干邮以外的杂务。由此可知，制书一定是"急书"，而"急书"未必是制书。《岳麓（肆）》下简：

> ●行书律曰：有令女子、小童行制书者，赀二甲。能捕犯令者，为除半岁繇（徭），其不当繇（徭）者，得以除它（194/1384）人繇（徭）。（195/1388）⑥

此条律规定，不允许让女子和小童传递制书，违令的官吏要处以赀二甲的处罚。但

---

① 陈伟主编《里耶秦简牍校释（第二卷）》（武汉：武汉大学出版社，2017 年，后文简称"《校释（二）》"）原用逗号断开，今改。
② 陈伟主编：《里耶秦简牍校释（第二卷）》，第 372 页。
③ 陈伟主编：《里耶秦简牍校释（第二卷）》，第 470 页。
④ 陈松长主编：《岳麓书院藏秦简（陆）》，第 107-108 页。
⑤ 张家山二四七号汉墓竹简整理小组：《张家山汉墓竹简〔二四七号墓〕（释文修订本）》，第 45 页。
⑥ 陈松长主编：《岳麓书院藏秦简（肆）》，第 132 页。

从下节讨论的里耶秦简"御史问直络帬程书"来看，"令邮人行制书"、制书等"恒署书皆以邮行"的规定在现实中并非一概而论，制书不仅可以采取"以县次传"的方式传递，而且县内的传递也可以不用邮人，而用"守府"等徒隶，但不允许用女子和小童应是铁律。

二、从"御史问直络帬程书"看秦始皇制书的传达

里耶秦简出土了五枚与秦始皇所下"上洞庭络帬直"制书有关的简，按照文书性质和文书传递往来顺序，分别为：8-153、8-159、8-155、8-152、8-158。五枚简的内容包括标题简、秦始皇所下制书内容、丞相承制所下令内容、御史将制书和丞相令传达洞庭郡、洞庭郡下达传递指示、洞庭郡内和迁陵县内进行传递和报告文书收到的过程，为考察秦王朝时期制书传达制度提供了极好的案例。自《里耶秦简（壹）》①公布以来，就不断有学者对简文内容、文书传递等进行研究，取得了很大进展②，但对这组简的释文、内容及所反映的制书传达邮送制度仍有进一步探讨的空间。

五枚简中，除 8-159 外，其余四枚简字迹都比较清晰，释文没有疑问。只有 8-159 因字迹漫漶，《里耶（壹）》和《校释（一）》的释文缺释较多，虽有学者据 9-713 对释文进行校补③，但仍有讨论余地。下面以《校释（一）》释文为底本，结合其他学者意见，对五枚简文逐条进行分析，释文、句读有改动均出注说明。因 8-159 是这组简的核心，我们先来看这枚简。

1. 材料（1）8-159

制书曰："举事可为恒程者上丞相，上洞庭络帬（裙）直④有（？）□□□。"【一】Ⅰ卅二年二月丁未朔【辛】亥，御史丞去疾：丞相令曰："举事可为恒Ⅱ程者，【洞庭】⑤上帬（裙）直。"⑥即瘾（应）令弗瘾（应），谨案致【之】。……【二】Ⅲ……下【洞】庭□□。【三】/□手。Ⅳ……Ⅴ（8-159）

---

① 湖南省文物考古研究所编著：《里耶秦简（壹）》，北京：文物出版社，2012 年。后文简称《里耶（壹）》。
② 学术史参见[日]广濑薰雄：《也谈里耶秦简〈御史问直络裙程书〉》，其著《简帛研究论集》，上海：上海古籍出版社，2019 年，第 117-121 页。下引广濑文均为此文。
③ 如游逸飞、陈弘音：《里耶秦简博物馆藏第九层简牍释文校释》，"简帛"网，http://www.bsm.org.cn，访问日期：2022 年 12 月 1 日，文中简号为 9-712+9-758；[日]广濑薰雄：《也谈里耶秦简〈御史问直络裙程书〉》，其著《简帛研究论集》，第 117-136 页；等等。
④ "直"，《里耶（壹）》原释作"程"，此从胡平生意见改。胡平生：《读〈里耶秦简（壹）〉笔记（三）》，"简帛"网，http://www.bsm.org.cn，访问日期：2022 年 12 月 1 日。
⑤ 《校释（一）》原作"□"，认为此处有一字，不识。按：据下列材料（4）8-152："廷下御史书：举事可为恒程者，洞庭上帬（裙）直。"此处或为"洞庭"两字。
⑥ 《校释（一）》原断作："丞相令曰举事可为恒Ⅱ程者□上帬（裙）直。"广濑文改释为："丞相令曰：'举事可为恒Ⅱ程者∟。'上帬（裙）直。"认为丞相令不包括"上帬直"。"者"与"上"之间为断句符"∟"。按：如正文【一】所述，丞相令应包含"上帬直"。另，"∟"符一般偏右，距离上下两字的距离也较近。但此处的字迹居中，且与上下两字距离较大。或为"其"字。

三月丁丑朔壬辰，【洞】庭□□□□□□□□□□□Ⅰ【从事】。临沅下索（索），【四】门浅、上衍、零阳各以道次传别书，□□□。①Ⅱ书到，相报。不报，追。临沅、门浅②、上衍、零阳言书到，署□□发。Ⅲ□□□。道一书。·以洞庭发弩印行事。　恒署。③Ⅳ鬲〈酉〉阳报充，署令发。④/四月【癸】丑水十一刻刻下五，都邮人□以来。⑤Ⅴ迁陵报酉阳，署令发。【五】Ⅵ□□□□□□□。Ⅶ（8-159背）⑥

附记 9-713 释文于下：

六月壬午朔戌戌，洞庭叚（假）守齮下〖县〗⑦：听书从事。临沅Ⅰ下索（索），门浅、零阳、上衍各以道次传别书⑧。临Ⅱ沅下洞庭都水，蓬下铁官。Ⅲ皆以邮行。书到，相报。不报，追。⑨临沅、门浅、零阳Ⅳ、【上衍皆言】书到，署兵曹发。/如手。道一书。·以洞庭候印〖行事〗。⑩Ⅴ（9-713）

充报零阳，金布发。AⅠ酉阳报充，署令发。AⅡ七月己未水十一刻刻下十，都邮人□以来。/□发。AⅢ迁陵报酉阳，署主令【发】。☑BⅠ恒署。　丁四。BⅡ⑪（9-713背）⑫

关于【一】的释读问题。此句广濑文改作："制书曰：'举事可为恒程者，上丞相。'上洞庭络帮直，有书。钏⑴手。"认为制书的内容到"上丞相"为止。按："上洞庭络帮直"后面四个字，字迹模糊。广濑文的说法存在一些疑问。第一，若此句全部是制书内容，那么，可以确定此简是记录文书传递过程的文书。但若按

---

① 《里耶（壹）》原作："零阳□□□以次传□□□□发"。游逸飞、陈弘音改释为"零阳各以道次传。别书□□□"。鹰取祐司认为"别书"是"传"的对象，"传别书"应连读（鹰取祐司『秦汉官文书の基础的研究』、第二部第二章、东京、汲古书院、2015、243-270页）。按：鹰取祐司意见可从。句末从广濑文加句读。

② 《里耶（壹）》原释作："书到相报"。广濑文改释作："书到，相报。不报，追。索（？）、门浅"。按：广濑文补释的"不报，追"及标点可从，但所补"索（？）、"仍有疑问。从图版看，"追"与"门浅"之间应只有两个字，据图版及 9-713"书到相报，不报，追。临沅、门浅、"，两字应为"临沅"。

③ 《校释（一）》原作："□□□一书以洞庭发弩印行事□□恒署。"前缺释四字，游逸飞、陈弘音补作"□□手。道一书"。广濑文改释作："□□□。道一书。以洞庭发弩印行事。　恒署。"按：广濑释文可从。另，图版在"书"与"以"之间明显有一墨点█，9-713亦有，故补。

④ 《校释（一）》释作："酉阳报□□□署令发"。游逸飞、陈弘音改释作："酉阳报，充署令发"。广濑文改释作："鬲〈酉〉阳报充，署令发。"按：游逸飞、陈弘音补释"充"字可从，标点则从广濑文。

⑤ 《里耶（壹）》原释作："四月□丑水十一刻刻下五□□□□"。游逸飞、陈弘音将后面的缺字补释为："都邮人□以来□/□发。""发"下墨迹疑为倒印文。广濑文补"癸"字，作："四月【癸】丑水十一刻刻下五，都【邮人】□以来。/□发。"按：广濑文可从。

⑥ 陈伟主编《里耶秦简牍校释（第一卷）》，第96页。

⑦ "县"字系据鹰取祐司（鹰取祐司『秦汉官文书の基础的研究』、256、268页）和《校释二》意见补。

⑧ 《校释（二）》断作："临沅下索（索）。门浅、零阳、上衍，各以道次传，别书"，此从鹰取祐司句读。

⑨ 《校释（二）》原作："书到相报，不报，追。"今改。

⑩ 木牍在此处残断，《校释（二）》作"☑"。此据游逸飞、陈弘音意见补。

⑪ 《校释（二）》简背顺序原作："充报零阳，金布发。AⅠ酉阳报充，署令发。AⅡ迁陵报酉阳，署主令【发】。☑BⅠ恒署。丁四。BⅡ七月己未水十一刻刻下十，都邮人□以来。/□发。BⅢ"但无论从书写位置还是文书传递、书写顺序来看，"七月"至"□发"句都应属第一栏，是迁陵收到此文书当日所书。"迁陵报酉阳，署主令【发】。☑"则为此文书最后所写。"恒署。　丁四。"本应写在"·以洞庭候印〖行事〗"行末，与8-159一样，但因"行事"已到简的底部，没有余地，便写了简背。

⑫ 陈伟主编：《里耶秦简牍校释（第二卷）》，第186-189页。

照广濑文的理解，此句中不仅有"有书"，还有书手信息，那么又该如何理解这封文书的性质呢？第二，下引材料（4）8-152 中，名叫"是"的少内守回复县廷时说："廷下御史书：举事可为恒程者，洞庭上帬（裙）直。"县廷不可能说"洞庭上帬（裙）直"，因此，"举事"至"帬（裙）直"应为一句，为御史书内容。第三，目前出土的秦汉制书中有不少是关于具体事务的。如前引 9-1857 所引制书"上□□受Ⅰ乘车、马、仆、养、走式八牒，放（仿）式上属所执瀤"；8-1648 "☑发羽，有制书"。① 因此，秦始皇专门就洞庭郡络裙直程下制书是完全有可能的。第四，在已公布的里耶秦简中迁陵县确有名叫"釦"的令史，如 8-138+8-174+8-522+8-523 秦始皇二十六年"二月壬寅，令史釦行庙"，"五月丙午，史釦行庙"；8-1510 秦始皇二十七年（公元前 220）三月己酉"釦半"；9-2283 秦始皇二十七三月辛酉"釦手"。② 但"釦"仅出现在秦始皇二十六、二十七这两年，而"御史问直络帬（裙）程书"发生在秦始皇三十二年（公元前 215）。基于此，"有"字后三字仍从《里耶（壹）》未释。

关于【二】的释读问题。《校释（一）》释作："即瘫（应）令，弗瘫（应），谨案致□……"。校释："即，假若。"广濑文改作："即律（？）令弗瘫（应），谨案致□。"他认为这一句是御史大夫的命令，"即律令弗应"的意思是"如果律令的规定与洞庭郡上报的络裙价格不符的话"。"谨案致"后应为"之"。按：此句确如广濑文所说为御史言。但"即"后的字仍应从整理者释作"瘫（应）"，"应令"与"弗应"相对，见于前文所引 8-1564："瘫（应）令及书所问且弗瘫（应）"。"即"不是"假若"的意思，而是"是"之义。"即应令"与"弗应"之间不应断开，意为：是符合令（还是）不符合（令）。它与前文提到的 9-2315 "廷下平春群居叚舍人南昌平智大夫加讟书曰：各谦（廉）求其界中。得弗得，亟言薄留日。今谦（廉）求，弗得③，为薄留一牒下"中"得弗得"的用法相同。"令"指前文的"丞相令"。"谨案致之"后似还有字，故从《校释（一）》用省略号。

关于【三】的释读问题。此句字迹漫漶。《里耶（壹）》原释作："……庭□"。广濑文改释作："【□□】丞相□下【洞】庭守"，并说"从这一句看，这件文书是丞相发来的。这可能是因为这件事与丞相有密切的关系"。按："下"字比较清晰，可从。广濑文疑为"丞相"的两字，字形与第一行的"丞相"确实相像。但即便这两个字是"丞相"，这封文书也不应是丞相而应是御史发给洞庭郡的。④ "卅二年二月丁未朔辛亥"日期后接的"御史丞去疾"，按照一般文书格式应是文书的发出者。材料（3）8-153 "御史问直络帬（裙）程书"也表明是御史问。8-152 中，

---

① 陈伟主编：《里耶秦简牍校释（第一卷）》，第 373 页。
② 分见陈伟主编：《里耶秦简牍校释（第一卷）》，第 78、341 页；陈伟主编：《里耶秦简牍校释（第二卷）》，第 448 页。
③ 《校释（二）》原断作："亟言，薄留日。今谦（廉）求弗得"，今改。
④ 但广濑文其他地方也说"御史问直络裙程书"是御史大夫府发来的，论述存在矛盾。

迁陵县少内更直接说"廷下御史书",将这封文书称作"御史书"。"御史书"一词还见于8-141+8-668、9-642、9-699+9-802、9-708+9-2197。[①]当时可能将御史大夫府下发的文书(包括传达制书和丞相令内容的)统称为"御史书"。与之相对,9-1204可见到"廷下丞相书曰"[②],"丞相书"才是丞相府下发的文书。就这组络帬直程书而言,其制作传达过程应是这样的:秦始皇专门就洞庭络帬直程事下制书,因"恒程"事务归丞相负责,故命洞庭郡上报丞相。因御史府负责文书事务,故制书先下御史府,由御史府转给丞相。丞相承制起草令,再转给御史府,然后由御史府将制书和丞相令一并下达洞庭郡。[③]另,"洞庭"与"/"之间似有两字,而不是一字。

关于【四】的释读问题。此句漫漶严重,《校释(一)》原释作:"【洞庭】□□□□□□□□□□□□令□□□索,"。游逸飞、陈弘音据9-713补"索"前三字为"临沅下"。广濑文补作:"【洞】庭叚守□□□□□□【如律】令。临沅下索(索)、"。"如律令"是"根据下行文书的固定格式"补。按:"三月丁丑朔壬辰"以下是洞庭郡下令属县,部署传达御史书事宜,这种场合一般用"听书从事"或"以律令从事"。如上引9-713"洞庭叚(假)守龤下〖县〗:听书从事。"再如8-657:"洞庭守礼谓县啬夫:听书从事。□[④]Ⅳ军吏在县界中者各告之。新武陵别四道,以次传,别书,写上洞庭尉。[⑤](中略)/八月甲戌,迁陵守丞膻之敢告尉官主:以律令从事。传别【书】,Ⅱ贰春下卒长奢官[⑥]。[⑦]从图版看,"临"前似有两字,释"令"不妥,或为"从事"。"临沅下索"后应用逗号,从后文"门浅、上衍、零阳言书到"即门浅、上衍、零阳直接回复郡府反推,给三县下达文书的也应不是临沅,而是郡府,故"临沅下索"后不宜用顿号。

关于【五】的释读问题。《校释(一)》释作:"迁陵□,酉阳署令发。"于洪涛认为缺字为"报"。[⑧]鹰取祐司也补释"报"字,并断作:"迁陵报酉阳,署令发。"[⑨]广濑释文与鹰取释文同,但认为此句应是分两次书写的,应置于第三行和第四行之间。按:《里耶(壹)》在"恒署"前有两个未释字"□□",广濑文认为是"迁陵报"三字。但若仔细辨认的话,应只有"迁陵"两字,"报"字写在"/□发"下。"迁陵报酉阳,署令发"字体、大小基本一致。"四月【癸】丑水十一刻刻下

---

① 分见于陈伟主编:《里耶秦简牍校释(第一卷)》,第81页;陈伟主编:《里耶秦简牍校释(第二卷)》,第169、179、185页。

② 陈伟主编:《里耶秦简牍校释(第二卷)》,第276页。

③ 关于制书下达的方式,目前学界存在争议。限于篇幅,此处不展开论述。与此有关的讨论可参见[日]大庭脩:《秦汉法制史研究》,第1篇第2章"汉王朝的统治机构"、第3篇第3章"居延出土的诏书册",第30-33、163-180页;鹰取祐司『秦汉官文書の基礎の研究』、第2部第1章、201-242页;等等。

④《校释(一)》断作"洞庭守礼谓县啬夫听书从事□",今改。

⑤《校释(一)》断作"新武陵别四道,以次传。别书写上洞庭尉",今改。

⑥《校释(一)》和鹰取祐司均断作"传别【书】贰春,下卒长奢官",今改。

⑦ 陈伟主编:《里耶秦简牍校释(第一卷)》,第193页。

⑧ 于洪涛:《试析里耶秦简"御史问直络帬程书"的传递过程》,《长江文明》2013年第3期,第34页。

⑨ 鹰取祐司『秦漢官文書の基礎の研究』、258页。

五，都【邮人】□以来。/□发"句字体则明显偏小，应是为了预留"迁陵报酉阳，署令发"的书写位置，特意写小，当然收文日期写小也是惯例。但即便这样，由于"迁陵报酉阳，署令发"必须写大字，所以预留位置仍不够，故将"迁陵"两字写在了"以洞庭发弩印行事"之后"以来。/□发"的右边。因此事发生在四月癸丑（八日）收件信息后，所以应置于其后。

综合解析全简的内容，第二行的"卅二年"应为秦始皇三十二年。首句"制书曰"表明这组文书缘起于秦始皇就"洞庭络帬直程"所下"制书"。"程"为标准之义。据制书，有关"恒程"的事归丞相负责，故丞相承制下"令"，命洞庭郡"上帬（裙）直"。结合8-153"御史问直络帬（裙）程书"、8-152"洞庭上帬（裙）直"、材料（5）8-158"络帬直书"，制书要求洞庭郡上报的是"络裙直"的"程"。"直"应通"值"，价值、价格的意思。①秦始皇专门针对洞庭郡"络裙直程"下制书，可能因络裙是洞庭郡特产。②

"御史丞"为"御史大夫丞"简称。负责皇帝和中央文书起草、传达工作的御史大夫府给洞庭郡下文书，将制书和丞相令传达给洞庭郡，命洞庭郡认真核实是否有符合令的情况。"谨案致之"后简文残，根据残留的文字和文书格式推测，写的应是文书传递信息。由于此文书的内容仅涉及洞庭郡，因此文书应是从御史府直接送达洞庭郡，故会残留洞庭的"庭"字。"□手"的"手"应是御史府书手。

御史书发出的日期为秦始皇三十二年二月"□亥"，"亥"前的字漫漶，《校释（一）》推测是"辛"，辛亥为二月六日。这一年二月的亥日还有癸亥，为十七日；乙亥，为二十九日。从残存的字形看，更接近"辛"字。下文说三月壬辰即十六日文书送达洞庭郡府，以此推算，若辛亥发出，则历时40天；癸亥发出，历时29天；乙亥发出，历时17天。从咸阳到洞庭郡的距离所需花费的时间推算，辛亥的可能性最大。

"三月丁丑朔壬辰"至"恒署"是洞庭郡府就如何传递御史书下达属县的指示。洞庭郡府命令临沅县下传索县，门浅、上衍、零阳各以"道"（传递路线）上各县顺序依次传递"别书"。前引8-657有"新武陵别四道，以次传别书"，9-1861有"新武陵布四道，以次传别书"，9-2283有"新武陵别四道，以道次传别☑"。③新武陵当是洞庭郡初设郡时郡治，秦始皇二十八年（公元前219）或次年因设立武陵郡，将新武陵更名为临沅（对此，笔者拟另文论考）。据此可知洞庭郡通常分四道传递文书，临沅（新武陵）、门浅、零阳、上衍为四道开端。从8-159后文"酉阳报充""迁陵报酉阳"，再结合9-713"充报零阳""酉阳报充""迁陵报酉阳"，

① 李学勤：《初读里耶秦简》，《文物》2003年第1期。
② 游逸飞、陈弘音因8-439+8-519+8-537记载身份为"徒"者"衣络袍一"，推测络裙是洞庭郡戍卒军服，"络"指质料，可备一说。
③ 分见陈伟主编：《里耶秦简牍校释（第一卷）》，第193页；陈伟主编：《里耶秦简牍校释（第二卷）》，第374、448页。

可知零阳道完整道次为：零阳—充—酉阳—迁陵①，此道当为洞庭郡的西南道线。"别书"指"依照正本另再抄录的文书"。②因御史书下达给洞庭郡的文书正本留在了郡府，而洞庭郡传达给属县等单位时，必须先抄录御史书的内容，由于是从正本中"别"出来的，故称"别书"。

"书到相报，不报，追"，是洞庭郡要求各县收到文书后，要回复传递的县"书到"，即文书已收到，如果不回复，传递的县需发文追问。后文"酉阳报充""迁陵报酉阳"，即被传递方的酉阳、迁陵"相报"传递方的充、酉阳。秦代公文书"书到相报，不报，追"已成制度，有明确的法律规定。睡虎地秦简《秦律十八种·行书》：

> 行传书、受书，必书其起及到日月夙莫（暮），以辄相报殹（也）。书有亡者，亟告官。隶臣妾老弱及不可诚仁者勿（184）令。书廷辟有曰报，宜到不来者，追之。　　行书（185）③

新出岳麓秦简中也有相关律条：

> 兴律曰：诸书求报者，皆告，令署某曹发。④∟弗告曹，∟报者署报书中某手，告而弗署，署而环（还）⑤，及弗告∟，及（281/0798）不署手，赀各一甲。（282/0794）⑥

> □律曰：传书受及行之，必书其起及到日月夙莫（暮），以相报，报宜到不来者，追之。书有亡者，亟告其县（223/1271）官。不从令者，丞、令、令史主者赀各一甲。（224/1243）⑦

秦律规定凡是需要回复的文书，发文方一定要在文书中明确告知收文方需要回复，并署明由某曹启封。如果不告知，相关责任人均要受到赀一甲的处罚。估算文书应送达却未回复的，要发文追问。回复的"报"中要署明书手的身份和名字。所以，洞庭郡府在所下御史书中明确写道："书到，相报。不报，追。"

除了各县要向传递给它的上一个县"相报"外，洞庭郡还明令"临沅、门浅、上衍、零阳言书到，署□□发"，四县因是四道的起点，所以这里是指各道完成道上所有县的传递，如零阳全部收到充、酉阳、迁陵"书到"的"报"以后，四县要向郡府报告文书已经全部送达，并署明由郡府某部门启封。

---

① 晏昌贵曾据 9-713 推测洞庭郡郡治为临沅，由临沅下分四路：索、门浅、零阳和上衍，临沅—零阳—充—酉阳—迁陵为一路（晏昌贵：《里耶秦牍 9-712+9-758 补释》，"简帛"网，http://www.bsm.org.cn，访问日期：2022 年 12 月 1 日；晏昌贵：《里耶秦牍所见郡县辑录》，《历史地理》第 30 辑，上海：上海人民出版社，2014 年）。鹰取祐司也结合 9-713，推测是以传阅板报的形式，按零阳—充—酉阳—迁陵的顺序传递（鹰取祐司『秦漢官文書の基礎の研究』，258-259 页）。

② 李均明：《简牍文书稿本四则》，李学勤、谢桂华主编：《简帛研究》第 3 辑，南宁：广西教育出版社，1998 年，第 316-317 页。

③ 睡虎地秦墓竹简整理小组：《睡虎地秦墓竹简》，"秦律十八种释文注释·行书"，北京：文物出版社，1990 年，第 61 页。

④ 整理者此处用逗号，今改。

⑤ 此逗号为笔者所加。

⑥ 陈松长主编：《岳麓书院藏秦简（肆）》，第 161 页。

⑦ 陈松长主编：《岳麓书院藏秦简（肆）》，第 142 页。

"道一书"，《校释（二）》9-713 校释："疑指每条传递路线一份文书，上文云'各以道次传'。"①洞庭郡分四道，"道一书"意味着郡府只制作四份文书，分别传递给四道的起点县：临沅、门浅、上衍、零阳。也就是说，每道只有一份来自郡府的文书正本。

"·以洞庭发弩印行事"，是说在洞庭郡下发的文书上盖的是担任洞庭郡叚守的洞庭发弩的印。②

"恒署"，应为"恒署书"的简称。《岳麓（伍）》的一条秦令规定：

·恒署书皆以邮行。 　　·卒令丙二（108/1173）③

"恒署书"均要"以邮行"的方式传递。"以邮行"即用邮人传递的方式。④"恒署书"也可简称"恒书"。《岳麓（肆）》有一条《行书律》：

●行书律曰：毋敢令年未盈十四岁者行县官恒书，不从令者，赀一甲。（196/1377）⑤

此律对邮人的年龄做了规定，即必须年满十四岁。此律可以和前引《岳麓（肆）》195/1388"有令女子、小童行制书者，赀二甲"相对应，由此可知"小童"指年不满十四岁者。《校释（一）》注释 8-1073 的"恒署书"说："应是重要或紧急文书。"⑥从 8-159 洞庭郡将传达源自皇帝制书和丞相令的御史书标注为"恒署"，可知"恒署"是最高级别的公文书。秦时重要的公文书一定要标注"恒署"等反映文书级别的信息，以便传递者和收信方采取相应的传递方式。目前公布的里耶秦简两册 6050 个编号简中，仅发现 7 例"恒署"，即便可能还有未释出的简，但总体来说这一级别的文书所占比例应不会太大。9-713 中洞庭郡给各县的令中明确指示"皆以邮行"，同时也署上了"恒署"的字样。而 8-159 中，酉阳传递到迁陵的就是酉阳都邮人。

秦汉简牍中多将"以邮行"和"以（县）次传"并列，如岳麓秦简：

●封书毋勒其事于署乚，书以邮行及以县次传送行者，皆勒书郡名于署，不从令，赀一甲。 　　·卒令丙四 　重（223/1160）⑦

张家山汉简《二年律令·行书律》：

---

① 陈伟主编：《里耶秦简牍校释（第二卷）》，第 188 页。
② 参见广濑文对"以沅阳印行事"的理解。他认为里耶秦简中三例"以沅阳印行事"说明"洞庭假守绎用沅阳县令的官印办理洞庭守的事务，这当是绎的本职是沅阳县令的缘故"（[日]广濑薰雄：《也谈里耶秦简〈御史问直佐詧裙程书〉》，载其著《简帛研究论集》，第 135 页）。
③ 陈松长主编：《岳麓书院藏秦简（伍）》，第 103 页。
④ 睡虎地秦简整理小组认为："邮，传递文书的驿站，《汉书·薛宣传》注：'邮，行书之舍，亦如今之驿及行道馆舍也。'以邮行，由这种驿站递送。"（睡虎地秦墓竹简整理小组：《睡虎地秦墓竹简》，"语书释文注释"，第 19 页）
⑤ 陈松长主编：《岳麓书院藏秦简（肆）》，第 133 页。
⑥ 陈伟主编：《里耶秦简牍校释（第一卷）》，第 274 页。
⑦ 陈松长主编：《岳麓书院藏秦简（陆）》，第 170 页。亦见《岳麓（伍）》111/1141 简（陈松长主编：《岳麓书院藏秦简（伍）》，第 104 页）。

（前略）书不当以邮行者，为送告县道，以次传行之。诸行书而毁封者，皆罚金（274）一两。书以县次传及以邮行而封毁，过县辄劾印，更封而署其送徼（檄）曰：封毁，更以某县令若丞印封。（275）①

故学界一般认为，"以邮行"和"以（县）次传"是文书传递的两种不同方式。制书、急书、恒署书、五百里以上狱辟书、校计②等重要、紧急的文书采用"以邮行"方式，普通文书则采用"以次传"方式。③但 8-159 传递的是制书，8-159 和 9-713 均有"恒署"字样，照理这两封文书都应采取"以邮行"的方式，9-713 中洞庭郡府还明确指示"皆以邮行"，酉阳传递给迁陵的也是"都邮人"。但两书同时命令"以道次传"，且迁陵县传递少内的就不是邮人，而是通常以徒隶担任的"守府"。可见"以邮行"和"以次传"并非截然对立的两种传递方式，如果制书等重要、紧急的文书要传达下属所有郡或县的话，那么就不仅要用"以邮行"的方式，还要采取"以（道或县）次传"的方式，这种结合方式应是普遍传达所属郡县最科学、便捷的方式。"以次传"应和传递对象为某专门部门的直接传递方式相对。

如前所述，"酉阳报充，署令发"应是酉阳县回复充县已经收到郡下御史书，并署明此回函由充县县令启封。

"四月【癸】丑水十一刻刻下五"后四字模糊不可识，结合 8-155，此时间应是经酉阳传递的郡下御史书到达迁陵县廷的时间。前引睡虎地秦律《行书》和岳麓秦律 223/1271 均规定，行传书和接受传书，"必书其起及到日月夙莫（暮）"，即一定要写明文书发出和收到的日期、时刻，并予以回复。迁陵县就是遵照这一法律规定，写明酉阳所传郡下御史书到达迁陵的时间，其后的缺字当也是与此有关的信息。睡虎地秦律《行书》和岳麓秦律 223/1271 反证"恒署书"也属于"传书"。过去学界对简牍中的"传书"有不同认识，如陈治国认为"传书"是指通过"传"的机构递送的文书。④易桂花、刘俊男则认为，"传书"是一种适用于传递"露布不封之书"类的"以次传"的通告性文书，不如"邮行"文书重要、紧急。⑤通过本文的考证，可知"传书"指的是通过"以次传"方式传递的文书，与直接传递到目的地的方式相对，而不与"以邮行"相对。

"迁陵报酉阳，署令发"是迁陵回复酉阳已经收到郡下御史书，回复函上写明要酉阳县令启封。酉阳和迁陵均让县令启封，也反证"恒署书"的重要性。

广濑文认为，此牍为有几个侧面的棱柱，可称为"觚"，汉代称"檄"。8-159 是

---

① 彭浩、陈伟、[日]工藤元男主编：《二年律令与奏谳书——张家山二四七号汉墓出土法律文献释读》，上海：上海古籍出版社，2007 年，第 203 页。其中"书以县次传及以邮行而封毁"句，《张家山（修订本）》和《二年律令与奏谳书》均断作："书以县次传，及以邮行，而封毁"，今改。

② 张家山汉简《二年律令·行书律》276 简："诸狱辟书五百里以上，及郡县官相付受财物当校计者书，皆以邮行。"（张家山二四七号汉墓竹简整理小组：《张家山汉墓竹简〔二四七号墓〕（释文修订本）》，第 47 页）

③ 学术史参见高荣：《简牍所见秦汉邮书传递方式考辨》，《中国历史文物》2007 年第 6 期。

④ 陈治国：《从里耶秦简看秦的公文制度》，《中国历史文物》2007 年第 1 期。

⑤ 易桂花、刘俊男：《从出土简牍看秦汉时期的行书制度》，《中国历史文物》2009 年第 4 期。

酉阳县复制并传给迁陵县的檄书原件，但简文各部分笔迹不同，应是在传递过程中由不同人增写的。[①]但从 8-159 的形制、材质、书写、文书内容、性质等来看，它不可能是檄书，也不可能是酉阳发来的文书原件。囿于篇幅，关于檄书的问题，笔者拟另文论考，这里仅谈 8-159 的文书性质及与之相关的传递问题。首先，8-159 虽然各部分字体大小、笔画粗细、规整程度不同，但分析笔迹，仍应是一个人写的。字体大小可能按各部分内容特意区别开来。书写时间应当分两次，背面第五行以前是先据酉阳传来的文书正本抄写的，"迁陵报酉阳"以下则是后补的。其次，如果是酉阳发来的文书原件，其上面一定要有酉阳发出文书的时间和书手信息，如 8-158 中的"四月丙辰旦，守府快行旁""欣手"，但 8-159 却没有。最后，此简材质粗糙，书写潦草，其规范程度甚至不如这组文书的其余四枚简。材料（3）（4）是迁陵县廷与少内的往来文书，有可能是正本；材料（5）则应是迁陵县发往酉阳县的文书副本。酉阳传给迁陵的文书级别高于迁陵县内传递的文书，材质、书写规范要求应更高。因此，8-159 应是迁陵县廷抄录留档的抄本、副本。

2. 材料（2）8-153

■[②]御史问直络幂（裙）程书。（8-153）

《校释（一）》因这枚简简首涂黑，疑是 8-159 书题。[③]此简除简首涂黑外，文字与其他简（包括 8-152 这类迁陵县内传达的文书正本）相比，书写规整、漂亮，也应是因其是标题简的缘故。它也有可能是这一组简即包括其他四枚简的标题简。

3. 材料（3）8-155

四月丙午朔癸丑，迁陵守丞色下少内："[④]谨案致之[⑤]。书到言，署金布发。[⑥]它如 I 律令。"/欣手。/四月癸丑水十一刻刻下五，守府快行少内。II（8-155）[⑦]

8-155 简中的两个时间"四月丙午朔癸丑""四月癸丑水十一刻刻下五"表明，迁陵守丞色收到酉阳传来的御史书后，未作片刻停留，就立即下转给本县负责"络裙直程"事务的少内，让其遵照御史书的要求认真核实情况，并报告县廷收到文书，在回复函上署明由"金布"启封。从迁陵县接到御史书最终要下到少内，可推零阳、充、酉阳三县接到御史书后，也要下到本县少内。值得注意的是，迁陵守丞色下达给少内并没有派邮人，而是派名叫快的"守府"。这意味着"恒署书皆以邮行"可能在县以下机构传递时执行并不严格。

① ［日］广濑薰雄：《也谈里耶秦简〈御史问直络裙程书〉》，其著《简帛研究论集》，第 117-119、128-129 页。
② 简首涂黑符为笔者所加。
③ 陈伟主编：《里耶秦简牍校释（第一卷）》，第 93 页。
④ 引号为笔者所加。
⑤ 《校释（一）》原断作"迁陵守丞色下：少内谨案致之"，今改。
⑥ 《校释（一）》原作逗号，今改。
⑦ 陈伟主编：《里耶秦简牍校释（第一卷）》，第 94 页。

4. 材料（4）8-152

卅二年四月丙午朔甲寅，少内守是敢言之："①廷下御史书：'②举事可为恒程者，③洞庭上冪（裙）直。④书到言。'今书已到，敢言之。"（8-152）

四月甲寅日中，佐处以来。/欣发。　　　处手。（8-152背）⑤

四月甲寅（九日）即癸丑（八日）的第二天"日中"，少内守"是"收到廷下御史书后，立即派名叫"处"的佐回复县廷"书已到"。佐处到达县廷的时间是"四月甲寅日中"。也就是说，从县廷收到文书，到少内返回县廷，从八日水十一刻刻下五（10:20—11:25）到九日日中（12点），文书处理和往复传递总共花费了23个小时左右。

5. 材料（5）8-158

卅二年四月丙午朔甲寅，迁陵守丞色敢告酉阳Ⅰ丞主：令史下络冪直书已到。敢告主。Ⅱ（8-158）

四月丙辰旦，守府快行旁。　　　欣手。（8-158背）⑥

四月甲寅（九日），迁陵守丞色收到少内的上报后，立即给酉阳写信（文书）说收到酉阳所下御史书。换言之，迁陵收到酉阳传来的御史书后，并没有立即回复酉阳"书到"，而是先将其下转给相关部门少内，等到少内回复"书到"后才回复酉阳。"丙辰旦"即十一日早晨，守府快"行旁"，"旁"应指旁县酉阳。为什么迁陵在甲寅就写好回复酉阳的文书，却在两日后的丙辰旦才送往酉阳，则不得而知。

因迁陵是西南道线四县的终点，从"酉阳报充""迁陵报酉阳"可知，每道线回复郡的方式并非由最后一站的县直接回复起点的县，而是回复上一站。8-159及9-713中，洞庭郡所下文书特意强调"临沅、门浅、上衍、零阳言书到"，由此可以推想，上一站收到后，也应采取"以次传"的方式，继续向上一站报告，直到传到本道的起点县，才意味着本道的传递工作完成，起点县便可向郡府报告本道传递工作已完成。

结　　语

秦始皇二十六年统一中国后，建立皇帝称号和制度，将君主的"命""令"分别改称"制""诏"，"命书"也因此改称"制书"。"制书"是秦汉时期最高级别的

---

① 引号为笔者所加。

② 冒号和单引号为笔者所加。

③《校释（一）》原作顿号，今改。

④《校释（一）》原作逗号，今改。

⑤ 陈伟主编：《里耶秦简牍校释（第一卷）》，第92-93页。

⑥ 陈伟主编：《里耶秦简牍校释（第一卷）》，第95-96页。

公文书。秦王朝制定了一系列关于传达制书的法令，收入在《行书律》和"卒令"等中。官府收到制书后，必须制作簿书，署明收文部门、日期、"别留日"和"传留状"。岳麓秦简和里耶秦简中的"簿留日"应指簿书停留在官署处理相关事务所需天数，"展簿留日"指延长簿书留办日期。制书必须署上"急"和"恒署"字样，立即传达，不得滞留，国家为此制定了"行制书不署急而留"的律条。因此，制书属"急书"和"恒署书"。秦汉律还规定，制书必须由邮人传递，即"以邮行"。但从里耶秦简"御史问洞庭络帬直程书"等简来看，"以邮行"和"以（道或县）次传"并非截然对立的两种传递方式，制书等重要、紧急的文书若要全面传达下属郡县，需采取"以邮行"和"以次传"相结合的方式。"以次传"应和直接传递给某一部门的传递方式相对。县内制书的传递也可使用"守府"等徒隶，但不允许使用女人和年龄不满十四岁的"小童"。

　　里耶秦简"御史问洞庭络帬直程书"共发现五枚简，反映了洞庭郡内传递御史所下秦始皇"洞庭络帬直程"制书的过程。御史大夫府传达的皇帝制书、丞相令等统称为"御史书"。洞庭郡内分四道即四条传递路线，临沅（秦始皇二十八年以前称新武陵）、门浅、上衍、零阳分别为四道的起点，郡府下达给每道一份文书正本，依照县次传递。零阳—充—酉阳—迁陵为西南道线。文书必须署明发出、收到的日期、时刻。秦已形成公文书"书到相报，不报，追"制度，凡需要回复的文书，发文方必须明确告知收件方，未及时回复，要发文追问。各道完成传递后，由四道起点县向郡府报告文书已经送达。县与县之间传递的是每道"一书"正本，再由终点县以逆行方向传递回郡府。各县抄录若干份，一份留作档案，其余传递给相关部门，称作"别书"，"别"为分别、析分之义。迁陵收到御史书后，下转给相关部门少内，等到少内回复"书到"后，迁陵才回复酉阳收到文书。

甘肃静宁党家塬汉墓出土木牍初探[*]

李天虹　　雷海龙

（武汉大学简帛研究中心）

2015 年，侯立文先生撰文披露，2004 年 3 月甘肃省静宁县威戎镇党家塬一座汉墓出土一批秦末汉初简牍，并公布其中两枚木牍的照片及其所作释文和考证。^①两枚木牍基本完整，墨迹清晰，字体为早期隶书。一枚是陇西郡太守武启写给义渠右王太子的书信，围绕一起成纪女子被盗案件而展开。另一枚记录证人证言，与成纪女子被盗案有关。之后，李世恩先生撰写《隐没在成纪女子失踪案背后的义渠逸史——西汉陇西郡守武启致义渠右王太子木牍两通（前 176）》一文，也附有木牍照片，《平凉日报》公众号 2020 年 11 月 17 日推送，后收入作者文集。^②据李文的说明，其对两枚木牍的认识多采自侯文。此外，尚未见到有关这两枚木牍的专门讨论。推测这批资料属于非正式发掘品，侯文对其出土背景也没有作详细介绍，学者对其真实性存有疑虑。初读之下，笔者对这批资料很感兴趣，再三斟酌照片，感觉无论从木牍形制还是从文字书体、内容看，其真实程度都比较高。后来辗转与侯立文先生取得联系，对这批资料的出土背景又有所了解。幸运的是，不久前张家山三三六号汉墓竹简公布，其《功令》篇个别条款的文句、内容正与党家塬两枚木牍中的书信牍相呼应。^③由此，这批资料，尤其是已公布的两枚木牍的真实性当无可疑。

两枚木牍特别是书信牍的内容重要，关于其学术价值，侯文说道："两件木牍的出土及破译，既是秦汉时期陇西郡成纪县在今静宁县的直接佐证，又是研究汉朝与西北少数民族方国——义渠戎国隶属关系及民族关系的珍贵史料。"^④目前刊布的木牍照片，以《平凉日报》公众号推送的效果最好。与照片对核，可知侯文所作释文绝大多数正确。这里不揣浅陋，拟在侯文基础上全面疏解文句，并就两枚木牍的关系和年代、义渠与汉朝的关系等谈谈我们的初步认识，以期有更多同行关注这批资料。本文所引释文未作特别交待者，均以侯文为据，同时按笔者的

　＊ 本文为国家社科基金重大项目"荆州胡家草场 12 号西汉墓出土简牍整理与研究（20&ZD255）"的阶段性研究成果。
　① 侯立文：《静宁党家塬汉墓出土西汉文帝四年木牍考辨》，《陇右文博》2015 年第 2 期。为称引方便，下文简称"侯文"。
　② 李世恩：《尺墨寸丹：古札中的世道与人心》，北京：商务印书馆，2021 年，第 1-6 页。下文简称"李文"。
　③ 参看曹旅宁：《张家山 336 号汉墓〈功令〉匈奴公主义渠故左王公主义渠王公主考释》，http://www.bsm.org.cn/?hanjian/8980.html，2023 年 4 月 10 日。
　④ 见侯文"内容摘要"。

理解对标点有所调整，正文不再说明。为方便行文，从侯文将书信牍或称作"武启牍"，而将另外一枚牍或称作"证言牍"。所引其他批次简牍释文，通常直接释写作通行字。

一、陇西守武启献书义渠右王太子牍疏解

这枚牍为书信，正、背面均写有文字。正面书六行，文义未足接以背面续写，书一行而结束。有九处钩形标识，多数相当于今天的句号。又有四处重文标识，作两点画或两短横。兹移录释文，钩形标识保留，重文直接释写：

> 陇西守武启敬再拜献书义渠右王大（太）子御者之安 ∟：春时不和 I，左右得毋为变 ∟。敬因书道之 ∟。四年六月中，外人入盗成纪闾粦（无）婢婴 II 等四人 ∟。成纪令吏服求廉问外 ∟。今其三人婴等，闻居大（太）子民男 III 子纂等所。侯者再往，审视之，见之审 ∟，启乃敢使使者请之 ∟。此 IV 等非有益大（太）子，大（太）子幸诏少者使归，以属使者 ∟。此人辞相国，相国有 V 书，求必得之，郡须言相国 ∟。大（太）子幸毋令人杀伤之，杀伤之为陇西郡 VI（牍正）
>
> 大事。顒（愿）以望幸①，敬再拜以闻。（牍背）

全文可以分为四部分。第一部分自开始至"左右得毋为变"，属于书信客套语。第二部分以"敬因书道之"为提示语，承上启下，至"启乃敢使使者请之"结束，为写信的缘由和目的，请求归还被义渠人盗走的成纪女子。之后至"杀伤之为陇西郡大事"为第三部分，告诫如果不归还被盗之人将有严重后果。第四部分为书信结束语。下面依四部分之序对文句进行疏解。

（一）

陇西守武启，即陇西郡太守姓武名启者，是写信人。陇西郡，据传世文献记载，学者通常认为始置于秦昭襄王时，但是具体年份存在争议。②《史记·匈奴列传》："宣太后诈而杀义渠戎王于甘泉，遂起兵伐残义渠。于是秦有陇西、北地、上郡，筑长城以拒胡。"③《后汉书·西羌传》："王赧四十三年（昭襄王三十五年，前 272），宣太后诱杀义渠王于甘泉宫，因起兵灭之，始置陇西、北地、上郡焉。"④《水经注·河水》："（滥水）又西北迳狄道故城东……汉陇西郡治，秦昭王二十八年置。"⑤武启其人，史书不载。

---

① 顒（愿），侯文原释作"颢"。
② 参看徐世权：《秦陇西郡建置沿革考》，《中国历史地理论丛》2017 年第 1 期。
③ 《史记》卷一一〇《匈奴列传》，北京：中华书局，1982 年第 2 版，第 9 册，第 2885 页。
④ 《后汉书》卷八七《西羌传》，北京：中华书局，1965 年，第 10 册，第 2874 页。
⑤ 郦道元著，陈桥驿校证：《水经注校证》卷二《河水》，北京：中华书局，2007 年，第 47 页。

献书，"献"即进献，"书"指书信。书信中的"献书"一语蕴含恭敬意。马王堆汉墓帛书《战国纵横家书》中有九封书信以"……献书（于）某王"起始。①

义渠右王太子，收信人。据史书记载，义渠本西北戎国，秦惠文王十一年（前327）"县义渠""义渠君为臣"。②不过这种臣属关系不是绝对意义上的或者说并不稳定，之后双方多次发生战争，直至宣太后杀义渠王，才彻底兼并义渠。秦封泥有"义渠"，表明"义渠"为秦县；③又有"义渠中部"④，说明义渠可能分设"中部""左部""右部"等，显示义渠县与郡县制下编户齐民的县有所不同。⑤推测秦置义渠县时，并未改变或者大体保留了义渠部族的政权形态和行政架构。吴永章先生曾据睡虎地秦简指出，秦在民族地区"实行与汉区不同的郡、县守令与臣邦君长并存的双轨制"，正如清人钱大昕所说，秦"其初虽有郡名，仍令其君长治之"⑥，可以参考。张家山汉简《二年律令·秩律》简451记有"义渠道"⑦，则至迟吕后二年已在义渠置道。义渠县（道）治所位于今甘肃省庆阳市西峰区。⑧《汉书·地理志下》载义渠道隶属于北地郡。体会武启牍文义，其"义渠"不属于中央或郡直辖，与郡县制下普通的道也不相同，我们将在下文专门讨论。"义渠右王太子"的称谓不见于传世文献，而新近公布的编写于西汉文帝前元时期的张家山汉简《功令》出现了"义渠王""义渠左王"的称谓：⑨

> 卌七：义渠故左王公主、义渠王公主傅令史有缺，令陇西郡补，以为常。107

《功令》第卌七条规定，嫁与义渠王、义渠左王的汉室公主，府中令史有缺时，由陇西郡负责为补。所谓"义渠王""义渠左王"，正与武启牍"义渠右王"相呼应；陇西郡负责义渠诸王公主府吏的任免，也与武启牍所载由陇西郡守负责调停与义渠右王太子治下纷争而体现出的行政管理方式相合。那么武启牍所反映的义渠与汉朝的关系，跟《功令》体现出的义渠与汉朝的关系相一致。单纯从字面看，"义渠右王太子"的意思可能是义渠右王的后子，也可能指以太子身份担任右王、受书人具有"右王""太子"双重身份。不过牍文后面数次径称"太子"，或以第一种可能性为大。睡虎地秦简《法律答问》简72："'擅杀、刑、髡其后子，灅之。'

---

① 裘锡圭主编：《长沙马王堆汉墓简帛集成》，北京：中华书局，2014年，第3册，第202-248页。

② 《史记》卷五《秦本纪》，第1册，第206页。

③ 马孟龙：《出土文献所见秦汉"道"政区演变》，《民族研究》2022年第2期。

④ 任红雨编著：《中国封泥大系》，杭州：西泠印社出版社，2018年，上册，第328页03915、03916号。

⑤ 关于秦县（道）下所设"部"的材料和性质，参看孙闻博：《新见封泥与秦县印制变迁》，《社会科学》2023年第3期。孙先生认为："'道'官之下不设乡，而主要设'部'管理。秦封泥所见县下'部'印，或属此类。"笔者按，秦所设"义渠县"，或许本质上跟"道"没有区别。

⑥ 吴永章：《从云梦秦简看秦的民族政策》，《江汉考古》1983年第2期。

⑦ 张家山二四七号汉墓竹简整理小组编著：《张家山汉墓竹简[二四七号墓]（释文修订本）》，北京：文物出版社，2006年，第73页。下引《二年律令》《奏谳书》皆出自此书，不再出注。

⑧ 谭其骧主编，周振鹤、张莉编著：《汉书地理志汇释（增订本）》，南京：凤凰出版社，2021年，中册，第911页。

⑨ 彭浩主编：《张家山汉墓竹简[三三六号墓]》，北京：文物出版社，2022年，第95页"说明"、第115页"释文注释"。这里及下文引《功令》简108—109对原释文略有调整，参看张雅昕：《读张家山三三六号汉墓竹简〈功令〉札记》，http://www.bsm.org.cn/?hanjian/9178.html，2023年9月11日。

何谓'后子'？官其男为爵后，及臣邦君长所置为后大（太）子，皆为'后子'。"[1]义渠内部架构，可以参考《汉书》对秦汉之际匈奴的相关记载。[2]《匈奴传上》载匈奴单于之下："置左右贤王，左右谷蠡，左右大将，左右大都尉，左右大当户，左右骨都侯。匈奴谓贤曰'屠耆'，故常以太子为左屠耆王。自左右贤王以下至当户，大者万余骑，小者数千，凡二十四长，立号曰'万骑'。其大臣皆世官。……诸左王将居东方，直上谷以东，接秽貉、朝鲜；右王将居西方，直上郡以西，接氐、羌；而单于庭直代、云中。各有分地，逐水草移徙。而左右贤王、左右谷蠡最大国，左右骨都侯辅政。诸二十四长，亦各自置千长、百长、什长、裨小王、相、都尉、当户、且渠之属。"[3]

御者，跟"足下""侍前"等一样，在汉代书信中缀于收信人名字之后，作为"提称"语，表示对收信人的尊敬，如金关汉简《□与中叔中夫书》起始处作"□伏地再拜请中叔足下、中夫御者"（73EJT24：339A）。不过更多情况下"御者"与"足下"连属作"御者足下"，如《赵宪与掾夫人书》"少史赵宪叩头言掾坐前、夫人御者足下"（73EJT24：15A）。[4]古书里的御者往往指侍从，或是由御者的本义驾驭车马之人引申发展而来。汉代书信在"足下""侍前"之前或增加"马"字，作"马足下""马侍前"，"大概是为了提高尊敬的程度"[5]，因此又可以见到"御者马足下"（EPT52.278A）之语。[6]武启牍"御者之安"的"安"，很费思量，参考"马足下""御者马足下"一类提称语，疑"安"当读为马棧之"棧"。

"春时不和，左右得毋为变"是问候语。"春时不和"一类语句在汉简书信中常见，如敦煌汉简"春时风气不和"（《敦》779）[7]、"春气不和"（《敦》933）等[8]，意思是春季时气不调。这句话非常重要，说明武启牍当写于下文所谓"四年六月"之后的某年春季。武启在信件中没有省略成纪女子被盗年份"四年"，也显示武启牍形成年份应该晚于"四年"。"左右"的字面意思是指收信者身旁或亲近之人，实际上也可以代指收信人。"得毋为变"意思是"应该没有什么非常之事"，秦汉简牍书信中类似语亦常见，如"得毋为事"（8-659+8-2088）、"得毋为事繠"（8-650 背+8-1462 背）；[9]"得毋有它"（73EJT23：359A）、"得毋有它急"（73EJC：599A）。[10]

---

① 陈伟主编，彭浩、刘乐贤等撰著：《秦简牍合集·释文注释修订本（壹）》，武汉：武汉大学出版社，2016 年，第 210 页。

② 通过对牍文的考证，侯立文先生已经说明，"直至文帝四年，义渠族的首领仍被汉朝的太守尊称为'右王太子'，必然是汉政权赐予的抑或是认可的封号"，"'义渠右王'的称呼，似与匈奴等朝设左、右王的制度接近"（氏作 64 页）。

③《汉书》卷九四上《匈奴传上》，北京：中华书局，1962 年，第 11 册，第 3751 页。

④ 甘肃简牍保护研究中心等编：《肩水金关汉简（贰）》，上海：中西书局，2012 年，中册，第 327、273 页。

⑤ 刘乐贤：《天长纪庄汉墓"丙充国"书牍补释》，《简帛》第 3 辑，上海：上海古籍出版社，2008 年，第 271 页。

⑥ 马怡、张荣强主编：《居延新简释校》，天津：天津古籍出版社，2013 年，上册，第 387 页。

⑦ 本文所引敦煌汉简编号和释文，据甘肃省文物考古研究所编：《敦煌汉简》，北京：中华书局，1991 年（正文中或省称《敦》），有不同时随文出注。

⑧ 不和，从刘乐贤先生释（氏作《天长纪庄汉墓"丙充国"书牍补释》，第 270 页）。

⑨ 陈伟主编，何有祖、鲁家亮、凡国栋撰著：《里耶秦简牍校释（第一卷）》，武汉：武汉大学出版社，2012 年，第 194-195、191 页。简文"繠"或当读为"变"。

⑩ 甘肃简牍保护研究中心等编：《肩水金关汉简（贰）》，中册，第 165 页；甘肃简牍博物馆等编：《肩水金关汉简（伍）》，上海：中西书局，2016 年，中册，第 242 页。

（二）

客套语结束后，武启以"敬因书道之"开启正文，引出写这封书信的缘由、用意，类同写法见于西北汉简如"☒□起居得毋有它。谨因叩头言"（140.4B）。①

四年六月，侯文考证为文帝四年，说详下文。

"外人"的字面含义大略是指汉直接管辖区之外的，如处于边疆塞外、民族部落区的人，这里实际指义渠之人。"外人"一语大概类同于"徼外人"。《二年律令·盗律》简 61："徼外人来入为盗者，腰斩。""外"的用法与其他资料所见"外蛮夷"之"外"应当相同，说亦请参下文。"盗"即抢劫、劫略。盗人也是重罪。《岳麓秦简（伍）》简 177："道故塞徼外蛮夷来盗略人而得者，黥劓斩其左趾以为城旦。"②

成纪，陇西郡属县。《汉书·地理志下》记其为天水郡属县，前人已经指出先属陇西，《汉书·李广传》记李广为陇西成纪人。③周波先生考证《二年律令·秩律》记陇西郡属县有成纪。④汉武帝元鼎三年（前 114）置天水郡时，成纪划归天水。成纪置县时间不晚于战国，应在陇西建郡之后不久，故城遗址位于今静宁县西南。⑤里耶秦简 8-1119"书三封，令印，二守府、一成纪"，是秦时成纪已经置县的又一证据。⑥"闒无"可能是人名，是婹等婢女的主人；也可能"闒"是成纪县属的里，"无"是人名。

成纪令吏，是成纪县长官命令属吏的意思，"成纪"是"成纪令"或"成纪长"的省称。⑦服求，含义类似于循求，可参《二年律令·津关令》简 494"吏卒追逐者得随出入服迹穷追捕"。廉问，查访。《汉书·高帝纪》："且廉问，有不如吾诏者，以重论之。"颜师古注："廉，察也。"⑧秦汉法律类简牍多见"廉求"一语，如《岳麓秦简（叁）》简 156"日夜廉求栎阳及它县"⑨、张家山汉简《奏谳书》案例一六简 79"其廉求捕其贼"，可视作"服求廉问"的简省写法。"服求廉问外"的"外"应指义渠，之前省略了介词"于"。

"三人婹等"即证言牍中的婹、阳和庭，"太子民男子犛等"指证言牍中的犛、

---

① 简牍整理小组编：《居延汉简（贰）》，台北："中研院"历史语言研究所，2015 年，第 96 页。

② 陈松长主编：《岳麓书院藏秦简（伍）》，上海：上海辞书出版社，2017 年，第 127 页。

③ 参看谭其骧主编，周振鹤、张莉著：《汉书地理志汇释》（增订本），中册，第 851 页。

④ 周波：《张家山汉简〈秩律〉简 453 拼缀与释读——兼论秦至汉初上郡、陇西郡相关政区问题》，《出土文献》2022 年第 2 期。

⑤ 侯立文：《静宁党家塬汉墓出土西汉文帝四年木牍考辨》；周波：《张家山汉简〈秩律〉简 453 拼缀与释读——兼论秦至汉初上郡、陇西郡相关政区问题》。

⑥ 晏昌贵：《秦简牍地理研究》，武汉：武汉大学出版社，2017 年，第 125 页。

⑦ 参看李学勤：《〈奏谳书〉与秦汉铭文中的职官省称》，《中国古代法律文献研究》第 1 辑，成都：巴蜀书社，1999 年，第 61-63 页；刘乐贤：《里耶秦简和孔家坡汉简中的职官省称》，《文物》2007 年第 9 期；孙闻博：《新见封泥与秦县印制变迁》。

⑧《汉书》卷一《高帝纪》，第 1 册，第 55-56 页。

⑨ 朱汉民、陈松长主编：《岳麓书院藏秦简（叁）》，上海：上海辞书出版社，2013 年，第 187 页。

可和寂。候，《说文》人部："伺望也。""审视之"的"审"，意思是审慎、详审。"见之审"的"审"，意思则是确凿、无误。

这部分的大意是，成纪有四名女子被"外人"盗走，经成纪县吏循查探访，确定其中婴等三人现居于义渠右王太子属民鬣等处，为此武启派遣使者到义渠，希望归还三名女子。

（三）

第三部分字面大意比较容易理解：武启告诫太子，此等人（或者这种事）对太子无益，且已被提起诉讼，上达相国，相国发书追究，务得被盗之人。希望太子下令归还被盗女子，且不要杀伤她们，否则将成为陇西郡的大事。少数字词还需斟酌或略作说明。"太子幸诏少者使归"的"少者"，应指太子治下民人鬣等。里耶秦简书信 8-659+8-2088 有"季幸少者"语[1]，"季"是收信人，"少者"或许是写信人自称，则含谦卑义。"此人辞相国"的"人"（姑从侯文释，原字形跟"人"稍有区别），结合下文可知是指原告。辞，大意是诉讼、提起诉讼。《法律答问》简 95 "辞者辞廷"，整理者注："辞，《说文》：'讼也。'"语译作"诉讼者向廷诉讼"[2]，可参。

在第二部分，武启已经讲到派遣使者要人，这里进而说明成纪女子被盗事件已经在相国处立案，"相国有书，求必得之"，郡必须就此回复相国（或者说向相国报告）。这一方面体现了汉廷对盗人事件的严重关注，另一方面也可推测索归被盗之人存在难度，武启责任重大。

（四）

第四部分是结束语。"愿以望幸"，接正文总述自己的期待、愿望。"敬再拜以闻"，书信末尾的套语，类似语如安徽天长西汉中期谢孟墓出土书信牍末尾（M19：40－18）的"伏地再拜以闻"。[3]

"外人"盗略"内地"之人，在秦汉都属于重罪。武启以私信的形式谈公事，行文沿用了书信客套语，但是信中提到盗人事件确凿无疑，"此等非有益太子"、相国介入此事件且言"必得之"、不能杀伤被盗女子以免惹出"大事"等，字里行间也隐含威戒。

二、成纪女子被盗案之证言牍疏解

这枚牍主要记录证人的证言。文字书写于正面，共五行，有三处起句读作用

---

① 陈伟主编，何有祖、鲁家亮、凡国栋撰著：《里耶秦简牍校释（第一卷）》，第 194 页。
② 睡虎地秦墓竹简整理小组编：《睡虎地秦墓竹简》，北京：文物出版社，1990 年，"释文注释"第 115-116 页。
③ 天长市文物管理所、天长市博物馆：《安徽天长西汉墓发掘简报》，《文物》2006 年第 11 期。

的钩形标识。兹移录释文，保留钩形标识：

李缓∟、吕登∟、译赵临次皆曰："吕登舍人可，以婢阳为Ⅰ妻∟；赵临次舍人宬，以娄为妻，故羌人也①，道义Ⅱ渠亡之。□名曰𪎭②，以庭为妻，以贺岁日癸亥夕Ⅲ亡之义渠∟。已亡后，译临次往之义渠，见之在厥Ⅳ涂尼所，审也。"Ⅴ

"译"即译人。西北地区玉门关汉简、悬泉汉简等都可见译人信息③，王子今、乔松林先生对传世文献所载汉代西域的译人做过全面考察；④王博凯先生据走马楼西汉简，对长沙国的译人作有深入讨论⑤，均可参看。舍人，睡虎地秦简《秦律十八种·工律》简101："邦中之繇及公事馆舍，其假公，假而有死亡者，亦令其徒、舍人任其假，如从兴成然。"整理者引《汉书·高帝纪》颜师古注："亲近左右之通称也，后遂以为私属官号。"⑥这里应指私家舍人。《岳麓秦简（叁）》简123有"建、昌、积、喜、遗曰：故为沛舍人"，建等亦是私家舍人。⑦"亡"即逃亡，秦汉法律简牍常见。"厥涂尼"系人名，很可能是义渠族人。

侯文认为，证言牍道明了成纪三名女子的失踪过程，是此起失踪案的证人证言或调查报告，跟武启牍记述的是同一事件，尽管两者所述"在细节上略有出入，但足以说明问题"。秦代至西汉武帝太初改历之前行颛顼历，每年十月为岁首，而"朝贺皆自十月朔"（《史记·秦始皇本纪》），牍文所记女子失踪日"贺岁日癸亥"当即十月初一日癸亥。这一历史时段内只有汉文帝四年的十月初一日为癸亥，而武启牍所记成纪女子被盗时间正是"四年"，则武启牍的"四年"即汉文帝四年。又解释牍文前半大意作：三位女子分别叫阳、娄、庭，她们在被盗之前已经许配成纪男子可、宬、𪎭。⑧体味侯文，作者把牍文"亡"理解作"失踪"，同时认为"亡"的主体是成纪女子。

侯文将证言牍与武启牍联系起来，堪称卓识。"婢阳"与武启牍所称"婢娄等四人"的身份相符，娄、庭承之而省略"婢"字；女子娄和亡人𪎭的名字，与武启牍"今其三人娄等，闻居太子民男子𪎭等所"也相呼应。不过其对证言牍的理解存在三个问题。首先，此牍所记不是三名女子的失踪过程，而是三名男子可、宬、𪎭的身份、逃亡过程和所娶何人。"亡"的主体是可、宬、𪎭，他们逃亡前应

---

① 羌，侯文释作"美"。

② "名"前一字，或是"隆"字。

③ 如玉门关汉简Ⅱ98DYT1:1、Ⅱ98DYT2:7（张德芳、石明秀主编：《玉门关汉简》，上海：中西书局，2019年，第142、153页），悬泉汉简ⅠT0209⑤:16（甘肃简牍博物馆等编：《悬泉汉简（贰）》，上海：中西书局，2020年，下册，第312页）。

④ 王子今、乔松林：《"译人"与汉代西域民族关系》，《西域研究》2013年第1期。

⑤ 王博凯：《走马楼西汉简所见"译人"及相关问题试论》，《简帛研究二〇一九·春夏卷》，桂林：广西师范大学出版社，2019年，第243-251页。

⑥ 睡虎地秦墓竹简整理小组编：《睡虎地秦墓竹简》，"释文注释"第44页。

⑦ 朱汉民、陈松长主编：《岳麓书院藏秦简（叁）》，第158、164页。

⑧ 侯立文：《静宁党家塬汉墓出土西汉文帝四年木牍考辨》。

该是汉郡县人①，在先后逃亡并且居于义渠之后，分别娶了被盗成纪女子阳、娄、庭为妻，因此跟成纪女子被盗案产生了关联。其次，牍文"以贺岁日癸亥夕亡之义渠"的意思是男子蘩在贺岁日癸亥逃亡至义渠，不能理解作成纪女子于贺岁日癸亥失踪。而且认为贺岁日癸亥即十月初一，与武启牍所记成纪女子被盗于"四年六月中"的时间也不相符；或许这属于侯文所说的两牍"在细节上略有出入"，但是这种出入是不能忽略的。此外"亡"没有失踪的用法，而"盗"应指盗掠，跟"亡"的内涵——逃亡不能混同。最后，将"贺岁日癸亥"认定为十月初一日，恐怕还需要更多证据的支撑。

联系武启牍"成纪令吏服求廉问外。今其三人娄等，闻居太子民男子蘩等所。候者再往，审视之，见之审"的记述，我们认为此牍大概是成纪县探查女子被盗案过程中记录下的证人证言，也是武启牍中相关记述的凭据。至于蘩等三人的亡人身份，或许是在女子被盗案的调查过程中发现的。他们逃亡且居于义渠后，成为义渠右王太子属民。

这样，证言牍的大意是：（证人）李缓、吕登、译人赵临次说：吕登舍人可、赵临次舍人宼，分别娶女子阳、娄为妻。可、宼原是羌人，取道义渠逃亡。蘩娶庭为妻，蘩在"贺岁日癸亥夕"逃亡到义渠。这三人逃亡后，赵临次曾前往义渠，看到他们在厥涂尼处，此事确切无疑。

三、党家塬汉墓简牍时代和墓主身份蠡测

武启牍明确记录成纪女子被盗时间是"四年六月中"，其以及证言牍本身的年份应该跟"四年"关系密切。我们在前面已经说明武启写信时间当在"四年六月"之后的某年春季。侯文依据证言牍"贺岁日癸亥"即十月朔日的认识，把"四年"推定为汉文帝四年。这种推定就存在一个关键问题，即牍文"贺岁日"是否只能为十月朔。新近披露的河北定县八角廊汉简《六安王朝五凤二年正月起居记》是六安王参与朝会的记录，整理者介绍说："简文记六安王于五凤元年十二月廿七日抵达长安，次年正月初八返回，在长安驻留十一日，参与各项朝会活动。"②整理者还提到《史记·梁孝王世家》中有关诸侯王朝见的记载："又诸侯王朝见天子，汉法凡当四见耳。始到，入小见；到正月朔旦，奉皮荐璧玉贺正月，法见；后三日，为王置酒，赐金钱财物；后二日，复入小见，辞去。凡留长安不过二十日。"③两份资料中的朝会活动都是持续一段时间，约 10～20 天。因此，我们认为不能排除朝会期间的任何一天都可以称作"贺岁日"，证言牍所谓"贺岁日"或许不局限于

---

① 推测可、宼原是羌人，后归附成为汉民，此次则由汉取道义渠逃亡。
② 田硕、张驰、贾连翔：《定县八角廊汉墓竹简四种未刊文献介绍》，《出土文献》2023 年第 2 期。
③ 《史记》卷五八《梁孝王世家》，第 6 册，第 2090 页。

十月朔。基于这个看法，这里拟结合相关资料，对武启牍、证言牍本身的年代及其所记"四年""贺岁日癸亥"的具体年代再行考察，提出另外的可能，顺带一窥墓主的身份。

侯文说明，党家塬汉墓出土简牍多有明确的年、月、朔日干支记载，并例举了其中的五条纪年。五条纪年均书写于简（牍）首，时代在秦末至西汉惠帝：

（1）"元年三月壬寅朔"，秦二世元年（前 209）

（2）"十年六月辛酉朔"，汉高祖十年（前 197）

（3）"五年十月甲寅朔"，汉惠帝五年（前 190）

（4）"五年十二月癸丑朔"，汉惠帝五年（前 190）

（5）"六年十月戊申朔"，汉惠帝六年（前 189）

五条纪年跨时二十年，不过其中三条都在汉惠帝时。特别值得留意的是，侯文还提供了第 4 条纪年即汉惠帝五年十二月文书的部分内容："五年十二月癸丑朔癸丑，陇西守启敢言之……"，文书的发起者也是陇西郡守武启。①

武启牍中的"四年"，早于武启牍本身的年代，但是两者应属于同一皇帝在位期间，所以其年代相去不远。此牍提到的"相国"一职的称谓和设置，有比较鲜明的时代特征。从称谓看，战国至汉高祖前本称"相邦"，后避刘邦讳，改称"相国"。②所以武启牍的年代必定属汉。据研究，相国位次高于丞相，汉初相国与丞相的设置情况比较复杂。仅就相国而言，汉高祖十一年（前 196），萧何由丞相升任相国，直至惠帝二年（前 193）去世；曹参随即继任，至惠帝五年（前 190）去世；之后似空而未置，直到吕后七年（前 181），复以吕产为相国，吕后八年即被诛杀，自此再不见关于相国的记载。③也就是说，自汉高祖十一年始设，延至惠帝五年，相国一职由萧何、曹参相继担任。之后空缺，至吕后七年以吕产为相国，有其特殊时代背景，且吕产任职时间短暂。如果上述研究可信，再结合已知的党家塬汉墓简牍纪年，武启牍本身的年份应该就在惠帝时期。进一步看，已知武启写信时间必定晚于"四年"，则武启牍只能形成于惠帝五年；所记"四年"即惠帝四年，"相国"即曹参。

从证言牍与武启牍的关系看，证言牍的形成时间应稍早于武启牍，所记"贺岁日癸亥"的年份，应该也跟两牍的形成时间关系密切。这里先将惠帝元年到五年岁末、岁初之月与"癸亥"相关的历日条列如下：④

---

① 侯立文：《静宁党家塬汉墓出土西汉文帝四年木牍考辨》。

② 参看王国维：《匈奴相邦印跋》，《观堂集林》卷十八，北京：中华书局，1959 年影印本，第 3 册，第 914 页。

③ 关于西汉初年相国的设置，参考了傅振有：《汉代相国、丞相为两官》，《文史》第 26 辑，北京：中华书局，1986 年，第 347-350 页；袁祖亮：《战国秦汉晋南北朝时期的相国与丞相》，《郑州大学学报（哲学社会科学版）》1988 年第 6 期；孙晓磊：《汉初相国、丞相制度变迁述论——兼辨〈汉书·高帝纪〉"代相国陈豨反"之误》，《传统中国研究集刊》第 11 辑，上海：上海人民出版社，2013 年，第 46-52 页；韩厚明：《张家山汉简字词集释》，博士学位论文，吉林大学，2018 年，第 633-634 页。

④ 徐锡祺：《西周（共和）至西汉历谱》，北京：北京科学技术出版社，1997 年，下册，第 1295-1303 页。

惠帝元年十月无癸亥；

惠帝元年后九月无癸亥，惠帝二年十月癸亥为二十三日；

惠帝二年九月无癸亥，惠帝三年十月癸亥为二十八日；

惠帝三年九月癸亥为初三日，惠帝四年十月无癸亥；

惠帝四年后九月无癸亥，惠帝五年十月癸亥为初十日。

其中只有惠帝五年十月癸亥初十与朝会期大体相符，则这一日期应该就是证言牍"贺岁日癸亥"的具体所属。那么证言牍中的鏊是在惠帝五年十月癸亥逃亡至义渠后，娶四年六月被盗至义渠的婢女庭为妻。这跟我们所推断的武启牍的年代正好形成一个时间链：鏊在五年十月逃亡义渠且娶妻之后被查证，武启在五年春季致信义渠右王太子，时间紧密相连。

侯文披露，党家塬汉墓出土简牍时代集中在秦末汉初，内容多为郡县往来文书信札，大部分与"陇西成纪"有关。此外，上举第4条文书牍和书信牍的发起者都是陇西郡守武启，党家塬距离当时的成纪县治也不算远。综合这些信息，再参考武启牍、证言牍的年代，可以肯定这座西汉初期墓葬的墓主是官员，可能在成纪县署为吏，下葬年代上限为惠帝六年。

总之，党家塬汉墓出土的武启牍和证言牍，均与惠帝四年的一起盗人案相关，提供了其时西北边境的一幅生动的现实生活图景，丰富、加深了我们对西汉初年义渠与汉朝关系的认识，对进一步探讨汉初民族政策也是不可多得的文字资料。还值得提出，西汉早期私信罕见，武启牍尽管是谈公事，但是是以私信的形式，因此它对汉初书仪制度的研究也有一定价值。①侯文例举的党家塬汉墓简牍的五条纪年均书写于简（牍）首，应该各属一简（牍），加上武启牍、证言牍，简牍数已经有七枚，实际当不限于此。可惜所出简牍已经流散，希望将来有机会对墓葬及其相关资料进行全面研究。

四、余论——义渠与汉朝关系考辨

两枚木牍，尤其是武启牍反映的义渠与汉朝的关系，值得特别留意。据文献记载，秦惠文王时义渠臣服，秦宣太后杀义渠王，义渠亡国，直至吕后，秦汉先后在义渠置县、道。《汉书·地理志下》记义渠道位于北地郡。不过武启牍中的义渠，与汉不是直接隶属关系，牍文称义渠为"外"、义渠人为"外人"即已现出端倪。前面提到，武启牍、张家山汉简《功令》中的义渠与汉的关系是一致的，

---

① 武启牍将收信人书写在第一行，有提称语，但是没有使用平阙之式中的"平出"（即提行另写收信人及其提称语，以示对收信人的尊敬）。据研究，秦私人书信似尚未使用平出，也不见提称语。到西汉中、晚期，私人信件中的平出书仪已经比较流行和成熟。参看马怡：《读东牌楼汉简〈侈与督邮书〉——汉代书信格式与形制的研究》，《简帛研究二〇〇五》，桂林：广西师范大学出版社，2008年，第177-178页；吕静：《里耶秦简所见私人书信之考察》，《简帛》第15辑，上海：上海古籍出版社，2017年，第70-71页。

《功令》卌七涉义渠的内容，有可与武启牍对读者。《功令》卌七还包含一条称义渠为"外蛮夷"的令文：

> 义渠王公主傅令史谢当辞：官居外蛮夷中，勮（剧），愿视事盈四岁更。定视事外盈四岁，守调，以功次当补令 108 史者代。故左王公主傅令史比。109

义渠王公主府令史谢当自述"官居外蛮夷中""视事外"，所谓"外蛮夷"本为泛称，这里实指义渠；"视事外"的"外"，可以视作"外蛮夷"之省，"外"字的用法与武启牍所谓"外人""服求廉问外"的"外"相同。证言牍提到鏊"亡之义渠"，跟武启牍称义渠为"外"也相呼应。

"外蛮夷"一语也见于张家山汉简《二年律令》和《汉律十六章》的《贼律》，两处律文内容相同，如《汉律十六章》简 14："军吏、缘边县道，得和为毒毒矢，谨藏。即追外蛮夷盗，以假之，事已辄收藏。"①体会律文文义，"外蛮夷"与"缘边县道"颇有关联。胡家草场汉简蛮夷律简 97/1272："亡道外蛮夷及略来归、自出，外蛮夷人归义者，皆得越边塞徼入。"②则"外蛮夷"所指更为明显，他们位于汉边塞之外，不隶属于汉。《敦煌汉简》983 号："捕律：亡入匈奴、外蛮夷，守弃亭障、烽燧者，不坚守降之，及从塞徼外来降而贼杀之，皆腰斩。"将匈奴、外蛮夷并举为"亡入"之地。这些"外蛮夷"，应相当于史籍中的"塞外蛮夷"。《汉书·西南夷两粤朝鲜传》："会孝惠、高后天下初定，辽东太守即约满（朝鲜王）为外臣，保塞外蛮夷，毋使盗边；蛮夷君长欲入见天子，勿得禁止。"他们在汉域之外，是汉朝的"邻邦""友邦"或"外臣邦"。《法律答问》简 180 记有"使诸侯、外臣邦"，陈力先生认为"外臣邦是秦的附庸国，其首领仍称王，政权的独立性也较强"③，可参。

秦汉之时对蛮夷首领的称谓大略可分为"君长""王"两类。君长类通常指称所占领或臣属的蛮夷首领，他们往往被撤去其原王号，而称"君长""君公"等。有学者就传世文献中的相关资料作过比较全面的梳理。④出土文献的记载，如《法律答问》有"臣邦君长"（简 72）、"臣邦真戎君长"（简 113）、"臣邦君公"（简 177）⑤，《奏谳书》案例一（高祖十一年，前 196）记蛮夷大男子毋忧说"有君长"（简 5），胡家草场汉简蛮夷律有"蛮夷长"（简 98/1582）、"蛮夷君"（简 100/2597）等等。⑥治理上则通常采取羁縻之制，不改变这些首领的统治地位，使之享有某种程度的自治权。称"王"的情况稍显复杂。有接受汉所封"王"号、类似外臣者。

---

① 彭浩主编：《张家山汉墓竹简[三三六号墓]》，第 164 页。引文标点略有改动。
② 荆州博物馆、武汉大学简帛研究中心编著：《荆州胡家草场西汉简牍选粹》，北京：文物出版社，2021 年，第 89、196 页。
③ 陈力：《试论秦国之"属邦"与"臣邦"》，《民族研究》1997 年第 4 期。
④ 参看吴永章：《从云梦秦简看秦的民族政策》。
⑤ 陈伟主编，彭浩、刘乐贤等撰著：《秦简牍合集·释文注释修订本（壹）》，第 210、226、250 页。
⑥ 荆州博物馆、武汉大学简帛研究中心编著：《荆州胡家草场西汉简牍选粹》，第 90、92、196 页。

如《史记·南越列传》载秦亡后，南越首领赵佗自立为南越武王，"高帝已定天下，为中国劳苦，故释佗弗诛。汉十一年，遣陆贾因立佗为南越王，与剖符通使，和集百越，毋为南边患害，与长沙接境"。汉又或立有功部族首领为王，如《东越列传》记东越首领无诸、摇率族人佐汉以击项籍，"汉五年，复立无诸为闽越王，王闽中故地，都东冶。孝惠三年，举高帝时越功，曰闽君摇功多，其民便附，乃立摇为东海王，都东瓯，世俗号为东瓯王"。[①]不臣于汉的民族首领自称"王"，比较多见，如前举匈奴部族体制内有左、右贤王。

武启牍和《功令》中的义渠为"外蛮夷"；首领称王，且有"王""左王""右王"等不止一位冠以王号的首领，这样的义渠应该未由汉直接统治，首领的"王"称大概亦非汉所封，不过得到了汉的认可。

义渠所在地域和生活习俗均与匈奴较近，社会结构大概也相接近。可以推测汉处理与义渠相关事宜时，参考了对待匈奴的方式。《功令》卅七中的义渠王、左王尚汉室公主，义渠公主可能自有官署，官吏为汉人[②]，由汉中央指定陇西郡负责具体任免。这种情形即可以跟《功令》中对匈奴公主府吏的管理相参：

卅：其令匈奴公主傅中府居匈奴盈四岁、令史二岁，更。令史除，雁门、代购劳如视事日数。[③]97

匈奴公主府令史除，由雁门、代郡按视事日数赐劳。雁门、代郡与匈奴为邻，这自然令人想到雁门、代郡处理匈奴公主府官吏任免事宜，体现了地域就近管理的理念。陇西郡本是义渠故地，而义渠公主府吏的任免由陇西郡具体处理，应该也是地域就近管理的体现。匈奴公主和义渠公主府吏的任免同时写入《功令》，而且均由邻近郡具体负责，说明这里义渠与汉朝的关系，跟匈奴与汉朝的关系有一定相似性。史书记载，汉初平城之围后，汉匈建立和亲关系。汉朝公主之嫁于义渠王，或许也带有和亲色彩。不过这种和亲的性质，当与汉匈和亲有别。[④]武启牍的内容和行文语气显示，在汉与义渠的双方关系中，汉属于优势方。

武启牍中，义渠人盗掠成纪女子，由陇西郡守与义渠首领直接交涉，除去成纪本为陇西郡属县的因素外，应该也有"就近管理"的因素。需要特别留意相国对此事件的介入。武启在交代写信缘由后，进一步说明追索被盗女子是相国的旨意，事件结果郡也必须要向相国报告。体味文义，似乎郡守带有"中间人"色彩，

---

① 《史记》卷一一三《南越列传》，第9册，第2967-2968页；卷一一四《东越列传》，第9册，第2979页。

② 汉为嫁与少数民族首领的公主配备随行吏员，一个很有影响的相关人物是中行说。《史记·匈奴列传》记载："老上稽粥单于初立，孝文皇帝复遣宗室女公主为单于阏氏，使宦者燕人中行说傅公主。说不欲行，汉彊使之。说曰：'必我行也，为汉患者。'中行说既至，因降单于，单于甚亲幸之。"（《史记》卷一一〇《匈奴列传》，第9册，第2898页）汉匈和亲，中行说被强制随行，转而投降，成为匈奴谋臣。《功令》卅、卅七中"傅"字的用法，与《匈奴列传》相同。

③ "雁门""代"的断读，从朱亦文说。

④ 关于汉匈的和亲关系，参看逯耀东：《抑郁与超越：司马迁与汉武帝时代》，北京：九州出版社，2022年，第187-188、233-240页。

相国才是这起案件的真正负责者。也就是说，武启与义渠右王太子的交涉，是受相国亦即中央指命而进行的，郡大概没有权力自行处理、解决涉义渠的成纪女子被盗案。

综上，武启牍和《功令》中的义渠被视作"外蛮夷""外人"，首领有"王""左王""右王"，且尚公主。义渠公主府自有官署为之服务，吏员由汉朝派遣，其任免由汉政府指定陇西郡负责，具体方式有律令明文规定。义渠与成纪县的纠纷，由汉朝或者说相国指派陇西郡守具体处理，带有"就近管理"的性质。那么大体可以肯定这里的义渠高度自治，具有较高政治地位，与汉郡县制下的县道性质不同。或许可以推测：秦"县义渠"，但是未对义渠部族内部的行政架构进行改造，沿袭或大体沿袭了其政治"内核"。秦末社会动荡，此地失控，义渠有可能重新进入部族状态[①]，义渠县名存实亡。汉初惠帝五年以前，尚未设置义渠道，实际上承认义渠的独立或半独立地位，与之通使，并有通婚关系。如果就汉与义渠的这种关系给出一个明确的定位，我们倾向于彼时义渠类似于《法律答问》中的外臣邦。至迟吕后二年，在义渠置道，自此义渠纳入汉版图，接受汉的直接统治。不过还需要留意，汉初也可能只是以部分义渠部族置道。《汉书·晁错传》记文帝时晁错上书："今降胡义渠蛮夷之属来归谊者，其众数千，饮食长技与匈奴同，可赐之坚甲絮衣，劲弓利矢，益以边郡之良骑。令明将能知其习俗和辑其心者，以陛下之明约将之。"[②]这段文字从另一方面说明，文帝时尚存未归入汉版图的义渠部落。[③]

附记：本文初稿蒙鲁家亮、郑威、黄浩波三位老师和博士生熊佳晖提供宝贵修改意见，谨此致谢。

---

① "左王""右王"或与"左部""右部"有关。
② 《汉书》卷四九《爰盎晁错传》，第 8 册，第 2282-2283 页。
③ 这也启示我们，似不能排除另外一种可能，即秦置义渠县一直存在，汉初由县改道；武启牍和《功令》中的义渠，则是义渠县道之外的独立自治的义渠部落，它势力较大，与汉关系密切。

秦汉简牍所见功劳三程[*]

李均明

（清华大学出土文献研究与保护中心
古文字与中华文明传承发展工程协同攻关创新平台）

功劳是当事人能力与工作成就的体现，而积功劳是秦汉时期官吏升迁的重要途径，所以功劳的评定为个人及官方所重视。"功劳三程"乃指功劳的申报、审核嘉奖、立档备案三个过程。秦简中已见与之相关的记载，而汉简尤其是江陵张家山 336 号汉墓出土《功令》则系统地展现其面貌，加之西北汉简诸多与功劳有关的资料，能使我们对其执行及演变过程有更多的认识，试析如下。

一、自 占 功 劳

秦汉时期皆规定必须在一定期限内自己申报功劳，此为功劳三程之首程。

上攻（功）当守六百石以上，及五百石以下有当令者，亦免除。攻（功）劳皆令自占，自占不☒☒实，完为城旦。以尺牒牒书，当免者人一牒，署当免状，各上，上攻（功）所执法，执法上其日，史以上牒丞【相】、御史，御史免之，属、尉佐、有秩吏，执法免之，而上牒御史、丞相∟，后上之恒与上攻（功）皆（偕）∟，狱史、令史、县官，恒令令史官吏各一人上攻（功）劳吏员，会八月五日。上计冣（最）、志、郡〈群〉课、徒隶员簿，会十月望。同期，一县用吏十人，小官一人，凡用令史三百八人，用吏三百五十七人，上计冣（最）者，被兼上志∟、群课、徒隶员簿。·议：独令令史上计冣（最）、志、郡〈群〉课∟、徒隶员簿，用令史四百八十五人，而尽岁官吏∟上功者……　　　《岳麓秦简（四）》347—352^①

此为秦"廷内史郡二千石官共令·第己☒·令辛"，其中规定官吏申报功劳须如实自占，自占不实乃属犯罪行为，将被处以"完为城旦"徒刑。

汉简则见更详细的规定，如：

上功劳不以实二岁若一功以上，夺爵二级。不盈二岁至六月及半功，夺爵一级，皆免之。·诏所致不用此令。　　　《张家山汉简》【336】《功令》^②

---

* 本文为古文字与中华文明传承发展工程"五一广场简牍整理与研究"项目（G2433）阶段成果。
① 陈松长主编：《岳麓书院藏简（四）》，上海：上海辞书出版社，2015 年。本文简称《岳麓秦简（四）》。
② 荆州博物馆：《张家山汉墓竹简》【三三六号墓】，北京：文物出版社，2022 年。本文简称《张家山汉简》【336】。

卅七 请：尝有罪耐以上吏，不廉、不平端、上功劳不以实而免，及鞫狱故纵、不直、盗、受赇，罪赎以下，已论有（又）免之。 《张家山汉简》【336】《功令》

六十一 上功劳不以实六月及半功以上，虽在效前而以丙申效后得，皆毋得宦为吏。犯令者夺爵为士五（伍），智（知）而除与同罪，弗智（知）罚金四两。 《张家山汉简》【336】《功令》

以上三个条款皆规定自占功劳不准确的处罚量刑标准，包括常规标准与特殊情形下的标准。处罚的尺度则按虚报的时间长短确定，如虚报两年或一功以上夺爵二级，虚报六个月以上至两年以下则夺爵一级。审核批准人知情者与同罪，不知情者则罚金四两。

吏署能不以实，夺爵一级 《张家山汉简》【336】《功令》

能，才能，指个人专长。此款表明，个人专长亦为功劳的内涵，申报功劳时填写个人特长不准确亦属"不实"之类，按夺爵一级论处。

六十二 诸已上功劳而后椯增减其年者，皆勿听。 《张家山汉简》【336】《功令》

六十四 自今以来，功劳已上乃后增其前所不上者，皆勿听。 《张家山汉简》【336】《功令》

此程序表明功劳须即时申报，而事后不能再增补申报时漏填的功劳。

诸当上功劳者过上功时弗上，皆毋得上前所不上功劳。 《张家山汉简》【336】《功令》

申报功劳有时限要求，不按时申报者，过时不能补报。此规定直至西汉中期仍在严格执行，如《合校》20.3："为吏十一岁二月十二日 □ 其七岁十二日过时不上不为劳 长□"，过时未报则不计功劳。

关于申报的内容，《张家山汉简》【336】《功令》见"上功劳式"：

●左方上功劳式
某官某吏某爵某功劳
为某吏若干岁月其若干治狱 今为某官若干岁
从军为某吏若干岁月 能某物
●凡为吏若干岁月，其若干从军 年若干
●凡军功劳若干 某县某里
●凡中功劳若干 姓某氏 《张家山汉简》【336】《功令》

此为自占功劳的范本，规定了必须填写的基本内容。简文"某官"指供职机构。"某吏"当填当事人姓名。"某爵"为当事人爵位。"年若干"指年龄。"某县某里"为居住地所在县与里名。"为某吏若干岁月，其若干治狱"指自占时供职职位的在职年限，如有治狱经历亦写明相关年限。文中还特意将从政与从军的功劳分别计算，乃量化标准不同而致（详下）。"能某物"指个人专业或特长。最后合计"凡中功劳若干"已分别功数与劳数。实用的自占功劳书曾见于秦简，如：

□　凡作……　　　　　　　　　　□□乡廿二年□□。

□　为官佐六岁。　　　　　　　　□功二。

为县令佐一岁十二日。　　　　　　劳四，三九月……

为县斗食四岁十一月廿四日。　　　·凡功六，三岁九月廿五日。

为县司空有秩乘车十三岁八月廿二日。　□□迁陵六月廿七日，定□□

八月廿日。

守迁陵丞六月廿七日。　　　　　　□□可□属洞庭。

凡十五岁九月廿五日。凡功三，三岁九月廿五日。　　□五十岁，居内史七

岁□□。　　　《里耶秦简博物馆藏秦简》10-15[①]

　　简文"凡十五岁九月廿五日"是积劳的合计数，而"凡功三，三岁九月廿五日"是对此合计数的分解换算，即换算成功三、劳三岁九月廿五日，知"功三"是从劳十二岁换算来的，即四岁换一功，与汉《功令》的规定合。剩余的三岁九月廿五日未足一功，故仍以劳绩登记。《张家山汉简》【336】《功令》："吏自佐史以上，各以定视日自占劳，劳盈岁为中劳，中劳四岁为一功。从军劳二岁亦为一功。壬。身斩首二级、若捕虏二人各为一功。军论之爵二级为半功。"知劳绩以在岗行政工作日计算，满一年称"中劳"，满四年可换算为"一功"。但从军两年即可换算"一功"。《功令》所见参战能亲自斩首或捕获二人，即可兑现"一功"。因从军而获得的爵位，亦可二级换算为"半功"。这些对军功的优惠，亦当承自秦制。到西汉中期，自占书功劳的模式虽同，内容已稍有改变。

肩水候官驷望隧长公乘杨殷自占书功劳，讫九月晦日。

为肩水候官驷望隧长四岁十一月十日。

凡为吏四岁十一月十日。　　　　·能书会计治官民，颇知律令文☑

其六日五凤三年九月戊戌病尽癸卯，不为劳。　　年廿七岁。　　《金关汉

简》【三】73EJT26:88A[②]

　　据下例所见，功与劳的换算没有变，还是劳四年换一功，但已无从政与从军的区别，而代之以具体的政策以示优惠，如简文所云"其六月十五日河平二年、

---

① 里耶秦简博物馆、出土文献与中国古代文明研究协同创新中心中国人民大学中心编：《里耶秦简博物馆藏秦简》，上海：中西书局，2016年。

② 甘肃简牍博物馆、甘肃省文物考古研究所、甘肃省博物馆、中国文化遗产研究院古文献研究室、中国社会科学院简帛研究中心：《肩水金关汉简》（叁），上海：中西书局，2013年。本文简称《金关汉简》。

三年、四年秋试射以令赐劳"即执行当时《功令第卅五》的结果。《居延汉简释文合校》285·17："•功令第卅五：士吏、候长、烽隧长常以令秋试射，以六为程，过六，赐劳矢十五日。"[1]如此显示徐谭军事技术过硬，故三年间获增劳六月十五日的奖励。西汉中期以后对边疆地区官吏功劳的计算仍有优待政策，如《合校》10.28："北边挈令第四：候长、候史日迹及将军吏劳二日皆当三日。"[2]据此例又下例所见，因病不为劳的政策当贯彻始终。秦简所见，病假时间过长则革职，《岳麓秦简》（五）1865"一岁病不视事盈三月以上者，皆免。病有瘳，令为新地吏及戍如吏，有适过，废，免为新地吏"，一年中病假超过三个月即免职。

二、审 核 嘉 奖

上级机构收到自占功劳书之后需审核，然后才能以"功将（奖）"的形式张榜嘉奖，此为功劳三程之次程。

●左方功将式
某官某吏某爵某功将　　　大凡功若干
军功劳若干　　　　　　　某县某里
中功劳若干　　　　　　　某姓氏
●凡功若干　　　　　　　秩若干石
今为某官若干岁
能某物　　　《张家山汉简》【336】《功令》

此例所见《功将（奖）》所含项目基本与《上功劳式》同，只是二栏末行多了"秩若干石"项，标注了当事人秩级。

"将"读为嘉奖之"奖"，是对功劳的褒奖与宣扬。《汉书·衡山王刘赐传》"皆将养劝之"，师古注："将，读曰奖。"[3]奖是勉励，也是荣誉。《汉书·何武传》"武为人仁厚，好进士，奖称人之善"，师古注："奖，劝也。"[4]《广雅·释诂四》："奖，誉也。"[5]《晋书·张辅传》："良史述事，善足以奖劝，恶足以监诫，人道之常。"[6]

《功将（奖）》是审核机构对《上功》（自占功劳书）核查后形成的褒奖文书，可以说是现存最早的奖状范本，是对当事人功劳的肯定。但审核人必须对审核结果负责。此结果与官吏的升迁直接相关，《功令》："廿六……有物故不为吏者，辄谁（推）补，槅定其籍，令上功劳。军吏有缺，以功劳、官次补。县道令、长、丞、

① 谢桂华等：《居延汉简释文合校》，北京：文物出版社，1987年。本文简称《合校》。
② 谢桂华等：《居延汉简释文合校》，北京：文物出版社，1987年。
③【汉】班固撰，【唐】颜师古注：《汉书》，北京：中华书局，1962年，第2155页。
④《汉书》，第3485页。
⑤【清】王念之撰，张靖伟校点：《广雅疏证》，上海：上海古籍出版社，2016年，第674页。
⑥【唐】房玄龄等撰：《晋书》，北京：中华书局，1974年，第1640页。

尉必身案察所谁（推），谁（推）次不以实，以任人不胜任令论令以下至吏主者。"凡人事调遣皆以"功劳次"为基础，可知对《功将（奖）》的审核必严。

居延汉简所见西汉中期后之《功将（奖）》与上例《功将（奖）式》大体相符，如：

> 居延甲渠候官第十隧长公乘徐谭功将（奖）。
> 中功一，劳二岁。
> 其六月十五日河平二年、三年、四年秋试射以令赐劳。　应令。
> （以上为第一栏）
> 能书会计治官民，颇知律令，文。
> （以上为第二栏）
> 居延鸣沙里，家去大守府千六十三里，产居延县。
> 爲吏五岁三月十五日。
> 其十五日河平元年、阳朔元年病不为劳。居延县人。
> （以上为第三栏）　　《居延新简》　E.P.T50:10[①]

此为西汉中期的"功奖"文书，形式与《功令》之"功奖式"大致相同。简文"能书会计治官民，颇知律令，文"即"功奖式"所谓"能某物"，指个人的专业擅长。"产居延县""居延县人"同见，表明当事人出生地与现居住地一致。功一、劳二岁，合劳六岁，而当事人为吏仅五岁三月十五日，其余当为赐劳加功所积日数。

三、立 档 备 案

功劳是官吏升迁的重要依据，故必立档备案，以供日后使用，此类档案形式多样。

西北汉简多见称为"功劳案"的标题简，当即档案标签。

居延甲渠候史公乘贾通
五凤四年功劳案　　　　《居延新简》EPT53:22

经查实而将有关事项记录备案的文书形式称作"案"，犹今档案。《资治通鉴·汉纪四十七》"案经三府"，胡三省注："案，文案也。以考验为义。"[②]

"功奖"可以直接转化为档案。但更多的是其简化方式，如：

---

① 甘肃省文物考古研究所、甘肃省博物馆、中国文物研究所、中国社会科学院历史研究所：《居延新简——甲渠候官》，北京：中华书局，1994 年。本文简称《居延新简》。

②【宋】司马光著，【元】胡三省注，"标点资治通鉴小组"校点：《资治通鉴》，北京：中华书局，1956 年，第 1794 页。

肩水候官并山隧长公乘司马成，中劳二岁八月十四日，能书会计治官民，颇知律令，武，年卅二岁，长七尺五寸，觻得成汉里，家去官六百里。　　　《合校》13.7

肩水候官始安隧长公乘许宗，中功一、劳一岁十五日，能书会计治官民，颇知律令，文，年卅六，长七尺二寸，觻得千秋里，家去官六百里。　　　《合校》37.57

肩水候官执胡隧长公大夫奚路人，中劳三岁一月，能书会计治官民，颇知律令，文，年卅七岁，长七尺五寸，氐池宜药里，家去官六百五十里。　　　《合校》179.4

肩水候官候史大夫尹□，劳二月廿五日，能书会计治官民，颇知律令，文，年廿三岁，长七尺五寸，觻得成汉里。　　　《合校》306.19

上述简文的内容无疑抄自《功将（奖）》，但不是全文，而只抄录其核心内容，未见增劳或减劳的记录。又简文皆见"家去官某里"的记载，多为后增项目，当与请休假（远近不同则休假日期不一）及调动升迁制度有关。

行文格式皆上下贯通，与《上功》（自占功劳书）及《功将（奖）》之分栏书写有区别。其功能应作为官吏的资历档案，随时备查，便于实施对当事人的考核及使用。

还有一种类似上述功劳人员名单的简文，内容更为简略：

□都尉属陈恭，中功一、劳三岁十月。　　　北部司马令史乐音，中功一、劳三月廿四日。

□啬夫隗敢，中功一、劳三岁□月廿四日。　　　显美令史马□，中功一、劳三岁三月十四日。

居延令史郑恽，中功一、劳三岁四月七日。　　　郡库令史崔枚，中功一、劳三岁三月四日。　　　《金关》【三】73EJT30:29A①

□□千人令史郭良，中功一、劳三月。　　　大□令史傅建，功一、劳三岁八月十日。

□□都尉属傅博，中功一、劳三岁八日。　　　居延都尉属孙万，中功一、劳二岁一月。

□千人令史诸戎，功劳一、劳二岁十月十一日。　　　《金关》【三】73EJT30:29B

属国都尉属陈严，中功二、劳七月七日。　　　北部都尉史陈可，中功一、劳三月廿日。

敦□置啬夫张尊，中功二、劳五月十三日。　　　城仓令史徐谭，中功二、劳二月五日。

删丹库啬夫徐博，中功二、劳五月一日。　　　删丹令史成功并，中功一、劳三岁十一月二日。

----

① 甘肃简牍博物馆、甘肃省文物考古研究所、甘肃省博物馆、中国文化遗产研究院古文献研究室、中国社会科学院简帛研究中心：《肩水金关汉简（三）》，上海：中西书局，2014年。本文简称《金关》【三】。

肩水候官令史王严，中功二、劳四月。　　北部库啬夫□□，中功一、劳三岁十月廿日。　　《金关》【三】73EJT30:30A

□□□啬夫孙忠，中功三、劳三岁十月。　　肩水都尉属□并，中功二、劳二岁三月十八日。

属国左骑千人令史马阳，中功二、劳四月廿日。　　屋兰候官令史孙弘宏，中功二、劳一岁七月五日。

□守属林参，中功二、劳九月廿一日。　　延水啬夫路兴，中功二、劳十月一日。

氐池令史丁彊，中功二、劳二岁十月十日。　　居延千人令史阳召，中功二、劳九月。

居延殄北令史苏谊，中功二、劳二岁五月五日。　　居延都尉属王宣，中功二、劳十月五日。　　《金关》【三】73EJT30:30B

上述二例文字书于木牍正背两面，皆分两栏。每位当事人仅载任职单位、职官、姓名及功、劳数额。县名居延、删丹、屋兰、氐池、显美皆为张掖郡属县，见《汉书•地理志》。郡库，当指张掖郡库。居延都尉、肩水都尉、属国都尉皆张掖郡下属都尉。北部都尉，《汉书•地理志》武威郡"休屠"县辖区见"北部都尉治休屠城"。北部都尉西与张掖郡接壤，当时或属张掖郡管辖。据上述迹象，二例所见"功劳案"所宣示，皆为张掖郡范围内诸都尉、县、库属、令史、啬夫等属吏的功与劳数据。

涿郡都尉主寿，劳三岁十一月十八日。　　安定都尉钧密，劳三岁十月十六日。《地湾汉简》86EDT7:7①

▨岁六月廿七日。　　西河北部都尉董永，劳二岁五月三日。　　《合校》41.10

▨十一月五日。　　长信少府丞王涉，劳一岁九月七日。　　《合校》41.22

▨九日。　　信都相长史吴尊，功一劳、三岁六日。　　《合校》53.7

张掖属国司马赵□，功一、劳三岁十月廿六日。　　渔阳守□司马宗室刘护《合校》53.8

都尉丞何望，功一、劳三岁一月十日。　　北地北部鄣候杜旦，功一、劳三岁。《合校》336.13，336.12，340.9②

以上六例所见地名皆非简牍出土地所在郡县都尉名，而大体都属于外郡县，所载显然是涉及全国都尉，郡国丞、相、司马、候等朝廷命官的功劳的档案。

以上功劳案是当时最重要的人事档案，是任命提拔官吏的重要依据。通常是按官吏功劳的大小依次排序，居前者优先提拔，此排序称"功次"，《功令》中规

---

① 甘肃简牍博物馆、甘肃省文物考古研究所、甘肃省博物馆、出土文献与中国古代文明研究协同创新中心中国人民大学中心编：《地湾汉简》，上海：中西书局，2017年。
② 此简原缀合有误，已排除下段残简。

定颇多，如：

•诸上功劳皆上为汉以来功劳，仿式以二尺牒各为将（奖），以尺三行皆参（三）折好书，以功多者为右次编，上属所二千石官，二千石官谨以庚式案致，上御史、丞相，常会十月朔日。　　　　《张家山汉简》【336】《功令》

此令规定编辑功劳名单时，按功劳的大小，由右到左依次排列，功多者居右。如此排列则功次大小一目了然，便以择优。

吏有缺，谨以功劳次补之。　　　　《张家山汉简》【336】《功令》

整理者注"以功劳次，依功劳多寡的次序"，说是。对象当为所有的官吏。

县、县遣官佐史、丁壮，尝主事一岁、若尝一计以上、劳多者补。遣之不次，及书到县留弗遣、遣弗行盈廿日，皆以随（情）倪避吏令论之。中尉所调视事盈四岁未迁者，得移功劳副居县，与其官佐通课，补斗食、令史，官有缺亦用之。其已迁为斗食、令史，视事盈六岁以上，亦移功劳副居县，居县斗食、令史有缺，以久次徵用，各如其官。　　　　《张家山汉简》【336】《功令》

此款涉诸县斗食、令史等属吏，皆以功劳次调迁。当然，功劳次不是唯一的任用标准，此外还要看当事人的业务能力是否与所在岗位匹配。

十三　请：功次当用而能不宜其官者，相国、御史择同秩次。吏署能不以实，夺爵一级。　庚　　　《张家山汉简》【336】《功令》

即使按功劳次达到要求，但专长、能力不适合所在岗位者也不能任用，但可换同秩次的人选。如果申报专长不如实，则按夺爵一级处罚。《汉书·薛宣传》："又频阳县北当上郡、西河，为数县凑，多盗贼。其令平陵薛恭本县孝者，功次稍迁，未尝治民，职不办。而粟邑县小，辟在山中，民谨朴易治。令钜鹿尹赏久郡用事吏，为楼烦长，举茂才，迁在粟。宣即以令奏赏与恭换县。二人视事数月，而两县皆治。"[1]表明以功迁亦需与才能特长结合，才能获得好的效果。

军吏有缺，以功劳、官次补。县道令、长、丞、尉必身案察所谁（推），谁（推），谁（推）次之不以实，以任人不胜任令论令以下至吏主者。　置吏　子　　　《张家山汉简》【336】《功令》

此款涉军吏，军吏亦按功劳次调遣。先由其直接上级推荐，再由所在县道令、长、丞、尉审核，所推不实，则按"任人不胜人令"论处推荐人及审核人。各地出土的简牍中亦多见以"功次"调迁的记载。

以功次迁补肩水候　候官以三月辛未到官□　　　《合校》62.56鈽

----

[1]《汉书》，第3389页。

遁甘露元年十月癸酉，以功次迁为甲渠候官斗食令史。　　　《居延新简》
E.P.T56:256

☑和宜便里，年卅三岁，姓吴氏，故骊靬苑斗食啬夫。遁神爵二年三月庚寅，
以功次《金关汉简》73EJT4:98A

【郯狱丞】，山阳郡东缗司马敞，故□□有秩，以功次迁。　　　《尹湾汉简•东
海郡下辖长吏名籍》①

况其左尉，琅邪郡柔侯国宗良，故侯门大夫，以功次迁。　　　《尹湾汉简•东
海郡下辖长吏名籍》

厚丘丞，琅邪郡高广侯国王恁，故侯门大夫，以功次迁。　　　《尹湾汉简•东
海郡下辖长吏名籍》

襄贲丞，丹杨郡溧阳夏侯武，故侯家丞，以功迁。　　　《尹湾汉简•东海郡下
辖长吏名籍》

开阳丞，山阳郡栗乡侯国家圣，故侯仆，以功迁。　　　《尹湾汉简•东海郡下
辖长吏名籍》

　　以上仅为"以功次迁"或"以功迁"举例。《尹湾汉简•东海郡下辖长吏名籍》
分别署"以功次迁""以功迁"，二者当有区别。"以功迁"或在无同秩级竞争者时
形成，故无功次问题。《东海郡下辖长吏名籍》约 108 例调遣名单中有 20 例仅署
县名，或文字残缺、不清晰等；55 例署"以功次迁""以功迁"；还有 5 例署"以
捕群盗优异"，3 例"捕得不道者"，2 例"以捕格山阳亡徒将率"，1 例"以十岁
补"，1 例"以军吏十岁补"，此 12 例当为特殊功劳，亦当计入"功劳"类。而在
调迁原因清楚的名单中，以"功劳"而升迁的比例占 76%以上，是官吏升迁的主
要途径。其他原因有"以廉迁""以诏除""以请诏除""以举方正除""以宗室子
举方正除"等，占少数。史籍亦多见以功迁，典型者如《汉书•冯奉世传》："奉世
长子谭，太常举孝廉为郎，功次补天水司马。"谭弟野王"后以功次补当阳长，迁
为栎阳令，徙夏阳令"，谭弟逡"功次迁长乐屯卫司马，清河都尉，陇西太守"。奉
世三子皆曾以功迁。

　　综上，秦汉个人功劳的判定通常经历个人申报、上级审核嘉奖、立档备查三
个过程。功劳皆需个人在规定的期限内提出申请，如实上报，不报者不计功劳，
过期不得补报；上级机构须认真核实个人提出的功劳申请，核准有误则受罚；功
劳档案按秩级不同存放在相应的机构以备查。积功劳是官吏升迁的主要途径。功
劳档案是提拔官吏的重要书证。

---

① 连云港市博物馆、东海县博物馆、中国社会科学院简帛研究中心、中国文物研究所：《尹湾汉墓简牍》，北京：
中华书局，1997 年。本文简称《尹湾汉简》。

帛书《十六经》与《黄帝书》《黄帝说》关系略论

杨 茜

（清华大学出土文献研究与保护中心）

一、帛书《十六经》等篇题小议

长沙马王堆汉墓楚帛书《老子》乙本卷前有《经法》《十六经》《称》《道原》四篇古佚书。早在 20 世纪 70 年代，唐兰先生最先撰文主张这四篇古佚书即《汉书·艺文志》（以下简称《汉志》）所载"《黄帝四经》"。[1]70 年代末，李学勤先生于美国加大伯克利马王堆帛书工作会议上，对之使用"《黄帝书》"这一称名。[2]李学勤先生曾撰文肯定唐氏的几处论据"很有说服力"，另一方面，出于严谨，"《黄帝书》"这一称名依然为李先生论及帛书时所坚持采用。[3]此后，经过学界的广泛讨论，关于帛书书名的认定有"《黄帝四经》""《黄帝书》""《经法》等四篇"以及"黄老帛书"等数种之多，而"《黄帝书》"这一称名也有着比较大的影响力。[4]

李零先生等学者提出观点认为，"黄帝书"具有类名的性质，与《老子》不同，它不是一种书，而是一类书，这类书的共同点是以黄帝故事为形式。[5]一些学者从此处出发，担心如此便会带来一个问题，即"黄帝书"的称名不能将帛书与《汉志》所载其他冠以"黄帝"之名的文献区分开来。有学者统计"黄帝书"在《汉志》中共有 34 种 656 篇（卷）6 图，广泛分布于"诸子略""兵书略""方技略"。[6]

---

① 唐兰：《〈黄帝四经〉初探》，《文物》1970 年第 10 期；唐兰：《马王堆出土〈老子〉乙本卷前古佚书的研究——兼论其与汉初儒法斗争的关系》，《考古学报》1975 年第 1 期。

② 李学勤：《记在美国举行的马王堆帛书工作会议》，《文物》1979 年第 11 期。

③ 李学勤：《马王堆帛书与鹖冠子》，《江汉考古》1983 年第 2 期；李学勤：《范蠡思想与帛书〈黄帝书〉》，《浙江学刊》1990 年第 1 期。

④ 裘锡圭先生认为此四篇古佚书非《黄帝四经》，"《黄帝书》"之称较之"《黄帝四经》"要合理，但最终还是主张"最好仍称这四篇古佚书为'马王堆《老子》乙本卷前佚书'或'《经法》等四篇'"，见裘锡圭：《马王堆〈老子〉甲乙本卷前后佚书与"道法家"》，《中国哲学》1980 年第 2 辑；裘锡圭：《马王堆帛书〈老子〉乙本卷前古佚书并非〈黄帝四经〉》，《道家文化研究》1993 年第 3 辑。有关"黄老帛书"的观点见钟肇鹏：《黄老帛书的哲学思想》，《文物》1978 年第 2 期；萧父：《黄老帛书哲学浅议》，黄钊主编：《道家思想史纲》，湖南师范大学出版社，1991 年，第 168-169 页；等等。有关"《黄帝书》"的观点见蔡靖泉：《〈黄帝书〉与楚文化》，《理论月刊》1996 年第 4 期；李若晖：《马王堆帛书黄帝书的性质》，《齐鲁学刊》2009 年第 2 期；李培志：《大陆学者〈黄帝书〉与〈老子〉思想渊源研究述评》，《史学月刊》2010 年第 2 期；张士伟、杨磊：《谈黄帝的战争观——以马王堆汉墓〈黄帝书〉为视角》，《沧州师范学院学报》2018 年第 3 期；等等。

⑤ 李零：《说"黄老"》，《李零自选集》，桂林：广西师范大学出版社，1998 年，第 278 页。

⑥ 张增田：《〈黄老帛书〉研究综述》，《安徽大学学报》2001 年第 4 期；夏绍熙：《略论〈汉书·艺文志〉中的"黄帝书"及其思想文化史意义》，《长安大学学报（社会科学版）》2017 年第 2 期。

况且，马王堆四篇佚书真正提及黄帝及黄帝君臣的仅存在于《十六经》的个别篇章，即《立命》至《姓争》的六章及《成法》《顺道》二章。因此，李零、裘锡圭先生等人对马王堆佚书中"黄帝书"的认同基本也仅限这一部分。

上述学者们的讨论可以说不无道理，不过，从一些古籍称引《黄帝书》的引文内容以及班固对《黄帝君臣》"与老子相似也"的注语来看，《黄帝书》的内容似乎未必一定与黄帝故事有关，甚至也未必明显提及黄帝。此外，"《黄帝书》"似乎曾经有过被用于指代《汉志》"《黄帝四经》"的痕迹。

杨伯峻撰《列子集释》卷第一《天瑞篇》：

《黄帝书》曰：(《释文》云：黄帝姓公孙，名轩辕，得长生之道，在位一百年。按《汉书·艺文志》有《黄帝书》四篇，《黄帝君臣》一篇，《黄帝铭》六篇，与道经相类。伯峻案：今本《艺文志》《黄帝书》作《黄帝四经》，《黄帝君臣》作十篇，班自注云，起六国时，与老相似也。又有《杂黄帝》五十八篇，班自注云，本六国时贤者所作。)"谷神不死，是谓玄牝。玄牝之门，是谓天地之根。绵绵若存，用之不勤。故生物者不生，化物者不化。自生自化，自形自色，自智自力，自消自息。谓之生化形色智力消息者，非也。"[1]

《黄帝书》曰："形动不生形而生影，声动不生声而生响，无动不生无而生有。"[2]

黄帝曰："精神入其门，骨骸反其根，我尚何存？"[3]

同上，卷第六《力命篇》：

《黄帝之书》云："至人居若死，动若械。"[4]

《列子》三处引用《黄帝书》(包括一处作《黄帝之书》)，前两处文本与今本以及马王堆本、北大简本《老子》相同或相似。张增田先生指出，从《史记》言黄老看，黄老之学或黄帝老子之言本为一个整体，析分为黄帝之言与老子之言应当谨慎。[5]因此，《黄帝书》恐怕不会纯粹由黄帝言行事迹组成，其与《老子》有相似的内容是非常有可能的。

以上文例中，《释文》后内容出自唐人殷敬顺或宋人陈景元。故"《汉书·艺文志》有《黄帝书》四篇"此按语很可能不早于唐时。按语在一众以"黄帝"题名的书目中唯独将"《黄帝四经》"写作"《黄帝书》"，应当不是单纯的错讹导致，况且按语的情况并非孤例。《隋志》将《黄帝四经》径称为"《黄帝》"，而《汉志》中同属"道家"的"《伊尹》"，后世同样有称"《伊尹书》"之例。[6]

---

[1] 杨伯峻撰：《列子集释》，《新编诸子集成》，北京：中华书局，2013 年，第 3-5 页。
[2] 杨伯峻撰：《列子集释》，第 18-19 页。
[3] 杨伯峻撰：《列子集释》，第 21 页。
[4] 杨伯峻撰：《列子集释》，第 218 页。
[5] 张增田：《〈黄老帛书〉研究综述》。
[6] [清]马国翰所辑《伊尹书》，观其书序，其主观目的主要是想对"道家"的伊尹文献作出辑佚。马氏于文中称道家与"小说"家伊尹文献分别为"《伊尹》"《伊尹说》"，皆与《汉志》称名无异，而所辑又自名《伊尹书》。

《列子》即便按伪书论也至少是魏晋时的作品，尚能反映魏晋时期存世文献的情况。①假如按语的确别有所据，那么，刘向、班固等人校书后的定名主要有两种可能。第一种，《汉志》"《黄帝四经》"本作"《黄帝书》"，"《黄帝四经》"之名后出窜入；第二种，《黄帝四经》经过《汉志》等官方校书行为定名后依然被后人俗称或习惯性称为"《黄帝书》"等。

李若晖先生曾有一段论述，可以为我们解读上述问题带来启发："既然《汉志》称其书为'黄帝四经'，《隋志》则径称为《黄帝》，可见'黄帝四经'乃是向、歆父子所命名，其书四篇，也当是向、歆父子所编定。那么，马王堆帛书中《经法》等篇正好是四篇，虽然也有可能是向、歆父子校书未更动篇次，但更可能只是一种巧合，因此不能拿来论证它们就是《汉志》著录的《黄帝四经》。"②

李若晖先生虽然从篇数角度否定了马王堆佚书与《黄帝四经》的绝对关联性，但其于言外肯定了向、歆父子以前《黄帝四经》别有他名的情况。

《列子》对于黄老著述的引用，主要有"《黄帝书》"与"老聃之言"两种引言体例。分析《列子》引文可知，《黄帝书》与《老子》在文本层面有极强的关联性。来森华先生通过与出土文献对读分析认为，《老子》在成书过程中借鉴了《黄帝书》，《列子》中所引《黄帝书》为直接引用，属于更原始的材料。③熊铁基先生则认为，《黄帝书》是对《老子》原文的延伸与阐述发挥，班固注《黄帝君臣》："起六国时，与老子相似也。"因此《列子》所引《黄帝书》并非《老子》之误，而是真正的《黄帝书》。④

其实以上两种观点的主要分歧只关乎《黄帝书》与《老子》成书时间先后，相同的是，二者共同肯定了《黄帝四经》以前《黄帝书》的实际存在。《黄帝书》与《黄帝四经》以及《老子》存在一定关联性，《黄帝书》所包含的内容体例可能比较多样，因此，将"黄帝书"视作类名是有道理的，但恐怕不能将其看作仅仅与黄帝言行事迹有关之文献的泛称。

如果将马王堆古佚书与《黄帝四经》的篇数关系以及二者与《老子》的篇章顺序、文本内容层面的关联性都解释为"巧合"，这可能过于依赖偶然性。我们认为，《黄帝四经》或马王堆古佚书或许可以看作《黄帝书》的选编本或一部分，即《黄帝书》本为《汉志》《黄帝四经》校定前的原始材料之名，如此以上问题都可

---

① 虽然在很长一段时期内，学者们对《列子》有"聚敛古籍以为伪书"的怀疑，但经过一些学者的考证，肯定了《列子》主体基本为先秦文献，参见张洪兴：《〈列子〉真伪考论》，《诸子学刊》2022年第1期。抛开真伪文问题，《列子》最迟成书于魏晋时期基本为学界共识，参见吴万和：《从词汇语法角度考辨〈列子〉伪书实质》，硕士学位论文，江西师范大学，2009年，第2-6页。

② 李若晖：《马王堆帛书黄帝书的性质》，《齐鲁学刊》2009年第2期。

③ 来森华：《〈列子〉中所引〈黄帝书〉与老聃之言考辨——兼谈列子学派在道家的地位》，《中南大学学报（社会科学版）》2015年第4期。

④ 如《列子·天瑞》篇引《黄帝书》曰："谷神不死，是谓玄牝……绵绵若存，用之不勤。故生物者不生，化物者不化。自生自化，自形自色，自智自力，自消自息。谓之生化、形色、智力、消息者，非也。""用之不勤"前是《老子》第六章原文，以后的文字是引申，参看熊铁基：《黄老献疑》，《光明日报》2020年8月01日，第11版。

以迎刃而解。马王堆古佚书或许也正是这批原始材料的一部分。马王堆所发现的四篇古佚书与《黄帝四经》在篇数上或许只是偶合，但它可能向我们揭示了，早在刘向等人之前，《黄帝书》就已经有以四篇结集的倾向。考虑到《黄帝书》内容并非一定与黄帝故事传说有关却往往与《老子》风格相似这一特点，马王堆四篇古佚书即便不能确指为《黄帝四经》，也有可能是《黄帝书》以四篇形式结集过程中的一种版本。换言之，或许《黄帝书》是《黄帝四经》删定前的原始文本。在这个层面上，由于马王堆古佚书早于刘向校书，其被称为"《黄帝书》"应当是较为合适的。

二、《汉书·艺文志》"小说"家之《黄帝说》探原

两汉书籍称引黄帝的很多，其中很可能保留了一些与《黄帝书》有关的内容。但由于《黄帝书》与"小说"家《黄帝说》皆已亡佚，故而在研究中难做区分。①多处引用《汉志》"小说"的《风俗通》在卷六、卷八两处有称引所谓"《黄帝书》"。②

（1）《风俗通》卷六《声音》"瑟"：

> 谨按：《世本》："宓羲作瑟，长八尺一寸，四十五弦。"《黄帝书》："泰帝使素女鼓瑟而悲，帝禁不止，故破其瑟为二十五弦。"③

关于《风俗通》所引"《黄帝书》"与《黄帝说》的关系，已有学者表示有所怀疑。④其实，《风俗通》所引这一段文字并不完整，应当只是原文中的个别摘句。这段文字又见于《史记·封禅书》《史记·孝武本纪》《汉书·郊祀志上》。通过推敲与之有关的上下文，《风俗通》引文的原貌可资遥想：

> 其年，既灭南越，上有嬖臣李延年以好音见。上善之，下公卿议，曰："民间祠尚有鼓舞之乐，今郊祠而无乐，岂称乎？"公卿曰："古者祀天地皆有乐，而神

---

① 《诸子略》"小说"家《黄帝说》四十篇，班固注曰："迂诞依托。"《诸子略》"道家"有："《黄帝四经》四篇、《黄帝铭》六篇、《黄帝君臣》十篇（起六国时，与《老子》相似也）、《杂黄帝》五十八篇（六国时贤者所作）。"《诸子略》"阴阳家"有《黄帝泰素》二十篇（六国时韩诸公子所作）。《兵书略》"兵阴阳"有《黄帝》十六篇（图三卷）。此外，《术数略》"天文"有《黄帝杂子气》三十三篇，"历谱"有《黄帝五家历》三十三卷、"五行"有《黄帝阴阳》二十五卷、《黄帝诸子论阴阳》二十五卷、"杂占"有《黄帝长柳占梦》二十五卷。《方技略》"医经"又有《黄帝内经》十八卷、《外经》三十七卷。"经方"有《泰始黄帝扁鹊俞拊方》二十三卷、《神农黄帝食禁》七卷，"房中"有《黄帝三王养阳方》二十卷，"神仙"有《黄帝杂子步引》十二卷、《黄帝岐伯按摩》十卷、《黄帝杂子芝菌》十八卷、《黄帝杂子十九家方》二十一卷。参看陈国庆：《汉书艺文志注释汇编》，《二十四史研究资料丛刊》，中华书局，2011 年，第 126、131、193、200、204、208、216、225 页。

② 《风俗通》引《汉志》"小说"情况参看杨茜：《出土文献与先秦秦汉"小说"研究》，博士学位论文，清华大学，2024 年，第 76 页。

③ ［汉］应劭撰，王利器校注：《风俗通义校注》，北京：中华书局，2010 年，第 285-286 页。

④ 李剑国先生怀疑《风俗通》所引《黄帝书》即《黄帝说》，并且认为"泰帝"是"黄帝"之误；王齐洲先生认为《汉志》"小说"家多为方士之书，此《黄帝书》疑即小说《黄帝说》，参看王齐洲：《〈汉书·艺文志〉著录之小说家〈务成子〉等四家考辨》《南京师范大学文学院学报》2008 年第 1 期；罗宁：《〈黄帝说〉及其他〈汉志〉小说》，《四川师范大学学报（社会科学版）》1999 年第 3 期。

祇可得而礼。"或曰:"泰帝使素女鼓五十弦瑟,悲,帝禁不止,故破其瑟为二十五弦。"于是塞南越,祷祠泰一、后土,始用乐舞,益召歌儿,作二十五弦及箜篌瑟自此起。①

泰帝,《史记·孝武本纪》之《索隐》《正义》,《汉书·郊祀志》颜师古注都认为泰帝即太昊伏羲氏。虽然这段文字并没有直接提及黄帝,但据《风俗通》注云:

《尔雅·释乐疏》、《广韵·七栉》、《书钞》一〇九、《通志·乐略》、《路史·后纪》十二注、《古今事物考》五引《世本》并云:庖羲氏作瑟五十弦,黄帝使素女鼓之,哀不自胜,乃破为二十五弦,具二均声。②

《风俗通》注引《书钞》一〇九《帝王世纪》曰:

黄帝损庖羲之瑟为二十五弦,长七尺二寸。③

《太平御览》引王嘉《拾遗记》云:

黄帝使素女鼓庖羲氏之瑟,满席悲不能已,后破为七尺二寸,二十五弦。④

《汉志》"小说"家内容往往具有传闻性质以及具有解说事物来源功能等特点。⑤而以上三则有关"黄帝损庖羲之瑟"的传说正为二十五弦瑟的发明提供了传闻依据。从这个层面出发,《风俗通》所引"《黄帝书》"这段文字的"小说"性质是可以被承认的,它基本可以被认为是符合《汉志》观念的"小说"。《风俗通》"素女鼓瑟"条故事既然引自《黄帝书》,应当与黄帝存在关联,因此《风俗通》所引"《黄帝书》"原文的完整内容可能与此三则相类。《风俗通》"素女鼓瑟"内容与《汉志》"小说"家特点相合,而《诸子略》"道家"之首的《黄帝四经》(或《黄帝书》)与黄老学派之经典关系密切,《风俗通》所引"《黄帝书》"无论思想内容抑或文字风格都与之不类,不太可能属于黄老学派经书地位的文献。那么,它是否可能为《诸子略》"道家"其他有关黄帝的篇目呢?我们认为,《风俗通》所引内容恐怕也难以归入"与《老子》相似"的《黄帝君臣》抑或"贤者所作"的《杂黄帝》,因此,恐怕只能求诸"道家"以外的文献。再考虑到应劭《风俗通》对于《汉志》"小说"家已有较成规模的引述,从应劭的引文规律来看,《风俗通》所谓"《黄帝书》"实为"小说"家《黄帝说》是存在可能的。

《古今事物考》所引世本言及黄帝,应劭所引则无。现代学者多认为《世本》

---

① [西汉]司马迁:《史记卷十二·孝武本纪第十二》,北京:中华书局,1959年,第472页。《史记·封禅书》《汉书·郊祀志上》所载与此略同。
② [东汉]应劭撰,王利器校注:《风俗通义校注》,第286页。
③ [东汉]应劭撰,王利器校注:《风俗通义校注》,第286页。
④ [北宋]李昉等:《太平御览》卷五百七十六乐部十四《瑟筝》,中华书局,1960年,第2601页。
⑤ 参看杨茜:《出土文献与先秦秦汉"小说"研究》,博士学位论文,清华大学,2024年,第42-47页。

的成书过程具有复杂性。①司马迁著《史记》也曾参考《世本》，应劭与司马迁所引均无"黄帝"一说，很可能是时代较晚的《古今事物考》有误。那么，"素女鼓瑟"传说又是如何与"黄帝"发生关联的呢？"素女鼓瑟"传说上升为武帝时期国家礼乐之用首次见载于《史记·封禅书》及《孝武本纪》。由于武帝本人崇尚黄帝升仙之说，《封禅书》及《孝武本纪》所载武帝时期的方士几乎言必称黄帝。因此，"黄帝"与这个故事发生关联，一方面可能与黄帝擅长发明创造的形象有关，另一方面可能是后人受到《史记》同卷所载大量黄帝传说的影响而造成的有意或无意的附会与讹混。换言之，"黄帝"与这个故事发生关联，以及"黄帝损庖羲之瑟"以《黄帝说》的形式结集流传，这两种情况很可能在《史记·封禅书》成书以后才发生。因此，《黄帝说》的成书时间上限很可能也不早于武帝时期。也就是说，《汉志》"小说"除《封禅方说》等后五家成书于武帝之后外，通常被认为时代较早的前九家中，同样也存在较为晚出的情况。②恐怕这也正是班固仅将《黄帝说》排序于《封禅方说》之前并断言其"依托"的原因（"小说"家之首的《伊尹说》则仅曰"似依托"）。

据《风俗通》引《世本》所言，庖羲作瑟又有四十五弦的说法。目前考古发现年代最早的瑟距今约 2700 年，湖北枣阳郭家庙曹门湾墓区出土最早的琴瑟同出组合，其中瑟为 17 弦，湖北当阳曹家岗出土 21 弦木瑟与 26 弦漆瑟。③李纯一先生曾根据春秋时期琴瑟广泛流行的情况，推定琴瑟的出现不会晚于西周。④有学者统计墓葬出土实物后指出，古瑟从春秋中期至战国中期，弦制有过较明显的变化，古瑟在春秋时期有 18、19、21、26 四种弦制，进入战国早期以后逐渐趋于统一，主要存在 23、24、25 三种弦制，战国中期则主要流行 23、25 两种弦制。结合史籍中记载的 19 弦、23 弦、25 弦、27 弦、45 弦、50 弦六种弦制，除 45 弦、50 弦两种传说由伏羲所创外，其他四种弦制在考古资料资料中都可以找到相对应的实物资料。⑤有关春秋至汉代的考古发现表明，瑟的弦数有 17～26 弦不等，自战国中期以后就逐渐趋于 25 弦，汉代则仅有 25 弦。⑥以上说明，在战国时，瑟的形制已基本成熟定型。武帝前后泰帝或黄帝"损庖羲之瑟"传说的出现只是对瑟这一发展趋势的反映与附会，并不是史实。不过，正是受到这一传说的影响，汉代

---

① 原昊：《〈世本〉的史料来源、时代归属及流传过程新探》，《历史文献研究》2019 年第 1 期。

② 学界一般认为，《汉志》"小说"十五家的成书时间，自《伊尹说》至《黄帝说》九家皆先秦之作，而《封禅方说》以下六家，为汉人之书，同时也有个别学者怀疑《黄帝说》成书于武帝之后，参见王庆华：《文言小说文类与史部相关叙事文献关系研究——"小说"在"杂史""传记""杂家"之间》，上海：华东师范大学出版社，2015 年，第 5 页。

③ 方勤：《郭家庙曾国墓地发掘与音乐考古》，《音乐研究》2016 年第 5 期；湖北省宜昌地区博物馆：《当阳曹家岗 5 号楚墓》，《考古学报》1988 年第 4 期。

④ 李纯一：《中国上古出土乐器综论》，文物出版社，1996 年，第 455 页。

⑤ 晏波：《古瑟研究——以楚瑟为中心》，硕士学位论文，华中师范大学，2009 年，第 36 页。

⑥ 刘晓：《瑟演变初探》，《南方文物》2013 年第 2 期。清华简第十三辑《五音图》，其中发现 24 或 25 个音名，整理者贾连翔先生指出其可能与瑟弦数相关，即瑟弦数以 24 或 25 为常制，参见贾连翔：《清华简〈五音图〉〈乐风〉两种古乐书初探》，《中国史研究动态》2023 年第 5 期。

礼乐 25 弦瑟制度的固定化得以有了思想依据。这也未尝不是"小说"之于国家制度层面的渗透与影响。

（2）《风俗通》卷八《祀典》"桃梗""苇茭""画虎"条引《黄帝书》云：

谨按：《黄帝书》："上古之时，有荼与郁垒昆弟二人，性能执鬼，度朔山上立桃树下，简阅百鬼，无道理，妄为人祸害，荼与郁垒缚以苇索，执以食虎。于是县官常以腊除夕，饰桃人，垂苇茭，画虎于门，皆追效于前事，冀以卫凶也。桃梗，梗者，更也，岁终更始受介祉也。"①

这段文字介绍了古代门户装饰风俗的来源，内容神奇，与前文所述其他解说名物的汉代"小说"有着相同的创作手法及主旨。不过，值得注意的是，与《风俗通》卷六引《黄帝书》"素女鼓瑟"条相比，这段文字同样也未提及黄帝，至于"黄帝"这一人物与故事的关联，《论衡》中的相关记载或许可以为我们解答这个疑惑。据《论衡·订鬼》引所谓"《山海经》"曰：

沧海之中，有度朔之山，上有大桃木，其蟠屈三千里，其枝间东北曰鬼门，万鬼所出入也。上有二神人，一曰神荼，一曰郁垒，主阅领万鬼。恶害之鬼，执以苇索而以食虎。于是黄帝乃作礼以时驱之，立大桃人，门户画神荼、郁垒与虎，悬苇索以御凶魅。②

在这段文字的阐释中，"黄帝作礼"即"饰桃人，垂苇茭，画虎于门"的风俗形成与黄帝有关，在县官之前，最早由黄帝创立了这个仪式行为，重演了度朔山上桃木及执索食虎的两位神人的传说，从此门户立桃人、画神荼与郁垒的风俗信仰，为后世千家万户沿用。从神荼与郁垒的传说中诞生出的类似后世门神的信仰，在较晚的文献中依然可以见到对此种仪式行为及其阐释路径的沿用，如萧绎《金楼子》卷五《志怪篇》；萧统编，李善注《文选》卷三《东京赋》等。

由以上二则观之，《风俗通》引《黄帝说》大抵是对原文的截取，而非黄帝"小说"完整的原貌。这点固然与其引用《百家》的方式有相似之处，但其引述"黄帝"文献均避去"黄帝"的做法恐怕也当属有意为之。究其原委，可能为应劭知其附会，因此未予载录。订正俗讹、考辨名物与史事传说，这些正是应劭《风俗通》所遵循的"考信求实"之史学精神。③

（3）王应麟《困学纪闻》卷九《天道》"黄帝书曰天在地外"：

《黄帝书》曰："天在地外，水在天外，水浮天而载地。"又曰："地在太虚之中，大气举之。"④

---

① [东汉]应劭撰，王利器校注：《风俗通义校注》，第 367 页。
② [东汉]王充著，张宗祥校注，郑绍昌标点：《论衡校注》，《中华要籍集释丛书》，上海古籍出版社，2013 年，第 451 页。今本《山海经》无此文字。
③ 陈曦：《〈风俗通义〉的学术传承与史学特色》，《天府新论》2011 年第 5 期。
④ [南宋]王应麟：《困学纪闻》，清乾隆 1736—1795 年刻本，第 3 页 a。

王应麟《玉海》卷二《天文》天文书上《黄帝星传》：

葛洪释浑天引《黄帝书》曰："天在地外，水在天外，水浮天而载地。"

冯复京《六家诗名物疏》卷十三《国风·邶》五《新台篇·水》引《黄帝书》：

天在地外，水在天外，水浮天而载地者也。[①]

冯复京《六家诗名物疏》卷一《国风·周南》一《关雎篇·瑟》引《黄帝书》"素女鼓瑟"与应劭同，从同一作者取材的规律看，"水在天外"条与"瑟"条很可能来源自同一文献。王文引自葛洪，说明其"《黄帝书》"的确有较早的文献来源。

《黄帝书》"水在天外"条所反映的是类似浑天说的思想。"水"作为"地"与"天"的载体和动力，显示出著者对宇宙结构的认识已经超出传统的盖天说，有接近浑天说的趋势。丁四新先生指出，《黄帝书》属于黄老学的著作，黄老学的兴盛期在战国晚期至西汉中期。据此，似乎可以将"水浮天而载地"的观念推至汉初，甚至先秦。[②]《黄帝书》与郭店楚简《太一生水》《恒先》似乎可以看作汉人浑天说理论的三个来源。

"小说"类文献并非有意虚构，其内容往往确实能令当时的人（或者至少一部分人）信以为真。因此，"小说"可以反映当时人们对于社会历史以及自然科学的实际认知水平。据《庄子·天下》篇，天地何以不坠不陷这一议题在战国中期即已成为中国古人高度关注和思考的对象。这段文字试图以当时的宇宙观解说水、天、地等自然地理情况，与《汉志》"小说"解释名物、风俗是同质的。

三、帛书《十六经》与《黄帝说》关系略论

马王堆《黄帝书》的第二篇《十六经》中有很大篇幅都与黄帝及其大臣的故事有关。特别是黄帝杀死蚩尤后的一段，与传世文献所见黄帝形象大相径庭：

黄帝身遇蚩尤，因而擒之。剥其□革以为干侯，使人射之，多中者赏。翦其发而建之天，名曰蚩尤之旌。充其胃以为鞠，使人执之，多中者赏。腐其骨肉，投之苦醢，使天下噪之。[③]（《马王堆汉墓帛书·十六经·正乱》）

在这段文字的叙事中，黄帝剥下蚩尤之皮制成箭靶、割下蚩尤之胃制成鞠，供人竞技争赏。又剪蚩尤头发制作"蚩尤旗"，还将蚩尤之肉剁成酱，命天下人吮饮。这段传说在清华简《五纪》中出现了相似的记载，但《五纪》与前者辞气大不相

---

① ［明］冯复京：《六家诗名物疏》，明万历 1573—1620 年刻本，第 20 页 a。
② 丁四新：《浑天说的宇宙生成论和结构论溯源——兼论楚竹书〈太一生水〉〈恒先〉与浑天的理论起源》，《人文杂志》2017 年第 10 期。
③ 国家文物局古文献研究室编：《马王堆汉墓帛书［壹］》，文物出版社，1980 年，第 67 页。

同，应当对原始材料经过了润色加工：

> 黄帝既杀蚩尤，乃缮蚩尤之身，焉始为【109】五芒。以其发为韭①，以其眉须为蒿，以其目为菊，以其鼻为葱，以其口为蘸。以其腋毛为茨，以其从为【110】芹。②以其骸为干侯受，以其臂为桴，以其胸为鼓，以其耳为照篸。凡其饪为天畏忌，凡其志为天下喜。③（《清华简·五纪》）

在采取这一系列残暴行为的同时，黄帝还向全体臣民发表声明：

> 帝曰：毋乏吾禁，毋流吾醢，毋乱吾民，毋绝吾道。止〈乏〉禁，流醢，乱民，绝道，反义逆时，非而行之，过极失当，擅制更爽，心欲是行，其上帝未先而擅兴兵，视蚩尤共工。屈其脊，使甘其箭。不死不生，慈为地程。帝曰：谨守吾正名，毋失吾恒刑，以示后人。④

黄帝命令臣民必须品尝蚩尤肉酱，禁止人们擅自丢弃；黄帝恫吓人们，违背政令将受到像蚩尤一样的惩罚；黄帝命人按照蚩尤的形象制作模型，令其卑躬屈膝，戴着枷锁，半生不死地成为地面建筑的地下支柱……这一段简文所展示出的黄帝形象是血腥残暴的。与前文黄帝与蚩尤决战前到博望山淡然隐居、修身养性的形象绝然不同。⑤

与淡然隐居的黄帝形象相比，黄帝杀死蚩尤后的传说故事还没有经过文明社会的美化改造，保留下了野蛮蒙昧的痕迹，这在战国以后一众对黄帝极尽神性化的记载中，反而显得尤为可贵。黄帝将蚩尤剥皮投醢的故事透露出原始的信息，其在《黄帝书》中应当属于较原始的材料，很可能反映了一定程度的历史真实。简文让我们看到，黄帝除发明舟车、发明桃人与二十五弦瑟之外，还有发明"蚩尤旗""蚩尤鞠"的一面。《黄帝书》中的这段传说与前文所分析的《黄帝说》的内容性质存在接近的地方。其产生于历史书写意识之前，也诞生于《汉志》"小说"意识之前，是一种无意为"小说"的"小说"。

司马迁撰黄帝事迹，参考《大戴礼记》《左传》《国语》等。《五帝本纪》云："《尚书》独载尧以来，而百家言黄帝，其文不雅驯。"此处"雅"字一般被为训为

---

① "以发为韭"在汉代有相似的民歌，见于《太平御览》引崔寔《政论》："小民发如韭，剪复生。头如鸡，割复鸣。吏不必可畏，从来必可轻。奈何欲望致刑厝乎！"参见[北宋]李昉、李穆、徐铉等：《太平御览》，中华书局，1964 年，第 4327 页。

② "芹"字原文为"蓳"字。《清华简第十一辑整理报告补正》：望山楚简有用例，蓳（爨）月，《集韵·线韵》"爨，炊也"；"从"是"踵"的古字，"踵"与"踵"通，故"从"引申为"脚趾"。

③ 清华大学出土文献研究与保护中心编，黄德宽主编：《清华大学藏战国竹简［拾壹下册］》，上海：中西书局，2021 年，第 128 页。

④ 国家文物局古文献研究室编：《马王堆汉墓帛书［壹］》，第 67 页。

⑤ 相关简文如下："黄帝曰：吾欲屈吾身，屈吾身若何？对曰：道同者其事同，道异者其事异。今天下大争，时至矣，后能慎勿争乎？黄帝曰，勿争若何？对曰，怒者血气也，争者外脂肤也。怒若不发浸廪是为瘫疽。后能去四者，枯骨何能争矣。黄帝于是辞其国大夫，上于博望之山，谈卧三年以自求也。战哉。阖冉乃上起黄帝曰：可矣。"见国家文物局古文献研究室编：《马王堆汉墓帛书［壹］》，第 65 页。

"正"，即指"百家言黄帝"的内容没有确切的家法师承，不是正经。①马银琴先生曾撰文提出，战国晚期至汉代初年，是"雅"字词义得到扩展与衍申的关键阶段。②司马迁的时代，合顺于礼的"雅"义已经出现。司马迁对于许多黄帝文献"文不雅驯"的所指也可能是因为其中包括野蛮残忍的一面，以至于使司马迁作《五帝本纪》时对此"难言之"。蒋伯潜曾据此猜测《黄帝说》内容"此入小说家，殆不雅驯之尤者欤"。而《十六经》中黄帝对待蚩尤的文本片段，正有着文不雅驯的"小说"性质，或许与后来的《黄帝说》也存在某些关联。

《庄子·盗跖》中言"世之所高，莫若黄帝"，继而又说："黄帝尚不能全德，而战涿鹿之野，流血百里。"《十六经》中黄帝杀蚩尤故事可能保留了原始社会野蛮血腥一面的真实记忆。如黄帝时代剥皮剪发之事，可以通过一些甲骨文字来佐证。林沄先生通过对甲骨文"聝"（馘之异体字）的初文"𢼛"字形推考，认为"疑象更古老的剥取头皮之举，即表现头皮而附有下垂之发"。③黄天树先生认同此说，认为与古代"猎首"风俗有关。④魏兆惠先生指出："以戈断首，死者睫目下垂，至于是具体记录'猎首'还是'剥头皮'或制'头杯'，未敢断定，也许是一连串动作的刻画。"⑤西安半坡、二里头文化灰坑、郑州商城等地的考古发现也表明猎头习俗产生的时代可能很早，到仰韶文化时期已经较为盛行了。⑥

以上可以说明，《十六经》中黄帝对待蚩尤的故事很可能反映了一定程度的历史真实。《黄帝书》中的这些具有古老来源的材料，是一种或多或少能够反映史事侧影的历史传闻，因此，它与后来的黄帝"小说"可谓不无关系。《十六经》的体裁是经，但其中包含一部分与"小说"性质、来源相似的内容。黄帝利用蚩尤的身体"发明"各种器物、对蚩尤"剥皮投醢"这类"文不雅驯"的记载都有着"小说"色彩。以上迹象表明，《黄帝说》之于《黄帝书》或许有如《百家》之于《说类杂事》，是"别集"与"母本"之关系，但这还有待更多材料来证明。

四、结论：有关《黄帝书》与《黄帝说》关系的猜测与启示

以上通过传世文献与出土文献的互证可见，《黄帝书》并非一定与黄帝故事有关，其所包含的内容、体例比较多样。将"黄帝书"视作类名是有道理的，但恐怕不能将其仅仅看作与黄帝言行事迹有关之文献的泛称。《黄帝书》或许是

---

① 唐代司马贞在《五帝本纪·索隐》中说："《五帝德》《帝系姓》皆《大戴礼》及《孔子家语》篇名。以二者皆非正经，故汉时儒者以为非圣人之言，故多不传学也。"即汉代儒者对《五帝德》《帝系姓》两篇文字是多不传学的。

② 马银琴：《"雅""夏"关系与周代雅乐正统地位的确立》，《北方论丛》2021年第3期。

③ 林沄：《新版〈金文编〉正文部分释字商榷》，《中国古文字研究会第八届年会论文》，1990年11月。

④ 黄天树：《甲骨文中有关猎首风俗的记载》，《中国文化研究》2005年夏之卷。

⑤ 魏兆惠：《古代"猎首、截耳"习俗的演变及"馘、聝"二字的关系》，《中国文化研究》，2014年第1期。

⑥ 钱耀鹏：《试论我国史前时代的猎头习俗》，《考古与文物》1994年第4期。

《黄帝四经》删定前的原始文本。在这个层面上，由于马王堆古佚书早于刘向校书，李学勤先生称其为"《黄帝书》"应当是较为合适的。

《汉志》"小说"更多属于素材层面而非文章体类层面的概念。正如《十六经》的体裁是经，但其中史料部分包含一些与"小说"性质、来源相似的内容。马王堆《黄帝书》中黄帝将蚩尤剥皮投醢的故事，正有着"文不雅驯"的"小说"性质，或许与后来"小说"家《黄帝说》存在一定程度的联系。但二者是否有如《百家》之于《说类杂事》，是"别集"与"母本"之关系，这还有待更多材料来证明。

关于为什么战国秦汉人会书写、记录这些"小说"，据说李学勤先生在一次讨论中曾提出，《穆天子传》表明了战国时期中原人对西方的想象。以《汉志》为代表的早期"小说"观，以实录作为期待，至少需要符合逻辑真实。因此，战国秦汉人书写这些"小说"，很大程度上可以反映当时人们的真实生活理念，这为我们回到古人的思维语境提供了一种可能。

早期"小说"往往是一段充满历史细节信息的、可以被知识化的历史。"小说"每每试图以当时的认知水平解释名物、风俗、自然地理情况等，反映了当时人们对于社会历史以及自然科学的实际认知水平，能够为民俗史、科技史的研究提供丰富且有价值的信息。如黄帝"小说""水在大外"条反映了类似浑天说的思想，丁四新先生据此将"水浮天而载地"的观念推至汉初乃至先秦。"小说"在一定程度上也可以成为推动历史齿轮前进的因素。如黄帝发明二十五弦瑟的"小说"成为汉代礼乐制度的依据之一。这在某种程度上是"小说"之于国家制度层面的渗透与影响。

再论银雀山汉简《守法守令》篇的简文编联

郑子良

（中国文化遗产研究院古文献研究室）

1985 年，《银雀山汉墓竹简（壹）》由文物出版社出版。银雀山一号汉墓共发现两方篇题木牍，其中一方上面记有《守法》《守令》等十三个篇题。银雀山汉简整理小组（以下简称"整理组"）即以此为线索，再根据竹简文字形制及内容整理出《守法守令》等十篇内容[①]，但第一部分《守法守令》没有按照篇题木牍进行分篇（整理组在篇题说明中指出，"《守法》《守令》不易区分，暂合为一篇"[②]）。1989 年，李学勤先生在《文物》发表《论银雀山简〈守法〉〈守令〉》一文，重点对《守法》与《守令》的分篇提出非常有价值的观点。但由于缺乏有力证据，后来学者并没有在此基础上开展更深入的探讨。2015 年起，山东博物馆与中国文化遗产研究院联合启动银雀山汉墓简牍再整理研究工作，重新获取了相关图版，图版清晰度非常高。通过简牍信息的全面提取，不仅有助于更正部分关键字的释读，而且较为有规律的简背信息为简文分篇认识提供了新的可能。有基于此，笔者在李先生等前辈学者学术成果的基础上，对《守法守令》篇的分篇作进一步的探讨，提出较可行的分篇方案，谨成小文以表达对李学勤先生的纪念。

一、《守法》《守令》基本情况

根据整理组整理，《守法守令》两篇共有简 46 枚（简号七六七至八一二）。第一篇的篇题注就分篇问题做了具体阐释：

以下所收各简皆言守御之事，内容多与《墨子》之《备城门》及《号令》等篇相近，疑当属见于标题木牍之《守法》及《守令》两篇。由于竹简原已散乱残缺，不易肯定何者为《守法》，何者为《守令》，故暂合为一篇。从各简字体及内容看，似七九二号简以前为一篇，七九三号简以后为另一篇。但在前一篇中，七六八号至七七五号诸简，残断情况与七七六号以后各简有异，内容上的联系也不紧密，可能本属它篇而被我们误收于此。后一篇中，八〇二号至八〇六号诸简，与其前后诸简在内容上的联系也不很紧密，也有误收的可能。[③]

① 实际共有九篇有正文（第八篇《委积》只有篇题简，没有正文），且文本内容较完整的仅有《守法守令》《田法》《兵令》和《王令》等篇。

② 见银雀山汉墓竹简整理小组编：《银雀山汉墓竹简（壹）》，北京：文物出版社，1985 年，第 127 页。

③ 见银雀山汉墓竹简整理小组编：《银雀山汉墓竹简（壹）》，北京：文物出版社，1985 年，第 129 页。

整理者从竹简字体及内容出发，指出两种可能性：（一）简七九二以前可能为一篇，简七九三以后可能为另一篇；（二）简七六八至七七五、简八〇二至八〇六两组，简文与前后诸简在内容上联系不很紧密，怀疑它们也有可能不属于《守法》《守令》篇，存在误收的可能。

李学勤先生对《守法守令》分篇提出看法：

七六七号简是《守法》的篇题。八一二号简是原文一篇的末尾，简上记有该篇的字数"五百卌（四十）八"。经过整理小组的精心排比，从八〇七号到八一二号简已经连缀成一大段文字，字数超过二百，也就是说相当于该篇的一少半。在此以外的简，字数还有许多，由此可见七六七至八一二号这四十几号简确实不属于同一篇。……观察图版，七九二号以前的简大多在中腰折断，七九三号以后的简则很少这样，所以整理小组的看法很可能是正确的。不难看出，简文有一部分显然和《库法》相关联，如七六八至七七一号简……这段话旨在论守，置诸《守法》《守令》是合理的，其中大、中、小县的提法颇有特色，可参看收入《库法》的八三二号简……如果前文所说十三篇本来的次序是对的，《守法》和《库法》原为相比连的两篇，一篇论守城之法，一篇论军赋库藏之制，内容互相联系。和《库法》关联的简在七九二号简以前，这样看来，这一部分很可能是《守法》。而七九三号简以后的部分则是《守令》。八一二号简在后一部分，所以只有五百四十八字的那一篇应该是《守令》。①

李先生在文中注意到两个现象：一是篇章文字字数，即简八一二注明该篇字数为 548 字，且赞同整理者简八〇七至八一二的编联次序，认为这部分应为《守令》。二是明确《守法》的内容为守城之法，为军赋、守城器械等内容，并同意整理组的推测，即简七九二以前的为一篇（《守法》），简七九三以后部分为另一篇（《守令》）。

后也有学者就《守法守令》的分篇问题进行探讨，并提出不同的观点，如认为简七六八至七七五属于《库法》而被误收于《守法》《守令》，简八〇三至八〇五应归入《尉缭子》。②有学者认为简七六八至七六九应属于《守法》《守令》，而简七七〇至七七五本应属《库法》而被误收于《守法》《守令》。③也有学者重新编排次序，认为"守法"应是"守城之法"的简称，指与守城相关的法律（其依据为简七七七"斩"与"守城之法"同言），将该篇简文涉及的"斩""罪""法"等字词归入《守法》篇；"守令"是"守城之令"的简称，主要围绕"战国应敌"展开，

① 见李学勤：《论银雀山简〈守法〉〈守令〉》，《文物》1989 年第 9 期，第 35 页；后收入李学勤：《李学勤文集》，南昌：江西教育出版社，2021 年，第 316-317 页。

② 见史党社：《银雀山简〈守法〉〈守令〉与〈墨子〉城守诸篇》，秦始皇兵马俑博物馆编：《秦俑秦文化研究——秦俑学第五届学术讨论会论文集》，西安：陕西人民出版社，2000 年，第 716-718 页。

③ 见范猛：《银雀山汉简〈守法〉〈守令〉简文归属辨析》，《滨州学院学报》2016 年第 1 期，第 11-13 页。

将有关城防设施、应敌策略（包括人员分配、武器配备等）简文纳入《守令》篇。[①]
上述文章多据简文内容分类的认识，及其与《墨子》或银雀山汉简其他简文进行
对勘，所持观点多凭个别字句的认定而判定，结论值得商榷。

二、《守法守令》等十三篇简背划痕分布规律

《守法守令》等十三篇书写布局及书写特点比较鲜明，所书文字应属于早期
汉隶，较为草率且多偏右下斜，简头两
端不留天头地脚。从简背划痕分布信息
来看，整理组编联的 224 枚简，发现有
清晰划痕竹简有 106 枚简，比例接近一
半，但竹简上半部分较完整而没有划痕
的仅有 15 枚，不到总数的 10%。尤为
值得注意的是，在完整简中，仅有 4 枚
没有划痕。[②]

经分析，该篇竹简简背划痕具有以
下两个特点：一是基本都在上部，下部
绝少（仅有九一八、九三六、九五九、
九八四 4 枚简）；二是划痕分布大致呈
左上方向右下方倾斜的斜线。

结合整理组编联的次序，简背划痕
呈现出明显的分布规律。比较有代表性
的当属《守法守令》篇简八〇六至八一
二、《王法》篇和《王兵》篇（见图1、
图2、图3）：

其中，《王法》根据整理组整理，共
有简 24 枚（编号八九八至九二一）。其
中有简背划痕的有 18 枚，没有简背划
痕的有 6 枚。没有划痕的简，上半部残
缺的有 3 枚，上部残断的 2 枚，仅有 1 枚

图 1 《守法守令》简八〇六至八一二简背
划痕示意图

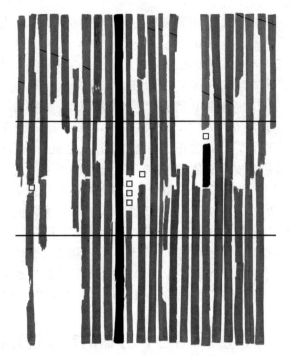

图 2 《王兵》篇简背划痕示意图

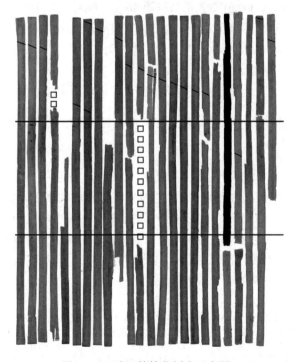

图 3 《王法》篇简背划痕示意图

完整而没有划痕（简九一九）。简背划痕呈现出 3 组：八九八—九〇〇、九〇三—九〇五、九〇九—九一六。尤其是九〇九—九一六，尤为明显。此外，该篇篇尾有计数，即简九二一有九百六的记载，即该篇字数为 906 字。从该部分完整简字数分布情况分析，满简有 33~38 字，为此推测该部分应有简 23~27 枚。目前有简24 枚，存字 790 左右，尚缺 110 字左右，除简九〇二、九〇六、九〇九三简所残字（约 50 字）外，还缺 60 字左右，应缺简 2 枚，位置有可能在简九〇一至九〇三或九二〇至九二一之间，而这也正是简背划痕缺失之处。该篇应是《守法守令》十三篇中反映简背信息规律最全面也是最有说服力的例子。

综上可见，《守法守令》等十三篇中，简背划痕分布规律明显，可作为简文编联的重要辅证。同时，也间接证明了整理组编联次序是大体正确的。特别是《守法守令》篇简八〇六至八一二、《王法》篇，更加证实了其编联次序的正确。为此，我们在探讨简文分篇时，既要考虑字体近似、文句相连甚至通顺（整理组在这方面体现出极高的学术水平，为此在探讨简文分篇时，应高度重视并充分吸收整理组意见），同时也可以考虑简背划痕的规律，进行相关的优化或排列组合。

三、《守法》《守令》分篇的可能性分析

据整理组编联，《守法守令》篇共有简 46 支（编号七六七至八一二）。这些简字体风格较为一致，竹简形制也相似（大多数完整简编绳两道，上下道编痕清晰）；每简容字 32~42 不等（简八〇九、八一一完整，为 34 字；八一〇、八〇八、八〇〇、七九五经缀合，各为 32、37、40、42 字）。

根据新获图版，在此篇涉及关键字的释读并影响简文编联的，主要是简八〇四：

外者四人。囹户之广毋过二尺二寸，高毋过五尺，无牖，法也。囚食毋过日一斗半，令也。十日

此中"囚"字，原释为"日"，根据新获图版，确定为"囚"字，简文内容则可明确为关于监狱管理的内容，特别是囚犯饮食管理的规定，为此，该简与其文字能连读的 2 枚简（八〇三、八〇五）均应放入《李法》更为合适。[①]另外，简七六九至七七〇重点论述县的形制与人口规模，与其他部分内容有较大不同。除去此 6 枚简，再增加 1 枚（简八三〇，具体说明附后），总数为 41 枚。另外，散简中类似字体且论及守城的碎简尚有 10 余枚。

---

① 有学者从内容上认为简八〇三至八〇五所论主要围绕"囹"（监狱）的内容展开，此三简与《守法守令》其他内容不太相合，应纳入《尉缭子》一篇（见逄党社：《银雀山汉简〈守法〉〈守令〉与〈墨子〉城守诸篇》，秦始皇兵马俑博物馆：《秦俑秦文化研究——秦俑学第五届学术讨论会论文集》，西安：陕西人民出版社，2000 年，第 717 页）。此三简列入《尉缭子》证据不足，但与《李法》内容是相契合的。笔者此次再整理，即将此 3 枚简纳入《李法》篇（见《银雀山汉墓简牍集成（肆）》，文物出版社，2023 年 12 月）。

　　根据本篇竹简简背划痕分布规律，首先将划痕能基本连成一条直线放在一起。当然这种考虑必须要顾及内容上是否关联，尤其要重点吸收并参考整理组的编联次序。如果遇到划痕编联次序错位，内容也不太通顺的，经过微调，能达到内容编联上比较通顺，同时简背划痕相连能比较吻合的，则进行微调。据此，本篇有简背划痕的简大致可以分成以下5组（见图4）。

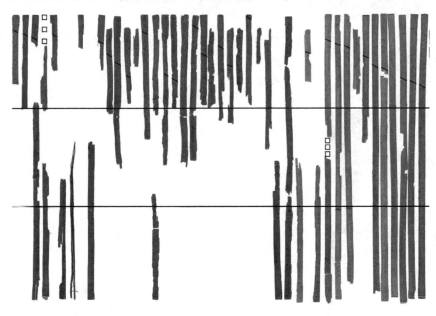

图4　《守法守令》简背划痕分布示意图

第1组：简七六七、八三〇、七六八（见图5）

简七六七：守法

简八三〇：凡守，谨中如备外，敬（警）内如慎適（敌），后守☒

　　简七六八：战国应敌☒【……】☒□固守。战国者，外脩（修）城郭，内脩（修）甲戟矢弩。万乘之国，郭方廿里，城方九

　　简八三〇所讲内容为守城的总体战略考虑，且在简背划痕与篇题简（简七六七）及简七六八能连成一线，故这三枚简可视为一组，应属《守法》篇开篇的3枚简。[①]

---

　　① 张海波在《银雀山汉简兵书类文献校释》中已指明该简应纳入《守法守令》篇，并置于篇题简七六七后（见张海波：《银雀山汉简兵书类文献校释》，博士学位论文，吉林大学，2015年，第354页）。

第 2 组：简七七六至七七八、七八三、七八四（见图 6）

简七七六：☑【守】城之法，適（敵）在城下，及且傅攻，不□☑

简七七七：斩。守城之法，客四面蛾（蚁）傅之，主人先知之，主人利。客

简七七八：☑【上】遂广五百步，中遂三百步，下☑

简七八三：千丈之城，必郭逆之，主人之利也。不☑

*****

简七八四：众少裾（倨）袧（句）而应之，此守城之数也。不在此亓（其）中者□☑

简七七九：☑遂，丈夫千人☑

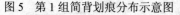

图 5　第 1 组简背划痕分布示意图　　　　图 6　第 2 组简背划痕分布示意图

此组明确有"守城之法"的语句（简七七六、七七七），似可视为《守法》部分。简七七六、七七七、七七八、七七九内容与《墨子·备城门》文字相近："客冯面而蛾傅之，主人则先之知[①]，主人利，客病。客攻以遂，十万物之众，攻无过四队者。上术广五百步，中术三百步，下术【百】五十步。诸不尽百五【十】步

---

① 毕沅云：二字疑倒。

者，主人利而客病。广五百步之队，大〈丈〉夫千人，丁女子二千人，老小千人，凡【四】千人，而足以应之，此守术之数也。"

简七八三、七八四内容与《墨子·号令》篇文字相近："敌人但至，千丈之城，必郭近之，主人利。不尽千丈者，勿迎也。视敌之居曲众少而应之。此守城之大体也。其不在此中者，皆心术与人事参之。"为此，简七八四虽没有划痕，但应与七八三一起放入此组。简七七九为碎简，有可能与简七七八或其他残简缀合，故该组至少有简 5 枚。根据简背划痕分布规律，该组简编联次序为：简七七六—七七七—七七八（+七七九）—七八三—七八四

第 3 组：七八〇至七八二、七八五至七九二（见图 7）

简七八〇：者万人，老不事者五千人，婴儿五千人，女子负婴☑

简七八五：不与。在五步一人中。守城之令，主人毋得与客言，毋得遇☑

简七八八：有法，父母妻子与亓（其）身同罪。诸□争☑

简七八六：举手指摩（麾），奸诈之所橐（托）也。□☑

简七八九：☑【敌】人在城下，城中行者皆止，丈夫行☑

简七九一：禁邪为次，杀鸡狗毋令有声☑

＊＊＊＊＊＊＊

简七八一：百人以下之吏及舆连及伍人下城，从☑【……】不操亓（其）旗章，从人非亓（其）故数也，千人

简七八二：之将以下，止之，毋令得行＝（行，行）者吏与□□当尽斩之。千☑

简七八七：☑去其署者身斩，父母妻子罪☑

简七九〇：☑罪。非时得行者，唯守☑

简七九二：☑城中之卒有 3467☑

此组简，简背有划痕的有七八〇、七八五、七八六、七八八、七八九、七九一等 6 枚，且简七八五有"守城之令"之语（七八二、七九一也有"令"字），该组应纳入《守令》较为稳妥。

简七八一、七八二内容与《墨子·备城门》文字相近："城持出必为明填，令吏民皆智知之。从一人百人以上，持出不操填章，从人非其故人，乃〈及〉其积章也，千人之将以上，止之勿令得行，行及吏卒从之，皆斩。"根据整理组编联可见，简七八七与七八八、简七九〇与七八九在内容上结合较紧密，为此，这 3 枚简也应放入此组。简七八七、七九〇、七九二还有可能与其余简缀合。但从简背划痕分布规律来看，简七八九与简七九一之间起码有缺简 2～3 枚（其中 1 枚应是简七九〇上半段），为此该组起码有简 10 枚。该组简编联次序应为：简七八五—七八〇—七八一—七八二—七八八—七八六—七八七—七八九—……—七九〇—七九一—七九二。

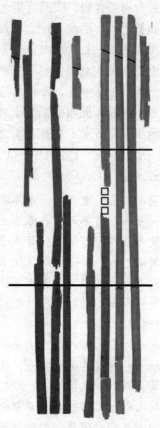

图 7　第 3 组简背划痕分布示意图　　图 8　第 4 组简背划痕分布示意图

第 4 组：七七二至七七五、七九三至八○二（见图 8）

简七七五：人一，檠人一，必□□□☑

简七九五：下及城外也。为高耤车可以投五十步之内者，二百步而一。小回耤车五十步而一。五人之大栝、三人之小栝

简七九七：葉（堞）高四尺，外葉（堞）埤堄☑

简七九九：以射适（敌）远卒及后行者。为爵穴葉（堞）足之下可【以□□】客者，十步而一。为専（转）牖于葉（堞）之中，可以密射外者

简八○○：廿步而一。为蜚（飞）橦及缴张，可以破蔽鲁（橹）百步之内者，遂十五。剑戟固人备其所，弩二人共一，非适（敌）人傅城

简八○一：及在城下，卒不得服弩二（弩，弩）恒在将吏之所。城上面为一高候望之楼，及隔为一，以视适（敌）往来出入及□☑

简八○二：☑围十步一人，与四尺☑

＊＊＊＊

简七七二：☑□数也。槩广毋下二尺八寸，长毋得下三尺四寸。甲人一。弩矢甲戟铁

简七七三：铦诸有束□

简七七四：☑【铁铦长十】六尺大半尺者人一，十四尺半者人一。戟长十二尺半者人一。弩

简七九三：☑之令也。城上五十步而一楼＝（楼，楼）间为□□☑

简七九四：☑□二百步而一出楼，三百步而一进＝行＝楼＝（进行楼，进行楼）所以远视城

简七九六：☑毋得□十七尺，后可以守及便斲（斵）。外枼（堞）高七尺内

简七九八：☑□二百步而一隔，必当出楼之下，善为之□而守之

该组简七七五、七九五、七九七、七九九、八〇〇、八〇一、八〇二等 6 枚有简背划痕。简七七五所述内容为守城军械，与简九七五、九八〇等内容均为同一性质，同时，简背划痕也能大致排成一条直线，为此将之与简七七二、七七三与七七四一起，纳入此组。简七九三、七九四与七九五，简七九六与七九七，简七九八、七九九、八〇〇、八〇一等经整理组编联，内容较为通顺，且与《墨子·备城门》相关文本能对应，虽然简七九三、七九四、七九六及七九八等 4 枚没有简背划痕，但从简文内容与本组有关简密切相关，且文意通顺，为此，应纳入一组比较合适。简七七三、七七五、七九八、七九七、七九六、七九三、七九四、八〇二均为碎简，有可能缀合。但从简背划痕分布来看，简七九七与简七九九之间应有缺简 2 枚左右。为此，这组完整简至少应有 11 枚简。整理组编联的次序基本与简背划痕分布规律吻合，为此，该组简编联次序应为：简七七二—七七三—七七四—七七五—七九三—七九四—七九五—七九六—七九七—七九八……七九九—八〇〇—八〇一—八〇二。

第 5 组：八〇六至八一二

简八〇六：佰之吏，毋下七十枚，长枚毋下卌（四十），所以造城上之用☑

简八〇七：皆人一。积大瓦及石于城上。霝（瓴）辟（甓）之重皆五斗以上，毋下人五十。小石及毁瓦、碭、疾（蒺）莉（藜）毋下人百。五步

简八〇八：一器水，必受百斗，置两木杤亓（其）中，为周道，广廿尺。廿步一罋竈。百步一井，离城毋过廿＝步＝（廿步，廿步）一屏（屏），离

简八〇九：城毋过十五步。下之屏（屏）者必衔枚，二人俱斩。莫（暮）必置兔（斥）者城外，以视适（敌）进芮（退）变能（态）请（情）而为（伪）。

简八一〇：长耳目城中，以观奸邪事变。诸官府室屋壮（墙）垣及家人室屋器戒（械）可以给城守者，尽

简八一一：用之，不听令者斩。恒木及橾面为四积，小石面为二所，毁铁及毁金器面为一积，皆于城

简八一二：下，城守之备也。积石及毁瓦、霤（瓴）辟（甓）、疾（蒺）莉（藜）于城下，百步而一积，城守之造也。五百卅八

此组简整理组按文意已做此编联，而简背划痕分布规律也证明其编联的正确。本组简除八〇六外，其余均完整。简八一二有该篇字数"五百卅八"（548）字。为此，根据此部分竹简容字情况来看，每枚简容字 33～37 个（简八〇九、八一一完整，各为 33、35 字，简八〇八系缀合，为 37 字）。可以推测此篇简数，应是 15～17 枚。目前已有完整简 7 枚，230 字，尚缺简 8～10 枚（320 字左右）。

上述 5 组竹简中，第 1 组、第 2 组应为《守法》部分，第 3 组为《守令》部分，为此，《守法守令》篇应有四种排列方式：

第 I 种排列方式：第 1 组+第 2 组+零简，为《守法》部分；第 3 组+第 4 组+第 5 组+零简，为《守令》部分。根据上述分组简数，《守令》部分目前完整简至少已有 28 枚简。另外，从 3、4、5 组文字来看，三组之间内容关联性不强，且缺开篇文字，应还有缺简。这样的篇幅远远超出简八一二所书篇章字数的所能容纳的简的数量。为此，这种排列方式应予排除。

第 II 种排列组合方式：第 1 组+第 2 组+第 4 组+第 5 组+零简，都列入《守法》部分；第 3 组+零简为《守令》部分。简八一二所在部分至少有 25 枚简。从 1、2、4、5 组文本来看，各组之间内容关联性不强，应还有缺简，则这种编排的篇幅也远远超出简八一二所书篇章字数的所能容纳的简的数量。为此，这种组合方式应予以排除。

第 III 种排列方式：第 1 组+第 2 组+第 4 组+零简，为《守法》部分，有简至少 15 枚。第 3 组+第 5 组+零简，为《守令》部分，这样简八一二所在部分，至少有简 17 枚。但这种编联，从《守令》部分内容及文意上来看：七八五前缺本篇开篇文字的竹简，七九一与八〇六之间起码缺简 2～3 枚。如此，这种组合也至少有简 20～21 枚，也超出简八一二所书篇章字数的所能容纳的简的数量。为此，这种组合方式应予以排除。

第 IV 种排列方式：第 1 组+第 2 组+第 5 组+零简，为《守法》部分，至少有简 14 枚左右（不含篇题简）。第 3 组+第 4 组，再加上零简，为《守令》部分，至少有简 21 枚左右。这种排列方式，从字数及篇幅上比较符合。

同时从内容审核上来看，这种排列方式的第一部分《守法》篇的内容为：

简七六七：守法

简八三〇：凡守，谨中如备外，敬（警）内如慎適（敌），后守☒

简七六八：战国应敌☑【……】☑□固守。战国者，外脩（修）城郭，内脩（修）甲戟矢弩。万乘之国，郭方廿里，城方九

简七七六：☑【守】城之法，適（敌）在城下，及且傅攻，不□☑

简七七七：斩。守城之法，客四面蛾（蚁）傅之，主人先知之，主人利。客

简七七八：☑【上】遂广五百步，中遂三百步，下☑

简七七九：☑遂，丈夫千人☑

简七八三：千丈之城，必郭逆之，主人之利也。不☑

简七八四：众少裾（倨）袧（句）而应之，此守城之数也。不在此亓（其）中者□☑

简八〇六：佰之吏，毋下七十枚，长枚毋下卌（四十），所以造城上之用☑

简八〇七：皆人一。积大瓦及石于城上。霝（瓴）辟（甓）之重皆五斗以上，毋下人五十。小石及毁瓦、碃、疾（蒺）莉（藜）毋下人百。五步

简八〇八：一器水，必受百斗，置两木移亓（其）中，为周道，广廿尺。廿步一聋竃。百步一井，离城毋过廿＝步＝（廿步，廿步）一屏（屏），离41

简八〇九：城毋过十五步。下之屏（屏）者必衔枚，二人俱斩。莫（暮）必置兔（斥）者城外，以视適（敌）进芮（退）变能（态）请（情）而为（伪）。

简八一〇：长耳目城中，以观奸邪事变。诸官府室屋壮（墙）垣及家人室屋器戒（械）可以给城守者，尽34

简八一一：用之，不听令者斩。恒木及楄面为四积，小石面为二所，毁铁及毁金器面为一积，皆于城34

简八一二：下，城守之备也。积石及毁瓦、霝（瓴）辟（甓）、疾（蒺）莉（藜）于城下，百步而一积，城守之造也。五百卌八

从内容上，简八三〇至七八四所讲内容为守城的总体战略考虑，如城的规模、守城的人员的数量，以及与敌人（客）的辩证关系等。八〇六至八一二讲述守城器械的规定。从《墨子》之《备城门》《号令》等篇来看，也存在这两方面内容混合的情况。这种编联从内容上看，虽中间有缺简（主要在简七六八至七七六、七八四至八〇六之间），但也比较通顺。除简八〇六至八一二外，其余简有130字左右，尚缺300余字。为此，散简中还有部分关于守城的简文也可参酌吸收进来：

☑所为守□☑（整理号：4619）

☑□□能行，此无不守之城，无（整理号：2108）

☑□举也，视適（敌）人□☑（整理号：2368）

☑为守陈，合而☑（整理号：4007）

之。则蚤（早）知之，必□☑（整理号：2557）

☑□及邑重☑（整理号：3154）

☑然□□□守者□☑（整理号：3299）

☑尽于外，不（整理号：3681）

☑丈夫千☑（整理号：4094）

☑大郭逆☑（整理号：4616）

本篇其余简则应为《守令》部分：

简七八〇：者万人，老不事者五千人，婴儿五千人，女子负婴☑

简七八一：百人以下之吏及與连及伍人下城，从☑【……】不操亓（其）旗章，从人非亓（其）故数也，千人

简七八二：之将以下，止之，毋令得行=（行，行）者吏与□□当尽斩之。千☑

简七八五：不与。在五步一人中。守城之令，主人毋得与客言，毋得遇☑

简七八七：☑去其署者身斩，父母妻子罪☑

简七八八：有法，父母妻子与亓（其）身同罪。诸□争☑

简七八六：举手指摩（麾），奸诈之所橐（托）也。□☑

简七八九：☑【敌】人在城下，城中行者皆止，丈夫行☑

简七九〇：☑罪。非时得行者，唯守☑

简七九一：禁邪为次，杀鸡狗毋令有声□☑

简七九二：☑城中之卒有☑

简七七二：☑□数也。檠广毋下二尺八寸，长毋得下三尺四寸。甲人一。弩矢甲戟铁

简七七三：铦诸有束□

简七七四：☑【铁铦长十】六尺大半尺者人一，十四尺半者人一。戟长十二尺半者人一。弩

简七七五：人一，檠人一，必□□□☑

简七九三：☑之令也城上五十步而一楼=（楼，楼）间为□□□☑

简七九四：☑□二百步而一出楼，三百步而一进=行=楼=（进行楼，进行楼，）所以远视城

简七九五：下及城外也。为高楷车可以投五十步之内者，二百步而一。小回楷车五十步而一。五人之大栝、三人之小栝

简七九六：☑毋得□十七尺，后可以守及便斲（鬭）。外葉（堞）高七尺内

简七九七：葉（堞）高四尺，外葉（堞）埤垸☑

简七九八：☑□二百步而一隔，必当出楼之下，善为之□而守之

简七九九：以射适（敌）远卒及后行者。为爵穴葉（堞）足之下可【以□□】客者，十步而一。为専（转）牖于葉（堞）之中，可以密射外者

简八〇〇：廿步而一。为蜚（飞）橦及缴张，可以破蔽鲁（橹）百步之内者，遂十五。剑戟固人备其所，弩二人共一，非适（敌）人傅城

简八〇一：及在城下，卒不得服弩＿（弩，弩）恒在将吏之所。城上面为一高候望之楼，及隅为一，以视适（敌）往来出入及□☑

简八〇二：☑围十步一人，与四尺☑

这部分内容主要有两方面：一方面为关于守城士卒及相关人员行动的禁令，以及对违反禁令的处罚（简七八〇至简七九二）；另一方面为关于守城防守装置及器械的规定，也可视为禁令（简七九三至八〇二）。这些内容列为守城的禁令，也能讲得通，且此中大部分内容均与《墨子·号令》相类似（整理组已做了非常严谨的对勘，此不赘）。

另外，散简中还有部分与上文相近或相关的简文也可参酌吸收进来：

☑戟人一，四之□☑（整理号：3507）

☑□无棘矜之□☑（整理号：4102）

☑万五千家☑（整理号：S03-07）

☑□万千□☑（整理号：S56-23）

☑□一☑（整理号：S79-14）

为此，通过上述排列方式的比较，笔者认为这种（第Ⅳ种）编联方式更为合理。

四、余　　论

上文结合简文字体、内容以及简背划痕等信息，对《守法》《守令》文本作一个重新的区分，探讨了《守法》《守令》分篇的几种可能性。当然，这种区分也仅是根据一些新发现的信息和现象进行的推测，提供几种可能性的选择。根据《墨子·备城门》《杂守》等传世文献相关记述，守城之法、守城之令既有原则性的规定，也有相关处罚，两者的区分也并非截然分开。况且，此次编联对残简或碎简能否进行缀合没有开展系统梳理，说不定这种编联方式与竹简文本原始情况仍有出入。应该说，本文提出的简文编联只是一种可能性较大的设想，供研究参考。

附记：本文在撰写过程中，得到胡平生、陈剑等先生的指导和帮助，谨致谢忱。

定县简出土五十年整理新进展[*]

贾连翔

（清华大学出土文献研究与保护中心

古文字与中华文明传承发展工程协同攻关创新平台）

1973 年河北省定县八角廊 40 号汉墓发掘出土了一批竹简，学界通称"定县简"。该墓等级较高，出有金缕玉衣、车马等，并留有"黄肠题凑"遗存，墓主一般认为是西汉中山怀王刘脩。[①]可惜墓葬约在西汉末年被盗被焚，墓中竹简遭到严重扰乱，并完全炭化。定县简出土时已散乱、变形、残损严重，通体呈炭黑色，文字墨迹与之相混，在可见光下殊难辨识，其性状极端，是学界公认的整理难度最大的简牍之一。

一、定县简整理的三个阶段

定县简出土至今已半个世纪，资料尚未能全部发表，其间的整理工作劳神艰辛，且坎坷多舛。从竹简实物性状变化的角度，我们可以将定县简的整理工作分为三个阶段。

（1）初次整理（1974—1976 年）

1974 年 6 月，八角廊 40 号墓考古发掘主持人、河北省文物研究所刘来成先生将定县简送至国家文物局进行保护和整理。[②]1976 年 6 月，由文物出版社邀请曾参加马王堆帛书整理的张政烺、李学勤、顾铁符、于豪亮先生，参与整理定县简，刘来成、信立祥先生配合工作。李先生曾向我们回忆介绍，当时是在台灯下通过调整竹简的侧视角度，发现炭化竹材的反光略强于其上的墨迹，可勉强辨识出文字。用这一办法所作的竹简释文，抄录在形制相同的卡片上，一简一卡，顺序编号。这次整理已初步认识到竹简中有《论语》《文子》《太公》《六安王朝五凤二年正月起居记》《日书》，有萧望之等人的奏议以及其他有关孔子及弟子言论的内容。整理工作到 1976 年 7 月唐山大地震后停止。

---

* 本文是国家社科基金重大项目"以定县简为代表的极端性状竹书的整理及其方法研究"（21&ZD306）阶段性研究成果。

① 参看河北省文物研究所：《河北定县 40 号汉墓发掘简报》，《文物》1981 年第 8 期。

② 关于定县简前两次整理情况介绍，参看河北省文物研究所定州汉墓竹简整理小组：《定州西汉中山怀王墓竹简〈文子〉的整理和意义》，《文物》1995 年第 12 期；河北省文物研究所定州汉墓竹简整理小组：《定州汉墓竹简〈论语〉·前言》，北京：文物出版社，1997 年，第 1-2 页。

（2）二次整理（1979—2001 年）

地震过程中定县简得到精心照管，但由于转移后封存的盛简木箱被不知情者倒置，致使竹简又一次散乱，遭遇了二次损毁。

1979 年 7 月，整理者对竹简重新排顺编号。同年 9 月至次年 5 月间，张守中先生在北京对部分性状较好的竹简作了摹本，约占总数的五分之二。[①]

1980 年 4 月，经国家文物局古文献研究室召集，由李学勤先生负责，联合河北省博物馆、河北省文物研究所，成立了定县汉墓竹简整理小组，继续开展整理工作，共整理出《儒家者言》《论语》《文子》《太公》《保傅传》《哀公问五义》《六安王朝五凤二年正月起居记》《日书·占卜》等八种文献，于 1981 年第 4 期《文物》上，介绍了竹简的概况，并发布了《儒家者言》释文。[②]由于竹简在可见光下难以采集有效的图像信息，整理小组曾借助公安部的红外胶卷相机，拍摄了少数竹简的红外照片，这些照片连同张守中先生所作的摹本，一并发表在当期的《文物》上。此间参与整理工作的主要有刘来成、胡绍衡、刘世枢、何直刚等先生。后来由于一些原因，整理工作暂停。

1995 年 8 月，河北省文物研究所单独成立了定州汉墓竹简整理小组，先后于《文物》1995 年第 12 期、2001 年第 5 期上发布了《文子》与《六韬》（即《太公》）释文，《论语》释文则单辑成册，1997 年 7 月由文物出版社出版。[③]这一时期，定县简被转运回石家庄，入藏河北省文物研究所。其间参与整理的主要有刘来成、孟繁峰、韩立森等先生。

目前已发表的定县简相关资料，都集中在二次整理阶段。[④]自 2001 年《六韬》释文发表后，定县简整理工作又一次陷入了长期停顿。

（3）三次整理（2019 年至今）

直至 2019 年 11 月，河北省文物考古研究院（原河北省文物研究所）联合清华大学出土文献研究与保护中心、中国文化遗产研究院和荆州文物保护中心，开展了新一轮定县简保护修复、信息提取和整理研究工作。2020—2021 年，通过调研、检测、实验和统计，我们较为详细地了解了定县简的现状。

定县简出土后在持续老化，经二次损毁后又历时四十余年，竹简现存总数已

[①] 承张守中先生惠示其著《定县汉简临稿》手稿，其中记有对临写过程的详细说明，摹写总数为 970 简。

[②] 参看国家文物局古文献研究室、河北省博物馆、河北省文物研究所定县汉墓出土竹简简介》，《文物》1981 年第 8 期；国家文物局古文献研究室、河北省博物馆、河北省文物研究所定县汉墓竹简整理组：《〈儒家者言〉释文》，《文物》1981 年第 8 期；何直刚：《〈儒家者言〉略说》，《文物》1981 年第 8 期。

[③] 参看河北省文物研究所定州汉简整理小组：《定州西汉中山怀王墓竹简〈文子〉释文》，《文物》1995 年第 12 期；河北省文物研究所定州汉简整理小组：《定州西汉中山怀王墓竹简〈文子〉的整理和意义》；河北省文物研究所定州汉简整理小组：《定州西汉中山怀王墓竹简〈文子〉校勘记》，《文物》1995 年第 12 期。河北省文物研究所定州汉墓竹简整理小组：《定州汉墓竹简〈论语〉》；河北省文物研究所定州汉简整理小组：《定州西汉中山怀王墓竹简〈六韬〉释文及校注》，《文物》2001 年第 5 期；河北省文物研究所定州汉墓竹简整理小组：《定州西汉中山怀王墓竹简〈六韬〉的整理及其意义》，《文物》2001 年第 5 期。

[④] 后文所称各篇原整理者释文，皆参看本节注释所引的参考文献。

分解至约 11000 枚。其中可以分篇并单独存放的有 3500 枚左右，另有尚未分篇以及二次损毁后情况不明的小块残简，存置于两个纸盒中，每盒有 3000 余枚。竹简实物上有考古编号，用白色油漆书写在竹简的背面，大多是多枚竹简对应一个编号。这个号码可能是初次整理时所编，二次整理时，又对进一步残碎且关系明确的竹简进行了补写。两个纸盒中的残简大多没有明确编号，或编号已残，无法辨识。

2021 年 12 月，四家单位联合申报的"以定县简为代表的极端性状竹书的整理及其方法研究"课题，获国家社科基金重大项目立项。最近，课题组攻克了炭化竹简图像信息采集等关键难题，成功获取了现存全部定县简的广域高清图像，奠定了本次整理工作的原始资料基础。进一步的释读、缀合复原等工作，正在全面开展。

二、原整理者所作释文卡片情况说明

由于定县简经历过二次损毁，现状已大不如前，本次整理的一个重要目标便是，尽可能将竹简缀合恢复至二次损毁之前的状态。四十余年前初次整理时形成的释文卡片，记录了竹简二次损毁前的信息，现在已具有无可比拟的数据价值。在各方的帮助下，目前我们已掌握了部分流传下来的卡片，卡片编号可与竹简实物上的考古编号相对应。这样，借助这些卡片上的信息，我们便可深入了解过去整理工作的一些过程和细节，充分研习并继承前辈学者们已取得的成绩。

卡片统一宽 10.2 厘米，长 15.2 厘米，竖式使用，并有固定的录写格式，前两次整理的成果，在其中都有一定程度的体现。以《论语》卡片为例，其左上角横排右行书写考古编号，其他内容都是竖排左行书写。中间录有释文；释文两旁或有相关注释，大多是与传世本对勘的情况说明；右下角记有与传世本对应的篇名等。这几部分内容应是初次整理的成果，整理者确定的文字，通常用钢笔书写，存疑的内容则用铅笔，其中张政烺、李学勤先生的字迹特点鲜明，其他先生的字迹还有待辨识。左下方有用铅笔书写的核对竹简实物和校改释文的情况说明，从内容看应是竹简二次损毁后所作，属于二次整理的成果。卡片右上方还有铅笔书写的"××页××行××-××"等字，可能是竹简释文在某个版本《论语》中的位置。这两处铅笔书写的内容都与初次整理的几种字迹不同，具体是何人所作，也有待调查辨认。卡片内容所反映的情况，与二次整理时发表的释文成果基本相符。下面略举几个例子作进一步说明。

【例1】

《论语·阳货》五三九简，原释文作：

宰我问："三年之丧，其已久[乎。君子三年不为礼，礼必坏]

对应考古编号1484[①]，卡片实物参看图1。初次整理的释文应是张政烺先生所作，用钢笔录有以上全部内容，两个"礼"字原为重文。卡片左下方另有铅笔批注：

上段存至"久"上，各字对，其下已残。

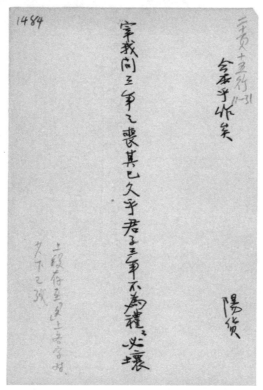

图1　定县简原整理者所作1484号卡片

按原整理者发表的《论语》凡例，"简文因唐山地震扰动残损的，释文本外加[　]号表示"，可见"乎君子三年不为礼= 必坏"一段竹简在二次整理时已残断。本次整理我们找到了"年不为礼=必"一段残简，其余部分尚未寻得。根据张先生所作释文，这支竹简初次整理时尚存有20字（重文以一字计），对比《论语》完整竹简所书写的字数标准（参看例16所述1953号简），它原来也应是一支内容完整的竹简。

【例2】
《论语·卫灵公》四二二简，原释文作：

子曰："志士仁人，无求生以[害仁，有杀]身以成仁。"

---

①《论语》释文发表时并未著录考古编号，我们此次整理根据释文内容逐一查找核对出了全部考古编号，后文所述情况相同。

考古编号 1513，卡片实物参看图 2。初次整理录有以上全部释文（张政烺字迹）。卡片左下方铅笔批注：

"害仁有杀" 不清，其上下各字如录。

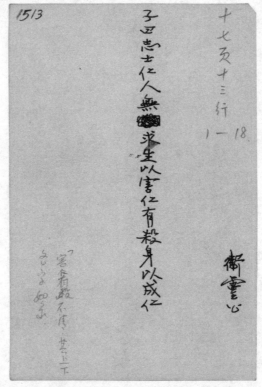

图 2　定县简原整理者所作 1513 号卡片

今据广域图像，"害仁有杀" 四字尚存，虽很漫漶，但仍可识。简文并未残损，而此处以 "[　]" 括注，与其体例不符，给人以此段竹简已残失的误导。初次整理时张先生已径写出了释文，本次整理我们也对这一类已有成果进行了恢复。

【例3】

《论语·泰伯》一九五简，原释文作：

曾子曰："可以托六尺之□，□以寄百里之命，临大

这是由两枚竹简缀合而成，"之" 前内容属 1535，"以" 后内容属 1593。初次整理分作了两张卡片，由两位先生录写，参看图 3。其中 1535 应是李学勤先生的字迹。两张卡片左下方另有铅笔书写的批注：

对。此简与 1593 应是一简，在其上。【1535】

对。此简与 1535 同简，在其下，但中有残，据今本可补 "孤可" 二字。【1593】

542

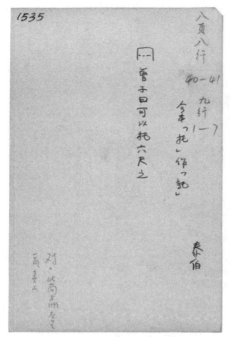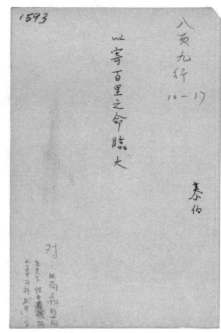

图 3 定县简原整理者所作 1535、1593 号卡片

所谓"对"，应是指初次整理的释文与二次核对原简的内容相一致。释文所体现的正是两张卡片汇总后的成果。

此外，1535 卡片李先生又记：

今本"托"作"托"。

注释保留了这条内容，并扩充为：

托，今本作"托"，《玉篇》引《论语》作"侂"，《说文》段注云："侂与托音义皆同，俗作托非也。"

也应视为二次整理的进展。当然，根据新获取的广域图像，这个所谓"托"字其实从广从毛，写作"庑"，与"托""侂"同从"毛"声，是过去未曾见过的同音异文。

由于《论语》只标有整理号，没有考古编号，过去我们并不清楚其编连缀合的情况。现根据卡片和竹简实物，我们可以了解前两次整理的缀合成果。

【例4】

《论语·季氏》四六八简，原释文作：

均，不患贫而患不安。盖均[无贫，和无]

考古编号 1761，卡片上初次整理时已录有以上全部释文，参看图 4。其中最末的"无"字是铅笔后补的，余皆为钢笔书写。值得注意的是，释文"无贫和无"左旁用毛笔括注：

> 缺简。七九.九.廿七记。

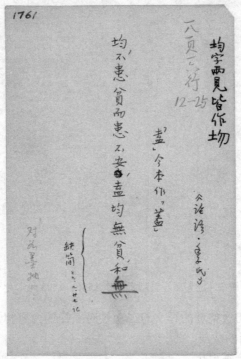

图 4　定县简原整理者所作 1761 号卡片

从字迹上看应是张守中先生所书。"记"前是日期，时在唐山大地震之后，应是张先生为定县简作摹本时留下的校对批注。这段注文再左，有铅笔书批注：

> 对。如墨批。

可知卡片左下铅笔批注应在张守中先生做摹本之后。本次整理我们找到了"无贫和无"四字左半的残简，基本恢复了初次整理时的成果。

【例5】

考古编号 794 号竹简，卡片如图 5，初次整理的释文录于卡片左侧，文曰：

> 不事不忠士毋不死不□□□□

前九字为钢笔，后四个"□"为铅笔。其右旁有对释文单字的多次改写。如"事"改为"争"，"士毋"改为"忠而"，四个"□"先后被辨识出是"廉今陈修"。今据广域图像可识出此段内容为：

> 不争不忠亡如不死不廉今陈修

可见除"亡如"外，经过两次整理辨识出的文字都是正确。

图 5　定县简原整理者所作 794 号卡片

这段内容见于传世本《韩诗外传》第十二章："孔子曰：'国亡而弗知，不智也。知而<u>不争，非忠也。争而不死，非勇也</u>。修门者虽众，不能行一于此，吾故弗式也。'"[1]《说苑·立节》则作："孔子曰：'丘闻之，国亡而不知不智，知而<u>不争不忠，忠而不死不廉</u>。今陈修门者，不能行一于此，丘故不为轼也。'"[2]相比而言，简文更近于《说苑》。卡片下方还注：

　　仈：楚伐陈

"仈"即"儒"在 1977—1986 年行用的第二批简化字，指"儒家者言"；"楚伐陈"即《韩诗外传》第十二章。可见当时已认清此简的归属，然而，《儒家者言》却未收录此简。

　　以上五个例子已可说明，释文卡片所录内容，无论是在数据价值上，还是在学术水平上，都是后世整理者应当充分研究和继承的。可惜现在掌握的卡片数量远远少于竹简实物，或许卡片在流传过程中有佚失，或许是初次整理时间较短，并未完成全部竹简的释读录入，具体情况现在已难以知晓了。

---

① ［汉］韩婴撰，许维遹校释：《韩诗外传集释》，北京：中华书局，1980 年，第 14 页。
② ［汉］刘向撰，向宗鲁校证：《说苑校证》，北京：中华书局，1987 年，第 79 页。

三、利用卡片、原整理释文、广域图像等
综合推进定县简再整理

此次再整理，我们根据竹简的现状以及可以掌握的研究资料，设定了四个不同层级的整理目标。下面我们仍用举例的方式，介绍当前在这四个层面上取得的初步进展。

1. 恢复二次整理的成果

二次整理的《论语》等四种文献释文此前已发表，但竹简实物现状与之尚有不少差别。将现在采集到的竹简图像，缀合至二次整理时的状态，是本次整理最基本的目标。

【例 6】

《论语·季氏》一三六简，原释文作：

> 必也圣乎！尧舜其犹病□！[夫]仁者，己欲立而立人，

考古编号 1522，今卡片已失，两次整理时竹简的具体性状不明。我们根据释文内容，现找到相关竹简 11 枚，具体缀合情况可参看图 6。本次整理发现，原整理释文较为连贯的竹简，现大多已分解为若干枚，且有相当一部分残片已散乱，利用原整理释文寻找残片、拼接缀合的工作量仍巨大。

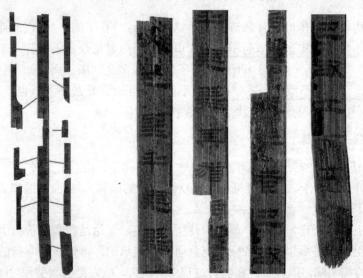

图 6　定县简《论语·季氏》一三六简广域图像缀合示意图

从本简缀合后的广域图像看，"病"后之"□"尚存右半"者"，对照传世本，可释为"诸"；"夫"字现已清晰可辨，不必以"[ ]"括注；"人"下已见简下端，

竹简现存 19 字，根据《论语》简 20 字的满简书写标准，上端应残一"仁"字，可补。新释文作：

> [仁]必也圣乎! 尧、舜其犹病诸! 夫仁者，己欲立而立人，

【例 7】

《文子》原释文有：

> 0880　王曰："人主唯（虽）贤，而曹（遭）淫暴之世，以一
> 0837　[之权]，欲化久乱之民，其庸能

此段内容见于传世本《文子·道德》："平王问文子曰：'吾闻子得道于老聃，今贤人虽有道，而遭淫乱之世，以一人之权，而欲化久乱之民，其庸能乎？'"①原整理者释文所补"之权"二字，今竹简尚存其右半。根据《文子》简的形制，这两枚残简应可遥缀为一支简。二次整理发表的《文子》释文，以考古编号为条目录写，没有完全体现出已取得的缀合成果，本次整理对这一类情况也做了进一步分析和恢复。

2. 恢复竹简二次损毁前的状态

从已公布的《论语》释文与卡片的比较中可以看出，二次损毁的碎简，在二次整理时大多没有找到，即发表释文以"[　]"标示的内容。我们对竹简现存情况调查后发现，这些残损下来的碎简，有一些可以在两个大盒中寻得。由此，我们将恢复二次损毁的竹简设定为本次整理的进一步目标。只是这两个大盒中的碎简总量达 7000 余枚，残简缀合的工作难度较大。从已进行的工作看，未来能确定完全恢复或部分恢复的，恐怕只能是其中一部分。

【例 8】

《论语·宪问》三八〇简，原释文作：

> 子曰："桓公[九合诸侯]，不以兵车，管中之力也。如[其仁].”

考古编号 1436，卡片用钢笔录有以上全部释文（李学勤先生字迹），并在"仁"字旁标注"未见重文符"。卡片左下方铅笔记：

> 简残。"九合诸侯"不清，"其仁"失，余如录文。

与释文反映的情况相一致。本次整理看到"九合诸侯"原已残断，现仅找到"诸侯"左半残片，又找到"如其仁"左侧大半的残片，因右侧残失，尚无法核验原是否有重文符。

此外，所谓"车"字，原写作"轝"；"子"字之上还存有一字残画，据传世

---

① 王利器：《文子疏义》，北京：中华书局，2009 年，第 255 页。

本可补"乎"字。遥缀后的竹简从"乎"至"仁"已有 21 字，接近《论语》一支完整竹简书写的标准字数，若"如其仁"原有重文符，则本章恰可在此结束。

【例 9】

《论语·宪问》四二三简，原释文作：

> 子贛问为仁。子曰："工[欲善其事，必利其器。居是国]

考古编号 1509，卡片用钢笔录有以上全部释文（张政烺先生字迹）。卡片左下方铅笔记：

> "子贛问为仁子曰工"存，其下各字失。

与情况一致。现已找到了"欲善其""事必利其器居""是国"三枚残简，可恢复二次损坏残失的部分。此外，"贛"字本不从工，写作"贛"，释文中的"贛"字实际情况多如是。

【例 10】

《论语·先进》二七九简，原释文作：

> 师也隃与？"子曰："过[犹不及也]。"

考古编号 1588，初次整理"师"字未识出，余皆以钢笔录写。卡片左下方铅笔批注：

> "犹不及也"残。"也隃与子曰过"对。首"也"字上似还有一"师"字。

"师"字已释定。今"犹不及也"四字残简已找到，可缀合至初次整理时的状态。此外，原释文之"隃"，据广域图像应改为"喻"。

【例 11】

《儒家者言》第十五章简 706，原释文作：

> 言乎子路曰请以言孔[子曰不强不]

卡片初次整理时将"言乎"释为"仁"，"以"释为"一"，"强"释为"壁"。左下铅笔批注：

> 子路上是"言乎"二字，"请"下是"以"，"孔"下各字失。

今据广域图像看，二次整理时所作校改均是正确的。同时，我们也找到了"子曰不强不"残简的右半，基本恢复了二次损毁前的状态。

3. 在两次整理基础上进一步缀合复原

利用最新的研究资料和竹书整理方法，在两次整理基础上进一步缀合复原，是本次再整理的更高目标，目前我们在这方面也取得了一定进展。

【例 12】

《论语·季氏》四九二简，原释文作：

> ……其人也。

考古编号 1759，卡片初次整理的释文在"其"上补有"[未见]"二字。传世本此章全文为：

> 孔子曰见善如不及见不善如探汤吾见其人矣吾
>
> 闻其语矣隐居以求其志行义以达其道吾闻其语
>
> 矣未见其人也

按《论语》满简书写 20 字标准计算，可按上述引文格式将此章分书于三支简上，第三支简应有"矣未见其人也"六字。

又《先进》二七八简，文曰：

> 矣，未

考古编号 1782，卡片初次整理释文将"矣"标注为本简上端首字，且已绘出简端示意图，并标注该简属《论语·季氏》（李学勤先生字迹）。但后来整理者将其改归入《先进》，对应传世本第十五章，文曰：

> 子曰由之瑟奚为于丘之门门人不敬子路子曰由也升堂
>
> 矣未入于室也

如若按上述行款在"矣未"处换简，则前一简书写有 23 字，即便中间的两个"门"字用重文，也略超出标准字数。本次整理我们按卡片上李先生的意见，将 1782归入《季氏》，与 1759 遥缀。如此，不仅行款字数更加合适，而且两枚残片均有中裂，其裂缝位置也可以契合。

【例 13】

《论语·尧曰》五九八简，原释文作：

> [四海困穷，天禄永终。"舜亦以命禹。曰："予小子履敢用]

考古编号 1696，卡片初次整理释文中"四""天禄永终舜亦以命禹"为钢笔录写，余皆用铅笔。二次整理所作铅笔注文说明了竹简糟糕的情况：

> 不清。（需重看）

释文将上述释文均加以"[　]"，给人以竹简全失的误解。今据广域图像，原简并不见有"四海困穷"一段，其余释文已清晰可辨。其中"禹""予"之间并无"曰"字，与传世本不同，此处原是一道编绳残留，故被误认。我们又新觅得了"玄牡敢喾"四字残简，缀补于"用"字之后，可与传世本"玄牡敢昭"相对应。新释文作：

　　　　天禄永终。"舜亦以命禹。曰："予小子履敢用玄牡，敢葋（昭）

缀合后的竹简已有 20 字，是《论语》一支完整简的标准字数。传世本此章起始内容为：

　　　　尧曰咨尔舜天之历数在尔躬允执其中四海困穷
　　　　天禄永终舜亦以命禹曰予小子履敢用玄牡敢昭

若"四海困穷"置于前一支，恰好也是 20 字，我们据此重做了编连。

　　本次整理还发现，个别考古编号相同的残简，卡片释文只录有其中一部分，推测大概是重排二次损毁竹简时，就实物新作的缀合，可惜二次整理时并未吸收。根据竹简上同考古编号的线索，我们也恢复了一些"新缀合"。

【例 14】

《论语·子罕》二二四简，原释文作：

　　　　壐。虽欲从之，无由也[已]。

考古编号 2107，卡片初次整理释文中"无"误识为"末"，其余同。卡片左下方铅笔记：

　　　　末一"已"字不清，其上各字对。

与释文情况一致。另有一枚简背油漆号码也是 2107 的残简，正面存"□财而有所立卓"七字右半，据传世本内容，它应紧接于二二四简之前。此外从广域图像上看，这支简的"也"字后应无"已"字。新释文作：

　　　　□财（才），而有所立卓壐（尔）。虽欲从之，无由也。

【例 15】

《论语·尧曰》六○九简，原释文作：

　　　　君子正其衣冠，尊其瞻视，严然人望而畏之，不亦

考古编号 1514，卡片初次整理用钢笔录有以上全部释文（李学勤先生字迹）。该简上端天头尚存，末"亦"字右捺画略残。按传世本，"亦"下当是"威"。我们在一枚背面油漆号码也是 1514 的小残片上找到了"亦"字残失的捺画，以及"威"字的右半。补入"威"字后，该简已书有 20 字，是标准的满简字数，同时新缀残片上也看到了下道编绳的残留，可见此简已基本复原。

4. 根据广域图像进一步校改竹书释文

　　本次整理在释文校改上取得了不少进展，这当然是依赖于新采集的广域图像所呈现的较为清晰的文字墨迹，这是前辈学者整理时所未能得到的科技辅助。前面所举例子中对此已多有体现，下面再举几个典型例子。

【例 16】

《论语·先进》三〇六简，原释文作：

> 风乎舞雩，咏而归。"夫子喟[然]□[曰]："吾与点也！"三子者□

考古编号 1953，卡片初次整理用钢笔录有以上全部释文（李学勤先生字迹），并在"然"下补"[叹]"，"者"下补"[出]"，"[出]"旁另标注"不见"。卡片左下方铅笔书写：

> 简完整。"然叹曰"及末字"出"不显，余如录。

今据广域图像可见，所谓"雩"字本从羽从于，写作"羿"；"然曰"二字紧邻，其间并无"叹"字；所谓"点"字本从黑从今，写作"黔"；末字"出"也清晰可辨。新释文作：

> 风乎舞羿（雩），咏而归。"夫子喟然曰："吾与黔也！"三子者出

此外，本简现已在"吾与"之间折断，缀合后仍十分完整，简长 16.2 厘米，满简书写 20 字，可作为对《论语》简进行复原参考的"标准简"。

【例 17】

《论语·先进》三〇九简，原释文作：

> 赤则非国耶？"宗庙会同，非诸侯而何？赤也为之小

考古编号 1582，卡片初次整理用钢笔录有以上全部释文（张政烺先生字迹），并在"赤"下涂改了一个"也"字，其旁用铅笔标注"原空"。今据广域图像可见，"原空"之处仍存有部分"也"字的残画，大概是被刮削处理后的结果。张先生应是看到了这一情况，只是后来的释文注释没能体现出对这一特殊现象的认识。

【例 18】

《六韬》逸文中收有简 746，原释文作：

> 而御之则焉辟瘪去犹知

卡片初次整理释文则作：

> 而御之则马辟去犹知瘪

在"辟""去"之间有一字空格，应是为无法辨识之字所留（李学勤先生字迹）。卡片左侧还有一些反复释读的意见，此略。今据广域图像可知，"马"字释读是正确的；"辟"后之字为"聋"；所谓"去"字，应为"虫"。初次整理已有很大进展，发表的释文并未充分吸收，且有一定的误置，或是排版误植。

此外，过去发表的释文中还有一些比较奇怪的隶定字形，现在看来，有不少也是因原简的文字笔画辨识困难而造成的误解。比如，《论语·子罕》二一四简"文

王盨殁"之"盨"，原整理者认为："盨古既字"。其实，原字从溉从皿，写作"盨"。《卫灵公》四二七简"曰：人而无遆虑，必有近忧"之"遆"，在广域图像上看，就是一个"远"字。类似情况此不烦赘举。

以上内容仅是我们在重新整理定县简过程中形成的初步认识，很多进展得益于前辈学者打下的坚实基础。作为性状最为极端的出土竹简之一，借用定县简《论语·泰伯》一九七（考古编号 1418）简文中的内容来形容未来的整理工作，正可谓"不可以不弘颖（毅），任重而道远"！[①]

附记：2023 年是定县简出土 50 周年，新一轮的整理工作得到了国家文物局宋新潮，河北省文物局韩立森，河北省文物考古研究院张文瑞、毛保中、徐文英、丁伯涛，中国文化遗产研究院柴晓明、胡平生、郑子良、杨小亮，荆州文物保护中心方北松、史少华，清华大学出土文献研究与保护中心黄德宽、李均明、赵桂芳、李守奎、赵平安、刘国忠等先生的大力支持。

在刘少刚先生的鼎力帮助下，我们有幸收集了部分原整理释文卡片，张守中先生也热情提供了所藏定县简摹本的原稿，这都是本研究的重要基础。中心师生郭伟涛、唐诗、张驰、田硕、赵相荣参加了卡片整理、广域图像采集和处理，以及释文整理研究等工作。在此一并致以衷心感谢！

2023 年也是李学勤先生诞辰 90 周年，先生生前为定县简整理研究倾注了很大心血，在离开我们的前一两年仍在关心和推动其再整理，也希望我们能从中发挥作用。今谨以小文所述工作，纪念敬爱的李先生，同时也向过去参与整理定县简的前辈学者们致以诚挚敬意！

---

① 颖，是据广域图像新校改之字。

悬泉置汉简"吴斧"考[*]

王子今

（古文字与中华文明传承发展工程协同攻关创新平台
中国人民大学国学院）

悬泉置出土汉简可见"吴斧"字样，值得研究者注意。简文所见"吴斧"数量多至"三百枚"与"五百五十一枚"。简文也记录了这种金属工具的规格与价格信息。相关内容涉及河西铁器管理制度。除兵器以外，以往铁制农具"锸"在简文中的出现曾经受到注意。而较多数量的"斧"作为应用工具，有益于我们认识当地民众的劳作方式。"斧"如若以一般商品性质进入市场，则反映边地与丝绸之路河西路段经济生活的复杂性。如果通过关市出境，则可能说明铁器禁运的制度有所变化。在河西军事生活中，"斧""长斧"作为军械，亦列入守御器簿。悬泉置简文"吴斧"可能是砍斫工具。有的学者释"斤"为"手斧"，或许接近其形制。"斧"的普遍使用，也可以从一个侧面反映河西植被形势。"吴斧"应是以出产地"吴"为特殊标识的地方名牌产品。悬泉置"吴斧"简文有经济史料的意义，研究者也可以通过扩展视野和深入考察，获得新的认识，推进丝绸之路史的考察。

一、悬泉置简文"入吴斧"记录

敦煌悬泉置遗址出土汉简有丰富的表现汉代河西交通制度、戍防军务、外交往来与经济生活的内容。出现"入吴斧"记录者，也值得我们关注：

（1）入吴斧三百枚＝ 重三斤五两八铢并重八石一钧十斤直二万二千八百（II90DXT0113④:31）

（2）●凡吴斧五百五十一枚并重十四石二钧□（II90DXT0113④:33）^①

简文提供了非常可贵的信息。简（1）"枚重三斤五两八铢"，说明这些"吴斧"规格形制应当是一致的，很可能是标准化生产的产品。《汉书》卷二一上《律历志上》："权者，铢、两、斤、钧、石也，所以称物平施，知轻重也。本起于黄钟之重。一龠容千二百黍，重十二铢，两之为两。二十四铢为两。十六两为斤。三十斤

---

* 基金项目：教育部后期资助项目"汉代丝绸之路交通史"（项目批准号：17JHQ006）；2021年国家社科基金后期资助项目重点项目"汉代丝绸之路生态史"（21FZSA005）。

① 甘肃简牍博物馆、甘肃省文物考古研究所、西北师范大学简牍研究院、清华大学出土文献研究与保护中心编：《悬泉汉简》（叁），中西书局2023年5月版，上册第14页，下册第302页。

为钧。四钧为石。"①《续汉书·律历志上》刘昭注补："《说苑》曰：'十粟重一圭，十圭重一铢，二十四铢重一两，十六两重一斤，三十斤重一钧，四钧重一石。'"②"枚重三斤五两八铢"依汉代衡制为 3.3333 斤。根据丘光明对汉代衡制的研究，西汉"每斤合 248 克"，新莽"每斤合 238 克"，"根据目前仅有的资料，暂定东汉每斤为 220 克"。③姑且以两汉之际数据"每斤合 238 克"计，悬泉置汉简"枚重三斤五两八铢"应当相当于 793.3254 克。

如果简（1）、简（2）"吴斧"的规格一致，则"吴斧五百五十一枚并重"应当超过"十四石二钧□"。察看图版，释文无误。只能推想有写手误书数字的可能。当然也不排除简（1）、简（2）"吴斧"规格并不一致，即分别为不同用途或不同批次货品的可能。

简（1）"入吴斧三百枚""直二万二千八百"，每枚价格 76 钱。这也是值得重视的物价史料。

二、河西汉简所见"斧""斤"

河西汉简有"斧""斤"简文，说明当时当地有使用这种砍斫工具以从事生产与生活实践的需求。如居延出土汉简可见简：

斧二〔楠〕二釜一

斤二〔櫎〕六輓索豫十不输

（3）第二长别田令史婴德车一两

釦一·少一承轴一车屋二不输

□一·少一承釭小木五驹相二·少二（47.5）

桐六其一伤

（4）第廿九车父白马亭里富武都斧二大钳一

斤二小钳一（67.2）④

简（3）言"车一两"，简（4）言"第廿九车父"⑤，简文都与车辆运输相关。"承轴""承釭""輓索""车屋"应当都是车辆属具，"斧""斤""锯""椎""钳"应当是随车携带的工具。这些工具可能多用于车辆修理。两辆运车都分别配备"斧

---

① 《汉书》，中华书局 1962 年 6 月版，第 969 页。

② 《后汉书》，中华书局 1965 年 5 月版，第 2999 页。

③ 丘光明编著：《中国历代度量衡考》，科学出版社 1992 年 8 月版，第 429 页。

④ 简牍整理小组编：《居延汉简》（壹），"中央研究院"历史语言研究所专刊之一〇九，2014 年 12 月版，第 154 页，第 206 页。简（3）"釦一"《居延汉简释文合校》释作"锯一"。谢桂华、李均明、朱国炤：《居延汉简释文合校》，文物出版社 1987 年 1 月版，第 82 页。

⑤ 王子今：《居延汉简所见〈车父名籍〉》，《中国历史博物馆馆刊》1992 年总第 18、19 期；《关于居延"车父"简》，《简帛研究》第 2 辑，法律出版社 1996 年 9 月版。

二""斤二",是值得注意的。可能"斧""斤"规格用途亦各有不同,一如"大钳一""小钳一"之"大钳""小钳"。又肩水金关简:

受铁二 鐴二 轴二
(5)·右十人董猛掌
斤斧各一 锯二 福三 (73EJF3:269+597)①

"鉄"即"斧"的误解,较早就已经出现。②从简文看,尚不知"鉄二"是否即包括"斤斧各一"。

如果悬泉置汉简所见"吴斧三百枚""吴斧五百五十一枚"是统一配备的随车工具,用于车队,则体现相当大的运输规模。当然,"斧"可能有多种用途。然而很可能作为一组资料的简文中统一"入吴斧"多达851件,数量之多,是可以作为管理史的重要信息予以关注的。

沈刚著《居延汉简语词汇释》没有"斧"条。其中"斤""斤斧"条的介绍从《中国简牍集成》说:"斤(47.5;214.47),锛。(《集成》五,P136;《集成》六,P263)""斤斧(EPT43:49),属同一类工具。斤比斧略小。(《集成》九,P240)"③释"斤"为"锛"与认为"斤斧""属同一类工具",只是"斤比斧略小"的意见,是矛盾的。

肩水金关汉简又可见"小斤一""小斧一"(73EJT1:142A)④,"大斤一"(73EJT24:268B)⑤,"小斧"和"大斤"简文的出现,亦使人疑惑"斤比斧略小"说法的正确性。

《说文·斤部》:"斤,斫木斧也。象形,凡斤之属皆从斤。"段玉裁注:"此依小徐本。凡用斫物者皆曰'斧'。'斫木'之'斧',则谓之'斤'。"又《说文·斤部》:"斧,所㠯斫也。"段玉裁注:"'所㠯'二字今补。'斧'之为用广矣。'斤'则不见于他用也。盖其制有异矣。"⑥所谓"斤,斫木斧也","'斫木'之'斧',则谓之'斤'",则"斤"是工具名。"斧"的普遍使用,也可以从一个侧面反映河西地方的林木覆盖情形。通过植被形势,也有益于认识当时的生态环境。

① 甘肃简牍博物馆、甘肃省文物考古研究所、甘肃省博物馆、中国文化遗产研究院古文献研究室、中国社会科学院简帛研究中心编:《肩水金关汉简》(伍),中西书局2016年8月版,下册第23页。
② 《说文·金部》:"鉄,斫輂刀也。"段玉裁注:"《礼记》屡言'鉄钺'。《秋官·掌戮》注:'斩以鉄钺,若今要斩。''古多训'鉄'为'椹质'。《文选》《册魏公九锡文》引《仓颉篇》:'鉄,椹质也;钺,斧也。'"《后汉·献帝纪》:'加鉄钺虎贲。'注引《仓颉篇》:'鉄,斧也。'此夺去'椹质也钺'四字,为俗误所本。"[汉]许慎撰,[清]段玉裁注:《说文解字注》,上海古籍出版社1981年10月据经韵楼藏版影印版,第713页。
③ 沈刚著:《居延汉简语词汇释》,科学出版社2008年12月版,第38页。
④ 甘肃简牍保护研究中心、甘肃省文物考古研究所、甘肃省博物馆、中国文化遗产研究院古文献研究室、中国社会科学院简帛研究中心编:《肩水金关汉简》(壹),中西书局2011年8月版,下册第10页。
⑤ 甘肃简牍保护研究中心、甘肃省文物考古研究所、甘肃省博物馆、中国文化遗产研究院古文献研究室、中国社会科学院简帛研究中心编:《肩水金关汉简》(贰),中西书局2012年12月版,下册第157页。
⑥ [汉]许慎撰,[清]段玉裁注:《说文解字注》,第716页。

而由所谓“凡用斫物者皆曰‘斧’”可知，“斧”也可以用作兵器适应戍卫需求。

三、守御器“斧”

居延汉简214.47可见“斤刃决”“斧刃决”简文，也是“斧”“斤”同时配备的简例。然而“斧”“斤”列于“守御”器清单中，与“蓬火曲函”“转槫”“狗”“小积薪”等并列。[①]然而可以说明“斧”“斤”也是烽燧必备的守御器。

肩水金关简可见如下简文体现戍防单位“斧”“长斧”作为军械的配备：“☐候鄣长斧十☐”（73EJT10:381）[②]，“后骍北亭长剑一斧一□出斧六枚 五凤二年四月癸朔己丑平乐隧长遂付士吏井卿（左侧有刻齿）”（73EJT22:34）[③]，“亭具椎连梃各廿斧十柯皆长六□☐”（73EJT24:592），“☐长斧四刃皆毋绳其一刃破负十二算”（73EJT28:105）[④]，“长斧四 沙二石 瓦帚二”（73EJT37:1540）[⑤]，“□亡长斧刃一枚破 瓦斗少一枚 四户毋戊籥 婴少一枚 汲瓺毋……”（73EJF3:289），“……弩幡三毋里 蔺冠三毋里 长斧少三 盖冒一毋”（73EJT4H:2）[⑥]。“斧”“长斧”与“长剑”“椎连梃”“弩幡”并见，也用以“亭”“鄣”的防务。与前引简例不同，“斧刃决”作“斧刃”“破”。

居延汉简又有“斧金”简文：“今余斧金卅八枚”（498.1）。[⑦]沈刚的解释从《中国简牍集成》说：“斧金（498.1），斧有斧柄和斧头两部分，斧金，应指斧刃本身。（《集成》八，P115）”[⑧]对于“斧金”的解说或许还可以讨论。李天虹研究居延汉简簿籍分类，列入“守御器簿”的简文有“长斧四”（1540），“长斧三”（506.1），“斧三”（EPW:127），“斧八”（EPT59:102）等。通过对“保存完整的守御器簿”的研究，认为“长斧”是“每燧”“配备”的守御器。又指出长斧“是防守城郭门墙的器具”。论者引据《墨子》城守诸篇以“长斧”为“守御器”的文例：

《墨子·备城门》：“城上二步置连梃、长斧、长椎各一物”，“城上之备……连

① 简牍整理小组编：《居延汉简》（叁），“中央研究院”历史语言研究所专刊之一〇九，2016年10月版，第17页。

② 甘肃简牍保护研究中心、甘肃省文物考古研究所、甘肃省博物馆、中国文化遗产研究院古文献研究室、中国社会科学院简帛研究中心编：《肩水金关汉简》（壹），下册第155页。

③ 甘肃简牍保护研究中心、甘肃省文物考古研究所、甘肃省博物馆、中国文化遗产研究院古文献研究室、中国社会科学院简帛研究中心编：《肩水金关汉简》（贰），下册第48页。

④ 甘肃简牍博物馆、甘肃省文物考古研究所、甘肃省博物馆、中国文化遗产研究院古文献研究室、中国社会科学院简帛研究中心编：《肩水金关汉简》（叁），中西书局2013年12月版，下册第7页，第87页。

⑤ 甘肃简牍博物馆、甘肃省文物考古研究所、甘肃省博物馆、中国文化遗产研究院古文献研究室、中国社会科学院简帛研究中心编：《肩水金关汉简》（肆），中西书局2015年11月版，下册第120页。

⑥ 甘肃简牍博物馆、甘肃省文物考古研究所、甘肃省博物馆、中国文化遗产研究院古文献研究室、中国社会科学院简帛研究中心编：《肩水金关汉简》（伍），下册第25页，第45页。

⑦ 简牍整理小组编：《居延汉简》（肆），中央研究院历史语言研究所专刊之一〇九，2017年11月版，第135页。

⑧ 沈刚著：《居延汉简语词汇释》，科学出版社2008年12月版，第143页。

梃、长斧、长椎、长兹"。长斧是长柄利刃的大斧。《备城门》:"长斧,柄长八尺。"《备蛾傅》:"斧柄长八尺,刃必利。"①

前引肩水金关简所见"长斧"有言"柯皆长六□"者,"长六□"可能是"长六尺",与《墨子·备城门》"长斧,柄长八尺"规格有异。

简(1)"入吴斧三百枚……直二万二千八百",明确标示了市场价值。如果作为"守御器"的"斧",军械管理部门通常情况下不大可能通过民间市场获得。

悬泉置出土简(1)(2)所说"吴斧",有可能并非用作"城上之备"的"守御器"。

大庭脩编《居延汉简索引》将"斤""什斤""具斤""斧""灭火斧""贯头斧""斧金""斧刃""斧头"等都归入"工具"类②,是有一定的合理性的。"斧刃""斧头"均见于简文。有学者解释简112.23"斧头"简文,以为即"斧的刃部"。所举简文"斧头"与"有方""薰索""积薪"并说③,应当属于守御器。又释"斤"为"手斧"④,或可理解为普通"斫木"工具,也是值得注意的解说。

四、"入吴斧"的市场史信息

"吴斧"是否有可能通过"关市"流入境外,是关系市场史与边疆贸易史及民族关系史的重要问题。

汉帝国在边疆地方控制重要战略物资"铁器"的出口,是清醒的对敌对部族生产力与军力增强保持高度戒备的政策。南越方向引吕后时代对南边岭外的"铁器"禁运,导致了南越国的军事抗争。《史记》卷一二九《南越列传》:"高后时,有司请禁南越关市铁器。(赵)佗曰:'高帝立我,通使物,今高后听谗臣,别异蛮夷,隔绝器物,此必长沙王计也,欲倚中国,击灭南越而并王之,自为功也。'于是佗乃自尊号为南越武帝,发兵攻长沙边邑,败数县而去焉。高后遣将军隆虑侯灶往击之。会暑湿,士卒大疫,兵不能踰岭。岁余,高后崩,即罢兵。佗因此以兵威边,财物赂遗闽越、西瓯、骆,役属焉,东西万余里。乃乘黄屋左纛,称制,与中国侔。"⑤"禁""关市铁器",曾经直接导致战争危机。

中原冶铸业技术水准曾经领先。匈奴史研究者指出,匈奴"手工业中最重要

---

① 李天虹著:《居延汉简簿籍分类研究》,科学出版社2003年9月版,第110页至第114页。

② 大庭脩编:《居延漢簡索引》,関西大学出版部1995年3月版,第304页至第305页。

③ 京都大学人文科学研究所简牍研究班编:《漢簡語彙:中国古代木簡辞典》,岩波书店2015年3月版,第479页。

④ 李天虹著:《居延汉简簿籍分类研究》,第106页。

⑤《史记》,中华书局1959年9月版,第2969页。《汉书》卷九五《南粤传》:"高后时,有司请禁粤关市铁器。佗曰:'高皇帝立我,通使物,今高后听谗臣,别异蛮夷,鬲绝器物,此必长沙王计,欲倚中国,击南海并王之,自为功也。'于是佗乃自尊号为南武帝,发兵攻长沙边,败数县焉。高后遣将军隆虑侯灶击之,会暑湿,士卒大疫,兵不能踰领。岁余,高后崩,即罢兵。佗因此以兵威财物赂遗闽粤、西瓯骆,役属焉。东西万余里。乃乘黄屋左纛,称制,与中国侔。"第3848页。

的当推冶铁业"，"当时匈奴人的冶铁业可能已经形成为一个独立的手工业部门"，不过，"从许多刀剑的形式酷似汉式的情形看来，不仅反映匈奴人的铁器文化受到汉族文化的很大影响，而且可以推断当时的铁匠大多也是来自中原的汉族匠人。"① 西域有的国家"不知铸铁器"。② 西北方向贸易活动的"铁器"控制，也曾经是明确的制度。《史记》卷一二〇《汲郑列传》记载，汉王朝与匈奴之间的物资交往，有严格的关禁制度："及浑邪至，贾人与市者，坐当死者五百余人。"汲黯说："愚民安知市买长安中物而文吏绳以为阑出财物于边关乎？"裴骃《集解》有这样的解释：

> 应劭曰："阑，妄也。《律》：'胡市，吏民不得持兵器出关。'虽于京师市买，其法一也。"③

对于汉律"胡市，吏民不得持兵器出关"的条文，《汉书》卷五〇《汲黯传》颜师古注引应劭的解释，又明确指出禁止出关的物资包括"铁"，即"兵器及铁"：

> 《律》："胡市，吏民不得持兵器及铁出关。"④

应劭所引律文明确言"胡市"，特别值得我们注意。汉简资料就此有所体现。如：

> 甲渠言毋羌人入塞
>
> ●
>
> 买兵铁器者（EPT5:149）⑤

除了塞外贸易对某些战略物资进行重点控制而外，民间贸易有关铁制农具等物资的销售也由政府施行严格的管理，例如：

> 垦田以铁器为本北边郡毋铁官印器内郡令郡以时博卖予细民毋令豪富吏民得多取贩卖细民（EPT52:15）⑥

"北边郡"没有"铁官"，铁农具的需求必须仰承"内郡"输送方能得以满足。因而要求有关部门计划运销，及时供应以满足民间"垦田"生产需求，毋令所谓"豪富吏民"乘机牟取暴利。铁器官营的原则与内地是一致的，然而由于河西地区

---

① 林幹：《匈奴史》修订本，内蒙古人民出版社 1979 年 1 月版，第 1 页，第 7 页；又《匈奴通史》，人民出版社 1986 年 8 月版，第 3 页，第 140 页。

②《汉书》卷九六上《西域传上·大宛国》，第 3896 页。有的国家有铁器制作业，如婼羌国"山有铁，自作兵，兵有弓、矛、服刀、剑、甲"，又难兜国"有银铜铁，作兵与诸国同"。第 3875 页，第 3884 页。

③《史记》，第 3109 页。

④《汉书》，第 2321 页。

⑤ 甘肃省文物考古研究所、甘肃省博物馆、文化部古文献研究室、中国社会科学院历史研究所：《居延新简：甲渠候官与第四隧》，文物出版社 1990 年 7 月版，第 27 页；张德芳主编，孙占宇著：《居延新简集释》（一），甘肃文化出版社 2016 年 6 月版，第 339 页。

⑥ 甘肃省文物考古研究所、甘肃省博物馆、文化部古文献研究室、中国社会科学院历史研究所：《居延新简：甲渠候官与第四隧》，文物出版社 1990 年 7 月版，第 228 页；张德芳主编，李迎春著：《居延新简集释》（三），甘肃文化出版社 2016 年 6 月版，第 598 页。

未设"铁官",组织远程运销的意义尤为重要。而边塞限制流通的法令,也要求加强对铁器经营的统制。

《史记》卷一二三《大宛列传》记载,有的西域国家是从汉王朝传入铁器制作技术的:"自大宛以西至安息,……其地皆无丝漆,不知铸钱器。及汉使亡卒降,教铸作他兵器。"这里所谓"钱器",裴骃《集解》引徐广说,又写作"铁器"。[①]《汉书》卷九六上《西域传上》正是这样记录的:"不知铸铁器。及汉使亡卒降,教铸作它兵器。"[②]所谓"胡市,吏民不得持兵器及铁出关"等法令之所以推行,正是以此为背景的。[③]

五、"吴斧":汉代工具制造的地方品牌

我们注意过汉代商品的地方品牌。[④]这些商品主要是生活消费品。作为丝绸之路史研究对象的纺织品名牌冠以地名以为质量保证,有"齐纨""蜀布""鲁缟""广汉八稯布""河内廿两帛""任城国亢父缣"等。这种情形以织品为多,体现出丝绸及相关产品在贸易活动中的重要意义。

简牍资料所见织品之外的显示地方品牌效应的商品名号,居延汉简又可见"济南剑""河内苇笥"等。"济南剑"与"吴斧"或许在一定意义上可以相互比照。

出现"济南剑"品牌的简例,如"右部从吏孟仓建武五年桼月丙申假济南剑一今仓徙补甲渠第桼隧长"(EPT59:574+575+576)。[⑤]关于"济南剑",《居延新简集释》【集解】进行了这样的解说:"济南剑,由济南郡工官铸造的剑。按《汉书·地理志》载济南郡的东平陵有工官铁官。历城亦有铁官。"[⑥]关于"济南剑",汉代史籍文献未见记录,但是我们在唐代诗人作品中看到了言及"济南剑"的诗句。如《初学记》卷一一引崔融《户部尚书挽歌》诗:"八座图书委,三台章奏盈。举杯常有劝,曳履忽无声。市若荆州罢,池如薛县平。空余济南剑,天子署高名。"[⑦]崔融作

---

① 《史记》,第3174页。

② 《汉书》,第3896页。

③ 王子今:"'镔铁'和张骞西行的动机",《博览群书》2005年第4期;王子今、李禹阶:《汉代北边的"关市"》,《中国边疆史地研究》2007年第3期。

④ 王子今:《汉代河西的蜀地织品——以"广汉八稯布"为标本的丝绸之路史考察》,《四川文物》2017年第3期;《河西简文所见汉代纺织品的地方品牌》,《简帛》第17辑,上海古籍出版社2018年11月版;《宛珠·齐纨·穰橙邓橘——战国秦汉商品地方品牌的经济史考察》,《中国经济史研究》2019年3期;《试说居延简文"鲁絮""襄絮""堵絮""彭城糸絮"——汉代衣装史与纺织品消费史的考察》,황보영조:《동서인문》,제12호,경북대학교인문학술원,2019년 10월 30일(《东西人文》第12号,庆北大学校人文学术院2019年10月30日);《"鲁缟""蜀布":〈史记〉所见纺织业地方品牌》,《月读》2020年第10期。

⑤ 马怡、张荣强主编《居延新简释校》释文作:"右口从吏孟仓 建武五年桼月丙申假济南剑一 今仓徙补甲渠第桼长"。天津人民出版社2013年12月版,第625页。

⑥ 张德芳主编,肖从礼著:《居延新简集释(五)》,甘肃文化出版社2016年6月版,第393页。

⑦ [唐]徐坚等著:《初学记》,中华书局1962年1月版,第265页。又《唐诗纪事》卷八引崔融《户部尚书崔公挽歌》,诗句相同。[宋]计有功撰:《唐诗纪事》,中华书局1965年11月版,第110页。《佩文韵府》卷八八《剑》"济南剑"条:"济南剑。崔融诗:'空余济南剑,天子署高名。'"[清]张玉书等编:《佩文韵府》,上海书店据商务印书馆《万有文库》本1983年6月影印版,第3396页。

品所见"济南剑"，或可看作时代较晚的文献对汉代"济南剑"品牌的历史记忆。[①]

悬泉置汉简所见"吴斧"作为生产工具，以产地"吴"作为名牌标志，是特别引人注目的。

《汉书》卷一〇〇下《叙传下》："贾氂从旅，为镇淮、楚。泽王琅邪，权激诸吕。濞之受吴，疆土踰矩，虽戒东南，终用齐斧。述《荆燕吴传》第五。"颜师古注："张晏曰：'齐斧，越斧也，以整齐天下也。'晋灼曰：'虽戒勿反而反，竟用此斧于吴也。'"颜师古的判断是："《易》云'丧其齐斧'，故引以为辞。"[②]《汉书补注》引周寿昌说，提示刘邦"戒东南"事，以帮助理解"竟用此斧于吴也"。[③]所谓"齐斧"，即"整齐天下"之斧，而并非"齐"地出产之"斧"。然而张晏说"齐斧，越斧也"，"越斧"或即"越"地之"斧"。

吴地是高质量钢铁制品的生产重心，尤以钢刃锋利著名，有"干将""莫邪"宝剑。《吴越春秋·阖闾内传》记载："阖闾……请干将铸作名剑二枚。干将者，吴人也，与欧冶子同师，俱能为剑也。越前来献三枚，阖闾得而宝之，以故使剑匠作为二枚，一曰干将，二曰莫耶。莫耶，干将之妻也。"又说："干将作剑，采五山之铁精六合之金英，候天伺地，阴阳同光，百神临观，天气下降，而金铁之精，不销沦流。"后领会"烁身以成物"的道理，"干将妻乃断发剪爪，投于炉中，使童女、童男三百人，鼓橐装炭，金铁乃濡，遂以成剑。""干将作剑"的完整程序中又有"越前来献三枚，阖闾得而宝之"的情节，而吴越兴亡前后互有兼替，或许可以说"吴""越"兼领钢铁制作先进技术。也有吴越共同为楚王"作剑"的说法。《史记》卷六九《苏秦列传》裴骃《集解》引《吴越春秋》曰："楚王召风胡子而告之曰：'寡人闻吴有干将，越有欧冶，寡人欲因子请此二人作剑，可乎？'风胡子曰：'可。'乃往见二人，作剑，一曰龙渊，二曰太阿。"司马贞《索隐》："按：《吴越春秋》楚王令风胡子请请吴干将、越欧冶作剑二，其一曰龙泉，二曰太阿。"[④]李学勤《东周与秦代文明》划定为"吴越文化圈"的地方，汉代已经以"吴"作为整体区域代号，而这里冶金业的发达依然领先。《史记》卷三〇《平准书》写道："故吴，诸侯也，以即山铸钱，富埒天子[⑤]，……故吴、邓氏钱布天下，而铸钱之禁生焉。"[⑥]《史记》卷一〇六《吴王濞列传》也说："吴王即山铸钱，……"[⑦]

① 王子今：《宛珠·齐纨·穰橙邓橘：战国秦汉商品地方品牌的经济史考察》，《中国经济史研究》2019 年 3 期。
②《汉书》，第 4246 页，第 4247 页。
③《汉书补注》引周寿昌曰："'戒东南'者，高祖谓濞曰：'汉后五十年东南有乱，岂若耶？'"王先谦撰：《汉书补注》，中华书局据清光绪二十六年虚受堂刊本 1983 年 9 月影印版，第 1741 页。周寿昌说见《汉书注校补》卷五六《虽戒东南》条，[清]周寿昌撰：《汉书注校补》，上海古籍出版社据上海辞书出版社图书馆藏清光绪十年周氏思益堂刻本 2006 年 4 月影印版，第 839 页。今按：《史记》卷一〇六《吴王濞列传》："告曰：'汉后五十年东南有乱者，岂若邪？'"第 2821 页。《汉书》卷一下《高帝纪下》："因拊其背，曰：'汉后五十年东南有乱，岂汝邪？'"第 76 页。《汉书》卷三五《吴王刘濞传》："汉后五十年东南有乱，岂若邪？"第 1904 页。
④《史记》，第 2251 页。
⑤《汉书》卷二四下《食货志下》："吴以诸侯即山铸钱，富埒天子，……"第 1157 页。
⑥《史记》，第 1419 页。
⑦《史记》，第 2830 页。《汉书》卷四九《晁错传》，第 2301 页。

简文"济南剑",未见于汉代史籍文献,然而唐诗相关文句保留了珍贵的文学史遗存。"吴斧"语词,则稍晚才见到"欧刀吴斧"[①]"郢斤吴斧"[②]等说法。"欧刀吴斧"是吴越并说,"郢斤吴斧"是吴楚并说。"欧刀""郢斤"皆用古典,则"吴斧"也是上古信息遗存。而明清诗文多见"吴斧"用作月宫吴刚斫桂工具的指代符号[③],也是很有意思的事。

六、吴地冶金业优势与丝绸之路的货源幅面

"吴斧"如果理解为强调产地品牌的"吴"地出产之"斧",则其铸作地点"吴",距敦煌甚为遥远。

李学勤《东周与秦代文明》把东周时代列国划分为"七个文化圈"。其中有"吴越文化圈":"淮水流域和长江下游有一系列嬴姓、偃姓小国如徐国和群舒等,还有吴国和越国。如果我们把东南的方国部族也包括进去,可划为吴越文化圈。这个文化圈南至南海,东南及于台湾,虽受中原文化和楚文化的影响,也自有其本身的特色。"[④]这个所谓"吴越文化区"的主要地方,大致是《禹贡》的"扬州"。而扬州"厥贡惟金三品",孔安国《传》:"金银铜也。"[⑤]矿业的优先开发,成为冶金业进步的条件。

丝绸之路吸引贸易货源竟然到达"吴"地,是令人惊异的。这一情形,说明丝路强劲的吸引力影响到涉及广阔空间的经济生产与经济生活,成为当时充分体现社会活力的重要文化元素。

《太平御览》卷九〇一引《盐铁论》曰:"齐陶之缣,南汉之布,中国以一端之缦,得匈奴累金之物,骡驴馲驼,可使衔尾入塞。"[⑥]明确地强调了"缣""布""缦"等织物是汉与匈奴贸易的主体输出货品。而《盐铁论·力耕》载大夫言说"外国之物内流""异物内流"而"利不外泄"情形:"汝汉之金,纤微之贡,所以诱外国而钓羌胡之宝也。夫中国一端之缦,得匈奴累金之物,而损敌国之用。是以

---

① 郑燮《念奴娇·金陵怀古十二首》有"石头城":"悬岩千尺,借欧刀吴斧,削成江郭。千里金城回不尽,万里洪涛喷薄。王濬楼船,旌庵直指,风利何曾泊。船头列炬,等闲烧断铁索。而今春去秋来,一江烟雨,万点征鸿掠,叫尽六朝兴废事,叫断孝陵殿阁。山色苍凉,江流悍急,潮打空城脚,数声渔笛,芦花风起作作。"卞孝萱、卞岐编:《郑板桥全集》卷五《词钞》,凤凰出版社2012年8月版,第159页。

② 缪荃孙《百工由圣人作赋》:"万徽缠以为教,攻金木而成风。苟有长而必录,庶触类而旁通。粤铸燕函,资陶成于地利;郢斤吴斧,极变幻于人功。"[清]缪荃孙著:《缪荃孙全集·诗文·艺风堂赋稿》卷下,凤凰出版社2014年3月版,第161页。

③ 如谢廷柱《湘潭分司咏桂》:"广寒仙种下青云,秋色人间占几分。绝爱郤枝终日对,忽疑吴斧半空闻。"《石仓十二代诗选》明次集卷八四,明崇祯刻本,第21811页。又清人《仙桂篇》:"蜿蜒苍虬,本达于源。结脉月窟,匪比王孙。""吴斧不加,已难柯烂。"[清]刘登科编纂,[清]程之望等修:康熙《溧水县志》卷一一《艺文志·诗》,凤凰出版社2021年9月版,第333页。

④ 李学勤:《东周与秦代文明》,上海人民出版社2007年11月版,第10页至第11页。

⑤ [清]阮元校刻:《十三经注疏》,中华书局据原世界书局缩印本1980年10月影印版,第148页。

⑥ [宋]李昉等撰:《太平御览》,中华书局用上海涵芬楼影印宋本1960年2月复制重印版,第4000页。

骡驴駃騠，衔尾入塞，驒騱騵马，尽为我畜。鼲貂狐貉，采旄文罽，充于内府。而璧玉珊瑚瑠璃，咸为国之宝。是则外国之物内流，而利不外泄也。异物内流则国用饶，利不外泄则民用给矣。《诗》曰：'百室盈止，妇子宁止。'"①则"汝汉之金"列于"纤微之贡"之前。其实，以所谓"汝汉之金"作为代号的冶铸业产品的出口，已经并非一般物质生活消费品贸易，而实现了先进技术输出的作用。从这一视角认识"吴斧"在西北边地的历史文化价值，对于丝绸之路史研究，也是有积极意义的。

（本文写作得到中国人民大学国学院王泽的帮助，谨此致谢）

---

① 王利器校注：《盐铁论校注》（定本），中华书局 1992 年 7 月版，第 28 页。

商周"南阳"考

杜 勇

（天津师范大学历史文化学院）

南阳作为商周时期的古地名，不仅见于传世文献，而且出现在甲骨文中。因与春秋末期越国大夫范蠡的故里有关，受到不少学者关注。《史记·越王勾践世家》裴骃《集解》引用过一部故籍，名叫《太史公素王妙论》，书中说："（范）蠡本南阳人。"[①]裴骃是南朝刘宋时人，表明在他之前就有了《太史公素王妙论》一书，故其《史记集解》可得引用。《隋书·经籍志》说："梁又有……《太史公素王妙论》二卷，亡。"以此书为南朝梁时作品显然有误，因为梁时之书不可能在刘宋时即被引用。距司马迁并不遥远的《汉书·艺文志》，不曾收录《太史公素王妙论》，说明此书并非真正的史学名家司马迁的著作，故王国维推测"殆魏晋人所依托也"。[②]《太史公素王妙论》称范蠡为"南阳人"本不严谨，有学者认为范蠡故居南阳与甲骨文所见南阳是同一个地方就更成问题了。本文拟就此略作探考，以明真谛。

一、甲骨文中的南阳

甲骨文中的"南阳"，仅见于《小屯南地甲骨》[③]4529 片：此片甲骨属于廪辛、康丁时期，其文字一般隶定为：

（1）于雟北对。

（2）于南阳西㚔。[④]

对卜辞中"南阳"的解读，学者主要有两种意见：一是地名，二是方位词。陈邦怀先生对此片卜辞进行了全面考释，力主地名说。他读"雟"为"鸟日"，读"对"为𣥏，读"㚔"为襄，并说：

"南阳"为地名无疑。"于鸟日北"与"于南阳西"为对句，可以推知"鸟日"亦为地名。地以鸟日名者，益以其地为"玄

---

① 《史记》卷四一《越王勾践世家》集解引，北京：中华书局，1982 年，第 1752 页。
② 王国维：《观堂集林》（外二种），石家庄：河北教育出版社，2001 年，第 325 页。
③ 中国社会科学院考古研究所：《小屯南地甲骨》，北京：中华书局，1980—1983 年。
④ 曹锦炎、沈建华：《甲骨文校释总集》，上海：上海辞书出版社，2006 年，第 6472 页。

鸟至日祈于效禖"之故，此地名与历史有密切之关系者也。……今就卜辞言之，上句云："于南阳西叟（襄）"，襄义谓除厉殃。下句云："于鸟日北对（禬）"，禬义为除灾害。上下二句其事相同。①

陈氏所说的"鸟日"实际是一个字，后来有学者释为"雍（雒）"。②"北对"的对，甲骨文习见，为颂扬之祭，如"西对"（《合集》③330600）、"东对"（《合集》36419），似不必读为"禬"。"西叟"的叟，陈氏读若襄，为求福之祭，可备一说。裘锡圭先生认为叟"似指一种工作"④，未作具体说明。

郑杰祥先生认同南阳地名说，并对其地望进行了考证。他通过对"雟"的字形分析，认为此字当释为雍。雍在甲骨文中多为地名，如"其田雍麓……往来无灾"（《合集》7656）。他认为："此地位于河南省焦作市西南约 5 公里。又位于太行山南麓，故卜辞称雍地又称雍麓。此地为周初雍国，商代已当存在，它也应当就是卜辞中的雍地"。周初雍国在今河南修武县西，卜辞中的"南阳"当与"雍"地相近，因而推定它就是春秋时期的南阳。"古河内地区的南阳有两种涵义，一是指一个较大的地区，这个地区包括北起今河南淇县朝歌镇，西南至今河南济源县轵城镇之间的广大地区；二是指一个具体的地名，即今获嘉县西郊的古南阳城，此地西距古雍城约 45 公里，它应当就是卜辞中的南阳。"⑤

对南阳为地名的说法，学者也有不同意见。如黄天树先生认为，卜辞中的"南阳"与"北对"，实际就是阴与阳的对贞。所谓"阴"指"水之南、山之北也"；"阳"指"水之北、山之南也"。从而推断"殷人已能定方位、辨阴阳，有了阴阳的观念"。⑥就"南阳"一词的形成过程来说，最初可能带有"定方位、辨阴阳"的义蕴。但此条卜辞中的"南阳"应是一个地名用语，故在它的前面可以加上介词"于"，以介地点。若"南阳"非地名，它本身所起的作用只在于定方位，则后面再有方位词"西"就显得多余了。所以此版卜辞当如陈邦怀先生所说，前后两条为对句，只是与"北对"相对的是"西叟"而不是南阳。南阳与雍相对，故同为地名。

卜辞所见"南阳"作为地名应该在什么地方呢？郑杰祥先生以为就是春秋时期的具体地名南阳，即今河南省获嘉县西郊的古南阳城。但是，这个古南阳城出现的时间较晚，可能与甲骨文中的南阳关联不大。获嘉县在汉武帝时由修武县分置，此前隶属修武。《史记·秦本纪》载：秦昭襄王三十三年（前 274 年），"魏入南阳以和"。《集解》引东晋徐广曰："河内修武，古曰南阳，秦始皇更名河内，属

---

① 陈邦怀：《〈小屯南地甲骨〉中所发现的若干重要史料》，《历史研究》1982 年第 2 期。
② 郑杰祥：《商代地理概论》，郑州：中州古籍出版社，1994 年，第 43 页。
③ 郭沫若主编，胡厚宣总编辑，中国社会科学院历史研究所编：《甲骨文合集》（以下简称《合集》），北京：中华书局，1978—1982 年。
④ 裘锡圭：《说殷墟卜辞的"叟"》，《裘锡圭学术文集（5）》，上海：复旦大学出版社，2015 年。
⑤ 郑杰祥：《商代地理概论》，第 42-43 页。
⑥ 黄天树：《说甲骨文中的"阴"与"阳"》，《中国文字学报》2006 年第 1 期。

魏地。"《正义》引《括地志》亦云:"怀获嘉县即古之南阳。"《汉书·地理志》河内郡修武县注引东汉应劭曰:"晋始启南阳,今南阳城是也。秦改曰修武。"《后汉书·郡国志》河内郡刘昭补注:"修武,故南阳,秦始皇更名。有南阳城,阳樊、攒茅田。"这些材料有一个共同点,都认为修武(获嘉)"古曰南阳",应劭更是明言修武称南阳始自晋文公"启南阳"。实际上,修武得名甚早,非秦所改。西汉韩婴《韩诗外卷》卷三即说:"武王伐纣,到于邢丘……乃修武勒兵于宁,更名邢丘曰怀,宁曰修武。"[1]这就是说,修武是武王伐纣时所改地名,此前称为宁邑,并不叫南阳。《左传》所见南阳均为地域名称,包括阳樊、温、原、攒茅等多处地方。由于《左传》中的南阳并非具体地点,修武建有南阳城,有可能是战国时期的事情,与更早的殷墟甲骨文中所见南阳似难对应,无法将其地望具体落实在获嘉县西郊的古南阳城。从南阳与雍相对的情况来看,两个地方应该相距不远。或许卜辞中的南阳应指靠近雍地(今河南修武县西)的某个地方,不一定是指战国时才修建的古南阳城(今获嘉县西郊)。小屯南地甲骨所言"于南阳西叟",可能是说在此南阳之西举行某种求福之祭。

二、文献所见先秦时的南阳

前文说甲骨文中的南阳,当为今河南修武县西的一个具体地名,自然与范蠡故居所在的河南南阳地区了不相涉。从文献上看,先秦时期称为南阳的地方不止一个,至少有晋之南阳、齐之南阳、楚之南阳的分别。

1. 晋之南阳

在《春秋左传》中,南阳凡三见,都是地域名称。《左传》僖公二十五年(前635年)说:"夏四月丁巳,王入于王城。取大叔于温,杀之于隰城。戊午,晋侯朝王,王飨醴,命之宥……与之阳樊、温、原、攒茅之田。晋于是始起南阳。"杜注:"在晋山南河北,故曰南阳。"其事又见载于《国语·晋语四》:"二年春,(晋文)公以二军下,次于阳樊。右师取昭叔于温,杀之于隰城。左师迎王于郑。王入于成周,遂定之于郏。王飨醴,命公胙侑……赐公南阳阳樊、温、原、州、陉、絺、组、攒茅之田。"所记详略有异,但南阳为晋之地域名至为明显,故可包括樊、温等地。

又《左传》文公元年(前626年)记载,晋襄公"使告于诸侯而伐卫,及南阳"。杜注:"今河内地。"汉晋时期始设河内郡,此南阳包括指河内郡所属十几个县,如怀、汲、朝歌、修武、温、获嘉等,也不是一个具体的地名。

---

① 屈守元:《韩诗外传笺疏》,成都:巴蜀书社,1996年,第259页。

又《左传》昭公元年（前 541 年）载，"晋既烝，赵孟适南阳，将会孟子余"。杜注："孟子余，赵衰，赵武之曾祖。其庙在晋之南阳温县。往会祭之。"赵孟到南阳祭祖，具体地点却在温县，是知南阳为地域名，故温县可以包括在内。

从《左传》《国语》这些材料看，春秋时期晋地南阳只是地域名，不能落实到一个具体的地点上。《水经注·清水》引东汉马融曰："晋地……自朝歌以南至轵为南阳。""朝歌"在今河南省淇县城内，"轵"即今济源县东南的轵城镇。表明春秋时期的南阳，是指河南淇县以南至济源县一带的广大地区，地在黄河之北，太行之南。到战国时期，晋之南阳属魏。如《战国策·西周》云："秦召周君，将以使攻魏之南阳。"又云："秦悉以塞外之兵与周之众以攻南阳，而两上党绝矣。"高诱注："南阳，魏邑也。"又说："南阳，晋山阳河北之邑，河内、温、阳樊之属皆是。"[①]说明从春秋到战国，晋之南阳都是作为地域名称来使用的。

2. 齐之南阳

齐之南阳在春秋战国时期也是地域名，不专指某一具体地点。《史记·越王勾践世家》记载，齐威王派人对越王说："愿齐之试兵南阳莒地，以聚常、郯之境。"司马贞《索隐》说："此南阳在齐之南界，莒之西。"《孟子·告子下》说："一战胜齐，遂有南阳。"赵歧注："山南曰阳，岱山之南，谓之南阳也。"《战国策·齐六》说："齐弃南阳，断右壤，存济北，计必为之。"《史记·鲁仲连邹阳列传》同记此事说："楚攻齐之南阳。"《索隐》云："即齐之淮北，泗上之地也。"此即齐地南阳，大体指今山东泰山以南、汶河以北地区。

3. 楚之南阳

楚之南阳不见于《左传》《国语》，《战国策》《史记》则多有涉及。《战国策·秦四》说："楚魏战于陉山……楚败于南阳。"《史记·魏世家》亦言其事："魏伐楚，败之陉山。"《史记·六国年表》列此于周显王四十年（前 329 年）。这是《战国策》中最早见到的楚之南阳，陉山在其地域范围之内。清人程恩泽考证说："案《汉志》，荆州有南阳郡。刘熙曰：在中国之南，而居阳地，故曰南阳。张衡曰：陪京之南，居汉之阳是也。今为河南南阳府。此地分属楚、韩二国，故宛、穰等县，既见于韩，又见于楚。"[②]此即伏牛山、汉水之阳，约当今河南西南部的南阳地区。《战国策·秦一》张仪说："楚破南阳九夷，内沛、许、鄢陵危。"也是指荆州的南阳。《战国策·燕二》说："秦欲攻魏，重楚，则以南阳委于楚曰：寡人固与韩且绝矣！"此事被司马迁写入《史记·苏秦列传》，张守节《正义》说："南阳邓州地，本韩地也。韩先事秦，今楚取南阳，故言'与韩且绝矣'。"又《史记·秦本纪》载，秦昭襄王三十五年（前 272 年）"佐韩、魏、楚伐燕。初置南阳郡"。《正义》云："今

---

① 诸祖耿：《战国策集注汇考》，南京：凤凰出版社，2008 年，第 90 页。
② 诸祖耿：《战国策集注汇考》，第 368 页。

邓州也。前已属秦，秦置南阳郡，在汉水之北。"秦置南阳郡已到战国晚期，而南阳作为地名出现的时间自然更早，也许在周显王四十年之前，但不大可能早到春秋时期。

上述晋、齐、楚地的南阳地名，我们虽然无法确定它们最初出现的准确时间，但至少可以知道晋地的南阳早在春秋时期就很有名了，故在《左传》《国语》中可以找到它的踪迹。齐、楚之南阳则是到了战国时期才逐渐显示出它们的重要性，在文献中留下相关信息。因此，从历史渊源上看，甲骨文所见南阳在晋时南阳某地的可能性最大。它不仅在空间距离上与殷商王都相近，而且在战国以前的地位和影响都是齐、楚南阳所不能比拟的。

三、楚地南阳与范蠡里籍

甲骨文中的南阳若在晋地，自与范蠡里籍无关。而《太史公素王妙论》称范蠡为"本南阳人"，并不可取。在《太史公素王妙论》成书前后，汉晋文献都说范蠡"乃楚宛三户人"，不称"南阳人"。如《史记·越王勾践世家》张守节《正义》所引三部故籍就是如此。比如，东汉赵晔《吴越春秋》说："蠡字少伯，乃楚宛三户人也。"东晋虞预《会稽典录》说："范蠡字少伯，越之上将军也。本是楚宛三户人。"南朝宋盛弘之《荆州记》云："范蠡本宛三户人，与文种俱入越，吴亡后，自适齐而终。"这三部古书提到的"宛"，与《太史公素王妙论》所说的"南阳"，虽在地理上有一定关联，却是不同层级的政区名称，建置时间亦不相同。可以用宛来说明范蠡的里籍，用南阳则不确当。

1. 南阳由地域名到政区名的变迁

战国晚期秦置南阳郡以前，楚之南阳只是地域名，既不指某个具体地点，亦非政区名称。南阳郡设立后，南阳作为郡级政区名基本被延续下来，至隋朝初年撤销南阳郡之后，它才成为县级行政区的专名。清人顾祖禹《读史方舆纪要》言其变迁说：

《禹贡》豫州之域。春秋为申伯及邓侯地，战国为秦、楚、韩三国之疆。秦并其地，置南阳郡，治宛，以在中国之南而居阳地，故曰南阳。两汉因之。曹魏置荆州于此，亦治宛。晋为南阳国，宋齐并为南阳郡……隋初罢郡置邓州，治穰，改宛为南阳县属焉。炀帝复为南阳郡。唐初置宛州，寻属邓州……宋亦属邓州……元改曰南阳府，明朝因之。①

在顾氏看来，南阳得名似乎始于秦人置郡之时，是不准确的。但他对南阳郡

---

① 顾祖禹：《读史方舆纪要》，北京：中华书局，2005年，第2397页。

建置沿革的叙述是清楚的。由于春秋时期楚地尚无南阳地名见于记载，虽然不能完全排除它已存在的可能性，但最多和战国早中期一样，也只是一个内涵不很清晰的地域名，不能用来表示春秋时人范蠡的里籍。战国晚期南阳郡设立之时（公元前 272 年），范蠡已故去一百多年，也不适合用后来的政区名称来说明范蠡的里籍。在春秋战国之际，范蠡故里所在行政区划隶属于楚国宛县（容后详论），只有称范蠡为"宛人"，或更具体地说"宛三户人"，才是正确的表达。可见《太史公素王妙论》称范蠡为"南阳人"，即使在地理上有一定程度的重合度，也不符合通常称人里籍的习惯做法。因此，以这种说法为依据，与甲骨文中的南阳相比勘，断定楚地南阳的地名早在商代就出现了，未必符合事实。

2. 宛县政区名称的沿革

秦设南阳郡，治所在宛县，但宛为县名实际比南阳郡或南阳县的得名要早得多。《汉书·地理志上》说："南阳郡，秦置。"下辖三十六县，宛列第一，是为郡治。同时班固自注："宛，故申伯国。"说明宛县的前身是申国。《国语·郑语》记郑桓公问计于史伯曰："谢西之九州，何如？"杜预注："谢，宣王之舅申伯之国，今在南阳。"《诗·大雅·崧高》言及申伯南迁之事云：

亹亹申伯，王缵之事。于邑于谢，南国是式。王命召伯，定申伯之宅。登是南邦，世执其功。/王命申伯，式是南邦。因是谢人，以作尔庸。王命召伯，彻申伯土田。王命傅御，迁其私人。

这是说周宣王时申侯所迁之地，原名谢邑，申侯南迁至此始称"申"。仲爯父簋铭称为"南申"（《集成》4189），古本《竹书纪年》、《逸周书·王会》和清华简《系年》称为"西申"，其实都是一地。[1]

申国迁往楚地南阳之后，仅一百多年光景，即被楚国攻占。《左传》庄公六年（公元前 688 年）记载："楚文王伐申，过邓。"伐申当年是否灭申，语焉不详。《左传》哀公十七年记楚大师子谷追忆往事说："彭仲爽，申俘也，文王以为令尹，实县申、息。"是说楚文王用人不拘一格，连申国的俘虏彭仲爽也能委以令尹这样的要职，其执政期间使申、息两国相继败亡，成为楚国的属县。据清华简《系年》记载，楚国灭息是在楚文王七年[2]，亦即鲁庄公十一年（公元前 683 年）。而申国的覆亡在楚国灭息之前，故可推断楚灭申大致在公元前 688—前 683 年。不过，此次楚国灭申，并非彻底灭其国族，而是将申国公室及其遗民强制东迁，重新安置在今河南信阳一带，成为楚国的附庸。历时 300 年左右，直至战国早期，信阳之申才最后告别历史舞台。

---

① 杜勇：《借问"西申"何处寻》，《光明日报》2023 年 8 月 5 日。
② 清华大学出土文献研究与保护中心编，李学勤主编：《清华大学藏战国竹简（贰）》，上海：中西书局，2011 年，第 147 页。

申国东迁以后，楚文王在原地设立了申县，故有"实县申、息"的说法。申县何时易名为宛？尚不能知其确切时间，但可以肯定是春秋中期的事。据《史记·秦本纪》载："（秦穆公）五年，晋献公灭虞、虢，虏虞君与其大夫百里傒，以璧马赂于虞故也。既虏百里傒，以为秦缪公夫人媵于秦。百里傒亡秦走宛，楚鄙人执之。"这是文献关于宛的最早记载。百里奚为宛人，他从秦国逃到宛县，结果在楚国边境被人抓获。秦穆公五年为鲁僖公五年，楚成王十七年，即公元前655年。此时出现宛的地名，离申国东迁的时间已经过了二三十年。

申县易名为宛县，仍为楚国属地。秦昭王十六年，秦国攻占宛城①，后来作为南阳郡的郡治，两汉因之未变。后周曾并宛县入上阳，改为上宛县。隋初南阳郡废，改上宛县为南阳县。其后南阳县名沿用至今。1994年南阳撤地建市，次年撤销南阳县，改设宛城区。由于宛从春秋中期到隋代之前，都不称南阳县，而南阳郡的设立也在范蠡死后一百多年，所以《太史公素王妙论》称范蠡为"南阳人"无所依凭，不宜据以比勘甲骨文中南阳的地望。

3. "宛三户"今在何处

前引《吴越春秋》《会稽典录》《荆州记》都说范蠡是"宛三户人"，与春秋中期出现宛的县名相吻合，是可信据。值得注意的是，"三户"作为地名是很常见的，并不限于一域一地。三者，言其多也。多户人家聚居一地，均可以三户相称。故三户的地名在古文献中多处可见。最有名的是《史记·项羽本纪》所记楚南公曰："楚虽三户，亡秦必楚。"《史记》三家注或谓指三户人家，抑或楚国昭、屈、景三大姓；或谓为地名，指丹水县三户亭，抑或三户津、漳水津，多有歧说。楚南公说的是谶语，"三户"自难确考。但是，范蠡作为"楚宛三户人"，其故里却是有迹可寻的。

从文献上看，"三户"的地名最早出现在《左传》哀公四年：

士蔑乃致九州之戎，将裂田以与蛮子而城之，且将为之卜。蛮子听卜，遂执之与其五大夫，以畀楚师于三户。

杜预注："今丹水县北三户亭。"丹水县，秦置，属南阳郡，唐初县废。钱穆先生认为，"三户亭，今河南淅川县西南，丹水之阳。楚起丹阳，其后疆域南廓，而名其故所起曰'三户'者。"②杨伯峻先生亦同此说。③淅川在春秋时属于析邑，汉代属于析县，西魏始置淅川县。这里"三户亭"与宛城相距遥远，约有120公里，恐非范蠡里籍。《史记·越王勾践世家》张守节《正义》引《吴越春秋》说：

大夫种姓文名种，字子禽。荆平王时为宛令，之三户之里，范蠡从犬窦蹲而

---

① 《史记》卷一五《六国年表》，第739页。
② 钱穆：《史记地名考》，北京：商务印书馆，2001年，第570页。
③ 杨伯峻：《春秋左传注》，北京：中华书局，1981年，第1627-1628页。

吠之，从吏恐文种惭，令人引衣而鄣之。文种……乃下车拜，蠡不为礼。①

这是说文种在楚平王时担任宛县县令，他去寻访范蠡，范蠡学狗叫，不以礼相待。《史记正义》又引《会稽典录》说：

范蠡字少伯，越之上将军也。本是楚宛三户人，佯狂，倜傥负俗。文种为宛令，遣吏谒奉……驾车而往，蠡避之。后知种之必来谒，谓兄嫂曰："今日有客，愿假衣冠。"有顷种至，抵掌而谈，旁人观者耸听之矣。②

这些叙事都带有浓厚的小说色彩，未可尽信，只是大体反映了文种求贤心切，多次寻访范蠡的史事。《越绝书》的说法又有不同：

大夫种入其县，知有贤者，未覩所在，不得其邑人；以为狂夫多贤士，众贱有君子，泛求之焉。得蠡而悦，乃从官属，问治之术。蠡修衣冠，有顷而出。进退辑让，君子之容。终日而语，疾陈霸王之道。志同意合，胡越相从。③

这是说文种到宛县做县令，想在县邑寻求贤士而不可得，于是"泛求之"，即扩大范围广泛寻求，终于找到范蠡，又带领属官前往请教管理政务的方法。可见范蠡所居三户里与宛城较近，往还才比较方便。而淅川"三户亭"离宛城过远，与宛县三户里应非一事。

关于范蠡所居"三户里"的具体位置，有多种古籍予以记载。如《太平御览》引《郡国志》（疑即《续汉书·郡国志》）说："淯阳有小长安东阳城，有范蠡祠即故宅也。"又引《荆州记》说："新野郡南有越相范蠡祠，宅〔宛〕三户人。传云祠处即是宅。"④《水经注》卷三十一《淯水》本此，更加明确地说："郭仲产言：宛城南三十里有一城，甚卑小，相承名三公城，汉时邓禹等归乡饯离处也。……城侧有范蠡祠，蠡，宛人，祠即故宅也。"郦氏所说三公城就是春秋末年"三户里"的所在地，城侧的范蠡祠即范蠡的故居。三公城遗址至今犹存，在今河南省南阳市宛城区黄台岗镇的三十里屯村，是宛洛古道的交通要津。⑤范蠡可能就出生在这里。

结　语

商周时期的"南阳"，既见于传世文献，也见于殷墟卜辞。在秦昭王三十五年（公元前 272 年）建置南阳郡之前，文献所见南阳不是政区名，而是地域名，且有

---

① [汉]司马迁：《史记·越王勾践世家》正义引，第 1742 页。
② [汉]司马迁：《史记·越王勾践世家》正义引，第 1741 页。
③ 张仲清：《越绝书译注》，北京：人民出版社，2009 年，第 131 页。
④ 《太平御览》卷一八〇《居处部八》引，文渊阁《四库全书》本。
⑤ 袁祖亮、丁宏健：《范蠡故里考》，郑州：海燕出版社，2013 年，第 114 页。

晋之南阳、齐之南阳、楚之南阳的分别。甲骨文所见南阳当以晋之南阳某地的可能性为最大。它不仅在空间距离上与殷商王都相近,而且在战国以前的地位和影响也都高于齐、楚南阳。在卜辞中,南阳与雍地相对,应是靠近雍地(今河南修武县西)的某个地方,不一定是指战国时才修建的古南阳城(今获嘉县西郊)。所谓于南阳西叟,可能是指南阳之西某个地方举行求福之祭。

魏晋时期托名司马迁撰写的《太史公素王妙论》,说范蠡为南阳人,似乎楚地南阳在春秋时期即已得名。其实,春秋时期既无南阳郡,也无南阳县,甚至连地域名的楚地南阳在文献中也不见踪迹。宛县的得名要早一些,时在春秋中期。但宛县作为县级行政区在隋朝之前从未以南阳为县名。因此,说范蠡为南阳人似是而非,不可据为典要,不能根据《太史公素王妙论》把楚地南阳地名出现的时间追溯到殷墟卜辞,断定早在商代后期就有了楚地南阳的地名。

关于越国大夫范蠡的里籍,比较可信的说法是汉晋文献所言"乃楚宛三户人"。宛作为县级行政区的名称,是春秋中期的事情。宛县的前身是申县,申县是楚文王灭掉申国后设立的。战国晚期,宛县被秦国占领,继而作为南阳郡的郡治。直至隋初南阳郡废,南阳才长期成为南阳县的专名。从各种情况推断,范蠡故里所在的宛县三户里,不会远在今河南淅川县,而是在今河南省南阳市宛城区黄台岗镇的三十里屯村,距南阳市区约三十里。范蠡从这里走出,成为助越灭吴的功臣,也是从商致富、声名远播的杰出实业家,在中国早期文明史上占有卓越地位。

(原载《殷都学刊》2024 年第 1 期)

"越徙于吴"相关问题考论

陈梦佳

（中国美术学院马克思主义学院）

过去学界对"越徙于吴"这一历史事件的理解大多基于《吴越春秋》的相关记载，认为越国迁都姑苏是在越国国力下降的背景下，出于战略收缩的目的不得不将统治中心转移至南方。但近年来，《清华大学藏战国竹简》（以下简称《清华简》）等新出材料提供了许多此前未见的历史细节，使我们得以重新梳理当时楚、齐、晋等国互相攻伐的局势下"越徙于吴"的具体内容和真实意图。

一、越国在山东半岛的经营

关于"越徙于吴"一事，传世文献大致有三种不同的说法：

翳三十三年迁于吴。①

句践小城，山阴城也。……而灭吴，徙治姑胥台。②

自句践至于亲，其历八主，皆称霸，积年二百二十四年，亲众皆失，而去瑯琊，徙于吴矣。③

《史记索隐》引《纪年》"迁于吴"，《越绝书》则称"徙治姑胥台"。《吴郡图经续记》记载："姑苏山，在吴县西三十五里，连横山之北，或曰姑苏，或曰姑胥，或曰姑余，其实一也。"④胥、苏古音相近，所以姑苏在文献中又称姑胥，在今江苏苏州附近。⑤无论先有"姑苏台"再借以指代吴都，或是"姑苏"本为城名，因夫差所作台近于此城而名之"姑苏台"，《越绝书》中"徙治姑苏台"明显是指句践将越国都城迁至原来吴国的都城。因此，这几条材料记载的都是越国迁都吴国故都姑苏这一历史事件。

关于越国迁都姑苏的时间，上引三种文献的说法分歧很大。《越绝书》的相关记载值得注意，在同一章中，先有"句践伐吴，霸关东，徙瑯琊，起观台"诸语⑥，

---

① 《史记》卷四一《越王勾践世家》，北京：中华书局，1959年，第1747页。

② 李步嘉：《越绝书校释》，北京：中华书局，2013年，第222-223页。

③ 周生春：《吴越春秋辑校汇考》，上海：上海古籍出版社，1997年，第178页。

④ 朱长文：《吴郡图经续记》，南京：江苏古籍出版社，1999年，第41-42页。

⑤ 王晖：《西周春秋吴都迁徙考》，《历史研究》2000年第5期。

⑥ 李步嘉：《越绝书校释》，第222页。

说明越国灭吴后迁都琅琊，后又称"（句践）而灭吴，徙治故胥台"。^①据此可能有以下两种情形：一是勾践时期越国有不止一处都城，姑苏和琅琊并存；二是越国在灭吴后先迁都姑苏后继续北迁至琅琊。从清华简等材料来看，越王朱句到越王翳时期，越国的统治中心在中原地区，因此可以确定即使越王勾践在灭吴后确实曾建都于姑苏，其持续时间应该不会很长。辛德勇曾指出越国迁都琅琊在越王勾践二十九年（前468）^②，而越国灭吴在鲁哀公二十二年（前473）^③，因此如果越王勾践曾在姑苏建都，其意义大约也只是北上的一个中间站。

与《越绝书》不同，《纪年》和《吴越春秋》对于越国迁都时间都非常明确，一说在越王翳立三十三年，即公元前379年；一说在越王亲时，且距离句践定都琅琊二百二十四年，即公元前244年，两者相差百余年。关于这一问题，一件越王戈的铭文为我们提供了直接的线索。20世纪90年代中叶，绍兴地区发现了两件越王青铜戈，其中铭文较长的一件现为澳门珍秦斋所藏，根据铭文的内容，学界一般将其称为"越王差徐戈"。这件青铜戈有铭文三十四字，今隶定如下：

> 越邦之先王未得居（姑）乍（胥）金，就（由）差邻（徐）之为王，司（嗣）得居（姑）乍（胥）金。差邻（徐）以铸其元甬（用）戈，以攸（修）其边土。

目前学界讨论的焦点集中在差徐二字，主要有两种意见。一是将"差徐"读作"佐徐"，即佐助徐国；另一些学者认为"差徐"是越王的名字。从文意来看，董珊将差徐理解为传世文献中初无余一名的转音，较为合理。^④铭文中的"居乍"，孟蓬生认为即姑苏，"居乍金"意为姑苏地区的铜^⑤，可从。"居乍金"有两种可能的解释，一是指原属吴国的铜器，如礼器、兵器之类；二是指吴地所产的铜锡，《周礼·考工记》有"吴粤之金锡，此材之美者也"，说明古扬州地区盛产铜锡。这篇铭文表明至少在越王初无余时期，其统治中心应该已经在姑苏，因此《吴越春秋》记载越国直到越王亲时期才由琅琊迁至姑苏恐怕与史未合，而《纪年》"越王翳三十三年"的说法则符合此戈的铭文。

因此，总的来看，越国在句践时期可能短暂地定都姑苏，但越国的政治中心真正转移到姑苏地区应在越王翳三十三年前后。近年《清华简》的发布，为我们提供了更多关于越国灭吴之后特别是越王翳时期在北方活动的信息，对理解越国迁都姑苏之前在山东半岛的经营有重要的价值。《清华简·系年》第20章记载：

> 阖卢即世，夫秦（差）王即位。晋简公会诸侯，以与夫秦（差）王相见于黄

① 李步嘉：《越绝书校释》，第223页。
② 辛德勇：《越王勾践徙都琅邪事析义》，《文史》2010年第1辑。
③ 《春秋》哀公二十二年："冬十月丁卯，越灭吴，请使吴王居甬东。"见杨伯峻：《春秋左传注》，北京：中华书局，2009年，第1719页。
④ 董珊：《越王差徐戈考》，http://www.fdgwz.org.cn/Web/Show/525，2008年10月15日。
⑤ 孟蓬生：《越王差徐戈铭文补释》，《中国文字研究》2009年第1辑。

池。越王勾践克吴，越人因袭吴之与晋为好。晋敬公立十又一年，赵桓子会[诸]侯之大夫，以与越令尹宋盟于巩，遂以伐齐，齐人焉始为长城于济，自南山属之北海。晋幽公立四年，赵狗率师与越公朱句伐齐，晋师阀长城句俞之门。越公、宋公败齐师于襄平。至今晋、越以为好。

又，《系年》第22章称：

楚声桓王即位，元年，晋公止会诸侯于任，宋悼公将会晋公，卒于鼬。韩虔、赵籍、魏击率师与越公翳伐齐，齐与越成，以建阳、邱陵之田，且男女服。越公与齐侯贷、鲁侯衍盟于鲁稷门之外。越公入飨于鲁，鲁侯御，齐侯参乘以入。

关于这两段材料，整体文意较为晓畅，目前主要的争议集中于文中几处地名的释读。简文表明越国在灭吴之后的一段时间里，其主要活动范围与齐、晋、鲁、宋等国相近，证明越王勾践在对吴战争取得胜利后将统治的重心转移到山东地区。越国定都琅琊后，基本承袭了之前吴国在山东地区的外交策略，即与晋国交好，一致对抗齐国。《系年》中记载了三次伐齐的战争，不见于此前的文献，根据简文记载，这三次战争分别发生于晋敬公十一年、晋幽公四年和楚声桓王元年，以越国纪年即越王朱句八年（前441）、朱句十九年（前430）和越王翳五年（前404）。[①]

其次，《系年》第22章描述了齐国请成，越王翳与齐侯贷、鲁侯衍盟于鲁国稷门之外，其中提到"越公入飨于鲁，鲁侯御，齐侯参乘以入"。参乘，《左传》文公十八年"纳阎职之妻，而使职骖乘"，杜注"骖乘，陪乘"[②]，意为鲁侯为越王翳驾车，齐侯作为其陪乘，暗示当时越国地位较高，可以认为在越王翳时期越国国力尚处于鼎盛。有学者认为，此次越国与齐"成"，表明相较于朱句时期，此时越国国力有所下降，并据此指出翳三十三年迁于吴是因为越国的战略收缩。[③]这种看法可能是混同了"平"和"成"的含义。春秋战国时期，"平""成"都用来表示两国间的"和解"，历代注疏家也多以"平""成"互训。但实际上，"平"和"成"在使用语境上仍有所区别。此前学者已指出，在《左传》中"'成'除了有'解除旧怨，媾和'之义，还有'服罪，屈服、服从'之义……而此义是'平'没有的"。[④]这一意见很有启发，简文使用了"齐与越成"的说法，并且齐国也通过割让土地、进献奴隶的方式来达成求和的目的，可见齐国确有"屈服"之意。由

---

① 陈梦家：《西周年代考·六国纪年》，第85—87页。
② 杨伯峻："骖乘，亦作参乘，又曰陪乘，此作动词语，亦可作名词，古乘车在车右之人也。古乘车之法，导者居左，御者居中，又有一人处车之右，是以戎车则称车右，其余则称骖乘。骖者，三也，盖取三人为名义也。"见杨伯峻：《春秋左传注》，第630页。
③ 陈民镇：《清华简〈系年〉所见越国新史料》，《中国长城博物馆》2013年第3期。
④ 李娜：《〈左传〉"平""成"用法分析》，《中外企业家》2012年第6期。

是观之，对比晋敬公十一年、晋幽公四年两次对齐战争来看，楚声王元年（前404）的这次战争实际上取得了明显的胜利。从《清华简·系年》中相关材料来看，越国在中原地区的经营还相当成功，不存在因国势减弱而导致战略收缩的问题。

此外，《战国策·魏策》中提到：

八年，谓魏王曰："昔曹恃齐而轻晋，齐伐厘、莒而晋人亡曹。缯恃齐以悍越，齐和子乱而越人亡缯。郑恃魏以轻韩，伐榆关而韩氏亡郑。原恃秦、翟以轻晋，秦、翟年谷大凶而晋人亡原。中山恃齐、魏以轻赵，齐、魏伐楚而赵亡中山。此五国所以亡者，皆其所恃也。非独此五国为然而已也，天下之亡国皆然矣。"

其中"齐和子乱而越人亡缯"一句，和越国在山东时期的活动有关。缯，或作"鄫"，又有国名作"曾"。一般认为，历史上有姬姓之曾和姒姓之曾，这两个国家互不相涉，但其国名用字往往有交错的现象。①传世文献中所谓"缯""鄫"皆为姒姓之曾②，《战国策·魏策》所说越人乘机灭亡的缯国，其族姓也为姒姓，在今山东省兰陵县西北15公里文峰山北侧有鄫国都城遗址。③从这些文献记载和历史遗存来看，战国时期的姬姓曾国的核心区即在今山东兰陵县附近，在地理位置上与越国在山东的统治区域十分接近。

过去由于《春秋》襄六年"莒人灭鄫"的记载，学界一般认为鄫国于襄公六年（前567）已为莒国所灭，因此没有将《战国策》中有关"越人亡鄫"的这段记载作为"信史"来看待。④但是联系《清华简·系年》中越国参与伐齐的相关记载来看，《战国策》中这段材料或许反映的是鄫国复国以后又被越国所灭的事件。要说明这一点，首先需要对《战国策》中的"齐和子之乱"作一考察。杨宽曾指出："《春秋》载鲁襄公六年（前567）'莒人灭鄫'，当是莒衰落时，依恃齐而复国。所谓'和子乱'，即指田悼子死后，和子初立时，田氏发生之内乱，因田布杀其大夫公孙孙而引起，越乃乘机灭亡缯国。"⑤杨宽认为缯国在莒衰落之时依靠齐国而复国，这一观点很可能是正确的，又其关于"和子乱"的说法出自《纪年》。《水经·瓠子水》注引《纪年》："晋烈公十一年，田悼子卒，田布杀其大夫公孙孙，公孙会以廪丘叛于赵。田布围廪丘，翟角、赵孔屑、韩师救廪丘，及田布战于龙泽，田布败逋。"⑥晋烈公十一年（前405）即楚声王元年前一年，根据《清华简·系年》第22章，田和子之乱的第二年，三晋和越国就组成联军进攻齐国，并乘齐国内乱之时取得了胜利。《系年》第22章在描写对齐战争时有"齐人且有陈尘子牛

---

① 陈槃：《春秋大事表列国爵姓及存灭表撰写异》，上海：上海古籍出版社，2009年，第556-562页；董珊：《从出土文献谈曾分为三》，《出土文献与古文字研究》第五辑，上海：上海古籍出版社，2013年，第154-161页。
② 周书灿：《夏商周缯地曾国探索论》，《中原文物》2015年第5期。
③ 王志民主编：《山东省历史文化遗址调查与保护研究报告》，济南：齐鲁书社，2008年，第756页。
④ 杨伯峻：《春秋左传注》，第957页。
⑤ 杨宽：《战国史料编年辑证》，上海：上海人民出版社，2001年，第180-181页。
⑥ 范祥雍：《古本竹书纪年辑校订补》，上海：上海人民出版社，1962年，第50页。

之祸"，学者此前已指出此处所谓"陈尘子牛之祸"即传世文献中的"和子乱"。①由此再来看上引《战国策》的记载，可以发现这段材料中，对于曹、郑、原、中山等国作者都著以"轻"，只有对缯国使用了"悍越"的说法，表明缯国不仅仅是简单地轻视越国，可能曾对越国发起战争。如果确实如杨宽所说缯国依靠齐国才得以复国，那么在越国几次联合三晋进攻齐国时，缯国较大可能与齐国同处一个阵营。结合缯国地理位置分析，在晋齐战争中，缯国发挥的主要功能可能就是牵制作为晋国盟国的越国。如果这一判断成立，则《战国策》中所谓"齐和子乱而越人亡嫔"或许就发生在楚声王元年晋、越伐齐的战争中。这可以进一步说明，在越王翳的统治时期，越国的国力还保持较为强盛的状态。

二、"越徙于吴"与晋齐战争

上文考察了越国从勾践到越王翳时期在山东地区的经营，相关记载表明直到越王翳的统治期间越国国力始终处于较为强盛的状态，并没有放弃争夺霸权。那么，究竟要如何理解越国迁都吴故都的这一举动？这一问题必须放置在战国早期各国相互攻伐的具体历史语境下来进行分析。三晋伐齐是战国早期列国关系的焦点，但由于文献所限，此前研究者并没有充分认识到越国、楚国和秦国在晋齐战争中所扮演的角色，现在根据新出土的材料和骉羌钟铭文中的相关内容，可能得以进一步来梳理战国早期各国之间复杂的互动关系，进而重新理解越国迁都姑苏这一举动背后的真实意图。

《骉羌钟》现存共十四件（《殷周金文集成》157—170 号），1928 年（一说 1931年）出土于罗阳金村古墓（Ⅶ 号），其中两件藏于加拿大安大略博物馆，其余十二件藏于日本京都泉屋博物馆。②现存十四件骉羌钟中，61 字铭文的有五件，另九件皆为"骉氏之钟"短铭。综合诸家释读，将 61 字铭文隶定如下：

> 唯廿又再祀，骉羌作刈③，厥辟韩宗彻率，征秦迮齐，入长城，先会于平阴，武侄寺力，袭敓楚京。赏于韩宗，令于晋公，昭于天子，用明则之于铭。武文咸烈，永志毋忘。

骉羌钟自出土以来，一直为研究者所重视。经过几代学者的努力，目前已取得不少共识，比如确定了"唯廿又再祀"是指周威烈王二十二年（前 404）。但其

---

① 马卫东、王政东：《清华简〈系年〉三晋伐齐考》，《晋阳学刊》2014 年第 1 期。
② 李学勤发现日藏十二件中的前八件舞部内面有一、二、三、四、五、六、七、九、十等阳文数字，藏于加拿大的两件也有四、八二字，证明藏于两地的这些钟确为同组器。见李学勤：《海外访古记》（四），《文博》1987 年第 3 期。
③ "刈"字释读见白于蓝：《释骉羌钟铭文中的"乂"字》，《古文字研究》第 29 辑，北京：中华书局，2012 年。

中也还有一些问题始终没有解决，比如对于铭文中的"征秦"的解释就存在较大分歧，一说"秦"即秦国，另一种观点则认为"秦"是山东齐鲁之间的秦地。"征秦连齐"即分别征伐秦和齐①，而"齐"指齐国向无疑义，从对文的角度出发，似乎"秦"也应该是指国家而非秦地。但这样很难解释，晋国为何会在东击齐的同时还向西讨伐秦国。此外，过去学者多认为楚京与楚国有关②，但三晋在伐齐的过程中究竟如何与楚国产生联系，并不十分清楚。《清华简·系年》中相关记载或许可以帮助还原《驫羌钟》铭文中的这场战争，《清华简·系年》第23章称："楚声桓王立四年，宋公田、郑伯骀皆朝于楚。王率宋公以城榆关，是（寘）武阳。秦人败晋师于洛阳，以为楚援。"整理者的解释为："为周威烈王二十二年，此时三晋正忙于与越联兵攻打齐国，楚乘机发展其在中原的势力。"③有学者对此提出不同的意见，认为"秦败晋于洛阴，以为楚援助，其本身就表明楚国受到了晋的攻伐，所以秦援助晋，败晋师"。④简文中的楚声桓王即楚声王，声王四年与驫羌钟"唯廿又再祀"的周威烈王二十二年为同一年，而榆关在今河南临汝县西南，本属郑国，后为楚国所占领，是沟通南北的要塞。⑤从时间和地点两方面来看，简文中的记载很可能和《驫羌钟》铭文所叙为同一次战争。需要说明的是，在楚声王四年前后，也就是越王翳时期，晋国与齐国在中原地区的争夺仍在持续，但同时由于楚国希图北上因此晋、楚之间的矛盾也开始激化。这一背景有助于理解越王翳迁都姑苏的战略意图。

对于当时的越国来讲，经过几代越王的经营，越国在山东地区已经占据一席之地，但同时，越国在中原地区的扩张却遇到了瓶颈，这是因为中原各阵营逐渐达致一个均衡的态势，而越国的综合国力显然还不足以支持其独立称霸中原。与此同时，在南方，楚国因为试图北进而引发了与三晋的冲突，楚国的一部分兵力被有效地牵制在北境。还要考虑到此前楚国在淮上流域的争夺直接损害了越国的利益，而在越王翳时期，越国在山东地区已经有一定根基，晋国还能在西北方与之相呼应，这给了越国西进的机会。因此此时越国转而将中心投向南方非常合理，迁都姑苏或许就是这一战略的体现。

然而，越王翳迁都姑苏后，越国发生了一系列宫廷政变，也就是史籍所谓的

---

① 赵平安指出征和连是两个"连续的军事行为"，这一观点是正确的。见赵平安：《〈驫羌钟〉铭及其长城考》，原载《中国（香港）长城文化研讨论文集》，香港：长城文化出版公司，2002年；后收入《金文释读与文明探索》，上海：上海古籍出版社，2011年。

② 对于"楚京"的理解，学界有较大分歧，大致有"楚丘"说、"楚都"说、"齐国地名"说、"荆楚"说及"京宗"说等。参见王子超：《说"楚京"——〈驫羌钟〉铭文疑义补充释》，河南省文物考古学会编：《河南文物考古论集》，郑州：河南人民出版社，1996年。

③ 李学勤主编，清华大学出土文献研究与保护中心编：《清华大学藏战国竹简（贰）》，上海：上海文艺出版集团、中西书局，2011年，第197页。

④ 王红亮：《清华简〈系年〉中的驫羌钟相关史实发覆》，《古代文明》2013年第3期。

⑤ 徐少华：《周代南土历史地理与文化》，武汉：武汉大学出版社，1994年，第317页。

"越人三世杀其君"。[①]在这种情况下越国无法再倚靠三晋与楚国进行抗衡，直到越王无彊之时，国力才有所恢复。《史记·越王句践世家》中记载了无彊欲伐齐，齐威王使人向越王游说，无彊因此转而伐楚，最后被楚威王大败的事件。《史记》对这一事件的描述实际上也侧面说明了越国与三晋长久以来的联盟关系。[②]

《史记·越世家》中这段材料记载的几个历史事件在时间上有错置、杂糅的现象[③]，很可能糅合了楚威王时和楚怀王时的不同事件，导致研究者无从判别。此前学者利用这段材料主要是为了解决越国灭亡的问题，因此其讨论的内容主要集中于其中涉及时间考定的部分，对其余部分关注不多。但齐使劝说越王的说辞非常值得注意。从这篇说辞的结构来看，齐使的游说以晋、楚关系为开端，并花费了大量笔墨来向越国说明韩、魏与楚的关系，这一部分占据了整个说辞的大半篇幅。这表明三晋在越、楚关系中占据着重要的地位。上文中已经说明越国在越王句践迁都琅琊之后就与三晋交好，其迁都姑苏的一个重要考虑就是希望借由三晋之力与楚国争强。接下来越王对齐使的回答进一步印证了在越国都于姑苏的情况下，三晋可以有效牵制住楚国在北境的兵力，从而越国得以正面进攻楚国的核心区域。从越王翳到无彊时期，三晋（主要是韩、魏）和楚国在淮河以北区域的基本格局并没有发生重大改变[④]，因此可以推测越王翳迁都姑苏之时，其考虑的重点和越王无彊是一致的。然而在越王无彊时期，由于三晋地缘联盟关系破裂，韩国或魏国已无力独自对抗楚国，加之齐国和秦国的崛起，韩、魏两国在中原地区已经自顾不暇，因此没有如越国所愿有效牵制楚国在北境的兵力。也是在这一背景下，齐使才会以这种方式进行游说。

总之，无论是从羼羌钟的铭文还是从《史记》对越王无彊的相关记载来看，越王翳晚年之所以迁都姑苏，主要是由于中原地区逐渐达致权力均势，越国很难再有进一步的突破，而此时楚国希图北进与三晋发生冲突，越国与晋国交好，故而希望在晋国的协助下转而与楚国在南方争夺军事优势。

结　　语

新发现的《清华简·系年》表明越王翳统治时期的越国国力强盛，再结合其他文献中的相关线索，可以认为此时越国在山东地区经营颇为成功。越王翳晚年

---

① 《庄子·让王》："越人三世弑其君，王子搜患之，逃乎丹穴。而越国无君，求王之搜不得，从之丹穴。王子搜不肯出，越人熏之以艾，乘以王舆。"《吕氏春秋·贵生》记载相同，文字稍有出入。被弑的三世越王为翳、诸咎和莽安。

② 《史记》卷四一《越王句践世家》，第 1748 页。

③ 参见杨宽：《关于越国灭亡年代的再商讨》，《江汉论坛》1991 年第 5 期；陈伟：《关于楚、越战争的几个问题——与杨宽等先生商榷》，《江汉论坛》1993 年第 4 期。

④ 相关研究可参见赵炳清：《楚国疆域变迁之研究——以地缘政治为研究视角》，博士学位论文，复旦大学，2013 年，第 173-194 页。

将政治中心迁移至吴国的故都姑苏可能并非由于国力下降而被迫进行的战略收缩。将这一事件放置在战国早期晋、齐、楚等国互相攻伐的历史语境中来观察，不难发现越王翳迁都姑苏主要是基于当时的特定局势所作出的积极战略调整。

　　后记：这篇文章的主体是笔者本科学位论文中的一个章节，现在看来观点未免幼稚，行文亦嫌支离。但想到这是第一次正式向李先生请教的习作，又觉得应该勉强整理以纪念先生过去的教导。当日先生勉励之语犹在耳畔，今忽忽已逾七载。高山安仰，教泽永怀。

秦"书同文"平议

刘绍刚

（清华大学出土文献研究与保护中心
古文字与中华文明传承发展工程协同攻关创新平台）

  1973 年，朱德熙、裘锡圭先生在《秦始皇书同文字的历史作用》一文中提出："隶书是由秦国的草篆发展而来的。这种新兴的字体简单实用，很快取代了小篆的地位，成为通行全国的主要字体，所以我们与其说秦始皇用小篆统一了文字，还不如说他用隶书统一了文字。"[①]二十年后，在 1993 年为《中国书法全集》卷 7撰写的《秦汉时代的字体》一文中，裘锡圭先生又提到这一问题："在秦代，隶书在日常使用的文字里已经成为主流，而且已经动摇了小篆作为正规字体的地位。到了西汉，距离秦王朝用小篆统一全国文字并没有多久，隶书就成了正规字体，所以我们未尝不可以说，秦王朝实际是以隶书统一了全国文字。"[②]前言"秦王朝用小篆统一全国文字"，后语又说"秦王朝实际是以隶书统一了全国文字"，略有前后矛盾之嫌。

  1975 年，云梦睡虎地秦简出土后，又有青川木牍出土，人们由是引发了秦是用篆书还是隶书统一文字的讨论。在这场讨论尘埃落定后，随着里耶秦简、岳麓秦简、北大秦简等更多秦汉简牍的发现，又有学者对这个问题予以讨论。其中我国台湾学者陈昭容发表了《秦"书同文字"新探》[③]，胡平生先后发表了《里耶秦简篆书论》[④]《再论秦篆统一文字》[⑤]，对里耶秦简的字体究竟是篆书还是古隶、"草篆"等问题，都提出了一些新的见解。我们有必要进一步审视秦"书同文"是统一用字、用语，还是用篆书或隶书统一文字的问题。

一、秦代的"书同文"措施

  结合传世文献和出土文献的资料，我们看到秦代的"书同文"措施主要有三种：（一）《说文叙》中说："秦始皇帝初兼天下，丞相李斯乃奏同之，罢其不与秦

---

① 北文（朱德熙、裘锡圭笔名）：《秦始皇书同文字的历史作用》，《文物》1973 年第 11 期。
② 裘锡圭：《秦汉时代的字体》《中国书法全集》卷 7，《裘锡圭学术文集·语言文字与古文献卷》第 221 页，复旦大学出版社，2015 年。
③ 陈昭容：《秦"书同文字"新探》，《秦系文字研究：从汉字史的角度考察》，台北："中央"研究院历史语言研究所，2003 年。
④ 胡平生：《里耶秦简篆书论》，《出土文献研究》第十八辑，中西书局，2019 年。
⑤ 胡平生：《再论秦篆统一文字》，《出土文献研究》第二十一辑，中西书局，2022 年。

文合者，斯作《仓颉篇》，中车府令赵高作《爱历篇》，太史令胡毋敬作《博学篇》，皆取史籀大篆，或颇省改，所谓小篆者也。" 这里说了两层意思，第一是"罢其不与秦文合者"，也就是废除六国文字中与秦文字不同的字形。从近几十年出土的大量战国简看，六国文字与秦文字的差异不仅是书体、用笔的不同，也不仅仅是字体繁简、偏旁位置不同，更多的是用字的差异。第二是三位重臣所作的三篇字书，是以"取史籀大篆，或颇省改"的小篆写成。

（二）发布规范用语、用字的相关政令。《史记·秦始皇本纪》有如下记载："臣等谨与博士议曰：'古有天皇，有地皇，有泰皇，泰皇最贵。'臣等昧死上尊号，王为'泰皇'。命为'制'，令为'诏'，天子自称曰'朕'。"王曰："去'泰'，着'皇'，采上古'帝'位号，号曰'皇帝'。他如议。制曰：'可。'追尊庄襄王为太上皇。""更名民曰'黔首'"。

在里耶秦简的 8-461 木方中，我们见到了更多文字字形和用字规范的详细规定。陈侃理在《里耶秦简 8－455 号木方性质刍议》中，归纳出秦统一文字规范用字的措施有三点：（1）"主旨是对书写用字进行规范，更确切地说，是分散多义字的职务。"（2）"归并异体字、规范字形的规定。"（3）"意在正定字形写法。"[1]还有一些日常用语词汇称谓的变更，里耶秦简的整理者张春龙也很早就注意到了。如"更詑曰谩"，张注："《说文》'沇州谓欺曰詑'。段注：'此不见于《方言》，《方言》"秦谓之谩"。'"是用秦地方言改他地方言。这方面已经有很多文章讨论，在这里就不再赘述了。

这些木方的内容，也都是秦代书同文的重要措施，依靠新出土秦简的发现，我们才对秦书同文有了更清晰的认识：书同文的主要作用，重点不在于统一书体，而在于统一用字和用语。秦统一前后的简牍中，没有看到书体有什么明显区别。在里耶秦简木方中，规定将"野"字不同的字形"埜""壄"统一写作"野"，但在岳麓秦简中，各种官文书中野字的写法依然有各种异体，"正体"的野字反而少见。倒是有用语不同的例子。睡虎地秦简曾有一篇《为吏之道》，在北大藏秦简中名为《从政之经》，在岳麓书院藏秦简中名为《为吏治官及黔首》，内容大同小异。在北大藏秦简与睡虎地秦简中均称"民"，而岳麓简已称"黔首"。秦始皇廿六年（前 221）下令"更名民曰'黔首'"，北大简与睡虎地简中未称"黔首"，书写时间即可能是在此法令下达之前，而岳麓简称"黔首"则"很可能是在此法令已下达后实施之表现"。[2]这说明秦书同文正字的规定并没有得到切实的实行，而在规范用语方面有实效（见图 1）。

（三）秦始皇于公元前 221 年统一六国后，数次出巡各地，群臣为歌颂其功德，以"昭示万代"所刻之石，如绎山刻石、泰山刻石、琅邪刻石、之罘刻石、东观

---

① 陈侃理：《里耶秦简 8－455 号木方性质刍议》，《文物》2014 年第 9 期。
② 朱凤瀚：《北大藏秦简〈从政之经〉述要》，《文物》2012 年第 6 期。

图 1　里耶秦简：秦《更名诏书》木牍
（图版、释文见《书于竹帛》一书第 28 页）

刻石、碣石刻石和会稽刻石。秦刻石是小篆的范本，人们以往只注意到了它在书法上的意义，而其正字的作用，往往被忽略了，这些秦刻石虽然不像汉魏时期的熹平石经、正始石经一样立在太学，然而其同样有正字的功能。过去以为秦以篆书统一文字，也是因为秦流传下来的字迹以秦刻石的篆书最为著名。

二、大篆、小篆和隶书之名出现的时代

下面我们再来看看在当代文字学家眼中，"秦书八体"中大篆、小篆和隶书这些书体名称究竟是什么时候出现的。

裘锡圭在《文字学概要》中说过："春秋战国时代的秦国文字是逐渐演变为小篆的，小篆跟统一前的秦国文字并不存在截然分明的界线。"[1]在将商鞅量、诅楚文、新郪虎符、杜虎符与秦刻石的小篆对比后，裘先生指出"'大篆'和'秦篆''小篆'等名称应该是从汉代才开始使用的。秦代大概只有'篆'这种字体名称"[2]。在这里，裘先生把"秦书八体"中大篆、小篆两种书体名称出现的时间放到了汉代。

《汉书·艺文志》"秦篆"下云："是时始建隶书矣。起于官狱多事，苟取省易，施之于徒隶也。"那么隶书之名是不是秦代就出现了呢？

从 20 世纪 70 年代后陆续发现的秦简中可以看出，篆书和古隶在各类公私文书中都存在，隶变程度也不同。那时的隶书和手写体的篆书并没有十分严格的区别。云梦睡虎地秦简比里耶秦简、岳麓书院藏秦简隶变的程度深，但依然有许多

---

① 裘锡圭：《文字学概要》第 65 页，商务印书馆，1988 年。
② 裘锡圭：《文字学概要》第 65-66 页，商务印书馆，1988 年。

篆书的痕迹。裘先生也认为，"（睡虎地）秦简所代表的隶书还只是一种尚未完全成熟的隶书"。①在云梦睡虎地秦简和里耶秦简、岳麓秦简中，都有秦统一前后的简牍，像云梦秦简《编年记》，跨越了秦统一前后、书同文字前后，但看不到书同文字的影响，秦统一前后的简牍书体没有明显不同。这说明秦代仍处于篆书向隶书的过渡阶段，隶书和篆书的差异还没有拉开很大距离。

文字学界之所以把秦代的隶书称为"古隶"或"秦隶"，就是因为此时的隶书中还存留着篆书的因素，而此时的篆书也受到隶变写法的影响，这个过程有点像蝌蚪向青蛙演变的过程——蝌蚪向青蛙演变的过程中，即使长出来足，尾巴未掉，也很难说它已经是青蛙了。在这个变化过程中难以定义它的名称。只有彻底脱去蝌蚪的尾巴，才能定义它是青蛙。在秦代，篆书和"篆之捷"的隶书如同蝌蚪向青蛙的转变期，还没有十分明显的区别：隶书中还留着篆书的尾巴，篆书中也有了隶书的变化。王焕林曾在《里耶秦简的形制及相关书写问题考述》中说道："里耶秦简有三种风格的字体：其一，与睡虎地秦简一样典型的偏于隶书的字体。……这类简牍占总量的40%弱，它们是古隶的标准样式。其二，比龙岗木牍更为古雅的偏于小篆的字体。……这类简牍占总量的50%强。……其三，少量以楚文字笔意而写秦简的作品。"②其判定的依据，是后代划分出来的篆书与隶书区别标准，这个标准起码在秦代还没有建立起来。胡平生先生在《里耶秦简篆书论》谈到里耶秦简中篆隶杂糅的现象后就曾指出："在公文书中用篆体字书写与用隶体字书写，并无差别，两种书体没有界限。"③换句更严谨的话说，是那时的篆书和隶书已经有了差异，但还没有十分明显的界限。

一种书体的出现到命名，总是会有一个"时间差"。像草书的因素在战国时期及秦代已经出现，但草书之名到东汉才出现在著录之中；行书、楷书西汉中期已经出现，但命名时间则在百年以后了。所以隶书名称出现的时间，不会是在隶书因素出现不久的秦代，而应该是在篆隶两种字体区别更明显的汉代。郭沫若在1972年发表的《古代文字之辩证的发展》中就指出："篆书之名始于汉代，为秦以前所未有，究竟因何而名为篆书呢？我认为这是对隶书而言的。"④我们是否可以这样理解，在秦代手写体中的快捷写法——隶书已经出现，但与篆书的差别并不大，到汉代篆书和隶书的差别已经十分明显时，才会给予新的命名。

是否可以说《说文》中的"秦书八体"之名都是汉代才出现的，无论是启功、郭沫若还是裘锡圭先生，所说都没有传世文献或出土文献的任何依据，但汉代以前的文献中，也确实没有篆书、隶书名称的出现。张家山汉简《二年律令·史律》，

---

① 裘锡圭：《文字学概要》第69页，商务印书馆，1988年。
② 王焕林：《里耶秦简的形制及相关书写问题考述》，《简帛书法研究》，荣宝斋出版社，2009年。
③ 胡平生：《里耶秦简篆书论》。
④ 郭沫若：《古代文字之辩证的发展》，《考古学报》1972年第1期。

是西汉初年（吕后二年，前 186）的律令，距离汉朝立国时间不远。在这里已经出现了"八体"之名："〔试〕史学童以十五篇，能讽书五千字以上，乃得为史。又以八体试之，郡移其八体课大史，大史诵课。"这与《说文叙》在"汉兴有草书"后所说的"尉律：'学僮十七已上，始试，讽籀书九千字，乃得为吏。又以八体试之，郡移大史。并课，最者以为其尚书史。'"的记载基本一致。《说文》的这段话是在"汉兴有草书"之后，是否可以说这是汉朝建立后的尉律呢？在西汉初年的张家山《二年律令》中，这段在《史律》之中，并不在《尉律》中。没有说"八体"是"秦书八体"，也没有书体的具体名称，但与《说文叙》所说的比较，起码可以证明"八体"出现的时间不晚于西汉初年。

既然在秦统一前后没有大篆、小篆的区别，秦代篆书、隶书之间也没有明显区别，这些书体的名称有可能都是在汉代才出现的。那么秦王朝是以篆书或隶书统一文字的命题就是不能成立的。

三、"书同文"统一的不是书体

在 20 世纪 70 年代后的研究中，有些学者已经接近了秦代"书同文"的实际。

俞伟超、高明在《秦始皇统一度量衡和文字的历史功绩》一文中指出："把'书同文字'笼统说成是推行某种书体，实际是缩小了这一措施的意义。它的最大意义，并不在于采用那种书体，而是对汉字形体结构的规范。"[①]排除掉这篇文章发表的特殊历史背景的干扰，放在各种战国时期的简牍大量发现后的今天看，六国文字中各种异体字之多、用字之复杂，远超过去学界对古文的认知，俞伟超、高明先生的这一观点亦愈发显现出其独到的学术价值。从战国、秦汉到魏晋时期，是文字不断发展演变的一个重要时期，汉字经历了从古文、篆书到隶书的演变，隶书成熟后，又向行书、楷书演变。草书的发展也对篆书演变为隶书以及行草书的发展起到了一些不可或缺的影响。处于文字和书体演变之中，除对汉字形体结构规范之外，对用字——重新调整字用分工，规范假借字、异体字使用的规范，也是"书同文"的重要内容。

秦代"书同文"之后，历代的正字措施也不断推出，如规范篆书形音义的许慎《说文解字》，虽属私修的文字学著作，却也由其子上书给皇帝。立于太学的汉熹平石经、魏正始石经（三体石经），不只是规范经典的内容，也有规范用字和字形结构的意义。而西汉流行的字书《仓颉篇》、继之在西汉晚期至东汉流行的《急就章》，都是对隶书字形的规范。这些都是官方和民间规范文字的正字措施。

谭世保《秦始皇的"车同轨、书同文"新评》一文，虽然否认了"秦用篆体

---

① 俞伟超、高明：《秦始皇统一度量衡和文字的历史功绩》，《文物》1973 年第 12 期。

统一了中国文字"和"秦始皇实际上是以隶书统一了全国文字"两种意见，但也不同意俞伟超、高明先生"乃是对汉字结构的规范，使汉字形体走向定形"的看法，而是认为"秦始皇的'书同文'是指命令的格式、内容统一，而不是指字体形状的统一"。[①]这种意见也看到了"书同文"的另外一个重要方面——就是"书同文"不是对字体形状的统一。尤其是里耶秦简的 8-461《更名诏书》木牍的发现，可以补充"书同文"是对各类文书用语的规范，而不只是"命令的格式、内容统一"。谭世保虽然不是文字学家，有些与文字有关的叙述并不严谨，但指出了书同文的另一方面的内容。

"书同文"的主旨，是规范用语、用字和汉字形体结构。因为统一文字无法统一每个人的用笔、结体、笔势等书写习惯，也就无从说是用篆书还是隶书统一文字。裘锡圭先生就指出过："人们书写文字的习惯是在长时间的实践中形成的，秦王朝要改变被征服地区人民的书写习惯，当然不是一件很容易的事。"[②]像秦刻石使用的小篆，只是一种学习的范本，难以要求所有人在日常书写中能写成这样——根本也办不到。而像里耶秦简、岳麓秦简中出现的篆书，才是日常手写体中篆书常见的样子。而此时的隶书，并没有完全从篆书中脱胎换骨。在秦代，隶书正在从篆书中演变而来，篆书和隶书的区别还不是特别明显，也没有出现大篆、小篆、隶书的书体名称，秦代的"书同文"也就不存在是用哪种书体统一文字的问题。

---

① 谭世保：《秦始皇的"车同轨、书同文"新评》，《中山大学学报（哲学社会科学版）》1980 年第 4 期。
② 裘锡圭：《文字学概要》第 66 页。

秦 焚 书 考

李 锐

（北京师范大学历史学院史学研究所）

秦之"焚书坑儒"，是关系到中国古代学术的一件大事。然而与焚书相关的事，则仍然有不少疑义。王充在《论衡·正说》中讲"唯博士官乃得有之"，朱子说："如秦焚书，也只是教天下焚之，他朝廷依旧留得。"[1]马端临在《文献通考》中也说，"《诗》、《书》、百家语之在人间者焚之，其在博士官者存之"。[2]萧参《希通录》则又谓："天下之书虽焚，而博士官犹有存者。惜乎入关收图籍而不及此，竟为楚人一炬耳，前辈尝论之。"[3]胡三省注《资治通鉴》也说："秦之焚书，焚天下之人所藏之书耳。其博士官所藏，则故在。项羽烧秦宫室，始并博士所藏者焚之。此所以后之学者咎萧何不能于收秦图书之日并收之也。"[4]萧、胡之论，表明其前之学者多认为秦不焚博士官之书，而导致经籍亡佚的罪过，逐渐转移到了萧何、项羽身上。此后持相近论点者犹多。[5]据王应麟《汉书艺文志考证》卷一及方回《续古今考》卷六、二十九所载，吕东莱曾说"萧何独收图籍而遗此，惜哉"，则首咎萧何者当为吕东莱。值得注意的是，《续古今考》卷六还专门指出了"诸国之史，非秦所记，虽博士官亦不许藏，六国及周之所记者皆灰灭矣"。

但是康有为在《新学伪经考》中，则标举《秦焚六经未尝亡缺考》之义，以"后世六经亡缺，归罪秦焚"为刘歆之伪说，是刘歆遍伪群经之借口。[6]康有为之说，影响很大。后来蒙文通先生在《经学抉原·焚书》篇中，细数秦廷称引六艺经籍之事，认为"孔子之术，诚不因坑焚而隐讳，亦不待除挟书之律而显明"。[7]

然而章太炎先生认为王充所说"博士独有其书"是误解，郑樵、马端临"沿袭斯论，遂为今日争端"。[8]顾实先生则举伏生壁藏《尚书》之事，认为博士亦不得藏书。[9]

---

① 黎靖德编：《朱子语类》，卷138，北京：中华书局，1986年。
② 马端临：《文献通考·经籍考一·总叙》。
③ 萧参：《希通录》，续百川学海本，转摘自《说郛》卷六下。
④ 泷川资言、水泽利忠：《史记会注考证附校补》，上海：上海古籍出版社影印本，1986年，第167-168页。
⑤ 参陈登原：《古今典籍聚散考》，上海：商务印书馆，1936年，第36-41页。
⑥ 康有为"秦焚六经未尝亡缺"之说，或是依郑樵《通志·校雠略》之说而来。《史记·萧相国世家》说"何独先入收秦丞相御史律令图书藏之"，郑樵于是说："萧何入咸阳，收秦律令图书，则秦亦未尝无书籍也。"康有为遂谓萧何收得六经。
⑦ 蒙文通：《经学抉原》，《经史抉原》，成都：巴蜀书社，1995年，第57页。
⑧ 章太炎：《秦献记》，《章太炎全集》，第四册，上海：上海人民出版社，1985年，第69-71页。按：王充原文是"唯博士官乃得有之"，章太炎引为"博士独有其书"，有不同。章太炎所作《秦献记》《秦政记》，有特定思想背景，不可视为考史之作。
⑨ 顾实：《汉书艺文志讲疏》，上海：商务印书馆，1924年，第5页。

于是关于秦焚书，就有了秦博士官是否可以存书、萧何是否收秦经史子籍以及项羽是否焚书等诸多问题。秦焚书还与《挟书律》等问题相关。浅学思之经年，敢献愚虑以待高明指教。

一、《挟书律》

《史记·秦始皇本纪》载始皇三十四年（公元前 213 年），"始皇置酒咸阳宫，博士七十人前为寿"。仆射周青臣进颂，却引来博士齐人淳于越的批判。始皇下其议，丞相李斯言曰：

丞相臣斯昧死言：古者天下散乱，莫之能一，是以诸侯并作，语皆道古以害今，饰虚言以乱实，人善其所私学，以非上之所建立。今皇帝并有天下，别黑白而定一尊。私学而相与非法教，人闻令下，则各以其学议之，入则心非，出则巷议，夸主以为名，异取以为高，率群下以造谤。如此弗禁，则主势降乎上，党与成乎下。禁之便。臣请史官非秦记，皆烧之；非博士官所职，天下敢有藏《诗》、《书》、百家语者，悉诣守、尉杂烧之；有敢偶语《诗》《书》者，弃市；以古非今者，族；吏见知不举者，与同罪；令下三十日不烧，黥为城旦。所不去者，医药、卜筮、种树之书。若欲有学法令，以吏为师。

其后是"制曰：'可。'"这是有关秦焚书之事的详细记载，小有不同者还可参见《史记·李斯列传》等。后人论及焚书之事，常说到《挟书律》。关于《挟书律》，后人常称引《汉书·惠帝纪》所记汉惠帝四年（公元前 191 年）"除《挟书律》"，颜师古注引应劭曰"挟，藏也"，又引张晏曰"秦律敢有挟书者族"。因此后人以为《挟书律》的内容是"敢有挟书者族"，此文被收入《九朝律考》等书，至今不少教科书解释《挟书律》也仍然据之为说。

但是李学勤先生将上引李斯文和张家山 247 号汉墓竹简《津关令》比较，指出秦律令的制定有一种形式是对奏书予以认可，并比较了李斯语中和秦律相近的言语，指出李斯之言自"臣请"下面就是律文。[①]现在张家山汉简《津关令》已经公布，其律令形式是：

一、御史言，越塞阑关，论未有□，请阑出入塞之津关，黥为城旦舂；越塞，斩左止（趾）为城旦；吏卒主者弗得，赎耐；令、丞、令史罚金四两。智（知）其请（情）而出入之，及假予人符传，令以阑出入者，与同罪。非其所□为□而擅为传出入津关，以传令阑令论，及所为传者。县邑传塞，及备塞都尉、关吏官属、军吏卒乘塞者□其□□□□□日□□牧□□塞邮、门亭行书者得以符出入。•制曰：可。

---

① 李学勤：《从出土简帛谈到〈挟书律〉》，黄留珠主编：《周秦汉唐研究》，第一册，西安：三秦出版社，1998 年。

□、御史请诸出入津关者，诣入传□□吏（？）里年长物色疵瑕见外者及马帜（识）物关舍人占者，津关谨阅，出入之。县官马勿帜（识）物者，与出同罪。•制曰：可。①

比较张家山汉简《津关令》，根据李学勤先生的意见，我们或可大致复原秦有关焚书的法令是：

丞相请史官非秦记，皆烧之；非博士官所职，天下敢有藏《诗》、《书》、百家语者，悉诣守、尉杂烧之；有敢偶语《诗》《书》者，弃市；以古非今者，族；吏见知不举者，与同罪；令下三十日不烧，黥为城旦。所不去者，医药、卜筮、种树之书。若欲有学法令，以吏为师。•制曰：可。

李斯所言文字中没有"挟"字，只有同义的"藏"字，所以李先生怀疑："李斯所言诣守、尉杂烧，系指当时集中施行的措施；挟书者族，则是法律中长期生效的内容，《挟书律》之名当即由此而生。"②李先生取调停之说，是很审慎的。

但是我们或可怀疑张晏之语仅是大略称引《挟书律》的内容（李斯之言），并非另有所谓《挟书律》，《挟书律》应该就是上面所复原的法令。因为"敢有挟书者族"这一句话不明确、不具体，对于"书"没有具体规定，很难操作，这不可能作为法律，只能看作对李斯之语的简单概括。类似的概括之语，还可见《论衡•正说》所说"有敢藏诸书百家语者刑"。

李斯之言，前辈学者早已指出其目的是禁止以古非今，其罪至灭族；私藏《诗》、《书》、百家语的罪行均相对较轻。③而秦始皇既批准了李斯的动议，它具有法律性质，应该得到了比较有力的推行。坑儒之事前，秦始皇就说"吾前收天下书不中用者尽去之"，基本上是令行禁止，他似没有必要又以更重之罪罚"敢有挟书者族"来强调其事。至若李斯之言并无"挟"字，观郭璞注《尔雅•释言》"挟，藏也"所说"藏，今江东通言挟"，可知"挟书律"之"挟"字，很有可能是后人运用方言而称呼之，秦律原名或未必就称为"挟书律"。因此，汉代的《挟书律》之所指，就是上述据张家山汉简《津关令》所推出的内容。其原文，是以李斯的奏议加上"制曰：'可'"的形式颁布的法令。张晏之语，应该只是略举其要。下面为讨论方便，径以《挟书律》指上述复原的法令。

基于《挟书律》，我们就可以进而讨论一些复杂的问题。我们容易明白，《挟书律》所明令禁止挟藏的，是史官所藏的秦记之外的史记，博士官职掌之外的《诗》、《书》、百家语。这表明，秦廷确实允许史官、博士官拥有一定的书，古来的传统说法并没有错。司马迁在《六国年表》中说："秦既得意，烧天下诗书，诸侯史记

---

① 张家山二四七号汉墓竹简整理小组编著：《张家山汉墓竹简[二四七号墓]：释文修订本》，北京：文物出版社，2006 年，第 83、84-95 页。
② 李学勤：《从出土简帛谈到〈挟书律〉》，黄留珠主编：《周秦汉唐研究》，第一册，第 4 页。
③ 钱穆：《两汉博士家法考》，《两汉经学今古文平议》，北京：商务印书馆，2001 年，第 188 页。

尤甚，为其有所刺讥也。《诗》《书》所以复见者，多藏人家，而史记独藏周室，以故灭。惜哉，惜哉！独有秦记，又不载日月，其文略不具。"司马迁所见"独有秦记"，表明秦确实烧毁了秦记之外的许多史书，说明《挟书律》确实得以严厉实行。太史公同时也说有一些人私下藏了些《诗》《书》，得以在废除《挟书律》之后重见天日。私藏之事，在历代毁禁书籍的事例中屡见不鲜。但是司马迁这句话容易引起歧义，他没有明言是否见到秦朝博士所在的官府有藏书。

因此顾实先生举伏生藏《书》以及孔壁藏书的例子，又据《史记·六国年表》之"《诗》《书》所以复见者，多藏人家"，以说明"博士官不能在秦廷藏《诗》、《书》、百家语"。顾实先生还考察秦博士，指出多文学方术士及名家人物（黄公）①，以证成其说。

但是马非百先生指出"博士官所职与博士所职不同，前者指机关而言，后者则为私人"，顾实是"误机关与私人为一致"。②马先生之说可信。因此，博士官所在的官府，可以收藏《诗》、《书》、百家语；但是博士却不能私人自藏《诗》、《书》、百家语，因此才有伏生不得已而壁藏《尚书》之事。而且我们不能否认秦廷博士之中多儒生，譬如博士中有伏生及其师李克，还有羊子（《汉书·艺文志》列入儒家）。《史记·封禅书》记载说："（秦始皇）即帝位三年，东巡郡县，祠驺峄山，颂秦功业，于是征从齐鲁之儒生、博士七十人，至乎泰山下。诸儒生或议曰……"此处有"儒生、博士"，可以猜想儒生是以待诏博士之身份参与封禅之事。叔孙通、鲍白令之很可能都是以文学（方术）被征，待诏博士③，随时可以因幸被补充为博士，如叔孙通。顾实先生之说，恐怕是为了反驳康有为"秦焚六经未尝亡缺考"之说而持论太过。

至于章学诚以李斯所说"以吏为师"即学在官府之旧例，就是以博士为师之说，则驳之者已多，不必详论。④

二、《诗》、《书》、百家语

《挟书律》所禁的书，很明显是史记（非秦记之史）、《诗》、《书》、百家语，然尚有数事可说。

其一，史记、《诗》、《书》、百家语有区别。

---

① 顾实先生还谓秦有占梦博士，恐不当，参徐复：《秦会要订补》及《附录》所收金少英《秦官考》，北京：中华书局，1959年，第203、476页。

② 马非百：《秦集史》，北京：中华书局，1982年，第896页。

③ 施之勉先生根据《说苑·至公》云"博士七十人未对，鲍白令之对曰"之文，以为鲍白令之非博士。马非百非之（见氏著：《秦集史》，第899页）。钱穆先生引蒙文通之说以鲍白令之为秦博士（见钱穆：《两汉博士家法考》，《两汉经学今古文平议》，第193页）。

④ 参徐复：《秦会要订补》，第138页；李学勤：《从出土简帛谈到〈挟书律〉》，黄留珠主编：《周秦汉唐研究》，第一册。

对于史记，即使是史官所藏的非秦记者，也要焚毁；对于《诗》、《书》、百家语，则允许博士官收藏于官府；但是，"有敢偶语《诗》《书》者，弃市"，则《诗》《书》即使不烧，可藏于特别的官府，也不可偶语，而百家语尚可以谈说、称引，故《诗》《书》比百家语容易惹祸。相对而言，博士官府藏有诸子百家书是比较保险不会出问题的，只要不以古非今。

与秦有关的《诗经·秦风》《尚书·秦誓》，或也在严禁之列。[①]像《左传》记有部分秦事，汉代由张苍献出，看来也是先藏而后出，说明即使有部分关系到秦之历史者，也在严禁之列。

其二，百家语可以称引，唯不能以古非今。

《挟书律》说"有敢偶语《诗》《书》者，弃市"，对于百家语则无此严禁之语。是故我们可以明白《史记·李斯列传》记胡亥以韩非之言问李斯，李斯则以申子、韩子之语以阿胡亥之意，并非因特权而超出《挟书律》之外。或疑《史记·乐书》尝载李斯进谏："放弃诗书，极意声色，祖伊所以惧也；轻积细过，恣心长夜，纣所以亡也"，似乎六艺仍受重视。但此处祖伊所言的"诗书"，或有所指；况且李斯并未称引任何文字。又观前述李斯奏书之言，所谓"以古非今"，主要是"非上之所建立"，"人闻令下，则各以其学议之"，是对于法令制度的非议，所以李斯进谏之语并未违反《挟书律》。

蒙文通先生曾举"蒙恬说《金縢》之传，蒙毅陈《黄鸟》之说"，以证"孔子之术，诚不因坑焚而隐讳"。所举两事，俱见《史记·蒙恬列传》。然而蒙毅未明引《黄鸟》，所说"昔者秦穆公杀三良而死，罪百里奚而非其罪也，故立号曰'缪'"，或本无"三良而死罪"五字[②]，故所言未必是《秦风·黄鸟》；蒙恬所述周公言行与《金縢》有差别，虽引有"故《周书》曰：'必参而伍之'"（不见今《尚书》及《逸周书》），但蒙氏兄弟俱为临死前与使者之语，并非上书陈情。又蒙毅之语尚有"故曰：'用道治者不杀无罪，而罚不加于无辜'"，当为百家之语。

其三，秦焚民间的诸子书。

至于《论衡·书解》云"秦虽无道，不燔诸子。诸子尺书，文篇俱在"，赵岐《孟子题辞》曰"（《孟子》）其书号为诸子，故篇籍得不泯绝"，刘勰《文心雕龙·诸子》记"烟燎之毒，不及诸子"，孔安国《孔子家语后序》载《孔子家语》与诸子同列，故不见灭"，《鹖冠子序》言："遭秦暴乱，书、记略尽。《鹖冠子》虽不预焚烧，编袟由此残缺。"不少学者遂谓秦不焚诸子书，恐怕有所误解。秦只不过是允许博士官藏诸子书。前文已说明，相对于史书、《诗》、《书》而言，诸子书的风险要少。司马迁谓："史记独藏周室，以故灭。惜哉，惜哉！"《孟子题辞》和《孔子

---

① 马端临在《文献通考·经籍考一·总叙》中已提及："今下令焚《诗》、《书》，而曰'史官非秦记皆烧之'，则《秦誓》《秦风》亦秦记也，独非《诗》《书》乎？"

② 泷川资言、水泽利忠：《史记会注考证附校补》，第 1587 页。

家语后序》是说"得不泯绝"和"不见灭",但是《鬻子序》说到"编秩由此残缺",诸子书的情况比史记要好一些而已。《论衡·书解》则是相对五经之残缺而说"诸子尺书,文篇俱在",《文心雕龙》之下文便立即说到刘向校诸子书"杀青所编,百有八十余家矣"。因为汉代尚可见到不少诸子书,而《诗》尤其是《书》残缺很多,故相对而言,诸子书没有焚尽,但是也有不少毁损。马端临就说过:"《荀子》载孟子三见齐王而不言,弟子问之,曰:'我先攻其邪心'。《扬子》载孟子曰:'夫有意而不至者有矣,未有无意而至者也。'今书皆无之,则知散轶也多矣。岐谓秦焚书,得不泯绝,亦非也。或曰:'岂见于《外书》邪?'若尔,则岐又不当谓其不能弘深也。"①因此秦并非不焚民间的诸子书,只是因为诸子书尚可存于博士之官,且可以称引,故相对保存较好,但是也因为焚书而有不少散佚。

其四,"百家语"包括诸子百家之子书、传记。

俞敏先生曾据《论衡·书解》记载秦不焚诸子书,认为秦所欲焚的"百家语"之"百家",不是指诸子,而是指"纵横之术"。②这一观点恐怕不可靠。前面已经解释了《论衡·书解》说"诸子尺书,文篇俱在"的原因。古代"百家"之称多见,多指诸子百家,无有特指纵横家者。③

"百家语"很重要的一部分是儒家传记及子书,秦虽不禁卜筮之书,但是儒家解说《周易》的传记却属于百家语,也在焚禁之列。④是故马王堆帛书《易传》与今本《易传》有不同,尤其是帛书《二三子问》《衷》《要》《缪和》《昭力》等篇,几乎不见于后世载籍;帛书《系辞》与今本也有所差别;而汉初数《易》的传承,也只有商瞿一系可考。这些结果,当都和《挟书律》禁百家语有关。因此,《易传》等书也是在严禁之列的。不少学者以为儒家因秦不禁《周易》才假托孔子名义传《易》,《易》到秦末才列入儒家的六经,恐怕对于《挟书律》的理解有问题。现在战国中期郭店楚墓出土的《六德》和《语丛一》中已经出现了包括《易》在内的六经名称,犹可见此说之误。⑤

其五,秦不禁礼乐,但禁百家有关学说。

秦始皇三十六年,"使博士为仙真人诗,及行所游天下,传令乐人歌弦之"。秦始皇死后,群臣正七庙之制。这都是秦朝兴礼乐的情况,其制礼作乐是要垂范后世,如秦始皇二十六年改周舞之名为"五行"。秦不禁礼乐,应该会允许礼乐之官有一定的书籍(汉初之礼乐,"大氐皆因秦旧事焉"⑥,叔孙通多主其事);却并

---

① 马端临:《文献通考·经籍考十一·经(论语、孟子)》。
② 俞敏:《说"百家语"》,《训诂学研究》,第一辑,北京师范大学出版社,1981年。
③ 参李锐:《"六家""九流十家"与"百家"》,《中国哲学史》2005年第3期;《简帛释证与学术思想研究论集》,台北:台湾书房出版有限公司,2008年。
④ 参李学勤:《帛书〈周易〉的几点研究》,《文物》1994年第1期。
⑤ 参廖名春:《论六经并称的时代兼及疑古学说的方法论问题》,《孔子研究》2000年第1期。
⑥ 《汉书·礼乐志》,北京:中华书局,1962年,第1044页。

不意味着儒家的《礼》《礼记》《乐经》《乐记》等可以流传。《挟书律》主要是防止人"以古非今"，自然也不许人据礼乐"以古非今"。而且《礼记》《乐记》属于百家语的范围，是故河间献王因得不到《乐记》，才有《汉书·艺文志》所说"与毛生等共采《周官》及诸子言乐事者，以作《乐记》"之事。[①]司马迁在《乐书》中虽抄有部分《乐记》，但是不完全，有可能是采自《公孙尼子》《荀子》等书。刘向校书，才得到二十三篇《乐记》。因此，虽然秦律、《挟书律》不禁礼乐[②]，但是蒙文通先生据秦制礼作乐之事，欲说明孔子之术不因坑焚而隐讳，恐怕有所偏差。

其六，因焚书而古书一度口传。

古代学者常有一个说法，认为古代用竹简抄写之书籍，贵重而稀少，故多是口传，到汉初才著于竹帛。现在据战国时出土之典籍来看，并非如此。看来当是因为《挟书律》，才使得有些书只能以口传的形式流传。比如非秦记之史，尤其是《春秋》及其传。是故汉初《公羊》尤口传，至汉景帝时才由公羊寿和其弟子胡毋子都著于竹帛。

说到《公羊传》，值得注意的是，《史记·叔孙通列传》记陈胜起兵山东，二世召博士诸生问。博士诸生三十余人前曰："人臣无将，将即反，罪死无赦。"《文献通考》引郑樵之语认为"皆引《春秋》之义以对"，蒙文通先生也说这是"博士申无将之训"[③]；顾实先生则说这是不敢言《春秋》之义，二说正相反。他们所指的《公羊传》，在庄公三十二年、昭公元年并云"君亲无将，将而诛焉"，和上述博士之言尚不同，到底是不敢言《春秋》之义，还是引用其义，还有待研究。

其七，秦是否允许民间士吏藏秦记及杂抄文辞，尚有待考察。

近年出土的秦墓之中，确实少见《诗》、《书》、百家语，多为律令及日书。但是不少秦墓的年代并不明确（湖北沙市周家台秦简是比较明确的在《挟书律》颁布之后入葬的竹简），唯云梦睡虎地秦简中除律法之外尚有《编年纪》与《为吏之道》，年份相对较明确。《编年纪》记近百年秦国大事兼及小吏喜的部分事迹，仅计年份及大事，可能是抄自某种《秦记》。但是一般认为墓主便是《编年纪》中的喜，而《编年纪》止于秦始皇三十年，喜当死于此年，尚未到颁布"挟书律"之年。《为吏之道》与王家台秦简《政事之常》有相近内容，属于杂抄，学界喜欢讨论其中部分文句可见某一子家的思想。因此，秦是否允许普通士吏传抄秦记以及像《为吏之道》这样的文章，尚有待研究。

---

① 这就是《别录》所称的《王禹记》。有些学者以为这是今传《礼记·乐记》，非是。参李锐：《儒家诗乐思想初探》，《简帛释证与学术思想研究论集》。

②《商君书·靳令》虽以礼乐、诗书并为"蝨"，但是《韩非子·何氏》只是说"商君教秦孝公……燔诗书而明法令"，其主要目的是"禁游宦之民而显耕战之士"，是故秦有可能只是限制从事礼乐者之人数。

③ 蒙文通：《经学抉原》，《经史抉原》，第 56 页。

三、杂　　论

秦朝严刑峻法，《挟书律》的推行应该是比较严厉的。当然，会有不少人私藏《诗》、《书》、百家语；但是私藏不能保存所有重要典籍。《史记·儒林列传》就说："及至秦之季世，焚诗书，坑术士，六艺从此缺焉。"

许多学者认为《挟书律》应该是到了陈胜、吴广起义就基本废止了，故认为其推行不过只有五年时间。此说有一定道理，《史记·儒林列传》记："陈涉之王也，而鲁诸儒持孔氏之礼器往归陈王。于是孔甲为陈涉博士……及高皇帝诛项籍，举兵围鲁，鲁中诸儒尚讲诵习礼乐，弦歌之音不绝"。刘邦也和咸阳民众约法三章，不问《挟书律》了；而且陆贾时时在刘邦面前称道《诗》《书》。

但是，汉多承秦法，而《挟书律》到汉惠帝四年才正式废除，这也就是说没废除之前，它仍然有法律效力。李学勤先生就曾指出："看近年各地发现的简帛书籍，战国时期经子多见，到秦以至《挟书律》初废的吕后时，出土的均符合律文所许可，直至文帝初年，情形才有改变，如长沙马王堆帛书，阜阳双古堆竹简等。"①张家山 247 号墓汉简大约下葬于吕后二年（公元前 186 年）或之后不久，其中有《盖庐》，属于兵法，或可称为例外。不过汉初张良、韩信就曾整理过兵法，则兵书或早就不在受限之列。②项羽妾冢曾经出土过《老子》，然不知其确切下葬年代。

《挟书律》的实行，对于中国学术是一场巨大的灾难。虽然有一些学者冒生命危险保存了一些书籍，但是它仍然导致古史茫昧，六艺残缺，百家往而不返。据此我们或不难推知，萧何入咸阳收书，并没有专门收史官、博士官所掌的图书。萧何所收图书范围，《史记》《汉书》均讲得很明白。假若萧何曾收博士官所掌之书，则六艺当不致亡缺很多。

康有为《秦焚六经未尝亡缺考》之说，恐过于武断。一者太史公明言萧何所收为律令图书，无关经史子籍。《史记·萧相国世家》说萧何收图书之效："汉王所以具知天下阸塞，户口多少，强弱之处，民所疾苦者，以何具得秦图书也。"后来萧何更定汉律九章，当也是根据所收律令图书。二者康有为谓萧何在丞相府所收为李斯所领之图书，羌无故实。李斯被赵高谋害之后，赵高继为丞相，萧何所收者当为"申法令"之赵高所存图书；即便有李斯所藏图籍，此人倡议焚书，恐亦不便多收留六艺经籍。《汉书·酷吏传》载"（严）延年少学法律丞相府"，由此可知丞相府主要收藏律令，故可以学法律。三者康有为过于轻视秦法"城旦"之

---

① 李学勤：《从出土简帛谈到〈挟书律〉》，黄留珠主编：《周秦汉唐研究》，第一册，第 6 页。
② 余嘉锡先生谓"秦之所去特彼以为不中用者耳"，故不烧兵法，"（萧）和又从而收之"。待考。见氏著：《目录学发微》，《余嘉锡说文献学》，上海：上海古籍出版社，2001 年，第 82 页。

刑，云"即不焚烧，罪仅城旦，天下之藏书者犹不少"①，不知城旦为四年期劳动苦役；而且《挟书律》之对象，主要为识文断字的士人和胥吏，这些人为维护自身利益（虽然高爵者尚可削爵减刑），绝非轻视城旦之刑而勇于冒险者。

此外康有为还曾经提到张苍曾为秦御史，掌柱下方书。不过康有为没有讨论萧何所收御史书的问题。关于"方书"，后世有不同的解释②，似以官府文书近是。③《史记·张丞相列传》说："张苍乃自秦时为柱下史，明习天下图书计籍。"由此可知柱下史（御史）书的范围。我们不宜以老子曾为柱下史，以及张苍曾献《左传》，遂谓柱下方书为经子典籍。蒙文通先生据《汉书·百官公卿表》所云"御史大夫，秦官……有两丞……一曰中丞，在殿中兰台，掌图籍秘书"，以证张苍所掌为古文旧书。④然而藏中秘之书的天禄阁、麒麟阁，皆为萧何监造。不难理解兰台秘书之设，亦是汉世造作，只不过御史大夫之名沿袭秦制而已，不得以汉代之御史中丞掌秘书，以证秦代御史也掌古文旧书。而且，秦官府藏书当是小篆或隶书抄写，恐不会是东方六国的古文。

孔安国《孔子家语后序》说，《孔子家语》因"高祖克秦，悉敛得之，皆载于二尺竹简，多有古文字"。然而并没有具体说是不是萧何抑或他人收集《孔子家语》（汉高祖本人当不会亲自做此事），也没有说是不是得自史官、博士官府。倘为博士官所掌者，应该为秦小篆或隶书所写，又有许多重文可以对照，似不应该有很多古文字⑤；故很有可能并非博士官所掌者，而是民间藏书。孔安国的《孔子家语后序》，昔人疑其伪造，还有待研究。⑥

又汉兴后孔安国所得古文《尚书》五十六篇，而王充在《论衡》中的《佚文》《正说》两篇均提到汉成帝有百篇《尚书》之事。论者或以此为中秘《尚书》，以证"《书》固未尝亡"。⑦然此两篇亦记鲁恭王坏孔子宅得《尚书》百篇，当即成帝之百篇《尚书》。而刘向、班固等皆说孔壁《尚书》为五十余篇，故阎若璩以为王充得于传闻，不可据。⑧但是《汉书·艺文志》确有不载之中秘书，其尤者为古文《易》，如《汉书·艺文志》明明说："刘向以中古文易经校施、孟、梁丘经，或脱去'无咎''悔亡'，唯费氏经与古文同。"但是却没有在《易》下写出古文《易》。不过《汉志》不录古文《易》，是因为它"与施、孟、梁丘三家经无篇章、卷数的

① 康有为：《新学伪经考》，北京：生活·读书·新知三联书店，1986 年，第 9 页。
② 泷川资言、水泽利忠：《史记会注考证附校补》，第 1655 页。
③《汉书·高帝纪》便说"萧何尽收秦丞相府图籍文书"，此处当是省去了"御史"二字。
④ 蒙文通：《经学抉原》，《经史抉原》，第 57 页。
⑤ 按：《汉书·艺文志》说《仓颉》篇"多古字"，然此为字书。
⑥ 值得注意的是，《孔子家语后序》中提及"都集录之"，此"都"字的用法，杨伯峻先生在讨论《列子》年代时指出过使用的时代颇晚，见杨伯峻：《从汉语史的角度来鉴定中国古籍写作年代的一个实例——〈列子〉著述年代考》，《列子集释·附录三》，北京：中华书局，1979 年。
⑦ 蒙文通：《经学抉原》，《经史抉原》，第 72 页。
⑧ 阎若璩：《尚书古文疏证》，卷一，上海：上海古籍出版社，1987 年，第 37 页。又见黄晖《论衡校释》（北京：中华书局，1990 年）第 860 页转引。

不同，虽然与立于博士的三家经文偶有文字的不同，无关乎经说，故不著录于《艺文志》"。①是故不能以《易》之例证王充之言。

余嘉锡先生认为萧何有可能收集了兵法。②但是此说尚缺少佐证，或亦可谓张良、韩信入关后收兵法，其后遂继以校书之事。如此则其他个别官员也有可能收集其他书籍。司马迁在《太史公自序》中说"秦拨去古文，焚灭诗书，明堂石室金匮玉版图籍散乱"，余嘉锡先生谓指"秦时国家所藏之书散乱失次"。③则司马迁"紬石室金匮之书"，就是曾看到了这些藏书，他也多次提到《秦记》。④又云"百年之间，天下遗文古事靡不毕集太史公"，但是所得遗文古事没有说明具体来历，以及何人所收。恐怕不是"刀笔吏"萧何，有可能是其他官员战乱间断续为之，故致六经残缺。司马迁没有说项羽火烧咸阳与"石室金匮之书"的关系，是故我们不宜将古籍残缺不归罪秦始皇、李斯而归罪项羽。而且即便项羽火烧宫室，"石室金匮"也尚可稍微防患⑤，不比秦之专门点名焚书。

总之，秦焚书是一个重大的事件，它对中国文化之摧残，令人叹惜。由于古书散佚，此中还有很多问题有待考察。本文只不过是利用前贤时哲的一些研究结果，对有关问题作了一个初步的总结。秦焚书之后，汉代遂有收书、校书的工作，其间之关联等种种问题，尚有待进一步的研究。

补记：小文利用先生之研究成果，得出《挟书律》之全文。文章刊发于《人文杂志》，先生看到后，曾表示赞赏。今以此文纪念先生九十诞辰。

又：钟肇鹏先生有《焚书考》，在其《求是斋丛稿》中，也有可观者。小文写作时，未及参考。

据《太平御览》卷637"如淳曰：秦始皇令敢有挟诗书偶语者俱为城旦也"，《史记·秦始皇本纪》"有敢偶语《诗》《书》者，弃市"，《挟书律》中之"偶语"，既是"俱为城旦"，说明不是偶然之义。张守节《正义》："偶，对也。"《史记·高祖本纪》："父老苦秦苛法久矣，诽谤者族，偶语者弃市。"《史记集解》应劭曰："秦禁民聚语。偶，对也。"瓒曰："《始皇本纪》曰：'偶语经书者弃市'。"而《汉书·高帝纪》则作："父老苦秦苛法久矣，诽谤者族，耦语者弃市。"因此今字从《汉书》理解为"耦语"比较明了，所以蒙恬个人称引《诗》，没有什么问题。《庄子》中所谓"寓言十九"，恐怕是"耦言十九"。

---

① 参阎平凡：《〈汉书·艺文志〉管窥》，清华大学博士学位论文，2008年4月。按：或疑《汉书·艺文志》有脱漏或《七略》与《别录》有些不同，如《楚辞》《老子》等见于刘向《叙录》之佚文，其书却不见于《汉书·艺文志》。

② 余嘉锡：《目录学发微》，《余嘉锡说文献学》，第82-83页。

③ 余嘉锡：《目录学发微》，《余嘉锡说文献学》，第82页。

④《秦记》"不载日月，其文略不具"。我们知道，云梦睡虎地《编年纪》中，虽然多数不载日月，文字简略；但是有部分简文载有月份乃至日期，如"正月甲寅"（类似者共五条）。因此，或者是太史公所见《秦记》本来就不载日月或者大部分不写日月，或者是太史公所见的《秦记》有可能只是民间的节抄本，而未必是秦官所掌者。

⑤ 关于"石室金匮"，可参李零：《简帛古书与学术源流》，北京：生活·读书·新知三联书店，2004年，第76页。

《挟书律》只是不允许私藏百家语，不许以古非今。商鞅、韩非以及相关的书，或许不在禁绝之列。因为秦始皇本人喜欢韩非之书，此已众所周知；而商鞅之书与秦国的根本大法有关，也不可能禁绝。商、韩之书，在历史观上都不是以古非今，而是认为不同时代有不同的追求。《史记·李斯列传》记胡亥以韩非之言问李斯，李斯则以申子、韩子之语、商君之法以阿胡亥之意，可见商、申、韩之书，不在禁绝之列。要而言之，所谓法家的书，并不在秦的禁绝之列。《老子》除了有关养生（张家山汉简《引书》简 111 引老子之言："治身欲与天地相求，犹橐籥也，虚而不屈，勤（动）而俞（愈）出⋯⋯"），与《挟书律》所允许的讲医药之书或有关系之外，也曾被人视为讲南面之术者，《韩非子》中有《解老》《喻老》，卢生对秦始皇讲"今上治天下，未能恬倓"，看来《老子》也不在禁绝之列。后来项羽妾家中有《老子》，窦太后喜欢《老子》，黄老之学得以不间断地传授，可能有此特殊的背景在。当然也有可能是当时通古今的博士所服务的对象，除了皇帝外，也有高官大臣及其妻妾，故这些人可以了解百家语。

由《挟书律》之复原，可以发现北大简《赵正书》所云："丞相臣斯、御史臣去疾昧死顿首言曰：'今道远而诏期群臣，恐大臣之有谋，请立子胡亥为代后。'王曰：'可。'"按照《史记》等的记载，御史臣冯去疾没有随秦始皇外出，这里应该是李斯以二人名义上奏。《挟书律》等之"制曰：可"，和《赵正书》的"王曰：'可。'"意思应该接近。则《赵正书》此处，可能是一条律，通过这种形式，确定胡亥为代后，也就是确定其为继承人。

陆贾《新语》的思想特质与汉初思想潮流

王逸清

（陕西省考古研究院）

一

陆贾为汉高祖刘邦述存亡之征，奏十二篇《新语》，是西汉初政治与思想发展过程中一个值得关注的事件。一般认为，它与当时统治集团对秦二世而亡原因的反思、刘邦对儒学态度的转变以及西汉初治国思想的发展变化等命题均密切相关。正确认识陆贾《新语》的思想特质，不仅有助于梳理西汉初期儒、道两家在政治与思想领域的发展、影响以及二者之间的互动关系，也对判断刘邦在西汉立国之后治政观念的转变与确立有重要影响，不得不慎重。

近代以前，绝大多数学者都将陆贾《新语》看作儒家政论宏文之一。《汉书·艺文志》中将"《陆贾》二十三篇"归为儒家。①据王利器先生研究，《新语》即在此《陆贾》二十三篇中，他同时指出王充、班固等言西汉学术，是将陆贾与董仲舒、刘向以及扬雄等相提并论的。②此后的《隋书·经籍志》《旧唐书·经籍志》《新唐书·艺文志》及《四库全书总目》等目录书著录《新语》，皆在儒家。历代提到陆贾或专研《新语》者，如颜师古、章学诚、严可均、周中孚、唐晏等亦将其归诸儒家。

直到 20 世纪，随着越来越多新分析角度、新理论工具以及新材料的出现，对其思想内容的家派归属开始产生争议。虽然大部分研究相信陆贾及其《新语》属于儒家，但也有不少学者肯定并特别强调了《新语》与黄老道家的密切关系，甚至直接将其归入汉代道家思想的发展序列当中。其中影响最大的，当属熊铁基先生的"新道家"说。他指出《新语》言及"仁义"始终没有离开"道德"，如果说仁义是具体行为标准，那么道德则是最根本的准则，仁义被提及仅仅是因为当时的历史条件需要仁政；此外，他认为当时各家论说均可引用《诗》《书》，因此《新语》的这一特征并不能直接指向儒家。基于以上两点，熊铁基先生将《新语》与《吕氏春秋》《淮南子》等书一同归入秦汉时期以"无为而无不为"为指导思想的"新道家"。③实际上，熊铁基先生是在先建构了秦末西汉"新道家"发展脉络

① 《汉书》卷三〇《艺文志》，北京：中华书局，1962 年，第 1726 页。
② 王利器：《新语校注》，北京：中华书局，1986 年，"前言"，第 5-9 页。
③ 熊铁基：《秦汉新道家》，上海：上海人民出版社，2001 年，第 270-297 页。

之后，再将陆贾的《新语》置入这股预设的道家风潮之中去的，而其论说实在不足支撑《新语》以道为本，对儒家仅为借鉴这样的结论。

但受此影响，之后很大一部分研究者以《新语》中多处使用"道""无为"等名词为由，将《新语》划归道家。① 其中臧知非先生在指出《新语》中核心观点为"无为"与"教化"的基础上，仍将其视作汉初新道家的突出代表。② 其实，如果仔细考察《新语》文本，会发现其"无为"与"教化"均为指向明确的儒家概念；③ 而同处西汉初，被认为在所著《史记》中"论大道则先黄老而后六经"④，处处为道家张目的司马父子，并未提到陆贾或《新语》曾受黄老影响，而特别指出陆贾"时时前说称《诗》《书》"⑤，并且对陆贾与《新语》的推崇远不及后来的班固。

我们认为，对陆贾及其所著《新语》一书中儒家倾向的抹杀与道家倾向的强调是不符合实际的，并在一定程度上对正确认识西汉初期思想的发展徒设障碍。

二

陆贾《新语》中倡说"无为"，是其被认为融合儒道或以道为本的重要原因。今人看到"无为"这一名词，一般会立即联想到道家的主张，实际上在《论语》中孔子也讲"无为"。刘笑敢先生曾区别孔老"无为"的异同，他指出"无为"在孔子思想中是理想政治的效果或表现，是要通过德化与仁政来实现的虚悬一格的理想；而在老子那里，"无为"是实现社会和谐的基本方法和重要原则本身。⑥《新语》文本中所说的"无为"，完全是这种儒家意义上的内涵，它要求君主"尚宽舒以裒其身，行身中和以致疏远"（《新语·无为》），以达到"民畏其威而从其化，怀其德而归其境，美其治而不敢违其政"（《新语·无为》）的效果⑦，并举帝舜与周公作为这种理想的模范人物，赞美他们说：

> 昔舜治天下也，弹五弦之琴，歌南风之诗，寂若无治国之意，漠若无忧天下之心，然而天下大治。周公制作礼乐，郊天地，望山川，师旅不设，刑格法悬，而四海之内，奉供来臻，越裳之君，重译来朝。（《新语·无为》，第 59 页）

---

① 如祝瑞开：《两汉思想史》，上海：上海古籍出版社，1989 年，第 50-56 页；王汉昌：《论陆贾》，《河北大学学报》1996 年第 1 期，第 8-10 页；韩曦：《试论老子与陆贾无为思想的异同》，《吉安师专学报（哲学社会科学）》1997 年第 1 期，第 18-22 页；宁国良：《论黄老思想与刘邦的治国实践》，《西北大学学报（哲学社会科学版）》2005 年第 2 期，第 109-112 页；于斌：《论汉初道家治国思想的勃兴与衰落》，《辽东学院学报》2006 年第 1 期，第 30-33 页；李佳：《〈黄老帛书〉与陆贾〈新语〉无为思想比较研究》，河北师范大学硕士学位论文，政治学理论，2011 年；张晓红：《陆贾〈新语〉思想研究》，武汉大学硕士学位论文，中国哲学，2019 年。

② 臧知非：《道家·黄老·秦汉政治实践与学术发展——重读熊铁基先生〈秦汉新道家〉》，《史学月刊》2004 年第 7 期，第 85 页。

③ 徐平华：《陆贾无为思想的属性辨析及其价值》，《求索》2009 年第 8 期，第 124-126 页。

④ 《汉书》卷六二《司马迁传》，北京：中华书局，1962 年，第 2738 页。

⑤ 《史记》卷九七《郦生陆贾列传》，北京：中华书局，2014 年，第 3269 页。

⑥ 刘笑敢：《老子古今：五种对勘与析评引论》（上卷），北京：中国社会科学出版社，2006 年，第 403-405 页。

⑦ 《新语》卷四《无为》，王利器：《新语校注》，第 64 页。以下所引均出本书，仅随文标注页码。

这里所据正是《论语》中"无为而治者其舜也与？夫何为哉？恭己正南面而已矣"（《论语·卫灵公》）的说法。①陆贾在《新语》中明明白白将帝舜与周公能得天下大治、重译来朝归因于歌诗礼乐，他所奉行所崇信的治国之道是在上者修身正己以德化民，正如《无为》篇中所说的"尧、舜之民，可比屋而封，桀、纣之民，可比屋而诛。何者？教化使其然也"，"王者之都，南面之君，乃百姓之所取法则者也，举措动作，不可以失法则也。"（《新语·无为》，第 65 页）

《新语》中多次将"道""德""仁""义"合称，是其一大特色，如"君子握道而治，据德而行，席仁而坐，杖义而强"（《新语·道基》，第 28 页）。此处的"道""德"经常被认为来自道家的影响，但实际上，"志于道，据于德，依于仁，游于艺"（《论语·述而》）本是孔子所倡。"道"在《新语》的文本中一般指的是治国立事的有益方法，甚少过于抽象的含义。②

《新语》引证丰富，且多为儒家经典及说传。钱穆先生指出，其诸篇文字，有颇似《易大传》《荀子》《大学》《中庸》《谷梁传》者。③蔡忠道《陆贾思想之研究》书后专附的"引书"研究，可以看出除少数几条《老子》外，《新语》所引几乎全出六经、《春秋》传、《论语》、《孝经》以及《孟子》《荀子》等儒家著作。④其引用《公羊传》《谷梁传》基本继承原义，以申明自己强调君主的意义，要求君主修齐治平的政治主张。⑤这种旁征博引的著作特色，与"少文""敦厚"的黄老学风迥然不同。⑥

不少学者业已指出，战国末到秦汉初，思想界出现了明显的融合趋势，诸子"互为采获，以相融会"。⑦产生于这种时代环境中的《新语》，也被认为具有强烈的整合性质与"杂"的特色，但这并不能成为回避讨论《新语》学派归属的原因，也不应当因此而混淆《新语》的主体思想。⑧《新语》的论证方式及核心观点，都

---

① 关于《新语》中的"无为"当属儒家的讨论，可看古永继：《陆贾思想并非"黄老"论——兼谈汉初"与民休息"政策的产生及黄老思想的实际流行》，《惠州大学学报（社会科学版）》1994 年第 1 期，第 26-33 页；黄汉光：《陆贾哲学初探》，《黄老之学析论》，台北：鹅湖出版社，2000 年，第 168-169 页；周桂钿：《总结秦亡教训，探讨治国大道——陆贾和贾谊》，《秦汉思想史》，石家庄：河北人民出版社，2000 年，第 53 页；刘家和：《关于陆贾新语的几个问题》，《古代中国与世界》，北京：北京师范大学出版社，2010 年，第 287-288 页；徐平华：《陆贾无为思想的属性辨析及其价值》，《求索》2009 年第 8 期，第 124-126 页；等等。

② 按：以上关于陆贾《新语》中对"无为"与"道、德、仁、义"等的使用、阐释及与道家的区别，《中国儒学史·两汉卷》第一章对陆贾思想的讨论研究中有非常类似且更为深入的讨论，可参见。因资料收集有缺，关于《中国儒学史·两汉卷》中相关研究是在本篇论文书写完成之后，在师门报告与讨论中由梁睿彧师弟提示得知，在此致谢。参见许抗生、聂保平、聂清著：《中国儒学史·两汉卷》，北京：北京大学出版社，2011 年，第 42、44 页。

③ 钱穆：《读陆贾新语》，《中国学术思想史论丛（三）》，台北：东大图书有限公司，1981 年，第 1-5 页。

④ 蔡忠道：《陆贾思想之研究》，林庆彰主编：《中国学术思想研究辑刊》（二编·第十一册），台北：花木兰文化出版社，2008 年，第 125-138 页。

⑤ 杨兆贵：《儒家古学新诠——以〈新语〉征引〈谷梁传〉及〈公羊传〉义为例》，《古代文明》2011 年第 2 期，第 62-69 页。

⑥ 陈苏镇：《论陆贾》，北京大学历史学系编：《北大史学》1，北京：北京大学出版社，1993 年，第 148 页。

⑦ 蒙文通：《儒学五论》，桂林：广西师范大学出版社，2007 年，第 13 页。

⑧ 按：对新语思想倾向归属的回避，见陈倩：《陆贾思想研究》，重庆师范大学硕士学位论文，专门史，2005 年；唐国军：《帝制初期中国传统政治理论》，华中师范大学博士学位论文，历史文献学，2007 年。

是以儒家文本与思想为基础而展开的，其吸收并发展了荀子学派以及《谷梁传》中的许多内容。①对道家观点在《新语》中的位置和影响，不宜过分夸大。

三

身处天下一统、思想融汇的大环境之中，陆贾在《新语》中吸收采纳并内化了不少先秦其他学派的概念与说法，这是无需否认的。西汉初流行一时，被司马父子赞为"因阴阳之大顺，采儒墨之善，撮名法之要，与时迁移，应物变化，立俗施事，无所不宜，指约而易操，事少而功多"的黄老道家②，也以融汇诸家为特色。《新语》之所以被认为与道家关系密切，与二者都博采众长也有一定关系。

不过任一时代任一思想，无论怎样融合、融合了什么，其内涵总有主辅之分、总有其核心观点。不应因为承认融合而悬置何为主体的问题，况且西汉初的统治者与学者从未抛开学派的框架来审视治世之术。③有趣的是，陆贾曾在《新语》中发出"书不必起仲尼之门"（《新语·术事》，第44页）的议论，此语经常被作为其思想驳杂不专一家的论据，其实将其放入原文中，能够发现这正体现了陆贾站在儒家立场上取百家所长的胸襟，其"尊儒术而不黜百家"的态度，对此后的儒家代表人物贾谊与董仲舒都产生了一定的影响。④

梳理《新语》文本，并将其与马王堆帛书等文献相比较，能够非常明显地看出当时儒道两家在汉初各自持说的不同。

黄老融合道法也发展了道法，陆贾也承认"事生于法度，道本于天地"（《新语·怀虑》，第137页），但《新语》中对二者仅为继承，甚少创说。黄老道家一方面主张"清净无为"，但其所依赖的却是强力与威慑，具有很强的法家色彩⑤，与当时黄老对"法"的依赖与强调不同，《新语》对于"法"的态度是非常审慎的。陆贾认为"夫法令所以诛暴也，故曾、闵之孝，夷、齐之廉，此宁畏法教而为

---

① 王利器：《新语校注》，"前言"，第10-12页；刘家和：《关于陆贾新语的几个问题》，第288-289页。

② 《史记》卷一三〇《太史公自序》，第3994页。

③ 按：关于西汉前期统治者与学者在儒道治术之间的徘徊，《史记》所载颇多：《史记》卷九七《郦生陆贾列传》："骑士曰：'沛公不好儒，诸客冠儒冠来者，沛公辄解其冠，溲溺其中。与人言，常大骂。未可以儒生说也。'"（第3262页）；《史记》卷一二一《儒林列传》："孝文帝本好刑名之言。及至孝景，不任儒者，而窦太后又好黄老之术，故诸博士具官待问，未有进者。"（第3787-3788页）；《史记》卷一〇七《魏其武安侯列传》："魏其侯窦婴、武安侯田蚡俱好儒术……太后好黄老言"（第3439页）。

④ 李存山：《汉初的尊儒——从陆贾到董仲舒》，《衡水学院学报》2019年第2期，第5-9页；李禹阶：《陆贾新儒学的文化独尊思想——兼论儒家文化思想上的独尊性与唯我性》，《西南师范大学学报（人文社会科学版）》2003年第5期，第101-104页。

⑤ 裘锡圭：《马王堆〈老子〉甲乙本卷前后佚书与"道法家"——兼论〈心术上〉〈白心〉为慎到田骈学派作品》，《裘锡圭学术文集》（第5卷），上海：复旦大学出版社，2012年，第272-274页；金春峰：《汉初黄老思想的政治实质及其在学术领域的影响》，《汉代思想史》（修订第3版），北京：中国社会科学出版社，2002年，第31-36页；陈丽桂：《战国时期的黄老思想》，台北：联经出版事业股份有限公司，1991年，第51-99页。

之者哉！"（《新语·无为》，第65页），汉初虽然继承了秦的律令，但在《新语》中多次指出严刑苛法的危害，认为刑罚太过正是秦朝速亡的原因之一：

> 秦始皇帝设刑罚，为车裂之诛，以敛奸邪，筑长城于戎境，以备胡、越，征大吞小，威震天下，将帅横行，以服外国，蒙恬讨乱于外，李斯治法于内，事逾烦，天下逾乱，法逾滋而奸逾炽，兵马益设而敌人逾多，秦非不欲为治也，然失之者，乃举措暴众，而用刑罚太极故也。（《新语·无为》，第62页）

《新语》与黄老道家都讨论为君之术。如前所述，《新语》要求人君为百姓法则并指出："欲富国强威，辟地服远者，必得之于民；欲建功兴誉，垂名烈，流荣华者，必取之于身。"（《新语·至德》，第116页）黄老道家也讲"布施五正"，"始在于身"（马王堆帛书《十六经·五正》）。不过与帛书中要求"执规矩，以待逆兵"（马王堆帛书《十六经·五正》），治身不争不同，《新语》对于修身的要求，具体为"力学而诵《诗》《书》"，"调心在己，背恶向善，不贪于财，不苟于利"（《新语·慎微》，第91页）。

陆贾所倡的"逆取顺守""文武并用"，是讲"圣人防乱以经艺，工正曲以准绳"（《新语·道基》，第29页），经艺化民，规矩绳民；黄老帛书也讲"文武并行"，其内涵是"因天之生以养生，谓之文；因天之杀以伐死，谓之武"（马王堆帛书《经法·君正》），"动静参于天地谓之文，诛□时当谓之武"（马王堆帛书《经法·四度》）。陆贾所强调的道德教化，是绝不见于帛书的。

黄老言利，认为："圣人举事也，阖（合）于天地，顺于民，羊（祥）于鬼神，使民同利，万夫赖之，所胃（谓）义也。"（马王堆帛书《十六经·前道》）《新语》言义，指出："谋事不并仁义者后必败，殖不固本而立高基者后必崩。"（《新语·道基》）将仁义作为万物纪纲：

> 百姓以德附，骨肉以仁亲，夫妇以义合，朋友以义信，君臣以义序，百官以义承，曾、闵以仁成大孝，伯姬以义建至贞，守国者以仁坚固，佐君者以义不倾，君以仁治，臣以义平。（《新语·道基》，第30页）

此外，黄老多讲"恒"，主张因循从俗，"无为之道，因也。因也者，无益无损也"（《管子·心术上》）；而《新语》主张"因世而权行"（《新语·术事》，第44页）以化民。二者都讲"因"，黄老的"因"是不动不变，反对人为干涉，《新语》则意在据时而变，强调人的主动性，二者内涵大异其趣。

《新语》文本中充分展示了儒家人性论、政治主张、王道观与天道观等各个层次的相关内容，与黄老的关系并不密切。正如陈苏镇先生所指出，汉初统治政策真正开始崇尚黄老当在曹参出任宰相之后，刘邦时代对黄老之风的推动作用十分有限。[1]

---

[1] 陈苏镇：《论陆贾》，北京大学历史学系编：《北大史学》1，第148页。

四

《新语》的现实针对性很强，是历来学者们的基本共识，陆贾时时进说，所讲的大多是商汤周武、夫差智伯的故事，而其在《新语》中所回答的正是刘邦"秦所以失天下，吾所以得之者何，及古成败之国"的疑惑，也得到了"每奏一篇，高帝未尝不称善，左右呼万岁"的正向反馈。①

"呼万岁"是一句表庆贺的常语，由此《史记》中刘邦君臣反应的相关记载，能够看出《新语》在当时所引起的重视以及刘邦对其的接受。②《汉书》卷一《高帝纪》叙述完刘邦生平之后，在传赞之前，有一段总结的话："初，高祖不修文学，而性明达，好谋，能听，自监门戍卒，见之如旧。初顺民心作三章之约。天下既定，命萧何次律令，韩信申军法，张苍定章程，叔孙通制礼仪，陆贾造新语。又与功臣剖符作誓，丹书铁契，金匮石室，藏之宗庙。虽日不暇给，规摹弘远矣。"③这段将陆贾《新语》与律令、军法、章程、礼仪等的制定并列，而《史记·太史公自序》和《汉书·司马迁传》与此极为类似的一段中却并没有关于陆贾与《新语》的这句。司马迁《太史公自序》中是这样表述的："汉兴，萧何次律令，韩信申军法，张苍为章程，叔孙通定礼仪，则文学彬彬稍进，诗书往往间出矣。"考察二者的区别，可能是因为司马迁讨论的是汉初典籍的收集和整理④，而班固袭用了此段，却说的是刘邦的政绩，由此推论，班固将陆贾的《新语》视作汉初行政纲领，汉人眼中被刘邦所接受的《新语》在实际政治上的影响更为重要。

如前所述，《新语》的思想内容绝大多数来源于儒家并试图在先秦儒家基础上做创造性的发展。因此《新语》的被接受，意味着儒家的观点与政治主张的被接受⑤，意味着儒家所提倡的仁义、教化等治国方式的被接受，那么其原因绝不仅仅是因为有"对秦严刑峻法的批评和对无为尚宽的提倡"。⑥

陆贾的《新语》是如何促使刘邦从轻视儒生到为其称善的？林聪舜指出陆贾为刘邦提出"逆取顺守"的"长久之术"，得到刘邦的认同，是因为陆贾将仁义、先圣、《诗》、《书》与"以顺守之"的观念结合，使儒学变成具有现实感，能对帝国迫切需要的治国方略提供具竞争力的建言。⑦林聪舜先生结合西方政治理论从国

---

① 《史记》卷九七《郦生陆贾列传》，第 3270 页。
② 按：对这一记述的思考为 2017 年年末汇报读书心得时，由李学勤先生提示关注。
③ 《汉书》卷一《高帝纪》，第 80-81 页。
④ 按：实际上，以今人目光审视，陆贾《新语》受荀子及其后学影响，对经典文本的引用与化用不少，与前列律令军法等内容相较，更适合描述汉初"文学彬彬稍进"的这一文献收集整理过程，但在此未为太史公所取。
⑤ 李存山：《秦后第一儒——陆贾》，《孔子研究》1992 年第 3 期，第 26 页。
⑥ 按：历来对《新语》及其被刘邦所接受原因的讨论，大多着眼于此，见周桂钿：《秦汉思想史》，第 53-55 页等，前贤所述有其合理之处，但此处我们想跳出以往的思考模式。
⑦ 林聪舜：《建立帝国的深层稳定机制——陆贾"逆取顺守观念新探"》，台湾辅仁大学中国文学系先秦两汉学术研究室编著：《先秦两汉学术》第 1 期，2004 年，第 155-170 页。后收录于林聪舜：《汉代儒学别裁：帝国意识形态的形成与发展》，台北："国立"台湾大学出版中心，2013 年；林聪舜：《儒学与汉帝国意识形态》，上海：上海人民出版社，2017 年。

家统治的必要性角度肯定了陆贾"逆取顺守"之说为刘邦所接受的原因，实际上也肯定了陆贾在《新语》中以非常巧妙的方式，转变了刘邦对于儒生所论空言泛泛的印象。

除此之外，陆贾还对《诗》《书》及相关的历史做了整合梳理，使其形成体系易于接受。对陆贾而言，刘邦是《新语》最重要甚至是唯一的目标读者，他所提出的不仅是针对当时特定历史时期的治国建议，更是针对当时特定君主的修身"教材"。①因此，在指导他以后当如何做之前，陆贾首先肯定了刘邦以往的作为是符合圣王要求的，他所给出的建议也与刘邦人生观、价值观相契合。

刘邦多次比较自己与项羽的不同，常为人所称道的是他讲张良、萧何、韩信"皆人杰也，吾能用之，此吾所以取天下。项羽有一范增而不能用，此其所以为我所擒也"，还有多处记载其"用某某之计"。②刘邦尊贤且认为有才能的将相是君主所必不可少的助力，正如《新语》起首一篇所说的"圣人王世，贤者建功，汤举伊尹，周任吕望，行合天地，德配阴阳，承天诛恶，克暴除殃"（《新语·道基》，第28页）。这种圣王贤臣相配的模式是自先秦以来儒家论说的基本模式，在这里被陆贾所重申，圣人当"以仁义为巢""以圣贤为杖"（《新语·辅政》，第50页）。

《史记·项羽本纪》中还有一段很有意思的记载：

> 楚汉久相持未决，丁壮苦军旅，老弱罢转漕。项王谓汉王曰："天下匈匈数岁者，徒以吾两人耳，愿与汉王挑战决雌雄，毋徒苦天下之民父子为也。"汉王笑谢曰："吾宁斗智，不能斗力。"③

刘邦在楚汉相争过程中，已非常清楚项羽本身及其本身部众在"力"一层面上对自己的优势，并且知道自己的胜利并不完全倚靠"力"。《新语》中多次指出"仗威任力"（《新语·道基》，第25页）、"尚令牌威，有万人之力，怀兼人之强"（《新语·怀虑》，第134页）的危害，同时推出行"仁""义"作为与之相对的有效方法。

《新语·术事》一篇讲"制事者因其则，服药者因其良。书不必起仲尼之门，药不必出扁鹊之方，合之者善，可以为法，因世而权行"（第44页），《思务》篇主张"圣人不空出，贤者不虚生"（第167页）。"因世而权行""圣人不空出"都是陆贾的重要观点，验之诸史所记，也未尝不是刘邦为人行事的重要原则。《新语》一篇往往由此出发，再论人君修身，从论说方式上来说是非常巧妙的。

除此之外，陆贾在《新语》中所表达的，求神仙不如建功业、心之所向志之所行这样积极求实的儒家价值观，应当也是其被刘邦所接受的原因之一。

---

① 按：从这个角度而言，《新语》因为其编写者与目标读者的身份特殊性，应当与《吕氏春秋》和《淮南子》有着天然的区别。萧公权先生指出，《吕氏春秋》的编纂本源吕氏欲代秦自帝，因此其内容诸端全在想方设法限制君主，使其不得自恣，隐含"虚君制度"之意；刘安《淮南鸿烈》著书之用意亦在颠覆时君，见萧公权：《中国政治思想史》，北京：新星出版社，2005年，第219-231页。
② 《史记》卷八《高祖本纪》，第435-501页。
③ 《史记》卷七《项羽本纪》，第416页。

与其说这些想法与观念是陆贾与刘邦的"不谋而合"，不如说陆贾是针对刘邦的经历与喜好不断组织调整着自己的论说内容和论说方法。汉初的儒者为了得到承认与接纳，都具备一定的宽容变通能力。《史记》记载，叔孙通因汉王憎其儒服而服楚制短衣，又在对"汉王方蒙失石争天下"的局势的判断下，推荐"群盗壮士"而非跟随其的"儒生弟子"，因此而得为博士，号稷嗣君。而其为汉制作的礼仪，同样也是"采古礼与秦仪杂就"。[1]司马迁赞其"进退与时变化"。[2]而陆贾，最初即是作为"客"进入刘邦政治集团的，这些"言语侍从之臣"，本身即具有"投其所好"的特点。[3]

陆贾及其思想被刘邦所接受，既是必然也有偶然，正如汉初所出现的这股"融汇"的学术与思想风潮。

2020 年 10 月 21 日修订完稿

附记：2017 年下半年正式进入师门时，李先生已在病榻，刘国忠老师安排刚博士入学的我每周陪徐师母去协和医院。当时先生的听、说都已十分吃力，但每次仍会问问我的学习与生活情况，我跟先生说在读《新语》，他非常耐心地听我讲了自己的想法并提示了需要注意的史料和研究，包括辜美高的《陆贾新语序论》与献书之后"呼万岁"的意义等。讲出来是有点羞愧，后来磨磨蹭蹭写了一两年，拿出来的依旧不是什么能看的观点和论证。成稿之后在师门和系里汇报，经梁睿成师弟提示，重新阅读了一些相关研究，发现文稿中的想法与观点，已被更为详细深入地讨论过了。因为自己学力有限，这篇文章对《新语》的思考与讨论或许并不具有什么学术价值，但我还是很想感谢先生那时的鼓励与帮助，怀念并永不敢忘。

---

[1] 《史记》卷九九《刘敬叔孙通列传》，第 3294-3301 页。
[2] 关于叔孙通"时变"及其原因，可参见林聪舜：《〈韩诗外传〉论"士"——〈诗〉教、造士与儒士共同体的建立》，"国立"政治大学中国文学系主编：《第六届汉代文学与思想学术研讨会论文集》，台北："国立"政治大学中国文学系、秀威信息科技发行，2008 年，第 149 页。
[3] 龚鹏程：《从言语侍从之臣到文章之士》，《中国文学史（上）》，北京：世界图书出版公司北京公司，2009 年，第 34-39 页。

《灵枢·九宫八风》所见中国数理哲学与数理人文：
纪念李学勤先生

邢 文

[香港中文大学（深圳）]

1994 年，李学勤先生发表《〈九宫八风〉及九宫式盘》一文[①]，结合医、易、考古等多专业知识，解读《灵枢·九宫八风》中的若干疑难，极大地推进了中医学界对这一疑难经典的理解。20 多年来，学者们对于李先生之说的引述批评，仍见可以商榷、待考之处。现从中国数理哲学与数理人文学角度，对李先生所说《九宫八风》大、小周期及相关问题试作申论。

一、《灵枢·九宫八风》大、小周期问题

李学勤先生把《九宫八风》的太一徙游分作大、小两种周期：大周期，见《灵枢·九宫八风》开篇第一段，兹不具引；小周期，学界争议最夥，见于经文第二段。李先生校订的文字读作：

太一日游，以冬至之日始居叶蛰之宫，数所在，日徙一处，至九日复反于一。常如是无已，终而复始。[②]

这段文字因其难解，自古以来即有异文异读。作为"第一位系统注释《灵枢》的医家"[③]，明人马莳在《黄帝内经灵枢注证发微》中把这段文字读作：

太一日游，以冬至之日居叶蛰之宫。数所在日。从一处至九日，复反于一。常如是无已，终而复始。[④]

日本仁和寺本《黄帝内经太素·九宫八风》[⑤]，见有类似文字：

---

① 李学勤：《〈九宫八风〉及九宫式盘》，原刊 1994 年南开大学出版社出版的《王玉哲先生八十寿辰纪念文集》，后收入李学勤：《古文献丛论》，上海：上海远东出版社，1996 年，第 235-243 页。

② 李学勤：《古文献丛论》，第 236 页。

③ 马莳撰，田代华、刘更生、郭瑞华点校：《黄帝内经灵枢注证发微》，北京：人民卫生出版社，1994 年，第 5 页。

④ 据马莳：《黄帝内经灵枢注证发微》，第 40 页。引用时以句号表示原经文语绝加圈处，逗号为引者所加。

⑤ 仁和寺本约抄于日本仁安年间，相当于南宋乾道年间（1165—1173），见钱超尘：《黄帝内经太素研究》，北京：人民卫生出版社，1997 年，第 8-10 页等。仁和寺本的失散及其多种残本、重抄本的概述与表览，见马继兴：《中医文献学》，上海：上海科学技术出版社，1990 年，第 85-89 页；钱超尘：《黄帝内经太素研究》，第 14-17 页。

太一常以冬至之日，居汁蛰之宫四十六日，……明日复居汁蛰之宫。從其宫，数所在日，從一处至九日，复反于一。常如是无已，终而复始。①

对此，清末民初萧延平校注：

"從其宫"三字，《灵枢》作："日冬至矣。太一日游，以冬至之日，居叶蛰之宫"十八字。②

以上三种代表性的读法，主要区别有二：

第一，李先生读作"数所在，日從一处，至九日……"的文字，马蒔本《灵枢·九宫八风》作"数所在日，從一处至九日"，仁和寺本《太素·九宫八风》作"從其宫，数所在日，從一处至九日"；也就是说，李先生不仅改读马蒔本《灵枢》、仁和寺本《太素》的"從一处"为"徙一处"，把介词"從"改作动词"徙"，而且把"從"前"日"字从下读，作"日徙一处"。

第二，李先生以"数所在"为独立一句，而非传统的"数所在日"，也不认为仁和寺本《太素》的"從其宫"三字当补入《灵枢》。③

李学勤先生的读法，是他对解读《灵枢·九宫八风》的贡献所在，也是太一徙游的小周期说的基础。有学者反对李先生的大、小周期说，认为："'大、小周期'的提法及'大、小周期'有本质差异的主张似始于李学勤先生。李学勤先生对《灵枢·九宫八风》原文有详细讨论"，"不仅对中医界，而且对易学界等亦产生很大影响"，但是，"李学勤先生尽管独辟蹊径，试图以所谓两种不同的游宫法，来解决在'大、小周期'中所呈现出来的矛盾。从表面看似有超越前人之处，但实际上仍是误解"，因为大、小周期"并不存在"，"既便是有'大、小周期'的存在的话，'大周期'也是由'小周期'累积而成。以此来诠释所谓'大、小周期'的话，它们之间的本质区别就会荡然无存。"④

所谓"'大周期'由'小周期'累积而成"之说，已为学者多篇论文反复强调，综合来看约为：

小周期 = 按天盘 1 至 9 之序，分别旋转至地盘上的八节（始于冬至，终于立冬）。

大周期 = 小周期（9 日）×5 + 第 46 日（废日。刻有"吏"字的位置，相当于第五宫）。⑤

也就是说：

"大周期"以八节为周期，与地球公转，北斗呈围绕北天极做周年旋转，"小

---

① 杨上善注，萧延平校：《黄帝内经太素》卷二十八，1924 年兰陵堂刻本，第 8 页。
② 同上。
③ 有学者认为"從其宫"当补入《灵枢》者，可参见杜锋、张显成：《西汉九宫式盘与〈灵枢·九宫八风〉太一日游章研究》，《考古学报》2017 年第 4 期，第 479-494 页等。
④ 孙基然：《〈灵枢·九宫八风〉"大、小周期"考辨》，《中国中医基础医学杂志》2010 年第 6 期，第 455-457 页。
⑤ 同上，第 457 页；孙基然：《〈灵枢·九宫八风〉考释》，《辽宁中医杂志》2012 年第 4 期，第 604 页。

周期"虽以 9 日为周期，但太一神是"日游一宫"，与地球自转，北斗呈围绕北天极做周日旋转这一天文观测活动背景有关。所以我们提出："大周期"是由"小周期"累积而成的主张是有坚实基础的。①

虽然北斗究竟怎样"围绕北天极"作"周年旋转"或"周日旋转"、又怎样构成其说的"坚实基础"等惜语焉不详，但其反对大、小周期说的关键点，即"最为关键"的中宫问题，还是甚为明确的——因为"忽视了对'太一下中宫'的追踪研究，从而误导出并不存在的'大、小周期'"②；而上述大、小周期"北斗呈围绕北天极"作周年或周日旋转的"简捷的表达方式"，可以破解"'太一'必下中宫这一关键环节"。③

简言之，学者以李先生的大、小周期说为"误解""误导"的关键，在于所谓李先生"忽视了"对"太一下中宫"的研究，而"'太一'必下中宫"是"关键环节"。

其实，李学勤先生不仅并未"忽视"所谓的太一下中宫问题，而且对太一是否移居中宫的问题甚为关注：一方面，李先生明确表述，太一移居的"大周期是没有中宫的"；另一方面，李先生具体解释，在小周期中，太一"第五日到中宫"，"太一居于一宫而游于九宫④，所谓二分二至实指在四正位置的宫，加上中宫便是篇文的五宫"，以及"太一入徙于中宫之日，观察风所自来，以定吉凶"等。⑤以李先生一贯的凝练文风，在短短的篇幅中如此往复论述中宫问题，足已说明对此的充分重视，更不用说李先生对《九宫八风》"太一入徙，位于中宫"一段与式盘的关系又强调说明"特别要解释"，并明确以太一是否移居中宫作为大、小周期区分的标志性特征。

李先生所论小周期，也许不是完备周致之说，但也决非"一个令人百思不得其解、不应该发生的、极为蹊跷且简单的错误"。⑥如下所述，李先生在此曾两改郑玄之说，问题并不简单。

二、李学勤先生《九宫八风》小周期说考辨

李学勤先生解释《九宫八风》小周期：

太一从冬至之日起居于叶蛰，但每日又有所游，按照九宫一至九的次序，第

---

① 孙基然：《〈灵枢·九宫八风〉考释》，第 604 页。
② 孙基然：《〈灵枢·九宫八风〉"大、小周期"考辨》，第 456 页。
③ 孙基然：《〈灵枢·九宫八风〉考释》，第 604 页。
④ 准确地说，应该是"游于八宫"，详下。
⑤ 李学勤：《古文献丛论》，第 236-237 页。
⑥ 孙基然：《〈灵枢·九宫八风〉"大、小周期"考辨》，第 457 页。

二日游于玄委，第三日游于仓门，第四日游于阴洛，第五日到中宫，第六日游于新洛，第七日游于仓果，第八日游于天留，至第九日又回到叶蛰。①

参照图1可见，太一首、末二日均在叶蛰，九日共移居了八宫，并未去天宫或上天宫。

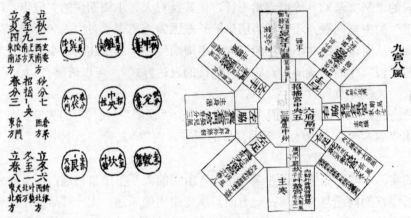

图1 《灵枢》、《太素》九宫八风图

（前者辑自马莳②；后者据哈佛所藏③）

李先生如此解说有两种可能，一是无意漏却了天宫，二是有意略过了天宫。如系前者，我们显然应该续作研讨、订正，完善李先生之说。那么，假设李先生误漏了天宫，我们应该怎样订正？倘若太一在第九日不返回叶蛰，而是如前人所释，徙于天宫，那么，太一徙居九宫就无法"至九日复反于一"，而是需要十日才能复返于一。例如，北宋王惟一《补注铜人腧穴针灸图经》对此类"十日"说即作有图示④：图2中，底部"叶蛰宫"下明确注出"一日""十日"等。显然，"十日"说为李先生所不取。

但是，如系后者，李先生有意略过天宫而未加说明，那么，个中思理又该如何理解？重读李先生专论《九宫八风》的《〈九宫八风〉的图与文》一节⑤，可见李先生对小周期详细解说之后，又另起一段，以"大周期和小周期都有数术的意义"为起始句，其下分别引《九宫八风》原文，先解释大周期的数术意义，再解释小周期的数术意义。其后，再引《九宫八风》原文，着重讨论"虚风"的危害——《九宫八风》"谨候虚风而避之，故圣人日避虚邪之道，如避矢石然"；李先生以太一如居叶蛰宫，那么，"从南方来的是虚风"——"躲避虚风，可以远害"。

① 李学勤：《古文献丛论》，第 236 页。
② 马莳：《黄帝内经灵枢注证发微》，第 39-40 页。
③ 杨上善注：《黄帝内经太素》卷二十八，光绪丁酉年（1897）通隐堂刻本，第 7 页。
④ 王惟一：《补注铜人腧穴针灸图经》卷三，宣统己酉年（1909）梁宅刊书轩陈氏刻本，第 7-10 页。
⑤ 李学勤：《古文献丛论》，第 235-237 页。

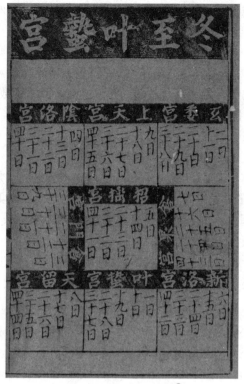

图 2　冬至太一日游图①

也就是说，李先生略过天宫即南方之宫，是不是舍天宫、避南方，出于"躲避虚风""如避矢石"的数术考虑？在总结全章的最后一段，李先生是这样结束的：

《九宫八风》所讲的，是依太一行九宫的原理，以八风为占的数术。至于八种虚邪之风对人体的损害，篇中有大段论述，即"风从南方来，名曰大弱风"等等……其与医学的联系正在于此。②

不难看出，李先生对《九宫八风》的解读，共有两个重点，一是具体解释太一移居的大、小周期说，二是讨论大、小周期的数术意义，尤其是避南方虚风如避矢石之说。从篇幅看，后者文字多于前者；从布局看，全篇总结不避重复再论南方之风，并仅以南方"大弱风"为八种虚邪之风的代表，可见李先生对避南方虚风的一再强调。从谋篇布局来看，李先生在此往复强调大、小周期的数术之意，如系借以明确暗示避南方之宫如避矢石、太一可避南方之宫以成"至九日复反于一"之说，也不无可能。

以上讨论说明：在李先生心目中，《九宫八风》所谓太一"至九日复反于一"，

_____

① 王惟一：《补注铜人腧穴针灸图经》卷三，第 7 页。
② 李学勤：《古文献丛论》，第 237 页。

其时间维度九日之数的重要性，似高于空间维度的九宫；当两者不能兼得，遍游九宫需要十日时，李先生似宁舍一宫，也要遵从"至九日复反于一"的经义，因为九日周行八宫，并未改变九宫的结构，而十日遍行九宫，则与黄帝、岐伯所论"天地之至数"即"始一终九"之数不合。[①] 李先生精于《易》而明于医，坚守太一日游"九日"的底线，无疑是合理的。古术之数，以"策数极于九，而十不用""奇不用五，策不用十，有无之极也"[②]，李先生不会不知。

然而，规避南方天宫之说，也有未安之处。

细读李先生之文，可见李先生解说的小周期，其中有一"五宫"的周期，即太一居一宫而游八宫[③]，而太一之所居，为"四正位置的宫，加上中宫，便是篇文的五宫"。李先生说的"篇文"，即指《灵枢·九宫八风》；"四正位置的宫"，当然包括南方的天宫。因此，太一并不避忌南方之宫。那么，太一徙移的小周期，究竟如何"至九日复反于一"？

李先生解说太一徙游的小周期，实基于郑康成说，但不仅舍弃了南方离宫，而且调整了"每四乃还于中央"之说，以使太一"至九日复反于一"。《周易乾凿度》郑玄注：

> 太一者，北辰之神名也。居其所曰太一，常行于八卦日辰之间……太一下行八卦之宫，每四乃还于中央。中央者，北神之所居。故因谓之九宫。……是以太一下九宫，从坎宫始；坎，中男……自此而从于坤宫；坤，母也。又自此而从震宫；震，长男也。又自此而从巽宫；巽，长女也。所行者半矣，还息于中央之宫。既又自此而从乾宫；乾，父也。自此而从兑宫；兑，少女也。又自此从于艮宫；艮，少男也。又自此从于离宫；离，中女也。行则周矣。[④]

"從"，李先生径作"徙"[⑤]，也有学者根据放马滩秦简、武威汉简与汉代碑刻等做了说明与考证。[⑥] 上引郑注，如学者所批评，"很明显郑玄是为了牵合九宫数"，不惜让"太一象下跳棋一样跳着走"。[⑦] 但郑玄之说的问题，却不仅在于让太一跳着走，更重要的是他改变了太一"至九日复反于一"的经义，使太一至"十日"才能"复反于一"。所以，李先生对郑说加以调整，避南方之宫如避矢石。郑氏之说，医家也有颇为激烈的批评，直指郑玄让太一"竟然行了十宫！""打乱了二十

---

① 杨上善注：《黄帝内经太素》卷十四："（黄）帝曰：愿闻'天地之至数'……岐伯曰：天地之至数，始于一，终于九焉。"光绪丁酉年（1897）通隐堂刻本，第 2 页。
② 邵雍：《皇极经世书》卷十三，文渊阁《四库全书》香港迪志网联版，2002 年，第 18 页。
③ 原作九宫，见李学勤：《古文献丛论》，第 237 页。
④ 郑康成注：《周易乾凿度》卷下，上海：上海古籍出版社，1994 年《纬书集成》影印本，第 4 页。
⑤ 刘衡如等先生均认为"從""徙"形近而误，见刘衡如校：《灵枢经》，北京：人民卫生出版社，1964 年，第 252 页；刘衡如校：《黄帝内经太素》，北京：人民卫生出版社，1965 年，第 528 页等。
⑥ 杜锋、张显成：《西汉九宫式盘与〈灵枢·九宫八风〉太一日游章研究》，第 482 页。
⑦ 刘保贞：《五行、九宫与八卦——胡渭〈易图明辨〉"五行、九宫"说述评》，《周易研究》2005 年第 2 期，第 46-51 页。

四节气的顺序""伤了天理！""若照郑玄的这样不经，则天道'四时''八卦'之义尽失"。①

当然，郑玄古说不会完全没有依据，我们对于古人的理解也无法不受历史的局限。但是，《灵枢》经文不可臆改。循于数术之理，规避南方之宫，舍弃部分郑氏之说，不失为解读"至九日复反于一"的合理途径。

三、《灵枢·九宫八风》之"数"与小周期的再认识

其实，从中国数理哲学与数理人文学的角度出发，解读太一"至九日复反于一"之说，即可使前述大周期、小周期以及所谓"五宫"周期等俱得通解。

中国的数理人文思想可以追溯到史前传说时代。不论是新石器时代陶石器物上的早期数学材料，还是传说时代黄帝臣容区大鸿的数术方士为政②，抑或马王堆汉墓帛书所记孔子"幽赞而达乎数，明数而达乎德"的数理人文思想等，均为解读《灵枢》"九宫""八风"的疑难提供了中国数理哲学与数理人文学宇宙论与方法论的背景。③李先生所句读的《灵枢·九宫八风》记小周期"太一日游，以冬至之日始居叶蛰之宫，数所在"，与传统的"数所在日"的读法不同。

在李先生的读法中，"数所在"中的"数"，作动词或名词似都讲得通。但在传统的读法中，"数"只能作动词。然而，从数理人文学的角度来看，"数"在这里读作名词显然更为合理，即"数所在"为独立一句，后为句号，即：

太一日游，以冬至之日始居叶蛰之宫，数所在。日徙一处，至九日复反于一。常如是无已，终而复始。

不难看出，传统以"数"为动词的读法，其实并不能讲通——既然是"日徙一处"，那么逐日徙移即可，似无必要专门去"数"所在日而徙。如此，我们认为：太一日游的始居之宫，是"数"所在之宫；太一日游的小周期，是日徙一处、逢九必返、常如是无已、终而复始的数理结构与迭代算法。

这就是《灵枢·九宫八风》所见数理。这种数理与太一徙游以及太一徙游的数术意义相结合，反映了《灵枢·九宫八风》的数理人文思想。李学勤先生解读《灵枢·九宫八风》的贡献，在于区分、解释了大、小周期，否定了"数所在日"的传统读法。在某种程度上，这是具有划时代意义的见解，因为这种解说基于术

---

① 刘宝义：《阴阳五行原理——藏象经络实质及伤寒理论体系考》，呼和浩特：远方出版社，2003年，第145-146页。

② 容区，见章太炎《訄书》重订本（初刻本作"黄帝相蚩尤"），章太炎：《章太炎全集（三）》，上海：上海人民出版社，1984年，第286、33页。《汉志》有"鬼容区"，颜师古以为即"鬼臾区"，容、臾声近相通，参见顾实：《汉书艺文志讲疏》，台北：商务印书馆，1976年，第207页。

③ 参见邢文：《中国数理哲学论纲》，《中国哲学史》2022年第3期，第5-11页；《中国数理哲学续论：从"混沌—崩裂"到"七日来复"》，《周易研究》2022年第3期，第29-35页。

数与医数的传统，合于中国数理哲学与数理人文学的独特宇宙观，提示了中国古代宇宙论之数与医学术数的实例，可谓我们在中国数理哲学中历史性地区分中国古代之数与西方连续数学之数的先声。[①]当我们把太一日游"日徙一处，至九日复反于一"置入大周期中，即可清楚地看见"常如是无已，终而复始"的数理迭代与分形。[②]

既然太一始居之宫是"数所在"之宫，那么，"数所在"之"数"究竟是怎样的"数"？

太一始居之宫之数与通常理解的普通数字或西方连续数学之数有关：在大周期中，"太一常以冬至之日居叶蛰之宫四十六日"，"四十六"即普通的数字；在小周期中，太一日游，"日徙一处，至九日复反于一"，"日徙一处"之"一"、"至九日"之"九"，也是普通的数字。但"数所在"之"数"，不仅指数字，而且指我们所说的中国古代之数与数理，如阴阳之数、虚实之数[③]，以及迭代数理、分形数理等——因为迭代，所以"终而复始"；因为分形，所以"常如是无已"。当学兼中西的医家学者在医学论著中另起一段，以独立的段落感慨："中国的'数学'是世界一流的！"[④]——同时，在此为"数学"一词加上了引号，显然表明这里所谓"数学"，超越了我们通常所理解的传统数学或经典数学之义。

从我们的理解出发，把《灵枢·九宫八风》太一徙游的小周期，迭代入大周期、"五宫"周期之中，不仅使小周期"至九日复反于一"的疑难得以化解，而且使太一徙游的大、小周期等说，俱得通解：

大周期——《灵枢·九宫八风》有明文表述：叶蛰之宫四十六日、天留四十六日、仓门四十六日、阴洛四十五日、天宫四十六日、玄委四十六日、仓果四十六日、新洛四十五日，第九日复居叶蛰之宫；

小周期——不取郑玄之说，而是据《灵枢·九宫八风》之义：始于叶蛰，日徙一宫，宫序同上，不入中宫，至第九日复返叶蛰，周而复始。

---

① 邢文：《中国数理哲学论纲》，第 5-7 页。

② "自相似"与"迭代"，是"分形"数理的基本特征。就太一徙游的大、小周期而言，徙游八宫是自相似；小周期与所谓"五宫"周期，是周而复始的迭代。所以，《九宫八风》所记，就是分形数理之"数"。数学界接受与承认"分形"（fractals），约在 20 世纪 70 年代。1967 年，曼德博（Benoît B. Mandelbrot）在《科学》杂志发表划时代的《英国的海岸线有多长？》，见 B. B. Mandelbrot, "How long is the coast of Britain? Statistical self-similarity and fractional dimension", *Science* 156 (1967), pp. 636-638，标志着数学界接受"自相似"与分维（Hausdorff dimension）数理的开始。至 1977 年、1982 年曼德博的两部代表著作（B. B. Mandelbrot, *Fractals: Form, Chance and Dimension*, New York: W.H. Freeman and Company, 1977; B. B. Mandelbrot, *The Fractal Geometry of Nature*, New York: W.H. Freeman and Company, 1982）出版，分形几何与分形数理堪称在数学界正式确立了合法地位。

③ 中国古代之"数"，并包括阴阳、刚柔、虚实等。《淮南子·道应》："太清问于无穷曰：'子知道乎？'无穷曰：'吾弗知也。'又问于无为曰：'子知道乎？'无为曰：'吾知道。''子之知道，亦有数乎？'无为曰：'吾知道有数。'曰：'其数奈何？'无为曰：'吾知道之可以弱，可以强；可以柔，可以刚；可以阴，可以阳；可以窈，可以明；可以包裹天地，可以应待无方。此吾所以知道之数也。'"参见刘文典撰，冯逸、乔华点校：《淮南鸿烈集解》，北京：中华书局，1989 年，第 378 页等类似说法，又见孔子与庄子之说，参见邢文：《孔子数理人文思想初探》，《哲学动态》2021 年第 1 期，第 66-73 页。

④ 刘宝义：《阴阳五行原理——藏象经络实质及伤寒理论体系考》，第 122 页。

需要看到，太一徙居不入中宫，古人早有其说。张介宾《类经》：

> 太乙始于坎，终于乾，乃八宫之日也。八尽而九，则复反于一而循环无已矣。然河图宫九而此居惟八，盖中宫为太乙所主，而临御乎八宫者也。[①]

张氏之说不仅解释了太一为何不徙居中宫，而且，实际上也说明了《灵枢·九宫八风》所谓"五宫"周期中"太一在中宫"的问题。

需要说明，所谓"'五宫'周期"，并非一个完全独立的周期，而是我们根据《灵枢·九宫八风》所记，为方便讨论临时使用的术语。在《灵枢·九宫八风》之中，"五宫"周期与小周期关联更密，或即小周期的一个部分。在所谓"五宫"周期中，太一分别从叶蛰、仓门、仓果、天宫出发，依大、小周期的相应宫序，日徙一宫，不入中宫，至第九日复返于相应的二分二至之宫；太一居中宫时，不作徙居其他八宫的小周期移宫。

太一居中宫不作"日徙一宫"的小周期移宫，是因为中宫是太一的常居之宫。《淮南子·天文》："紫宫者，太一之居也。"[②]紫宫，即紫微垣或紫微宫，为紫微、太微、天市三垣的中垣。古人径以"紫宫"文字为"中宫"之义。《元命包》："紫之言此也，宫之言中也。"[③]《史记·天官书》开篇亦称："中宫，天极星，其一明者，太一常居也。"[④]现存古代星书《玄象诗》《步天歌》等，均明记"太一神"居于紫微宫。[⑤]

太一居中宫而不徙移，《灵枢·九宫八风》并有内证："是故太一入徙立于中宫，乃朝八风，以占吉凶也"，下述"八风"之详[⑥]，未有一语论及移宫。

《灵枢》此节，也当与《内经》所记黄帝居中以正"八风"对看。《素问·阴阳类论》：

> 孟春始至，黄帝燕坐，临观八极，正八风之气，而问雷公曰：阴阳之类，经脉之道，五中所主，何藏最贵？……[⑦]

可见，黄帝居中，不移宫也可观八极、正八风，似有太一居中宫朝八风、占吉凶之义。《淮南子·天文》记太一居紫宫后又有：

> 紫宫执斗而左旋，日行一度，以周于天。[⑧]

所以，居中宫照样可以"日行一度"、临观天下、正八风之气。在图1中，"执斗而左旋"的方向，也正是大、小周期中太一徙移八宫的方向。

① 张介宾：《类经》，文渊阁《四库全书》香港迪志网联版，第38页。
② 刘文典：《淮南鸿烈集解》，第94页。
③《史记》卷二十七《天官书》，上海：上海古籍出版社、上海书店，1986年缩印《二十五史》本，第166页。
④ 同上。
⑤ 邓文宽：《比〈步天歌〉更古老的通俗识星作品——〈玄象诗〉》，《文物》1990年第3期，第61-65页。
⑥ 可参看《黄帝内经太素》卷二十八《诸风数类》《八正风候》，光绪丁酉年（1897）通隐堂刻本，第1-13页，以及《淮南子·天文》，刘文典：《淮南鸿烈集解》，第92-93页。
⑦《黄帝内经素问》，北京：人民卫生出版社，1982年影印本，第198页。
⑧ 刘文典：《淮南鸿烈集解》，第94页。

综上所述，《灵枢·九宫八风》的小周期是"九日"的周期，李学勤先生坚守"九日"说，正确无疑；太一日游，徙居八宫，包括南方天宫，而不去中宫，更不是"每四乃还于中央"；在所谓"五宫"周期中，"太一在中宫"时，"乃朝八风以占吉凶"，不作"日徙一处，至九日复反于一"的小周期移宫。

以上讨论，不仅可以通解太一"日徙一处，至九日复反于一"日游之宫数、日数等相关疑难，而且探讨了《灵枢·九宫八风》"数所在"之"数"的特定数理人文学与中国数理哲学之义。正是太一徙游大、小周期的九宫结构，决定了小周期运行只能从"九日"之说的迭代算法，而不可改作"十日"说；太一周行大、小周期的九宫、九日迭代，表现了明确的分形数理。所以，太一徙游的起始之宫，是"数"所在之宫；"数所在"之"数"，不仅仅是九宫"三三幻方"的九宫数，不仅仅是太一徙游的"九日"天数，而且是太一在"九宫"中作"九日"徙游的迭代与分形数理之数。此外，太一在所谓"五宫"周期中"位于中宫""执斗而左旋，日行一度，以周于天"，遵循的也是"数所在"的数理之"数"——这里的"五宫""左旋"之"数"亦属分形之"数"，可上溯良渚文化上海马桥 M204 所出陶盘底部的五星螺旋纹分形刻划[①]，其数学史、数理美术史与数理人文学意义当另文探讨。

---

① 上海市文物管理委员会：《上海市闵行区马桥遗址 1993—1995 年发掘报告》，《考古学报》1997 年第 2 期，第 197-225 页。

《河图·括地象》长编辑证中的几点观察[*]

吕宗力

[香港中文大学（深圳）]

纬书文献综合整理课题组最近对纬书开展重新辑佚、校勘、长编、辑证的工作。现将《河图·括地象》长编辑证的工作过程及一些观察向各位行家汇报求教。

一、篇名与题解

《河图·括地象》是《河图》地理类文献中遗存佚文最多也是最重要的篇章。其篇名始见《后汉书》卷一三《公孙述传》、卷三五《曹褒传》援引。^①魏晋至唐引述颇众。如西晋皇甫谧《帝王世纪》卷三《夏》："（禹）梦自洗于河，观于河，始受图，《括地象》也。图言治水之意。"^②南朝陈徐陵《为司空徐州刺史侯安都德政碑》："我高祖武皇帝，迎《河图》于浪泊，括地象于炎州，南兴涿鹿之师，北问共工之罪。"^③唐杨炯《少室山少姨庙碑铭（并序）》："少室山者，山岳之神秀者也。凭《河图》而括地，用《遁甲》以开山。"^④

纬书如《尚书中候》屡屡言及《括地象》："（禹）握《括》，命不试，爵授司空。（郑玄注：禹握《括地象》，天已命之，故不复试以众官。）""帝曰：'何斯若真，出尔命图，示乃天。'（郑玄注：尔，汝也。禹方让隐之，故言出汝所天命也。图，《括地象》。）伯禹曰："臣观河，百面长人鱼身出曰：'吾河精也'。授臣《河图》，带足入渊。（郑玄注：《河图》，谓《括地象》。）"^⑤"禹临河观，有白面长人鱼身，出曰：'吾河精也。表曰：文命治淫水。（授）臣《河图》，去入渊。'（郑玄注：《河图》，谓《括地象》。）"^⑥

他如张华《博物志》卷1，常璩《华阳国志》卷3《蜀志》，《三国志》卷38《蜀书·秦宓传》裴松之注，《毛诗正义》《周礼正义》《礼记正义》孔颖达疏，《法苑珠林》《唐开元占经》《文献》李善注，唐、宋类书如《艺文类聚》《龙筋凤髓》

* 本文系国家社会科学基金重大项目"纬书文献的综合整理与研究"（20&ZD226）的阶段性成果。

① 北京：中华书局1965年点校本，第538、1201页。

② 黄永年点校：《帝王世纪》，沈阳：辽宁教育出版社，1997年，第21页，引《太平御览》卷八二。参见《太平御览》卷八二《夏帝禹》，北京：中华书局影印涵芬楼影宋本，1995年，第380页。

③《艺文类聚》卷五二《治政部上·善政·碑》，《中华再造善本·唐宋编》，北京：北京图书馆出版社影宋本，2004年，第7页。

④《杨炯集卢照邻集》，北京：中华书局，1980年，卷五，第65页。

⑤《太平御览》卷八二《皇王部七·夏帝禹》，第381页。

⑥《太平御览》卷八七二《休征部一·神》，第3868页。

《北堂书钞》《初学记》《白氏六帖》《太平御览》《事类赋注》等，皆有引述《河图·括地象》佚文。目录如唐张彦远《历代名画记》述古之秘画珍图，著录有《河图括地象图》十一卷。①《太平御览·序·太平御览经史图书纲目》亦著录有《河图·括地象》。②

今存《括地象》佚文，大多涉及地形、地貌、地名等，或因古书言地理者常引述《括地象》之故。而《尚书中候》及郑玄注称夏禹获上天或河精颁授《河图》，即《括地象》，故能成功治水；《尚书·刑德放》云："禹长于地理，水泉九州岛，得《括象》图，故尧以为司空。"③则《括地象》之得名，一开始就与地理水文相关。孙毅称《括地象》等地理类《河图》"皆以钩山河之赜"，"昔禹治水，得《括地象》，此其传之最古也"。④饶宗颐云《史记·大宛列传》有"禹本纪"，后又有《禹大传》《禹受地记》《禹受地统书》诸异称，皆依托禹以为名，说者因谓《禹受地记》与《括地象》应为一书。⑤张学谦讨论图谶的结构与篇目，认为东汉初官定《河图》《洛书》45 篇，可以分为两个层次：（一）黄帝至周文王所受本文，即上天降下的帝王受命之文，包括《河图》九篇、《洛书》六篇。（二）孔子等九圣增演之文，共三十篇。《河图·括地象》即禹所受"本文"。⑥

"括"，有搜求、囊括之义；"象"，貌也。黄奭《逸书考·通纬·河图括地图》据清河郡本引伪郑玄注解释《括地象》篇名："广被不遗之谓'括'。'象'，犹貌也。审诸地势，措诸《河图》。"⑦虽非郑注，作为题解，不失其义。

二、长编与辑证体例

我们在重新辑录纬书佚文时，核查原典，以宋代文献为辑佚下限，以最早及最完整引文为出典。校勘异文时，并举多种出典，精选善本互校。长编着重史源调查，如包含佚文在内的上下文，以利辨识纬书佚文的原文、注文及可能衍生的

---

① 他如《河图》《诗纬》《春秋》《孝经谶》，亦皆著录有"图"。亦可标点为"《河图括地象》图"。未知此为张氏目睹，或亦耳食尔?（《历代名画记》，(明) 毛晋汲古阁本《津逮秘书》，民国上海博古斋影印，卷三，第 28、29 页。陈槃《古谶纬研讨及其书录解题》，著录该篇为《河图括地象图》(台北："国立"编译馆，1991 年，第 435 页)。张学谦认为没有证据显示东汉图谶附有图绘，《历代名画记》所记应是后人据图谶之文所绘之图（《六朝至隋唐间东汉图谶流传与散佚的目录学考察》，《南京师范大学文学院学报》2020 年第 1 期，第 176 页)。其说仍待斟酌。又，陈槃认为古书引述颇多的《括地图》即《括地象》(第 436 页)，恐不确，《太平御览·序·太平御览经史图书纲目》，《括地图》别属图类书籍。拟另文讨论。本课题组所辑《括地象》佚文，不包括《括地图》。

② 中华书局影宋本，第 14 页。

③《艺文类聚》卷四七《职官三·司空》，北京：北京图书馆出版社影宋本，第 5 页。

④《古微书》卷 32《河图纬》，《影印文渊阁四库全书·经部》第 194 册，台北：台湾商务印书馆，1986 年，第 1031 页。

⑤《论释氏之昆仑说》，《饶宗颐二十世纪学术文集》卷五《宗教学》，台北：新文丰出版公司，2003 年，第 265-266 页。

⑥《东汉图谶的结构与篇目——兼论谶纬的断代标准》，《中国古典学》第 2 卷，2022 年，第 325、329 页。

⑦《续修四库全书》第 1208 册，影印道光中黄氏刊民国二十三年江都朱长圻补刊本，上海：上海古籍出版社，2002 年，第 258 页。

解说文字；不仅辑录标明引自纬书的文字，也辑录观念、话语相关但未注纬名的其他文献，为佚文的来源和断代提供依据。辑证则综合文献学、历史学、经学、文学、宗教学、科技史学等多学科视角，检视所辑佚文和篇目的观念、话语、意象。以下试举几例：

《易》有太极，是生两仪。两仪未分，其气混沌；清浊既分，伏者为天，偃者为地。

出典：

《初学记》卷 1《天部上・天第一》。（宋绍兴十七年刊本。《尔雅》卷 6《释天》邢昺疏同，见《十三经注疏》中华书局影印清嘉庆刊本，2009 年，页 5670）

校勘：

〔宋〕太宗赵炅《御制逍遥咏》卷 10："混沌初分长日月。（《河图・括地象》云：《易》有太极，是生两仪。两仪未分，其气混沌；混沌既分，伏者为天，清也；偃者为地，浊也。）"（《高丽大藏经》第 64 册《宋续入藏经》，页 263）

《路史・前纪》卷 1："气与形质具而未离，曰浑沦。（罗苹注：混沌也。《河图・括地象》云：'易有太极，是生两仪。两仪未分，其气浑沦。'）清轻而骞者为天，浊重而坠者为地。"（王彦坤校注：《路史校注》，中华书局，2023 年，页 1）

【〔金〕王朋寿《重刊增广分门类林杂说》卷 11《天文篇》引《河图・括地象》："混沌清浊既分，谓之两仪。伏者为天，偃者为地。"（《续修四库全书》第 1219 册，页 344）

空海（774—835）《三教指归・上》"清浊剖判"觉明注引《河图・括地象》："《易》有太极，是生两仪。两仪未分，其气混沌；清浊既分，仰者为天，偃者为地。"（日本宽永六年刊本，页 35—36）】[1]

史源长编：

《列子・天瑞》："子列子曰：昔者圣人因阴阳以统天地。夫有形者生于无形，则天地安从生？故曰：有太易，有太初，有太始，有太素。太易者，未见气也；太初者，气之始也；太始者，形之始也；太素者，质之始也。气形质具而未相离，故曰浑沦。浑沦者，言万物相浑沦而未相离也。视之不见，听之不闻，循之不得，故曰易也。易无形埒，易变而为一，一变而为七，七变而为九。九变者，穷也，乃复变而为一。一者，形变之始也。清轻者上为天，浊重者下为地，冲和气者为人；故天地含精，万物化生。"（杨伯峻撰：《列子集释》，中华书局，1979 年，卷 1，页 5—8）

---

[1] 佚文校勘概取宋及宋前文献。宋后文献用作参校，加【】符号以示区隔。下同。

《吕氏春秋·大乐》："太一出两仪，两仪出阴阳。阴阳变化，一上一下，合而成章。浑浑沌沌，离则复合，合则复离，是谓天常。"（陈奇猷校释：《吕氏春秋新校释》，上海古籍出版社，2002年，卷5，页258）

马王堆汉墓帛书《周易·系辞》："是故《易》有大（太）恒（极），是生两檥（仪）。"（裘锡圭主编：《长沙马王堆简帛集成》，中华书局，2014年，第3册，页70）《周易·系辞上》："是故《易》有太极，是生两仪。"（《十三经注疏》，页169）

《淮南子·天文训》："天墬未形，冯冯翼翼，洞洞灟灟，故曰太始。太始生虚霩，虚霩生宇宙，宇宙生气，气有涯垠。清阳者薄靡而为天，重浊者滞凝而为地。"（何宁撰：《淮南子集释》，中华书局，1998年，卷3，页165—166）

《文选》卷48班固《典引》："太极之元，两仪始分，烟烟煴煴，有沈而奥，有浮而清。（蔡邕注：'奥，浊也。言两仪始分之时，其气和同，沈而浊者为地，浮而清者为天。'）"（俞绍初、刘群栋、王翠红点校：《新校订六家注文选》，郑州大学出版社，2013年，页3212—3213）

《白虎通·天地》："始起先有太初，然后有太始，形兆既成，名曰太素。混沌相连，视之不见，听之不闻，然后剖判清浊。"（陈立疏证，吴则虞点校：《白虎通疏证》，中华书局，1994年，卷9，页421）

《论衡·谈天篇》："说《易》者曰：'元气未分，浑沌为一。'（《春秋·说题辞》：'元气清以为天，浑沌无形。'）儒书又言：'溟涬蒙澒，气未分之类也。及其分离，清者为天，浊者为地。'（二句，《乾凿度》文）"（黄晖校释，钟哲整理：《论衡校释》，中华书局，1990年，卷11，页472）

《潜夫论·本训》："上古之世，太素之时，元气窈冥，未有形兆，万精合并，混而为一，莫制莫御。若斯久之，翻然自化，清浊分别，变成阴阳。阴阳有体，实生两仪。"（汪继培笺，彭铎校正：《潜夫论笺校正》，中华书局，1979年，卷8，页365）

《樊毅修华岳碑》：（光和二年十月）"两仪剖判，清浊始分。阳凝成山，阴积为川。"（洪适撰：《隶释隶续》，中华书局影印洪氏晦木斋刻本，1985年，卷2，页29）

《三五历纪》："未有天地之时，混沌状如鸡子，溟涬始牙，蒙鸿滋萌，岁在摄提，元气肇始。""清轻者上为天，浊重者下为地，冲和气者为人。"（《太平御览》卷1《天部一》，中华书局影宋本，页1）

天不足西北，地不足东南。西北为天门，东南为地户。天门无上，地户无下。

出典：
《周礼·地官·大司徒》贾公彦疏。（《十三经注疏》卷10，页1517）

校勘：

〔宋〕王应麟《困学纪闻》卷 9《天道》："《河图·括地象》：'西北为天门，东南为地户。天门无上，地户无下。'"[栾保群、田松青、吕宗力点校：《困学纪闻》（全校本），上海古籍出版社，2008 年，页 1099]

《六经天文编》卷下《天道·周礼·圭景》："《河图·括地象》曰：'天不足西北，地不足东南。西北为天门，东南为地户。天门无上，地户无下。'"（《文渊阁四库全书》第 786 册，页 185）

史源长编：

《楚辞·天问》："八柱何当？东南何亏？（高诱注：'言天有八山为柱，皆何当值？东南不足，谁亏缺之也？'）""康回冯怒，坠何故以东南倾？（高诱注：'康回，共工名也。《淮南子》言共工与颛顼争为帝，不得，怒而触不周之山，天维绝，地柱折，故东南倾也。坠，一作地。一无"以"字。'）东流不溢，孰知其故？"（洪兴祖：《楚辞补注》，中华书局，1983 年，卷 3，页 87、91）

《列子·汤问》："物有不足，故昔者女娲氏炼五色石以补其阙；断鳌之足以立四极。其后共工氏与颛顼争帝，怒而触不周之山，折天柱，绝地维；故天倾西北，日月星辰就焉；地不满东南，故百川水注焉。"（《列子集释》卷 5，页 150—151）

《淮南子·原道训》："昔共工之力触不周之山，使地东南倾。（高诱注：'共工，以水行霸于伏牺、神农间者也，非尧时共工也。不周山，昆仑西北。倾，犹下也。'）与高辛争为帝。"（《淮南子集释》卷 1，页 44）

《天文训》："昔者共工与颛顼争为帝，怒而触不周之山。天柱折，地维绝。天倾西北，故日月星辰移焉；地不满东南，故水潦尘埃归焉。"（同上卷 3，页 167—168）

《览冥训》："于是女娲炼五色石以补苍天。（高诱注：'女娲，阴帝，佐虙戏治者也。三皇时天不足西北，故补之。'）"（同上卷 6，页 443）

《史记》卷 127《日者列传》："天不足西北，星辰西北移；地不足东南，以海为池；日中必移，月满必亏。"（中华书局点校本，1959 年，页 3219）

《论衡·谈天篇》："儒书言：'共工与颛顼争为天子，不胜，怒而触不周之山，使天柱折，地维绝。女娲销炼五色石以补苍天，断鳌足以立四极。天不足西北，故日月移焉；地不足东南，故百川注焉。'此久远之文，世间是之言也。文雅之人，怪而无以非，若非而无以夺，又恐其实然，不敢正议。以天道人事论之，殆虚言也。"（《论衡校释》卷 11，页 469—470）

《黄帝内经素问·阴阳应象大论篇》："天不足西北，故西北方阴也，而人右耳目不如左明也。地不满东南，故东南方阳也，而人左手足不如右强也。"（郭霭春主编：《黄帝内经素问校注》，人民卫生出版社，1992 年，卷 2，页 96—97）

《黄帝内经素问·五常政大论篇》："帝曰：'天不足西北，左寒而右凉，地不满东南，右热而左温，其故何也？'"（同上卷 20，页 933）

《晋书》卷 14《地理志上·总叙》："昔大禹观于浊河而受绿字，襄瀛之内可得而言也……地不足东南，天不足西北。"（中华书局点校本，1974 年，页 409）

《山海经·大荒北经》："是烛九阴，是谓烛龙。（郭璞注：'《诗·含神雾》曰："天不足西北，无有阴阳消息，故有龙衔精以往，照天门中"云。'）"（郝懿行笺疏，栾保群点校：《山海经笺疏》，中华书局，2019 年，卷 17，页 376）

《五行大义》卷 2《论配支干》："《春秋·元命苞》云：'地不足东南，右动终而入虚门。'"（钱杭校定本，中华书局，2022 年，页 92）

《楚辞·九歌·大司命》："广开兮天门，纷吾乘兮玄云。"（《楚辞补注》卷 2，页 68）

《淮南子·原道训》："排阊阖，沦天门。（高诱注：'阊阖，始升天之门也。天门，上帝所居紫微宫门也。'）"（《淮南子集释》卷 1，页 16）

《史记》卷 27《天官书》："杓携龙角，（《正义》案：'角星为天关，其间天门，其内天庭，黄道所经，七耀所行。'）""角、天门，十月为四月，十一月为五月，（《索隐》：'角闲天门。谓月行入角与天门，若十月犯之，当为来年四月成灾；十一月，则主五月也。'）""苍帝行德，天门为之开。（《索隐》：'谓王者行春令，布德泽，被天下，应灵威仰之帝，而天门为之开，以发德化也。天门，即左、右角闲也。'）"（中华书局点校本，页 1291、1331、1351）

卷 117《司马相如列传·大人赋》："排阊阖而入帝宫兮，（《正义》引韦昭：'阊阖，天门也。《淮南子》曰"西方曰西极之山，阊阖之门"。'）"（同上，页 3060）

《黄帝内经素问·五运行大论篇》："（岐伯曰）所谓戊己分者，（王冰注：'戊土属干，己土属巽。《遁甲经》曰："六戊为天门，六己为地户，晨暮占雨，以西北、东南。"'）奎壁角轸则天地之门户也。"（《黄帝内经素问校注》卷 19，页 825）

《焦氏易林·比·姤》："登昆仑，入天门。过糟丘，宿玉泉。问惠观，见仁君。（注：干为山、为行，在西北，故曰登昆仑。干为天、为门户，《内经》以'戊亥为天门'。巽入，故曰入天门。）"《豫·旅》："入天门，守地户；居安乐，不劳苦。（注：艮为门，阳在上为天，巽入，故曰入天门。先天艮居戊亥，《干凿度》'以干为天门'，与艮同位，故艮亦为天门。巽为地户，而艮为守、为户庯，故曰守地户。）"（尚秉和注：《焦氏易林注》，光明日报出版社，2006 年，页 87、168）

《吴越春秋》卷 4《阖闾内传》："子胥乃使相土尝水，象天法地，造筑大城……立阊门者，以象天门，通阊阖风也。"（周生春：《吴越春秋辑校汇考》，中华书局，2019 年，页 39）

卷 8《勾践归国外传》："于是范蠡乃观天文，拟法于紫宫，筑作小城……西北立龙飞翼之楼，以象天门。东南伏漏石窦，以象地户。"（同上，页 131）

王隐《晋书》卷 7《陶侃传》："侃少渔于雷泽，梦背上生八翅，飞入天门，见门非常，欲入，不敢入而下。侃后都督八州诸军事。"（汤球辑，杨朝明校补：《九家

旧晋书辑本》，中州古籍出版社，1991年，页268，辑自《艺文类聚》79、《太平御览》398）

《宋书》卷88《薛安都传》："安都后征关、陕，至曰口，梦仰头视天，正见天门开，谓左右曰：'汝见天门开不？'至是叹曰：'梦天开，乃中兴之象邪。'"（中华书局点校本，1974年，页2216）

《抱朴子内篇·登涉》："（《遁甲中经》曰）出天藏，入地户。凡六癸为天藏，六己为地户也。""若或见蛇，因向日左取三炁闭之，以舌柱天，以手捻都关，又闭天门，塞地户，因以物抑蛇头而手箓之，画地作狱以盛之，亦可捉弄也。"（葛洪撰，王明校释：《抱朴子内篇校释》，中华书局，1985年，页302、305）

《魏书》卷56《郑羲传》："郑懿歌曰：'云雷大振兮天门辟，率土来宾一正历。'"（中华书局点校本，1974年，页1240）

《十六国春秋·北燕录·冯跋》："尝夜梦天门开，神光赫然，烛于庭内。"（崔鸿撰，汤球辑补：《十六国春秋辑补》，中华书局，2020年，卷98，页675）

《乐府诗集》卷47《清商曲辞四·吴声歌曲四·神弦歌十八首·宿阿曲》："苏林开天门，赵尊闭地户。神灵亦道同，真官今来下。"（郭茂倩编：《乐府诗集》，中华书局点校本，1998年，页683）

河精上为天汉。

出典：

《毛诗·小雅·谷风·大东》"维天有汉"孔颖达疏。（《十三经注疏》卷13，页990）

校勘：

《毛诗诂训传》毛亨传："汉，天河也，有光而无所明"。（《中华再造善本》影宋本，北京图书馆出版社，2003年，卷13，页4）

《毛诗·大雅·荡·云汉》"倬彼云汉"，孔颖达疏："此云汉与《大东》天汉为一，故云天河也……《河图·括地象》云'河精上为天汉'，是天河河水，光之精气也。"（《十三经注疏》卷18，页1209）

《史记》卷27《天官书》"汉者，亦金之散气"，《索隐》："水生于金，散气即水气。《河图·括地象》曰'河精为天汉'也。其本曰水。"（中华书局点校本，页1335）

《北堂书钞》卷150《天部二·汉·河精上为天汉》："《河图·括地象》云：'河精上为天汉。'"（《续修四库全书》第1213册，页83）

《文选》卷29曹丕《杂诗二首》"天汉回西流"李善注："《河图·括地象》曰：'河精上为天汉。'"（《新校订六家注文选》，页1889）

《白氏六帖事类集》卷 1《天河·黄河之精》："《河图》曰'河精土【按："土"当作"上"，形近而讹。】为天河。'"（文物出版社影印南宋绍兴刻本，1987 年，页 13）

《太平御览》卷 8《天部八·汉》："《河图·括地象》曰：'河精，上为天汉。'"（中华书局影宋本，页 42）

〔宋〕郭知达《九家集注杜诗》卷 1《古诗·苦雨奉寄陇西公兼呈王征士》："迢迢天汉东（杜补遗（〔宋〕大邑县丞杜田《杜诗补遗正谬》）：'《河图·括地象》曰："河精上为天汉。"'"）（《四库全书》第 1086 册，页 22）

〔宋〕司马光《资治通鉴》卷 209《唐纪二十五·中宗下·景龙二年·七月》："（安乐公主）引水象天津。（胡三省注：'天津，谓天河也。《河图·括地象》曰："河精上为天汉。"'"）（中华书局点校本，1956 年，页 6623）

〔宋〕曾慥《类说》卷 60《拾遗类总·河精》："《河图》曰：'河精上为天河。'"（明天启六年刻本，页 19）

史源长编：

《尚书·中候》："伯禹曰：'臣观河伯，面长人首鱼身，出水曰"吾河精也"，授臣《河图》。'"（《艺文类聚》卷 11《帝王部一·帝夏禹》，《中华再造善本》影宋本，页 15）

《论衡·无形篇》："汉兴，老父授张良书，已化为石，是以石之精为汉兴之瑞也，犹河精为人持璧与秦使者，秦亡之征也。"（《论衡校释》卷 2，页 62—63）

《博物志》卷 1："昔夏禹观河，见长人鱼身出曰'吾河精。'岂河伯也？"（《士礼居丛书》覆汲古阁景宋连江叶氏本，页 3）

《博物志》卷 1《山水总论》："《援神契》曰'五岳之精雄圣，四渎之精仁明'。河者水之伯，上应天汉。"（范宁校证：《博物志校证》，中华书局，2014 年，页 12）

《拾遗记》卷 2《夏禹》："尧命夏鲧治水，九载无绩。鲧自沉于羽渊，化为玄鱼，时扬须振鳞，横修波之上，见者谓为'河精'。"（王嘉撰，萧绮录，齐治平校注：《拾遗记校注》，中华书局，1981 年，页 33）

《宋书》卷 27《符瑞志上》："禹观于河，有长人白面鱼身，出曰：'吾河精也。'呼禹曰：'文命治淫。'言讫，授禹《河图》，言治水之事，乃退入于渊。"（中华书局点校本，页 763）

卷 29《符瑞志下》："河精者，人头鱼身，师旷时所受谶也。"（同上，页 866）

《水经注》卷 1《河水》："《孝经援神契》曰：'河者，水之伯，上应天汉。'"（郦道元撰，陈桥驿校释：《水经注校释》，杭州大学出版社，1999 年，页 2）

《水经注》卷 5《河水》："（《晋阳秋》曰）昔禹治洪水，观于河，见白面长人，鱼身，出曰：'吾河精也。'授禹《河图》而还于渊。"（同上，页 73）

〔唐〕佚名《琱玉集》卷 12《感应篇》："夏禹，姓姒，字文命，为尧司空，治水有功，天赐玄珪。又至河边游观，见一长人，白面，从水出，曰：'吾河精也。'遂教禹治水方法。（出太史公《记》）"（《古逸丛书》清光绪中黎氏日本东京使署景刊本）

《太平御览》卷 683《仪式部四·印》："《拾遗录》曰：'禹治水，黄龙曳尾于前，玄龟负青泥于后。玄龟，河精之使者，龟额下有印，文皆古文，作"九州岛山水"之字。禹所穿凿之处，皆使青泥封记其所，使玄龟印其上。'"（中华书局影宋本，页 3051）

《列子·汤问》："（夏）革曰：'渤海之东不知几亿万里有大壑焉，实惟无底之谷，其下无底，名曰归墟。八弦九野之水，天汉之流，莫不注之，而无增无减焉。'（〔晋〕张湛注：'世传天河与海通。'）"（《列子集释》，页 151）

《汉书》卷 26《天文志》："孝武建元三年三月，有星孛于注、张，历太微，干紫宫，至于天汉。"（中华书局点校本，1962 年，页 1305）

三、佚文次序参照《淮南子·墬形训》

《河图·括地象》今存佚文，不少源出《山海经》和《淮南子》，尤以《墬形训》为众。见表 1。

表 1　佚文对照

《括地象》	《墬形训》
天有九部八纪，地有九州岛八柱。	天地之闲，九州岛八柱，土有九山，山有九塞，泽有九薮，风有八等，水有六品。
东南曰神州，正南曰迎州（一曰次州），西南曰戎州，正西曰拾州，中央曰冀州，西北曰柱州（一作括州），正北曰玄州（亦曰宫州，又曰齐州），东北曰咸州（一作薄州），正东曰阳州。天下九州，内效中域，以尽地化。	何谓九州岛？东南神州曰农土，正南次州曰沃土，西南戎州曰滔土，正西弇州曰并土，正中冀州曰中土，西北台州曰肥土，正北济州曰成土，东北薄州曰隐土，正东阳州曰申土。
地广东西二万八千，南北二万六千，有君长之州，州有九，阻中土之文德，及而不治。	阖四海之内，东西二万八千里，南北二万六千里。
昆仑在西北，其高万一千里，上有琼玉之树。昆仑之墟，五城十二楼，河水出焉。	掘昆仑虚以下地，中有增城九重，其高万一千里百一十四步二尺六寸。上有木禾，其修五寻，珠树、玉树、琁树、不死树在其西，沙棠、琅玕在其东，绛树在其南，碧树、瑶树在其北。

我们对所辑佚文的编排次序，目前也参照《墬形训》的结构。

四、篇目误植或篇目存疑之佚文

明清至今的纬书传统辑本辑有不少可疑篇目，将另文探讨。《括地象》流传有序，篇目可信。但传统辑本辑入《括地象》的佚文，有相当数量属于篇目误植或篇目存疑者。如：

"元气无形，汹汹蒙蒙，偃者为地，伏者为天也。"辑自《法苑珠林》卷四《地动部》，泛引作《河图》。①

"元气闿阳为天。"辑自《后汉书》卷八二《方术传上》李贤注，泛引作《河图》。②

"巛（坤）德布精，上为众星。"辑自《文选》卷五〇范晔《后汉书·光武纪赞》"三精雾塞"李善注，泛引作《河图》。③

"雨者，天地之施也。""雷者，天地之鼓也。"辑自《艺文类聚》卷二《天部下》，皆作《河图·帝通纪》。④

"天有四表，以布精魄；地有四渎，以出《图》《书》。"辑自《后汉书》卷四〇《班固传下·两都赋》李贤注，泛引作《河图》。⑤

"凡天下有九区，别有九州岛，中国九州岛名赤县，即禹之九州岛也。上云九州岛八柱，即大九州岛也，非禹贡赤县小九州岛也。"辑自《初学记》卷五《地理上·总载地》"（《淮南子》）九州岛之外有八埏"注，泛引作《河图》。⑥

"九州岛殊题，水泉刚柔各异。青、徐角、羽集，宽舒迟，人声缓，其泉不以是；⑦荆、扬角、征会，气漂轻，人声急，其泉酸以苦；梁州商、征接，刚勇漂，人声骞，其泉苦以辛；兖、豫宫、征合，平静有虑，人声端，其泉甘以苦；雍、冀合商、羽，端驶烈，人声捷，其泉辛以咸。"辑自《初学记》卷八《州郡部·总叙州郡》注，泛引作《河图》。⑧又《太平御览》卷一五七《州郡部·叙州》引同文，亦泛引作《河图》。⑨

传统辑本或辑录此佚文入《括地象》，或许是受明代文献的影响。⑩如李时珍《本草纲目》卷五《水部·水之二·地水类三十种·井泉水》、卷五二《人部·人

---

① 周叔迦、苏晋仁校注：《法苑珠林校注》，北京：中华书局，2003 年，第 121 页。
② 中华书局点校本，第 2703 页。
③ 俞绍初、刘群栋、王翠红点校：《新校订六家注文选》，郑州：郑州大学出版社，2013 年，第 3332 页。
④ 《中华再造善本·唐宋编》影宋本，第 5、10 页。
⑤ 中华书局点校本，第 1370 页。
⑥ 日本宫内厅书陵部收藏宋绍兴十七年刊本，第 1 页。
⑦ 日本内阁文库藏明万历十五年宁寿堂重刊本第 2 页。《初学记》，北京：中华书局，2004 年，第 163-164 页，"不以是"作"酸以咸"，是。
⑧ 日本宫内厅书陵部收藏宋绍兴十七年刊本，第 1 页。
⑨ 中华书局影印本，第 761 页。
⑩ 黄奭：《黄氏逸书考·通纬》，据清河郡本辑入《括地象》（《续修四库全书》第 1208-1209 册，影印道光中黄氏刊民国二十三年江都朱长圻补刊本，第 261 页）。《重修纬书集成》《两汉全书》皆从之。

之一·方民》皆录同文，即引作《河图·括地象》。①方以智《物理小识》卷一《水》：
"《纲目》曰：水体纯阴，用则纯阳。上为雨露霜雪，下为海河泉井。气有流止寒
温，味有甘淡咸苦。是以昔人分别九州岛水土，以辨人之善恶寿夭。（《河图·括地象》
曰：'青州，音角、羽，气舒迟，人声缓，其泉咸酸；荆、扬，角、征，气慓轻，人声急，泉酸苦；梁州，商、征，
气刚勇，人声塞，泉苦辛；兖、豫，宫、征，气平静，人声端，泉甘苦；雍、冀，商、羽，气駃烈，人声捷，泉
辛咸；徐州，角、宫，气悍劲，人声雄，其泉酸以甘。'）"②文字稍异。唐宋类书《初学记》《太
平御览》皆泛引作《河图》，明人著述则引作《河图·括地象》，一为泛指，一为
特指，未必不可并存。然孙毂《古微书》卷三二辑作《河图·始开图》，则未知何
据。此文篇目归属存疑。

"昆仑山有五色水。赤水之气，上蒸为霞而赫然也。"传统辑本多辑入《括地
象》。然而《文选》卷四左思《蜀都赋》"舒丹气而为霞"李善注、卷二二谢灵运
《游赤石进帆海》"阴霞屡兴没"李善注、卷二九张协《杂诗十首》之三"丹霞启
阴期"李善注，皆泛引作《河图》。③《白氏六帖事类集》卷一《霞·赤水之气》④、
宋太宗赵炅撰《御制秘藏诠》卷二五"红霞隐洞庭"注⑤、《太平御览》卷八《天
部八·霞》⑥、《锦锈万花谷·别集》卷二《霞·赤气上蒸》⑦，辑有类似佚文而
皆泛引作《河图》。

"地有四游：冬至地上，北而西三万里；夏至地下，南而东三万里；春、秋二
分其中矣。"《博物志》卷一《地》引作《（尚书）考灵耀》。⑧《唐开元占经》卷四
《地占·地名体》："地有四游，冬至地上，北而南三万里矣。"引作《考灵曜》。⑨《礼
记正义·王制》孔颖达疏："按《考灵耀》云：'地与星辰四游，升降于三万里之
中。'"⑩《月令》孔颖达疏："案《考灵耀》云：'一度二千九百三十二里千四百六
十一分里之三百四十八，周天百七万一千里'者，是天圆周之里数也。以围三径
一言之，则直径三十五万七千里，此为二十八宿周回直径之数也。然二十八宿之
外，上下东西各有万五千里，是为四游之极，谓之四表。据四表之内，并星宿内，
总有三十八万七千里。然则天之中央上下正半之处，则一十九万三千五百里，地
在其中，是地去天之数也。郑注《考灵耀》云：'地盖厚三万里，春分之时，地正
当中。自此地渐渐而下，至夏至之时，地下游万五千里，地之上畔与天中平。夏

① 北京：人民卫生出版社，2017年校点本，第399、2966页。
② 《文渊阁四库全书》第867册，第759-760页。
③ 《新校订六家注文选》，第231、1376、1919页。
④ 北京：文物出版社影印南宋绍兴刻本，1987年，第12页。
⑤ 《中华大藏经》，北京：中华书局，1997年，第73册，H1678，第825页。
⑥ 中华书局影宋本，第42页。
⑦ 上海：上海辞书出版社影印明嘉靖十五年秦汴刻本，1992年，第2页。
⑧ 范宁校证：《博物志校证》，北京：中华书局，1980年，第10页。
⑨ 国家图书馆藏清稽瑞楼钞本，第1页。
⑩ 《礼记正义》，《中华再造善本·唐宋编》影印宋绍熙三年两浙东路茶盐司刻宋元递修本，北京：北京图书
馆出版社，2003年，卷一五，第4页。

至之后，地渐渐向上，至秋分，地正当天之中央。自此地渐渐而上，至冬至，上游万五千里，地之下畔与天中平。自冬至后，地渐渐而下。此是地之升降于三万里之中。'""又郑注《考灵耀》云：'……地与星辰，俱有四游升降。四游者：自立春，地与星辰西游，春分西游之极，地虽西极，升降正中。从此渐渐而东，至春末复正。自立夏之后北游，夏至北游之极，地则升降极下，至夏季复正。立秋之后东游，秋分东游之极，地则升降正中，至秋季复正。立冬之后南游，冬至南游之极，地则升降极上，冬季复正。'此是地及星辰四游之义也。"①亦以相关内容属《尚书·考灵曜》。

《太平御览》卷三六《地部一·地上》引文略同《博物志》，而引作《尚书·考灵异》。②疑"异"即"耀"之误。赵与峕《宾退録》卷四引文同《博物志》，即引作《考灵耀》。③唯《文选》卷一九张华《励志诗》李善注泛引作《河图》。④而传统辑本或辑入泛引《河图》，或辑入《河图·括地象》，并无文献支持。此佚文当辑入《尚书·考灵曜》。

"地常动不止，譬如人在舟而坐，舟行而人不觉。"《博物志》卷一《地》引作《(尚书)考灵耀》。⑤《唐开元占经》卷四《地占·地名体》引文略同，亦引作《考灵曜》。⑥而引文略同的《文选》卷一九张华《励志诗》李善注⑦、《初学记》卷五《地理上·总载地·大舟》⑧、《白氏六帖事类集》卷一《地·大舟》⑨，皆泛引作《河图》，唯《锦绣万花谷·前集》卷五《地·坐大船》"地常动，右转，譬人在大舟中闭牖而坐，舟行而人不觉"，引作《河图·括地》。⑩传统辑本泛引《河图》和《河图括地象》兼收并蓄，黄奭《逸书考》又辑入《河图·录运法》，出典无据。其篇目作《尚书·考灵曜》为是，亦可兼采入泛引《河图》。

五、误辑或出典可疑之佚文

（一）误辑他书为纬书

"地南北三亿三万五千五百里。地坻之位起形高大者，有昆仑山，广万里，高万一千里，神物之所生，圣人仙人之所集也。出五色云气，五色流水，其白水南流

---

① 《礼记正义》，《中华再造善本·唐宋编》影宋本，卷二一，第2-3页。
② 中华书局影宋本，第169-170页。
③ 上海师范大学古籍整理研究所编：《全宋笔记》第6编第10册，郑州：大象出版社，2013年，第61-62页。
④ 《新校订六家注文选》，第1200页。
⑤ 《博物志校证》，第10页。
⑥ 稽瑞楼钞本，第1页"耀""曜"通用。
⑦ 《新校订六家注文选》，第1200页。
⑧ 宋绍兴十七年刊本，第2页。
⑨ 文物出版社影印南宋绍兴刻本，第3页。
⑩ 《中华再造善本·唐宋编》影宋本，北京图书馆出版社，2004年，第1页。

入中国，名曰河也。其山中应于天，最居中，八十城布绕之，中国东南隅，居其一分，是好城也。"辑自张华《博物志》卷一。①然而唐宋文献多引作《博物志》。如：

《艺文类聚》卷七《山部上·昆仑山》："《博物志》曰：'昆仑从、广万一千里，神物之所生，圣人神仙之所集，五色云气，五色之流水，其泉东南流入中国，名为河也。'"②

《唐开元占经》卷四《地数》："《博物志》曰：'地祇之位，起形于昆仑，纵、广万里，高万一千里，神物所生，圣人真仙之所集。昆仑之东北，地转下三千六百里，有八女（稽瑞楼本"女"作"玄"，是。）幽都，方二十余万里。地下有四柱，柱广十万里，有三千六百轴，手相牵也。'"③

《太平御览》卷三六《地部一·地上》："《博物志》曰：'地氏之位，起形于昆仑，从、广万里，高万一千里，神物之所生，圣人仙人之所集。昆仑之东北，地转下三千六百里，有八玄幽都，方二十余万里，下有四柱，柱广十万里，地有三千六百轴，互相牵制也。'"④卷三八《地部三·昆仑山》："《博物志》曰：'昆仑从广万一千里，神物集也。出五色云气，五色流水，其白水东南流入中国，名为河也。'"⑤

《初学记》卷五《地理上·总载地·祇位》则引作《河图》："地祇之位，起形于昆仑，从、广万里，高万一千里。神物之所生，圣仙之所集。"⑥

《白氏六帖事类集》卷二《昆仑山·流黄水》："昆仑……神物所生，圣人仙人所集也。出五色云气"，未言出处。⑦

总之，此文很可能本属《博物志》而误辑入《河图·括地象》。

"昆仑有铜柱焉，其高入天，所谓天柱也。围三千里，圆周如削，下有回屋，仙人九府治。上有大鸟，名曰'希有'，南向，张左翼覆东王公，右翼覆西王母，背上小处无羽，万九千里，西王母岁登翼上，之东王公也。故其柱铭曰：'昆仑铜柱，其高入天，圆周如削，肤体美焉。'其鸟铭曰：'有鸟希有，绿赤煌煌，不鸣

①《博物志校证》，第7页。"祇"，《博物志校证》底本汪士汉《秘书二十一种》原作"部"，黄丕烈《士礼居丛书》覆汲古阁景宋连江叶氏本（页1）作"祁"。范宁以为皆误，当作"祇"，大坂之意。"白水"，《秘书二十一种》《士礼居丛书》本作"泉"。范宁引钱熙祚云"泉当作'白水'二字，据《太平御览》卷三八、《楚辞补注》引《河图》，当作"白水"。"南流入"，《太平御览》引文作"东南流入"。"好城"，范宁所据《秘书二十一种》本原作"奸城"，《稗海》本作"奸城"，《士礼居丛书》本作"好城"。范宁据《格致精华》《士礼居丛书》、浦江周氏纷欣阁》诸本，及《古微书》所引，以为当作"好城"。《古微书》卷三二《河图纬·河图括地象》引作："地南北三亿三万五千五百里。地部之位，起形高大者，有昆仑山，从广万里，高万一千里，神物之所生，圣人仙人之所集也。出五色云气，五色流水，其泉南流入中国，名曰河也。其山中应于天，最居中，八十城布绕之，中国东南隅居其一分，是奸城也。"（《影印文渊阁四库全书》第194册，第1033页。《补守山阁丛书》本同）

②《中华再造善本·唐宋编》影宋本，第8页。

③ 薄树人主编：《中国科学技术典籍通汇·天文卷》第五册，景印明大德堂抄本，郑州：河南教育出版社，1997年，第73页。

④ 中华书局影印本，第171页。

⑤ 中华书局影印本，第181页。

⑥ 宋绍兴十七年刊本，第1页。

⑦《白氏六帖事类集》，第32页。

不食，东覆东王公，西覆西王母，王母欲东，登之自通，阴阳相须，惟会益工。'"辑自《水经注》卷一《河水》引张华叙东方朔《神异经》。①

《神异经》，旧题东方朔撰，最早见引于《三国志》裴松之注，唐宋类书颇引之。《艺文类聚》卷七《山部上·昆仑山》引《神异经》："曰：昆仑有铜柱焉，其高入天，所谓天柱也。围三千里，圆周如削。铜柱下有回屋焉，辟方百丈。（事具《仙部》）""《葛仙公传》曰：昆仑，一曰玄圃，一曰积石瑶房，一曰阆风台，一曰华盖，一曰天柱，皆仙人所居也。"②卷七八《灵异部上·仙道》引《神异经》："昆仑有柱焉，其高入天，所谓天柱也，围三千里，圆削，下有仙人九府治，与天地同休息。"③《太平御览》卷三八《地部三·昆仑山》、卷一八七《居处部十五·柱》、卷六七四《道部十六·理所》、卷九二七《羽族部十四·异鸟·希有》等引述相关佚文，皆引作《神异经》。又，《初学记》卷二六《器物部·肉·无损追复》、《太平御览》卷八六三《饮食部二十一·肉》亦辑录相关佚文，引作《十洲记》（旧题东方朔撰）。至《古微书》卷三二，亦引作《神异经》，附记于《河图·括地象》后。黄奭《逸书考·通纬》称据《古微书》《水经注》辑入《括地象》："昆仑有柱焉，其高入天，即所谓天柱也。围三千里，圆如削，下有仙人九府治，与天地同休息。其柱铭曰：'昆仑铜柱，其高入天，圆周如削，肤体美焉。'"与《古微书》《水经注》异文，未知何据。④《重修纬书集成》《两汉全书》从之。

"羿五岁，父母与之入山，处之木下以待，蝉鸣。还欲取之，而羣蝉俱鸣，遂捐而去。羿为山间所养，年二十，习于弓矢，仰天叹曰：'我将射四方，矢至吾门止。'因捍即射，矢靡地截草，径至羿之门。乃随矢去。"《太平御览》卷三五○《兵部八十一·射捍》引作《括地图》。⑤《路史·后纪十四》卷二三《疏仡纪·夏后纪下·夷羿传》："夷羿，有穷氏穷国之侯也。偃左臂修而善射，五岁得法于山中（罗萍注引《括地象》：'羿五岁，父母与之入山，处之木下以待，蝉鸣。还欲取之，而羣蝉俱鸣，遂捐而去。羿为山间所养，年二十，习于弓矢，仰天叹曰："我将射四方，矢至吾门止。"因捍即射，矢靡地截草，径至羿之门。乃随矢去。'），传楚弧父之道。"⑥一作《括地图》文，一作《括地象》文，篇目存疑。至明代诸书，如《天中记》卷五七《蝉·蝉鸣取子》、《广博物志》卷三二、《古史谈苑》卷二○，辑佚略同，而皆引作《括地象》。黄奭《逸书考·通纬》称据《路史·后纪》卷一四及

---

① 陈桥驿校释：《水经注校释》，杭州：杭州大学出版社，1999 年，第 11 页。
② 《中华再造善本》影宋本，第 8 页。
③ 《中华再造善本》影宋本，第 5 页。
④ 黄奭：《黄氏逸书考·通纬》，《续修四库全书》第 1208 册，第 264 页。《天中记》卷八《昆仑山·铜柱》："昆仑有柱焉，其高入天，所谓天柱也。围三千里，圆如削。下有僲人九府治，与天地同休息。其柱铭曰：'昆仑铜柱，其高入天，圆周如削，肤体美焉。'"（明万历二十三年刻本，第 1 页）与《逸书考》同文，或即黄奭所据？然《天中记》亦未引作《括地象》佚文。
⑤ 中华书局影宋本，第 1612 页。
⑥ 王彦坤校注：《路史校注》，北京：中华书局，2023 年，第 1426 页。

清河郡本辑入《括地象》。《重修纬书集成》从之，又称引自《北堂书钞》卷一四四及《纬攟》，然搜检未得。《两汉全书》称辑自《路史》卷二三，不言《括地图》。

观《吴越春秋·勾践阴谋外传第九》注："黄帝之后，楚有弧父。弧父者，生于楚之荆山，生不见父母。为儿之时，习用弓矢，所射无脱。以其道传于羿，羿传逢蒙，逢蒙传于楚琴氏。"①羿五岁入山遭弃、习得弓矢故事，似脱胎自其师楚弧父之故事？

"凤皇食竹实。"《重修纬书集成》称据《纬攟》辑，然遍检《纬攟》未见。《两汉全书》称辑自《文选·刘琨〈答卢谌诗一首并书〉》李善注。检核《文选》卷二五刘琨《答卢谌一首》"匪桐不栖，匪竹不食"李善注，实引作《括地图》："郑玄《毛诗笺》曰：'凤皇之性，非梧桐不栖，非竹实不食。'《括地图》曰：'凤皇食竹实。'"②

"不周之国地寒。"《重修纬书集成》辑自《天中记》卷六、《唐类函》卷一一，皆引作《括地图》。检核《北堂书钞》卷一五六《岁时部四·寒篇·不周地寒》，其注亦引作《括地图》。③

"龙池之山，四方高，中央有池，方七百里，群龙居之。多五华树，群龙食之。去会稽四万五千里。（郑玄注：五花树者，一花五色，随时迁移，日生五英，开而不落。）"黄奭《逸书考·通纬》据清河郡本辑入《括地象》。④而《艺文类聚》卷九六《鳞介部上·龙》、《初学记》卷三〇《鳞介部·龙》、《白氏六帖事类集》卷二九《龙·龙池》、《太平御览》卷九二九《鳞介部·龙》、《事类赋注》卷二八《鳞介部一·龙赋》辑录相类文字，皆引作《括地图》。

"风山之首高三百里，有风穴方三十里。春风自是出也。"黄奭《逸书考》据清河郡本辑入《括地象》。《重修》《两汉》从之。检核《北堂书钞》卷一五八《地部二·穴篇》，引作《外国图》⑤，《太平御览》卷五四《地部十九·穴》亦引作《外国图》："风山之首高三百里，风穴方三十里。春风自此出也。"⑥《外国图》，佚名，书久佚，或说西晋吴地人所作地理博物类志怪小说，内容与《括地图》或有重复。郭璞《山海经》注、郦道元《水经注》皆引之。

《博物志》卷九《史补》："风山之首方高三百里，风穴如电突，深三十里，春风自此而出也。何以知还风也？假令东风，云反从西来，选选而疾，此不旋踵，立西风矣。所以然者，诸风皆从上下，或薄于云，云行疾，下虽有微风，不能胜上，上风来到反矣。"⑦《水经注》卷四《河水》："河水南径北屈县故城西，西四

① 〔汉〕赵晔撰周生春辑校汇考：《吴越春秋辑校汇考》，中华书局，2019年，第144页。
② 《新校订六家注文选》，第1579页。
③ 《续修四库全书》第1213册，第114页。
④ 《续修四库全书》第1208册，第265页。
⑤ 《续修四库全书》第1213册，第132页。
⑥ 中华书局影宋本，第163页。
⑦ 《博物志校证》，第106页。

十里有凤山，上有穴如轮，风气萧瑟，习常不止，当其冲飘也，略无生草，盖常不定，众风之门故也。"①可资佐证。

（二）黄奭《逸书考·通纬》辑自《古微书》、清河郡本的佚文多无出典依据

"太行山，天下之脊。"《古微书》卷三二辑入《括地象》。②黄奭《逸书考·通纬》、《两汉全书》从之。《重修纬书集成》亦从之，"脊"作"背"。《古微书》所引出典无据，而明清人著述或引此文作《括地象》，如杨慎《丹铅余录》卷二、《樊川诗集》冯集梧注卷二、陈乔枞《今文尚书经说考》卷三、胡渭《禹贡锥指》卷一一等。

黄奭《逸书考·通纬》辑自清河郡本的多条纬书佚文及郑玄注、宋均注③，皆无其他出典依据、文献佐证，不应辑入《括地象》，而《重修纬书集成》《两汉全书》多从之。如：

"日者木精之荣，月者金精之荣也。木生火而金射之，故日月以昼夜明也。
（郑玄注：'日者火气内蓄，月者水气内含，月无本光，日有余景，故月离日则光盈，并日则光尽也。'宋均注：日月之精，或是一体，故《推度灾》云：'麟者，木之精。'《保乾图》又云：'金星之精，散为麟。'夫日月皆具金木之英也。）"④
"八黅东南，兴区曰无泽。
（郑玄注：泽，犹言润也。）
南方曰大蕃，曰浩泽。
（郑玄注：浩、耗通，犹言希也。）
西南坎资，曰丹泽。
（郑玄注：丹泽，犹言丹饰也。）
西方九区，曰泉泽。
（郑玄注：区，别也。泉，源也。）
西北大夏，曰海泽。
（郑玄注：普徧之谓海，极尽之谓夏。）
北方大冥，曰寒泽。
（郑玄注：不能为象之谓冥，希有之谓寒。）
东北无通，曰大泽。
（郑玄注：大，犹言代也。整弃不齐之谓通。）
东方大诸，曰少泽。

---

① 《水经注校释》，第53页。
② 《影印文渊阁四库全书》第194册，第1034页。
③ 清河郡本已佚，学界对其文本的可靠性多有质疑。此不赘。
④ 《续修四库全书》第1208册，第258页。

（郑玄注：少，小也。）

夫八殥之外，是为八纮。

（郑玄注：纮，纲也，谓八殥之外，天之纲定于此也。）

东南大穷，曰众女。

（郑玄注：阴气内蓄，阳气始生，故多众女。）

正南都广，曰反户。

（郑玄注：户皆南向，居此之下，户相迎设，故曰反户。）

西南焦侥，曰炎土。

（郑玄注：焦侥，人之最小者。炎土，火也。）

正西金邱，曰沃野。

（郑玄注：金，西方之属。）

西北一目，曰沙所。

（郑玄注：沙，所掘土而居也。）

北方积冰，曰委羽。

（郑玄注：委羽，羽者，受其极阴之气则不能飞。其人不织而衣，不耕而食，盖寿域之地。）

东北和邱，曰荒土。

（郑玄注：和，眣也。荒，疎也。）

东方棘林，曰桑野。

（郑玄注：东方有扶桑之树，日出则桑颠，鸡鸣而天曙，故名桑野。）"[1]

"夫八纮之外，是为八极。（郑玄注：极，尽也。）

南方南极之山，名曰栾暑之门；西南编驹之山，名曰景白之门；西方西极之山，名曰阊阖之门；西北不周之山，名曰幽都之门；北方北极之山，名曰寒凌之门；东北方土之山，名曰绿苍之门；东方东极之山，名曰开明之门。

八极之广、东西之数，减于南北二十之五焉。（郑氏注：东西南北之极，相去广之半也。）"[2]

---

[1]《续修四库全书》第 1208 册，第 261-262 页。正文内容几乎照搬《淮南子·墬形训》而文字略异："九州岛之大，纯方千里。九州岛之外，乃有八殥，亦方千里：自东北方曰无通、曰大泽；东方曰大渚、曰少海；东南方曰具区、曰亢泽；南方曰大梦、曰浩泽；西南方曰渚资、曰丹泽；西方曰九区、曰泉泽；西北方曰大夏、曰海泽；北方曰大冥、曰寒泽。凡八殥。八泽之云，是雨九州岛。八殥之外，而有八纮，亦方千里。自东北方曰和丘，曰荒土；东方曰棘林，曰桑野；东南方曰大穷，曰众女；南方曰都广，曰反户；西南方曰焦侥，曰炎土；西方曰金丘，曰沃野；西北方曰一目，曰沙所；北方曰积冰，曰委羽。凡八纮之气，是出寒暑，以合八正，必以风雨。"（何宁集释：《淮南子集释》，北京：中华书局，1998 年，卷四，第 330-335 页）而所引郑玄注无文献依据。

[2]《续修四库全书》第 1208 册，第 262 页。《淮南子·墬形训》："八纮之外，乃有八极。自东北方曰方土之山，曰苍门；东方曰东极之山，曰开明之门；东南方曰波母之山，曰阳门；南方曰南极之山，曰暑门；西南方曰编驹之山，曰白门；西方曰西极之山，曰阊阖之门；西北方曰不周之山，曰幽都之门；北方曰北极之山，曰寒门。""阖四海之内，东西二万八千里，南北二万六千里。"（《淮南子集释》卷四，第 335-336 页）《后汉书·张衡传》李贤注、《初学记》、《太平御览》等皆引作《淮南子》文。《逸书考》所引显然脱胎自《淮南子》而文字稍异，所引郑玄注无文献依据。

"八方异性，疾疲轻重殊涂。两河之间，其人病在心肾；自河而南，其人病在脾胃；自河而北，其人病在肝心；自河而东，其人病在肺；自河而西，其人病在肝肾。"[①]

（三）《春秋释例》、《路史·国名纪》及注误辑之佚文

杜预《春秋释例》明以来已佚，今本乃四库馆臣辑《永乐大典》残篇三十，补以孔颖达《正义》及诸书所引佚文。其后经孙星衍、叶昌炽、孙星华等校勘刊刻。20世纪30年代，商务印书馆《丛书集成初编》据孙星华校勘本排印。

《四库全书总目提要》："《土地名》篇释例云：'据今天下郡国县邑之名，山川道涂之实，爰及四表，皆图而备之。然后以春秋诸国邑盟会地名附列之，名曰《古今书》。《春秋盟会图》别集《疏》一卷附之。释例所画图，本依官司空图，据泰始之初郡国为正。孙氏初平，江表十四郡皆贡图籍，荆、扬、徐三州皆改从今为正，不复依用司空图。'则是书应有图，而今已佚。又有附《盟会图疏》，胪载郡县，皆是元魏、隋、唐建置地名，非晋初所有。而阳城一条，且记唐武后事。当是预本书已佚，而唐人补辑。又土地名所释，亦有后人增益之语。今仍录原文，而各加辨证于下方。"[②]其卷7《土地名第四十四之三·小国地》载录《括地象》佚文14条，《路史·国名纪》及注亦引其中一部分。诸纬书辑本多不载，而《逸书考》《重修纬书集成》或辑作佚文。考其文例及地理建置，皆属误辑，非纬书原文，当剔除。

纬书文献的精辑、精校、精注工作繁重，难度很大。幸有先师李学勤先生生前的屡次教诲及其对纬书文献的关注，时时激励着我，方能知难而进。仅以此小文，告祭先生在天之灵。

[①]《续修四库全书》第1208册，第261页。
[②]《影印文渊阁四库全书》第146册，第2-3页。

东汉熹平三年中尚方铁剑考
——兼论中国古代的灌钢工艺[*]

孙闻博

（中国人民大学国学院
古文字与中华文明传承发展工程协同攻关创新平台）

　　中国古代铁剑的使用及其工艺技术，是中国古代兵器史、科技史、工官制度研究的重要内容。一般认为，"汉剑是中国铁剑的高峰"，"中国古代钢铁刀剑制造技术在汉代以后，几无大的发展和突破"。[①]而汉代铁剑的使用及其工艺发展，又可具体分为几个阶段。西汉前期，铁剑在中原地区取代战国以来的青铜短剑。后者在汉初仍有使用，西汉中期以后日趋衰亡，至东汉完全被铁剑淘汰。与之同时，刀也开始兴起。西汉中晚期，军队中剑与环首刀同时并存；东汉时，环首刀进一步兴盛，剑的使用趋于衰落；东汉末，剑在实战中已基本不再使用，而主要作为供权贵佩服把玩的饰物或宝器。[②]

　　麦克莱恩博物馆（Maclean Collection）位于美国伊利诺伊州芝加哥市北郊，建于 2004 年，是一家私人博物馆。2018 年 8 月 20 日，中国人民大学孙家洲教授率领学术考察团参观该馆。笔者作为成员之一，得见该馆所藏东汉熹平三年中尚方造错金铭文铁剑。[③]此剑对研究相关问题多有助益，承博物馆学术负责人尹彤云女士授权，现将这一文物资料予以发表，并作考释和研究（见文后附图 1、附图 2）。

---

　　[*] 本文系中国国家版本馆专项研究课题"版本、考古与中华文明的早期发展"阶段性成果。

　　[①] 钟少异：《论铁剑》，《古兵雕虫：钟少异自选集》，上海：中西书局，2015 年，第 147-148 页。

　　[②] 苏秉琦：《战国秦汉考古》第二章，上海：上海古籍出版社，2014 年，第 130-131 页；杨泓：《剑与刀——中国古代兵器丛探》（原刊《社会科学战线》1979 年第 1 期），收入所著《中国古兵器论丛》（增订本）上编，北京：中国社会科学出版社，2007 年，第 160-179 页；王仲殊：《汉代考古学概说》，北京：中华书局，1984 年，第 65 页；孙机：《汉代物质文化资料图说》（增订本）"35 武备Ⅲ"，上海：上海古籍出版社，2008 年，第 154-157 页；钟少异：《汉式铁剑研究》（原刊《考古学报》1998 年第 1 期），收入所著《古兵雕虫：钟少异自选集》，第 143-144 页；钟少异：《中国古代军事工程技术史（上古至五代）》第四编第三章，太原：山西教育出版社，2008 年，第 384-385 页。西汉后期军队装配剑刀情况，还可补充。《武库永始四年兵车器集簿》记"乘舆剑四"，"盾九万九千九百一，镶一，剑九万九千九百一，剑带三万七千六百一十六，泾路匕首二万四千四百八，铁口三，剑杖木杖廿八，锯釦刀三万九千九十八"，"剑杖，杖形剑。木杖，木棒"，"刀口四千五百七十五"，"刀十五万六千一百卅五"，"大刀百廿七"。连云港市博物馆等编：《尹湾汉墓简牍》，北京：中华书局，1997 年，第 104、108-109、112、114、117 页，木牍六。

　　[③] 馆藏中国古代青铜器资料已发表，参见 Richard A. Pegg and Lidong Zhang, *The Maclean Collection: Chinese Ritual Bronzes*, The Maclean Collection, 2010；馆藏前凉衣物疏材料也已发表，参见张立东：《美国麦克林氏藏前凉郭富贵衣物疏》，《西域研究》2017 年第 2 期。

一、题铭释读与尚方造器

此剑藏匣题签为"东汉熹平三年中尚方制铁剑（宫廷用）中碳高碳钢类锻造制作"。馆藏英文档案 4 份，档案原记"汉代铁剑，镶嵌黄金文字 52 字"，并有简要解说。其中，第 3、4 两份档案列有用铱射线检测铁剑的照片及说明。[①] 铱射线较少用于科技考古，可以检测金属器物的损伤情况。此剑通长 114.3 厘米（45 英寸），扁茎折肩。剑茎后部有一小孔，供钉固木柄所用。原应配有剑首、剑镡及剑削，今已不存。剑茎长度超过 15 厘米，剑身长宽之比大于 15:1。型式参据钟少异的分类标准，属 A 型 II 式的扁茎折肩铁剑；[②] 参据白云翔的分类标准，属 C 型窄体长茎剑。[③]

此剑剑身一面，临近剑镡部，由剑锷向剑镡方向有错金铭文一行。铭文释读如下：

熹平三年中尚方造五灌廿五辟金题□□长□□，铁工矦（侯）秋、削厉工□渠，中常侍育阳侯□中尚方令文书事节、丞穆、右丞萌、掾补、啬夫弘主。

缺释多因锈蚀造成，字数实为 55 字左右，为我国迄今发现汉代铁剑中铭文字数最多的一件。

"熹平"，东汉灵帝刘宏年号，行用 7 年。此剑制造于东汉末叶的"熹平三年"（174）。作为最后一个发展阶段，汉剑在当时实战中已较少使用，而多用作饰物或宝器。"中尚方"是造剑机构。以往汉代工官研究，对中尚方略有涉及。[④]《汉书·百官公卿表上》云：

少府，秦官，……属官有尚书、符节、太医、太官、汤官、导官、乐府、若卢、考工室、左弋、居室、甘泉居室、左右司空、东织、西织、东园匠十〔六〕官令丞，……又中书谒者、黄门、钩盾、尚方、御府、永巷、内者、宦者〔七〕〔八〕官令丞。诸仆射、署长、中黄门皆属焉。[⑤]

西汉少府属官有尚方。汉表的叙述模式实际提示，尚方与少府下属其他负责

---

① 拍摄从剑茎开始，分段进行。今将检测说明译为中文："从 9 英寸至 17 英寸处，黄色箭头标识出密度的细微变化，这种变化呈现为一道横跨剑面的曲线。这表明剑被铸在柄上，整个武器并非整体浇铸。但是，应该注意的是，这也可能只是一片锈蚀区，凑巧构成了一条弯曲线。铱射线比传统的 X 射线显示的细节更少。对该区域进行 X 射线检查或许可以说明这是铸痕还是锈蚀纹"，"从 33 英寸到 41 英寸处，剑刃上有两个缺口"；最后总结道："铱射线显示剑身或剑柄没有任何裂纹。铸剑金属的密度差异与锈蚀的铁/钢一致。射线照相师曾指出剑身稍带韧性。这与之前关于剑身由低碳钢制成的报告相一致。"参见麦克莱恩博物馆档案"Xiping Iron Sword_3""Xiping Iron Sword_4"。

② 钟少异：《汉式铁剑研究》，《古兵雕虫：钟少异自选集》，第 122-123 页。

③ 白云翔：《先秦两汉铁器的考古学研究》第五章，北京：科学出版社，2005 年，第 214-215 页。

④ 近年探讨参见陆德富：《西汉工官制度诸问题研究》，《文史》2009 年第 3 辑；《汉代中尚方诸问题研究》，《汉学研究》第 34 卷第 3 期，2016 年。

⑤《汉书》卷一九上《百官公卿表上》，北京：中华书局，1962 年，第 731 页。

物品制造的考工室、东织、西织、东园匠虽均置令、丞，但不属于同一序列，因而特别予以分列交代。究其原因，前者多属宫中（及殿中）省外机构，而后者多属省中机构。[①] 少府主要负责帝室财政，所掌下属机构（也即都官）依政治空间大体划分为两个系统：①宫内省外；②省中。尚方属于后一序列，是省中工官的代表，因此又称中尚方。具体职掌，师古曰"尚方主作禁器物"，"尚方主巧作"[②]，《后汉书·皇后纪上》李贤注引《前书音义》曰"尚方，掌工作刀剑诸物及刻玉为器"。[③]《汉书·韩延寿传》提到"延寿又取官铜物，候月蚀铸作刀剑钩镡，放效尚方事"[④]，《汉书·朱云传》载朱云语"臣愿赐尚方斩马剑，断佞臣一人以厉其余"[⑤]至于"秦官"，《通典·职官九》云"秦置尚方令，汉因之"。[⑥] 不过，出土材料对此尚无反映。秦封泥所见诸尚类，有"尚冠""尚佩""尚衣""尚剑""尚浴""尚帷""尚卧""尚犬"[⑦]，无"尚方"。"尚剑"涉及君主佩剑的保管使用，应非造剑机构。

东汉情形，《续汉书·百官志三》记"尚方令一人，六百石。本注曰：掌上手工作御刀剑诸好器物。丞一人"，刘昭注补引《汉官》曰"员吏十三人，吏从官六人"[⑧]，职掌手工制作皇帝专用器物[⑨]，所造仍以刀剑为代表。中尚方作物可由皇帝赐予，然盗买、私作属非法行为，汉魏大臣、宗室多有因此而被治罪者。[⑩]《百官志》又记"右属少府。本注口：……自侍中至御史，皆以文属焉。……章和以下，中官稍广，加尝药、太官、御者、钩盾、尚方、考工、别作监，皆六百石，宦

---

① 陆德富已注意此点，提到《百官表》所记"尚方"这一系列官署都在禁中，其他的应该都在省外"。《汉代中尚方诸问题研究》，第 261、266 页。唯东汉时钩盾在省外的认识，还可斟酌。
②《汉书》卷一九上《百官公卿表上》、卷七二《王贡两龚鲍传》，第 732、3066 页。
③《后汉书》卷一〇上《皇后纪上》，北京：中华书局，1965 年，第 422 页。
④《汉书》卷七六《韩延寿传》，第 3214 页。
⑤《汉书》卷六七《朱云传》，第 2915 页。《四库全书总目》卷四七"汉纪三十卷安徽巡抚采进本"条云："朱云请上方剑，《汉书》作'斩马'，（荀）悦书乃作'断马'。证以唐张渭诗'愿得上方断马剑，斩取朱门公子头'句，知《汉书》字误。"然上海涵芬楼影印明嘉靖黄姬水刊本《汉纪》作为最早善本，仍作"尚方斩马剑"。上述可参见《汉纪》卷二七、附录、点校说明，《两汉纪》，张烈点校，北京：中华书局，2002 年，上册，第 474、565 页、"点校说明"第 4 页。荀悦著：《两汉纪》，张烈点校，北京：中华书局，2002 年，第 474 页、"附录"第 565 页、"点校说明"第 4 页。
⑥ 杜佑撰：《通典》卷二七《职官九》，王文锦等点校，北京：中华书局，1988 兼，第 759 页。
⑦ 刘瑞编著：《秦封泥集存》上编第二章，北京：中国社会科学出版社，2020 年，第 377-390 页。
⑧《后汉书》志第二十六《百官三》，第 3596 页。
⑨《后汉书》卷四《殇帝纪》"其减太官、导官、尚方、内署诸服御珍膳靡丽难成之物"（第 197 页），《后汉书》卷一〇上《皇后纪上》作"减大官、导官、尚方、内者服御珍膳靡丽难成之物"（第 422 页）。尚方所造，对应"御"用的"难成之物"。中尚方还藏省中财物，汇聚地方珍奇，所辖画匠可"图像立赞"，如《汉书》卷九九下《王莽传下》"省中黄金万斤者为一匮，尚有六十匮，黄门、钩盾、臧府、中尚方处处各有数匮"（第 4188 页），《后汉书》卷七八《宦者列传》"而今中尚方敛诸郡之宝"，"伏承有诏敕中尚方为鸿都文学乐松、江览等三十二人图象立赞，以劝学者"（第 2532、2499 页）。
⑩《史记》卷五七《绛侯周勃世家》"条侯子为父买工官尚方甲楯五百被可以葬者。取庸苦之，不予钱。庸知其盗买县官器，怒而上变告子，事连污条侯"，中华书局，1982 年，第 2079 页；《三国志》卷一九《魏书·任城威王彰传》"青龙三年，楷坐私遣官属诣中尚方作禁物，削县二千户"、卷二〇《魏书·武文世王公传》"景初元年，琮坐于中尚方作禁物，削户三百，贬爵为乡侯"，裴注引《魏书》载玺书曰"制诏彭城王：有司奏，王遣司马董和，赍珠玉来到京师中尚方，多作禁物，交通工官，出入近署，逾侈非度，慢令违制，绳王以法"，北京：中华书局，1982 年，第 556、580、581 页；《宋书》卷一一《礼志五》称"是以尚方所制，禁严汉律，诸侯窃服，虽亲必罪"，北京：中华书局，1974 年，第 521 页。

者为之，转为兼副，或省，故录本官"。①西汉武帝时，栾大曾"为胶东王尚方"；宣帝时，刘向曾"典尚方铸作事"。②东汉时，包括尚方在内的少府下属机构不少变为名义归属，多由宦官出任或兼掌。而宦官所掌控的，不仅涉及省中机构，也涉及宫中机构。《续汉书·天文志三（中）》"中常侍张逵、蘧政、杨定、内者令石光、尚方令傅福等与中常侍曹腾、孟贲争权，白帝言腾、贲与商谋反"③中，"尚方令傅福"应属"宦者为之"；④《后汉书·宦者列传》"（蔡伦）及和帝即位，转中常侍，豫参帷幄。……后加位尚方令。永元九年，监作秘剑及诸器械，莫不精工坚密，为后世法"⑤，《唐类函》卷一〇七、《事物纪原》卷八引《东观汉记》称蔡伦"典作上方""典上方"⑥，中常侍蔡伦应属"转为兼副"。《通典》卷二七《职官九》还提到"汉末分中、左、右三尚方"。⑦传世、出土所见两汉中尚方造器有鼎、壶、钟、灯、鐎斗、弩机及银锭⑧，多属铜器。中尚方造铁器，特别是最具代表性的铁剑实物，今为首次发现。

关于中国古代尚方剑的记载，较早史例见前引《汉书·朱云传》载朱云弹劾成帝师傅张禹语，"臣愿赐尚方斩马剑，断佞臣一人以厉其余"。所求"尚方斩马剑"，不作为专杀之用。汉晋文献时见君主赐剑，《后汉书·彭宠传》载朱浮对光武帝曰"前吴汉北发兵时，大王遗宠以所服剑，又倚以为北道主人"，《后汉书·冯异传》"乃遣（冯）异代（邓）禹讨之。车驾送至河南，赐以乘舆七尺具剑"⑨，《晋书·张轨传》"（南阳王司马模）遗轨以帝所赐剑，谓轨曰：'自陇以西，征伐断割悉以相委，如此剑矣'"⑩，皆体现君臣相契，以示信任之意，同样不用于赐下专杀。宋代以降将军出征，得赐御剑自随，专杀行用于军政领域。尚方剑在巡视、军政中更多使用，主要是在明代。⑪由此，尚方剑的使用，存在一个历史发展的过程。作为目前发现的最早一件"尚方剑"，此有助于研究相关兵器的功能及使用场合。

---

① 《后汉书》志第二十六《百官三》，第 3600-3601 页。

② 《史记》卷一二《孝武本纪》、卷二八《封禅书》，第 462、1389 页；《汉书》卷三六《楚元王传》，第 1929 页。

③ 《后汉书》志第十一《天文中》，第 3245 页。

④ "争权"主要涉及宦官群体。《后汉书》卷三四《梁统列传》作"中常侍章逵、蘧政、内者令石光、尚方令傅福，冗从仆射杜永连谋，共谮商及中常侍曹腾、孟贲，……辞所连染及在位大臣"，第 1176 页。"冗从仆射"当指中黄门冗从仆射。《续汉书·百官志三》"中黄门冗从仆射一人，六百石。本注曰：宦者。……"，《后汉书》志第二十六《百官三》，第 3594 页。

⑤ 《后汉书》卷七八《宦者列传》，第 2513 页。

⑥ 刘珍等撰，吴树平校注：《东观汉记校注》卷一八，北京：中华书局，2008 年，第 816 页。

⑦ 据出土材料，尚方分为中、左、右的时间也可能早至西汉武帝时期。安作璋、熊铁基：《秦汉官制史稿》第二章第七节，济南：齐鲁书社，2007 年，第 197-198 页；徐正考：《汉代铜器铭文研究》，长春：吉林教育出版社，1999 年，第 78 页。

⑧ 参见安作璋、熊铁基：《秦汉官制史稿》第二章第七节，第 197 页引。"钟"，应作"鍾"，属于容器。

⑨ 参见《后汉书》卷一二《彭宠传》、卷一七《冯异传》，第 503、645 页。

⑩ 《晋书》卷八六《张轨传》，北京：中华书局，1974 年，第 2222 页。参看杨鸿年：《汉魏制度丛考》"佩剑带刀"条，武汉：武汉大学出版社，2005 年，第 535 页。

⑪ 周月峰："尚方剑"考，《浙江史学论丛》第一辑，杭州：杭州出版社，2004 年，第 63-76 页；王勇：《漫谈尚方剑》，《文博》2004 年第 4 期；柏桦：《明代赐尚方剑制度》，《古代文明》2007 年第 4 期；高春平：《明代尚方宝剑制度究竟是怎么回事》，《人民论坛》2016 年第 21 期；等等。

二、"五灌廿五辟"与百炼钢、灌钢工艺

"五灌廿五辟",内容重要,涉及铁剑的制造工艺。铁剑在春秋早期出现,以上村岭虢国墓地 M2001 所出玉柄铜芯铁剑为代表。钢剑出现在春秋晚期,1976 年出土于湖南长沙杨家山的楚国铁剑材质为退火中碳钢。[1]战国至西汉,铁剑以块炼铁渗碳钢方法制作为多,典型实物如满城汉墓发现的长剑。[2]与此同时,战国晚期出现炒钢技术,并在西汉迅速发展。[3]而刀剑以炒钢为原料经反复加热折叠锻打而成的制作工艺,被称作"百炼钢"(或称"辟炼钢"),多被视作汉代刀剑制造的最高工艺。[4]此类有铭短兵以苍山东汉永初六年钢刀、徐州东汉建初二年钢剑为代表,相关铭文如下:

> 建初二年蜀郡西工官王愔造五十涑□□□孙剑□(剑茎)直千五百(剑镡刻铭)[5]
> 永初六年五月丙午造卅涑大刀吉羊宜子孙[6]

年代分别对应东汉景帝(77)、安帝(112)时期。按蜀郡西工造漆器、铜器时有发现,特别是为中央所造乘舆器,铭文所序工官系统较为繁密。1950 年初入藏故宫博物院的建武廿一年铜樽铭文,即作"建武廿一年,蜀郡西工造,乘舆一斛承旋,雕蹲熊足、青碧闵瑰饰、铜承旋径二尺二寸,铜涂工崇、雕工业、沔工康、造工业造,护工卒史惲、长氾、丞萌、掾巡、令史郞主"。[7]与之相对,建初二年钢剑为地方使用所造,仅题王愔一人,较为简略。此或视作"工官监制、私人作坊承制"的产品之一。[8]其中,"五十涑""卅涑"与金相检测的叠打层数对应,"'炼'的含义已经代表了一定的工艺和产品的质量"。[9]杨宽结合传世文献,进一步认为,"所谓'卅炼''五十炼'和'百炼'的'炼',既包括加热次数,也包括折叠锻打次数。……这种'百炼'的利器,同时又有'百辟'的称呼。'辟'是'襞'的假借字,就是襞积折叠而加以锻打的意思"。[10]这一问题,孙机也有

---

① 李学勤:《东周与秦代文明》第二十章,上海:上海人民出版社,2007 年,第 205 页。
② 杨泓:《剑与刀——中国古代兵器丛探》,《中国古兵器论丛》(增订本)上编,第 169 页。
③ 钟少异:《中国古代军事工程技术史(上古至五代)》第四编第三章,第 374-375 页。
④ 杨宽:《中国古代冶铁技术发展史》第九章,上海:上海人民出版社,2019 年(初版于 1982 年),第 269 页;钟少异:《论铁剑》,《古兵雕虫:钟少异自选集》,第 147-148 页;中国社会科学院考古研究所编著:《中国考古学·秦汉卷》第十章,北京:中国社会科学出版社,2010 年,第 636 页。
⑤ 徐州博物馆:《徐州发现东汉建初二年五十涑钢剑》,《文物》1979 年第 7 期。金相分析参见韩汝玢、柯俊:《中国古代的百炼钢》,《自然科学史研究》1984 年第 4 期。
⑥ 刘心健、陈自经:《山东苍山发现东汉永初纪年铁刀》,《文物》1974 年第 12 期。金相分析参见李众:《中国封建社会前期钢铁冶炼技术发展的探讨》,《考古学报》1975 年第 2 期。"宜子孙",经 X 光透视由李众文发现(第 317 页)。
⑦ 相关释文多种,今参图版,选据徐正考:《汉代铜器铭文综合研究》上卷第二章,北京:作家出版社,2007 年,第 30-31、47 页。
⑧ 白云翔:《汉代"蜀郡西工造"的考古学论述》,《四川文物》2014 年第 6 期,第 47 页。
⑨ 韩汝玢、柯俊:《中国古代的百炼钢》,第 320 页。
⑩ 杨宽:《中国古代冶铁技术发展史》第九章,第 273 页。

研究①，具体贡献有二：一是特别注意材质、器物差别，将"钢铁刀剑铭文与铜器铭文中涑数的含义"进行了区分；二是考证"钢铁刀剑铭中的涑字当为'漱'字之省。《说文·攴部》：'漱，辟漱铁也。'辟亦作襞。王粲《刀铭》：'灌襞以数，质象以呈。'《汉书·扬雄传》颜师古注：'襞，叠衣也。'所以朱骏声在《说文通训定声》中就说，漱是'取精铁折叠锻之'"。②关于"襞"的史据，这里还可补充。《广雅疏证》卷四上"僷、叠、襞、褔、桎、叠、结，诎也"，王念孙引"《徐锴传》云：'叠，犹卷也。襞，折叠衣也。……'，'襞'字亦作'辟'。……皆诘屈之意也"。③

至于灌钢法，一般被视作魏晋隋唐时期冶铁技术的最重要成果。④灌钢法出现的具体时间，有认为早至东汉晚期⑤，或西晋时期；⑥也有认为是南北朝时期⑦，特别是北齐綦母怀文创制"宿铁刀"之时。⑧灌钢从炒钢工艺中逐步发展而来，主要为"先将生铁炒成熟铁，然后同生铁一起加热，使生铁熔化，'灌'入熟铁，使熟铁增碳而得到钢"。⑨这一工艺一直延续至明清，"是在古代手工业条件下炼钢技术的最高成就"。⑩

近年，田率介绍了新发现的永寿二年错金钢刀，提示东汉晚期已有灌钢法。该文发表于 2013 年。又，孙机《略论百炼钢刀剑及相关问题》一文虽初刊于 1990 年，但在 2005 年收入《仰观集：古文物的欣赏与鉴别》修订本时，改题《百炼钢刀剑及相关问题》，并作修改，特别补充了永寿二年错金钢刀的材料。文中增补"我国很早已掌握匀碳制钢法，即将生铁液注入炼炉内的熟铁中，以取得含碳量适度的钢。这种做法也叫灌"的论述，进而分析认为永寿二年错金钢刀铭文"'百辟'并不代表冶金的工艺规格，'廿灌'的性质亦应如此"。这实际不同意刀铭"廿灌"属于灌钢工艺。因此，该文 1990 年版"故至南北朝时，就发明了工效更高、利于大批量生产的灌钢法"的认识，在 2015 年修改版中仍然延续。⑪由此，目前学界对中国古代灌钢工艺的出现时间与工艺特征，仍在讨论阶段。有鉴于此，今利用文献、文物材料对这一问题重新加以考察。

---

① 孙机：《百炼钢刀质疑》（油印本），中国历史博物馆考古部，1984 年。
② 孙机：《略论百炼钢刀剑及相关问题》（原刊《文物》1990 年第 1 期），修改稿收入所著《仰观集：古文物的欣赏与鉴别》（修订本），北京：文物出版社，2015 年 2 版，第 149 页；孙机：《中国古代物质文化》"六 冶金"，北京：中华书局，2014 年，第 232 页。
③ 王念孙：《广雅疏证》，张靖伟等校点，上海：上海古籍出版社，2016 年，第 583 页。
④ 钟少异：《中国古代军事工程技术史（上古至五代）》第五编第二章，第 466 页。
⑤ 田率：《对东汉永寿二年错金钢刀的初步认识》，《中国国家博物馆馆刊》2013 年第 2 期，第 68 页。
⑥ 杨宽：《中国古代冶铁技术发展史》第十章、总论，第 285、336 页。
⑦ 孙机：《百炼钢刀剑与相关问题》，《仰观集：古文物的欣赏与鉴别》（修订本），第 149 页。
⑧ 王兆春：《中国科学技术史：军事技术卷》第三章，北京：科学出版社，1998 年，第 64 页。
⑨ 李众：《中国封建社会前期钢铁冶炼技术发展的探讨》，第 18 页。
⑩ 孙机：《中国古代物质文化》"六 冶金"，第 236 页。
⑪ 具体参见孙机：《略论百炼钢刀剑及相关问题》，第 74-75 页；《仰观集：古文物的欣赏与鉴别》（修订本），第 149-150 页。

先看文献记载。东汉末王粲《刀铭》曰"灌辟以数，质象以呈"。^①章樵注本《古文苑》卷一三，"辟"作"襞"，"有"作"以"。^②此为传世文献所见最早"灌""辟"并举的材料。西晋张协《七命》"销踰羊头，镤越锻成，乃炼乃铄，万辟千灌"，更称"万辟千灌"。李善注"镤或谓为鍱。《广雅》曰：鍱，铤也"，"《说文》曰：炼，冶金也。贾逵《国语注》曰：铄，销也。《说文》曰：销，铄金也。辟，谓叠之。灌，谓铸之。《典论》曰：魏太子丕造百辟宝剑，长四尺"。^③杨宽讨论古代冶铁技术中的灌钢，引"销踰羊头，镤越锻成"，以"'镤'是指经过锻制的熟铁"^④，但是没有作进一步的论证。受李善注"镤或谓为鍱。《广雅》曰：鍱，铤也"的影响，《汉语大词典》等辞书将"镤"理解为未经炼制的铜铁，意见恰好相反。参据宋人唐慎微《重修政和证类本草》卷四《玉石部中品》引苏颂《本草图经》曰"《铁本经》云……初炼去矿，用以铸鍱器物者为生铁；再三销拍，可以作鍱者为鑐铁，亦谓之熟铁；以生柔相杂和，用以作刀剑锋刃者为钢铁"^⑤，我们认为应以杨说为是，"镤"指熟铁；"销"为生铁，与"镤"对言。下文"乃炼乃铄"，"炼"固然可泛指冶金，然就刀剑制作而言，既包括加热次数，也包括锻打次数，而"铄"更侧重熔炼的涵义。"辟"，指折叠锻打，"灌"指浇筑。^⑥如此，"炼"与"辟"，"铄"与"灌"，从而分别形成了对应关系；且"万辟""千灌"呈现出前多后少的次数差异。上述应据冶炼的实际情况叙说，并非随意表述，符合灌钢法的基本制作工艺。因此，从传世文献而言，相关记录可早至东汉末期。

至于近年新公布的文物材料，以下列两件较为重要：

永寿元年□□甲午，卫尉梁君造作，五十灌二百五十辟，四尺七寸□，锻工□□□、羼工孙□削、削工原生、错工陈阳。（东汉永寿元年错金环首剑）^⑦

永寿二年二月濯龙造廿灌百辟长三尺四寸把刀。铁工刘满、锻工虞广、削厉待诏王甫、金错待诏灌宜，领濯龙别监唐衡监作，骀姚卯主。（刀脊）濯龙持作百辟（刀柄）（东汉永寿二年错金环首把刀）^⑧

① 张协《七命》李善注引。萧统：《文选》卷三五《七下》，北京：中华书局，1977年，第495页。
② 俞绍初辑校：《建安七子集》卷三《王粲集》，北京：中华书局，1989年，第136页。
③ 参见萧统：《文选》卷三五《七下》，第494-495页。《晋书》卷五五《张载传附弟协传》，"镤"作"鍱"，第1522页。
④ 杨宽：《中国古代冶铁技术发展史》第十章，第286页。
⑤ 唐慎微：《重修政和证类本草》，上海：商务印书馆，1919年，四部丛刊据上海涵芬楼景印金泰和甲子晦明轩刊本，叶三五背。
⑥ 孙机提到，"很早已掌握匀碳制钢法，即将生铁液注入炼炉内的熟铁中，以取得含碳量适度的钢。这种做法也叫灌"。《略论百炼钢刀剑及相关问题》，《仰观集：古文物的欣赏与鉴别》（修订本），第150页。
⑦ 梁斌：《两汉时期铭文钢铁刀剑的发现与研究》，硕士学位论文，中国社会科学院研究生院，2014年，第28页，转引自白云翔：《汉代"蜀郡西工造"的考古学论述》，第47页。
⑧ 田率：《对东汉永寿二年错金钢刀的初步认识》，第65-66页；田率：《近藏集粹——中国国家博物馆新入藏文物特展侧记》，《艺术品》2016年第2期，第28页；吕章申主编：《近藏集粹：中国国家博物馆新入藏文物》，北京：北京时代华文书局，2016年，第300-302页。"卯"，旧多释作"北"，今据图版改。

二器年代分别为桓帝永寿元年（155）、二年（156），略早于麦克莱恩博物馆藏中尚方造铁剑。"五十灌二百五十辟""廿灌百辟"与"五灌廿五辟"形成对应，又可与"灌辟以数""万辟千灌"联系思考。三件刀剑均同时出现"灌"与"辟"，且"辟"数皆为"灌"数的五倍。这恐怕并非随意书写、有所夸饰。此前发现的永初六年刀，自题"卅湅"，李众指出"刀中硅酸盐夹杂物有明显分层，如以位于同一平面的连续或间断的夹杂物作为一层的标志，由三个观察者（其中二人事先不知道卅炼及测量目的），在 100 倍显微镜下，整个断面观察到的层数分别为 31 层、31 层弱，及 25 层"。[①]又，建初二年剑自题"五十湅"，此剑"剑身样品断面因组织与成分差异，金相观察到分层数目近 60 层"。[②]断面也观察到高低碳层相间的分层现象，数目近 60 层。故孙机先生也认同"这种现象应是将坯件折叠锻打的结果。由于湅数与刀剑的分层数基本一致，所以湅数'可能是叠打后的层数'"。[③]由此推断，这些刀剑在制造时，可能每灌铸一次，须折叠锻打五次。目前所见工艺最高者为永寿元年错金环首剑，已达到"五十灌二百五十辟"。与此前学界认识稍有不同，我们倾向于"灌""辟"应当可以"代表冶金的工艺规格"。以往判断灌钢法在南朝已普遍应用，主要依据梁人陶弘景"钢铁是杂铁生鍒作刀镰者"[④]语。此属对灌钢法的反映，固无问题。不过，我们认为，金属冶炼中的先进技术多率先应用于军事领域，特别是君主使用的刀剑一类近卫兵器；待推广至"刀镰者"一类农业生产工具，往往较晚。如商周时期，青铜器冶炼制造工艺的水平已经较高，但农业生产工具仍多使用木、石器。东汉晚期出现的灌钢工艺铁器主要集中于刀剑，也符合相关发展的规律。田率还提示"从前文陶弘景的描述来看，南朝时已使用灌钢法制造刀、镰等普通的生产工具，说明灌钢技术的诞生应该更早一些"。[⑤]当然，相较于将"〇灌〇辟"理解为"结合了灌钢和辟湅的冶炼工艺"，"使用灌钢辟湅法"[⑥]，即视作灌钢法与另一种工艺的组合（灌钢+辟湅）。我们以为，灌钢工艺本身恐怕就是既"灌"又"辟"（锻打），两种操作在实际制造中交替进行。[⑦]此外，三件刀剑涉及折叠锻打，均题作"辟"，而非"湅"。永寿元年错金环首把刀的制作工艺为"廿灌百辟"，刀柄铭文却作"濯龙持作百辟"，实际省略了"廿灌"。由此而言，传世文献所见"百辟宝剑""百辟刀""百辟宝刀""百辟匕首""金错

---

① 李众：《中国封建社会前期钢铁冶炼技术发展的探讨》，第 15 页。

② 韩汝玢、柯俊：《中国古代的百炼钢》，第 318 页。

③ 孙机：《略论百炼钢刀剑及相关问题》，《仰观集：古文物的欣赏与鉴别》（修订本），第 149 页。

④ "清代学者成瓘在所著《篛园日札》卷 6 '琐语琐事之沿'中，认为'此灌钢之始'。杨宽：《中国古代冶铁技术发展史》第十章，第 285 页。

⑤ 田率：《对东汉永寿二年错金钢刀的初步认识》，第 68 页。

⑥ 田率：《对东汉永寿二年错金钢刀的初步认识》，第 69 页。此或受杨宽说影响。

⑦ "灌钢法只是利用熔化的生铁水使'熟铁'渗碳，而'熟铁'并不熔成液，故还是需要不断地锻打，使组织均匀并挤去杂质"。钟少异：《中国古代军事工程技术史（上古至五代）》第五编第二章，第 466 页。

五十辟把刀"①，同样可能既"灌"又"辟"，在制造上使用灌辟法。灌辟法出现于东汉后期。如理解不误，"灌辟法"体现中国古代的灌钢工艺。中国古代灌钢工艺的出现时间，或可提前至东汉后期②，最初主要集中于中央工官制造的刀剑。还须提到，东汉特别是东汉晚期，铁剑早已退出军事实战领域。这与东周时期吴越荆楚制剑，以坚硬锋利为尚，可能旨趣不同。此类灌辟刀剑，不少作为皇帝、贵族使用的一种奢侈品，强调制作费力，工艺讲究，以此展现持有者身份，也即佩剑与战剑的差异。

三、中常侍曹节与中尚方工官

"金题"，在秦汉题铭中较为少见，指题以金字。③《续汉书·舆服志下》"后夫人服"条有"金题，白珠珰绕，以翡翠为华云"。④铁工、削厉工涉及造剑工种。"削厉工"指制造剑鞘并磨砺剑刃的工匠。⑤相较于永寿元年错金环首剑、永寿二年错金环首刀，中尚方造铁剑所见工种偏少，没有锻工与错工（金错）。此剑"灌""辟"的反复浇铸及折叠锻打工序，主要由铁工侯秋一人完成。

"中常侍育阳侯□中尚方令文书事节"，指东汉后期地位显赫的宦官曹节。曹节历事顺帝至灵帝五帝，在灵帝时一度为宦官之首，于《东观汉记》、谢承《后汉

① 虞世南辑录：《北堂书钞》卷一二三《武功部十一》，孔广陶校注，北京：学苑出版社，1998年，第472页；欧阳询：《艺文类聚》卷六〇《军器部》，汪绍楹校，上海：上海古籍出版社，1982年，第1081、1083、1085页；徐坚等著：《初学记》卷二二《刀第三》，北京：中华书局，2004年2版，第529页；李昉等：《太平御览》卷三四三《兵部七四·剑中》、卷三四五《兵部七六·刀上》，北京：中华书局，1960年，第1577、1586页。其中，"金错五十辟把刀"，汪绍楹于"金错"下校《东观汉记》、《太平御览》三百四十五下有刀字，此脱"，并断句于"五十"处（第1083页），应予订正。陈剑已指出前者之误。《结合出土文献校读古书举隅》，贾晋华等编：《新语文学与早期中国研究》第三编，上海：上海人民出版社，2018年，第303-305页。
② 《北史》卷八九《艺术传上》"怀文造宿铁刀，其法，烧生铁精以重柔铤，数宿则成钢。以柔铁为刀脊，浴以五牲之溺，淬以五牲之脂，斩甲过三十札"，北京：中华书局，1974年，第2940页。今按：綦母怀文造"宿铁刀"的工艺，相较铁剑，更偏重对铁刀的技术改进；相较"灌""辟"之"辟"，更偏重"数宿则成刚"，并注意"浴""溺""淬""脂"等加工工艺创新。
③ 《东观汉记》卷二《纪二·肃宗孝章皇帝》"章帝赐尚书剑各一，手署姓名，韩棱楚龙泉，郅寿蜀汉文，陈宠济南锻成。一室两刃，其余皆平剑。其时论者以为棱渊深有谋，故得龙泉。寿明达有文章，故得文剑。宠敦朴，有善于内，不见于外，故得锻成剑，皆因名而表意"（《初学记》卷一一）（刘珍等，吴树平校注：《东观汉记校注》，第78页）。《后汉书》卷四五《韩棱传》"韩棱字伯师，……显宗知其忠，后诏特赐之。由是徵明，五迁为尚书令，与仆射郅寿、陈宠，同时俱以才能为称。肃宗尝赐诸尚书剑，唯此三人特以宝剑，自手署其名曰：'韩棱楚龙渊，郅寿蜀汉文，陈宠济南椎成。'时论者之说：以棱渊深有谋，故得龙泉。寿明达有文章，故得汉文。宠敦朴，善不见外，故得椎成"（第1534-1535页）。唐代诗文称述东汉章帝赐剑典故，多用"题剑"语，指题署文字之义。如张九龄《故刑部李尚书挽歌词》之二"题剑恩方重，藏舟事已非"，沈佺期《和户部岑尚书参迹枢椟》"汉章题楚剑，郑武裴缩衣"。又，湖南师范大学朱棒于2022年10月2日来信，认为"金题"也可能指金题额或金博山，以指金剑首，附列于此。
④ 《后汉书》志第三十《舆服下》，第3676页。曹金华按"绕"当属后句读。《晋书·舆服志》即作"金题白珠珰，绕以翡翠为华"。曹金华：《后汉书稽疑》，北京：中华书局，2014年，第1981页。今按：洛阳西朱村曹魏大墓出土石牌，铭文有作"金珠缕挍珰/金碧寶□剑/一具，柙自副"（M1:319）。李零：《洛阳曹魏大墓出土石牌铭文分类考释》，《博物院》2019年第5期，第14页。"珠珰"指缀珠的饰物，"绕"字从下读。《续汉书·舆服志下》"后夫人服"条，以及《隋书》卷一一《礼仪志六》"金题，白珠珰绕，以翡翠为华"（北京：中华书局，1973年，第237页），句读可调整。
⑤ 田率：《对东汉永寿二年错金钢刀的初步认识》，第70页。

书》、范晔《后汉书》皆有传。《后汉书·宦者列传》记"曹节字汉丰，南阳新野人也。其本魏郡人，世吏二千石。顺帝初，以西园骑迁小黄门。桓帝时，迁中常侍，奉车都尉。建宁元年，持节将中黄门虎贲羽林千人，北迎灵帝，陪乘入宫。及即位，以定策封长安乡侯，六百户"。[①]时窦太后临朝，窦武、陈蕃谋诛宦官事泄，被曹节等人矫诏诛灭。曹节因此迁为长乐卫尉，改封育阳侯，增邑三千户。《后汉书·灵帝纪》又记建宁二年冬十月丁亥"中常侍侯览讽有司奏前司空虞放、太仆杜密、长乐少府李膺、……皆为钩党，下狱"[②]，曹金华按："'中常侍侯览'当作'大长秋曹节'。《党锢传》作'大长秋曹节因此讽有司奏捕前党故司空虞放、太仆杜密、长乐少府李膺'等，《后汉纪》卷二三、《通鉴》卷五十六同《党锢传》"[③]，可知曹节随后兼任大长秋，并迫害虞放、杜密、李膺等人，酿成第二次党锢之祸。熹平元年（174），曹节与王甫又诬奏桓帝弟勃海王刘悝谋反，增邑四千六百户，侯邑升至七千六百户。这件熹平三年中尚方造铁剑便是他在此后不久，以"□中尚方令文书事"名义加以督造的。此与蔡伦"加位尚方令"稍有不同，不属加位，只是录行文书事。曹节本官一直是中常侍，《续汉书·百官志三》称"中常侍，千石。本注曰：宦者，无员。后增秩比二千石。掌侍左右，从入内宫，赞导内众事，顾问应对给事"。[④]卫宏《汉旧仪》记"中常侍，宦者，秩千石。得出入卧内禁中诸宫"[⑤]，《汉官仪》又记"中常侍，秦官也。汉兴，或用士人，银珰左貂。光武以后，专任宦者，右貂金珰"。[⑥]"中常侍育阳侯□中尚方令文书事节"的书写格式，可参考蔡质《汉官典职仪式选用》载立宋皇后仪时对宦官侯览的记录，后者作"中常侍长乐太仆高乡侯（候）览长跪受玺绶"。[⑦]作为涉及宦官曹节的历史文物，这也是首次发现。前举东汉永寿二年错金环首把刀题"濯龙造""领濯龙别监唐衡监作"，唐衡为桓帝时著名宦官。两件器物虽非同一处制作，但监作官员均为宦官，且是具有重大政治影响的宦官人物，反映东汉晚期乘舆器造作之制的发展。

中尚方造剑，呈现二级管理体制。工匠之上的督造体系应为"中尚方令—丞—右丞—掾—啬夫"。其中，"丞○+右○"的记录格式略显特殊。一般情况下，秦汉行政机构设丞，或分设左、右丞，两类不并置。汉代尚方一度分为左、中、右，右丞易被理解为右尚方丞。不过，右尚方丞在职官省称时，不省作右丞，也不隶属于中尚方。秦汉时期，都官也置丞、尉，但与县一类行政机构并不尽同，更显灵活，《汉书·百官公卿表》《续汉书·百官志》载录两汉都官设丞有多达四至八丞不等，中尚方可能同时设丞、右丞。齐国文字博物馆、平湖玺印篆刻博物馆藏

---

① 《后汉书》卷七八《宦者列传》，第2524页。

② 《后汉书》卷八《灵帝纪》，第330页。

③ 曹金华：《后汉书稽疑》，第156页。

④ 《后汉书》志第二六《百官三》，第3593页。

⑤ 孙星衍按："《通典·职官》引'禁中诸宫'作'举法省中'"。孙星衍等辑：《汉官六种》，周天游点校，北京：中华书局，1990年，第64页。

⑥ 孙星衍等辑：《汉官六种》，周天游点校，第138页。

⑦ 孙星衍等辑：《汉官六种》，周天游点校，第210页。

临淄汉封泥既见有"服官丞印""服官右丞""服官左丞",又见有"服官尉印""服官右尉""服官左尉"。[①]这里,服官所置三丞、三尉或非存在先后,可能也是并置的。这为研究秦汉都官的丞、右丞设置问题,提供了线索。

　　附记:本文写作得到尹彤云女士的大力帮助,孙家洲、马利清、郭永秉、熊长云诸位先生也给予诸多襄助,谨此一并致以诚挚谢意。

　　(本文原刊《出土文献》2022 年第 3 期,此为增补稿。海外所藏中国文物研究是李学勤先生治学领域的重要方面,所做工作长期以来对学界产生了重要影响。谨以此文向先生表达深深的敬意与怀念。)

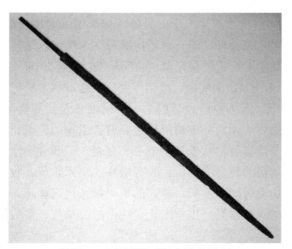

附图 1　东汉熹平三年中尚方铁剑

附图 2　铭文

---

① 熊长云:《齐封泥与"齐三服官"》,《国学学刊》2019 年第 3 期,第 52、55-56 页。

纪念李学勤先生 90 诞辰学术座谈会综述

2023 年是著名历史学家、考古学家、古文字学家、古文献学家、教育家李学勤先生（1933—2019）90 岁诞辰，12 月 9 日，清华大学出土文献研究与保护中心在京举办了"纪念李学勤先生 90 诞辰学术座谈会"，来自内地（大陆）及港台地区的李学勤先生学生及学界同人共 130 多人参加了本次会议，李学勤先生家属徐维莹、李缙云、江英也出席了座谈会。与会学者围绕总结和阐释李学勤先生的学术成就与学术思想展开了深入讨论，深切缅怀这位道德文章皆为楷模的一代学术大师。

清华大学校务委员会副主任谢维和教授代表学校致辞。他指出，李学勤先生为清华文科的建设和发展作出了极其重要的贡献，为我国诸多学科的发展进步作出了卓越的贡献，甚至也可以说，他在世界相关学术领域的发展中，也是举足轻重的一位人物。他认为李学勤先生总是能够不辜负历史与时代对他的垂青，能够敏锐地抓住时机，顺势而为，作出独特的贡献。作为一位学者，最大的追求就是能够在一生中和重大的学术事件交汇，并能够在这个过程中尽情施展自己的学术才华，李学勤先生正是这方面的杰出代表。从这个意义上来说，李学勤先生的人生真的是让人羡慕不已，敬佩不止。

李学勤先生的哲嗣李缙云老师则代表家属致辞。他对学校及中心领导、同人及其他相关人士的长期关怀表示衷心的感谢，并表示，遵照李学勤先生的生前遗愿，家人正陆续将其所藏图书全部捐献给清华大学。另外，据李缙云老师介绍，李学勤先生一生除了撰有大量的学术论著外，还一直坚持撰写学术札记，这是他留下的另一批宝贵学术财产。这批学术札记保存完整，时间从 20 世纪 50 年代一直到他生病住院前，前后跨度 60 多年，从未间断。经初步整理，这批学术札记共有 160 余册，其内容涉及读书笔记、重大科研项目的学术科研准备及实施情况、著作论文以及讲演以前的提纲或摘要、国内外出访所见重要遗迹遗物的记录、鉴定珍贵文物的记录等，其中有很多珍贵资料从未见于著录和发表，是研究李学勤先生学术思想的形成及其学术活动极为珍贵的资料，具有极高的学术价值、收藏价值和出版价值。由于这批学术札记时间跨度长，早期的笔记纸张已有损坏，急需保护，希望学术界能够尽早启动对李学勤先生学术札记的保护、整理、研究和出版工作。

在当天上午的主旨演讲环节，北京师范大学历史学院刘家和教授回顾了与李学勤先生相识 60 多年的往事，对于李学勤先生的学术贡献表达了由衷的钦佩。他还特意提到，李学勤先生生前一直主张开一个会，大家能够聚在一起，谈谈各自研究的不足与短处，倘若这个设想得以实现，一定会对学术的发展有重要的促进作用；复旦大学葛兆光教授则从"一封信、一本书、一段史料和一点感想"入手，介绍了李学勤先生"走出疑古时代"观点的提出、在国际汉学研究方面的建树、《简帛佚籍与学术史》的重大学术价值、对《神乌赋》佛教痕迹的关注等情况，认为李学勤先生最不同寻常的地方是有大见识。学者的见识高低，并不在知识多少，更在于他眼界多宽，胸怀多大，究竟是谨守一亩三分地，还是能越出专业之外在宏大的世界和历史背景里思考，而这往往决定了学者的研究和认识的深刻程度。香港恒生大学张光裕教授、中国社会科学院董琨研究员、清华大学李均明研究员、北京大学李零教授、西北大学王子今教授、复旦大学刘钊教授、中国社会科学院宫长为研究员、清华大学万俊人教授、北京外国语大学张西平教授等学者也分别从友人、同行、同事、学生等不同角度，深情回顾了与李学勤先生的学术交谊、李学勤先生的治学往事，高度评价了李学勤先生严于律己、奖掖后进的学术精神，以及广博渊综、识见高远的治学特色。

下午，来自内地（大陆）及港台地区各高校、科研院所和考古文博单位的专家学者继续围绕李学勤先生在古代文明研究、甲骨学研究、青铜器研究、简帛学研究、古文字学研究、学术史研究等方面的学术成就，以及与李先生的学术、师生情谊展开多方面的研讨，深入总结了李学勤先生在古文字、古文献、古史、考古学等领域的重大贡献。不少学者介绍了自己受到李学勤先生的提携奖掖情况，讲述自己与李学勤先生的亲身交往，纷纷表达对其道德文章的景仰和缅怀。

出土文献研究与保护中心刘国忠教授在闭幕词中汇报了中心 4 年多以来为推进李学勤先生学术事业所做的各项工作进展情况，并表示，我们纪念和缅怀李学勤先生，最重要的是要沿着先生开辟的学术领域、学术道路来继承他的学术思想，完成他未尽的学术事业。

本次学术座谈会期间还举行了第四届"李学勤中国古史研究奖"的颁奖仪式。"李学勤中国古史研究奖"是为了鼓励广大古史研究者致力学术研究，促进中国历史学的发展与繁荣，同时表彰李学勤先生在中国古史与古文字研究方面的杰出贡献而设立的奖项，授予在中国古史研究领域，包括通史、断代史、专门史（含科技史）、出土文献与古文字学等方面有突出建树的在世中国籍学者。经过评奖专家们的认真评审，第四届"李学勤中国古史研究奖"共评选出了 9 部优秀学术成果，其中一等奖空缺，二等奖三部，三等奖三部，提名奖三部。

在本次学术座谈会举办前夕，李学勤先生在清华系列讲义之《金文与西周文献合证》一书由清华大学出版社正式出版，该书为李学勤先生自 2008—2011 年在清华的授课记录；而 30 卷本的《李学勤文集》则由江西教育出版社隆重推出。《李学勤文集》收录了李学勤先生自 1956—2018 年所撰写的中文论著，共有 950 多万字，集中展现了李学勤先生 60 余年的学术历程，不仅为全面了解他的学术成果提供了丰富材料，也对中国学术、中华文化的继承和研究有着重大意义。这套《李学勤文集》由李学勤先生生前亲自指导，完成了选编与定稿工作，文集中增加了多篇从未过发表的论文，搜集了许多先前不为人知的学术成果，并对以往发表过的论作进行了认真的核校，纠正了以往出版过程中的许多错讹之处。李学勤先生还对自己的各类学术成果精心准备了前言，反映了他在人生最后阶段所作的学术思考。本套《李学勤文集》的出版，受到了学术界和出版界的交口称赞，被誉为近年来学术出版的里程碑式著作，是学术出版回应时代课题的典范之作。

（原载《江汉考古》2023 年第 6 期）